Andreas Neuhauser
Kambodscha

Ziehe das Boot vorsichtig aus dem Wasser,
damit keine Spur zurückbleibt –
fange Fische, ohne das Wasser zu trüben.

Aus einem Khmer-Märchen

Impressum

Andreas Neuhauser
Kambodscha

erschienen im
Reise Know-How Verlag Peter Rump GmbH
Osnabrücker Str. 79
33649 Bielefeld

8., neu bearbeitete und komplett aktualisierte Auflage 2010

Gestaltung
Umschlag: G. Pawlak, P. Rump (Layout);
Katja Schmelzer (Realisierung)
Inhalt: Günter Pawlak (Layout und Realisierung)
Karten: Catherine Raisin, Thomas Buri, der Verlag
Umschlagkarte vorn: Bernhard Spachmüller
Fotos: Andreas Neuhauser, www.fotolia © Ashley Whitworth (S. 41)
Titelfoto: www.fotolia.de © TMAX, Angkor Wat

Lektorat (Aktualisierung): Katja Schmelzer

Druck und Bindung: Wilhelm & Adam, Heusenstamm

ISBN 978-3-8317-1897-9
Printed in Germany

Dieses Buch ist erhältlich in jeder Buchhandlung Deutschlands, der Schweiz, Österreichs, Belgiens und der Niederlande.
Bitte informieren Sie Ihren Buchhändler über folgende Bezugsadressen:

Deutschland
Prolit GmbH, Postfach 9,
D-35461 Fernwald (Annerod)
sowie alle Barsortimente

Schweiz
AVA-buch 2000
Postfach, CH-8910 Affoltern

Österreich
Mohr Morawa Buchvertrieb GmbH
Sulzengasse 2, A-1230 Wien

Niederlande, Belgien
Willems Adventure,
www.willemsadventure.nl

Wer im Buchhandel trotzdem kein Glück hat, bekommt unsere Bücher auch über unseren **Büchershop im Internet: www.reise-know-how.de**

Wir freuen uns über Kritik, Kommentare und Verbesserungsvorschläge, auch gerne per E-Mail an info@reise-know-how.de.

Alle Informationen in diesem Buch sind vom Autor mit größter Sorgfalt gesammelt und vom Lektorat des Verlages gewissenhaft bearbeitet und überprüft worden. Da inhaltliche und sachliche Fehler nicht ausgeschlossen werden können, erklärt der Verlag, dass alle Angaben im Sinne der Produkthaftung ohne Garantie erfolgen und dass Verlag wie Autor keinerlei Verantwortung und Haftung für inhaltliche und sachliche Fehler übernehmen. Die Nennung von Firmen und ihren Produkten und ihre Reihenfolge sind als Beispiel ohne Wertung gegenüber anderen anzusehen. Qualitäts- und Quantitätsangaben sind rein subjektive Einschätzungen des Autors und dienen keinesfalls der Bewerbung von Firmen oder Produkten.

642ka Foto: an

653ka Foto: an

Vorwort

„Warum gerade Kambodscha?", fragten mich bis Ende der 1990er Jahre viele verwundert, wenn ich von meinen Reisen in dieses exotische Land erzählte. „Herrscht dort nicht Krieg?" „Kann man da ohne Gefahr hinreisen?" „Ist das nicht das Land der Roten Khmer?" „Liegen dort nicht überall Minen herum?" „Wo liegt das eigentlich genau?" Selbst mancher weit gereiste Globetrotter brachte höchstens Angkor Wat und den Mekong mit diesem doch so alten Königreich in Verbindung. Doch heute, knapp 20 Jahre nachdem sich dieses geschundene Land mit seinen atemberaubenden Kultur- und Naturschätzen wieder der Welt geöffnet hat, ist Kambodscha zu einem der bedeutendsten touristischen Ziele in Asien geworden.

Das breite Spektrum, das dem Reisenden geboten wird, bewegt sich zwischen kunsthistorischen Höhepunkten und verklärter Beschaulichkeit. Einen der schönsten, aber verborgensten Reize Kambodschas findet der Besucher auf dem Land. Dort trifft er auf Menschen, die in paradiesischen Gärten zwischen prächtigen Pagoden leben, wo safrangelb gekleidete Mönche mit stoischer Hingabe den friedlichen buddhistischen Glauben praktizieren, als hätte es nie einen Holocaust in diesem Land gegeben.

Die Worte von Graf *Dürkheim,* „man sieht nur etwas, wenn man hinschaut, und man findet nur dort etwas, wo man sucht", klingen wie eine beschwörende Reiseempfehlung, um diese Besonderheit Kambodschas zu entdecken.

Doch das Land kann nicht nur mit verborgenen Schönheiten aufwarten. Angkor, mit seinem bekanntesten Bauwerk Angkor Wat, ist die größte Ansammlung von sakralen Bauwerken auf der ganzen Welt. Jeder Besucher dieser einst unter dichtem Urwald verborgenen „Hauptstadt der Tempel" gelobt bei seinem Abschied, wieder zurückzukehren. Doch nicht nur in Angkor, sondern im ganzen Land trifft der Besucher die steinernen Zeugen dieser geheimnisvollen Hochkultur.

Auch die Natur macht Kambodscha zu einem wundervollen Reiseziel. Im Herzen des Königreichs liegt der mächtige Tonle Sap, der größte Binnensee Südostasiens. Wegen seines Fischreichtums siedeln die Menschen hier schon seit Jahrtausenden in schwimmenden Dörfern auf dem Wasser. Die Ursache für die große Fruchtbarkeit des Landes ist der Mekong. Er bietet sich für abenteuerliche Bootsfahrten an, die zu einem unvergleichlichen Erlebnis werden können. Trotz des verhältnismäßig kurzen Küstenstreifens am Golf von Siam sind die Strände fast unberührt, und die vielen einsamen Inseln laden zu abenteuerlichen Robinsonaden ein.

In den dichten Urwäldern im Nordosten leben die Khmer Loeu, ethnische Minoritäten, die sich in über 20 verschiedene Stämme aufteilen. Ihre faszinierende Kultur und ihre steinzeitliche Lebensweise sind noch kaum erforscht.

Auch wenn der Holocaust der Roten Khmer tiefe Narben auf den Seelen der Menschen hinterlassen hat, ihr berühmtes Lächeln, das „sourir khmer“, mit dem sie jeden Fremden verzaubern, haben sie nicht verloren. Der von allen Besuchern am meisten geschätzte Charakterzug ist die entspannte und zurückhaltende Freundlichkeit der Khmer, die sie gravierend von den geschäftstüchtigen Thais und Vietnamesen unterscheidet.

Eine aufregende Atmosphäre verbreitet der kreative Hauch von Anarchie, der in allen Lebensbereichen zu finden ist und in einem erfrischenden Kontrast zum geregelten und überorganisierten Leben in Mitteleuropa steht. Auch die pionierhafte Aufbruchstimmung der Menschen, die zwei Jahrzehnte von der Außenwelt nahezu abgeschottet lebten, wird den aufmerksamen Beobachter zu begeistern vermögen.

Mit diesem umfangreichen Reiseführer möchte ich Ihnen helfen, dieses so sonderbar faszinierende Land mit seinen liebenswürdigen Menschen zu entdecken und zu verstehen.

Guten Morgen, Kambodscha!

Inhalt

Praktische Reisetipps A–Z

(unter Mitarbeit von E.H.M. Gilissen)

Land und Leute

Land und Natur

Staat und Gesellschaft

Die Menschen

Phnom Penh und Umgebung

Angkor und Umgebung

Das Tonle-Sap-Becken

Der Nordosten

An den Ufern des Mekong

Die Küste

Exkurse

Anhang

Hinweise zur Benutzung

Schreibweise

Eine verbindliche **Transkription** der Khmer-Wörter und der Ortsbezeichnungen in die lateinische Schrift gibt es nicht. Besonders verwirrend sind die uneinheitlichen Schreibweisen der Städte und Dörfer auf den Landkarten. Ob Vietnamesen, Franzosen oder Amerikaner, alle haben die Namen entsprechend ihrer Aussprache geschrieben. Die Transkription der Vereinten Nationen setzt sich zwar zunehmend durch und liegt auch unserem Buch zugrunde. Viele Schreibweisen variieren jedoch noch immer.

Beispiele:

vietnamesisch	**Vereinte Nationen**
Kampong Soam	Kompong Som
Pouthisat	Pursat
Takev	Takeo
Batdambang	Battambang
Oudong	Ud ong
Siemreab	Siem Reap

Bis auf wenige Fälle entspricht die Schreibweise in etwa der **deutschen Aussprache.**

Ausnahmen:

Kratie	„Gradschä“
Siem Reap	„Sim Rehap“
Koh Sdach	„Goh Sadei“

Weitere Informationen zur Sprache siehe unter „Praktische Reisetipps/Sprache“ und im Anhang unter **Kleine Sprachhilfe Khmer.**

Preisangaben

Wo der Dollar das übliche Zahlungsmittel ist (z. B. in Hotels, gehobenen Restaurants, für Flugtickets etc.), sind die Preise in der amerikanischen Währung angegeben. In den grenznahen Gebieten zu Thailand wird überwiegend in Thai Bath abgerechnet (der Riel wird aber ebenfalls akzeptiert). Deswegen sind im Buch dort die Preise auch in der thailändischen Währung ausgezeichnet. Dort, wo in Landeswährung bezahlt wird, sind die Preise in Riel angegeben. Für Europäer verändert sich das Preisniveau in Kambodscha in erster Linie durch Kursschwankungen, denn der Dollar/Riel-Wechselkurs ist abgesehen von kleinen Schwankungen auf 1 $ = 4000 Riel fixiert und wird bei täglichen Geschäften auch so getauscht. Weitere Wechselkurse im Kapitel „Praktische Reisetipps/Geld“.

Worterklärungen

Im Anhang werden im Glossar die im Buch verwendeten **Abkürzungen** erläutert sowie **Kambodscha-spezifische Wörter** erklärt. Das Kapitel Land und Natur/Geografie enthält eine Liste geografischer Begriffe, welche die Deutung von Ortsnamen erleichtert.

Karten, Stadtpläne

In den Ortsbeschreibungen wird in der Kopfzeile auf die jeweils entsprechende Karte verwiesen. Ein Verzeichnis aller Karten steht im Anhang.

Vor der Reise

Dieses Kapitel enthält einen Überblick; im Kapitel „Reisetipps A–Z" wird auf die Stichworte ausführlicher eingegangen.

Bekleidung

In Kambodscha herrscht tropisch warmes Klima, das von den wechselnden Monsunwinden bestimmt wird. Luftig leichte Baumwollbekleidung und ein Paar festere Schuhe für Besichtigungen und ähnliches reichen für einen normalen Urlaub aus. Für die Zeit zwischen April und November empfiehlt sich die Mitnahme eines Regenschirms und einer dünnen Regenjacke.

Einreisebestimmungen

Bei der Ankunft mit dem Flugzeug in Phnom Penh oder Siem Reap wird das Tourist- und Business-Visum am Flughafen ausgestellt (20 bzw. 25 Dollar für einen Monat).

An allen Grenzübergängen von Thailand, Vietnam und Laos wird das Visum vor Ort ausgestellt. Es ist nicht notwendig, ein Visum in Deutschland zu beantragen. Ein Tourist Visum kann in Phnom Penh einmal für einen Monat, ein Business Visum bis zu einem Jahr verlängert werden (vgl. Kapitel „Praktische Reisetipps/Ein- und Ausreisebestimmungen").

Essen und Trinken

Die kambodschanische Küche ist auch für Europäer bekömmlich. Das Grundnahrungsmittel ist Reis. Suppen, Fisch bzw. Fleisch, Gemüse und Obst gehören zum täglichen Speiseplan der Khmer und können in jedem Restaurant bestellt werden. Auch in kleinen Restaurants auf dem Land wird unter akzeptablen hygienischen Bedingungen gekocht. In touristisch häufiger frequentierten Orten wie Phnom Penh, Siem Reap oder Sihanouk Ville gibt es eine große Auswahl an internationalen Restaurants. Da die Khmer zum Frühstück Suppe essen, ist es in der Provinz oft schwierig, morgens etwas Vertrautes für den westlichen Magen zu finden.

Film und Foto

In Phnom Penh und Siem Reap ist die Auswahl an gängigen Foto-, Digital- und Videoausrüstungen sowie Zubehör groß. Auch in den anderen großen Städten des Landes ist das Angebot erstaunlich gut. Fotoshops, die Filme im Stundentakt und meist in guter Qualität entwickeln, gehören dort zum Standard. Ebenso ist das Brennen von Fotos auf CD an allen touristischen Orten möglich.

Geld

Die einheimische Währung ist der **Riel.** Im ganzen Land wird der **Dollar** als gleichwertiges Zahlungsmittel akzeptiert. Notfalls kann auch mit **Euro** bezahlt werden. In grenznahen Gebieten zu Thailand kann problemlos mit **Bath** bezahlt werden. Auf dem Markt jeder Kleinstadt lassen sich Dollar und Euro in Landeswährung tauschen. Euro können auch bei den selbst in der Provinz immer zahlreicher werdenden Banken zu meist guten Wechselkursen in Dollar bzw. Riel getauscht werden.

Das Netz der **Geldautomaten** (engl. ATM) wird immer dichter. Mit EC-(Maestro-)Karten und allen gängigen Kreditkarten können rund um die Uhr Dollar abgehoben werden. Reiseschecks werden von allen Banken gegen eine Gebühr von ca. 2–3 % eingewechselt. Bargeldloses Zahlen mit Kreditkarte wird meist nur in großen Hotels und teuren Restaurants akzeptiert. Am weitesten verbreitet ist die *Visa Card.*

Gesundheit

Die medizinische Versorgung im Land hat sich in den letzten Jahren deutlich verbessert, ist aber in den ländlichen Gebieten noch keineswegs ausreichend. Der Standard der Krankenhäuser und der privaten Kliniken in Phnom Penh kann als gut bezeichnet werden. In vielen Hauptstädten der Provinz werden die Krankenhäuser von internationalen Hilfsorganisationen unterstützt. Bei schweren Krankheiten und Verletzungen empfiehlt es sich jedoch, nach Bangkok, Singapur oder Saigon zu fliegen, wo es hervorragende Privatkliniken gibt. Außerhalb von Phnom Penh herrscht ein regional unterschiedlich hohes Malariarisiko (siehe dazu auch die Reise-Gesundheits-Informationen im Anhang und das Kapitel Gesundheit).

Hin- und Rückreise

Es gibt zwei internationale Flughäfen: **Phnom Penh** und **Siem Reap** (Angkor). Beide können nicht direkt von Europa aus angeflogen werden. Mehrere asiatische Fluggesellschaften (*Thai Airways, Bangkok Airways, Singapor Airlines, Malaysia Airlines* und *Vietnam Airlines*) bieten jedoch Verbindungen nach Kambodscha mit einmaligem Umsteigen von verschiedenen europäischen Flughäfen an. Das Fluggepäck wird zuverlässig durchgecheckt. Ein Standard-Rückflugticket kostet je nach Saison zwischen 800 und 1000 €. Wer Zeit hat und flexibel ist, kann jedoch wesentlich günstiger mit Billig-Airlines fliegen. Günstig und bequem ist es nach **Bangkok** zu fliegen und vom Busterminal, das kostenlos in nur wenigen Minuten mit einem Shuttlebus vom Flughafen erreicht wird, weiter mit dem Bus zur Grenze nach Poipet (Richtung Siem Reap, Angkor) oder Koh Kong (Richtung Sihanouk Ville) zu fahren.

Viele Traveller fahren in Bangkok von der Kao San Road aus mit dem Bus für ca. 650 Bath nach Siem Reap. Siem Reap, Phnom Penh und Sihanouk Ville lassen sich von Bangkok in jeweils einem Tag mit Bussen erreichen.

Nur selten benutzt werden die Grenzübergänge bei Anlong Veng und Smach.

Von Kambodscha nach **Vietnam** können der Grenzübergang **Bavet/Moc Bai** zwischen Phnom Penh und Saigon sowie am Mekong der Übergang **Vinh Xuong** zwischen Phnom Penh und Chau Doc sowie **Phnom Denn/Tinh Bien** zwischen Takeo und Chau Doc benutzt werden. An der Küste zwischen Kampot und Ha Tien (Ausgangsort nach Phu Quoc) können Touristen den Übergang **Prek Chak/Xaxia** und im Nordosten, in der Provinz Rattanakiri, den Übergang bei **Oyadaun** (Nähe Pleiku) benutzen (siehe auch Kapitel „Praktische Reisetipps A–Z, Ein- und Ausreise“).

Zwischen **Laos** und Kambodscha gibt es nur den Grenzübergang **Veun Kham** (über den Mekong) bzw. **Dom Kralor** (auf der Straße) bei Stung Treng (s. Kapitel „Stung Treng“).

Öffentliche Verkehrsmittel

Regelmäßige **Busverbindungen** mit akzeptablen, klimatisierten Reisebussen gibt es zwischen vielen Provinzhauptstädten.

Sammeltaxis, Minibusse und **Pick-ups** verkehren auf den noch unasphaltierten Straßen der Städte und in der Provinz.

Zwischen Phnom Penh und Siem Reap (Angkor) und zwischen Dong Tong (Koh Kong), dem Grenzort zu Thailand, und Sihanouk Ville gibt es eine **Schnellboot-Verbindung.**

Das **Schienennetz** ist in einem archaischem Zustand, und offiziell dürfen keine Passagiere, vor allem keine Ausländer, mehr transportiert werden.

Regelmäßige **Inlandsflüge** gibt es nur zwischen Siem Reap und Phnom Penh.

Die gebräuchlichsten Verkehrsmittel in den Städten sind das allgegenwärtige **Motorradtaxi (Motodup)** und das **Romoak,** im täglichem Sprachgebrauch **Tuk Tuk** genannt, das Platz für 2 bis 4 Personen bietet. Dieses gibt es momentan erst in den größeren Städten, doch es wird sich auch bald in der Provinz verbreiten. Ausschließlich in Phnom Penh gibt es überdies die originellen **Cyclos** (siehe Exkurs).

Das klassische **Taxi** ist in Kambodscha noch kaum eingeführt (außer in Phnom Penh), wohl aber bieten Besitzer von privaten Pkw ihre Dienste an. Stadtbusse, die eine festgelegte Strecke abfahren, gibt es nicht einmal in der Hauptstadt.

Reisezeit

Die idealen Monate, um Urlaub in Kambodscha zu machen, sind Dezember, Januar und Februar. In dieser Zeit scheint täglich die Sonne, Regenfälle sind äußerst selten. Überwiegend trocken, aber schwül-heiß ist die Zeit von März bis Mai. Von Juni bis August regnet es häufiger. Der Oktober ist der regenreichste Monat. Abgelegene Orte, zu denen keine asphaltierten Straßen führen, sind in der Regenzeit oft nur schwierig zu erreichen.

Sicherheit

Kambodscha ist insgesamt ein sicheres Reiseland. Wegen des langen und grausamen Bürgerkrieges haftet ihm aber immer noch das Image eines gefährlichen Reiseziels an. Die Roten Khmer existieren jedoch seit über zehn Jahren nicht mehr. Minen liegen nur in abgelegenen Gebieten und stellen für den Reisenden, der nicht abseits der Wege durchs Unterholz läuft, keine Gefahr dar. Politisch ist Kambodscha stabil, und auch terroristische Anschläge sind bisher, trotz der moslemischen Minderheit, völlig unbekannt. Die größte Gefahr für einen Touristen ist es heutzutage, in einen Verkehrsunfall verwickelt zu werden.

Es wird aber dringend geraten, sich von politischen Veranstaltungen und Demonstrationen fernzuhalten, und vor der Abreise aktuelle Sicherheitshinweise zu prüfen, z.B. unter www.auswaertiges-amt.de, www.eda.admin.ch oder www.bmaa.gv.at.

Sprache

Khmer ist die Landessprache Kambodschas. Unter der Stadtbevölkerung und der jüngeren Generation ist **Englisch** relativ weit verbreitet. Unter den über Vierzigjährigen und in entlegenen Gegenden trifft man häufig auf Kambodschaner, die Französisch sprechen. Es gibt einige Khmer, die eine Ausbildung in der ehemaligen DDR absolviert haben und deshalb erstaunlich gut Deutsch sprechen.

Telefonieren, Faxen und E-Mail

Von allen größeren Orten ist telefonieren und faxen nach Europa problemlos möglich. Auch Telefonanschlüsse in Kambodscha sind unter der **Vorwahl 00855** jederzeit zu erreichen.

Das **Mobilfunknetz** ist besser ausgebaut als das Festnetz. Es gibt kaum noch Gebiete wo es keinen Handyempfang gibt. Da der Wettbewerb der Anbieter immens ist, verbessert sich der Service ständig und die Preise fallen.

Günstige **Internet-Cafés** mit international üblichem Service gibt es mittlerweile zu Hauf im ganzen Land. Lediglich in der abgelegenen Provinz kann es zu Engpässen kommen. Auch der kabellose Internetzugang zum eigenen PC ist Alltag in Kambodscha. Viele Restaurants und Unterkünfte bieten ihren Kunden bereits **WiFi** an, die meisten verlangen eine kleine Gebühr.

Unterkunft

Das Angebot an Hotels und Guest Houses ist im ganzen Land hervorragend. Kaum eine Kleinstadt, in der nicht zumindest zwei Hotels oder Guest Houses stehen.

646_KA Foto: an

Lokesvara-Gesicht im Bayon-Tempel

Hotels in der internationalen Sternekategorie findet man nur in Phnom Penh, Sihanouk Ville und Siem Reap. Stilvolle **„Boutique Hotels“** sind gute Mittelklassehotels, die man an touristischen Hotspots findet (30 bis 50 $ pro Doppelzimmer). Einfache, aber saubere Hotels mit Bad/WC und Klimaanlage, sogenannte **„Khmer Standard Hotels“**, gibt es in allen Provinzhauptstädten für 10 bis 20 $ pro Nacht.

„Guest Houses“ mit sauberen Doppelzimmern, Fan und Bad/WC sind zwischen 5 und 8 $ zu bekommen.

Ein neuer Trend sind **„Home Stays“**, Unterkünfte mit Familienanschluss in kleinen Dörfern auf dem Land.

Danksagung

Ohne die Unterstützung guter Freunde und hilfsbereiter Zeitgenossen ist die Erstellung eines solch umfangreichen Reiseführers kaum denkbar. Mein besonderer Dank gilt deshalb:

Oliver Eß, Gisela Salewski, Dr. Fuchsberger, Dr. Kannewischer (Arzt des deutschen UNO-Kontingents), *Marc Victor* (Chefredakteur von „Le Mekong“), *Peter Hüttenmoser* (Mitarbeiter der Phnom Penh Post), *Michel Thureau* (Centre Culturel Français), *Thlang Simeanith, Manavy Muth* (Ministry of Tourism), *Pann Sopeap, Erika* und *Eduard Neuhauser, Heribert Taller, Lindsay Watt, Olivier Piot, Reinhart Zieger.*

Kambodscha im Überblick

Offizieller Name:	Königreich Kambodscha
Regierungsform:	Konstitutionelle Monarchie
König:	Norodom Sihamoni
Ministerpräsident:	Hun Sen
Nationalflagge:	blau, rot, blau; auf dem roten Feld sind die drei weißen Türme von Angkor Wat abgebildet.
Hauptstadt:	Phnom Penh (1,35 Mio. Einwohner)
Große Städte:	Battambang, Kompong Cham, Takeo, Sihanouk Ville, Kompong Speu, Siem Reap
Bevölkerung:	14,5 Mio., davon ca. 90 % Khmer, 4 % Vietnamesen, 4 % Chinesen, 2 % Cham und unter 1 % Ureinwohner
Staatsreligion:	Buddhismus
Sprache/Schrift:	Khmer
Fläche:	181.035 Quadratkilometer (gut halb so groß wie Deutschland)
Nachbarstaaten:	Thailand, Laos, Vietnam
Küstenlänge:	160 Kilometer
Höchster Berg:	Phnom Aural (1813 m)
Größter See:	Tonle Sap
Flüsse:	Mekong, Tonle Sap, Tonle Bassac, Tonle Srepok, Tonle San, Tonle Kong
Längster Fluss:	Mekong (450 km im Land)
Größte Insel:	Koh Kong
Bevölkerungswachstum:	2,2 %
Verstädterung:	18 %
Währung:	Riel
Klima:	tropisch, vom Monsun geprägt
Niederschlagsreichster Monat:	Oktober (257 mm)
Niederschlagsärmster Monat:	Januar (8 mm)
Wärmster Monat:	April
Kühlster Monat:	Dezember, Januar
Berühmteste Sehenswürdigkeit:	Angkor Wat

102ka Foto: an

Praktische Reisetipps A–Z

104ka Foto: an

Kambodschas erste Brücke über den Mekong (bei Kompong Cham)

Katastrophale Straßenverhältnisse zwischen Pursat und Battambang

Ausrüstung

Am Ende einer Reise gehört die Feststellung „Ich hatte mal wieder viel zu viel dabei" zu den unausbleiblichen Aha-Erlebnissen jedes Heimkehrers. Obwohl Kambodscha zu den ärmsten Ländern der Erde zählt, sind zumindest in größeren Ortschaften alle zum Reisen notwendigen Utensilien zu bekommen, weshalb es sich erübrigt, für jede nur erdenkliche Lebenslage alles dabei zu haben. Auf dem Land und in den kleinen Städten ist das Angebot an anspruchsvollem Reiseequipment allerdings eingeschränkt, doch finden sich auf allen Märkten fürs „Überleben" notwendige Gebrauchsgegenstände.

Wegen des warmen Klimas und der an allen größeren Orten anzutreffenden Hotels und Guest Houses ist es für einen Reisenden, der keine unkalkulierbaren, abenteuerlichen Exkursionen plant, möglich, mit wenig Gepäck zu reisen. Wer mit öffentlichen Verkehrsmitteln durchs Land fährt, ist am besten beraten, seine Ausrüstung in einem Rucksack oder einer strapazierfähigen Reisetasche mitzunehmen. Empfehlenswert ist es, bei einer Busfahrt und bei Tagesexkursionen zusätzlich einen kleinen Tagesrucksack mitzunehmen, beispielsweise für Wertgegenstände.

Notwendige Ausrüstungsgegenstände

Landkarten

Bei Reise Know-How ist im world mapping project eine GPS-taugliche Kambodscha-Karte auf reiß- und wasserfestem Spezialpapier im Maßstab 1:500.000 erschienen. Kartenmaterial mit kleineren Maßstäben gibt es im deutschsprachigem Buchhandel, weniger aktuelle Karten findet man auch in Phnom Penh auf dem Central Market und dem Markt Tuol Tom Pong. Neben Straßenkarten gibt es dort gute topografische Karten im Maßstab 1:100.000, die von jedem Gebiet in Kambodscha erhältlich sind. Diese verwenden die vietnamesischen Namen, die aber meist ähnlich klingen wie die kambodschanischen.

641ka Foto: an

Kinder verkaufen Landkarten

•Buchtipp:
Wolfram Schwieder, „Richtig Kartenlesen", Praxis-Reihe, Reise Know-How Verlag

Sprachführer

Empfehlenswert ist **„Khmer – Wort für Wort"**, erschienen im Reise Know-How Verlag, Kauderwelsch Band 62. Auf den Märkten in Phnom Penh, bei Kindern, die vor Guest Houses oder Restaurants verkaufen, und in Buchläden gibt es diverse Wörterbücher in Französisch/Khmer oder Englisch/Khmer mit phonetischer Schreibweise.

Hygieneartikel

Ob Shampoo, Hautcremes, Zahnpasta oder Insektenschutz, alles ist in Phnom Penh, Sihanouk Ville und Siem Reap zu haben. Auch die Märkte in der Provinz sind mit einheimischen Drogerieprodukten gut versorgt. Die Qualität der Produkte entspricht jedoch oft nicht unseren Vorstellungen. Außerdem, wer kann schon einer mit chinesischen oder Khmer-Lettern bedruckten Tube ansehen, ob es sich um Shampoo oder Haarfestiger handelt.

Notwendige Kleinigkeiten

Sonnenbrille, Taschenlampe, Batterien (gibt es in allen Variationen in größeren Städten), Taschenmesser, Reisewecker, Regenschirm, Handtuch, kleines Vorhängeschloss, Brustbeutel/Hüfttasche für Geld und Reisepass.

Auf **Isomatte und Schlafsack** kann generell verzichtet werden. Wer vor hat, gelegentlich im Freien zu schlafen, sollte sich mit **Hängematte und Moskitonetz** ausrüsten. Beides kann man in Phnom Penh oder auf jedem Markt in einer Provinzhauptstadt kaufen.

Auto fahren

Ein Auto mit Fahrer zu mieten ist einfach, ohne Fahrer schwierig. Organisierte **Autovermietung** gibt es bislang keine. Lediglich die Besitzer von Taxis verleihen ihre Fahrzeuge, doch bestehen sie meist darauf, einen Fahrer mitzuschicken. Aus Sicherheitsgründen und um Schwierigkeiten im Falle eines Unfalls zu vermeiden, sollte man dies akzeptieren.

Taxis sind in den Provinzhauptstädten an den beschriebenen Abfahrtsstellen, meistens vor dem Markt, zu bekommen. Dasselbe gilt für Phnom Penh, wo zusätzlich vor großen Hotels wie dem *Cambodiana Hotel* immer einige zu finden sind. Ob ein Auto mit oder ohne Fahrer gemietet wird, ändert am Preis nichts: Dieser richtet sich nach dem Zustand des Fahrzeugs (30–50 $ pro Tag). Benzin muss extra bezahlt werden (ca. 1 $ pro Liter).

In Kambodscha herrscht **Rechtsverkehr.** Defensives Fahren und ständige Reaktionsbereitschaft sind unerlässlich, um Unfälle zu vermeiden. Selbst Kinder nehmen mit ihren Mopeds am Verkehr teil, und weniger die Verkehrszeichen als vielmehr das **Recht des Stärkeren** regelt den Verkehr.

Auch in Kambodscha gibt es eine **Führerscheinpflicht.** Von Ausländern wird erwartet, dass sie eine Fahrerlaubnis vorweisen können. Auf Verstöße von „Langnasen" achtet die Polizei besonders, da dies mit der Hoffnung verbunden ist, hohe Dollarstrafen einzufordern – die selbstverständlich in der eigenen Tasche verschwinden. Eine verständliche Schwäche bei einem Monatslohn von 30 $. Die Höhe der Bußgelder ist verhandelbar!

Bekleidung

Eine leichte, luftige Baumwollkleidung ist am besten geeignet für das tropische Klima in Kambodscha. Auch am Abend wird es selten so frisch, dass man sich wärmer als tagsüber anziehen muss. Von Dezember bis Februar kann die Temperatur in Ausnahmefällen so weit sinken, dass ein langärmeliges Sweatshirt angenehm ist. Auch Restaurants mit Klimaanlage können bei zu dünner Kleidung zu einem frostigen Erlebnis werden.

Neben der leichten Tropenbekleidung empfiehlt sich mitzunehmen:

- Sonnenhut
- dünner Regenanorak und Regenhose während der niederschlagsreichen Zeit (April bis November)
- gepflegtes Hemd und Hose für Behördenbesuche, Einladungen und Besuche besserer Restaurants
- feste Schuhe für größere Exkursionen, Mopedfahrten und Tempelbesichtigungen
- Stabile Trekking-Sandalen sind das ideale Schuhwerk für Kambodscha. Besonders während der Regenzeit, wenn nach heftigem Niederschlag Schuhe und Socken nass und dreckig sind, lassen sich die Trekking-Sandalen leicht abwaschen, und die Füße sind nach kurzer Zeit wieder trocken.

Bekleidungsknigge

Allgemein

Wenn ein Kambodschaner sein Haus verlässt, achtet er peinlichst darauf, anständig und sauber gekleidet zu sein. Das wird in dieser Form von einem Traveller nicht erwartet, aber wer mit seiner äußeren Erscheinung in Konkurrenz zu Bettlern und Straßenkindern tritt, muss sich nicht wundern, wenn er auch dementsprechend behandelt wird. In Kambodscha ist es selbst in den Slums üblich, sich mindestens einmal am Tag zu duschen und täglich ein frisches T-Shirt anzuziehen. Daran sollte sich auch ein Tourist orientieren. Jedes Guest House bietet „laundry service" an.

Nacktbaden ist nur bei Kindern unter 10 Jahren gesellschaftlich akzeptiert. Bei Touristen handelt es sich hierbei um ein unangemessenes Verhalten. Hingegen können Männer überall problemlos in Unterhose oder Boxershort ins Wasser gehen oder in der Öffentlichkeit duschen.

In der Provinz ist es manchmal noch üblich, dass Frauen und Männer in den Abendstunden nur mit einem Pyjama bekleidet auf die Straße gehen.

Frauen

In Touristengebieten sind die Khmer mittlerweile einiges gewöhnt, was die knappe Bekleidung westlicher Besucherinnen angeht. Besonders manche jungen Frauen der englisch sprechenden Länder scheinen in der Öffentlichkeit geradezu ein exhibitionistisches Sendebewusstsein zu haben, wundern sich andererseits darüber, dass sie von den Khmer wie Prostituierte angestarrt und angemacht werden. Besonders peinlich, unangebracht und respektlos ist diese laszive Bekleidung bei Besuchen von Pagoden und Tempeln. Selbst junge Kambodschanerinnen in Phnom Penh würden nie mit kurzen Hosen oder ärmellosen T-Shirts auf die Straße gehen. Die Toleranz der Khmer gegenüber Ausländerinnen diesbezüglich ist relativ groß, doch wer es mit dem respektvollen Reisen ernst meint, wird eigenverantwortlich einen vernünftigen Kompromiss finden.

An den **Stränden** in Sihanouk Ville ist es kein Problem im Bikini zu Baden, auch wenn die einheimischen Frauen nur mit voller Bekleidung ins Wasser gehen. An Stränden, die nur von Einheimischen oder Fischern besucht werden, kann ein knapper Bikini zu aufdringlichem Verhalten der Männer führen. Ein T-Shirt über dem Badeanzug ist hier empfehlenswert.

Männer

Ein Kambodschaner bevorzugt in der Öffentlichkeit, außer bei körperlicher Arbeit oder bei Regen, lange Hosen. Es ist üblich, dass Khmer-Männer am Abend mit freiem Oberkörper in ihrer häuslichen Umgebung entspannen. In der Öffentlichkeit sollte ein Ausländer dies jedoch unterlassen. Kurze Hosen sind außer bei Einladungen und Behördenbesuchen kein Problem. Eine Pagode sollte aber auf keinen Fall respektlos und zu spärlich bekleidet betreten werden.

Diplomatische Vertretungen

Vertretungen Kambodschas

- **Deutschland:** Botschaft des Königreichs Kambodscha, Benjamin-Vogelsdorff-Str. 2, 13187 Berlin, Tel. 030/48637901, Fax 4863 7973, www.kambodscha-botschaft.de.
- Für **Österreich:** Botschaft des Königreichs Kambodscha, 264 a Avenue de Tervuren, 1150 Brüssel, Belgien, Tel. 0032/2 7720372, Fax 2 7720376.
- **Schweiz:** Botschaft des Königreichs Kambodscha, Chemin Taverney 3, bzw. Postfach 213, 1218 Le Grand-Saconnex, Tel. 022/788 7773, Fax 7887774.

Vertretungen der Nachbarländer Kambodschas

Botschaft des Königreichs Thailand

- **Deutschland:** Lepsiusstr. 64–66, 12163 Berlin, Tel. 030/794810, Fax 79481511.
- **Österreich:** Cottagegasse 48, 1180 Wien, Tel. 01/4783335, Fax 4782907.
- **Schweiz:** Kirchstr. 56, 3097 Liebefeld, Tel. 031/9703030 -31, -32, -33, -34, Fax 970 3035.

Botschaft der SR Vietnam

- **Deutschland:** Elsenstr. 3, 12435 Berlin, Tel. 030/53630108, Fax 53630200.
- **Österreich:** Felix-Mottl-Str. 20, 1190 Wien, Tel. 01/368075510, Fax 3680754.
- **Schweiz:** Schlösslistr. 26, 3008 Bern, Tel. 031/3887872, Fax 3887879, www.vietnam-embassy.ch.

Kurzgeschichte der deutschen Botschaft

Seit Mitte der 1950er Jahre gibt es eine Botschaft der Bundesrepublik Deutschland in Kambodscha. Sie war im Wooden House, in der 214. Straße untergebracht. Aus politischem Kalkül während des Vietnamkrieges erkannte Prinz Norodom Sihanouk die DDR 1968 als unabhängigen Staat an. Auf Grund der Hallsteindoktrin brach daraufhin die Bundesrepublik sofort die diplomatischen Beziehungen zum Königreich Kambodscha ab. Unter der Schutzmachtvertretung der Franzosen unterhielt sie jedoch weiterhin eine kleine Vertretung mit drei westdeutschen Diplomaten. Am 15. März 1975, einen Monat vor der Machtübernahme der Roten Khmer, verließ Herr Heilandt unter schwierigsten Bedingungen als letzer Angehöriger der Vertretung das Land. Die Evakuierung der französischen und besonders der amerikanischen Botschaft, nur ein paar Tage vor dem Fall Phnom Penhs im April, wurde zu einem erschütternden Drama.

Unter Pol Pot gab es keine Botschaften und Konsulate in Kambodscha. Alle einheimischen Mitarbeiter der deutschen Vertretung wurden auf Grund ihrer Fremdsprachenkenntnis und ihres hohen Bildungsstandes von den Khmer Rouge ermordet. Ihre Angehörigen, sofern sie nach diesem Holocaust noch auffindbar waren, bekommen heute noch eine kleine Rente von der Bundesrepublik.

Nach der Invasion der Vietnamesen unterhielt nur die DDR eine Botschaft in Kambodscha. Vom 19. Juli 1991 bis zum 13. Februar 1992 gab es die erste gesamtdeutsche Vertretung unter der Schutzmachtvertretung der Ungarn. Seit dem 14. Februar 1992 hat Deutschland seine eigene Vertretung in Phnom Penh, die während der UNTAC-Zeit vom SNC *(Supreme National Council)* lediglich den Status eines Beobachters zugeteilt bekam. Seit dem 3. Oktober 1993 hat die Bundesrepublik die vollen diplomatischen Beziehungen zum Königreich Kambodscha aufgenommen und unterhält nun eine Botschaft in Phnom Penh, in der 214. Straße.

Botschaft der Demokratischen Volksrepublik Laos

- **Deutschland:** Bismarckallee 2a, 14193 Berlin, Tel. 030/89060647, Fax 89060648. Auch zuständig für Österreich.
- **Schweiz:** Route de Colovrex 14bis, 1218 Le Grand-Saconnex, Tel. 022/7982441, -42, Fax 7982440.

Kambodschas Vertretungen in Vietnam, Thailand und Laos

Vietnam

- **Hanoi:** Royal Embassy of Cambodia, 71A Tran Hung Dao, Ecke Quang Trung, Tel. 9424788, 9424789.
- **Saigon** (Ho-Chi-Minh City): Royal Consulate General of Cambodia, No. 41 Phung Khac Khoan, Tel. 8292751.

Thailand

- **Bangkok:** Royal Embassy of Cambodia, 518/4 Pracha Uthit Road (Soi Ramkamhaeng 39), Wangtonglang, Tel. 95758512.
- **Meung Sa Kaew:** Royal Consulate of Cambodia, 666, Sowanasone Road, Tambun Thakasem, Ampheu, Tel. 6617236017.

Laos

- **Vientiane:** Royal Embassy of Cambodia, Thadeuda Road, Tel. 1314950, 1314952.

Weitere diplomatische Vertretungen Kambodschas kann man auf der Website des kambodschanischen Außenministeriums in Erfahrung bringen: www.mfaic.gov.kh (*Diplomatic Relations, Cambodia Missions Worldwide*).

Vertretungen in Kambodscha

Siehe Kapitel „Notfall“.

Ein- und Ausreise-bestimmungen

(Stand: Februar 2010)

Visum

Deutsche, Österreicher oder Schweizer, die in Phnom Penh oder Siem Reap mit dem **Flugzeug** ankommen, benötigen einen gültigen Reisepass und ein Passbild. Das einmonatige Visum wird am Flughafen erteilt. Für längere Aufenthalte muss man vorab ein Visum bei der zuständigen Botschaft des Königreichs Kambodscha beantragen.

Für die Ein- oder Ausreise auf dem **Landweg** siehe auch die Visabestimmungen der Nachbarländer (im Kapitel „Hin- und Rückreise“).

Es gibt zwei Arten von Visa für die Einreise in Kambodscha: **Tourist-Visa** (20 $) und **Business-Visa** (25 $). Der Unterschied ist, dass sich das Tourist-Visum lediglich einmal um einen Monat verlängern lässt, das Business-Visum jedoch bis zu einem Jahr. Auch das Business-Visum wird bei der Einreise erteilt. Dafür sind keine besonderen Formalitäten notwendig. Bei der Einreise über Land wird meist ein bis zu 10 $ höherer Preis verlangt.

Hinweis: Da sich die Ein- und Ausreisebestimmungen rasch ändern können, ist es ratsam, sich vor Reiseantritt beim Auswärtigen Amt (www.auswaertiges-amt.de) über den aktuellen Stand zu informieren.

E-Visum

Diese Art von Visum wird **online** beantragt und ausgestellt. Auf der Homepage http://evisa.mfaic.gov.kh/ wird ein Formular ausgefüllt und das erteilte Visum dann zugemailt. Der Ausdruck gilt dann bei der Einreise als Visum. Es werden ausschließlich Tourist-Visa erteilt. Das Visum kostet 20 $ plus 5 $ Bearbeitungsgebühr. Eingereist werden kann damit auf den internationalen Flughäfen in Phnom Penh und Siem Reap sowie an den Grenzübergängen Poipet, Koh Kong und Moc Bai. Große Vorteile bringt es in der Realität nicht, denn an allen Grenzübergängen wird auch ein Visum *on arrival* ausgestellt. Der Bearbeitungsprozess ist nur unbedeutend schneller.

Grenzformalitäten bei Ankunft mit dem Flugzeug

Für das Visum und die Zollformalitäten sind zwei Formulare auszufüllen, die bereits im Flugzeug ausgeteilt werden: Eine *Arrival Card*, die bei der Passkontrolle, wo der „Entry Stamp“ eingestempelt wird, abgegeben werden muss, und eine Zollerklärung *Customs Department Cambodia Passengers Declaration,* die von den Zöllnern am Ausgang eingesammelt wird.

Nur wer noch kein Visum hat, muss eine *Application Form for a Visa* ausfüllen, die in der Ankunftshalle des Flughafens ausliegt oder im Flugzeug verteilt wird. Ein Passfoto ist ebenfalls notwendig. Man stellt sich an dem langen Tresen an, wo 10 Beamte in Fließbandarbeit das Visum erteilen. Die bearbeiteten Ausweise werden am anderen Ende gegen die 20-$-Gebühr zurückgegeben.

Folgende Artikel müssen bei der **Zollerklärung** angegeben werden: Summen über 10.000 $; Elektroartikel wie Videokamera, Radiorekorder, Fernseher; Waffen; Gold; Waren, die im Land verkauft werden sollen.

Visumverlängerung

Das Tourist- und Business-Visum muss im *Immigration Office* in Phnom Penh verlängert werden. Hier herrschen offene Korruption und Schikane.

Tourist-Visum

Die Verlängerung des Tourist-Visums kostet 30 $. Ein Passbild ist notwendig. Die Bearbeitungszeit dauert 25–30 Tage. Für diese Zeit wird ein Ersatz-Beleg ausgestellt, der als Ausweisersatz gilt, mit dem es aber problematisch werden kann, Reiseschecks einzulösen.

Umgehung der 30 Tage Wartezeit: Mit der Zahlung von ca. 15 $ kann man die Visumverlängerung auf 1–3 Tage verkürzen. Entweder am Eingang einen der Polizisten (sie warten nur darauf, „helfen" zu können) diskret ansprechen, oder wesentlich besser und sicherer die ganze Angelegenheit einem **Reisebüro oder Guest House** *(Capitol, Narin, Lucky, Lucky Motorbike Shop, PTM Travel)* übertragen. Es kommt in diesem Fall zwar etwas teurer, doch dafür hat man keinen Stress mit den korrupten Beamten.

Ein Bestechungsversuch beim bearbeitenden Immigration-Officer ist zwecklos.

Auch in **Siem Reap** gibt es Reisebüros und Guest Houses, die das Visum verlängern. Die Reisepässe müssen allerdings nach Phnom Penh geschickt werden, weshalb die Bearbeitung etwa 5 Tage dauert.

Business-Visum

Die Preise sind inklusive Bestechungsgebühr.

- Verlängerung um 3 Monate (ca. 80 $)
- Verlängerung um 6 Monate mit Mehrfacheinreise (ca. 160 $)
- Verlängerung um 12 Monate mit Mehrfacheinreise (ca. 290 $)
- Ausstelldauer ca. 3 Tage

Adresse und Öffnungszeiten

- Immigration Office, Pochentong Blvd., gegenüber Flughafen.
- Mo bis Fr 7.30–10.00, 14.00–16.00 Uhr.

Ausreise

Für die Zollabfertigung am Pochentong-Flughafen muss die *Departure Card* ausgefüllt werden. Sie hängt an der *Arrival Card* und geht meist irgendwann verloren (was kein Problem darstellt, da man eine neue am Flughafen bekommen kann). Echte Antiquitäten dürfen verständlicherweise nicht ausgeführt werden. Bei abgelaufenem Visum sind pro überzogenem Tag 5 $ zu bezahlen.

Bei der Rückreise gibt es auch auf europäischer Seite Freigrenzen, Verbote und Einschränkungen. Folgende **Freimengen** darf man zollfrei in die EU und die Schweiz einführen:

- **Tabakwaren** (für Personen ab 17 Jahren): 200 Zigaretten oder 100 Zigarillos oder 50 Zigarren oder 250 g Tabak oder eine anteilige Zusammenstellung dieser Waren.
- **Alkohol** (für Personen ab 17 Jahren) **in die EU:** 1 l Spirituosen (über 22 Vol.-%) oder 2 l Spirituosen (unter 22 Vol.-%) oder eine anteilige Zusammenstellung dieser Waren, und 4 l nicht-schäumende Weine, und 16 l Bier; **in die Schweiz:** 2 l bis 15 Vol.-% und 1 l über 15 Vol.-%
- **Andere Waren** (in die EU): 10 Liter Kraftstoff im Benzinkanister; für See- und Flugreisende bis zu einem Warenwert von insgesamt 430 €, über Land Reisende 300 €, alle Reisenden unter 15 Jahren 175 € (bzw. 150 € in Österreich); (in die Schweiz): neuangeschaffte Waren für den Privatgebrauch bis zu einem Gesamtwert von 300 SFr. Bei Nahrungsmitteln gibt es innerhalb dieser Wertfreigrenze auch Mengenbeschränkungen.

Wird die Wertfreigrenze überschritten, sind **Einfuhrabgaben** auf den Gesamtwert der Ware zu zahlen und nicht nur auf den die Freigrenze übersteigenden Anteil. Die Berechnung erfolgt entweder pauschal oder nach dem Tarif jeder einzelnen Ware zuzüglich sonstiger Steuern.

Einfuhrbeschränkungen bestehen u.a. für Tiere, Pflanzen, Arzneimittel, Betäubungsmittel, Feuerwerkskörper, Lebensmittel, Raubkopien, verfassungswidrige Schriften, Pornografie, Waffen und Munition; in Österreich auch für Rohgold und in der Schweiz auch für CB-Funkgeräte.

Nähere Informationen

- **Deutschland:** www.zoll.de oder beim Zoll-Infocenter Tel. 069/46997600.
- **Österreich:** www.bmf.gv.at oder beim Zollamt Klagenfurt Villach Tel. 01/51433 564053.
- **Schweiz:** www.ezv.admin.ch oder bei der Zollkreisdirektion in Basel Tel. 061/2871111.

Elektrizität

Die **Netzspannung** beträgt 230 Volt. Durch die veralteten Anlagen unterliegt sie jedoch großen Schwankungen.

Die **Versorgung mit Elektrizität** hat sich in den größeren Städten erheblich verbessert, besonders in Phnom Penh. In den Provinzhauptstädten kommt es dagegen immer noch regelmäßig zu Stromausfällen. Wenn wichtige Teile an den antiquierten Generatoren kaputtgehen, dauert es oft Wochen, bis sie repariert sind. Hotels und die meisten Guest Houses haben eigene Generatoren, die aber manchmal nur bis 23.00 Uhr in Betrieb sind. Strom ist in Kambodscha teurer als in den Nachbarländern, da alle Kraftwerke mit Diesel betrieben werden.

Essen und Trinken

Das Konglomerat aus vielen unterschiedlichen kulinarischen Einflüssen macht es schwierig, die typische Khmer-Küche zu identifizieren. Als Folge der bewegten Geschichte des Landes haben sich Geschmacksrichtungen aus China, Vietnam, Malaysia und Frankreich in Kambodscha etabliert. Erstaunlicherweise hat die thailändische Küche, wahrscheinlich wegen der scharfen Zubereitung, niemals erfolgreich Einzug in die Kochtöpfe der Khmer gehalten. Auf der anderen Seite gehören heute thailändische Restaurants zu den besten im Lande.

Reis *(bay)* ist das wichtigste Grundnahrungsmittel der Khmer. Es gibt kein

Essen, bei dem er nicht serviert wird. Auch für Süßspeisen, Kuchen und zur Herstellung von Wein findet er Verwendung.

Durch die großen Flüsse und die nahe Küste zählt auch **Fisch** *(trey)* in den meisten Gegenden zu den Grundnahrungsmitteln. Als hochwertiger und billiger Eiweißträger ist er für die Menschen von großer Bedeutung. Er kommt in jeder nur erdenklichen Form auf den Tisch: getrocknet, geräuchert, gegrillt, in Salz eingelegt und als Suppe.

Fast so wichtig wie Reis und wohl die typischste Beilage der Khmer-Küche ist *prahok*. Diese **Fischpaste,** die für einen Khmer bei keinem Essen fehlen darf, doch für europäische Nasen einen grauenvoll stechenden Geruch verbreitet, ist für unseren Geschmack kaum genießbar. Die kleinen Fische *(trey chong var)* aus Tonle Sap und Mekong werden zu einer gärenden Masse zerstampft, aus der diese beliebte faulig riechende, weißlich schillernde Paste hergestellt wird. Selbst die im Land lebenden Chinesen und Vietnamesen teilen die Begeisterung für dieses Nahrungsmittel nicht mit den Khmer. Oft wird der *prahok* zum Würzen der Suppe oder als Soße für grüne Mangos verwendet. Für die Armen ist er häufig die einzige Beilage zum Reis.

Das **Baguette** *(num pang)*, ein Relikt aus der französischen Kolonialzeit, ist dem europäischen Magen eher vertraut. Es ist nur in den Städten oder Dörfern, die eine Bäckerei haben, zu finden. Zu bekommen ist es auf den Märkten oder an Straßenecken und gehört für die meisten Kambodschaner zum täglichen Speiseplan. Zu Hause wird das Weißbrot mit Curry bestrichen, während es auf der Straße an kleinen Ständen, mit Fleisch, einer fettigen Paste und mit Gurken belegt (manchmal auch mit dem in Frankreich bekannten Weichkäse *la Vache qui rit*), an die Passanten verkauft wird.

Darüber hinaus stehen auch **Obst und Gemüse** auf dem täglichen Speisezettel.

650ka Foto: an

Baguette (num pang)

Traditionelle Gerichte

Ihren unverkennbaren Stil hat sich die Khmer-Küche bei Suppen und Fischgerichten bewahrt.

Suppe

Samlor matchu ist eine beliebte Suppe, die mit Fisch, Hühnchen *(muan)*, Rind *(secco)* oder Schwein *(sack cherouk)* zubereitet wird.

Fischspezialitäten

- *Trey dhom rey,* gebratener Elefantenfisch mit süßsaurer Sauce.
- *Trey roah,* ein Fisch, der meist als Suppe gegessen wird.
- *Trey ondei* und *trey kragn,* zwei delikate Fische, die gegrillt und mit süßsaurer Sauce übergossen werden. Zu diesem beliebten Picknickgericht werden grüne Mangos serviert. Diese Spezialität kann man sich in Tonle Bati, Koki Beach oder Kieng Svay bestellen.

Huhn

Zu den kambodschanischen Festtagsessen zählt *muan doth.* Dabei wird ein rohes Huhn in einem Eimer aufgehängt und außenherum mit Holzkohlenfeuer erhitzt. Der Saft, den das Huhn abgibt, wird aufgefangen. Wenn das Huhn fertig ist, wird es zusammen mit seinem Saft, der mit Zucker und Gewürzen angerührt wird, verspeist.

Beliebt sind *Amok*-Gerichte. Fisch oder Hühnchen gekocht in Kokosmilch mit Curry und Kräutern des Landes.

Insekten

Insekten wie Taranteln, Kakerlaken, Käfer oder Ameisen, bei denen sich allein beim Gedanken daran, diese genüsslich zu verspeisen, der mitteleuropäische Magen umdreht, gehören in Kambodscha zwar nicht zur täglichen Nahrung, doch als frittierter Snack oder als Beigabe zu einer Suppe sind sie bei Alt und Jung sehr begehrt.

Berühmt für seine behaarten Taranteln *ping peang* und die schwarzen Wasserkäfer *kan-tes long* ist der Ort **Skun** in der Provinz Kompong Cham, wo sie überall am Straßenrand verkauft werden. Sehr beliebt sind die fliegenden Kakerlaken *chang-ret,* die in der Nacht unter den Straßenlaternen mit großer Begeisterung von der Bevölkerung gefangen werden. Heute wird dieser Snack in großem Rahmen mit Hilfe nachts beleuchteter Plastikfolien, gegen welche die plumpen Insekten prallen und in das darunterstehende Wasserbecken fallen, erlegt. Einzug in die Haute-Cuisine haben Ameiseneier gefunden. Khmer-Spezialitäten-Restaurants haben *porng ang-krang* in den Monaten April und Mai auf der Speisekarte.

Komplette Auslagen aller Insektendelikatessen bekommt der Interessierte in Phnom Penh an den Nachtständen (bis morgens vier Uhr früh) zu sehen, die vor der Vetika Oumtouk an der Riverside an die Nachtschwärmer verkauft werden.

Süßes

Zu Hochzeiten und anderen festlichen Anlässen werden Reisbällchen mit Bananen *(ansam chruk)* oder Süßigkeiten aus Palmenzucker und Kokosnüssen *(phleay)* serviert.

Mahlzeiten

Frühstück

Gefrühstückt wird häufig außer Haus. Wohlhabende Familien, überwiegend jedoch Männer aller sozialer Schichten, füllen schon frühmorgens ab 6.00 Uhr die einheimischen Restaurants. Der beliebteste Frühstückssnack ist die chinesische Nudelsuppe *(kuytiaw)*, die mit Fleisch, Gemüse und frischen Sojakeimlingen serviert wird.

Mittag- und Abendessen

Sie werden für gewöhnlich im Kreis der Familie eingenommen. Als Tisch dient eine geflochtene Matte, die auf dem Boden ausgebreitet wird und in deren Mitte die Schüsseln mit den Speisen stehen. Es ist eine Selbstverständlichkeit, dass jeder, der sich in der Wohnung aufhält, zum Essen eingeladen wird.

Zum Standardessen gehört eine Schüssel mit Reis, eine mit Suppe und mehrere kleine, mit etwas Fisch, Fleisch, Fischpaste, Gemüse sowie geschälten, unreifen Papayas oder Mangos. Alles kommt gleichzeitig auf den Tisch. Die meisten Kambodschaner essen mit Stäbchen. Zu trinken gibt es dünnen Tee.

Im Restaurant

Jedes größere Dorf hat ein oder mehrere Restaurants. Speisekarten gibt es nur dort, wo häufiger Ausländer zum Essen kommen. Neben Khmer steht die Auswahl der Gerichte auf Englisch, aber nur noch selten auf Französisch angeschrieben. Dort, wo es keine Speisekarten gibt, kann man in die Küche gehen, sich vom Koch die Lebensmittel zeigen lassen und mit ihm vereinbaren, was man zubereitet haben möchte. Verblüffend ist es, dass in typischen Khmer-Restaurants, abgesehen von Phnom Penh, oftmals alle Speisen denselben Preis haben.

In den einfachen Restaurants auf dem Dorf oder häufig auch an Bushaltestellen, stehen Kochtöpfe mit vorgekochten Speisen, aus denen die Gäste auswählen können. Das ist die **günstigste Art** im Land zu essen. Sonst ist es üblich das Essen frisch zuzubereiten. In den gehobenen westlichen Restaurants in der Stadt ist es momentan Trend, „Fusion-“ oder „Soft Fusion-“ Cuisine zu servieren. Hierbei wird die kambodschanische meist mit westlicher Küche verfeinert. Spötter sagen, dass es sich hierbei um einen Euphemismus handle, denn die einfache einheimische Küche sei für einen Europäer nicht sonderlich schmackhaft.

Während in den von Touristen frequentierten Städten überall ein westliches **Frühstück** mit Brot, Konfitüre, Käse und Omelett angeboten wird, kann ein Mitteleuropäer in der Provinz, der morgens nicht gerade auf Suppe steht, schon einmal in Schwierigkeiten kommen. Akzeptables **vegetarisches Essen** wird in vielen Guest Houses oder westlichen Restaurants angeboten. Die meisten Khmer-Restaurants haben keine konkrete Vorstel-

Getrockneter Tintenfisch

lung von einem westlichen Vegetarier, aber etwas Fleischloses lässt sich immer irgendwie bekommen. Am besten mit folgenden Wörtern darauf hinweisen: *bpeit sath* (vegetarisch); *knyom od nyambey sath* (ich esse kein Fleisch); *knyom tawm sath* (ich kann kein Fleisch essen); *sath* = Fleisch, *banlahae* = Gemüse.

Wer bezahlen will, macht sich bei der Bedienung mit *khat loy* bemerkbar. In einfachen Restaurants wird kein Trinkgeld erwartet. Wer eine Toilette sucht, fragt nach *bangkun*.

Straßenstände

Vom späten Nachmittag bis in die Nacht hinein errichten Frauen in allen Städten des Landes kleine Stände in der Nähe des Marktes oder anderer bevölkerter Plätze, wo sie allerlei Leckereien anbieten. Hier zu kosten ist ein kulinarisches und exotisches Abenteuer, das sich niemand entgehen lassen sollte. Ein kleiner Vorgeschmack auf das, was einen alles erwarten kann:

- *Toek grolock:* Lieblingsgetränk der Traveller. Fruchtshake mit Eigelb, Eis, Milch und verschiedenen Früchten wie Papaya, Mango, Trauben, Äpfel (auch ohne Ei).
- *Thnaot:* Junge Früchte der Zuckerpalme; werden mit Milch, Zucker und Eis gegessen.
- *Djeek khtik:* Bananen in Kokosmilch.
- *Bohboh sandeik:* Süßer Reis mit Bohnen.
- *Bohboh thnaot:* Süßer Reis mit dem Fleisch der jungen Früchte der Zuckerpalme.
- *Triab:* Gebackener, süßer Reis, eingewickelt in Bananenblätter.

639ka Foto: an

Speisekarte	តារាងម្ហូប
Frühstück	ស្រស់ស្រូប
Marmelade	ដំណាប់ផ្លែឈើ
Spiegeleier	ពងចៀនថ្វា
Omelett	ពងមាន់ចៀន
Sandwich	នំប៉័ង ប៉ាតេ
Sandwichtoast	សាំងវិច
Reissuppe mit -	បបរ
Nudelsuppe mit -	គុយទាវ
- Hühnerfleisch	សាច់មាន់
- Rindfleisch	សាច់គោ
- Gemüse	បន្លែ
- Schweinefleisch	សាច់ជ្រូក
Suppe	ស៊ុប សម្ល
klare Hühnerbrühe	ស៊ុបក្តៅសាច់មាន់
Zwiebelsuppe	ស៊ុបខ្ទឹមបារាំង
Gemüsesuppe	ស៊ុបបន្លែ
Tomatencrèmesuppe	ស៊ុបក្រែមទឹកប៉េងប៉ោះ
Chinesische Suppe	សម្លចាប់ឆាយ
vietnamesische Fischsuppe	សម្លម្ជូរត្រី
kambodschanische Fischsuppe	សម្លជ្រក់ត្រី
vietnamesische Hühnersuppe	សម្លម្ជូរមាន់

Salat	សាល័ដ
gemischter Salat	សាល័ដម៉ិច
gemischter Salat mit Ei	សាល័ដម៉ូដេន
Russischer Salat	សាល័ដអាឡារិស
mit Butter gebratene -	
-s Gemüse	បន្លែឆាប័រ
- Pilze	ផ្សិតឆាប័រ
- Möhren	ការ៉ុតឆាប័រ
- Bohnen	សណ្តែកបារាំងឆាប័រ
Fleisch	សាច់
gebratenes Rindfleisch mit -	ឡុកឡាក់ជាមួយ
- gebratenem Reis	បាយឆា
- Salat u. Kartoff.	សាល័ដនិងដំឡូងបារាំង
- Pommes frites	ប៉ោមហ្រ្វីត
Steak mit -	ហ្វីលេជាមួយ
- Salat	សាល័ដ
- gebratenen Pilzen	ផ្សិតឆា
- Pommes frites	ប៉ោមហ្រ្វីត
Hühnchen	សាច់មាន់
gebratenes	
Hühnchen mit Salat	មាន់រ៉ូទីសាល័ដ
Hühnchen mit Gemüse	ពូលេអេស្ប៉ាញ៉ុល
und gebratenem Reis	ជាមួយបាយឆា

gebackenes Hühnchen	មាន់រ៉ូទី
mit Pommes frites	ជាមួយប៉ោមហ្វ្រីត
gebratener Reis mit Huhn	បាយមាន់រ៉ូទី

Fisch, Krabben	ត្រី ក្តាម
gebratene Krabben -	ក្តាមឆា
- mit Knoblauch	ជាមួយខ្ទឹមស
- mit Pfeffer	ជាមួយម្រេច

Gebratenes	ម្ហូបឆា
gebratene Garnele	បង្គាឆា
gebratenes Hühnchen -	សាច់មាន់ឆា
gebratenes Schweinefleisch -	សាច់ជ្រូកឆា
gebratenes Rindfleisch -	សាច់គោឆា
- mit Pilzen	ជាមួយផ្សិត
- mit Zwiebeln	ជាមួយខ្ទឹមបារាំង
- mit Gemüse	ជាមួយបន្លែ
- mit Blumenkohl	ជាមួយផ្កាស្ពៃ
- mit Ingwer	ជាមួយខ្ញី
- mit Tomaten	ជាមួយប៉េងប៉ោះ
gebratene Nudeln -	មីឆា
- mit Gemüse	ជាមួយបន្លែ
- mit Hühnchen	ជាមួយសាច់មាន់
- mit Rindfleisch	ជាមួយសាច់គោ
Pommes frites	ប៉ោមហ្វ្រីត

gebr. Reis mit Gemüse	បាយឆាបន្លែ
gekochter Reis	បាយ

Früchte	ផ្លែឈើ
Obstsalat	ផ្លែឈើគ្រប់មុខ
Ananas	ម្នាស់
Papaya	ល្ហុង
Banane	ចេក

Getränke	ភេសជ្ជ
schwarzer Kaffee	កាហ្វេខ្មៅ
Milchkaffee	កាហ្វេទឹកដោះគោ
Eiskaffee mit Milch	កាហ្វេទឹកដោះគោទឹកកក
heißer Zitronentee	តែក្តៅក្រូចឆ្មារ
Eistee mit Zitrone	តែទឹកកកក្រូចឆ្មារ
Tee mit Milch	តែទឹកដោះគោ
heiße Ovomaltine	អូវ៉ាន់ទីនក្តៅ
kalte Ovomaltine	អូវ៉ាន់ទីនទឹកកក
heiße Milch	ទឹកដោះគោក្តៅ
Milch mit Eis	ទឹកដោះគោទឹកកក
Zitronensprudel	សូដាក្រូចឆ្មារ
Mineralwasser	ទឹកបរិសុទ្ធ
Bier	បៀរ
Angkor-Bier	អង្គរ
gepresster Orangensaft	ទឹកក្រូចច្របាច់

- *Hang ching peng:* Süßes chinesisches Gebäck, mit einer Art Frischkäse gefüllt.
- *Plei chouk:* Samen der Lotosblume, die ähnlich einer rohen Erbse schmecken und sehr proteinhaltig sind.
- *Loth chah:* Kleine, gebratene Nudeln, mit Sojakeimen und einem Ei serviert.
- *Toek ampoew:* Frisch gepresster Saft aus Zuckerrohr.
- *Toek doung:* Saft einer für unsere Begriffe unreifen Kokosnuss; wird mit Strohhalm aus der aufgeschlagenen Nuss getrunken.
- *Toek thnaot:* Vergorener Saft, der aus der Zuckerpalme gewonnen wird und alkoholisierend wirkt. Es gibt süße und saure Geschmacksrichtungen. (Bei der Herstellung wird die Blüte in der Krone des Baumes abgetrennt, die Flüssigkeit in einem Bambusköcher aufgefangen und an Fahrrädern hängend von den Bauern verkauft.)

Auf dem Markt in Phnom Penh

Auf dem Markt

An den Essensständen, die auf jedem Markt zu finden sind, lässt sich am preiswertesten essen. Neben typischen Khmer-Speisen findet man auch andere exotische Dinge, wie Froschschenkel und gebackene Schildkröten.

Jeder Markt bietet ein paradiesisches Angebot an **Früchten** aus der Umgebung. Hier eine kleine Auswahl, die noch viel Raum für eigene kulinarische Experimente lässt:

- *jehk:* Banane
- *owloek:* Melone
- *sway:* Mango
- *plaeh dohng:* Kokosnuss
- *krohj:* Orange
- *lhong:* Papaya

- *mnoah:* Ananas
- *kulean:* Litchee
- *thureen:* Durian, Stinkfrucht (Riesenfrucht mit stacheliger, harter, grün-gelb-brauner Schale. Der Geruch ist unbeschreiblich und der Geschmack nicht jedermanns Sache.)
- *khnao:* Jackfrucht (Optisch der Durian ähnlich. In der Frucht befinden sich kleine Fächer mit gelbem Fruchtfleisch.)
- *sawmaw:* Rambutan (Rot-grüne, runde Frucht mit einer Art langem, weichem Stachelpelz. Die Schale ist recht dick, das Fruchtfleisch klar/weiß und sehr süß.)

Getränke

In einfachen und typischen Khmer-Restaurants ist es üblich, dass eine Kanne mit dünnem **Tee** auf dem Tisch steht. Er kann ohne gesundheitliche Gefährdung getrunken werden und ist kostenlos. Jeder Tee, der extra bestellt wird, muss bezahlt werden.

Kaffee ist sehr stark und wie der türkische mit Satz. Er kann schwarz, mit Milch oder als Eiskaffee bestellt werden. Mit der äußerst süßen Kondensmilch wird sehr großzügig umgegangen, deshalb kann es leicht passieren, dass man plötzlich eine ungenießbare, süße Pampe vor sich hat. Die „Cappuccino-Kultur" hat zwar auch in Kambodscha Einzug gehalten, aber selbst in gehobenen Restaurants ist die Qualität oft nur mäßig.

In jeder kleineren Siedlung gibt es **Erfrischungsgetränke** wie *Coca Cola, Pepsi,* Softdrinks, Trinkwasser in Flaschen und Bier. Ein beliebtes und sehr erfrischendes Getränk ist Lemon Soda (*soda kroch chhmar*).

- **Buchtipp:**
Roland Hanewald, „Essbare Früchte Asiens", Praxis-Reihe, Reise Know-How Verlag

Erfrischungsgetränke und selbst Bier werden oft mit **Eiswürfeln** serviert. Durch den Einfrierungsprozess werden die meisten Bakterien abgetötet. Doch besteht die Gefahr, dass das Eis durch den Transport verschmutzt wird, wodurch es zu schweren Magen- und Darmerkrankungen kommen kann. Auf Grund persönlicher Erfahrungen bekommt man aber selbst in der Provinz selten Probleme nach dem Genuss von Getränken mit Eiswürfeln.

Die Anzahl der in Kambodscha vertretenen **Biersorten** ist erstaunlich. Doch der größten Beliebtheit unter den Touristen erfreut sich das in Sihanouk Ville gebraute *Angkor Beer.*

Die berühmten **Beergirls,** noch vor ein paar Jahren eine feste Institution in jedem kambodschanischen Restaurant, werden immer seltener. Sie arbeiten für eine der im Land vertretenen Biersorten (*Heineken, Anchor, Tiger, Angkor,* etc.) und sind bemüht, jeden eintreffenden Kunden zum Konsum ihres Bieres zu überreden.

Die Geschäfte in Phnom Penh verfügen über ein reichhaltiges Sortiment an guten französischen, australischen und italienischen **Weinen** (ab 6 $ die Flasche), sowie billige internationale **Spirituosen.** Die hochprozentigen lokalen Erzeugnisse, die häufig aus Reis hergestellt werden, kosten den Bruchteil eines *Johnny Walker,* doch sind sie nicht jedermanns Geschmack.

Trinkwasser gibt es überall in verschieden großen Plastikflaschen zu kaufen (*toek soht*). Es kann bedenkenlos getrunken werden. Unbedingt darauf achten, dass die Flasche mit Originalverschluss von der Fabrik versiegelt ist. Wasser aus der Leitung sollte nur abgekocht konsumiert werden. Wer auf Nummer sicher gehen möchte, putzt auch die Zähne mit Wasser aus der Flasche. Wesentlich besser, aber auch doppelt so teuer ist das Wasser aus den eckigen Plastikflaschen. Am bekanntesten ist die Marke „Ozone".

Feste und Feiertage

Kambodscha zählt nicht zu den Ländern, die durch ausschweifende und farbenprächtige Feste Touristenscharen anlocken. Das Fest der „Wechselnden Strömungen", *Bon Oumtouk,* ist die einzige Ausnahme. Die meisten Festivitäten sind religiöser Art und finden im stillen, beschaulichen Rahmen in der Pagode oder in den eigenen vier Wänden statt. Der Termin der Feste ist mit unserem Kalender nicht fest bestimmbar, da er von astrologischen Daten abhängt.

Feste im Jahreslauf

Ende Januar oder Anfang Februar

Tet ist das **Neujahrsfest der Mahayana-Buddhisten.** Es wird in Kambodscha nur von den Minderheiten der Chinesen und Vietnamesen gefeiert. Während der eine Woche dauernden Festivitäten schließen die Chinesen ihre Geschäfte. Die Zeit wird für Familientreffen und ausschweifende Essgelage genutzt und gute Vorsätze für das kommende Jahr gefasst. Besondere Aufmerksamkeit wird dem Verlauf der ersten Woche im Neuen Jahr gewidmet, da sie eine Zusammenfassung der positiven und negativen Ereignisse ist, die die Menschen im neuen Jahr erwarten.

Mitte April

Choul Chhnam ist das **Khmer-Neujahrsfest,** das den Beginn der buddhistischen Religion feiert. Das Fest dauert drei Tage lang und gehört zu den wichtigsten Feiertagen. Jedes Jahr wird ein neuer *Tevoda,* ein buddhistischer Gott, der die Macht über Himmel und Erde besitzt, empfangen. Er repräsentiert jedesmal ein anderes Tier und charakterisiert, mit unserem Sternzeichen vergleichbar, das Geburtsjahr einer Person. Die Menschen empfangen den Gott mit Räucherstäbchen, Nahrungsmitteln und zwei Gläsern Wasser, die sie vor die Türe stellen. Am ersten und zweiten Tag gehen die Menschen in die Pagoden, die mit bunten Fähnchen geschmückt sind, und bringen den Mönchen Nahrungsmittel. Besonders die jungen Leute tanzen in den Pagoden und auf den Straßen und machen traditionelle Spiele, um auf diese Weise vielleicht den zukünftigen Lebenspartner kennenzulernen. Am dritten Tag werden Buddhastatuen mit Wasser übergossen, das wieder aufgefangen wird, um darin eine rituelle Waschung vorzunehmen. In den Pagoden werden kleine Sandhügel aufgeschichtet, auf deren Gipfeln Räucherstäbchen und Blumen gesteckt werden.

Mai

Viskha Puja ist für die Buddhisten das wichtigste religiöse Fest. An einem Vollmondtag werden Buddhas Geburt, Erleuchtung und Todestag gefeiert. Die Menschen entzünden Räucherstäbchen und bringen Essen in die Pagoden. Am Abend wird gemeinsam mit den Mönchen in der Wat gebetet und meditiert.

Chrat Prea Angal war eine im Königshaus abgehaltene **Zeremonie zu Beginn der Pflanzzeit.** Sie wurde seit 1970 nicht mehr gefeiert. Doch mit der erneuten Einführung der Monarchie besann sich die königliche Regierung zur Begeisterung der Bevölkerung wieder auf alte Traditionen. Somit fand dieses Fest im Mai 1994 zum ersten Mal seit 25 Jahren wieder statt. Dabei wird auf dem Platz vor dem Nationalmuseum der Boden von mehreren Ochsengespannen symbolisch umgepflügt. Anschließend bietet man den acht „königlichen Ochsen" verschiedene Feldfrüchte zur Auswahl an. Der Legende nach können die Bauern, die die Feldfrüchte anbauen, von denen die Ochsen bei dieser Zeremonie naschen, mit besonders hohen Ernteerträgen rechnen. Als schlimmes Zeichen wird es gewertet, wenn die Ochsen anstatt den Feldfrüchten das Gras fressen. Trinkt ein Tier von dem aufgestellten Becher Wein, so bedeu-

Fest der wechselnden Strömungen 1911

tet dies, dass große Probleme auf das Königreich zukommen.

September/Oktober

Pchum Ben ist das **Fest der Verstorbenen.** Es gehört zur buddhistischen Tradition und dauert 14 Tage. Die Seelen der Verstorbenen suchen ihre Angehörigen in bis zu sieben verschiedenen Pagoden und verfallen in große Trauer, wenn sie keine Gaben von ihnen vorfinden. Die Seelen kommen von überall, selbst aus der Hölle, um nach lebenden Familienangehörigen zu suchen. Um ihre verstorbenen Angehörigen nicht zu enttäuschen, bringen die Menschen 14 Tage lang Essen in die umliegenden Pagoden, das von den Mönchen gesegnet und später von ihnen verzehrt wird. Man sagt, dass die Seelen sich bewusst diese Zeit dafür ausgesucht haben, da es für die Mönche inmitten der Regenzeit am schwersten ist, an Nahrungsmittel zu kommen. Der letzte Tag des Festes ist der wichtigste, da sich an ihm die Menschen in den Wats versammeln, um gemeinsam mit den Mönchen für das Seelenheil ihrer verstorbenen Angehörigen zu beten.

Oktober oder November

Bon Oumtouk, **Fest der wechselnden Strömungen** oder Wasserfest. Jedes Jahr zu Vollmond Ende Oktober oder November findet dieses größte Fest Kambodschas an den Ufern des Tonle Sap in Phnom Penh statt. Für drei Tage versammeln sich Hunderttausende von Menschen aus der Hauptstadt und den Provinzen, um vor dem Königspalast einem Spektakel mit Volksfestcharakter beizuwohnen.

Anlass für das Fest Bon Oumtouk ist die Umkehr der Fließrichtung des Flusses Tonle Sap, der durch das Abschwellen der Wassermassen des Mekong wieder Richtung Meer fließt (siehe Geografie). Der Legende nach gab früher der König, als Beweis seiner Macht, dem Tonle Sap den Befehl, seine Richtung zu ändern. Der eigentliche Ursprung des Festes könnte in der Angkor-Periode liegen. Wegen der Bootsrennen besteht die Theorie, dass es mit den damals stattgefundenen Schlachten zwischen Khmer und Cham auf dem See Tonle Sap in Verbindung steht. Während das Fest nun mit immer mehr technischem Aufwand und Perfektion gefeiert wird, gab es während der französischen Kolonialzeit neben den Bootsrennen nur Kerzen, die auf Bananenblättern nachts den Fluss hinunter trieben.

Am Nachmittag des ersten Tages beginnen die Festivitäten mit den Bootsrennen. Über 200 Boote aus allen an Mekong und Tonle Sap grenzenden Provinzen gehen unter den Augen der Bevölkerung, des Königs und seiner Minister, die von der *Vetika Oumtouk* aus zusehen, an den Start. 20–30 Ruderer, Männer und Frauen (manchmal gemischt, manchmal nach Geschlechtern getrennt) sitzen in einem Boot, das bunt bemalt und bis zu 25 m lang ist. Der Bug ist mit Blumen und Fähnchen geschmückt.

Nach Einbruch der Dunkelheit ziehen etwa zehn Schiffe mit bis zu zehn Meter hohen Fassaden, die aus Bildern mit bunten Glühbirnen bestehen, in einer Prozession den Tonle Sap auf und ab. Das Bild auf dem ersten Boot repräsentiert das Wappen des Königs, auf dem zweiten das des Parlaments, und das dritte zeigt die Landkarte Kambodschas. Die folgenden originell und witzig gestalteten Bilder stellen verschiedene Ministerien des Landes dar. Diese an sich schon skurril wirkende Szenerie bekommt durch das gleichzeitige bombastische Feuerwerk endgültig einen irrealen Charakter.

Dieses Programm wiederholt sich drei Tage lang, und jeder nur verfügbare Platz in der Nähe des Königsplatzes ist überfüllt mit Ständen und Verkäufern. Überall gibt es Vorführungen, und an verschiedenen Plätzen spielen Bands bis spät in die Nacht, die von großen Firmen gesponsert sind. Am letzten Tag wird das Finale der Bootsrennen abgehalten.

Die besten Aussichtsplätze für die Wettbewerbe auf dem Tonle Sap und die nächtliche Lichterprozession sind die Balkone und Dachterrassen der Restaurants an der Riverfront.

Weitere Feiertage

- **7. Januar:** Die **Befreiung Kambodschas** durch die Vietnamesen war früher Anlass für einen Nationalfeiertag, jetzt ist es nur noch ein nationaler Gedenktag. Dies ist symptomatisch dafür, dass die Vietnamesen von den Khmer nie als Befreier, sondern als Besatzungsmacht empfunden wurden.
- **1. Mai:** Tag der Arbeit
- **9. Mai: Gedenktag des Völkermordes.** An diesem Tag wird der Opfer des mörderischen Pol-Pot-Regimes gedacht. Gedenkfeiern werden nicht nur in Choeung Ek abgehalten.
- **30. Oktober bis 1. November:** Geburtstag des ehemaligen Königs *Sihanouk*. Große Feiern mit Feuerwerk und Umzügen. Manchmal wird der Palast geöffnet.
- **9. November: Nationalfeiertag.** An diesem Datum ist Kambodscha im Jahre 1953 von Frankreich in die Unabhängigkeit entlassen worden. Er wird mit Umzügen und Ansprachen vor allem in Phnom Penh gefeiert.
- Durch die **Änderung der Regierungsform** sind die kommunistisch und revolutionär inspirierten Feiertage, wie Gründung der Rev. Volksarmee (19. 6. 1951), Gründung der Rev. Volkspartei (28. 6. 1951) oder die Gründung der Vereinigung für den nationalen Wiederaufbau (2. 12. 1978), aus dem Feiertagskalender zugunsten monarchischer Termine verschwunden.

Film und Foto

Fotoausrüstung

Da es kaum mehr Touristen gibt, die mit einer analogen Kamera auf Reisen gehen, wird das Angebot an Dia- und Farbfilmen sowie Entwicklungslabors immer dürftiger. In den großen Städten gibt es aber immer noch ein ausreichendes Angebot. Es sollte jedoch dringend auf das **Verfallsdatum der Filme** geachtet werden. Mittlerweile ist es in den touristischen Hochburgen kein Problem mehr, die Bilder von der Speicherkarte auf CD brennen zu lassen.

- **Buchtipps:**
Helmut Hermann, „Reisefotografie“;
Volker Heinrich, „Reisefotografie digital“.
Beide Bände aus der Praxis-Reihe, Reise Know-How Verlag.

Fotoapparate, Videokameras und Zubehör sind überall dort zu bekommen, wo der Tourismus boomt. Das Sortiment ist groß.

Viele Fotoshops machen **Passbilder.** Auch die Qualität der zahlreichen **Fotolabors** in Phnom Penh (viele entwickeln im 1-Stunden-Takt) kann sich sehen lassen. Lediglich die Entwicklung von Diafilmen ist nicht befriedigend. Filmentwicklung ist auch in Siem Reap, Sihanouk Ville, Battambang und Kompong Cham möglich.

Fotokopien können in jeder Stadt angefertigt werden.

Im Land fotografieren und filmen

Die Khmer lassen sich vorbehaltlos gerne fotografieren, lediglich die Frauen und Mädchen zieren sich anfänglich gerne. *„Muay toat, muay toat"* (ein Foto, ein Foto), werden die Touristen besonders von den Kindern in der Provinz aufgefordert. Wer dann noch die Bilder auf seiner Digitalkamera herumzeigt, wird sich dem Begeisterungsansturm von Jung und Alt kaum mehr erwehren können. In weniger emotionalen Situationen gebietet es der Anstand jedoch, bei **Personenaufnahmen** vorher um Erlaubnis zu fragen. Bei religiösen Zeremonien und vor allem bei Totenfeiern ist eine taktvolle Zurückhaltung geboten, es sei denn, man wird speziell zum Fotografieren aufgefordert. Die Unsicherheit der Kambodschaner im Umgang mit Touristen macht es ihnen bei obengenannten Ereignissen oft besonders schwer, ein Fotografierverbot auszusprechen. Sie lassen sich lieber in ihrer intimsten Privatsphäre von einer neugierigen Kamera entwürdigen, als den Konflikt mit dem Fotografen zu suchen. Leider wird dieses Verhalten von Touristen und Journalisten allzu häufig auf unverschämte Weise ausgenutzt.

Geld

Die offizielle Landeswährung ist der **Riel.** Er wird mit einem kleinen „r" hinter der Summe abgekürzt. Die Geldscheine haben die Werte 100, 200, 500, 1000, 2000, 5000, 10.000, 20.000, 50.000 und 100.000 Riel. Kleine Händler kommen ab 10.000 Riel häufig in die Schwierigkeit, kein Wechselgeld herausgeben zu können.

Akzeptierte Zahlungsmittel

Dollar

Die amerikanische Währung ist der Landeswährung, dem Riel, inoffiziell gleichgestellt. Selbst in der tiefsten

Wechselkurse (Stand: Februar 2010)

1 Euro	5800 Riel
1 SFr	3950 Riel
1 US-Dollar	4150 Riel
1 Thai Bath	125 Riel
1000 Riel	0,17 Euro
1000 Riel	0,25 SFr
1000 Riel	0,24 US-Dollar

Provinz kann mit Dollar bezahlt werden. Das geht häufig sogar so weit, dass eine Preisangabe zwar in der Währungsbezeichnung Riel genannt wird, aber Dollar gemeint ist (z. B. „one Riel" = „one Dollar"). Die Preise sind aber entweder in Dollar oder Riel angegeben. Kleinere Summen sowie Artikel des täglichen Lebens, die hauptsächlich von Khmer gekauft werden, sind in Riel – Hotel-, Souvenir- und Restaurantpreise (in westlichen Restaurants) jedoch überwiegend in Dollar angegeben. Seit einigen Jahren ist der Wechselkurs fast unverändert. Jeder Geschäftsmann, wozu auch Ausländer zählen, ist gesetzlich dazu verpflichtet, Riel als Zahlungsmittel zu akzeptieren.

Euro

Die europäische Währung kann in größeren Städten und sogar in vielen kleineren Gemeinden in Dollar oder Riel gewechselt werden. Je kleiner und abgelegener eine Ortschaft ist, desto schlechter ist der Wechselkurs. Die besten Kurse gibt es in Phnom Penh, Siem Reap und Sihanouk Ville. Hier ist der Euro/Dollar- Wechselkurs sogar besser als bei der Bank in Deutschland, weshalb es nicht notwendig ist, sein ganzes Reisebudget schon zu Hause in Dollars einzutauschen. Als tägliches Zahlungsmittel wird der Euro nur in Notfällen und zu einem meist schlechten Kurs akzeptiert.

Kambodschanische Riel

Die besten Kurse gibt es oft auf dem Markt oder in privaten Wechselstuben. Vergleichen und handeln lohnt sich. Lange Zeit gab es bei den Banken die schlechtesten Kurse. Dies hat sich inzwischen geändert.

Bath

Die thailändische Währung ist das Hauptzahlungsmittel in den an Thailand grenzenden Provinzen, wo der Riel eine untergeordnete Rolle spielt. Sogar in Siem Reap, Battambang und Sihanouk Ville kann damit bezahlt werden. In Phnom Penh sowie in den südlichen und östlichen Landesteilen ist es unüblich, mit dem Bath zu zahlen. Er kann aber überall in Dollar und Riel gewechselt werden. Auch beim Bath ist der Wechselkurs seit vielen Jahren relativ konstant.

Gold

In den letzten 30 Jahren wurde zweimal die Währung gewechselt und einmal, unter *Pol Pot,* das Geld generell abgeschafft. Die Khmer haben daraus gelernt und legen ihr Vermögen, bis auf den heutigen Tag, in Gold an. Große Geschäfte, wie der Kauf eines Mopeds, Autos oder Hauses werden unter den Einheimischen zum großen Teil immer noch in Gold abgewickelt.

Geldwechsel

Neben dem Bankwesen existieren in Kambodscha die privaten Geldwechsler. Sie sind legal, und ihre kleinen Stände findet man im ganzen Land immer in der Nähe des Marktes. Die Wechselkurse sind manchmal besser als bei den Banken und bei größeren Summen auch verhandelbar.

Westliche Devisen in bar können in den meisten Banken in Phnom Penh gewechselt werden, jedoch erfolgt die **Auszahlung immer in Dollar** und nicht in Riel. Reiseschecks in Dollar und Euro werden von den Banken problemlos akzeptiert. Für ihre Dienste verlangen die Banken ca. 2 % Provision.

Banken

In großen Städten ist das Bankwesen gut entwickelt. In kleineren Ortschaften sind Banken, mit Ausnahme der **Acleda Bank,** einer Kreditbank für die Einheimischen, die aber auch Service für Touristen anbietet, noch selten zu finden. So gut wie alle Banken bieten einen umfassenden, internationalen Service vom Geldabheben mit Kreditkarte über Einlösen von Traveller-Schecks bis hin zum Geldtransfer. Auch die Kurse beim Bargeldwechsel sind meist akzeptabel. Die verbreitetsten Banken sind neben der *Acleda Bank* die **Cambodian Commercial Bank,** die **Canadia Bank** und vor allem die **ANZ Bank.**

Kreditkarten

Bargeldloser Zahlungsverkehr ist zurzeit noch überwiegend auf Phnom Penh und Siem Reap beschränkt. Doch auch dort nehmen nur teure Hotels und gute Restaurants Kreditkarten an. Es ist jedoch zu erwarten, dass sie mit zunehmendem Tourismus eine schnelle Verbreitung finden. Die *Visa Card* wird häufiger akzeptiert als *Master Card* oder *American Express*.

Die **Bargeldbeschaffung** mit den gängigen Kreditkarten ist am Schalter jeder Bank möglich, aber seit es die Geldautomaten gibt, kaum mehr üblich. Die Auszahlung erfolgt ohne Abzug von Provision, diese wird mit der Heimatbank verrechnet. Wer allerdings im Hotel, Restaurant, Souvenirshop oder im Reisebüro mit der Kreditkarte zahlt, wird häufig mit 3–5 % Zuschlag zur Kasse gebeten, dazu kommen noch ca. 1–2 % für den Auslandseinsatz.

Bankomaten

Erst 2006 wurden diese aus unserem Alltag nicht mehr wegzudenkenden „Gelddrucker" auch in Kambodscha eingeführt, wo sie als **ATM** (engl.) bezeichnet werden. Mit allen gängigen Kreditkarten sowie der Maestro-(EC-) Karte können mit der persönlichen Geheimnummer rund um die Uhr Dollar abgehoben werden. Im Moment gibt es ATMs in Phnom Penh, Siem Reap, Battambang und Sihanouk Ville. Mit einer rasanten Geschwindigkeit werden immer mehr Bankomaten im Land aufgestellt, welche überwiegend im Stadtzentrum, an Tankstellen, bei den Bankfilialen und an den touristischen Hotspots zu finden sind. Ausbezahlt werden ausschließlich Dollars.

Wie hoch die **Kosten für die Barabhebung** sind, ist abhängig von der kartenaustellenden Bank und von der Bank, bei der die Abhebung erfolgt. Man sollte sich daher vor der Reise bei seiner Hausbank informieren, mit welcher kambodschanischen Bank sie zusammenarbeitet. Im ungünstigsten Fall wird pro Abhebung eine Gebühr von bis zu 1 % des Abhebungsbetrags per Maestro-(EC-)Karte oder gar 5,5 % des Abhebungsbetrags per Kreditkarte berechnet.

Zum **Verlust oder Diebstahl** von Kreditkarten siehe Kapitel „Notfall".

Kosten und Preise

Das Preisniveau für einen Touristen in Kambodscha richtet sich nicht wie z.B. in Thailand nach dem Wechselkurs vom Euro zum Bath, sondern ist an den **Wechselkurs vom Euro zum Dollar** gekoppelt. Fast alle Dienstleistungen wie Hotels, Guest Houses, Restaurants, Eintrittsgelder, Souvenirs, westliche Getränke wie Bier und Softdrinks, Einkauf im Supermarkt etc. werden nämlich in Dollar abgerechnet. Ausnahmen sind lediglich öffentliche Verkehrsmittel, Essensstände und Restaurants, die in erster Linie von Khmer besucht werden, sowie Lebensmittel und Dinge des täglichen Bedarfs, die im Land produziert werden. Solange man in einfachen Guest Houses absteigt, die meist auch ein sehr günstiges Essen anbieten, oder sich auf dem Markt an Essensständen bzw. in den Khmerrestaurants, in denen mit Riel bezahlt wird, verköstigt, ist Kambodscha sehr billig. Wer sich eisern daran hält, kommt pro Tag (ohne Transportkosten) mit 10–15 € über die Runden.

Sobald aber das Bedürfnis nach etwas mehr Luxus (Doppelzimmer mit Bad/WC, westl. Frühstück, Bier und Softdrinks, Pizza & Pasta, Burger, westl. Restaurant, abends eine Bar aufsuchen) besteht, wird das Reisebudget deutlich mehr belastet, da alles in Dollar berechnet wird. Der Tagessatz schnellt dann (ohne Transportkosten) auf 30–40 € hoch.

Wer in einem Mittelklassehotel übernachtet, in Phnom Penh und Siem Reap in den gehobeneren Restaurants speist und auch das Nachtleben genießen möchte, sollte mind. 80 € pro Tag einrechnen.

Die Lebenshaltungskosten für Reisende sind in Kambodscha etwa 10–20 % höher als in den Nachbarländern Thailand und Vietnam.

Preisbeispiele für tägliche Ausgaben

• Doppelzimmer mit Fan	5–10 $
• Doppelzimmer mit AC	ab 12 $
• Essen auf dem Markt	0,50 $
• Essen im Guest House	2–3 $
• Essen im westlichen Restaurant	ab 6 $
• Essen im gehobenen Restaurant	ab 10 $
• Fahrradmiete pro Tag	1–2 $
• Moped-/Motorradmiete pro Tag	20 $
• Bier (0,33 l) in billigem Restaurant	1 $
• Flasche Wasser	0,35 $
• Cyclofahrt in Phnom Penh	0,60 $
• Busfahrten (Langstrecken)	max. 5 $
• Postkarte	0,70 $
• Schachtel Import-Zigaretten	1 $
• Internet (1 Std.)	0,50–1 $
• 1 l Benzin	1 $

Durch den starken Euro ist Kambodscha für Europäer eher günstig. Jedoch führt der hohe Ölpreis auch dort zu deutlichen Preissteigerungen.

Gesundheit

Wer sich mit der langen Liste von Krankheiten auseinandersetzt, die einen in Kambodscha ereilen können, kann schnell die Reiselust verlieren. Doch bei genauerer Betrachtung kann das Risiko stark eingegrenzt werden, da viele Krankheiten vom persönlichen Verhalten abhängen und man sich durch Impfungen und Medikamente davor schützen kann. Viele sind auf bestimmte Regionen beschränkt oder gefährden nur Menschen, die in unhygienischen Verhältnissen leben oder durch Unter- und Fehlernährung körperlich geschwächt sind.

Die größte Gefahr für die Gesundheit droht einem Touristen nicht durch Krankheit, sondern durch einen Verkehrsunfall.

In der **Reise-Gesundheits-Information** im Anhang finden sich genaue Informationen zu Impfungen und für Kambodscha relevanten Tropenkrankheiten, sodass im Folgenden nur auf die Verbreitungsgebiete im Land eingegangen wird.

Krankenhäuser

Das Krankenhaus mit dem besten Ruf in Kambodscha ist das **Calmette Hospital** in Phnom Penh am Monivong Blvd., Tel. 023/426948. Jedoch gibt es in der Hauptstadt eine Reihe guter Arztpraxen sowie weitere Kliniken (siehe Phnom Penh, Kapitel Gesundheit).

In den **Provinzstädten** bieten nur die wenigen Krankenhäuser, die von ausländischen Organisationen betreut werden, bei ernsthaften Gesundheitsproblemen eine zuverlässige Versorgung. Da die Ärzte in den Krankenhäusern sehr schlecht bezahlt werden, betreiben viele nebenher eine **Privatklinik,** in der die Versorgung zwar besser, aber auch teurer ist.

Bei einem Ausländer werden im Durchschnitt 30 $ für eine Untersuchung verlangt.

Bei einer lebensgefährlichen Erkrankung oder einem schweren Unfall ist die Versorgung selbst in Phnom Penh noch nicht ausreichend. Hervorragende Krankenhäuser gibt es in Singapur, Saigon und Bangkok. In **Bangkok** gehört das Samitivej Sukumvit Hospital (133, Sukhumvit 49) zu den besten Krankenhäusern Südostasiens. Dorthin werden die meisten Europäer für Notoperationen gebracht. Tel. 066/2711/8000, www.samitivej.co.th.

Wer eine dringend zu empfehlende **Rücktransportversicherung** abgeschlossen hat (z.B. ADAC, Rotes Kreuz, etc.), sollte die Notfallnummer immer griffbereit haben.

Für **Bergungen** bei schweren Unfällen und Erkrankungen innerhalb Kambodschas sowie **Evakuierungen** nach Bangkok, Singapur oder Europa sind folgende Organisationen in Phnom Penh zu empfehlen. Sie arbeiten zuverlässig, sind aber ohne ausreichende Versicherung kaum zu bezahlen.

- **SOS International Clinic:**
Tel. 023/216911 oder 119
- **Naga Clinic:**
Tel. 011/811175 oder 023/361225

Weitere Infos s. Kapitel „Phnom Penh, Gesundheit“.

Medikamente

Die Versorgung mit **Medikamenten** kann in Phnom Penh als gut bezeichnet werden, die Situation auf dem Lande ist aber noch nicht befriedigend. Deshalb ist eine **Reiseapotheke** dringend notwendig. Wer am Ende einer Reise Arzneimittel übrig hat, tut ein gutes Werk, wenn er sie im Land lässt. Den Einheimischen dürfen jedoch nur Medikamente anvertraut werden, deren Dosierung und Handhabung einfach ist und nicht zu Vergiftungen führen kann, etwa Aspirin, Hautdesinfektionsmittel, Pflaster; auf keinen Fall Antibiotika. Eine vernünftige Lösung ist es, sie dem örtlichen Arzt oder Krankenhaus zu überlassen. Ein guter Trick, um zu vermeiden, dass sie weiterverkauft werden, ist die Übergabe vor einer größeren Öffentlichkeit.

Krankheiten

Im Folgenden wird nur die **Verbreitung** der für Kambodscha wichtigsten Krankheiten dargestellt. Informationen über Art der Krankheit, Vorbeugung (Impfung), Symptome und Behandlung finden sich im Anhang.

Malaria

Vom kambodschanischen Gesundheitsministerium wird diese parasitäre

- **Buchtipps:**
Dürfeld; Rickels: „Selbstdiagnose und Behandlung unterwegs“; *Ruhstorfer, Thomas:* „Gesundheits-Handbuch für Fernreisen“. Beide Bände aus der Praxis-Reihe, Reise Know-How Verlag.

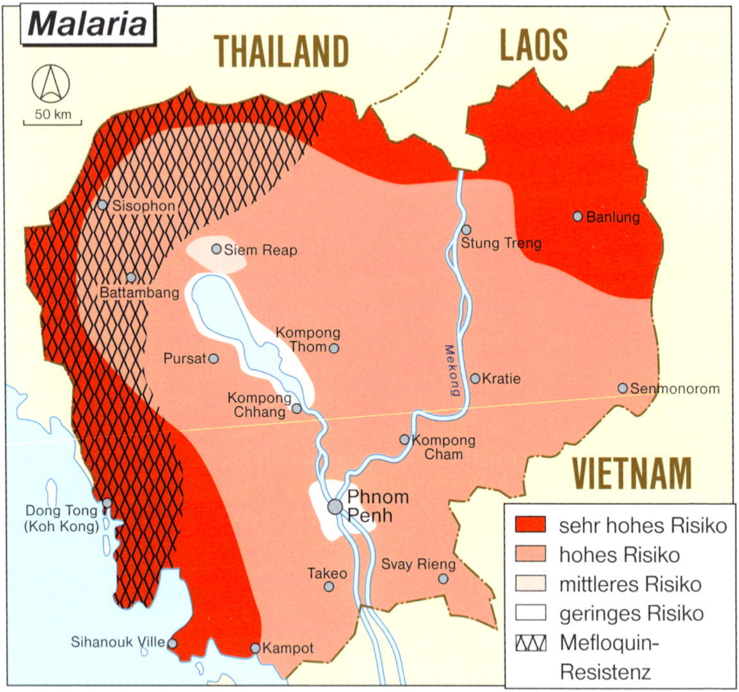

Erkrankung als das größte Risiko für die Bevölkerung angesehen. Nach Schätzungen erkranken jährlich etwa 500.000 Menschen daran, wovon zwischen 5000 und 10.000 sterben. Das Problem wird dadurch verstärkt, dass die Horrorvision einer absolut resistenten Malaria in manchen Grenzgebieten zu Thailand fast Wirklichkeit geworden ist. Unter Pol Pot und der vietnamesischen Invasion flüchteten Hunderttausende Khmer über die Grenze zu Thailand, wo sie in Flüchtlingslagern von internationalen Hilfsorganisationen betreut wurden. Neue Malariamittel wurden in diesen verseuchten Gebieten an den Menschen in relativ hohen Dosen und als Präventivmaßnahme erprobt. Vielen hat dies zwar damals das Leben gerettet, doch ist die Folge des sorglosen Umgangs mit diesen Präparaten eine nahezu 100%-Resistenz der Erreger gegen die meisten der gängigen Prophylaxen.

Die gefährlichste Malaria wütet in den Bergen im Westen an der Grenze zu Thailand (zwischen Koh Kong und Poipet) und im Norden in der Provinz Preah Vihear. Im Nordosten von Kambodscha, in Rattanakiri und Mondulkiri, im Osten der Provinz Kompong Cham und um Pursat ist die Malaria tropica ebenfalls weit verbreitet, doch ist die Resistenz wesentlich niedriger als an der Grenze zu Thailand. Erstaunlicherweise ist die Gefahr, sich am Tonle-Sap-See und an den Ufern von Tonle Sap und Tonle Bassac mit Malaria zu infizieren, sehr gering im Vergleich zur Umgebung des Mekong. In Phnom Penh ist es fast ausgeschlossen, diese Krankheit zu bekommen, während in Sihanouk Ville und Siem Reap eine geringe, aber nicht zu unterschätzende Gefahr der Infizierung besteht (siehe auch Karte).

Dengue-Fieber

Gefährdet sind v.a. Phnom Penh und die Provinzen Battambang und Kratie. Selten kommt es in Sihanouk Ville, Praeh Vihear, Stung Treng, Rattanakiri und Mondulkiri vor. In den letzten Jahren haben die Erkrankungen in Kambodscha zugenommen.

Schlangenbisse

In Südostasien werden statistisch gesehen die meisten Menschen auf der Erde von Schlangen gebissen. Doch ist die Gefahr für einen Touristen, der nicht weglos durch Wald und Felder streift, sehr gering. Auch nach dem Biss einer Giftschlange (engl.: snakebite; frz.: morsure de serpent) kommt es nur etwa bei 25 Prozent aller Menschen zu ernsthaften Vergiftungserscheinungen, und bei einem noch geringeren Prozentsatz führt er zum Tod. Zu den verbreitetsten Giftschlangen in Kambodscha zählen: verschiedene Kobraarten, z. B. Königskobra; Vipernarten, z. B. Grüne und Malayische Puffotter, Russelviper; Seeschlange.

Schlangen sind Nachttiere und deshalb hauptsächlich in der Dämmerung und Dunkelheit aktiv. Tagsüber verstecken sie sich in dunklen Schlupflöchern wie Mauerritzen, unter Steinen oder Holzstapeln. Vorsicht beim Besuch von Tempeln! Als Reptilien bevorzugen sie die Wärme und liegen gerne auf von der Sonne beschienenen Steinplatten. Seeschlangen halten sich hauptsächlich in Buchten und Flussmündungen auf.

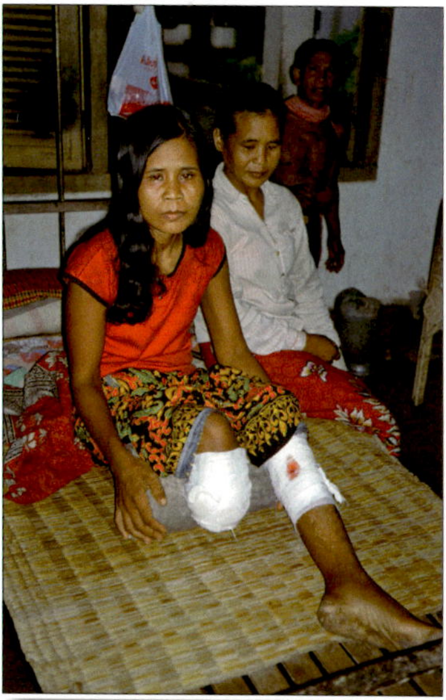

637ka Foto: an

Minenopfer in einem Krankenhaus

Tollwut

Die Gefahr, sich mit Tollwut zu infizieren, ist gering, doch wird diese nach ihrem Ausbruch absolut tödlich verlaufende Virenerkrankung nur äußerst selten von Reisenden als Gefährdung ernst genommen. In Kambodscha ist diese Krankheit (engl.: rabies; frz.: rage) sowohl auf dem Land als auch in der Stadt relativ weit verbreitet. Streunende Hunde, aber auch Katzen und Hausaffen sind dabei die gefährlichsten Überträger.

Cholera

In ganz Kambodscha gibt es vereinzelte Fälle von Cholera. Die schlimmste **Epidemie** brach 1999 unter den Ureinwohnern von Rattanakiri aus und forderte über 30 Todesopfer. Gehäuft wurden in den letzten Jahren Erkrankungen in der Provinz Battambang und Pursat gemeldet. Bisher ist in Kambodscha lediglich der Erreger „Vibro cholera 01“ bzw. die normale Cholera verbreitet, die nur etwa ein Prozent Todesfälle unter den Erkrankten fordert. Am höchsten ist die Todesrate bei Kindern unter 10 Jahren.

Die WHO und die einheimischen Gesundheitsbehörden fürchten jedoch, dass schon bald der wesentlich gefährlichere Erreger „Vibro cholera 0139“, der bereits in Malaysia und Thailand verbreitet ist, auch nach Kambodscha kommt. Aufgrund der schlechten hygienischen Verhältnisse könnte er sich schnell ausbreiten und eine hohe Zahl von Todesopfen unter der Bevölkerung fordern.

Aids

Vor Ankunft der UNTAC war das Land durch seine jahrzehntelange Isolation fast frei von Aids (frz.: SIDA). Mit dem Frieden kam auch die gefürchtete Krankheit unserer Zeit nach Kambodscha, wo sie sich noch schneller ausbreitet als in Thailand, der asiatischen Hochburg des HIV-Erregers. Durch die Stimulierung des horizontalen Gewerbes durch 22.000 Blauhelme witterten auch Prostituierte aus Vietnam und Thailand, von denen einige mit dem Aidsvirus infiziert waren, das große Geschäft und kamen nach Kambodscha. Zusammen mit einigen UNO-Soldaten, die bereits HIV-positiv ins Land kamen (unvorstellbar, aber wahr), brachten sie den Teufelskreis in Schwung. Am Ende der Friedensmission (1993) wurden 47 Teilnehmer auf HIV positiv getestet. Die geschätzte Anzahl liegt jedoch bei 150 Personen.

Nach der anfänglich rapiden Ausbreitung des Virus scheint die Situation durch eine offene Aidsaufklärung, auch bei der sexuell aktiven Jugend (einem Hauptklientel der Bordelle) einigermaßen unter Kontrolle zu sein. Schätzungen zufolge ist heute 1 % (150.000 Khmer) der Bevölkerung mit dem Virus infiziert. Die Aidsrate lag noch Ende der 1990er Jahre bei 2,6 % der Bevölkerung.

Verbreitung findet die Krankheit vor allem über die Bordelle, wo 38 % (in manchen Provinzen sogar 48 %) der Prostituierten infiziert sind. Risikogruppen sind Soldaten, Polizisten und Männer, die beruflich im Land unterwegs sind, wie LKW- und Taxifahrer sowie Entminer, die meist ein ausschweifendes Nachtleben führen. Da eine Sauftour in den meisten Fällen mit einem Bordellbesuch endet, haben fast alle Khmer-Männer schon einmal mit einem „Taxigirl" geschlafen. Und weil Frauen in Kambodscha nicht den gesellschaftlichen Status haben, um auf einem Kondom bestehen zu können, findet der Virus schnelle Verbreitung.

Einige NGOs sind mit der Aufklärung der Bevölkerung und der Verteilung von Kondomen beschäftigt. Die Angst vor Aids ist jedoch geringer als in unseren Breitengraden, weshalb der Gebrauch von Kondomen oft als lästige Lustminderung in einem ansonsten entbehrungsreichen Leben betrachtet wird.

Eine Gefahrenquelle liegt auch in der Mehrfachverwendung von gebrauchten Nadeln. In den schlecht ausgestatteten Krankenhäusern auf dem Land geschieht dies aus bitterer Notwendigkeit. Beim Doktor in der Stadt erwartet der Patient schon bei geringfügigen Erkrankungen eine Spritze, die ihm der Arzt aus Verdienstgründen auch ungern vorenthält. Die Sterilisierung wird dabei als weniger wichtig betrachtet.

Hin- und Rückreise

Luftweg

In Kambodscha gibt es zwei internationale Flughäfen: **Phnom Penh** und **Siem Reap** (Angkor). Von Europa aus gibt es **keine Direktflüge** nach Kambodscha. Verbindungen existieren lediglich mit den großen Flughäfen in den asiatischen Nachbarländern. Die besten Fluganbindungen bestehen nach Bangkok, von wo aus es täglich mehrere Flüge nach Siem Reap und nach Phnom Penh gibt (s. Gabelflüge).

Interessante **Umsteigeverbindungen** sind mit *Cathay Pacific Airways* von Frankfurt nach Hongkong und weiter mit *Dragon Air* nach Phnom Penh möglich; mit *China Airlines* von Frankfurt über Taipei nach Phnom Penh; mit *Eva Air* von Amsterdam, London, Paris und Wien mit Anschlussflügen von vielen Flughäfen in Deutschland, Österreich und der Schweiz über Taipei nach Phnom Penh; mit *Malaysia Airlines* von Frankfurt und Zürich via Kuala Lumpur nach Phnom Penh und Siem Reap; mit *Singapore Airlines* von Frankfurt und Zürich nach Singapur und weiter mit *Silk Air* nach Phnom Penh und Siem Reap; mit *Thai Airways* von Frankfurt, München und Zürich via Bangkok nach Phnom Penh; sowie mit *Vietnam Airlines* von Frankfurt via Hanoi oder Saigon nach Phnom Penh und Siem Reap.

Die Dauer eines Fluges aus dem deutschsprachigen Raum nach Phnom Penh liegt je nach Zwischenlandung oder Umsteigen bei etwa 14 Stunden oder mehr.

- **Buchtipps:**
Frank Littek, „Fliegen ohne Angst",
Erich Witschi, „Clever buchen – besser fliegen". Beide Bände aus der Praxis-Reihe, Reise Know-How Verlag.

Mini „Flug-Know-how"

Check-in

Nicht vergessen: Ohne einen **gültigen Reisepass** kommt man nicht an Bord eines Flugzeuges nach Kambodscha.

Bei den meisten internationalen Flügen muss man **zwei bis drei Stunden vor Abflug** am Schalter der Airline eingecheckt haben. Viele Airlines neigen zum Überbuchen, d.h., sie buchen mehr Passagiere ein, als Sitze im Flugzeug vorhanden sind, und wer zuletzt kommt, hat dann möglicherweise das Nachsehen.

Wenn ein **vorheriges Reservieren** der Sitzplätze nicht möglich war, hat man die Chance, einen Wunsch bezüglich des Sitzplatzes zu äußern.

Das Gepäck

Aus Sicherheitsgründen dürfen **Taschenmesser, Nagelfeilen, Nagelscheren,** sonstige Scheren und Ähnliches nicht mehr im Handgepäck untergebracht werden. Diese sollte man unbedingt im aufzugebenden Gepäck verstauen, sonst werden diese Gegenstände bei der Sicherheitskontrolle einfach weggeworfen. Darüber hinaus gilt, dass Feuerwerke, leicht entzündliche Gase (in Sprühdosen, Campinggas), entflammbare Stoffe (in Benzinfeuerzeugen, Feuerzeugfüllung) etc. nichts im Passagiergepäck zu suchen haben.

Seit November 2006 dürfen Fluggäste **Flüssigkeiten** oder vergleichbare Gegenstände in ähnlicher Konsistenz (z.B. Getränke, Gels, Sprays, Shampoos, Cremes, Zahnpasta, Suppen) nur noch in der Höchstmenge von 0,1 Liter als Handgepäck mit ins Flugzeug nehmen. Die Flüssigkeiten müssen in einem durchsichtigen, wiederverschließbaren Plastikbeutel transportiert werden, der maximal einen Liter Fassungsvermögen hat. Da der Sinn dieser Verordnung periodisch immer wieder in Zweifel gezogen wird, sollte man sich vor Reiseantritt bei der Airline oder beim Auswärtigen Amt (www.auswaertiges-amt.de) über den neusten Stand der Sicherheitsbestimmungen informieren.

Rückbestätigung

Bei den meisten Airlines ist heutzutage die **Bestätigung des Rückfluges** nicht mehr notwendig. Allerdings empfehlen alle Airlines, sich dennoch telefonisch zu erkundigen, ob sich an der Flugzeit nichts geändert hat, denn kurzfristige Änderungen der genauen Abfluguhrzeit kommen beim zunehmenden Luftverkehr heute immer häufiger vor.

Wenn die Airline allerdings eine Rückbestätigung *(reconfirmation)* **bis 72 oder 48 Stunden vor dem Rückflug** verlangt, sollte man auf keinen Fall versäumen, die Airline kurz anzurufen, sonst kann es passieren, dass die Buchung im Computer der Airline gestrichen wird; der Flugtermin ist dahin. Das Ticket verfällt aber nicht dadurch, es sei denn, die Gültigkeitsdauer wird überschritten, aber unter Umständen ist in der Hochsaison nicht sofort ein Platz auf einem anderen Flieger frei.

Die **Rufnummer** kann man von Mitarbeitern der Airline bei der Ankunft, im Hotel, dem Telefonbuch oder auf der Website der Airline erfahren.

Flugpreise

Je nach Fluggesellschaft, Jahreszeit und Aufenthaltsdauer in Kambodscha bekommt man ein Economy-Ticket von Deutschland, Österreich und der Schweiz hin und zurück nach Phnom Penh oder Siem Reap für Flüge in der Nebensaison **ab 800 Euro** (inkl. aller Steuern, Gebühren und Entgelte).

Hauptsaison ist von November bis April, in der die Preise für Flüge nach Kambodscha auf über 1000 Euro steigen können (vor allem um die Weihnachtszeit).

Viele Fluggesellschaften bieten **Jugend- und Studententickets** an (je nach Airline z.B. für alle jungen Leute bis 29 Jahre und Studenten bis 34 Jahre). Außerhalb der Hauptsaison gibt es damit einen Hin- und Rückflug von Frankfurt nach Phnom Penh ab etwa 750 Euro.

Von Zeit zu Zeit offerieren die Fluggesellschaften **befristete Sonderangebote.** Dann kann man z.B. mit Thai Airways für unter 700 Euro von Frankfurt, München oder Zürich nach Phnom Penh und zurück fliegen. Ob für die gewünschte Reisezeit gerade Sonderangebote für Flüge nach Kambodscha auf dem Markt sind, lässt sich im Internet z.B. auf der Website von Jet-Travel (www.jet-travel.de) unter „Flüge" herausfinden, wo sie als **Schnäppchenflüge** nach Asien aufgeführt sind.

In Deutschland gibt es von Frankfurt aus die häufigsten Verbindungen nach Kambodscha. Tickets für Flüge von und nach anderen deutschen Flughäfen sind oft teurer. Da kann es für Deutsche attraktiver sein, mit einem **Rail-and-Fly-Ticket** per Bahn nach Frankfurt zu reisen (entweder bereits im Flugpreis enthalten oder nur 30 bis 60 € extra). Man kann je nach Fluglinie auch einen preiswerten **Zubringerflug** der gleichen Airline von einem kleineren Flughafen in Deutschland buchen. Außerdem gibt es **Fly & Drive-Angebote,** wobei eine Fahrt vom und zum Flughafen mit einem Mietwagen im Ticketpreis inbegriffen ist.

Indirekt sparen kann man als Mitglied eines **Vielflieger-Programms** wie www.star-alliance.com (Mitglieder u.a. *Singapore Airline, Thai Airways)* oder www.oneworld.com (Mitglied u.a. *Cathay Pacific Airways).* Die Mitgliedschaft ist kostenlos und mit den gesammelten Meilen von Flügen bei Fluggesellschaften innerhalb eines Verbundes reichen die gesammelten Flugmeilen dann vielleicht schon für einen Freiflug bei einer der Partnergesellschaften beim nächsten Flugurlaub. Bei Einlösung eines Gratisfluges ist langfristige Vorausplanung nötig.

Gabelflüge und Stopover

Gabelflüge (z.B. Hinflug nach Bangkok, Rückflug ab Saigon oder hin nach Hanoi und zurück von Singapur) sind in der Regel etwas teurer, können aber für die Reiseplanung von Vorteil sein bei der Gestaltung von Rundreisen.

Wenn man als Ausgangspunkt für seine Reise nach Kambodscha Bangkok gewählt hat, ist der **Discovery Air Pass** von *Bangkok Airways* und *Siem Reap Airways* nützlich, mit dem mindestens drei Strecken geflogen werden müssen, wobei internationale Strecken jeweils 90 $ und Inlandsstrecken in Thailand und Kambodscha jeweils 60 $ kosten (zzgl. ca. 28 $ Steuern und Gebühren). Damit ist ein Rundflug von Bangkok nach Phnom Penh, von Phnom Penh nach Siem Reap und von Siem Reap zurück nach Bangkok für 240 $ (plus Steuern und Gebühren) möglich. Wenn man mag, kann man für weitere 120 $ auch noch einen Abstecher von Bangkok nach Koh Samui und zurück unternehmen. Die Tickets sind zwei Monate gültig.

Cathay Pacific Airways, *Malaysia Airlines, Singapore Airlines* und *Thai Airways* bieten interessante **Stopover-Programme** für den jeweiligen Heimatflughafen mit Transport vom/zum Flughafen, günstigen Übernachtungen in guten Hotels, Stadtrundfahrten usw. an.

Buchung

Folgende **zuverlässige Reisebüros** haben oft günstigere Preise als viele andere:

- **Jet-Travel,** Buchholzstr. 35, D-53127 Bonn, Tel. 0228-284315, Fax 284086, info@jet-travel.de, www.jet-travel.de. Auch für Jugend- und Studententickets. Sonderangebote auf der Website unter „Schnäppchenflüge".
- **Globetrotter Travel Service,** Löwenstr. 61, CH-8023 Zürich, Tel. 044 2286666, www.globetrotter.ch. Weitere Filialen, siehe Website.

Die vergünstigten Spezialtarife und befristeten Sonderangebote kann man nur bei wenigen Fluggesellschaften in ihren Büros oder direkt auf ihren Websites buchen; diese sind jedoch auch bei den oben genannten Reisebüros erhältlich. Im Übrigen sollte man wissen, dass die günstigsten Flüge keineswegs immer online im Internet buchbar sind. Häufig haben *Jet-Travel* und der *Globetrotter Travel Service* auf Anfrage preiswertere Angebote.

Last-Minute

Wer sich erst im letzten Augenblick für eine Reise nach Kambodscha entscheidet oder gern pokert, kann Ausschau nach Last-Minute-Flügen (z.B. nach Bangkok) halten, die von einigen Airlines mit deutlicher Ermäßigung **ab etwa 14 Tage vor Abflug** angeboten werden, wenn noch Plätze zu füllen sind. Diese Last-Minute-Flüge lassen sich nur bei Spezialisten buchen, z.B.:

- **L'Tur,** www.ltur.com, Tel. 00800721212100 (gebührenfrei für Anrufer aus Europa); 165 Niederlassungen europaweit.
- **Lastminute.com,** www.lastminute.de, (D)-Tel. 01805 284366 (0,14 €/Min.), für Anrufer aus dem Ausland Tel. 0049 89 4446900.
- **5 vor Flug,** www.5vorflug.de, (D)-Tel. 01805 105105 (0,14 €/Min.), (A)-Tel. 0820 203 085 (0,145 €/Min.).
- **Restplatzbörse,** www.restplatzboerse.at, (A)-Tel. (01) 580850.

Landweg

Ein- und Ausreise Thailand

Die Visa für Thailand und für Kambodscha werden an den Grenzübergängen erteilt. Reisende benötigen lediglich einen noch mindestens sechs Monate gültigen Reisepass und ein Passbild. Das thailändische Visum ist für EU-Bürger kostenlos, das kambodschanische Visum kostet offiziell 20 $, doch schlagen die Grenzbeamten zwischen 5 und 10 $ auf.

In Deutschland, Österreich oder der Schweiz lebende Staatsbürger von Nicht-EU-Staaten sollten sich grundsätzlich bei der entsprechenden thailändischen und kambodschanischen Botschaft nach der Notwendigkeit für ein Visum erkundigen (siehe Kapitel Diplomatische Vertretungen).

- Grenzübergang **Poipet/Aranyaprathet:** Der am häufigsten benutzte Grenzübergang, da am schnellsten von Bangkok zu erreichen. Von Bangkok aus fahren täglich Züge und

Busse zur Grenzstadt Aranyaprathet, doch die meisten Traveller kaufen in Bangkok in den Reisebüros in der Khao San Road ein Ticket direkt bis nach Siem Reap. Die Fahrt dauert ca. 10 Stunden und kostet ca. 650 Bath. Zum Verhalten an der Grenze und den Tricks der Schlepper siehe auch die entsprechenden Kapitel bei Siem Reap („Auswüchse des Tourismus" und „Einreise aus Bangkok").

- Grenzübergang **Hatlek/Koh Kong:** Von Bangkok aus fahren fast jede Stunde Busse nach Trat (6 Std., 200 Bath), dort muss man für die Weiterfahrt nach Hatlek umsteigen. Von Phnom Penh gelangt man mit dem Aircon-Bus nach Sihanouk Ville und weiter mit dem Speedboot nach Dong Tong (Koh Kong). Die Alternative dazu ist die Straße nach Dong Tong. Von dort mit dem Taxi nach Chamyeam (kambodschanischer Grenzort). Schnellste Verbindung von Bangkok nach Phnom Penh (nähere Infos siehe Kapitel „Dong Tong").
- Grenzübergang **Surin/Smach:** Seit 2002 geöffnet und nur sehr selten benutzt.
- Grenzübergang bei **Anlong Veng:** Seit 2002 geöffnet, aber ebenfalls sehr wenig benutzt.
- Grenzübergang bei **Pailin:** Wird wegen der schlechten Straßenverhältnisse bisher nur sehr selten von Ausländern benutzt.

Ein- und Ausreise Vietnam

An den Grenzübergängen von Vietnam nach Kambodscha wird das Visum für Kambodscha für 20 $ (plus evtl. einer kleinen Bearbeitungsgebühr) an der Grenze ausgestellt. Wer nach Vietnam ausreisen möchte, muss das vietnamesische Visum vorher beantragen, da es nicht an der Grenze erteilt wird. In Deutschland, Österreich oder der Schweiz lebende Staatsbürger von Nicht-EU-Staaten sollten sich grundsätzlich bei der entsprechenden vietnamesischen und kambodschanischen Botschaft nach der Notwendigkeit für ein Visum erkundigen (siehe Kapitel „Diplomatische Vertretungen").

- Grenzübergang **Bavet/Moc Bai:** Täglich verkehren mehrere Busse zwischen Phnom Penh und Saigon (6–12 $). Tickets gibt es in Saigon in der Pham Ngu Lao Street sowie in Phnom Penh z.B. bei Capitol Tours. Der *Capitol* und der *Mekong Express Bus* fährt bis nach Saigon durch und müssen an der Grenze nicht gewechselt werden.
- Grenzübergang **Vinh Xuog:** Saigon Tourist (Saigon) und Narin G. H., Capitol Tours und Okay G. H. (Phnom Penh), organisieren die 2-tägige Reise zwischen beiden Städten, die zum Teil auf der Straße und zum Teil auf dem Mekong zurückgelegt wird. Übernachtung in Chau Doc. Sehr lohnend, ca. 10–20 $ (nähere Info siehe Kapitel Phnom Penh, An- und Weiterreise).
- Grenzübergang **Phnom Denn/Tinh Bien:** Abgelegener und eher abenteuerlicher Übergang zwischen den Städten Takeo (Kambodscha) und Chau Doc (Vietnam). Kann mit dem Sammeltaxi von Takeo aber auch von Kampot erreicht werden (nähere Infos s. Kapitel Takeo und Kampot, An- und Weiterreise).
- Grenzübergang **Kampot/Ha Tien:** Prek Chak/Xaxia, im täglichen Sprachgebrauch „Ha Tien" genannt, verbindet Sihanouk Ville und Kampot mit der vietnamesischen Küstenstadt Ha Tien und der Insel Phu Quoc (nähere Infos siehe Kapitel „Kampot").
- Grenzübergang **Oyadaun:** Verbindet die Provinzhauptstadt von Rattanakiri „Banlung" mit der vietnamesischen Stadt Pleiku (Flughafen), von wo aus Da Nang und Nga Trang mit Bussen erreicht werden können (nähere Infos siehe Kapitel „Rattanakiri/Banlung").

Ein- und Ausreise Laos

Das Visum für Laos muss vorher beantragt und im Reisepass eingestempelt werden, das für Kambodscha wird an der Grenze ausgestellt (siehe auch Kapitel „Stung Treng").

In Deutschland, Österreich oder der Schweiz lebende Staatsbürger von Nicht-EU-Staaten sollten sich grundsätzlich bei der entsprechenden laotischen und kambodschanischen Botschaft nach der Notwendigkeit für ein Visum erkundigen (s. Kapitel „Diplomatische Vertretungen").

Es gibt nur zwei Grenzübergänge am Mekong bei Stung Treng, die direkt nebeneinander liegen. Landschaftlich lohnender, aber teurer und aufwendiger, da mit dem Boot gefahren wird, ist der Übergang **Veun Kham.** Beim Grenzübergang **Dom Kralor** geht die Fahrt über die 60 km lange Straße und die neue Brücke.

Hygiene

Alle Neuankömmlinge aus Mitteleuropa sind anfänglich entsetzt über den Dreck in der Hauptstadt Phnom Penh. In den Seitengassen türmen sich Müllhalden auf, überlaufende Abwasserkanäle verbreiten an manchen Stellen einen unerträglichen Fäkaliengeruch, Kinder verrichten auf offener Straße ihre Notdurft, und vom Verkehr plattgefahrene Ratten lassen erahnen, dass es in der Hauptstadt mit den hygienischen Verhältnissen nicht zum Besten steht. Die Dörfer in der Provinz bieten im Kontrast dazu meist ein idyllisches und ordentliches Bild. Die Khmer sind, wie andere Asiaten auch, ein sehr sauberes Volk, das penibel auf persönliche Hygiene achtet. Wie es jedoch außerhalb ihrer eigenen vier Wände aussieht, schert sie wenig.

Selbst Menschen, die in ärmsten Verhältnissen leben, nehmen mindestens einmal pro Tag ein Bad. Dies gilt auch für die Kinder. Wer nicht jeden Tag das Hemd wechselt, wenn er außer Haus geht, hat in der Khmer-Gesellschaft den Ruf, ein Dreckbär zu sein. Deshalb ist auch die Hauptbeschäftigung der Frauen das Waschen. Eine dreckige Toilette in einem Privathaushalt, und sei es noch so ein windiger Bretterverschlag, gibt es nicht.

Hygienetipps

Essen

Ob in Restaurants, auf dem Markt oder an Straßenständen, das Essen wird größtenteils unter akzeptablen hygienischen Umständen zubereitet und serviert. Jeder sollte sich jedoch vor Ort selbst davon überzeugen, besonders wenn es sich um billige Restaurants oder Marktstände handelt.

Salat sollte nur in guten Restaurants gegessen werden, obwohl man auch dort vor einer Magenverstimmung nie ganz sicher sein kann.

Früchte, die vor dem Verzehr nicht geschält werden können, müssen vorher mit Trinkwasser (nicht mit Leitungswasser!) gewaschen werden.

Auf keinen Fall sollte **Speiseeis** von einem Straßenhändler gekauft werden, denn dies ist die sicherste Art, sich den Urlaub zu verderben. Nur in Phnom Penh gibt es Eisdielen, wo der Genuss als unbedenklich angesehen werden kann.

Getränke

Alle in Flaschen servierten Getränke sind aus hygienischer Sicht bedenkenlos. Trinkwasser, das in der Fabrik in Plastikflaschen abgefüllt wurde, ist selbst auf dem Land fast überall zu bekommen. Beim Kauf ist jedoch darauf zu achten, dass es originalverpackt und die Öffnung nicht beschädigt ist.

Tee, der in vielen Restaurants auf dem Tisch steht, kann bedenkenlos getrunken werden, da das Wasser vorher abgekocht wurde.

Auf keinen Fall **Leitungswasser** trinken. Auch zum Zähneputzen empfiehlt es sich, Trinkwasser aus der Flasche zu benutzen. Duschen stellt keine gesundheitliche Gefahr dar.

Es lässt sich unmöglich vermeiden, früher oder später im Softdrink, Bier oder Café glacé einen **Eiswürfel** zu finden. Die meisten Reisenden beugen sich nach anfänglichem Kampf dieser traditionellen Unsitte, in jedes Getränk Berge von Eiswürfeln zu stopfen, und begnügen sich mit der Hoffnung, dass schon nichts passieren wird. Empfindliche Menschen sollten jedoch Getränke meiden, in denen Eiswürfel schwimmen.

Informationsstellen

Außer bei den im Kapitel „Diplomatische Vertretungen" genannten Adressen können auch hier nützliche Informationen eingeholt werden:

- **Deutsch-Kambodschanische Gesellschaft,** Vorsitzender: *Dr. Chan Thong Serey,* Adlerstr. 7/1, 73540 Heubach, Tel. 07173/929051, Fax 4586, http://friedenshaus-kambodscha.de.ms (privater Verein).
- **Indochina Services,** Enzianstr. 4a, 82319 Starnberg, Tel. 08151/770222, Fax 770229; www.indochina-services.com.

Informationen aus dem Internet

- **www.tourismcambodia.com.** Die offizielle Tourismuswebsite Kambodschas.
- **www.kambodscha-info.de.** Gelungene Informationsseite auf Deutsch. Nützliche Informationen zur Reisevorbereitung können im Forum erfragt werden, eine Art touristische Vertretung für Kambodscha.
- **www.indochina-services.com.** Informationen zu Kambodscha auf Englisch.
- **www.bueger.de.** Apotheken-, Reise- und Impfberatung. Aktuelle Gesundheitsinformationen auf Deutsch.
- **www.phnompenhpost.com.** Alle zwei Wochen erscheinende englische Zeitung. Die sehr gut recherchierten Artikel beschäftigen sich mit Politik, Wirtschaft und anderen wichtigen Ereignissen des Landes. Ein Teil der Artikel ist gratis; um die anderen lesen zu können, muss ein Abonnement bezahlt werden.
- **www.phnom-penh.diplo.de.** Homepage der deutschen Botschaft in Phnom Penh mit vielen nützlichen Links und kulturellen Veranstaltungshinweisen.
- **www.bigpond.com.kh/users/capitol.** Homepage des Capitol G.H. und von Capitol Tours. Enthält u.a. aktuelle Busverbindungen und Preise.
- **www.mekonginfo.org** Homepage der Mekong Commision, die aus den Mekong Anrainerstaaten Vietnam, Kambodscha, Laos und Thailand besteht und die Nutzung des Flusses regeln soll. Ihr Sitz ist in Phnom Penh. Leider zu wenig Infos über den Mekong, aber viele Links zu anderen Umweltprojekten. Englisch.
- **www.mot.gov.kh.** Homepage des Tourismusministeriums von Kambodscha. Netter Überblick, aber wenig fundierte Informationen.
- **www.norodomsihanouk.info.** Persönliche Homepage von Ex-König *Sihanouk* und seiner Frau. Überwiegend französisch.
- **www.canbypublications.com.** Die website bietet Informationen, zusammengestellt vom „Visitor Guide" Verlag.

- **www.angkorvillage.com.** Sehr schöne Homepage des bekannten Resorts in Siem Reap. Bester Überblick über die Tempel etc. Wer die richtige Software auf seinem PC hat, kann sogar eine virtuelle Wanderung durch die Tempel unternehmen. Auch in deutscher Version.
- **www.asiahotels.com.** Auf dem Kambodscha-Link dieser bekannten Seite stehen Beschreibungen besserer Hotels in Siem Reap und Phnom Penh. Sehr interessant sind die Kommentare der Gäste mit persönlicher Bewertung.

Sicherheit

Aktuelle Reisehinweise zu Kambodscha und allen Transitländern sowie Hinweise zur allgemeinen Sicherheitslage des Landes erteilen:

- **Deutschland:** www.auswaertiges-amt.de und www.diplo.de/sicherreisen (Länder- und Reiseinformationen), Tel. 030/5000-0, Fax 5000/3402.
- **Österreich:** www.bmeia.gv.at (Bürgerservice), Tel. 05/01150/4411, Fax 05/01159/0 (05 muss immer vorgewählt werden).
- **Schweiz:** www.eda.admin.ch (Reisehinweise), Tel. 031/3238484.

Hilfsorganisationen

In Kambodscha aktive deutschsprachige Hilfsorganisationen:

- Stiftung Kinderdorf Pestalozzi
- GTZ (Ges. für techn. Zusammenarbeit)
- Don Bosco
- Malteser Hilfsdienst
- SOS Kinderdorf

Stiftungen

- Konrad-Adenauer-Stiftung (sehr aktiv)
- Friedrich-Ebert-Stiftung
- Heinrich-Böll-Stiftung
- Friedrich-Naumann-Stiftung

Reiseunternehmen

Es gibt ein umfangreiches Angebot an Pauschalreisen sowie Kultur- und Studienreisen, die Kambodscha, insbesondere die Tempel von Angkor, als Höhepunkt im Rahmen einer Südostasienreise anbieten. Ihr Reisebüro berät Sie gern. Auch im Anhang dieses Buches finden Sie Anzeigen einiger ausgewählter Reiseveranstalter.

Interessant für Individualtouristen sind auch Anbieter, die ihr Reisebüro vor Ort in Kambodscha haben und wo pauschale und individuelle Reisen direkt gebucht werden können.

Eine gute Adresse ist der deutsch sprechende Kambodschaner **Dipl.-Ing. Davinn Chhim,** der seine Dienste als selbständiger Reiseleiter in Phnom Penh sowie für Rundreisen in Kambodscha anbietet. Sein Deutsch und seine Landeskenntnisse sind ausgezeichnet; so auch seine Insider-Informationen, was das Nachtleben in Phnom Penh betrifft. Adresse: *Davinn Chhim,* 368. Straße, Boeung Keng Kang 3, Phnom Penh. Tel. 00855/12-856637, khm@camnet.com.kh.

Schon sehr lange ist **Lolei Travel** in Kambodscha, mit Sitz in Siem Reap, aktiv. Unter der Leitung des Schweizers *Peter Lietz* werden vor allem alternative Besichtigungsprogramme in Angkor, aber auch in anderen Gebieten Kambodschas angeboten. Im Internet zu finden unter www.loleitravel.com, Tel. 00855/63-76016.

Weitere Anbieter sind in den Kapiteln Phnom Penh und Siem Reap zu finden.

Aktuelle Publikationen

Alle zwei Monate erscheint, herausgegeben vom Institut für Asienkunde, das Heft **„Südostasien aktuell"** mit einer Zusammenfassung wichtiger Presseartikel aus Asien, die sich mit der Situation Kambodschas und anderer südostasiatischer Länder befassen. Zu beziehen ist das Heft beim:

- **Institut für Asienkunde,** Rothenbaumchaussee 32, 20148 Hamburg, Tel. 040/443001, Fax 4107945

Eine seit langem in Kambodscha etablierte **englischsprachige Zeitung,** die *Phnom Penh Post,* erscheint bis auf das Wochenende täglich, alle mit aktuellen Artikeln zu Politik, Wirtschaft, Sport, Kultur und Tourismus, lokal und international. Auf der Homepage www.phnompenhpost.com wird ein Teil der Artikel veröffentlicht. Der täglich bis auf Sonntag erscheinende *Cambodia Daily* bietet einen Mix von Artikeln aus englischen Tageszeitungen und Presseagenturen sowie aktuelle Berichte aus Kambodscha.

Zwei Magazine mit interessanten Artikeln über Kambodscha und Südostasien erscheinen monatlich in Englisch. Das *GLOBE* (www.se-globe.com), für den ein deutscher Chefredakteur verantwortlich zeichnet, kostet 4 $ pro Ausgabe. Wer sich das Logo genau ansieht, wird leicht Verbindungen zu einem großen deutschen Magazin entdecken. Das *Asia-LIFE* (www.asialifecambodia.com) hingegen finanziert sich über Werbung. Sehr informativ sind die Reportagen über Lifestyle und die Musik-, Kunst- und Kulturszene in der Region.

Informationsquellen in Phnom Penh

Es gibt keine deutschsprachigen Informationsquellen und **Zeitungen** in Kambodscha. Empfehlenswert sind die englischsprachigen Zeitungen *Phnom Penh Post* und *The Cambodian Daily* sowie *Cambodge Soir* in französischer Sprache, die auch auf aktuelle Veranstaltungen hinweisen.

Nützlich sind die **„Visitor Guides"** und **„Pocket Guides",** die es über Phnom Penh, Siem Reap und Sihanouk Ville gibt. Sie enthalten Infos über Hotels, Restaurants, Nachtleben, Shopping etc. und liegen in Restaurants, Supermärkten sowie Unterkünften kostenlos aus. Jedoch werden nur diejenigen, die auch eine Anzeige schalten, in dem Heft erwähnt. Auch das Satire-Magazin **Bayon Pearnik** (www.bayonpearnik.com) bietet jede Menge nützlicher Reiseinformationen. Es liegt kostenlos in Restaurants, Guest Houses etc. aus.

Auskünfte zu sozialen Problematiken Kambodschas sind über die zahlreichen Non Government Organisations zu bekommen. Die Zentrale, bei der alle im Land engagierten NGOs registriert sind, ist das **Kooperations Komitee für Kambodscha** (CCC). 178. Straße, Nr. 178, Tel. 426 009. Das CCC verfügt auch über eine große, öffentlich zugängliche Bibliothek mit Büchern und Veröffentlichungen über das Land.

659ka Foto: an

Dies entspricht nicht ganz westlichen Verkehrssicherheitsstandards

Die Mitarbeiter des **Ministry of Tourism** (Monivong Blvd., Nr. 447, Tel. 722107, www.mot.gov.kh) sind freundlich, aber nicht auf die Fragen von Individualtouristen eingestellt.

Moped fahren

Ein ideales Verkehrsmittel, um die Umgebung zu erkunden, ist das Moped. Diese können überall im Land für 3–8 $ gemietet werden. Ausnahme ist Siem Reap, wo Touristen generell nicht mit einem gemieteten Untersatz herumfahren dürfen. In anderen, touristisch weniger erschlossenen Städten ohne offiziellen Verleih ist es am erfolgversprechendsten, mit einem der überall anzutreffenden Motorradtaxifahrer über den Verleih seines Mopeds zu verhandeln. Sie sind jedoch nicht immer bereit, das für ihren Lebensunterhalt wichtige Fahrzeug einem unbekannten Ausländer zu überlassen. Da ein Moped das am meisten verbreitete Fortbewegungsmittel in Kambodscha ist, muss im Falle einer Reifenpanne oder eines technischen Defektes, selbst auf dem Land, selten lange nach einer „Werkstatt" gesucht werden. Platte Reifen werden mit Hilfe eines Stück Gummis, einer offenen Flamme und einem Schraubstock faszinierend einfach und effektiv geflickt. Die Reparatur kostet weniger als 1 $. In Phnom Penh kostet der Liter Benzin ca. 4000 Riel, während in abgelegenen Gegenden (z.B. Rattanakiri) auch schon mal das Doppelte verlangt wird. Ein Führerschein kann von Vorteil sein, um bei einer Polizeikontrolle keine Strafe zahlen zu müssen.

Mopedtypen

Die alte Honda

Dieser grüne zweirädrige Oldtimer mit seiner Dreigangschaltung ist weit verbreitet. Er fährt nicht schnell, braucht wenig Sprit, ist manchmal schwierig zu starten, dafür aber zuverlässig, und kann von fast jedermann im Land repariert werden.

„Honda Dream" und ähnliche Fabrikate

Dieses Moped mit 50 ccm und Fünfgangschaltung ist in ganz Südostasien sehr verbreitet, da auch Frauen und Kinder problemlos damit zurechtkommen. Neu kostet es ca. 2500 $ und wird von seinem Besitzer gehütet wie der Augapfel. Doch häufig bringt es mehr Verdruss als Freude, da es die erklärte Lieblingsbeute von Dieben ist.

Enduro 250 ccm

Für Freunde ausgefallener Motorradtouren ist Kambodscha noch ein echter Geheimtipp. Viele Landstraßen sind noch in einem desolaten Zustand; ein lohnendes Terrain für jeden Enduro Freak. Empfehlenswert für Einsteiger ist die Rundfahrt von Phnom Penh über Kompong Thom nach Siem Reap (Angkor) und zurück über Sisophon und Battambang (ca. 5 Tage ohne Besuch der Tempel). Enduros gibt es in Phnom Penh bei Lucky Lucky Motorcycles am Monivong Blvd. 413 für 7 $ pro Tag zu mieten.

- **Organisierte Touren bieten:** www.angkordirtbiketours.com, www.hiddencambodia.com.
- **Literatur:** Im Buch „Die größten Motorradabenteuer" *(Bruckmanverlag)* ist auch eine Reportage aus Kambodscha von *Andreas Neuhauser* dabei. Erschienen 2004.

Nachtleben

Wer auf ein ausschweifendes Nachtleben Wert legt, wird in Thailand sicher eher auf seine Kosten kommen. Es gibt zwar in jeder größeren Stadt Diskotheken und Nachtclubs, doch orientieren sich diese Etablissements an den Bedürfnissen der Kambodschaner. Eine westlich orientierte Szene gibt es nur in Phnom Penh, Sihanouk Ville und Siem Reap.

Seitdem wieder Frieden in Kambodscha eingekehrt ist, hat das einheimisch orientierte Nachtleben bereits viele Wandlungen hinter sich. Zu Beginn boomten die **Dancing Restaurants,** riesige dunkle Räume, die die

Gemütlichkeit einer Mensa und aufgrund der gigantischen Klimaanlagen die Temperatur von Kühlhäusern hatten. Hunderte von Prostituierten hielten die Männer bei Trinklaune und zerrten sie zu schmalzigen Schnulzen und ohrenbetäubendem Khmer und Thai Rock auf die Tanzfläche.

Zu den Taxigirls kamen bald die **Beergirls.** Sie traten überall dort in Scharen auf, wo es Bier zu kaufen gab und promoteten den Gerstensaft ihrer Brauerei. Hatte man sich unter der großen Auswahl für eine entschieden, schaufelten sie dem Gast den ganzen Abend Bier und Eiswürfel ins Glas.

Nachdem die Beergirl-Euphorie ihren Höhepunkt überschritten hatte, eröffneten die **Massage** und **Karaoke Parlors.** Dass dort kein Physiotherapeut eine ausgefallene Form der Musiktherapie anbot, dürfte wohl jedem klar sein. Die verliebten Khmer, die betrunken ihre Schnulzen in übersteuerte Anlagen jaulten, hörten sich grauenhaft an. Doch eines Morgens im Frühjahr 2002, als Hun Sen, Präsident von Kambodscha, nach einer schlaflosen Nacht grimmig erwachte, entschloss er sich kurzerhand, alle diese üblen Etablissements von heute auf morgen zu schließen (so zumindest die Erklärung der Kambodschaner).

Da die Nachfrage nach nächtlichem Amüsement bei den Khmer ungebremst zu sein scheint, wurde verzweifelt nach einem unverfänglichen Begriff gesucht. Wie sie gerade auf die traditionellen bayerischen Biergärten kamen, weiß kein Mensch. Auf jedenfall ist jetzt der **Beergarden** der Anziehungspunkt für Nachtschwärmer in Kambodscha. Was sich dahinter verbirgt, muss jeder selbst herausfinden.

Prostitution

„Taxigirls", wie in Kambodscha Prostituierte genannt werden, gehören hier, wie auch in anderen asiatischen Ländern, zum vertrauten Bild des Nachtlebens. Jede kleine Provinzstadt hat ihr Bordell, und jeder Khmer-Beergarden und jede Disco hat einen festen Stamm an Mädchen, die sich (freiberuflich) um die Gäste kümmern. Obwohl Prostitution gesellschaftlich toleriert ist, gibt es ein gesetzliches Dilemma. Der Artikel 7 verbietet Prostitution und droht den Besitzern von Bordellen mit bis zu 20 Jahren Gefängnis. Doch die einzigen, die von dieser strengen Regelung profitieren, sind korrupte Polizisten, die sich durch die Erpressung von Schutzgeldern eine goldene Nase verdienen. Deshalb kämpfen weitsichtige Beamte zusammen mit Menschenrechtsorganisationen, die sonst weniger gut auf dieses Gewerbe zu sprechen sind, für die Legalisierung der Taxigirls. Ihre berechtigte Sorge ist, dass beim Abdrängen der Prostitution in die Illegalität, die Mädchen nicht mehr zugänglich für Aids-Aufklärung sind und der abscheuliche Handel mit Frauen und Mädchen, die mancherorts wie Sklaven gehalten werden, noch unübersichtlicher und unkontrollierbarer wird.

Die Gesundheitsbehörde von Kambodscha schätzt, dass es 1991 erst ca. 6000 Prostituierte im Land gab. Durch die Präsenz der 22.000 UNTAC-Angehörigen aus aller Welt schnellte die Nachfrage im horizontalen Gewerbe blitzartig in die Höhe. Mädchen aus Vietnam und Prostituierte aus Thailand, China und den Philippinen kamen nach Kambodscha, wo sie sich das große Geschäft mit den Dollars der Blauhelme versprachen. Derzeit gibt es weit über 20.000 sogenannte „Taxigirls".

Wer mit einem Khmer über Prostituierte ins Gespräch kommt, erhält immer wieder die stereotype Antwort, dass die Mädchen allesamt „Yuon", Vietnamesinnen, seien, da Frauen aus Kambodscha so etwas niemals tun würden. Tatsache ist, dass der Großteil der Taxigirls tatsächlich aus Vietnam kommt, doch die Zahl der Kambodschanerinnen nimmt stetig zu.

Obwohl sich die kambodschanische Gesellschaft nach außenhin prüde verhält, spielen die Prostituierten eine selbstverständliche Rolle im täglichen Leben. So machen z.B. die meisten männlichen Jugendlichen ihre erste sexuelle Erfahrung in einem Bordell. 95 % der gesamten männlichen Bevölkerung schlafen zumindest einmal im Leben mit einer Prostituierten.

Da jedoch der Gesundheitszustand dieser Mädchen katastrophal ist – 80 Prozent sollen Erkrankungen haben, die durch Geschlechtsverkehr übertragen werden, u.a. auch Aids – haben die Gesundheitsbehörde und Hilforganisationen Alarm geschlagen. Durch den regelmäßigen Kontakt der Mädchen mit Familienvätern aus allen Bevölkerungsschichten begründete sich die rasche Verbreitung von Aids (s. auch Kapitel „Gesundheit").

Leider taucht Kambodscha immer wieder in den internationalen Schlagzeilen als Reiseziel für **Kindersextouristen** auf. Eine sehr schlimme Sache, die allerdings auch von der Presse gepflegt wird, da sich mit dem hässlichen Thema *sex and crime* Auflagen und entsprechend hohe Einschaltquoten erzielen lassen. Die Regierung hat sich vorgenommen, radikal gegen den Kindersextourismus vorzugehen. In den Hotels, Guest Houses und Restaurants warnen große Poster, dass Sex mit Minderjährigen unter 18 Jahren mit **bis zu 20 Jahren Gefängnis** bestraft wird.

Eine Transvestitenszene oder Homosexuellenprostitution gibt es nicht in solchen Ausmaßen wie etwa in Thailand, doch öffnen in Phnom Penh und Siem Reap immer mehr, meist sehr kreativ und stilvoll gestaltete Gaybars. In manchen, wie dem *Blue Chilli* in Phnom Penh, finden amüsante und schrille Transvestiten-Shows statt.

Notfall

Allgemeine Telefonnummern für den Notfall siehe im Kapitel „Sicherheit".

Verlust von Geldkarten

Bei Verlust oder Diebstahl der Kredit- oder Maestro-(EC-)Karte sollte man diese umgehend sperren lassen. Für deutsche Maestro-(EC-) und Kreditkarten gibt es die einheitliche **Sperrnummer 0049/116116** und im Ausland zusätzlich 0049/30-4050 4050. Für österreicherische und schweizerische Karten gelten:

- **(EC-) Maestro-Karte,** (A)-Tel. 0043/1204 8800; (CH)-Tel. 0041/44/2712230, UBS: 0041/848/888601, Crédit Suisse: 0041/800 800488.
- **MasterCard,** internationale Tel. 001/636 7227111.
- **VISA,** (A)-Tel. 0043/1/71111770; (CH)-Tel. 0041/58/9588383.
- **American Express,** (A)-Tel. 0049/69/9797 1000; (CH)-Tel. 0041/44/6596333.
- **Diners Club,** (A)-Tel. 0043 1 501350; (CH)-Tel. 0041/58/7508080.

Verlust von Reiseschecks

Nur wenn man den Kaufbeleg mit den Seriennummern der Reiseschecks und den Polizeibericht vorlegen kann, wird der Geldbetrag von einer größeren Bank vor Ort binnen 24 Stunden zurückerstattet. Also muss der Verlust oder Diebstahl umgehend bei der örtlichen Polizei und auch bei *American Express* bzw. *Travelex/Thomas Cook* gemeldet werden. Die Rufnummer für ihr Reiseland steht auf der Notrufkarte, die Sie mit den Reiseschecks bekommen haben.

Geldüberweisung

Bei der Kreditkarte darf man pro Woche nur einen festgelegten Höchstbetrag bar abheben (sehr unterschiedlich je nach Karte). Bei der untersten Kategorie von Kreditkarten sind es üblicherweise 1000 US-Dollar pro Woche. Damit kommt man im echten Notfall nicht weit.

Wer dringend eine größere Summe ins Ausland überweisen lassen muss, wegen eines Unfalles oder Ähnlichem, kann sich weltweit über **Western Union** Geld schicken lassen. Für den Transfer muss man die Person, welche das Geld schicken soll, vorab benachrichtigen. Diese muss dann bei einer *Western Union* Vertretung (in Deutschland u.a. bei der Postbank) ein entsprechendes Formular ausfüllen und dem Empfänger den Code der Transaktion telefonisch oder anderweitig übermitteln. Mit diesem Code und dem Reisepass muss man nur noch zu einer beliebigen Vertretung von *Western Union* in Kambodscha gehen, sich mit dem Reisepass ausweisen, und ein Formular ausfüllen, dann wird das Geld binnen Minuten ausgezahlt. Je nach Höhe der Summe wird eine Gebühr ab derzeit 10,50 Euro erhoben.

Die nächstgelegene Repräsentanz von Western Union kann man unter **www.westernunion.com** oder im Telefonbuch nachschlagen.

In Kambodscha ist Western Union in allen größeren Städten vertreten.

Ausweisverlust/dringender Notfall

Wird der Reisepass oder Personalausweis im Ausland gestohlen, muss man dieses bei der örtlichen Polizei melden. Darüber hinaus sollte man sich an die nächste diplomatische Auslandsvertretung seines Landes wenden, damit diese einen Ersatz-Reiseausweis zur Rückkehr ausstellt. Ohne kommt man nicht an Bord eines Flugzeuges!

Auch in **dringenden Notfällen,** z.B. medizinischer oder rechtlicher Art, Vermisstensuche, Hilfe bei Todesfällen o.Ä. sind die **Botschaften** bemüht vermittelnd zu helfen.

- **German Embassy,** 76–78 Street 214 (Rue Yougoslavie), Phnom Penh, Tel. 023/216193, 216381 oder Notfall-Tel. außerhalb der Bürozeiten 012/818202.
- **Swiss Consulate General,** House 53 D, Street 242, Phnom Penh, Tel. 023/219045.

Österreichische Staatsbürger können sich auch an die deutsche Botschaft wenden. Die nächstgelegene österreichische Botschaft befindet sich in Thailand.

Öffnungszeiten

Die Angaben über die Öffnungszeiten sind auf Phnom Penh bezogen und werden auch dort sehr uneinheitlich und flexibel gehandhabt. Die Öffnungszeiten in den Provinzstädten sind in den entsprechenden Kapiteln angegeben.

Ämter und Flugbüros

Kernarbeitszeit: Montag bis Freitag von 8.00 bis 12.00 Uhr und 14.00 bis 17.00 Uhr. Viele Flugbüros sind allerdings durchgehend sowie auch samstagvormittag geöffnet. Die Öffnungszeiten in der Provinz sind uneinheitlich.

Banken

Montag bis Freitag durchgehend von 8.00–15.30 Uhr, meist auch Samstag von 8.00–11.30 Uhr geöffnet.

Geschäfte

Die meisten Geschäfte und Supermärkte sind täglich und durchgehend von 8.00 bis 18.00 Uhr geöffnet. Viele öffnen auch schon um 7.00 Uhr und schließen erst um 20.00 Uhr.

Märkte

Täglich von 7.00 bis 17.00 Uhr.

Museen

Täglich von 8.00 bis 11.00 Uhr und 14.00 bis 17.00 Uhr.

Post

Täglich geöffnet. Für allgemeine Dienste 7.00 bis 17.30 Uhr. Für Telefonate, Telegramme und Fax gibt es in Phnom Penh einen Service im General Post Office bis 22.00 Uhr.

Orientierung

In Kambodscha gibt es sieben Hauptverkehrsachsen, die mit Route National (RN) bezeichnet werden. Bis 1970 waren sie in ausgezeichnetem Zustand, doch während des Bürgerkrieges wurden Brücken und Straßentrassen gesprengt, und der Monsunregen unterspülte und vernichtete jährlich unzählige Kilometer Straßenbelag, ohne dass jemand die Schäden reparierte. In den letzten Jahren wurden fast alle Nationalstraßen ausgebaut und geteert. Sie befinden sich heute meist in einem guten Zustand.

Die nächst kleinere Kategorie von **Landstraßen** wird ebenfalls als Route National (RN) bezeichnet und hat eine zweistellige Kennzahl. Auch diese wurden in den letzten Jahren größtenteils wieder hergerichtet, ausgebaut und oft auch geteert. Manche sind jedoch noch in schlechtem Zustand und während der Regenzeit nur eingeschränkt oder gar nicht für Pkw zu befahren.

Weitere Informationen über Straßenzustände in den Ortsbeschreibungen.

Die Orientierung in Provinzstädten anhand von Straßenbezeichnungen oder Adressen ist nur in seltenen Fällen möglich. Straßennamen gibt es kaum und wenn, dann sind sie uneinheitlich oder unaussprechbar.

Post

Die Post in Kambodscha arbeitet, zumindest in Phnom Penh und den Provinzhauptstädten, recht zuverlässig. Die Erfahrungen im **General Post Office** in Phnom Penh (Ecke 13. und 102. Straße) sind jedoch widersprüchlich. Die Berichte gehen von nie angekommenen Postkarten bis hin zu Zustellungen von Kambodscha nach Deutschland innerhalb von 4 Tagen.

Post, die **vom Ausland** an Adressen in Phnom Penh und Siem Reap ge-

105ka Foto: an

schickt wird, erreicht mit großer Wahrscheinlichkeit ihren Empfänger; Briefe an Adressaten in kleinen Provinzstädten werden noch nicht zugestellt. Auch innerhalb des Landes funktioniert das Postwesen unzuverlässig.

Das **Porto** für einen Brief nach Europa beträgt für 10 Gramm 2800 Riel, eine Postkarte nach Europa zu schicken kostet 2200 Riel.

Postlagernd

Postlagernde Briefe werden zuverlässig im Hauptpostamt in Phnom Penh aufbewahrt und an den Adressaten übergeben. Beim Abholen muss der Personalausweis vorgelegt werden. Die **Anschrift** sollte folgendermaßen gestaltet werden:

„Name des Empfängers"
G.P.O.
Poste Restante
Phnom Penh
Cambodia/Cambodge

Rad fahren

Während in den Provinzhauptstädten Fahrradfahrer noch den Verkehr dominieren, radeln in Phnom Penh nur noch Schulkinder und arme Leute. Ein Ausländer auf einem Fahrrad im Verkehrsgewühl der Hauptstadt wird als Exot belächelt, aber es ist auf jeden Fall die billigste Möglichkeit, die Umgebung gemütlich zu erkunden.

Fahrräder gibt es meist überall zu mieten (ca. 1–2 $ pro Tag) – am besten im G.H. nachfragen. In den meisten Fällen handelt es sich um den klassischen Drahtesel ohne Gangschaltung, was den Aktionsradius erheblich einschränkt. Gute Mountain Bikes werden sehr selten angeboten.

Wer Kambodscha ernsthaft mit dem Bike kennenlernen will, sollte sein **eigenes Fahrrad** mitbringen. Um das Land über die kleinen Nebenstaßen und Trails zu erkunden, eignet sich am besten ein **Mountain Bike.** Die Hauptstaßen sind vor allem wegen der rücksichtslosen Fahrweise der Khmer nicht sehr entspannend zu befahren und dementsprechend gefährlich. Trotzdem sind seit Neuestem immer mehr Weltumradler anzutreffen.

Reisezeit

Die Reiseplanung sollte sich nach dem Monsun richten. Grob betrachtet gibt es drei klimatische Perioden.

Trockenzeit: Dezember–Februar

Niederschläge sind sehr selten; die Luft ist klar, und die Sonne scheint sehr intensiv; die Temperaturen sind angenehm und bewegen sich zwischen 21 und 32 Grad; geringe Luftfeuchtigkeit.

Diese Zeit eignet sich besonders gut für Besichtigungen von Tempeln, zum Baden und für Rundfahrten mit dem Auto, Moped oder Bike (keine Überschwemmungen); gutes Licht zum Fotografieren.

Vormonsun: März–Mai

Bis zum Eintreffen der Monsunwinde, was von Jahr zu Jahr stark variieren kann, sind Niederschläge selten. Die Sonne scheint, aber es ist häufig dunstig; die Luftfeuchtigkeit ist hoch; die Temperaturen steigen bis 35 Grad; die Nächte sind unerträglich schwül.

Gute Zeit zum Baden, Tempelbesichtigungen wegen der Hitze eher auf frühmorgens oder spätnachmittags verlegen; erträgliche Temperaturen findet man zu dieser Zeit im Hochland der Provinz Rattanakiri, der Mekong ist mit Passagierschiffen nur bis Kratie befahrbar.

Monsunzeit: Juni–November

In diesen Monaten, insbesondere im Oktober, regnet es fast täglich, meistens am Nachmittag. Es gibt jedoch immer wieder Perioden, in denen die Wetterlage relativ stabil ist, andererseits kann es auch mehrere Tage ununterbrochen durchregnen. Weite Teile des Landes stehen unter Wasser.

Die Luftfeuchtigkeit ist hoch, doch ist es nicht mehr so heiß wie in der Vormonsunzeit. Von einem Besuch des Landes während dieser Zeit ist nicht generell abzuraten, doch sollte man sich darauf einstellen, dass man täglich einmal nass wird und die Reiseplanung auf Grund der aktuellen Wettersituation auch mal umgestellt werden muss. An der Küste regnet es weit intensiver als um den Tonle-Sap-See.

Ideal ist die Monsunzeit für Reisende, die die weitverzweigten Wasserwege des Landes mit Booten befahren möchten. Über den Mekong kann man sogar die laotische Grenze und Rattanakiri erreichen.

Bootsfahrten auf dem Meer, speziell die Verbindung Sihanouk Ville – Dong Tong (in der Provinz Koh Kong), sind wegen der Taifune, die zu dieser Zeit auftreten können, richtig gefährlich. Der Verkehr auf den Hauptstraßen wird nur selten längerfristig durch Überschwemmungen unterbrochen. Hingegen sind Seitenstraßen oft wochenlang unpassierbar.

Im Oktober/November findet in Phnom Penh das drei Tage dauernde Fest *Bon Oumtouk* statt. Es ist das einzige Ereignis dieser Art, das bei der Reiseplanung mit berücksichtigt werden sollte (siehe Feste und Feiertage).

Sicherheit

Kambodscha leidet immer noch unter seinem **Bürgerkriegs-Image.** Jeder Bericht und jede Reportage über dieses Land beginnt mit den Horrorgeschichten der Khmer Rouge, der Minengefahr und der hohen Kriminalität. Eine bedauerliche Einfallslosigkeit von sensationshaschenden Journalisten. Seit Ende der 1990er Jahre, mit dem Ende der Roten Khmer, hat sich die Lage extrem verändert. Kein Ausländer ist in den letzten 15 Jahren auf eine Mine getreten. Die Kriminalität ist auf

- **Buchtipp:** *Matthias Faermann: „Schutz vor Gewalt und Kriminalität unterwegs"*, Praxis Reihe, REISE KNOW-HOW Verlag

ein in Asien übliches Maß zurückgegangen, und dass man sich nachts besser nicht in dunklen Gassen herumtreibt, gilt auch für Europa.

Aber: Die gut und breit ausgebauten Straßen verleiten viele Khmer, mit überhöhter Geschwindigkeit zwischen Ochsenkarren und spielenden Kindern durch die Gegend zu rasen. Da die meisten Fahrzeuge in einem bedauerlichen Zustand (und meist noch überladen) sind, hat die Zahl der schweren **Verkehrsunfälle** enorm zugenommen. Meiner Meinung nach die größte Gefahr für einen Touristen in diesem Land. Am sichersten ist es deshalb, mit Bussen zu reisen.

Nach wie vor muss in abgelegenen Gegenden nahe der thailändischen Grenze noch mit **Minen** gerechnet werden. Dort, wo Touristen auftauchen und Einheimische leben, weisen rote Schilder mit der weißen Aufschrift „Danger Mines" auf die tödlichen Fallen hin. Dass hier nicht abseits der ausgetretenen Pfade spazieren gegangen werden sollte, versteht sich eigentlich von selbst. Nur die wenigsten Reisenden werden jedoch bis zu diesen Orten vorstoßen.

Wachsamkeit empfiehlt sich in den **Khmer-Discos.** Besonders bei Alkoholeinfluss kommt es unter den Einheimischen gelegentlich zu gewalttätigen Auseinandersetzungen, die nicht selten mit Messern und Macheten ausgetragen werden.

Vorsicht sollte man unbedingt bei **politischen Massenveranstaltungen** und Demonstrationen walten lassen, denn hierbei kann asiatische Sanftmut schnell mal in aggresive Massenhysterie umschlagen. In solchen Fällen kann es auch zum Einsatz von Schußwaffen kommen.

Hinweis: **Warnungen von Einheimischen sollten unbedingt ernst genommen werden!**

Der **Tempel Praeh Vihear** an der thailändischen Grenze ist in den letzten Jahren zum politischen Brennpunkt der andauernden Grenzprobleme zwischen Thailand und Kambodscha geworden. Zur aktuellen Lage, auch der **inneren Sicherheitslage des Landes Kambodscha** im Allgemeinen, sollte man sich vor der Reise unter www.auswärtiges-amt.de, www.eda.admin.ch oder www.bmeia.gv.at erkundigen.

Telefonnummern für den Notfall (nur für Phnom Penh)

- **Polizei:** 112 oder 023/724793
- **Krankenwagen:** 119
- **Calmette-Krankenhaus:** 426948
- **SOS Medical Clinic** (Notfallevakuierungen, operieren im ganzen Land): 023/216911
- **Naga Clinic:** 011/811175
- **Touristen-Polizei:** 724793

Drogen

Marihuana war früher legal, was dazu führte, dass manche Touristen mehr von den billigen Joints, als von Menschen und Kultur des Landes mitbekommen haben. Da die nur halbherzig kontrollierten Grenzen Kambodschas dazu beitrugen, dass mit Hilfe von Politikern, Militär und Polizei dieses Land zu einem der **größten Drogenumschlagplätze der Welt** geworden war, drängten Amerika und die Vereinten Nationen das Parlament, ein von ihnen vorgelegtes, strenges Drogengesetz zu verabschieden.

Es besteht zwar keine Todesstrafe auf den Besitz von Drogen, wie in vielen Nachbarländern, aber auch **ein paar Jahre Knast** in Kambodscha sind kein Spaß. Deshalb sollte sich jeder genau überlegen, ob er sich diesem Risiko aussetzen möchte.

Ein wirklich großes Problem stellt die Droge **Yaba** oder **Thai Pille** dar. Sie wird v.a. in geheimen Labors in Burma und Thailand hergestellt. Die kleinen weißen und braunen Pillen sind überall für weniger als einen Dollar erhältlich und unter den jungen Khmer extrem verbreitet. Häufig wird der Handel von der Polizei kontrolliert. Die Dealer sind meist Jugendliche. Es handelt sich um eine Designerdroge auf der Basis von Methamphetamin. Sie wirkt stark stimulierend, erhöht die Leistungsfähigkeit und reduziert Müdigkeit und Schlaf. Reaktionen sind Wahnvorstellungen, abnorme physische Reaktionen und erhöhte Gewaltbereitschaft. Das Suchtpotenzial ist enorm; irreparable organische und psychische Schäden sind die Folge!

Minen

Die Vorstellung, in Kambodscha könnte man sich nicht frei bewegen, ohne das Risiko eingehen zu müssen, auf eine Mine zu treten, ist absoluter Unsinn. Alle touristisch interessanten Plätze sind frei von diesen Kriegswaffen. Wer in den abgelegenen Regionen, vor allem an der thailändischen Grenze, die Minenwarnschilder „Danger Mines" nicht missachtet und dort quer durch den Urwald läuft, braucht sich keine Sorgen machen.

Das Khmer-Wort für Minen ist *minh.* (Gibt es hier Minen?: *mian minh?*)

Khmer-Rouge-Gebiete

Seit dem Tod von Pol Pot am 16. April 1998 gehören diese blutrünstigen Schlächter, die auch in den letzten Jahren vor Morden an Ausländern nicht zurückgeschreckt sind, endlich der Vergangenheit an.

Zusammenfassend ist zu sagen, dass, wer sich an die Sicherheitsregeln hält, als Reisender in Kambodscha kein größeres Risiko für Leib und Leben eingeht als in anderen südostasiatischen Ländern. Leider scheinen sich Horrormeldungen und Gerüchte, als Folge der Geschichte Kambodschas, schneller und hartnäckiger zu verbreiten als bei den Nachbarländern.

Souvenirs

Krama

Das authentische Mitbringsel aus Kambodscha ist dieser bunt karierte **Baumwollschal,** der ein wichtiges Kleidungsstück und ein vielfach verwendbarer Gebrauchsgegenstand der

636ka Foto: an

Khmer ist (siehe „Kleidung"). Er ist auf jedem Markt zu bekommen. Besonders schöne Exemplare sind aus Seide gewebt. Die schönsten Baumwollkramas kommen aus der Gegend von Kompong Cham. Sehr farbenprächtige Kleidungsstücke für Frauen sind auch der aus Seide hergestellte **Sarong** und der **Houl** (s. Kleidung).

Seide

Handgewebte Seidenstoffe gehören zu traditionellen Handarbeiten des Landes. Ein Tuch (90 x 350 cm) kann auf jedem Markt gekauft werden und kostet je nach Qualität und Muster 18 $ und mehr (siehe Seidenweberzentrum in Phnom Penh). Die beste Seide kommt aus Kompong Speu.

Antiquitäten

Verkauf und Ausfuhr von echten und registrierten Antiquitäten ist verboten. Nachbildungen in Bronze, Marmor oder Holz von Buddhas, Apsaras und hinduistischen Göttern sind auf Märkten und in Shops zu finden. Wer Antiquitäten kauft, sollte beim Händler auf eine Ausfuhrerlaubnis, ausgestellt vom *Department of Fine Arts,* bestehen. Ansonsten kann es bei der Ausreise zu Schwierigkeiten kommen. Achtung: Aus Thailand dürfen keine Buddhasymbole ausgeführt werden.

Silber

Zu den herausragenden Handarbeiten gehören kleine Dosen aus Silber, die die Form eines Tieres haben. Sie dienten ursprünglich den betelnusskauenden Frauen zur Aufbewahrung ihrer „Droge". Sie werden aus einer Silberlegierung hergestellt.

Edelsteine

Auf jedem Markt gibt es Shops, die Edelsteine, vor allem aus Pailin, verkaufen. Kenner können sicherlich ein paar lohnende Einkäufe tätigen. Gemessen an deutschen Standards sind die meisten Schliffe jedoch nicht fein genug.

Reispapierdrucke

Hübsche, billige und leicht zu transportierende Souvenirs sind Drucke von den Tempeln aus Angkor auf Reispapier.

Frau mit Krama

Ölgemälde

Bei den Gemälden handelt es sich überwiegend um Abbildungen von Angkor Wat und anderen beliebten Tempeln. Die Schönsten sind in romantisch verklärter Weise gemalt.

T-Shirts

Auf dem Markt Toul Tom Pong gibt es eine große Auswahl an verschiedenen Aufdrucken: Symbole aus Kambodscha wie Angkor Wat, die kambodschanische Landkarte oder das Kambodschanische Nationalbier *Angkor*. Der Renner, der genau das Image trifft, unter dem Kambodscha immer noch leidet, sind T-Shirts mit einem Totenkopf und den Lettern „Danger Mines" (siehe auch Kapitel Souvenirs bei Phnom Penh und Siem Reap).

Sprache

Khmer

Khmer ist **Landes- und Amtssprache** in Kambodscha. Für 90 Prozent der Bevölkerung ist Khmer die Muttersprache. Chinesen, Vietnamesen und die ethnischen Minoritäten im Nordosten des Landes bilden die verbleibenden 10 Prozent. Khmer-Sprachinseln haben sich im Nordosten Thailands, im Süden von Laos und im Mekong-Delta (im Süden Vietnams) gebildet. Khmer ist auch die Grundlage des „königlichen Thai", der formalen Sprache am thailändischen Hof.

Die Linguistik zählt Khmer zu den austroasiatischen Sprachen. Zusammen mit Mon, das in Thailand und Myanmar gesprochen wird, bildet es die linguistische Gruppe Mon-Khmer. Über die Jahrhunderte wurde die Sprache durch Einflüsse des Pali und des Sanskrit verändert. Später fanden auch Wörter aus dem Französischen, Chinesischen und Vietnamesischen Eingang in die Khmer-Sprache.

Die **Schrift** hat sich aus dem Sanskrit, einer altindischen Literatur- und Gelehrtensprache, entwickelt. Sie unterscheidet sich deutlich von den Lettern, die in Thailand und Laos verwendet werden. Die Schreibweise ist für Europäer schwierig und verwirrend. Das Khmer-Alphabet besteht aus 24 Zeichen für Selbstlaute (Vokale), also wesentlich mehr, als jede westliche Sprache besitzt. Dazu kommen noch 33 Zeichen für Konsonanten und 14 Zeichen für Initialvokale.

Auch die **Aussprache** kann einen Lernwilligen leicht zur Verzweiflung bringen. Es gibt eine Reihe von Lauten, die im Deutschen vollkommen unbekannt sind. Nuancen in der Betonung, die für uns kaum hörbar sind, können die Bedeutung mancher Wörter enorm verändern. Es gibt allein acht Buchstaben, die phonetisch irgendwo zwischen *d* und *t* angesiedelt sind. Für die Aussprache eines *k* und eines *ch* gibt es jeweils vier verschiedene Möglichkeiten. Beim Erlernen des Khmer sollte man sich jedoch nicht so schnell entmutigen lassen, da die Kambodschaner über jedes Wort, dass sie aus dem Mund eines Ausländers hören, entzückt sind und nicht müde werden, schwierig auszusprechende Wörter vorzusagen.

Während sich die Grammatik auf einfache Strukturen beschränkt, gibt es in der Khmer-Sprache viele Wörter, die zwischen dem sozialen Status einer Person unterscheiden. Auch der **Wortschatz** für familiäre und verwandtschaftliche Beziehungen sowie hierarchische Abstufungen ist größer als bei uns. Die Sprache ist sehr exakt und kennt wenig abstrakte Ausdrücke. Das Wort „tragen" gibt es z.B. nicht, sondern es wird in dreizehn verschiedene Arten des Tragens unterteilt.

Es gehört zur Höflichkeit, auch Fremde mit dem Vornamen anzusprechen. Spitznamen werden, im Gegensatz zu Thailand, kaum benutzt.

Das **Zahlensystem** basiert interessanterweise nicht auf dem arabischen Dezimal-, sondern auf dem Fünffingersystem.

Literatur

- **Khmer – Wort für Wort,** Kauderwelsch Bd. 62, *Claudia Götze-Sam* und *Sam Samnang,* Reise Know-How Verlag, Bielefeld. Praxisorientierter Sprachführer mit vielen anschaulichen Beispielen und einer Wörterliste Khmer-Deutsch und Deutsch-Khmer. Gut für den schnellen, aber gründlichen Einstieg, Audio-Begleitmaterial ist erhältlich.
- **English – Khmer Dictionary,** Seam & Blake Books, Bangkok, Thailand. Englische Wörter in phonetischer und in Khmer-Schreibweise angegeben. Für den praktischen Gebrauch sehr nützlich. In Kambodscha wird das Buch auf den Märkten und von Kindern verkauft.

Englisch und Französisch

Noch bis 1975, dem Sturz Sihanouks, unterhielt man sich in gebildeten Kreisen auf **Französisch.** Damals war es in der kambodschanischen Oberschicht üblich, den Kindern eine französische Erziehung und Ausbildung zuteil werden zu lassen. Viele studierten in Frankreich. Auch die Unterrichtssprache an den Universitäten in Phnom Penh war Französisch.

Unter den Menschen, die älter als 50 sind, sprechen, im Vergleich zu Vietnam, noch erstaunlich viele die Muttersprache ihrer Kolonialherren. Selbst in der tiefsten Provinz trifft man immer wieder auf Khmer, die des Französischen mächtig sind. Fast alle Minister und höheren Beamten der Regierung sprechen noch fließend Französisch.

Doch die Sympathie der jungen Generation gehört dem **Englischen.** Seit 1990 darf es wieder unterrichtet werden, doch fehlt es immer noch an qualifizierten Lehrern, um die enorme Nachfrage zu befriedigen. Zur Aufbesserung ihres Gehaltes bieten allerorts Lehrer und Studenten Englischstunden außerhalb des regulären Unterrichtes an. Sie können sich vor Schülern kaum retten. Selbst Mönche in ihren safrangelben Roben drücken die Schulbank, um diese Sprache zu erlernen.

Die Franzosen, durch das Centre Culturel Français in Phnom Penh vertreten, betrachten Kambodscha immer noch als französischsprachige Nation und versuchen vergeblich, ihre Sprache und Kultur zu verbreiten. Zu Recht sehen sie in der Ausbreitung des Englischen die Gefahr, dass mit der Sprache die Einheitskultur der Amerikaner importiert wird. Mit Kulturprogrammen, französischen Filmfestivals, Konzerten, eigenen Radio- und Fernsehprogrammen und einer Sprachenschule versuchen sie gegenzusteuern. Doch der Kampf um die sprachliche Vormachtstellung ist bei der jungen Generation verloren. Schade, denn gerade die Mischung der asiatischen Mentalität mit der Kultur und dem Lebensstil der *Grande Nation* hat das besondere Flair der indochinesischen Länder geprägt.

Deutsch

An die 1000 Kambodschaner verschiedener Berufsgruppen wurden zwischen 1980 und 1989 in der DDR ausgebildet. Viele sind in ihr Heimatland zurückgekehrt und arbeiten dort meist in gehobeneren Positionen. Häufig sprechen sie erstaunlich gut Deutsch.

Auch das **Goethe-Institut** hat eine Filiale in Phnom Penh im Meta Haus, wo Deutschkurse angeboten werden.

Telefon und Internet

- **Vorwahl für Kambodscha:** 00855

Neben dem veralteten und maroden Telefonsystem boomen die neusten **Kommunikationstechniken** und sind aus dem Alltag der Khmer nicht mehr wegzudenken.

Empfang fürs **Handy** bzw. *Mobile Phone,* wie es auf Englisch heißt, gibt es in jeder Provinzhauptstadt im Land. Selbst so entlegene Gebiete wie Mondulkiri, Ratanakiri, Koh Kong, Anlong Veng und Pailin sind bereits am Netz. Das eigene **Mobiltelefon** lässt sich in Kambodscha (und den Nachbarstaaten) problemlos nutzen, denn die meisten Mobilfunkgesellschaften haben Roamingverträge mit den örtlichen Gesellschaften, von denen nur *Mobitel, Beeline* und *Hello* GSM 900 MHz nutzen (ansonsten wird vorwiegend GSM 1800 MHz genutzt). *Mobiltel, Cadcomms* und *Mfone* bieten auch 3G 2100 an.

Wegen hoher Gebühren sollte man bei seinem Anbieter nachfragen oder auf dessen Website nachschauen, welcher der Roamingpartner günstig ist und diesen per **manueller Netzauswahl** voreinstellen. Nicht zu vergessen sind die **passiven Kosten,** wenn man von zu Hause angerufen wird (Mailbox abstellen!). Der Anrufer zahlt nur die Gebühr ins heimische Mobilnetz, die teure Rufweiterleitung ins Ausland zahlt der Empfänger.

Wesentlich preiswerter ist es, sich von vornherein auf **SMS** zu beschränken, der Empfang ist dabei in der Regel kostenfrei.

Falls das Mobiltelefon SIM-lock-frei ist und man viele Telefonate innerhalb Kambodschas führen möchte, kann man sich auch in einem der vielen Phoneshops eine örtliche **Prepaid-SIM-Karte** besorgen.

- **Buchtipp:**
Volker Heinrich: „Handy global – mit dem Handy im Ausland", Praxis-Reihe, Reise Know-How Verlag.

Wer billige **örtliche Telefongespräche** führen möchte, sollte darauf achten, dass der Telefonshop denselben Handy-Anbieter hat wie die anzurufende Nummer. Meistens ist die Vorwahl außen angeschrieben: 011/012/015/017 oder 018. Wird ein fremder Anbieter angerufen, kostet es 1000 anstatt 500 Riel pro Minute.

Internet

An Internetcafés besteht in Phnom Penh, Sihanouk Ville und Siem Reap kein Mangel, auch in den Provinzstädten muss selten lange nach einem Internetzugang gesucht werden. Die Verbindungen sind zuverlässig und schnell. In den Internet Shops kann ab 2000 Riel (40 Cent/Std.) gesurft werden. In kleinen Ortschaften kostet es etwas mehr. Das Kommunikationsprogramm *Skype,* einschließlich Kopfhörer und Webcam, ist auch hier meist Standard.

Viele Hotels und Restaurants, vor allem in Phnom Penh und Siem Reap, bieten den Service der drahtlosen Verbindung (z.B. Wireless Lan, WiFi, Hotspot etc.) für den eigenen Laptop meist gegen eine Gebühr an.

Internet Phone

Diese billige Möglichkeit, über das Internet zu telefonieren, ist in Phnom Penh und Siem Reap eine alltägliche Selbstverständlichkeit. Da dies jedoch über ausländische Anbieter abgewickelt wird und für die kambodschanische Telekommunikations-Gesellschaft damit eine wichtige Einnahmequelle entfällt, wurde es **verboten.** Deshalb wird auch keine Werbung für Internet Phone gemacht, doch fast jedes Internetcafé hat im Hinterzimmer ein Internet Phone, mit dem Ausländer und Bekannte des Besitzers telefonieren dürfen.

Telefonieren nach Europa

Mittlerweile kann man seine Auslandsgespräche auch zu akzeptablen Preisen über das **Festnetz** führen. Die billigste, aber nicht unbedingt beste Lösung sind Telefonkarten, mit denen in **öffentlichen Telefonzellen** (die aber meist an stark frequentierten Orten mit hohem Geräuschpegel stehen) für 1 $ pro Minute nach Europa telefoniert werden kann. Diese Karten gibt es im Postamt oder in diversen Shops und Supermärkten.

Direkt beim **Postamt** kosten die Telefonate nach Europa ca. 2 $ pro Minute. Wer von seinem **Hotelzimmer** aus internationale Telefonate führt, wird mit mindestens 3 $ pro Minute zur Kasse gebeten.

Uhrzeit

Die Zeit in Kambodscha entspricht der **Weltzeit + 7 Stunden.** Es ist damit zeitgleich mit seinen Nachbarn Thailand, Vietnam und Laos. Im Vergleich zu Deutschland gehen die Uhren in Kambodscha 6 Stunden vor. Während unserer Sommerzeit verkürzt sich der Abstand auf 5 Stunden.

Unterkunft

Als 1992 die 22.000 Teilnehmer der UN-Friedensmission in Kambodscha eintrafen, gab es keine fünf Hotels in der Hauptstadt. Heute sind im ganzen Land zahlreiche Hotels und Guest Houses zu finden, selbst in den abgelegensten Provinzstädten. In der Hauptsaison von Dezember bis März kann es an den touristischen Hotspots wie Siem Reap, Phnom Penh und Sihanouk Ville jedoch passieren, dass vorgesehene Unterkünfte ausgebucht sind. An allen Orten, die regelmäßig von Touristen frequentiert werden, gibt es die in ganz Südostasien typische **Guest House-Kultur** mit billigen Unterkünften und Restaurants.

In der Zwischensaison lassen sich über die Homepage gerade der gehobenen Hotels oft hervorragende Angebote finden oder aushandeln.

Die **Preise** beziehen sich immer auf zwei Personen im Doppelzimmer. Wenn das Zimmer mit nur einer Person belegt ist, wird es nicht automatisch günstiger.

Guest Houses (5–8 $)

Hier treffen sich Traveller aus aller Welt, die mit einem begrenzten Reisebudget unterwegs sind. Charakteristisch sind die niedrigen Preise und ein Angebot an Leistungen, das die Grundbedürfnisse der Reisenden zufriedenstellt. Manche Guest Houses haben sich zu Umschlagplätzen unentbehrlicher Reiseinformationen entwickelt.

Die meisten Guest Houses (G.H.) verfügen über Einzel- und Doppelzimmer entweder mit Gemeinschaftsbad und WC (3–4 $) oder mit Bad/ WC im Zimmer (6–8 $). Ein Ventilator steht in jedem Raum, Moskitonetze sind eher die Ausnahme. Einige wenige G.Hs. in Phnom Penh und Siem Reap bieten auch Übernachtungsmöglichkeiten im Dormitory an (1–2 $). Häufig ist ein einfaches Restaurant angeschlossen, in dem man meist gut und sehr günstig essen kann. Während der Hauptsaison sind die G.Hs. in Phnom Penh und Siem Reap oft schon am Nachmittag ausgebucht. Vorabreservierung per Internet oder Telefon ist ratsam.

Khmer Standard-Hotels (10–20 $)

Eine vom Autor eingeführte Klassifizierung für einen typischen Hotelstil, der besonders in den Provinzstädten zu finden ist. Es handelt sich um Neubauten oder Hotelanlagen, die ohne besonderen Charme aus dem Boden gestampft werden. Im Gegensatz zu vielen G.Hs. wird hier **kein eigener Service** für Traveller geboten. Die Zielgruppe sind in erster Linie Einheimische. Der Vorteil für Touristen ist, dass das Preis-Leistungsverhältnis für die Zimmer im Vergleich extrem günstig ist. Sie sind groß, sauber, haben Bad/WC (oft auch warmes Wasser) sowie Kabelfernsehen. Nur das Interieur lässt zu wünschen übrig. Ein Doppelzimmer mit Fan kostet in der Regel etwas mehr.

Hotels

10–20 $

In dieser Preislage werden die meisten Zimmer in Kambodscha angeboten. Den Gast erwartet hier eine noch nicht kategorisierte Ausstattung, vom einfachen Doppelzimmer mit Klimaanlage (englisch Aircon, abgekürzt AC) und Bad/WC bis hin zur hübschen und sauberen Einrichtung mit Fernseher, Kühlschrank und heißem Wasser. Da Strom in Kambodscha sehr teuer ist, reduziert sich der Preis eines komfortablen Zimmers manchmal bis zur Hälfte, wenn man auf die Klimaanlage verzichtet und sich mit einem Ventilator begnügt.

Über 20 $

In dieser Kategorie sollte ein hübsches und geschmackvoll eingerichtetes Doppelzimmer mit Fernseher (Satellitenempfang), Kühlschrank und Klimaanlage Standard sein. Anspruchsvolle Hotels in dieser Preislage sind in Phnom Penh, Sihanouk Ville, Battambang und Siem Reap zu finden.

Luxushotels

4–5-Sterne-Hotels gibt es nur in Phnom Penh, Siem Reap und Sihanouk Ville.

Home Stays (5–15 $)

„Home Stays" sind Unterkünfte bei der einheimischen Landbevölkerung inklusive **Familienanschluss** und der Teilnahme am kulturellen und täglichen Leben der Khmer, wie es in Deutschland etwa unter dem Namen „Urlaub auf dem Bauernhof" bekannt ist. Die Gäste sind entweder in einer eigenen Hütte oder zumindest in einem separaten Zimmer untergebracht. Die Unterkünfte sowie Toilette und Duschen sind einfach und entsprechen dem Khmer-Standard (Eimerdusche und Stehklo). Diese sanitären Anlagen sind normalerweise sehr sauber. Ob die Mahlzeiten im Preis mit inbegriffen sind, sollte vorher geklärt werden.

Diese nachhaltige Form des Tourismus wird in allen Fällen von NGOs organisiert, um der Landbevölkerung die Möglichkeit eines kleinen Zusatzeinkommens zu bieten. Eine großartige Idee, um das Leben der Khmer hautnah kennenzulernen. Oft liegen allerdings Anspruch und Wirklichkeit weit auseinander, denn die Sprachbarriere lässt das Interesse der Khmer an den Fremden schnell wieder versiegen.

Home Stays gibt es z.B. in **Kratie, Stung Treng** und **Banteay Chhmar.**

Öffentliche Verkehrsmittel

Reisen in Kambodscha ist einfach, billig und abenteuerlich.

Flugzeug

Bis auf die Strecke Phnom Penh – Siem Reap, die von *Siem Reap Airways,* einer Tochtergesellschaft von *Bangkok Airways,* und von *Cambodia*

Angkor Air, einer Tochtergesellschaft von *Vietnam Airlines,* bedient wird, gibt es im Moment keine regelmäßigen Inlandsflüge. Andere kambodschanische Fluggesellschaften haben sich trotz mehrerer Versuche weder auf dem nationalen noch dem internationalen Markt etablieren können.

Mission Aviation Fellowship (MAF) ist eine weltweit operierende Organisation (www.maf.org), die subventionierte Flüge für Hilfsorganisationen in Entwicklungsländern anbietet. Mit einem 8-Sitzer-Airvan werden **Rattanakiri** und **Mondulkiri** zwei Mal die Woche angeflogen. Falls auf einem Flug noch Platz ist, werden auch Passagiere, die nicht zu diesem Personenkreis gehören, mitgenommen. Tel. 012/879426; www.mafcam bodia.org.

Die **Flughafengebühr** beträgt bei Inlandsflügen 6 $, bei internationalen Flügen 25 $.

Sammeltaxi

Bis zur Einführung der Reisebusse das gängigste öffentliche Verkehrsmittel im Land. Doch seit die Hauptverkehrsverbindungen so gut ausgebaut sind, dass große Busse fahren können, verzichten die meisten gerne auf die Fahrt in einer „Sardinenbüchse". Das Prinzip ist einfach: An bestimmten Stellen in jeder Stadt (siehe An- und Weiterreise im jeweiligen Kapitel) stehen ab dem frühen Morgen Fahrzeuge bereit, die auf Mitfahrer warten. Erst wenn sie gerammelt voll sind (9 Personen in einem kleinen Pkw), wird abgefahren. Nach dem Sammeltaxi-Prinzip fahren auch Kleinbusse und Pick-ups. Für Traveller sind sie auf den abgelegenen Routen und schlechten Straßen immer noch unentbehrlich. **Tipp:** Wer es ein bisschen bequemer haben möchte, zahlt den Preis für zwei Personen und beansprucht den Beifahrersitz alleine.

Nervend sind die **Schlepper** an den Abfahrtsstellen. Sie stürzen sich auf potentielle Fahrgäste und versuchen, sie in eines der wartenden Taxis zu zerren, von dessen Fahrer sie anschließend eine Provision kassieren. Man sollte darauf achten, dass bereits andere Fahrgäste da sind, sonst dauert es manchmal ewig, bis das Taxi voll ist und abfährt.

Am billigsten sind die Plätze auf der **Ladefläche eines Pick-ups.** Bei einer mehrstündigen Fahrt über staubige Pisten mit tiefen Schlaglöchern, unter sengender Hitze bzw. in Monsunschauern, wird das anfängliche Freeride-Feeling allerdings schnell zur Folter.

Es empfiehlt sich, eine Wasserflasche mitzunehmen. Auf langen Strecken wird eine Mittagspause in einem einfachen Restaurant gemacht.

Bus

Da mittlerweile alle größeren Städte von Reisebussen angefahren werden können, schießen Busgesellschaften wie Pilze aus dem Boden. Durch die enorme Konkurrenz sind die Preise extrem niedrig. Auf den ersten Blick scheint dies ein Vorteil für den Reisenden zu sein, doch decken bei diesem Verdrängungskampf die Einnahmen kaum die Unkosten. Darunter leidet nicht nur der Komfort, sondern vor allem auch die Sicherheit. Zu den etablierten und meist zuverlässigen Busgesellschaften gehören *Phnom Penh Sorya, G.S.T.* und *Capitol Tours,* die bequemsten Busse bietet *Mekong Express* an. Tickets können meist in den Guest Houses gekauft werden.

Zug

Eine Zugfahrt durch die reizvolle Landschaft auf dem Dach eines Waggons, der in beschaulicher Geschwindigkeit dahinrollt, gehörte zur schönsten Art des Reisens in Kambodscha. Doch leider sind die Schienen, Brücken und Waggons mittlerweile so marode, dass der Personenverkehr aus Sicherheitsgründen eingestellt wurde. Güterzüge verkehren nach wie vor. Es bestehen Pläne, das gesamte Eisenbahnnetz zu erneuern und in das gesamtasiatische Netz zu integrieren. Dann soll es möglich werden, mit der Bahn von Bangkok über Phnom Penh nach Saigon zu reisen.

Eine amüsante und sehr interessante Fortbewegungsart auf Kurzstrecken sind die selbstgebastelten **„Bamboo Trains“,** die in Kompong Trach und Battambang als Touristenattraktion verkehren (s. Kap. „Kompong Trach“).

Boot

Durch den Ausbau des Straßennetzes in Kambodscha haben das Meer, der Mekong und der Tonle Sap als Transportwege an Bedeutung verloren. Noch Anfang der 1990er Jahre waren viele Städte nur über das Wasser zu erreichen. Inzwischen sind viele regelmäßige Bootslinien eingestellt worden, da nicht nur die Einheimischen, sondern auch die meisten Traveller lieber schnell und billig auf der Straße reisen, als teuer und gemütlich auf dem Wasser. Dabei ist das weitverzweigte Wegenetz der Flüsse und des Tonle Sap See so einzigartig, dass man Kambodscha wirklich nur dann kennt, wenn man einmal auf den verblassenden Lebensadern, die einst Grundlage für den Wohlstand des Landes waren, gereist ist.

Bekannte Bootsstrecken

- Die Fahrt mit dem Speedboot **von Koh Kong nach Sihanouk Ville** vermittelt einen schönen Einblick von der unbewohnte Küste des Landes.
- Der Klassiker unter den Bootsfahrten ist die Strecke **von Phnom Penh nach Siem Reap** über den Tonle Sap, den größten Binnensee Südostasiens.
- Meiner Meinung nach ist eine der reizvollsten Strecken die Fahrt **von Battambang nach Siem Reap.**
- Der Mekong ist **von Phnom Penh bis zur laotischen Grenze** fast das ganze Jahr über schiffbar. In der Trockenzeit muss auf kleinere Boote umgestiegen werden. Landschaftlich beeindruckend ist die Strecke von Stung Treng bis zur Grenze. Regelmäßiger Personenverkehr wurde auf dem Mekong völlig eingestellt. Individuell lassen sich noch Boote mieten. Besonders in Stung Treng (s. dort).
- **Von Phnom Penh bis zur vietnamesischen Grenze bei Chau Doc** bieten Reisebüros und Guest Houses grenzüberschreitende Fahrten auf dem Mekong bis ins Delta an.

Klassifizierung der Boote

- **Slowboot:** So werden in diesem Buch die traditionellen Boote auf den Flüssen und an der Küste bezeichnet. Die Geschwindigkeit ist beschaulich und der Kontakt zur Bevölkerung intensiv. Leider sind sie schon fast ausgestorben, da sie den meisten Reisenden zu langsam sind und Waren heutzutage auf LKW transportiert werden.

- **Speedboot:** Lange, dünne Boote mit Sitzreihen, die an die Bestuhlung in einem Flugzeug erinnern, Klimaanlage und Video besitzen und 60 bis 100 Passagiere mitnehmen können. Der Motor ist meist sehr laut.
- **Speedboot-Taxi:** Kleine Fiberglas-Boote mit 30 PS-Außenbord-Motoren, in denen maximal 6 Personen befördert werden. Sie warten in den Häfen größerer Orte, um Passagiere in die umliegenden Dörfer zu fahren. Auch für Rundfahrten mietbar.
- **Langboote:** Sie kommen aus Laos und verkehren nur zwischen Stung Treng und der laotischen Grenze. Sie bieten Platz für eine Handvoll Passagiere, die mit Helmen ausgerüstet werden, und fahren mit Höllenlärm und -geschwindigkeit über den Mekong. Von der Landschaft bekommt man so gut wie nichts mit.

Versicherungen

Egal welche Versicherungen man abschließt, hier ein Tipp: Für alle abgeschlossenen Versicherungen sollte man die **Notfallnummern** notieren und mit der **Policenummer** gut aufheben! Bei Eintreten eines Notfalles sollte die Versicherungsgesellschaft sofort telefonisch verständigt werden!

Der Abschluss einer **Jahresversicherung** ist meist günstiger als mehrere Einzelversicherungen. Günstig ist auch die **Versicherung als Familie.** Hier sollte man aber die Definition von „Familie" genau prüfen.

Krankenversicherung

Die Kosten für eine ärztliche Behandlung in Kambodscha werden von den gesetzlichen Krankenversicherungen in Deutschland und Österreich nicht übernommen, daher ist der Abschluss einer **privaten Auslandskrankenversicherung unverzichtbar.** Bei Abschluss der Versicherung – die es mit bis zu einem Jahr Gültigkeit gibt – sollte auf einige Punkte geachtet werden. Zunächst sollte ein **Vollschutz ohne Summenbeschränkung** bestehen, wichtig ist, dass im Krankheitsfall der **Versicherungsschutz über die vorher festgelegte Zeit hinaus** automatisch verlängert wird, wenn die Rückreise nicht möglich ist.

Zur Erstattung der Kosten benötigt man ausführliche **Quittungen** (mit Datum, Namen, Bericht über Art und Umfang der Behandlung, Kosten der Behandlung und Medikamente).

Schweizer sollten bei ihrer Krankenversicherungsgesellschaft nachfragen, ob die Auslandsdeckung auch für Kambodscha gilt. Ist dies nicht der Fall, kann man sich kostenlos bei Soliswiss (Gutenbergstr. 6, 3011 Bern, Tel. 031/3810494, info@soliswiss.ch, www.soliswiss.ch) über mögliche Krankenversicherer informieren.

Reiserücktransportversicherung

Da **medizinische Versorgung in Kambodscha** bei schweren Unfällen und Erkrankungen **nicht ausreichend ist,** sollte dringend eine Reiserücktransportversicherung abgeschlossen werden. In medizinisch notwendigen Fällen werden die Patienten entweder nach Bangkok, wo die medizinische Versorgung mit den Krankenhäusern in Europa vergleichbar ist, oder bis nach Deutschland mit einem Privatflugzeug ausgeflogen. Gesetzliche und private Krankenversicherungsverträge schließen diese Leistung nicht ein. Auf die Abdeckung dieses Risikos haben sich daher etliche Privatversicherer und Hilfsorganisationen oder -vereine spezialisiert. Sie bieten in Form einer Versicherung oder Mitgliedschaft einen **Rückholdienst** an. Dieser ist aber stets auf medizinisch notwendige Fälle beschränkt.

Andere Versicherungen

Ob es sich lohnt, weitere Versicherungen abzuschließen wie eine Reiserücktrittsversicherung, Reisegepäckversicherung, Reisehaftpflichtversicherung oder Reiseunfallversicherung, ist individuell abzuklären. Gerade diese Versicherungen enthalten viele **Ausschlussklauseln,** sodass sie nicht immer Sinn machen.

Die **Reiserücktrittsversicherung** für 35–80 € lohnt sich nur für teure Reisen und für den Fall, dass man vor der Abreise einen schweren Unfall hat, schwer erkrankt, schwanger wird, gekündigt wird oder nach Arbeitslosigkeit einen neuen Arbeitsplatz bekommt, die Wohnung abgebrannt ist u.Ä. Nicht gelten hingegen: Terroranschlag, Streik, Naturkatastrophe etc.

Die **Reisegepäckversicherung** lohnt sich seltener, da z.B. bei Flugreisen verlorenes Gepäck oft nur nach Kilopreis und auch sonst nur der Zeitwert nach Vorlage der Rechnung ersetzt wird. Kameraausrüstung und Laptop dürfen beim Flug nicht als Gepäck aufgegeben worden sein. Gepäck im unbeaufsichtigt abgestellten Fahrzeug ist ebenfalls nicht versichert. Die Liste der Ausschlussgründe ist schier endlos ... Überdies deckt häufig die Hausratsversicherung schon Einbruch, Raub und Beschädigung von Eigentum auch im Ausland. Für den Fall, dass etwas passiert ist, muss der Versicherung als Schadensnachweis ein Polizeiprotokoll vorgelegt werden.

Eine **Privathaftpflichtversicherung** hat man in der Regel schon. Hat man eine **Unfallversicherung,** sollte man prüfen, ob diese im Falle plötzlicher Arbeitsunfähigkeit aufgrund eines Unfalls im Urlaub zahlt. Auch durch manche (Gold-)**Kreditkarten** ist man für bestimmte Fälle schon versichert. Die Versicherung über die Kreditkarte gilt jedoch meist nur für den Karteninhaber persönlich!

700ka Foto: an

Land und Leute

116ka Foto: an

117ka Foto: an

Alte Frauen pflegen die Heiligtümer und Altäre

Osttor bei Angkor Thom

Religion und Moderne

Land und Natur

Geografie

Kambodscha liegt in Südostasien. Es gehört mit Laos und Vietnam zu der unter französischer Kolonialherrschaft zusammengefassten Region Indochina. Die Fläche des Landes umfasst 181.035 Quadratkilometer (gut halb so groß wie Deutschland oder etwas mehr als doppelt so groß wie Österreich). Es liegt zwischen dem 10. und 15. Breitengrad der nördlichen Hemisphäre, also in den Tropen, auf der Höhe Äthiopiens und Mittelamerikas. Die Hauptstadt des Landes ist Phnom Penh.

Die internationalen **Grenzen** wurden in den meisten Fällen von den Franzosen gezogen. Den längsten Grenzverlauf hat das Land mit Vietnam (1230 km) im Osten und Süden. Im Norden grenzt Kambodscha auf einer Strecke von 540 Kilometern an Laos, während im Norden und im Westen Thailand auf 725 Kilometern die Grenze bildet. Im Westen und Süden besitzt Kambodscha 160 Kilometer Küste am Golf von Thailand.

Seit 1972 ist das Land in 21 **Provinzen** aufgeteilt, die sich weiter in Distrikte, Kommunen und Dörfer untergliedern.

Zwei Drittel des Landes bestehen aus dem **Kambodschanischen Becken,** dessen größte Flüsse Mekong und Tonle Sap sind. Es liegt in einer Höhe von 5 bis 30 Metern über dem Meeresspiegel. Während der Monsunzeit werden große Flächen davon überflutet. In diesen Ebenen, die für Kambodscha von großer landwirtschaftlicher Bedeutung sind, lebt der größte Teil der Bevölkerung. Im Norden wird das Becken vom Dangrekgebirge begrenzt; im Osten und Nordosten vom Kontoum- und Chhlongplateau. Im Südwesten bilden Kardamom- und Elefantengebirge die Grenze des Kambodschanischen Beckens.

Das **Gebirge** an der nördlichen Grenze des Landes, das Dangrekgebirge, erreicht eine Höhe von 600 Metern und fällt Richtung Kambodscha steil ab. Es setzt sich in Thailand mit dem Kohratplateau fort. Auf den Hochplateaus im Osten (Kontoum- und Chhlongplateau) an der vietnamesischen und laotischen Grenze leben in unzugänglichen Wäldern noch kaum bekannte Bergvölker. Im nordöstlichen Zipfel erreichen die Berge Höhen bis zu 1200 Metern. Das Kardamomgebirge verläuft entlang des Golfes von Thailand. Es hat einige Gipfel zwischen 1000 und 1700 Metern. Ein östlicher Ausläufer bildet mit dem Phnom Aural (1813 m) den höchsten Punkt des Landes. Die südlich gelegenen Elefantenberge erheben sich bis zu 1000 Meter und stürzen steil zur Küste hin ab.

Zwischen diesen beiden Gebirgen, von Sihanouk Ville bis Dong Tong (Koh Kong), liegt ein schmaler, flacher **Küstenstreifen,** der von Meeresarmen durchzogen ist, die bis zum Fuße der Berge reichen. Dem Festland sind zahlreiche, dünn besiedelte oder unbewohnte Inseln vorgelagert. Am Ufer wechseln sich Sandstrände, felsige Küste und undurchdringliche Mangrovenwälder ab. Die Wassertiefe vor der Küste ist sehr gering.

Geografische Begriffe

Die meisten kambodschanischen Ortsbezeichnungen verraten bereits die Bedeutung des Namens. Hier eine kleine Übersetzungshilfe:

boeng	See
khand	Stadtteil
khet	Provinz
khum	Kommune
kompong	Stadt (auf dem Wasser)
koh	Insel
phnom	Berg, Hügel
phum(i)	Dorf
psah	Markt
srok	Distrikt
stoeng	Fluss
tonle	Fluss

Flüsse und Seen

Der Monsun und das Element Wasser bestimmen den Lebensrhythmus der Menschen in Kambodscha. Die Regenzeit von Mai bis November verwandelt die Böden Jahr für Jahr in fruchtbares Ackerland. Auch die faszinierende Hochkultur von Angkor konnte nur dadurch entstehen, dass Wasser im Übermaß vorhanden war.

Für die „Reisschüssel Indochinas" spielt auch das einzigartige **Wassersystem zwischen Mekong und Tonle Sap** eine bedeutende Rolle. Der See Tonle Sap, einst ein Meeresarm, ist der größte Binnensee Südostasiens. Jedes Jahr während der Monsunzeit ändert sich die Fließrichtung des Flusses Tonle Sap, über den sonst das Wasser des

Foto: an 651ka

Sees ins Mekongdelta abgeleitet wird. Vor den Toren von Phnom Penh begegnen sich der Fluss Tonle Sap und der Mekong. Über eine kurze Strecke hinweg fließen beide im selben Flussbett, um sich nach nur einem Kilometer wieder zu trennen. Während der Regenzeit schwillt der Mekong so stark an, dass sich am Zusammenfluss ein Teil seiner Wassermassen durch den wesentlich kleineren Fluss Tonle Sap in den über 100 Kilometer entfernt gelegenen See ergießt, der sich bei diesem Naturschauspiel bis zum Siebenfachen seiner Fläche ausdehnt. Am Ende der Regenzeit, wenn sich die Fluten des Mekong verringern, fließt das Wasser wieder Richtung Meer ab. Die Natur hat hier eine geniale Lösung gefunden, um einer Überflutung im Mekongdelta vorzubeugen und Wasserreserven für die Trockenzeit zu schaffen.

Der Mekong –
die Lebensader von Kambodscha

Früher gab es zwei unabhängige **Flusssysteme** von Mekong und Tonle

Sap mit Tonle Bassac. Dadurch, dass der Mekong sein Flussbett immer weiter nach Westen verlagerte, wuchsen die beiden Ströme vor den Toren Phnom Penhs zusammen. Dieser Ort wird von der Bevölkerung *Chaktamuk* (vier Arme) genannt. Hier findet jedes Jahr im November das berühmte Wasserfest Bon Oumtouk statt (siehe Kapitel Feste und Feiertage). Wissenschaftler nehmen an, dass der Mekong durch die Entstehung des *Terre-Rouge-Basalts,* südlich von Kompong Cham, im Pliozän, also vor den Eiszeiten, abgedrängt wurde. Der Tonle Sap setzt sich im Tonle Bassac fort, während der Mekong parallel dazu im Osten fließt und sich später in ein riesiges Delta verzweigt.

Böden und Bodenschätze

In Kambodscha finden sich zwei Haupttypen von Böden:

Schwemmböden, die in jüngerer Zeit durch die Verwitterung von Gestein und durch Überflutungen der Flüsse und des Sees Tonle Sap an den Ufern abgelagert wurden. Auf ihnen wird überwiegend Reis angebaut. Diese sehr ertragreichen Böden befinden sich hauptsächlich südlich von Phnom Penh und um Battambang.

Die zweite Art ist die rötliche bis braune **Basalterde.** Sie ist häufig mit Wäldern oder savannenähnlicher Vegetation bewachsen. Dieser wesentlich unfruchtbarere Boden findet sich mehrheitlich im Osten des Landes; auf ihm gedeiht der Gummibaum in ausgedehnten Plantagen.

Das Dangrek-, Kardamom- und Elefantengebirge besteht überwiegend aus Sandstein, während an den Gipfeln Gesteine plutonischen und vulkanischen Ursprungs, wie Granit und Basalt, zum Vorschein kommen.

Die wenigen Kalkvorkommen beschränken sich auf die Provinz Stung Treng an der laotischen Grenze, den Westen von Battambang und die Südküste bei Kampot. Meist treten sie als Karstinselberge in Erscheinung und überragen die fruchtbaren Ebenen. In ihnen verbergen sich oft weitverzweigte Höhlensysteme, in denen sich nicht selten religiöse Kultstätten verbergen (siehe Kampot).

Kambodscha ist reich an **Bodenschätzen,** die jedoch von unterschiedlichem wirtschaftlichen Nutzen sind. In den letzten Jahren wurden im Nordosten (Rattanakiri, Mondulkiri) größere Vorkommen von **Bauxit, Gold** und **Eisen** gefunden. Einige ausländische Firmen und Joint Ventures sind bereits aktiv am Abbau beteiligt. Einerseits werden dadurch zwar (schlecht bezahlte) Arbeitsplätze geschaffen, andererseits aber insbesondere die Ureinwohner radikal von ihrem Land vertrieben. Das Vorkommen von Edelsteinen wie Rubinen, Zirkonen und Saphiren hängt mit der Entstehung von jüngerem Basalt zusammen.

Vor der Küste Kambodschas werden große Ölvorkommen vermutet. Internationale Konzerne sind bereits damit beschäftigt, letzte Vorbereitungen für die baldige Förderung zu treffen.

Klima

Das Klima in Kambodscha wird vom **Monsun** bestimmt. Während der Regenzeit zwischen Mai und Oktober bläst der Südwest-Monsun und bringt dem Land große Mengen an Niederschlag. Die Trockenzeit, in der es selten oder überhaupt nicht regnet, dauert von November bis April, wobei der Wind aus Nordosten bläst. Die den Monsun bedingenden Luftströmungen entstehen durch wechselnden hohen und niedrigen Luftdruck über Zentralasien. Während des europäischen Sommers herrscht dort eine Periode niedrigen Luftdrucks, wodurch über eine Südweströmung feuchte Luft vom nahen Pazifischen Ozean landeinwärts gesogen wird. Der hohe Luftdruck, der über Zentralasien im Winter vorherrscht, lässt die Windrichtung auf Nordost drehen. Trockene und kühle Luft vom Festland bestimmt dann das Wetter in Südostasien.

Die Menge des **Niederschlages** und der Beginn der Regenzeit variieren von Jahr zu Jahr und sind in den verschiedenen Gegenden unterschiedlich intensiv. Die durchschnittliche Niederschlagsmenge beträgt im Jahr zwischen 1200 bis 1800 mm (Deutschland 500 bis 1500 mm). Die ergiebigsten Regenfälle, bis zu 5000 mm im Jahr, stürzen in den Bergen an der Küste vom Himmel. Am trockensten ist es um den See Tonle Sap, wo die Niederschläge maximal 1000 mm pro Jahr betragen. Der Monat mit den ergiebigsten Niederschlägen ist der Oktober.

Klimatabelle für Phnom Penh

	Niederschlag in mm	Temperatur min.	Temperatur max.
Januar	8	21	31
Februar	10	22	32
März	41	23	33
April	76	24	34
Mai	135	24	33
Juni	152	24	33
Juli	170	24	32
August	160	24	32
September	224	24	31
Oktober	257	24	31
November	127	23	30
Dezember	46	22	30

Während dem Verlauf eines Jahres ändern sich die Temperaturen kaum, sondern vor allem die **Luftfeuchtigkeit.** Während der Regenzeit beträgt sie um die 90 %, doch in der Trockenzeit kann sie tagsüber sogar unter 50 % sinken.

Die durchschittlichen **Höchsttemperaturen** schwanken zwischen 30 und 34 Grad, während es selten kälter als 21 bis 24 Grad wird. Extremwerte bewegen sich zwischen 16 und 38 Grad.

Flora

Wer mit dem Flugzeug von Bangkok nach Phnom Penh fliegt, wird mit Begeisterung auf die dichten, nicht enden wollenden Tropenwälder des Kardamomgebirges hinabblicken. Dort wo das Land flacher wird, beginnt eine menschenleere, mit wenigen Bäumen bestandene Savanne. Obwohl das Flugzeug sich schon seit 15 Minuten im Sinkflug befindet, hat man noch keinen Hinweis auf menschliche Siedlungen gesehen. Erst kurz vor der Landung wird die Landschaft grün, und zwischen den schachbrettartig angelegten Reisfeldern erkennt man Dörfer und Menschen.

Im Vergleich zu anderen asiatischen Ländern ist die Natur Kambodschas noch in einem relativ guten Zustand. Noch sind an die 60 % des Landes von Urwald bedeckt, der eine artenreiche Flora mit vielen Pflanzen schützt, die es nur in dieser Weltgegend gibt. Die Menschen, die im Einklang mit der Natur leben, kennen über 400 verschiedene Pflanzenarten, die für sie von wirtschaftlicher, medizinischer oder kultureller Bedeutung sind.

Natürliche Vegetation

Die **Wälder** in Kambodscha zählen zu den unberührtesten und größten in Südostasien. Seltene, vom Aussterben bedrohte Baumarten, wie der Schwarzholzbaum, der burmesische Ebenholzbaum und der siamesische Rosenholzbaum, sind hier noch heimisch. Der Teakholzbaum gehört zur indo-burmesischen Flora und wächst hier nur auf Plantagen.

Die Vegetation des Landes ist typisch für den indochinesischen Raum und unterscheidet sich deutlich von der Flora Chinas, Malaysias und Myanmars. Nur in größeren Höhen gibt es Ähnlichkeiten mit der indo-malaysischen Pflanzenwelt.

Die **nicht kultivierte Landschaft** lässt sich grob aufteilen in folgende Landschaftstypen:

Immergrüner Bergwald

Er wächst in Höhen über 700 Meter und ist kälterem und feuchtem Klima ausgesetzt. Die Bäume wachsen auf nährstoffarmen Böden und erreichen eine Höhe von 20 Metern. Der Untergrund ist meist dicht mit Farnen bewachsen.

Tropischer Regenwald

Er gedeiht im feucht-warmen Klima unter 700 Metern. Die Bäume erreichen eine Höhe von 40–50 Metern. Sie haben lange, schmale Stämme, die häufig breite Verästelungen in Bodennähe aufweisen. Im Unterholz wachsen Palmen, Lianen, und es gibt eine große Artenvielfalt an niedrigen Bäumen und Büschen.

Savanne

Die Böden sind sehr nährstoffarm und trocken. Die Niederschlagsmenge beträgt normalerweise unter 1200 mm im Jahr. Die schütteren Wälder sind niedrig, die Vegetation besteht aus genügsamen stachligen Gewächsen mit harten Blättern.

Mangrovenwälder

Diese bei Badeurlaubern nicht gerade beliebten Büsche bedecken große Flächen an der Küste. Sie wachsen an der Trennlinie zwischen Land und Meer. Ihre Wurzeln, die wie Stelzen aussehen, wachsen tief in den Boden hinein, so dass das Salzwasser ihnen nichts anhaben kann. Ihre wichtige ökologische Aufgabe besteht darin, das Ufer vor der zerstörerischen Gewalt des Meeres zu schützen. Immer

645ka Foto: an

mehr Mangrovenwälder fallen auch in Kambodscha den Shrimp-Farmen und der Holzkohlegewinnung zum Opfer.

Pinienwälder

Die einzigen Orte in Kambodscha, an denen es Pinienwälder gibt, sind der Nationalpark Kirirom und Senmonorom, die Provinzhauptstadt von Mondukiri. Die Bäume wurden während der französischen Kolonialzeit dort eingeführt.

Kulturlandschaft

In den kultivierten Anbaugebieten und in den Gärten der Khmer findet man eine Vielfalt an Nutzpflanzen.

Die verbreitetste und wichtigste Pflanze ist der **Reis.** Er wird entweder in der Ebene auf überfluteten Feldern oder im Nordosten des Landes, an Berghängen angebaut.

Neben der Kokospalme ist auch die **Zuckerpalme,** die besonders das

Landschaftsbild um Phnom Penh prägt, weit verbreitet. Sie hat einen langen, schlanken Stamm, und ihre Blätter bilden eine fast runde Krone, wodurch der Baum aus der Ferne an eine Pusteblume erinnert. In halsbrecherischen Kletteraktionen steigen die Einheimischen an den bis 30 Meter hohen Stämmen hinauf, schneiden die Blütentriebe ab und fangen den heraustropfenden Saft *(toek thnaot)* in Gefäßen aus Bambus auf. Seine Beliebtheit verdankt dieses säuerlich schmeckende Getränk seiner berauschenden Wirkung.

Die **Lotosblume,** im Buddhismus von hoher religiöser Bedeutung, wächst auf großen Teichen und überfluteten Feldern. Die Form der Blüte ist ein ständig wiederkehrendes Motiv in der Khmer-Kunst und -Architektur. Der Fruchtstand, der einem umgedrehten Vulkan gleicht, enthält Samen *(plei chouk),* die einer Eichel ähnlich sehen. Sie schmecken wie rohe Erbsen, sind sehr proteinhaltig und werden an Straßenecken und auf Märkten verkauft.

Bananenhändler vor Frangipanibäumen

Vor vielen Pagoden steht der heilige **Dampobaum.** Diese Pappelart ist Buddha geweiht, und ihr zergliederter Stamm kann einen Umfang von bis zu 10 Metern erreichen.

Viel Wert legen die Khmer auf ihren **Garten,** in dem sie Zierpflanzen anbauen. In den Alleen von Phnom Penh und vor den Pagoden wachsen lila und weiß blühende Bougainvilleas und mit ihren orangefarbigen Blüten an lodernde Flammen erinnernde Frangipanibäume.

Fauna

Landtiere

Kambodscha ist zum Reservat einer bedrohten Tierwelt geworden. Neben dem Tiger gibt es in den Wäldern noch eine ganze Reihe von Wildkatzen wie etwa den Leoparden. Wildrinder, wie wilde Wasserbüffel, Banteng und Gaur, grasen noch unbehelligt von der Zivilisation auf den Lichtungen. Auch das Serau, eine kleine, schwärzliche Bergziege, soll es in Kambodscha noch geben. Zwei Bärenarten leben in den tiefen Wäldern; der malaiische Sonnenbär, der zu den kleinsten Bären der Welt zählt, sowie der asiatische Schwarzbär, der bis 150 Kilo schwer wird und ein weißes V am Kragen trägt. Des Weiteren findet man im Land Rotwild, Marder, Otter, Ameisenbären und verschiedene Affenarten. Die verwandtschaftliche Verbindung zu den Sauriern stellen Warane (bis 2 Meter) und Schildkröten her.

Wassertiere

Im See Tonle Sap und im Mekong gibt es über 850 verschiedene Fischarten, wovon jedoch nur 38 von wirtschaftlichem Interesse für die Bevölkerung sind. Am Beginn des Flusses Tonle Sap und in den großen Flüssen in Rattanakiri soll es die meisten Krokodile geben.

In den 1960er Jahren war die Küste vor Kambodscha überfischt. Doch durch den Mangel an technischer Ausrüstung und durch die kriegerischen Auseinandersetzungen konnten sich die Fischbestände so gut regenerieren, dass dieses Gebiet bereits für den ganzen Golf von Thailand ökologische Bedeutung als Laichplatz und als Rückzugsmöglichkeit für bedrohte Arten gewonnen hat. Im Wasser tummeln sich Delfine, Wasserschildkröten, kleine Haie und Wasserschlangen. Kormorane und Pelikane gehören ebenfalls zur Küstenfauna.

Bedrohte Tierarten

Wieviele seltene und vom Aussterben bedrohte Tierarten es in Kambodscha noch gibt und ob die unzugänglichen Urwälder vielleicht sogar das letzte Refugium schon längst von der Erde verschwunden geglaubter Tiere geworden sind, ist Inhalt von Forschungsprojekten zahlreicher Wissenschaftler, die mit Bewegungsmeldern und Infrarotkameras auf die Suche gehen.

Auf Grund des **Bürgerkriegs** konnten die letzten 25 Jahre keine Expeditionen in die abgelegenen Gebiete gemacht werden, weshalb man heute auf Mutmaßungen angewiesen ist. Der Einfluss des Krieges auf die Fauna ist noch unbekannt. Einerseits haben Minen und jagende Soldaten auch Opfer unter den seltenen Tierarten gefordert, andererseits hat der Bürgerkrieg das Vordringen der Zivilisation in abgelegene Regionen verhindert.

Kouprey

Dieses wilde Rind kommt fast ausschließlich in Kambodscha vor und gehört zu den am meisten gefährdeten Tierarten der Erde. Erst 1937 wurde es als das letzte große Säugetier der Welt entdeckt. Seinen Bestand schätzt man auf höchstens 200 Exemplare. Es lebt in kleinen, verstreuten Herden. Man nimmt an, dass es entweder der Vorfahr domestizierter Rinder aus Indien ist oder eine verwilderte Züchtung, die während der Hochkultur in Angkor von den damaligen Bauern gehalten wurde. Im Jahre 1963 wurde es von Prinz Sihanouk zum Nationaltier von Kambodscha erklärt.

Braunhirsch

Dieser Hirsch war einst in ganz Südostasien verbreitet. Er ist heute fast ausgestorben und kommt nur noch in Kambodscha vor.

Sumatra-Nashorn

Dieses kleinste und scheueste der drei asiatischen Rhinozerosarten ist stark behaart, wird bis zu drei Meter lang, eine Tonne schwer und lebt an steilen Berghängen. Das Sumatra-Nashorn ist stark gefährdet und kommt sonst nur noch vereinzelt in Vietnam, Burma, Sumatra und Malaysia vor.

Java-Nashorn

Es ist etwas größer als sein Vetter, das Sumatra-Nashorn, und galt seit Ende der 1960er Jahre als ausgestorben. 1993 wurden jedoch 15 Exemplare in den Sümpfen Vietnams, nahe der kambodschanischen Grenze, entdeckt. Unglücklicherweise gilt das Horn des Tieres in zermahlenem Zustand bei den Chinesen als Potenzmittel.

Indochinesischer Tiger

Von diesem majestätischen Tier, das bis zu 3 m lang und 200 kg schwer werden kann, gibt es noch einige Exemplare im Osten des Landes sowie im Kardamom- und Elefantengebirge.

Asiatischer Elefant

Schätzungen, die sehr hoch erscheinen, gehen davon aus, dass es im Elefanten- und Kardamomgebirge noch an die 2000 wild lebende Exemplare gibt. Früher kamen sie in der Trockenzeit aus den Bergen herab und wanderten bis zum See Tonle Sap.

Irrawaddy- oder Mekong-Delfin

Laut Schätzungen sollen in Kambodscha noch zwischen 100 und 200 dieser seltenen Säugetiere leben. Die meisten von ihnen leben im Mekong an der laotischen Grenze. Dort fühlen sie sich am wohlsten in tiefen Wasserbecken und überfluteten Wäldern. Die Einheimischen glauben, dass es sich beim Irrawaddy-Delfin um wiedergeborene Menschen handelt und nennen ihn deshalb *pa-ya-pi* (Menschenfisch). Es werden viele Geschichten erzählt, in denen er Ertrinkenden zu Hilfe gekommen sein soll. Die größte Gefahr droht dem Delfin auf kambodschanischer Seite, wo er immer wieder Opfer von illegalen Dynamitfischern wird (siehe auch Exkurs im Kapitel Kratie).

• **Buchtipp:** *Reto Kuster* „Was kriecht und krabbelt in den Tropen?", Praxis-Reihe, REISE KNOW-HOW Verlag

Umwelt- und Naturschutz

Diese Begriffe sind für die Khmer Fremdwörter. In einem Land, in dem die Menschen über 20 Jahre nur ums nackte Überleben kämpften, kann man nicht erwarten, dass sie sich Gedanken über gefährdete Pflanzen oder Tiere machen. Doch auch heute, wo nicht mehr der blanke Terror herrscht, sondern sich die Menschen der Befriedigung ihrer Grundbedürfnisse widmen können, wäre es naiv zu erwarten, dass hier die Menschen ähnlich über Naturschutz denken wie in Mitteleuropa. Umweltschutz, wie wir ihn betreiben, ist notwendig, aber er ist ein Luxus, den sich nur eine Bevölkerung leisten kann, die sozial abgesichert ist. Einem armen Familienvater muss es absurd vorkommen, einen Baum, mit dessen Erlös er seine hungrigen Kinder 20 Tage ernähren kann, nicht zu fällen, nur damit seine Enkel in einer intakten Natur aufwachsen können. Doch genau in der Armut der Menschen und der Profitgier großer Konzerne und korrupter Beamten liegt das Problem des Umweltschutzes in Kambodscha.

Noch gleicht das Land einem Paradies. Das Wasser der Flüsse, der Seen und des Meeres ist sauber, und auch der Stoßverkehr in Phnom Penh kann nur ansatzweise vermitteln, mit welch verpesteter Luft die Nachbarn in Bangkok tagaus, tagein leben müssen. Auch wird es noch einige Jahre dauern, bis der Tourismus für Umweltprobleme verantwortlich gemacht werden kann, denn ökologisch sensible Gebiete können wegen fehlender Infrastruktur noch kaum von Reisenden erreicht werden.

Abholzung der Wälder

Trotz der deutlichen Zunahme von Überschwemmungen und Versteppung geht das unkontrollierte Abholzen der Wälder weiter. Nach einer Weltbankstudie von 2006 bestand damals noch 59,2 % der Landfläche Kambodschas aus Wald. Im Zeitraum von 1990 bis 2005 wurden pro Jahr 1,3 % abgeholzt. Pessimisten sprechen sogar schon davon, dass der Tropenwald in spätestens 10 Jahren verschwunden sein könnte, ginge der Waldfrevel im bisherigen Stil weiter.

Während jedem Land natürlich das Recht zusteht, seine Wälder in umweltverträglichem Rahmen zu nutzen, besteht das Problem in Kambodscha in illegaler Abholzung. Allerdings ist sie in dieser Größenordnung nur möglich, weil hochrangige Militärs und einflussreiche Politiker sowie Verwaltungsbeamte mitverdienen und deshalb ihre schützende Hand über das Geschehen halten.

Doch nicht nur korrupte Khmer, sondern auch die Nachbarländer Thailand und Vietnam sind am Raubbau des Tropenwaldes beteiligt. Die größten unkontrollierbaren Einschläge finden in den Provinzen Oddar Meanchey, Battanbang, Pursat und Koh Kong statt, von wo aus das Holz schnell und diskret über die nahe Grenze nach Thailand abtransportiert wird. Das gleiche gilt für die abgelegenen Grenzgebiete Rattanakiri und Mondulkiri, wo sogar Vietnamesen auf kambodschanischem Staatsgebiet zur Kettensäge greifen.

Offiziell geht die Regierung hart gegen den Waldfrevel vor. Bestechliche Beamte werden entlassen, illegale Sägemühlen geschlossen und unrechtmäßig geschlagene Bäume konfisziert. Doch der Sumpf der Korruption ist so tief, dass es kaum möglich ist, diese entlegenen Provinzen zu kontrollieren.

Druck auf die Regierung wird vor allem von den Gebernationen ausgeübt, die nur bereit sind, Hilfsgelder zu zahlen, wenn im Gegenzug die illegale Abholzung der Wälder strenger kontrolliert wird. Doch auch der Tourismus, als wichtigste Einnahmequelle des Landes, macht seinen Einfluss auf die Behörden verstärkt deutlich. Am

Phnom Kulen, der Kulisse von Angkor, wurde das massive Fällen der Bäume gestoppt, da befürchtet wurde, das Image der im Urwald versunkenen Tempelstadt könnte darunter leiden.

Neben den bekannten Risiken bei der Abholzung von Tropenwäldern ist besonders die **Küstenregion** in der Provinz Koh Kong in Gefahr. Hier werden die Mangrovenwälder, die die Küste vor der Erosion schützen, von den Einwohnern zu Holzkohle verarbeitet, oder müssen Shrimp-Farmen weichen.

Aber auch der **See Tonle Sap** mit seinem Fischbestand ist durch die Abholzung in den nahegelegenen Bergen gefährdet. Während die jährliche Sedimentablagerung 1960 noch 2 cm betrug, liegt sie heute bei über 4 cm im Jahr. Somit versandet der See immer mehr und ist in der Trockenzeit bereits bei einer durchschnittlichen Tiefe von nur mehr 30 cm (1960 bei 50 cm) angelangt. Hierfür ist aber auch der Mekong mitverantwortlich. Auf seinem Weg nach Kambodscha fließt das Wasser durch stark entwaldete Gebiete und wird vermehrt mit Schwebstoffen angereichert. Wenn der Mekong sein Wasser während der Regenzeit in den Tonle Sap lenkt, werden diese dort ebenfalls in großen Mengen am Grund abgelagert.

Eine sehr engagierte nichtstaatliche Organisation im Rahmen des Umweltschutzes ist das IDRC (International Development Research Center). Es wird von Australien finanziert und bemüht sich, die Mitarbeiter des Landwirtschaftsministeriums im Bereich Forstwirtschaft, Fischerei etc. fortzubilden.

Nationalparks

Interessanterweise sah es die aus den UNTAC-Wahlen hervorgegangene Regierung als wichtige Notwendigkeit an, schon 1993 Nationalparks auszuweisen. Zu dieser Zeit lag allerdings noch mehr als die Hälfte der Parks in den von Roten Khmer kontrollierten Gebieten; niemand wusste, wie sie verwaltet und kontrolliert werden sollten und vor allem, wie dies zu finanzieren ist.

Viele Naturparks sind immer noch schwer oder gar nicht zugänglich. Am besten organisiert ist der **Ream Naturpark** bei Sihanouk Ville sowie das **Kirirom Plateau.** Doch da der Ökotourismus eine der wichtigsten Strategien der Tourismuspolitik ist, werden immer mehr Naturschönheiten Kambodschas den Besuchern erschlossen.

Die wissenschaftliche Erforschung hat erst mit dem Ende der Roten Khmer begonnen. Die Ergebnisse sind zum Teil sensationell. Nicht nur einige bedrohte Tierarten wie **Tiger, Nashörner,** der **asiatische Elefant** oder das **siamesische Krokodil** haben in Kambodscha letzte Rückzugsmöglichkeiten gefunden, sondern auch viele endemische Pflanzen und Insekten wurden bereits entdeckt. Die größten Schätze birgt der **Phnom Aural Nationalpark** (Cardamom Berge).

Die größte Gefahr droht den Parks durch die Erschließung neuer Siedlungsräume mit Straßen, durch illegale Abholzung der Tropenwälder und durch die große Nachfrage nach traditioneller und spiritueller Medizin (Tigerhoden, das Horn der Nashörner, etc).

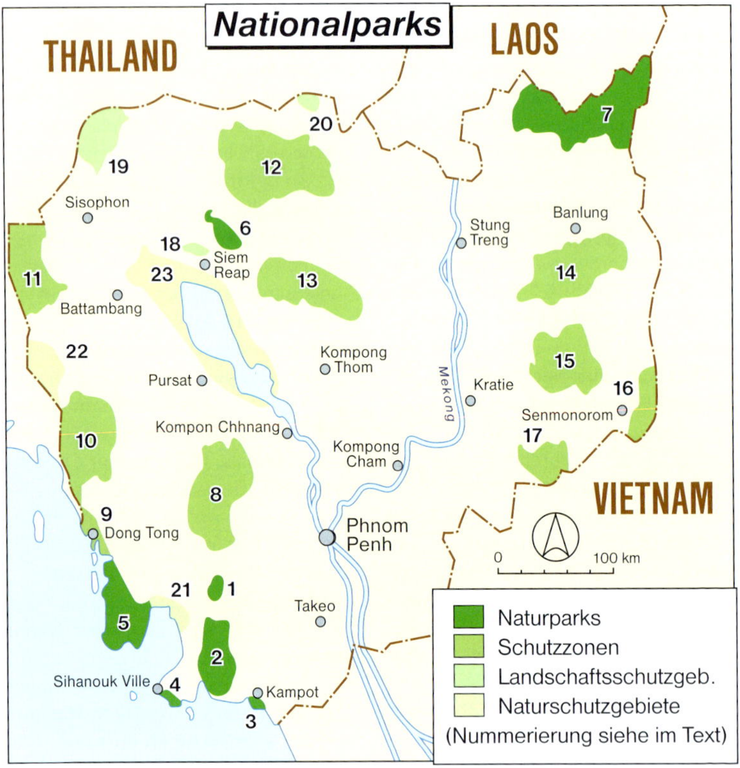

Auf Grund eines königlichen Beschlusses wurden 3.402.203 Hektar zu Nationalparks erklärt.

Es gibt **vier Kategorien:** Natural Parks, Wild Animal Sanctuaries, Scenic Zones und Multi Use Zones.

Natural Parks

Naturparks, die für wissenschaftliche und erzieherische Zwecke geschützt werden, aber auch Erholungssuchenden offenstehen.

Einige Parks sind öffentlich zugänglich und können gemeinsam mit Rangern erkundet werden. Andere sind extrem abgelegen und zum Teil noch vermint.

1. Kirirom-Plateau (35.000 ha) Kompong Speu und Koh Kong (zugänglich)
2. Bokor-Gebirge (140.000 ha) Kamot (teilweise zugänglich)
3. Kep (5000 ha) Kampot (zugänglich)
4. Ream (150.000 ha) Sihanoukville (zugänglich)

5. Botumsako (171.250 ha) Sihanoukville (zugänglich)
6. Phnom Kulen (37.500 ha) Siem Reap (sehr abgelegen, kaum zugänglich; Minen!)
7. Viracheay (332.500 ha) Stung Treng, Rattanakiri (zugänglich)

Wild Animal Sanctuaries

Schutzzonen, die streng kontrolliert werden sollen, um seltenen Tieren und Pflanzen in sehr abgelegenen Gebieten ein Überleben zu sichern.

8. Phnom Aural/Cardamom Berge (253.750 ha) Koh Kong, Pursat, Kompong Chhnang: soll in Kürze wegen der vielen hier noch vorkommenden vom Aussterben bedrohten Tierarten einen internationalen Status bekommen und mit dem Amazonas und dem indonesisch-malaiischen Regenwald auf gleiche Stufe gestellt werden. Tiger, Leoparden, Elefanten, siamesisches Krokodil, Gaur, malaiischer Sonnenbär usw.(schwer zugänglich und gefährlich)
9. Peam Krasom (23.750 ha) Koh Kong (gefährlich)
10. Phnom Samkok (333.753 ha) Pursat (gefährlich)
11. Roneam Daun Som (178.750 ha) Battambang (gefährlich)
12. Kulen, Promatep (402.500 ha) Preah Vihear, Siem Reap (zugänglich)
13. Beong Per (242.500 ha) Kompong Thom (gefährlich)
14. Lumpat (250.000 ha) Rattanakiri, Mondulkiri: Ureinwohner, Urwald (zugänglich)
15. Phnom Prech (222.500 ha) Mondulkiri, Kratie (zugänglich)
16. Phnom Namlea (47.500 ha) Mondulkiri (zugänglich)
17. Snoul (75.000 ha) Kratie (gefährlich)

Scenic Zones

Landschaftsschutzgebiete, welche als Touristenattraktion dienen.

18. Angkor (10.800 ha) Siem Reap: Tempel (zugänglich)
19. Banteay Chmar (81.200 ha) Banteay Mean Chey (teilweise zugänglich; Minen!)
20. Preah Vihear (5000 ha) Preah Vihear: Tempel (zugänglich von Kambodscha und Thailand aus, wenn nicht gerade wieder Grenzstreitigkeiten zwischen beiden Ländern ausgetragen werden)

Multi Use Zones

Naturschutzgebiete, in denen ökologische Landwirtschaft und Naturschutz nebeneinander existieren.

21. Dangpeng (27.700 ha) Koh Kong (bedingt zugänglich)
22. Samlod (60.000 ha) Battambang (gefährlich)
23. Tonle Sap (316.250 ha) Pursat, Battambang, Kompong Chhnang, Kompong Thom, Siem Reap: schwimmende Dörfer, Birdwatching (zugänglich)

Staat und Gesellschaft

Geschichte

Kaum ein Volk lebt heute so verbunden mit seiner Geschichte wie die Menschen in Kambodscha. Um in einer Vergangenheit aus beeindruckender Hochkultur und abgrundtiefen Terrorregimen nicht die Orientierung zu verlieren, hier ein paar wichtige geschichtliche Zusammenhänge, die jeder wissen sollte, der die heutige Situation im Lande verstehen möchte:

- Das trotz der destruktiven und traurigen Geschichte immer noch vorhandene Selbstbewusstsein der Khmer basiert auf der Vorstellung, **Nachfahren der Erbauer von Angkor** zu sein. Ihre im heutigen Leben tief verwurzelte Kultur hat ihren Ursprung in dieser Epoche. Wer den Menschen in Kambodscha ihr Angkor nehmen würde, würde die Seele der Khmer zerstören.
- Aus Indien wurde mit dem Hinduismus der **Gottkönigkult** *(devaraya)* eingeführt. Die Könige von Angkor sahen sich als Inkarnation von Shiva und somit als Mischform eines irdischen Herrschers und eines Gottes. Bis heute wurden mächtige Staatsmänner mit dem Mythos dieser Vorstellung vom allmächtigen Gottkönig umgeben. Auch die spätere Einführung des *Teravada-Buddhismus* förderte diesen Kult. König Norodom Sihanouks Ansehen bei der ländlichen Bevölkerung beruht immer noch auf der traditionellen Mystik des Devaraya-Kultes.
- Der **Hass der Khmer auf die Vietnamesen** ist bereits so alt, dass man schon von einer historischen Vorbelas-

tung sprechen kann. Besonders seit Ende des 15. Jahrhunderts schwebte Kambodscha immer in der Gefahr, von Vietnam, aber auch von Thailand verschlungen zu werden. Der wesentlich größere Hass auf die Vietnamesen entstand dadurch, dass diese die Khmer immer als primitive Untermenschen behandelten und ihnen ihre Kultur und ihre Form des *Mahayana-Buddhismus* aufdrängen wollten. Die Thais, die den gleichen religiösen Ursprung haben, respektierten die Kultur der Khmer und waren nur an deren Land interessiert. Auch die Franzosen schürten den Hass zusätzlich, indem sie während der Kolonialzeit alle wichtigen Positionen in Kambodscha mit Vietnamesen besetzten.

- Wenn die **Franzosen** 1863 Kambodscha nicht zu ihrem Protektorat erklärt hätten, wäre das Land heute mit Sicherheit unter Thailand und Vietnam aufgeteilt. Jedoch sahen auch die Kolonialherren die Khmer als eine niedrig entwickelte Rasse an und versuchten, ihnen ihre französische Kultur aufzudrängen. Ein folgenschwerer Fehler, der später immer wieder Ursache für Konflikte war, ist die Zusammenfassung der unterschiedlichen Kulturräume in Indochina zu einer politisch gemeinsam verwalteten Region.
- Der aufflammende **Kommunismus** in Laos, Kambodscha und Vietnam hatte mit der Grundidee von Marx, Lenin und Mao wenig gemeinsam, sondern muss als Nationalismus für die Befreiung von der Kolonialisierung gesehen werden, dem die kommunistische Ideologie als Legitimation diente. Die Sowjetunion und China unterstützten diese Bewegungen, um sie für ihre weltpolitischen Ziele auszunutzen.
- Die Kriege in Kambodscha und in Indochina überhaupt waren ideologische **Stellvertreterkriege** der Großmächte, die auf dem Rücken unschuldiger Menschen ausgetragen wurden. Der eine Konflikt beruhte auf dem kommunistischen Expansionismus und der amerikanischen Dominotheorie, der andere auf dem kommunistischen Bruderkrieg zwischen der Sowjetunion und China, der sich nach 1979 entzündete.
- Die **Intervention Vietnams** in Kambodscha 1979 muss vor folgendem Hintergrund gesehen werden: Die USA hatten ein Interesse daran, sich an Vietnam zu rächen. Deshalb unterstützten sie die Roten Khmer mit Geld und Waffen bei ihren Überfällen auf Südvietnam, um die Regierung in Hanoi zu provozieren. Als die Vietnamesen dann Phnom Penh besetzten, hatten die USA ihr Ziel erreicht und konnten Vietnam für seine aggressive Expansionspolitik international ächten. Aus der Sicht Vietnams war der Einmarsch in Kambodscha die einzig mögliche Lösung, um den politischen Spielraum, den die Roten Khmer zu untergraben suchten, weitgehend zu erhalten.

Das Funan- und das Chenla-Reich (von den Anfängen bis 800 n. Chr.)

Archäologische Funde beweisen, dass Teile des heutigen Kambodschas schon im ersten und zweiten Jahrtausend vor Christus bewohnt waren. Ethnologen gehen davon aus, dass diese Menschen austroasiatischen Ursprungs waren und dass ihre Nachfahren die heutige südostasiatische und pazifische Inselwelt bewohnen. Sie lebten in kleinen verstreuten Staaten, die das Reich **Funan** bildeten. Es lag strategisch günstig am Mekongdelta im heutigen Vietnam und erlangte seine Macht durch den Handel mit Indien und China. Sein Hafen Oc Eo lag am Golf von Thailand. Aufgrund chinesischer Aufzeichnungen ist zu vermuten, dass Funan ein hochentwickelter und reicher Staat war, der über ein ausgedehntes Kanal- und Bewässerungsnetz, eine Schiffsflotte und eine Hauptstadt mit Ziegelbauten verfügte. Das Schriftsystem basierte auf Sanskrit. Die meisten Einwohner waren Anhänger der indischen Kultur und Religion und in unterschiedlichen Gesellschaftsschichten organisiert. Funan erreichte seine Blütezeit im 5. Jahrhundert n. Chr. Von dieser Zeit an schwächten Bürgerkrieg und Auseinandersetzungen unter den Herrscherfamilien den Staat.

Am Ende des 7. Jahrhunderts hatte das Königreich **Chenla,** ein nördlicher Nachbar, Funan erobert und es sich als Vasallenstaat einverleibt. Die Bewohner von Chenla waren ebenfalls Khmer. Sie übernahmen die indische Kultur der besiegten Einwohner von Funan und erbauten ihre Hauptstadt im Zentrum Kambodschas, nahe dem See Tonle Sap. Expansionistische Herrscher vergrößerten das Reich und dehnten ihren Machtbereich bis ins heutige Thailand und Laos aus. Durch seine Größe wurde der Staat unregierbar. Deshalb teilte sich das Königreich bald in ein Land-Chenla (nördlicher Bereich Kambodschas) und ein Wasser-Chenla (südlich von Phnom Penh) auf. Das vitalere Land-Chenla breitete sich weiter aus, kontrollierte fast 30 Städte in der Provinz und unterhielt diplomatische Beziehungen zur Tang-Dynastie in China. Das schwache Wasser-Chenla kam bald unter die Kontrolle von Java.

Das Khmer- oder Angkor-Reich (800–1400)

Als Begründer des ersten gemeinsamen Khmer-Staates gilt **Jayavarman II.,** der von 802 bis 850 regierte. Er befreite Wasser-Chenla von den Javanesen und vereinigte die Khmer wieder zu einer Nation. Er führte den Gottkönigkult *devaraya* (siehe Kapitel „Angkor verstehen") ein, gründete eine Armee, organisierte die Polizei und schuf eine Provinzverwaltung und einen Gerichtshof. Er gründete eine neue Hauptstadt nordöstlich des Sees Tonle Sap und wurde so zum Gründer von Angkor. In den folgenden Jahrhunderten erlebte das **Angkor-Reich** eine Hochzivilisation, wie sie zu dieser Zeit nirgends auf der Welt zu finden war. Erfolgreiche und fähige Könige regierten über Großstädte mit über einer Million Einwohnern; Dimensionen, die für die damalige Epoche (also zur Zeit unseres Mittelalters) einmalig waren. Nur durch ein genial durchdachtes Bewässerungssystem, das drei Reisernten im Jahr ermöglichte, konnten diese Menschenmassen überhaupt ernährt werden (siehe Kapitel Angkor).

Der letzte große Monarch der Angkor-Periode war *Jayavarman VII.* (1181 bis ca. 1218). Er drängte die Cham zurück, die aus Osten, dem heutigen Vietnam, kommend, unter seinem Vorgänger *Suryavarman II.* große Gebiete besetzt hatten und brachte sie unter die Knechtschaft seines großen Reiches. Seine größte Ausdehnung hatte das Angkor-Reich unter *Jayavarman VII.*, als es das *Champa-Reich* im Osten, große Teile des heutigen Laos im Norden, die Küste von Südvietnam und ein paar kleine Handelsstaaten an der malaysischen Halbinsel umfasste. Der König errichtete Krankenhäuser und vervollständigte das Straßensystem. Der Buddhismus wurde zur Staatsreligion. Außerdem ließ *Jayavarman VII.* die letzten großen Tempel, *Angkor Thom* und den *Bayon,* erbauen, die von seiner bedeutenden Macht zeugen.

Aber diese Bauten läuteten bereits den **Untergang des Imperiums** ein. Die Kriege und der Wahn des Königs, immer mehr Tempel zu bauen, erschöpften die Finanzen und die Arbeitskräfte des Staates. Zu den inneren Problemen gesellten sich außenpolitische Schwierigkeiten. Während das Angkor-Reich immer schwächer wurde, nahmen die Feinde an Stärke zu. Die Thais hatten sich Richtung Süden in Bewegung gesetzt, da sie von den Mongolen aus ihrem Staat im Südwesten Chinas Mitte des 12. Jahrhunderts vertrieben worden waren. Um 1430/31 eroberten sie Angkor. Damit endete die Macht des Khmer-Reiches, seine Ausdehnung wurde verkleinert, bis es nur noch das Gebiet um den Tonle Sap und westlich des Mekongs umfasste. Nachdem 1471 auch das Königreich der *Champa* zusammenbrach, konnten sich die Vietnamesen nach Süden ausbreiten.

Kambodschas Kampf ums Überleben (1400–1863)

Über den weiteren Niedergang des Khmer-Reiches in den darauffolgenden Jahrhunderten gibt es wenig Aufzeichnungen. Nach dem Fall Angkors wurde die Hauptstadt 1434 das erste Mal an die Stelle des heutigen Phnom Penh verlegt. Die günstige Lage am Mekong ließ den Stand der Kaufleute entstehen, die mit China und den Ländern um das Südchinesische Meer sowie im Indischen Ozean Handel trieben. Doch interne Streitigkeiten um die Macht und die expandierenden Nachbarn, Thailand und Vietnam, ließen das Land in eine kulturelle, wirtschaftliche und soziale Stagnation verfallen.

König *Ang Chan* (1516–66), einer der wenigen bedeutenden Könige in diesem dunklen Zeitalter, verlegte die

Hauptstadt nach **Lovek,** an den Oberlauf des Tonle Sap. Portugiesische und spanische Reisende beschrieben die damalige Stadt als einen Platz unglaublichen Reichtums, an dem mit Edelsteinen, Metallen, Seide, Baumwolle und Elfenbein gehandelt wurde. Zu dieser Zeit gab es in Lovek bereits geschäftige Handelskommunen von Spaniern, Portugiesen, Japanern, Chinesen, Arabern, Indonesiern und Malaysiern. Zusammen mit den Spaniern, die am Reichtum Kambodschas interessiert waren, eroberten die Thais Lovek und setzten 1597 einen eigenen König auf den Thron.

Frauen am königlichen Hof um 1900

1688 wurde weiter südlich die neue Hauptstadt der Khmer, **Udong,** errichtet. Jedoch war es dort für die folgenden Monarchen nicht möglich, ohne Kompromisse und Zugeständnisse an die Thais und Vietnamesen zu regieren.

Im **19. Jahrhundert** brachen heftige Kämpfe zwischen den Thais und den Vietnamesen um die Vorherrschaft in Kambodscha aus. Sie endeten damit, dass die Vietnamesen das Zentrum des Landes unter ihre Kontrolle brachten und die Bevölkerung zwangen, ihre Kultur anzunehmen. Beide Aggressoren vereinbarten 1841 mit Kambodscha eine Verwaltung unter ihrer Lehnsherrschaft. Die Souveränität Kambodschas war somit endgültig aufgehoben, und die Khmer waren zu Vasallen ihrer Nachbarn geworden.

Die Franzosen in Kambodscha (1863–1953)

Das Hauptinteresse der Franzosen in Indochina galt Vietnam. Da dort jedoch die politischen Probleme zu immer größeren Auseinandersetzungen führten, wandten sie sich Kambodscha zu, das ihnen ruhiger und sicherer erschien als Vietnam.

Im August 1863 machten die Franzosen mit König *Norodom* (1859–1904) einen Vertrag, der das Land unter ihren Schutz stellte und ihnen dafür das Recht einräumte, die Bodenschätze und Wälder auszubeuten. Sich dem **Protektorat Frankreichs** zu unterwerfen, war die einzige Möglichkeit für Kambodscha, nicht völlig von Thailand und Vietnam vereinnahmt zu werden. Um die erbosten Thailänder zu beruhigen, die große Gebiete in Kambodscha kontrollierten, gaben ihnen die Franzosen 1867 die Getreidekammern Battambang und Siem Reap. Der maßlos enttäuschte *Norodom* war machtlos gegen die erneute Teilung seines Landes. Noch im selben Jahr veranlassten ihn die Franzosen auch, die Hauptstadt Udong zu verlassen und nach Phnom Penh umzuziehen. Doch *Norodom* sank noch weiter, als 1897 die Regierung in Paris beschloss, den Khmer-König wegen Unfähigkeit abzusetzen, und ihm eine rein repräsentative Rolle ohne Machtbefugnisse zuwies. Sämtliche führenden Positionen im Land wurden von den Franzosen übernommen, die sämtliche verantwortungsvollen Ämter mit Vietnamesen besetzten.

Als *Norodom* 1904 starb, übergingen die Franzosen seine Söhne und setzten seinen (ihnen kooperativer erscheinenden) Bruder *Sisowath* (1904–1927) auf den Thron. Er und sein Sohn *Monivong* (1927–41) erwiesen sich als friedliche und den Franzosen ergebene Könige und wurden dafür auch mit großzügigen Mengen Opium versorgt. Der einzige Höhepunkt ihrer Amtszeit war 1907 die Rückgabe der Provinzen Battambang und Siem Reap an Kambodscha.

Schon bald hatten die Franzosen entdeckt, dass die Hoffnung auf großen Reichtum in Kambodscha eine Illusion war, weshalb sie sich auch nicht mehr als notwendig für die **Entwicklung des Landes** einsetzten. Um die wirtschaftliche Infrastruktur zu verbessern, bauten sie lediglich ein paar Straßen und eine Eisenbahn, die Phnom Penh über Battambang mit Bangkok verband. Sie kultivierten Kautschukplantagen, deren Export in den 1920er Jahren zu einem beachtlichen wirtschaftlichen Wachstum führte. Doch die weltweite Depression 1929 bereitete dem Traum vom wirtschaftlich blühenden Indochina ein jähes Ende.

Die **Besteuerung der Bauern** in Kambodscha durch die Franzosen war die höchste in Indochina. Ein gewaltloser Aufstand brachte 1916 Tausende verarmter Landarbeiter nach Phnom Penh, um eine Petition mit der Bitte um Reduzierung ihrer Abgaben beim König einzureichen. Dies schockierte die Kolonialherren, da die Khmer bis dato als zu träge und individualistisch galten, um sich zu organisieren.

Die **Chinesen,** die schon Jahrhunderte vor den Franzosen den Handel in Kambodscha kontrollierten, wurden von den Kolonialherren nicht behelligt. Somit konnten sie ein Handels- und Bankwesen etablieren, das von Phnom Penh aus Verbindungen mit Indochina, China und ganz Südostasien hatte und ihnen bis heute eine finanzielle Vormachtstellung in Kambodscha sichert.

Die Zeit Norodom Sihanouks (1942–1970)

König Monivong starb im April 1941. Anstatt seines Sohnes setzten die Franzosen einen Urgroßenkel von König Norodom auf den Thron, Norodom Sihanouk. Für sie war er der ideale Kandidat, da er erst 19 Jahre alt war, keine politische Erfahrung besaß und sein Hauptinteresse weniger der Politik als dem ausschweifenden Nachtleben galt.

Im März 1945 vertrieben die **Japaner** die Franzosen und forderten den jungen König auf, die Unabhängigkeit Kambodschas auszurufen, um dadurch besser ihre eigenen kolonialistischen Ideen durchsetzen zu können. Sie hielten sich jedoch nicht lange an der Macht.

Nach ihrem Abzug machten sich die Franzosen wieder breit, die den Khmer Anfang 1946 das Recht auf eine eigene Verfassung und die Erlaubnis, politische Parteien zu gründen, zugestanden. Anfang der 50er Jahre begann der **Kampf um die vollständige Unabhängigkeit** von Frankreich. Auf politischer Ebene versuchten es die Liberale und die Demokratische Partei, deren Gründer Prinzen aus dem Königshaus waren. Im Untergrund formierte sich die radikale *Khmer Issarak,* die unzufriedene Bürger aus allen Gesellschaftsschichten vereinigte. Ihre Guerilla operierte im Dschungel und bekämpfte von dort aus die Franzosen. Nach seinem eigenen öffentlichen Kampf für die Selbständigkeit seines Landes konnte Sihanouk 1953 bei seiner triumphalen Rückkehr aus Paris die Unabhängigkeit Kambodschas verkünden.

Als selbständig regierender König gewann Sihanouk erstaunlich schnell an Charisma. Um sich politisch stärker engagieren zu können, dankte er als König ab und gründete die *Sangum-Partei,* wodurch es ihm gelang, Präsident und Staatsoberhaupt in einem zu sein. Für beinahe 16 Jahre, von 1954 bis 1970, bestimmte **Sihanouk als alleiniger Herrscher** mit einer zentralistischen Regierung die Geschicke seines Landes, das zu dieser Zeit eines der reichsten Südostasiens war.

Seine treuesten und zuverlässigsten Anhänger hatte Sihanouk (wie auch heute) unter der Landbevölkerung. Unter der gebildeten Elite konnte er durch geschicktes Taktieren lange Zeit die Oberhand behalten. Doch unter der politisierten Mittelklasse, den militärischen Befehlshabern, den Intellektuellen und den Studenten bildete sich bald eine Opposition gegen seinen autoritären Führungsstil. Der radikale Arm der kommunistischen *Khmer-Partei* hatte sich in den Untergrund begeben und begann sich dort unter *Saloth Sar,* der später unter dem Namen *Pol Pot* bekannt wurde, zu bewaffnen. Außenpolitisch hatte Sihanouk versucht, sich aus indochinesischen Konflikten herauszuhalten und eine neutrale Rolle zu spielen. Dadurch wurde Kambodscha international respektiert und bekam finanzielle Unterstützung aus Ost und West.

Ab Mitte der 1960er Jahre wurde sein Land jedoch mehr und mehr in den **Vietnamkrieg** verstrickt. Die Regierung in Nordvietnam benutzte den sicheren Nordosten Kambodschas (Rattanakiri und Mondulkiri), um auf dem berüchtigten *Ho-Chi-Minh*-Pfad Waffen und Ausrüstung für den *Vietcong*, der im Süden gegen die Regierung in Saigon kämpfte, zu transportieren. Dies hatte zur Folge, dass Amerika kambodschanisches Gebiet bombardierte. Außerdem verschiffte China logistisches Material nach Sihanouk Ville, das dann mit Hilfe des kambodschanischen Militärs nach Nordvietnam gebracht wurde. Sihanouk war gezwungen, Farbe zu bekennen. Durch seine historisch begründete Angst um die Grenzen seines Landes entschied er sich für Hanoi, da er glaubte, die Kommunisten in Nordvietnam würden den Konflikt für sich entscheiden. Er brach seine Beziehungen zu den USA ab und suchte Unterstützung bei China.

Der Prinz verstrickte sich immer wieder in seinen undurchsichtigen diplomatischen Spielchen und begann Ende der 60er Jahre, wieder auf Ausgleich bedacht, den Westen zu hofieren. Trotz der erfolgreichen *Tet-Offensive* des *Vietcong* am 31.1.1968 hielt sich die pro-amerikanische Regierung von *Nguyen Van Thieu* noch einigermaßen fest im Sattel.

Durch immer häufigere Souveränitätsverletzungen beider Kriegsparteien wurde Kambodscha mehr und mehr in den Krieg verwickelt. Besonders der *Vietcong* benutzte das Land als sichere Basis, um von dort aus die Amerikaner anzugreifen. Angeblich hatte Sihanouk den USA vorsichtig signalisiert, dass er sich bei einem Schlag gegen die Kommunisten auf seinem Territorium neutral verhalten werde. Daraufhin begann 1969 eine Serie von Luftangriffen mit B-52-Bombern auf Verstecke der Nordvietnamesen in Kambodscha, die den geschmackvollen Namen *Menü* hatten. Durch flächenmäßiges Bombardement und ungenaue Abwurfangaben wurde unter der Zivilbevölkerung ein grausames Massaker angerichtet. Es wird wohl nie ganz geklärt werden, ob, wie von der Regierung Nixon behauptet wurde, Sihanouk die Amerikaner dazu aufgefordert hatte oder der Prinz bei seinen Zugeständnissen an die USA über die geplante Dimension der Angriffe nicht richtig informiert worden war.

Die Zeit unter Lon Nol (1970–1975)

Als Sihanouk auf einer Reise in der Sowjetunion und in China unterwegs war, organisierte sein amerikafreundlicher damaliger Premierminister Lon Nol einen erfolgreichen Putsch gegen ihn. Unter seinem Vorsitz beschloss die Nationalversammlung am 18. März 1970 einstimmig, den Prinzen nicht mehr ins Land zurückkehren zu lassen. Im Hintergrund hatte der CIA seine Finger mit im Spiel, denn Sihanouk war den Amerikanern für die Ziele, die sie verfolgten, zu unloyal und unberechenbar geworden. Unter Lon Nol hatten sie die Freiheit, ihren Vietnamkrieg ohne Probleme auf Kambodscha auszuweiten.

Die Führungsclique der Roten Khmer

Sihanouk war der erste, der die Bezeichnung Rote Khmer benutzte. Er meinte damit eine **radikale und intellektuelle Studentengruppe** aus Khmer, die sich einst in Paris gebildet hatte und nun ihre kommunistischen Ideen an den Universitäten in Phnom Penh lehrte. In den 1950er Jahren kamen sie durch staatliche Stipendien nach Frankreich, wo sie in Paris studierten. Die intellektuelle Atmosphäre unter den Pariser Studenten muss für die jungen Khmer aus Phnom Penh und den Provinzen ein entwurzelndes Ereignis gewesen sein. Sie fanden Halt bei der Kommunistischen Partei Frankreichs, über die einige von ihnen im Jahr 1951 bei einem Jugendfest in Ostberlin teilnahmen. Dort entschlossen sie sich, eine eigene Partei, die *Vereinigten Khmer-Studenten,* zu gründen, die unter straffer Organisation eine Plattform für linke und nationalistische Ideen der kambodschanischen Studenten in Paris bildete.

Zu dieser Partei gehörten:

- **Pol Pot** (früher *Saloth Sar).* Geboren 1928 in der Provinz Kompong Thom. Er studiert Radiotechnik in Paris, fällt aber bei den Prüfungen durch und kehrt 1953 nach Phnom Penh zurück. Dort lehrt er kurzzeitig am *Sisowath Lyzeum.* Er wird später der führende Kopf der Roten Khmer.
- **Ieng Sary.** Geboren 1930 in Vietnam, Provinz Vinh Long. Studiert Wirtschaftswesen und Politikwissenschaften in Paris, wo er 1955 Vorsitzender der *Vereinigten Khmer-Studenten* wird. Ab 1957 unterrichtet er am *Sisowath Lyzeum* in Phnom Penh. Er ist von 1970 bis 1978 der persönliche Bewacher Sihanouks in Peking und Phnom Penh.
- **Khieu Samphan.** Geboren 1931 in der Provinz Syay Rieng. Er studiert Recht und Volkswirtschaft in Paris und wird später Generalsekretär der Studentengruppe. Zurück in Phnom Penh, veröffentlicht er die Zeitschrift *L'Observateur.*
- **Nuon Chea.** Geboren 1927 in der Provinz Battambang. In den 40er Jahren Student an der *Thammasat-Universität* in Bangkok. Von 1970 bis 75 ist er stellvertretender Oberkommandierender und oberster Politchef der Armee. Er gilt als einer der Hauptverantwortlichen für den Völkermord.
- **Hou Youn.** Geboren 1930 und Student der Rechts- und Wirtschaftswissenschaften. Nach seiner Rückkehr nach Phnom Penh wird er Direktor des *Sisowath Lyzeums* und Herausgeber radikaler Zeitschriften.
- **Hu Nim.** Geboren 1932 in Kompong Cham. Studiert bis 1957 Jura in Paris.
- **Son Sen.** Geboren 1930 in Südvietnam, Provinz Tra Vinh. Er studiert an der pädagogischen Fakultät in Paris und unterrichtet später ebenfalls im *Sisowath Lyzeum.*

Diese Männer, die nach ihrer Rückkehr in Kambodscha in engem Kontakt zueinander standen, waren die gebildetste Führungselite in der Geschichte des asiatischen Kommunismus. *Samphan, Yuon* und *Nim* traten 1958 den „Marsch durch die Institutionen" an und traten in *Sihanouks* Sangkum-Partei ein. 1963 erschien im Zusammenhang mit den Studentenrevolten in Siem Reap eine Liste mit 34 Namen von Personen, die als Sozialisten verhaftet werden sollten. Darunter waren die Namen von *Pol Pot, Ieng Sary* und *Son Sen,* die daraufhin nach Rattanakiri in den Urwald flüchteten und dort unter den unzufriedenen Einheimischen eine Guerillatruppe aufbauten. Außerdem knüpften sie von hier aus Kontakte zu Peking und Hanoi. Ab 1970 tauchten dann die Führungskader der Roten Khmer gemeinsam an der Seite von Norodom Sihanouk in China auf, wo sie unter dem Prinzen die Funk-Partei gegen die Regierung **Lon Nols** gründeten.

Nach der **Eroberung Phnom Penhs** ernannte *Pol Pot* sich zum Premierminister und *Ieng Sary* zu seinem Stellvertreter, zuständig für auswärtige Angelegenheiten. *Son Sen* wurde mit der nationalen Verteidigung beauftragt. Der gemäßigtere *Khieu Samphan* wurde Vorsitzender des Staatspräsidiums. *Hu Nim* und *Hou Yuon* verschwanden im Rahmen der internen Machtkämpfe von der Bildfläche.

Während es nach der Intervention Vietnams ruhig um *Pol Pot* wurde und er sich, umgeben von Gerüchten, zwischen Urwald, China und Thailand aufhielt, trat der schmächtige, asketische Intellektuelle **Khieu Samphan** als führender Kopf der Roten Khmer immer mehr ins Licht der Öffentlichkeit. Am 22. Juni 1982 gründete er mit *Sihanouk* und *Son Sann* in Kuala Lumpur die Regierungskoalition Demokratisches Kampuchea, um gegen die Vietnamesen im Land vorzugehen, wobei er die Rolle des Außenministers übernahm.

Als am 23. Oktober 1991 der Friedensvertrag von Paris von allen vier Bürgerkriegsparteien unterschrieben wurde, zogen *Khieu Samphan* und *Son Sen* für die PDK (Party of Demokratic Kampuchea) unter dem SNC (Supreme National Council) wieder in Phnom Penh ein. Bei seiner Ankunft in der Hauptstadt blieb *Khieu Samphan* jedoch sein kindliches Lächeln in der Kehle stecken, als er von einer aufgebrachten Menge beinahe gelyncht wurde.

Die Khmer Rouge blieben jedoch das **Sorgenkind der UNTAC,** da sie sich mit dem Argument, es seien noch nicht alle vietnamesischen Soldaten aus Kambodscha abgezogen, nicht an den vereinbarten Vertrag hielten und ihre Waffen nicht abgaben. Am 13. April 1993 versetzten die Roten Khmer den Friedensbemühungen der Vereinten Nationen einen großen Rückschlag, als sie ihre Teilnahme an den Wahlen aufkündigten und Phnom Penh verließen. Die angekündigte gewaltsame Verhinderung der Wahl fand nicht statt.

Noch bis zum August 1996 terrorisierten die Roten Khmer das Land. Dann jedoch lief *Ieng Sary* mit seiner Armee in Pailin zur Regierung über und spaltete die Guerilliabewegung. Am 15. April 1998 starb *Pol Pot,* und am 4. Dezember 1998 legten die letzten Kampfeinheiten der Khmer Rouge die Waffen nieder. Die letzten Führungskader, *Khieu Samphan* und *Nuon Chea,* ergaben sich der Regierung am 26. Dezember 1998.

Staat und Gesellschaft

017ka

Die Brutalität der Roten Khmer kannte keine Grenzen

Lon Nol schafte die Monarchie ab und rief die **Khmer-Republik** aus. Besonders die städtische Bevölkerung stürzte in einen hysterischen Freudentaumel. Doch recht schnell wurde deutlich, dass der neue Machthaber unfähig war, die Probleme des Landes zu lösen und das Volk hinter sich zu vereinen. Um von seinen innenpolitischen Schwierigkeiten abzulenken, erklärte er die verhassten Vietnamesen zu den Schuldigen an der Misere, was zu grausamen Massakern an dieser im Lande lebenden Minderheit führte.

Zu dieser Zeit begannen unterschiedliche Entwicklungen, die die Khmer-Republik später zu Fall brachten und den Weg für die Machtübernahme Pol Pots bereiteten. Im Pekinger Exil gründete Sihanouk die *Funk-Partei*, die alle **politischen Gegner der Regierung Lon Nol** zusammenfasste. Ihre Armee bestand aus einer kommunistisch beeinflussten Guerilla, aus der sich später die Roten Khmer formierten. Der *Vietcong* übernahm die Ausbildung dieser noch unerfahrenen Guerillatruppe, um mit ihrer Hilfe die Amerikaner wieder aus Kambodscha zu vertreiben. Sie trennten sich jedoch bald wieder, da die *Khmer Rouge* den Nordvietnamesen zur Last fielen. Außerdem waren selbst dem *Vietcong* die extremistischen Anschauungen der Führungskader unheimlich geworden.

Ab 1973 kämpften die Roten Khmer allein im **Bürgerkrieg** gegen die Regierung in Phnom Penh. Die Armee Lon Nols musste bei den Kämpfen mit Pol Pots Armee eine militärische Niederlage nach der anderen einstecken. Auf dem Land löste der Krieg einen gewaltigen Flüchtlingsstrom aus und ließ die Stadtbevölkerung Phnom Penhs auf 2,5 Millionen Menschen anschwellen (1,5 Mio. Flüchtlinge). Anfang 1975 wurde der Ring der Roten Khmer um die Hauptstadt immer enger. Die Evakuierungen der französischen und amerikanischen Botschaft kurz vor der Eroberung der Stadt wurden zu einem erschütternden Drama (das in dem Film Killing Fields sehr authentisch nachempfunden werden kann).

Kambodscha unter Pol Pot (17.4.1975–7.1.1979)

„Am Montag, kurz nach acht, betraten die ersten Soldaten der Roten Khmer die Stadt. Wir begrüßten sie mit ehrlicher Freude und tiefer Ergriffenheit. Von allen Seiten riefen die Leute, „Sieg", „Freiheit", „Friede". Wir hießen sie willkommen, aber sie beachteten unsere Freundschaftsbezeugungen nicht. Sie gingen in Reihen hintereinander, stumm – die meisten waren noch Kinder. Sie machten düstere und finstere Gesichter. Vielen von uns lief ein Schauder über den Rücken. Wir hatten uns doch nichts zuschulden kommen lassen?" So berichtete ein Augenzeuge über den 17.4.1975.

Dies war der Beginn des größten Traumas in der Geschichte Kambodschas. Aus den freundlichen, sanft lächelnden Menschen waren fratzenstarrende Monster geworden. Sie befahlen den Bewohnern von Phnom Penh, binnen 48 Stunden die Hauptstadt zu verlassen, da die Amerikaner Bombenangriffe als Vergeltungsmaßnahmen planen würden. Es gab keine Ausnahmen, selbst die Krankenhäuser wurden evakuiert. Wer nicht gehorchte, wurde auf der Stelle erschossen. Der Exodus aufs Land, von dem die meisten nicht mehr zurückkehren sollten, begann (siehe Kapitel Phnom Penh, Geschichte). Ein paar Tage nach der Machtübernahme der Roten Khmer in Kambodscha endete am 30.4.1975 der Vietnamkrieg mit dem Sieg der kommunistischen Nordvietnamesen.

Die neue Regierung nannte das Land zynisch „Demokratisches Kambodscha". Ihre **Ideologie** war die bedürfnislose Gleichheit der Menschen und ihr Ziel, Kambodscha in einen Agrarstaat zu verwandeln. *Khieu Samphan,* einer der Führungskader, sagte einmal: „Wir werden die erste Nation sein, die sich in eine perfekte kommunistische Gesellschaft verwandelt, ohne dabei durch Zwischenschritte Zeit zu verschwenden."

Das Geld sowie das Post- und Kommunikationswesen wurden abgeschafft, Bücher verbrannt, Schulen geschlossen und die Ausübung von Religion (Buddhismus und Islam) verboten. Jeder „Intellektuelle", d.h. jeder, der eine Fremdsprache beherrschte, studiert hatte oder nur eine Brille trug, wurde ermordet. Die Regierung brach jeglichen Kontakt zur Außenwelt ab, und nur wenigen Journalisten gelang es, in die Geisterstädte des von den Roten Khmer kontrollierten Landes vorzudringen.

Der Holocaust Pol Pots in Zahlen

Die Schätzungen über die Zahl der Menschen, die unter der Herrschaft *Pol Pots* und seiner Schergen ums Leben kamen, schwanken erheblich. Die von Vietnam eingesetzte Regierung in Phnom Penh bezifferte sie auf 3 Millionen. Der französische Pfarrer *Ponchaud* schätzt 2,3 und Amnesty International 1,4 Millionen. Das State Department (USA) liegt bei 1,2 Millionen und *Khieu Samphan* und *Pol Pot* gehen immerhin noch von 800.000 bis 1 Million Toten aus. Das bedeutet, dass, von den seriöseren Angaben ausgehend, von 1975 bis 1979 zwischen 20 und 32 Prozent der damaligen Bevölkerung direkt oder indirekt durch das mörderische Regime der Roten Khmer dahingerafft wurden.

Weitere Zahlen der Zerstörung

141.000	Invaliden
200.000	Waisen
635.000	zerstörte Häuser und Hütten
5800	zerstörte Schulen
790	verwüstete Krankenhäuser und Laboratorien
1900	zerstörte Pagoden
100	zerstörte Moscheen
1.500.000	getötete landwirtschaftliche Nutztiere
100	zerstörte Fabriken

Unter unmenschlichen Bedingungen wurde die Stadtbevölkerung zu harter landwirtschaftlicher Arbeit gezwungen. Sie mussten Reis pflanzen, neues Land urbar machen und Kanäle bauen. Maschinen entsprachen nicht der Vorstellung von einem archaischen Staat und wurden zerstört. Familien wurden getrennt und in unterschiedlichen Lagern untergebracht. Nur kleine Kinder unter 6 Jahren durften bei ihren Müttern bleiben. Wer nicht hart genug arbeitete, sich über seine Lebensbedingungen beschwerte, sich selbst Gemüse anbaute, unerlaubte sexuelle Beziehungen einging oder religiöse Rituale abhielt, wurde getötet. Die blutrünstigen Soldaten verwendeten dazu meist die bei der Feldarbeit eingesetzten Spitzhacken, um Gewehrkugeln zu sparen.

Die Menschen litten unter grausamem **Hunger,** doch war alles Essbare, selbst wenn es in freier Natur wuchs, Eigentum des Volkes, und jeder „Diebstahl" wurde sofort mit der Höchststrafe geahndet. Ein Augenzeuge berichtete: „An einem Morgen kletterten zwei etwa 13-jährige Jungen auf einen Mangobaum, um sich ein paar reife Früchte herunterzuholen. Da krachten Schüsse aus einem Maschinengewehr, und zwei tote Kinder fielen zu Boden. Der Soldat, der so kaltblütig geschossen hatte, war nur wenige Jahre älter als seine Opfer. Die Eltern durften ihre toten Kinder nicht einmal begraben." Das einzige Nahrungsmittel, das nicht als Volkseigentum galt, waren Kröten und Ratten, durch deren Verzehr viele dem sicheren Hungertod entkamen.

Hunderttausende wurden durch **Misshandlungen, Unterernährung und Krankheiten** dahingerafft. Die extremen Lebensbedingungen auf dem Land, die langen Märsche unter tropischer Hitze und die harte körperliche Arbeit setzten den Städtern schwer zu. Die dürftige Nahrung und die schlimmen hygienischen Bedingungen taten ein Übriges. Die Menschen starben an Schlangenbissen, Durchfall und besonders an Malaria. Medikamente gab es so gut wie keine, und die Krankenhäuser waren zu Versuchslabors verkommen, in denen das minderjährige Pflegepersonal der Roten Khmer mit den Sterbenden experimentierte.

Gelenkt wurde alles von einer dubiosen Führung, die sich **Angkar** nannte. Sie bestand aus den Kadern der Roten Khmer, doch die Menschen wussten nicht, wer sich dahinter verbarg. Angkar, so erzählte man der Bevölkerung, lenke alles, wisse alles und sei unfehlbar. Jeder Lagerleiter berief sich bei seinen grausamsten Entscheidungen auf die Anweisung Angkars, wodurch er sich jeder persönlichen Verantwortung entziehen konnte.

In Artikel 20 der Verfassung des Demokratischen Kambodschas war die Glaubensfreiheit garantiert, aber gleichzeitig alle reaktionären **Religionen** verboten. Vor 1975 wurde der Buddhismus toleriert, da er in den befreiten Gebieten nützlich war, die gläubige Landbevölkerung hinter den Roten Khmer zu vereinigen. Nach dem Fall Phnom Penhs änderte sich die Politik, und die 40.000 bis 60.000 buddhistischen Mönche wurden als Parasiten der Gesellschaft bezeichnet und ebenfalls in Arbeitsbrigaden aufs Land geschickt. Viele Bonzen wurden auch exekutiert. Die Pagoden, kulturelles und religiöses Zentrum der Khmer, wurden geplündert und zerstört, Buddhastatuen geköpft und in Seen und Flüssen versenkt. Wer betete oder religiöse Rituale ausführte, wurde erschossen. Auch die dem Islam angehörige Minderheit der Cham entkam dem Holocaust nicht. Ihre religiösen Führer wurden hingerichtet, die Moscheen dem Erdboden gleichgemacht, die Menschen wurden gezwungen, ihrer Religion abzuschwören und Schweinefleisch zu essen.

Schlimm erging es unter dem Terrorregime auch den schon seit Generationen im Land lebenden **Vietnamesen.** Motiviert durch nationalistische Argumente, leiteten die Roten Khmer ihren Hass auf diese Minderheit aus der Geschichte ab, und wehrlose Frauen, Männer und Kinder wurden Opfer des sinnlosen Mordens.

Zu Beginn der Machtübernahme waren die Opfer, die öffentlich exekutiert wurden, Angehörige der Regierung Lon Nol sowie „subversive, kapitalistische" Elemente. Nach 1978 fanden die meisten **Hinrichtungen** wegen interner Streitigkeiten bei paranoiden Säuberungsaktionen in den eigenen Reihen statt. Der Terror der Khmer Rouge in Kambodscha war der blutigste in der gesamten Geschichte des Kommunismus. Selbst Stalin gelang es nicht, prozentual zur Gesamtbevölkerung eines Landes so viele Menschen ermorden zu lassen wie Pol Pot.

In seinem grenzenlosen Nationalismus begann Pol Pot 1978 mit einem Angriff auf den Süden den **Krieg mit Vietnam,** um seine Ansprüche auf das einst von Khmer bewohnte Mekongdelta geltend zu machen. Ende Dezember holte die Regierung in Hanoi zum Gegenschlag aus, überrannte ohne nennenswerten Widerstand die ausgemergelten Truppen Pol Pots und besetzte am 7. Januar 1979 die Hauptstadt Phnom Penh. Die westliche Welt wertete dies als aggressiven Akt gegen die Selbstbestimmung freier Völker, und China drohte mit Vergeltungsmaßnahmen wegen der Unterwerfung eines seiner engsten Verbündeten.

Unter vietnamesischer Besatzung (8.1.1979–1991)

So groß die Freude über die Vertreibung der Massenmörder durch die Vietnamesen war, so gemischt waren die Gefühle der Menschen gegenüber ihren Befreiern. Für die meisten Khmer kam die neue Situation der Austreibung des Teufels mit dem Beelzebub gleich. Sie nutzten die Gunst der Stunde und zogen die nicht ungefährliche Flucht nach Thailand und das Leben in einem der überfüllten Flüchtlingslager dem Leben unter ihren kommunistischen Erbfeinden vor.

Die vietnamesischen Soldaten trafen auf ein ausgeblutetes, in die Steinzeit zurückversetztes Land. Schnelle internationale Nahrungsmittellieferungen bewahrten die Bevölkerung vor einer katastrophalen Hungersnot. Wirtschaftliche Hilfe in Form von Geld und Maschinen war nur von der Sowjetunion zu erwarten. Die Vietnamesen machten *Heng Samrin* zum Staatschef der Volksrepublik Kampuchea und installierten einen eher laxen Kommunismus, der besonders im Bereich der Landwirtschaft mehr auf regulierende Eigeninitiative der Bevölkerung baute als auf dirigistische staatliche Maßnahmen. Damals begann eine unkontrollierte Zuwanderung von Vietnamesen nach Kambodscha, die heute noch eines der politisch brisanten Themen im Land ist.

Der **Bürgerkrieg in den Provinzen** ging indes weiter. Anfänglich kämpften drei Armeen unabhängig gegen die Invasoren. Die zahlenmäßig stärkste und kampferprobteste waren die Soldaten der Roten Khmer unter der Führung von Khieu Samphan. Die Guerillakämpfer der Republikaner schlossen sich unter dem Namen KPNLAF *(Khmer People National Liberation Armend Forces)* unter Son Sann, einem 71-jährigen, zusammen, der bereits unter Sihanouk wichtige Ämter inne hatte. Die Partei der Royalisten, FUNCINPEC, unter Sihanouks Sohn Ranariddh, gründete die *Armee Nationale Sihanoukiste* (ANS). Die Roten Khmer wurden von China und Son Sanns Untergrundskämpfer von den USA mit Geld und Waffen unterstützt. 1982 schlossen sich alle drei Parteien zu einer Koalitionsregierung, Demokratisches Kampuchea (CGDK), unter Prinz Sihanouk zusammen und kämpften als gemeinsame Front gegen die vietnamesischen Invasoren, die ihrerseits wiederum von der damaligen Sowjetunion finanziert wurden.

So ging der Bürgerkrieg, der sich in der Provinz abspielte und bei dem die Vietnamesen die Oberhand behielten, bis 1989 unvermindert weiter. Bereits 1987 begannen die langen und zähen Verhandlungen über eine friedliche Lösung des Kambodschakonfliktes, deren erster Erfolg der Abzug der vietnamesischen Truppen im September 1989 war.

Am 23. Oktober 1991 unterzeichneten in Paris alle vier Bürgerkriegsparteien und 18 weitere Nationen einen **Friedensvertrag.** Es wurde der *Supreme National Council of Cambodia* (SNC) gegründet, in dem alle vier Fraktionen unter der Präsidentschaft von Norodom Sihanouk vereint waren. Diese provisorische Übergangsregierung trat die für die Durchführung des Friedensvertrags notwendige Staatsgewalt an die UNTAC *(United Nations Transitional Authority in Cambodia)* ab, die unter der Leitung von *Yasushi Akashi* aus Japan stand. Der Friedensplan bestand aus drei Phasen:

- Entwaffnung der Bürgerkriegsparteien
- Registrierung der Wähler
- Durchführung von freien und fairen Wahlen

Die Vereinten Nationen in Kambodscha (1992–1993)

Am 15. März 1992 begann die teuerste und umfangreichste Aktion in der Geschichte der Vereinten Nationen. Diesmal hatte die Weltgemeinschaft nicht nur die Rolle des Friedenserhalters, sondern die Verantwortung für die Wiederentstehung eines von 20 Jahren Bürgerkrieg zerrütteten Staates übernommen. 22.000 Soldaten und ziviles Personal aus verschiedenen Nationen, Kulturen, Religionen und von unterschiedlicher Hautfarbe strömten wie eine erneute Invasion in dieses kleine Land. Doch die leidgeprüften Menschen waren begeistert und freuten sich über den so lange ersehnten Frieden.

Die Deutschen hatten in Kambodscha ihren ersten UNO-Einsatz. Der Bundesgrenzschutz bildete die örtliche Polizei aus, und die Bundeswehr schickte ein Kontingent an Ärzten und Sanitätern, die die medizinische Versorgung für die Truppen der Vereinten Nationen übernahmen.

Die **Entwaffnung der Bürgerkriegsparteien** lief so lange erfolgreich, bis die Roten Khmer sich weigerten, ihr ballistisches Gerät der UNTAC zu überlassen und den Blauhelmen mit Gewaltandrohung untersagten, die von ihnen kontrollierten Gebiete zu betreten. Sie begründeten diesen Verstoß gegen den Friedensvertrag mit den angeblich immer noch anwesenden vietnamesischen Truppen. Verständlicherweise weigerten sich auch andere Guerillakämpfer, ihre Waffen den Blauhelmen zu übergeben.

Obwohl Phase 1, Entwaffnung der Bürgerkriegsparteien, nicht durchgesetzt werden konnte, begann die **Registrierung der Wähler.** Um die Khmer Rouge wieder in den Friedensplan zu integrieren, versuchte es die UNTAC mit Sanktionen. 1992 wurde die Grenze zu Thailand geschlossen, um den Edelstein- und Holzhandel zu unterbinden, mit dem die Roten Khmer ihre Waffen finanzierten. Thailand verhielt sich dabei wenig kooperativ, da einige seiner Militärs bei diesem Handel kräftig mitverdienten. Unverhüllt zeigte die Regierung in Bangkok ihre Unterstützung für die Guerilla *Pol Pots,* indem sie mit dem Inkrafttreten der Sanktionen UNO-Flüge nach Phnom Penh via Bangkok untersagte.

Khieu Samphan erklärte Anfang April 1993, die Wahlen und der Friedensvertrag seien ein Komplott des Westens, mit dem Ziel, die Roten Khmer zu vernichten. Er kündigte die Teilnahme an den Wahlen auf und verließ am 13. April mit seinem gesamten Stab demonstrativ Phnom Penh, um nach Pailin, dem Hauptquartier der Roten Khmer, zurückzukehren.

Um den Friedensprozess weiter zu destabilisieren, verübten die Roten Khmer grausame Attentate auf die vietnamesische Minderheit im Land. 20.000 Vietnamesen flüchteten, meist auf Booten, ins Mekongdelta. In den Provinzen provozierten die sie militärische Konflikte, töteten UNTAC-Soldaten und griffen Anfang Mai 1993 mit mehreren hundert Mann die Stadt Siem Reap an, wobei nach starken Gefechten 18 Tote zurückblieben.

Am Vorabend der Wahl, am 22. Mai 1993, waren die Straßen Phnom Penhs noch früher als in den Tagen davor gespenstisch leer. Die Spannung und die Angst der Menschen waren groß, denn die Roten Khmer hatten den Bürgern mit Gewalt gedroht, die es wagen würden, zu den Urnen zu gehen.

Die Wahl 1993 (23.–28. Mai)

Die Menge der in den letzten Tagen aus aller Welt angereisten **Journalis-**

Minen, Krüppel und Flüchtlinge — Kambodschas Kriegsbürden

Äußerlich scheinen 20 Jahre Bürgerkrieg an den Menschen spurlos vorübergegangen zu sein. Unheimlich ist jedoch die große Selbstverständlichkeit, mit der das Volk der Khmer, nach so vielen Jahren unbeschreiblichen Horrors, heute wieder seinen täglichen Geschäften nachgeht. Trotzdem verheilen die Narben auf den Seelen nur langsam. Die Menschen verstehen es aber geschickt, sie hinter ihrem undurchsichtigen *„sourire khmer"* zu verstecken.

Doch wer durch Kambodscha reist, dem wird kaum verborgen bleiben, dass die Folgen dieses damals von der Weltöffentlichkeit kaum wahrgenommenen Bürgerkrieges noch lange nicht überwunden sind. Der sichtbarste Beweis dafür sind die vielen weißen Landcruiser und Jeeps der internationalen Hilfsorganisationen mit den Hoffnung weckenden Aufschriften UNHCR (Flüchtlingshilfswerk), Handicap International, WFP (World Food Program), WHO (World Health Organisation), ICRC (International Committee of the Red Cross), die überall im Land zu sehen sind. Ohne ihr Engagement wäre es nicht möglich gewesen, den Hunderttausenden von Flüchtlingen und den Tausenden von Krüppeln humanitäre Hilfe zu bieten. Auch der Kampf gegen Millionen von scharfen Minen, die geduldig auf ihre Opfer warten, wäre ohne sie schon heute verloren.

Minen

Nach Schätzungen von 1995 verseuchten damals noch etwa 3–4 Millionen Minen Wälder, Sümpfe und Ackerland. In besonderer Weise schockierend waren der Fatalismus und die Selbstverständlichkeit, die im Umgang mit den Minen unter der Bevölkerung herrschten. Kaum waren alte Minenfelder geräumt, wurden schon wieder neue gelegt. Diese heimtückischen Waffen fanden nicht nur Verwendung im Krieg zwischen der Armee und den Roten Khmer, sie wurden genauso von Banditen oder bei persönlichen Auseinandersetzungen unter Nachbarn benutzt. Selbst manche Bauern verwendeten sie, um ihre Häuser oder Felder gegen Diebe zu sichern. Sie wurden abends gelegt und morgens von Kindern wieder eingesammelt, die gelegentlich auch eine vergaßen.

Eine große Erschwernis bei den Räumarbeiten war, dass es kaum Aufzeichnungen von den Minenfeldern gab. Ein Mitarbeiter der britischen Mine Advisory Group: „Das Räumen in Kambodscha gestaltet sich erheblich schwieriger als z. B. in Kuwait, da die Irakis die Minen nach einer logischen Strategie gelegt hatten. Hier hat man sich auf die Menge, nicht auf den gezielten Einsatz verlassen. Sie liegen einfach überall herum und keiner weiß genau wo."

Die intensiven Entminungen durch verschiedene Organisationen (z.B. CMAC) haben dazu geführt, dass sich die Zahl der Minenopfer in den letzten 10 Jahren mehr als halbiert hat. Im Durchschnitt werden täglich weniger als 3 Menschen durch Explosionen in Kambodscha verletzt. Jedoch sind nur die Hälfte davon Explosionen von Minen. Die anderen 50 % werden durch das Hantieren mit scharfer Munition und nicht detonierten Bomben aus dem Bürgerkrieg getötet oder verletzt. Der Sprengstoff lässt sich nämlich bestens an Fischer (Dynamitfischen) und das hochwertige Metall an Schrotthändler verkaufen. Doch vorher müssen beide Materialien voneinander getrennt werden. Das geschieht unprofessionell und mit primitivsten Mitteln, wodurch es immer wieder zu schweren Unfällen kommt.

Krüppel

Der Krieg in Kambodscha hinterließ bisher etwa 40.000 Menschen mit Amputationen. Von abgerissenen Händen bis zu Kindern ohne Beine, die sich nur auf den Händen fortbewegen können, ist die ganze Bandbreite des Leidens, das die Minen verursachten, öffentlich zu sehen. Der Sinn dieser schrecklichen Waffen besteht nämlich nicht darin, die Opfer zu töten, sondern ihnen sollen bewusst schwere Verletzungen zugefügt werden, da dies laut militärischen Erkenntnissen Soldaten und Zivilbevölkerung mehr demoralisiert, als es Leichen tun. Doch auf Grund der schlechten ärztlichen Versorgung sterben in Kambodscha schon viele Opfer, bevor sie ein Krankenhaus erreichen.

Die Überlebenden trifft es in Kambodscha besonders hart, da hier 80 Prozent der Menschen von körperlich harter Feldarbeit leben. Wer seine Arme und Beine nicht zum Broterwerb einsetzen kann, ist immer auf die Almosen anderer angewiesen. Dies wusste auch die von Vietnam (1979 bis 1990) in Kambodscha eingesetzte Regierung. Da sie jedoch kein Geld hatte, sich um die Kriegsopfer zu kümmern, entledigte sich der Staat seiner Fürsorgepflicht, indem er den Amputierten das Betteln erlaubte und jeden bestrafte, der sie daran hinderte. Dieser Freibrief wurde von vielen schamlos ausgenutzt, und eine große Anzahl verrohter, humpelnder Banden terrorisierte die machtlosen Händler in Phnom Penh.

Da viele Versehrte auf dem Land leben, leiden sie besonders unter der schlechten Mobilität. Hilfsorganisationen wie *Handicap International* (seit 1982 in Kambodscha) legen deshalb, neben anderen Programmen, ihren Schwerpunkt auf die Entwicklung einfacher Technologien, mit denen Prothesen und Rollstühle billig im Land hergestellt werden können. Die ausländischen Hightechprodukte kann sich keiner leisten, sie können hier nicht repariert werden und sind den Verhältnissen des Landes nicht angepasst.

Seit 1993 gibt es jedes Jahr einen nationalen Sporttag für Amputierte in Phnom Penh, zu dem Hunderte von Teilnehmern aus dem ganzen Land anreisen.

Flüchtlinge

Bereits während des Terrorregimes der Roten Khmer versuchten viele Menschen zu fliehen. Doch die großen Flüchtlingsströme begannen erst 1979, als die Vietnamesen das Land besetzten und *Pol Pot* und seine Schlächter vertrieben. Die Khmer trauten ihrem Erbfeind aus dem Osten, der dazu wie die Roten Khmer kommunistisch war, nicht. Deshalb verließen Hunderttausende in panischer Angst ihre Heimat. Die meisten flüchteten über die Grenze nach Thailand, wo sie in sieben überfüllte Lager gepfercht wurden. Dort herrschte kaum vorstellbares Elend, wütete Malaria, und die ebenfalls geflüchteten Roten Khmer versuchten, die Menschen unter ihre Kontrolle zu bringen. Die größten und berüchtigsten Camps waren „Site 2" mit über 200.000 und „Site B" mit über 50.000 Flüchtlingen. Viele lebten dort über zwölf Jahre lang, und fast alle Kinder, die inzwischen in die Heimat ihrer Eltern zurückkehrten, kannten Kambodscha nur aus Erzählungen.

Im Rahmen des Friedensengagements der Vereinten Nationen wurden vom UNHCR (Hochkommisariat für Flüchtlinge) in einer 116 Millionen Dollar teuren **Rückführungsaktion** 370.000 Flüchtlinge wieder in Kambodscha angesiedelt. Zweifellos einer der größten Erfolge dieses UNO-Einsatzes.

Die zurückkehrenden Familien konnten zwischen fünf verschiedenen Optionen wählen. Die Mehrheit (88 %) entschied sich für Option C, bei der es ein Startkapital von 50 Dollar für Erwachsene und 25 Dollar für Kinder über 12 Jahren gab. 8 % nahmen lieber Land und Material für den Bau eines Hauses und nur 3 % hielten das Angebot von zwei Hektar Ackerland für das beste Angebot eines Neubeginns. Des weiteren konnten die zurückkehrenden Familien entscheiden, wo sie angesiedelt werden wollten. Bei 30 % fiel die Wahl auf die Provinz Battambang, die berühmt für ihren fruchtbaren Boden ist, 26 % entschieden sich für die nordwestliche Provinz Banteay Meanchey.

Die Rückführung der Flüchtlinge gestaltete sich jedoch alles andere als einfach. Manchen waren die angebotenen Starthilfen zu wenig, und sie weigerten sich, Thailand zu verlassen. Um sich Stimmen für die bevorstehende Wahl zu sichern, versuchten die Roten Khmer immer wieder, Gruppen von Flüchtlingen zu entführen und sie auf von ihnen kontrollierten Gebieten anzusiedeln. Auch stellte sich bei der Ankunft der Menschen oft heraus, dass das ihnen versprochene Land schon besetzt oder die Felder noch durch Minen verseucht waren.

ten war kaum mehr zu überblicken. Zu Hunderten belagerten sie die täglichen Pressekonferenzen von Eric Falt, dem Pressesprecher der UNTAC, mit Kameras, Notizblöcken und Mikrofonen. Schon das äußere Erscheinungsbild vieler Reporter ließ darauf schließen, dass sie sich bereits mitten im Bürgerkrieg sahen und ihr Interesse mehr dem zu erwartenden Massaker als dieser wichtigen historischen Wahl galt. Doch sie wurden bitter enttäuscht.

Entgegen allen Erwartungen und trotz der Einschüchterungsversuche der Roten Khmer wurde es eine **friedliche Wahl.** Am Morgen des 23. Mai standen lange Schlangen von Menschen, überwiegend Frauen, vor den Wahllokalen, um mit ihrer Stimme der Friedenssehnsucht der Menschen Kambodschas nach über 20 Jahren Bürgerkrieg Ausdruck zu verleihen. Der erste, friedlich verlaufene Wahltag motivierte auch den Rest der Bevölkerung, zu den Urnen zu gehen. Zufrieden konnte *Akashi* am Abend des 28. Mai resümieren, dass bei dieser Wahl, die trotz allem als eine der freiesten und fairsten in der Geschichte Südostasiens bezeichnet werden kann, fast 90 % der 4.764.430 registrierten Wähler ihre Stimme abgegeben hatten.

Von den 20 zur Wahl angetretenen Parteien zogen vier in die Nationalversammlung ein. Bevor **die neue Regierung** gebildet werden konnte, musste die Nationalversammlung jedoch, wie es der Friedensvertrag von Paris vorsah, erst eine Verfassung für das Land ausarbeiten. Die großen Parteien, die CPP und die FUNCINPEC, waren davon ausgegangen, dass sie mindestens eine Zweidrittelmehrheit bekommen würden und somit allein die Verfassung gestalten könnten. Deshalb taten sie sich anfänglich sehr schwer, die demokratischen Spielregeln zu akzeptieren. Keine Partei bekam die absolute Mehrheit. Der Sieg der FUNCINPEC (45 %) erschütterte die siegesgewisse CPP (38 %) so sehr, dass sie sich weigerte, die Wahl anzuerkennen. Erst Prinz Sihanouk konnte, indem er wiedermal seinen politischen Zauberkasten auspackte, die beiden Streithähne versöhnen, indem er sich zum König machte und *Hun Sen* und *Ranariddh* zu seinen Ministerpräsidenten.

Regierungsbündnis von Ranariddh und Hun Sen

Anfänglich klappte die Zusammenarbeit dieser beiden ehemaligen Kontrahenten wesentlich besser als erwartet. Lediglich die Korruption explodierte, da alle Ministerposten mit einem CPP- und einem FUNCINPEC-Mitglied besetzt waren und beide beim Abschluss von Verträgen ihre Hand vor der Unterzeichnung aufhielten.

Doch bald stellte sich heraus, dass Ranariddh als erster Staatspräsident unfähig war, die politischen Probleme Kambodschas in den Griff zu bekommen. Diese Schwäche nutzte der weitaus erfahrenere und gewitztere Machtmensch Hun Sen gnadenlos aus. Durch paranoide Verdächtigungen seiner politischen Gegner, sie würden Attentate auf ihn planen, entledigte er

Foto: an 643ka

sich ihrer, indem er sie ins Exil schickte. Zur gleichen Zeit reiste er über das Land und gründete eine Hun Sen-Schule nach der anderen. Sein größter Trumpf war jedoch, dass er sich der Loyalität von Militär, Polizei und Justiz sicher sein konnte.

Als sich die Roten Khmer am 8. August 1996 spalten und *Ieng Sary*, der Statthalter von Pailin, mit seinen Truppen zur Regierung in Phnom Penh überläuft, beginnt sich die Auseinandersetzung der Ministerpräsidenten zu verschärfen. Auf peinlichste Weise bemühen sich beide, die Guerilla in ihre Partei zu integrieren, um dadurch ihre politische Macht zu stärken.

Inzwischen ist auch *Sam Rainsy*, der als Finanzminister wegen kritischer Äußerungen zur Korruption in der Regierung von seiner FUNCINPEC-Partei ausgeschlossen wurde, wieder auf der politischen Bühne erschienen. Er präsentiert sich als Menschenrechtsadvokat und unterstützt insbesondere den Arbeitskampf in der Textilindustrie. Da er deswegen von der ausländischen

Aufforderung an die Bevölkerung, sich für die ersten freien Wahlen in Kambodscha im Mai 1993 registrieren zu lassen

Zeittafel

- **1.–6. Jh.:** Der südliche Teil des heutigen Kambodschas und das Mekongdelta bilden das Königreich *Funan.*
- **6.–8. Jh.:** Das Reich *Chenla* breitet sich im Süden des heutigen Indochinas aus und zerfällt in Wasser- und Land-Chenla.
- **802–850:** *Jayavarman II.* kommt von Java zurück, führt den Gottkönigkult ein und gründet die Hauptstadt am Berg *Kulen,* nahe Angkor Wat.
- **1112–1152:** König *Suryavaman II.* lässt Angkor Wat bauen und annektiert das Königreich *Champa.*
- **1181–1218:** *Jayavarman VII.* baut die *Bayon* und führt den Buddhismus als Staatsreligion ein.
- **1393:** *Ramesuen,* König von Siam, überfällt Angkor, stiehlt das heilige Schwert und die königlichen Insignien und bringt den Großteil der Bevölkerung nach *Ayudhaya,* seiner damaligen Hauptstadt.
- **1434:** König *Ponhea Yat* gründet Phnom Penh.
- **1618–1866:** Während dieser Zeit wird die Hauptstadt nach Udong verlegt; Thailand und Vietnam besetzten Kambodscha und machen es zu ihrem Vasallen.
- **1863:** Frankreich vereinbart mit König *Norodom* ein Protektoratsabkommen für Kambodscha.
- **1866:** Phnom Penh wird erneut Hauptstadt.
- **1941:** Frankreich setzt Norodom Sihanouk, als Nachfolger *Monivongs,* mit 19 Jahren auf den Thron.
- **1953:** Frankreich entlässt Kambodscha in die Unabhängigkeit.
- **1955:** *Sihanouk* dankt ab und gründet die *Sangkum*-Partei, um mehr politischen Einfluss im Land zu haben.
- **1968:** Die Roten Khmer beginnen ihren bewaffneten Kampf um die Macht.
- **1969:** Die USA bombardieren kommunistische Stellungen des Vietcong auf kambodschanischem Gebiet. Hunderte unbeteiligter Menschen verloren ihr Leben.
- **1970:** Durch einen Staatsstreich während einer Auslandsreise *Sihanouks* kommt *Lon Nol* an die Macht.
- **17.4.1975:** Die Roten Khmer marschieren in Phnom Penh ein und evakuieren alle Städte des Landes.
- **7.1.1979:** Die vietnamesische Armee vertreibt die Roten Khmer in den Urwald, und Hanoi setzt eine ihm hörige Regierung in Phnom Penh ein.
- **1982:** *Sihanouk* bildet eine gemeinsame Front (FUNCINPEC) gegen die Besetzung seines Landes durch die Vietnamesen und vereint darin drei Guerillagruppen.
- **1987:** Beginn der langjährigen Verhandlungen über eine friedliche Lösung des Kambodschakonfliktes.
- **23.10.1991:** Unterzeichnung des Friedensvertrags in Paris von allen vier Bürgerkriegsparteien und 18 Nationen.
- **15.3.1992:** Beginn des größten und teuersten Einsatzes in der Geschichte der Vereinten Nationen.
- **13.4.1993:** *Khieu Samphan* verlässt mit den Roten Khmer Phnom Penh und kündigt die Teilnahme an den Wahlen auf.
- **23.–28.5.1993:** Friedliche Durchführung der fairsten Wahlen in der Geschichte Kambodschas.
- **24.9.1993:** *Norodom Sihanouk* wird zum zweiten Mal zum König gekrönt.
- **8.8.1996:** *Ieng Sary,* Statthalter von Pailin, spaltet die Roten Khmer und läuft mit seinen Truppen zur Regierung in Phnom Penh über.
- **Juli 1997:** Staatsstreich von *Hun Sen.*
- **15.4.1998:** *Pol Pot* stirbt im Urwald bei Anlong Veng.
- **26.7.1998:** Zweite Parlamentswahlen
- **26.12.1998:** *Khieu Samphan* und *Nuon Chea,* die letzten Khmer Rouge Kader, stellen sich der Regierung.
- **14.10.2004:** Rücktritt von König *Norodom Sihanouk.*
- **November 2004:** Der neue König von Kambodscha heißt *Norodom Sihamoni.*
- **3.7.2006:** Vereidigung der Richter und Staatsanwälte für das Rote Khmer Tribunal.
- **September 2007:** In Pailin wird der mutmaßliche Chefideologe der Roten Khmer, *Nuon Chea* verhaftet.
- **30. März 2009:** Beginn des *Khmer Rouge Tribunals* in Phnom Penh.

Presse große Anerkennung bekommt, wird er insbesondere für Hun Sen, der es mit den Menschenrechten nicht so genau nimmt, gefährlich. Am 13. März 1997, explodiert in Phnom Penh bei einer Kundgebung von Sam Rainsy eine Bombe. Er selbst kommt mit dem Schrecken davon, doch zurück bleiben 16 Tote und über 100 Verletzte. Bis heute ist dieser Fall ungeklärt, doch liegt die Vermutung nahe, dass Hun Sens Leute hinter dem Blutbad stehen.

Im Juli 1997 befehligen beide Ministerpräsidenten ihre eigenen, mit modernsten Waffen ausgerüsteten Privatarmeen, die sie aus Misstrauen voreinander in den letzten Jahren aufgebaut hatten. Die jeweils etwa 2000 Soldaten sind in Kasernen in der Nähe Phnom Penhs stationiert. Da wegen alter Freundschaften und vollmundiger Versprechungen Ranariddh immer mehr Rote Khmer auf seine Seite bringt, die Guerilla-Kämpfer provokativ vor den Toren Phnom Penhs kaserniert, und außerdem dabei erwischt wird, als er eine ganze Schiffsladung voller High-Tech-Waffen in die Hauptstadt schmuggeln will, fühlt sich Hun Sen schließlich in die Enge getrieben und greift seinen Gegner an.

Es kommt zu schweren Kämpfen in Phnom Penh, die die Armee von Hun Sen für sich entscheiden kann. Ranariddh muss aus Kambodscha fliehen. Nach diesem Ereignis frieren die westlichen Geberländer ihre Entwicklungs- und Finanzhilfen augenblicklich ein. Auch der Beitritt zur ASEAN rückte in weite Ferne. Unter diesem internationalen Druck sieht sich Hun Sen genötigt, seinen Gegner zu den Vorbereitungen der Wahlen doch wieder einreisen zu lassen.

Das Ende der Roten Khmer

Am 26.12.1998 stellen sich *Khieu Samphan* und *Nuon Chea,* die letzten Kader der Roten Khmer, der Regierung. Nach 30 Jahren Terror ist dies das formale Ende dieser verbrecherischen Guerilla.

Das Ende der Aera Sihanouk

Am 14.10.2004 dankt *Norodom Sihanouk* mit 82 Jahren als König von Kambodscha ab. 63 Jahre lang gestaltete er die turbulente Geschichte Indochinas maßgeblich mit.

Nachfolger wird sein zweiter Sohn, *Norodom Sihamoni.*

Khmer Rouge Tribunal

Nach sechs Jahren Vorbereitungszeit beginnt am 30. März 2009 der internationale Kriegsverbrecherprozess gegen die noch lebende Führungsclique der Roten Khmer vor der „Extraordinary Chamber in the Courts of Cambodia (ECCC)" in Phnom Penh.

Staat, Verwaltung und Politik

Trotz vieler Unkenrufe in der deutschen Presse konnten die Vereinten Nationen Ende 1993 Kambodscha mit der Genugtuung verlassen, den Grundstock für eine friedliche Zukunft des Landes gelegt zu haben.

Nach dem Ergebnis der Wahl vom Mai 1993, bei der keiner der beiden Hauptkontrahenten (*Ranariddh* und *Hun Sen*) eine absolute Mehrheit bekam, schien es, als wären die Friedensbemühungen der UNTAC vergebens gewesen, da Kambodscha erneut am Rande eines Bürgerkrieges angelangt war. *Norodom Sihanouk*, der einzige Staatsmann, der von allen politischen Strömungen respektiert wird, erkannte die Gefahr und handelte. Er erklärte sich kurzerhand selbst zum König, ein Amt, das er bereits von 1941 bis 1955 innehatte, rief die beiden Erzrivalen zur Versöhnung auf und machte beide zu seinen Premierministern mit gleichen Machtbefugnissen.

Am 24. September wurde *Sihanouk* zum König gekrönt, und am 29. Oktober 1993 bestätigte die kambodschanische Nationalversammlung die neue Königliche Regierung von Kambodscha. Seitdem trägt dieses Land wieder dieselbe Bezeichnung wie bis 1970: Königreich Kambodscha. Gemäß der neuen Verfassung ist Kambodscha eine konstitutionelle Monarchie auf der Grundlage eines demokratischen Mehrparteiensystems.

Im Gedenken an die „gute alte Zeit" unter Sihanouk wurden die alten Symbole (z.B. Nationalflagge) und die royalistischen Feste und Traditionen wieder eingeführt. Die Mehrheit des Volkes war überglücklich, wieder einen König zu haben, unter dessen Herrschaft die ältere Generation der Khmer die friedlichsten Jahre ihres Lebens verbracht hatte. Nicht nur, dass die Khmer ihren *Sihanouk* wieder hatten, auch der Kreis zu seinen Vorgängern, den „Gottkönigen" der Angkorperiode, war wieder geschlossen.

805ka

Wahlpropaganda der CPP bei den ersten freien Wahlen in Kambodscha 1993

Staatsname

Zwischen den beiden Regierungsperioden von Norodom Sihanouk war Kambodscha zum internationalen Experimentierfeld der Weltideologien geworden, und der Staatsname wechselte wie die Farbe eines Chamäleons:

- **Khmer-Republik,** 1970 bis 1975 unter *Lon Nol*
- **Demokratisches Kampuchea,** 1975 bis 1979 unter *Pol Pot*
- **Volksrepublik Kampuchea,** 1979 bis 1989 unter den Vietnamesen
- **Staat Kambodscha,** 1989 bis 1993 unter den Vereinten Nationen
- **Königreich Kambodscha,** ab 1993 unter *Norodom Sihanouk,* seit 2004 unter *Norodom Sihamoni*

Der König

König **Norodom Sihamoni** ist der zweite Sohn von *Norodom Sihanouk,* aus der Ehe mit *Monique,* und wurde Ende Oktober 2004 inthronisiert. Er wurde 1953 in Phnom Penh geboren, wuchs in Prag auf und studierte Filmwissenschaften in Pjöngjang (Nordkorea). In Paris widmete er sich dem Ballett und unterrichtete Tanz. 1993 wurde er zum kambodschanischen Botschafter der UNESCO ernannt.

Einer der ausschlaggebenden Gründe für seine Ernennung zum König war, dass er im Vergleich zu seinen Brüdern politisch unbelastet war. Er hatte vorher keine verantwortlichen Ämter inne und war in der Bevölkerung so gut wie unbekannt. Nur von 1975–79, während der Gewaltherrschaft der Roten Khmer, lebte er für längere Zeit in Kambodscha. Er wohnte mit seinen Eltern im königlichen Palast in Phnom Penh. Doch stand die Familie unter Hausarrest.

Als Nachfolger seines charismatischen Vaters, *Norodom Sihanouk,* wird er es sicherlich schwer haben, aus dessen Schatten zu treten. Seine Aufgaben sind vor allem repräsentativer Natur, da Kambodscha eine konstitutionelle Monarchie ist.

Die Parteien

Unter König *Norodom Sihamoni* lenken heute folgende Parteien die Geschicke des Landes:

- **CPP** *(Cambodian People's Party).* Hun Sen, der bis 1991 Premierminister der von Vietnam eingesetzten Regierung in Kambodscha war, ist mit 73 Sitzen im Parlament vertreten. Die CPP entwickelte sich aus der ersten kommunistischen Partei Kambodschas und nannte sich ab 1979, dem Einmarsch der Vietnamesen, Revolutionäre Volkspartei Kambodschas (PRPK). Sie sieht sich als Erretter des Landes vor den Roten Khmer, und steht nach eigenen Angaben mit ihrer heutigen Politik hinter einem demokratischen Mehrparteiensystem. Die CPP hat die meisten Anhänger unter der ländlichen Bevölkerung. Die CPP unter Hun Sen hat bereits eine derartige Machtfülle, dass manche Experten schon vom Einparteienstaat Kambodscha sprechen.
- **FUNCINPEC** *(Front Uni National pour un Cambodge Independent, Neutre, Pacifique et Cooperativ).* Die Partei

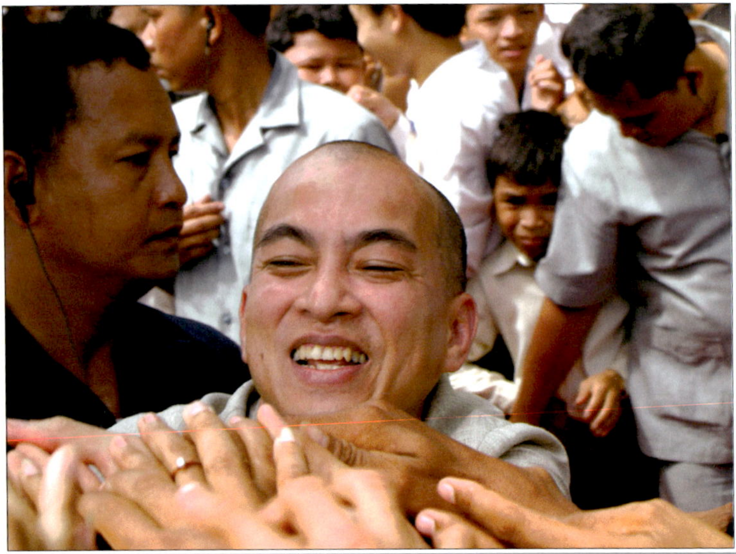

701ka Foto: an

wurde 1981 von Sihanouk als Befreiungsfront gegen die Vietnamesen in Kambodscha gegründet. Royalisten und die Gegner der Vietnamesen im Lande sind in ihr vereint. Sie vertritt das Prinzip der freien Marktwirtschaft und hat die treuesten Wähler in den Provinzstädten. Bei den letzten Gemeindewahlen 2007 setzte sich der politische Niedergang der Royalisten unter Ranariddh weiter fort.

- **SRP** (Sam Rainsy Party). Sie ist nach den Gemeindewahlen 2007 zur zweitstärksten politischen Macht in Kambodscha geworden. *Sam Rainsy* war in der ersten Regierung Finanzminister der FUNCINPEC, die ihn jedoch wegen seines ständigen Anprangerns der Korruption unter den Abgeordneten aus der Regierung und der Partei verbannte. Durch seine treffsichere Kritik an den Missständen im Land bzgl. der Menschenrechte, Pressefreiheit und Korruption wurde er zum Lieblingskind der westlichen Presse, und zur Zielscheibe von Attentaten. Seine rassistische Einstellung gegenüber den Vietnamesen lassen jedoch viele an seiner Glaubwürdigkeit zweifeln. Die größte Sympathie genießt *Sam Rainsy* unter dem Bildungsbürgertum in Phnom Penh.

König Norodom Sihamoni gibt sich gerne volksnah

Verfassung

Nach den Wahlen im Mai 1993 bestand das erste Ziel darin, eine **verfassungsgebende Versammlung** zu konstituieren, die aus 120 Mitgliedern bestand. Ihre Aufgabe war, die neue Verfassung, die bereits von einer Kommission der UNTAC bis ins Detail ausgefeilt und vorbereitet war, zu diskutieren und letztendlich zu verabschieden. Dies geschah innerhalb von nur fünf Tagen. Am 24. September 1993 wurde die neue Verfassung des Königreichs Kambodscha verabschiedet. Sie besteht aus 14 Kapiteln und 139 Artikeln.

Nach Kapitel 1, Art. 1 ist Kambodscha ein **Königreich,** in dem der König auf der Grundlage der Verfassung und des liberal-demokratischen Mehrparteiensystems handelt. Kambodscha ist ein unabhängiger, souveräner, friedfertiger und neutraler Staat. Seine höchsten Werte sind die Nation, die Religion und der König.

Der **König** hat nur repräsentative Aufgaben und soll keinerlei Macht ausüben. Er muss von einem königlichen Konzil, das aus sieben Personen besteht, gewählt werden und behält den Thron auf Lebenszeit. Gewählt werden kann nur eine Person, die in Blutsverwandtschaft zu den Königen *Ang Doung, Norodom* oder *Sisowath* steht.

Gemäß Kapitel 3, Art. 31 anerkennt und achtet Kambodscha die **Menschenrechte,** die in der Charta der Vereinten Nationen verankert sind. Die Todesstrafe wurde abgeschafft.

Zu den gesellschaftlichen Grundpflichten gehört, dass sich die Kinder,

Norodom Sihanouk

Norodom Sihanouk hat nach 63 Jahren auf der politischen Bühne Indochinas alle Höhen und Tiefen durchschritten. Seine Karriere hat ihn vom Gottkönig zum Staatspräsidenten und ins heimatlose Exil, vom Guerillaführer zum politischen Gefangenen und wieder zum König geführt. Glatt, charmant und der Prototyp eines Wendehalses, erhob er dabei seine Unberechenbarkeit zu einer politischen Kunstform. Er hatte freundschaftliche Beziehungen zur Regierung in Nordkorea und verbrachte die letzten Jahre seiner Amtszeit vor allem in China. Diese enge Beziehung zu den Kommunisten brachte ihn jedoch bei seinem Volk in den Verdacht, selbst einer zu sein. Seine wohl wichtigste und schwierigste Aufgabe nach der zweiten Inthronisierung im Jahr 1993 war die Vermittlerrolle zwischen den politischen Kontrahenten *Hun Sen* (CPP) und seinem Sohn *Ranarrith* (FUNCINPEC). Gesundheitlich angeschlagen und frustriert über die politische Realität seines Landes dankte die schillernste Persönlichkeit Indochinas 2004 ab.

- Geb. 31.10.1922 in Phnom Penh.
- April 1941: Wird mit 19 Jahren König von Kambodscha.
- 1953: Unabhängigkeit von Frankreich.
- April 1955: Dankt zugunsten seines Vaters Norodom Sramarith ab.
- Juni 1960 bis März 1970: Staatschef von Kambodscha.
- 18.03.1970: Wird nach einem Putsch von Lon Nol abgesetzt.
- Ab 23.03.1970: Präsident der kambodschanischen Wiederstandspartei F.U.N.C.
- 17.04.1975: Nach Machtübernahme der Roten Khmer wird er Präsident des „Demokratischen Kampuchea".
- 1982–90: Leiter der kambodschanischen Widerstandsbewegung C.N.R. gegen die vietnamesische Besetzung.
- 24. September 1993: Wird zum zweiten Mal König von Kambodscha.
- 14.10.2004: Dankt mit 82 Jahren zugunsten seines Sohnes Sihamoni ab.
- www.norodomsihanouk.info

202ka Foto: an

wie es der Khmer-Tradition entspricht, um ihre Eltern zu kümmern haben und diese im hohen Alter versorgen müssen.

Das **Wirtschaftsleben** im Königreich von Kambodscha basiert auf den Grundlagen der freien Marktwirtschaft. Dass der Umwelt- und Naturschutz in der Verfassung eines Entwicklungslandes verankert ist, verrät eher den Einfluss westlicher Berater als die tiefe Überzeugung der Regierung.

Die gesetzliche **Schulpflicht** umfasst neun Jahre, für die kein Schulgeld oder ähnliches bezahlt werden muss. Der Staat ist dazu angehalten, buddhistischen Einrichtungen auf pädagogischem Gebiet Fördermittel zukommen zu lassen.

Aus dem Blickwinkel etablierter Demokratien handelt es sich um eine für ein Entwicklungsland **anspruchsvolle Verfassung.** Sie basiert jedoch zu sehr auf westlichen Wertevorstellungen und den Erfahrungen gewachsener Demokratien. Die Wirklichkeit Kambodschas kann und wird dem Anspruch dieser Verfassung noch lange

Werbebanner der
Combodian People's Party (CPP)

nicht gerecht werden können, da die Ziele für Menschenrechte, Umweltschutz und politische Ordnung viel zu hoch gesteckt sind.

Verwaltung

Das Königreich Kambodscha ist in **23 Provinzen** *(khet)* aufgeteilt, die von einem Gouverneur verwaltet werden. Durch den Mangel an Verkehrsverbindungen und Kommunikationsmöglichkeiten waren die Provinzen früher, auch wenn sie sich nicht in der Hand der Roten Khmer befanden, kaum zu kontrollieren. Verwaltung und Lokalpolitiker waren es gewohnt, in ihrem Einflussbereich autonom zu regieren, Gesetze und Verordnungen auszulegen, wie es ihnen gelegen kam, und ihr geringes Salär durch zügellose Korruption aufzubessern. Das Problem der heutigen Regierung liegt darin, die gewohnte Eigenständigkeit der „Provinzfürsten" zu zerbrechen und zu erreichen, dass das Gesetz gleichermaßen im ganzen Land gilt.

Die Provinzen Kambodschas sind wiederum unterteilt in Distrikte *(khans)* und Kommunen *(sangkat)*. Die jeweiligen Provinzhauptstädte haben meist den gleichen Namen wie die Provinz.

Aktuelle Innenpolitik

Die Macht von Hun Sen (geb. 1951) beruht nicht auf seiner Beliebtheit im Volk, sondern auf der Angst, die dieser machtbesessene Politiker verbreitet. Doch in den politischen Wirren und den Unkalkulierbarkeiten dieser jungen Demokratie ist Hun Sen zur einzigen zuverlässigen Größe im Wirrwarr von Posten, neuen Parteien und Skandalen geworden.

Seitdem er die Fäden in der Hand hält, hat sich die Lage im Land zumindest oberflächlich stabilisiert. Die Kriminalität ist deutlich zurückgegangen. Der Tourismus boomt, die Inflation ist auf niedrigstem Niveau, und auch die internationale Entwicklungshilfe sprudelt, da man Vertrauen in die Regierung gefasst hat.

Langsam beginnt *Hun Sen* aber auch königlich souveräne Züge, ähnlich denen *Norodom Sihanouks,* anzunehmen. Vernünftige wie auch seltsame Entscheidungen trifft er scheinbar aus dem Bauch heraus, und lässt sie anderntags als Edikt verkünden. Hierzu gehören Gesetze gegen die Abholzung des Tropenwaldes und die Adoption von Kindern durch Ausländer genauso wie gegen das Glücksspiel und das Tragen von Miniröcken im Fernsehen. Auch mit der Presse springt er nach Lust und Laune um. So verbot er am im Jahre 2002 über 50 Zeitungen und Magazine.

Was er allerdings bisher nicht in den Griff bekommen hat, ist die haarsträubende Korruption, die so offen und himmelschreiend wie in kaum einem anderen asiatischen Land auftritt.

Generell haben die Khmer Angst vor der Zukunft, und nur im engsten, vertrauten Kreis wird offen über Politik gesprochen. Grund ist nicht nur die Angst vor der mächtigen CPP, sondern viele fürchten auch immer noch die

Roten Khmer, die lautlos im Militär, in der Regierung und auf öffentlichen Posten untergetaucht sind. Haben sie jetzt den angekündigten Gang durch die Institutionen angetreten?

Das Ende der Roten Khmer

Der wichtigste Erfolg der letzten Jahre ist das endgültige Aus für die Massenmörder der Khmer Rouge, die Kambodscha in einen 30-jährigen Bürgerkrieg verstrickt und unbeschreibliches Leid und Elend über die Menschen gebracht hatten. Am 26. Dezember 1998 stellten sich auch die letzten Anführer, *Khieu Samphan* und *Nuon Chea,* der Regierung in Phnom Penh, wo sie feierlich empfangen wurden.

Nun steht das Land vor dem schwierigen Problem der Vergangenheitsbewältigung. Versöhnung oder Verbrechertribunal ist sowohl für die Khmer als auch für das Ausland eine heikle Angelegenheit. Kein Politiker der heutigen Führungsriege in Phnom Penh, von König *Sihanouk* über *Ranariddh* bis *Hun Sen,* hat nicht irgendwann in den letzten 30 Jahren mit den maoistischen Massenmördern paktiert. Würde die Vergangenheit konsequent aufgearbeitet, säße der Großteil des Parlaments auf der Anklagebank. Deswegen begehen die Politiker in Phnom Penh momentan einen schwierigen Drahtseilakt. Offiziell distanzieren sie sich zwar von den Verantwortlichen des Völkermordes, aber trotzdem wird alles daran gesetzt, die Vergangenheit hinter dem asiatischen Lächeln der Peinlichkeit ruhen zu lassen.

Es darf auch nicht vergessen werden, dass die USA anfänglich die Roten Khmer bei ihrem Kampf gegen die „vietnamesischen Invasoren" unterstützt haben, obwohl man von dem Genozid wusste. Ganz zu schweigen von China. Und schlussendlich hätten die Guerillakämpfer bereits Jahre früher aufgeben müssen, hätte Thailand den Soldaten und Führungskadern nicht Unterschlupf gewährt und lukrative Geschäfte mit ihnen gemacht.

Dass die Verantwortlichen für die Greueltaten unter dem Pol-Pot-Regime vor ein Kriegsverbrechertribunal gehören, darüber sind sich Kambodscha und der Westen einig.

Nach sechs Jahren Vorbereitungszeit begann am 30. März 2009 der internationale Kriegsverbrecherprozess gegen die noch lebende Führungsclique der Roten Khmer vor der „Extraordinary Chamber in the Courts of Cambodia" (ECCC) in Phnom Penh. Er ist ein Wettlauf gegen die Zeit geworden, denn *Pol Pot* sowie der „Schlächter" *Ta Mok* sind bereits verstorben, und von den fünf verbliebenen Hauptangeklagten sind vier schon über 75 Jahre alt. Der jüngste Angeklagte (67 Jahre), mit dem der Prozess auch begann, ist *Kaing Guek Eav,* alias **„Duch"**, der Chef des berüchtigten S-21 Toul Sleng Gefängnisses in Phnom Penh.

Des weiteren sind angeklagt: *Nuon Chea* (83 Jahre), Bruder Nummer 2 und Chefideologe unter *Pol Pot, Leng Sary* (83 Jahre), ehemaliger Außenminister und seine Frau *Thirith* (78 Jahre), einst Sozialministerin, sowie *Khieu Samphan* (78 Jahre).

Im Jahr 2006 wurden 17 kambodschanische und 13 internationale Richter und Staatsanwälte vereidigt. Außerdem stehen jedem Angeklagten ein Khmer und ein internationaler Rechtsanwalt zur Seite. Für ein rechtskräftiges Urteil müssen sich die kambodschanischen und ausländischen Richter aus 10 Nationen einig sein. Ein schnelles Urteil ist deswegen kaum zu erwarten. Dass bei diesem Personalaufwand die ursprünglich für diesen Prozess geplanten 56 Millionen Dollar bereits auf 150 Millionen angeschwollen sind, dürfte nicht verwunderlich sein. Da für die Opfer der Roten Khmer die Schuldfrage schon lange geklärt ist, herrscht gerade bei der einfachen und armen Bevölkerung Unverständnis darüber, dass für die Verurteilung dieser Kriegsverbrecher noch so viel Geld ausgegeben werden muss. Trotzdem halten etwa zwei Drittel der Kambodschaner den Prozess für eine „gute Sache". Opfer des Terrorregimes können als Nebenkläger auftreten.

Textilfabriken

Zum innenpolitischen Sprengsatz haben sich die **Arbeitsbedingungen in den Textilfabriken,** die hauptsächlich von Firmen aus Hongkong und Taiwan betrieben werden, entwickelt. Die Frauen müssen dort sieben Tage pro Woche, z.T. bis zu 12 Stunden täglich, für 40 $ im Monat arbeiten. Zu den ersten großen Streiks kam es im Juni 2000, als Tausende von Fabrikarbeiterinnen in Phnom Penh auf die Straße gingen, um für bessere Arbeitsbedingungen und höhere Löhne (Anhebung auf 70 $ im Monat) zu demonstrieren. Trotz Gewaltanwendung gelang es der Polizei nicht, die Besetzung der Fabriken zu verhindern. Zum Anwalt der Gewerkschaften und der Streikenden hat sich *Sam Rainsy* gemacht.

Aktuelle Außenpolitik

Zehn Jahre nachdem die Vereinten Nationen dem durch 20 Jahre Bürgerkrieg zerstörten Land auf die Sprünge geholfen haben, ist Kambodscha wieder in die internationale Staatengemeinschaft eingegliedert. 1999 wurde das Land in den Verbund der ASEAN (Association of South East Asian Nations) aufgenommen, hat wieder einen Sitz im Sicherheitsrat der UNO, und das Sekretariat der Mekong-Kommission befindet sich in Phnom Penh. Große politische Eskapaden kann sich Kambodscha nicht mehr ungestraft leisten.

Trotz des Hasses der Kambodschaner auf die Vietnamesen sind die außenpolitischen Beziehungen beider Länder entspannt. Einer der wichtigsten Fürsprecher für die Aufnahme Kambodschas in die ASEAN war Vietnam! *Hun Sen* gilt als traditionell guter und ergebener Freund der Regierung in Hanoi – was die nationalistischen Kreise um *Ranariddh* und *Sam Rainsy* mit Argwohn betrachten. Sie thematisieren immer wieder zwei Streitfragen: Erstens, die schleichende Landnahme Vietnams durch das Abholzen ganzer Wälder, der Anlage von Feldern und den Bau von Bewässerungskanälen auf kambodschanischem Territorium, und zweitens, die Rückgabe von Kampuchea Krom (besser bekannt als Mekong Delta) und der Insel Phu Quoc (auf Khmer: Koh Tral), die bis Mitte des 19. Jahrhunderts zu Kambodscha gehörten und sich von Vietnam mit Hilfe Frankreichs einverleibt wurden.

Eine weitere Problematik ist durch die Flüchtlingswelle von Vietnam nach Kambodscha im Hochland von Mondulkiri entstanden. Die Ureinwohner, so genannte *Montagnards*, flüchten zu Hunderten vor den Repressalien der vietnamesischen Regierung. Vietnam und Hun Sen befürworten eine schnelle und unbürokratische Rückführung, während *Human Rights Watch* darin eine eklatante Menschenrechtsverletzung sieht, da Flüchtlinge nicht dorthin ausgeliefert werden dürfen, wo sie mit ernsthafter Verfolgung rechnen müssen.

Die **Beziehung zu Thailand** wurde in früheren Jahren besonders dadurch belastet, dass das thailändische Militär den Roten Khmer immer wieder Unterschlupf auf der Flucht vor der königlichen kambodschanischen Armee bot. Heute herrscht zwischen beiden Ländern eine Hassliebe.

In jüngster Zeit nutzten thailändische Soldaten den desolaten Zustand der kambodschanischen Armee im Norden bei Banteay Meanchey und Preah Vihear aus, um den Grenzverlauf zu ihren Gunsten zu verändern. Aufgebrachte Studentenproteste führten dazu, dass sich die Grenzkommissionen beider Länder zusammensetzten, um so schnell wie möglich eine endgültige Lösung für den unklaren Grenzverlauf zu finden. Im Rahmen dieses jahrzehnte andauernden Konfliktes kam es 2009 zu einer militärischen Auseinandersetzung, bei der ein kambodschanisches Dorf an der Grenze, zu Füßen des Preah Vihear Tempels, zerstört wurde.

Bei der Drogenbekämpfung, dem Problem der kambodschanischen Wirtschaftsflüchtlinge und bei der Rückführung gestohlener Kunstwerke aus den kambodschanischen Tempeln wird konstruktiv zusammengearbeitet.

König *Sihanouk* war der Garant für die freundschaftliche **Beziehung zu China,** die auch durch die jahrelange Unterstützung (bis 1992) der Roten Khmer nicht getrübt werden konnte. Neben wirtschaftlicher und medizinischer Hilfe waren besonders die großzügigen Präsente in Form von Feuerwerken für diverse Feierlichkeiten unter der Bevölkerung sehr beliebt.

Medien

Seit mit dem Friedensvertrag von Paris auch die **Pressefreiheit** in Kambodscha (Verfassung: Kapitel 3, Art. 41) wieder gewährt ist, tobt ein wahrer Krieg um die Leser an den wie Weihnachtsbäume behängten Zeitungskiosken in Phnom Penh.

Nachdem in den letzten Jahren vier Zeitungsverleger und Journalisten oppositioneller Blätter ermordet wurden, ist die Pressefreiheit zu einem brisanten innenpolitischen Thema geworden. Ob es sich bei den Attentaten immer um politisch motivierte Aktionen handelte, ist jedoch fraglich. Die Presse in Kambodscha arbeitet zum Teil noch sehr unprofessionell, und Beleidigungen von Politikern, die häufig weit unter der Gürtellinie sind, führen bei den Betroffenen leicht zu Überreaktionen. Auch durch die hemmungslose Veröffentlichung von Namen und die Vorverurteilung von Personen durch die Presse machen sich Journalisten leichtfertig Feinde. Ein Killer in Phnom Penh kostet nicht viel! Nach dem Staatsstreich von *Hun Sen* im Juli 1997 wurde die Meinungsfreiheit in der Presse stark eingeschränkt. Doch mit der Normalisierung nach den Wahlen ist auch die politische Vielfalt in die Medienlandschaft zurückgekehrt.

Die bedeutendste **Tageszeitung** ist Rasmei Kampuchea (Licht Kambodschas) mit der größten Auflage und den am professionellsten arbeitenden Journalisten im Land. Die kambodschanische Bildzeitung, die mit Fotos von Verletzten und Toten aufwartet, die bei uns zensiert würden, nennt sich bezeichnenderweise Koh Santepheap (Insel des Friedens). Der Herausgeber der Oppositionszeitung Samleng Yuvachhun Khmer (Stimme der Khmer-Jugend), die Sam Rainsy nahesteht, wurde 1994 aus ungeklärten Gründen ermordet. Obwohl in Kambodscha die Presse für asiatische Verhältnisse relativ frei ist, gibt es keine unabhängigen Zeitungen, da alle Verlage im Besitz einer Partei sind.

Von den acht **fremdsprachigen Zeitungen** sind die wichtigsten: „The Cambodian Daily" (www.cambodiadaily.com), der täglich auf Englisch erscheint und eine japanische und eine Khmer-Beilage hat. Veröffentlicht werden Artikel amerikanischer und französischer Presseagenturen und Recherchen der Lokalredaktion über Kambodscha. Das Blatt gehört zur morgendlichen Pflichtlektüre für Expats und Ausländer. Auch außerhalb Phnom Penhs erhältlich.

Die englischsprachige **„Phnom Penh Post"** (www.phnompenhpost.com) erscheint, bis auf das Wochenende, täglich mit aktuellen Artikeln über Politik, Wirtschaft und Kultur des Landes sowie Weltnachrichten. Das **„AsiaLIFE"** ist kostenlos und finanziert sich über Werbung. Der redaktionelle Teil scheint trotzdem sehr objetiv und unabhängig zu sein. Ein Schwerpunkt liegt bei aktueller Kunst, Film, Musik und Theater in Kambodscha (www.asialifecambodia.com). Das Magazin **„Globe"** macht einen sehr professionellen Eindruck. Kein Wunder, denn der Chefredakteur *Tassilo Brinzer* hat früher beim *Focus Magazin* in Deutschland gearbeitet. Es wird für 4 $ in Restaurants, Bookshops und Tankstellen verkauft.

Ab Mittag sind die in Thailand erscheinenden großen englischsprachigen Zeitungen **„The Nation"** und die **„Bangkok Post"** in Phnom Penh zu bekommen. Aktuelle Artikel über Indochina, Asien und das Weltgeschehen informieren den anspruchsvollen Leser. Englischsprachige Wochenzeitschriften wie **„Newsweek"**, **„Time"**, und **„Far Eastern Review"** sind pünktlich am Erscheinungstag in den Buchläden und großen Hotels erhältlich. Deutsche Presse gibt es nicht.

An ausländischen **Radiosendern** können auf FM RFI (Radio Francais International) und BBC empfangen werden. TV 5, der Fernsehsender für Auslandsfranzosen beglückt in Phnom Penh und Umgebung auch Haushalte ohne Satellitenschüssel mit seinem Programm. In den meisten Hotels mit Satelliten-TV ist **Deutsche-Welle-TV,** *German TV,* wie die Khmer sagen, zu empfangen. Satellitenfernsehen ist im ganzen Land, auch in der Provinz, verbreitet.

Wirtschaft

Der 20-jährige Bürgerkrieg hatte Kambodscha zu einem der bedürftigsten Länder der Erde gemacht. Vor dem Putsch durch *Lon Nol* 1970 war Kambodscha eines der Länder mit dem höchsten Lebensstandard in Südostasien und trug den Beinamen „Asiatische Schweiz". Der Reichtum des Landes wurde in erster Linie durch den Export landwirtschaftlicher Produkte erwirtschaftet. Kambodscha hatte damals einen höheren Entwicklungsstand als Thailand.

Unter der **Herrschaft der Roten Khmer** wurde alles zerstört, und die Vietnamesen mussten mit ihrem Aufbau der Wirtschaft „unter dem Nullpunkt" beginnen. Nach 1979 war nur von der Sowjetunion und Osteuropa wirtschaftliche Hilfe zu erwarten, die aber nach dem Zusammenbruch des Ostblocks fast gänzlich versiegte.

Das **Wirtschaftsembargo der USA** gegen die Vietnamesen traf nach der Besetzung Kambodschas auch die Khmer. Von humanitärer Hilfe der Vereinten Nationen und privater Gruppen abgesehen, blieb es vom Westen aus Solidarität mit Amerika von Krediten und Entwicklungshilfe völlig abgeschnitten. Die Blockade Vietnams und Kambodschas wurde erst 1994 vom damaligen amerikanischen Präsidenten *Bill Clinton* aufgehoben.

Die Invasion der 22.000 Mitglieder der **UNO-Mission** bescherte dem Land, besonders Phnom Penh, 1993 ein kleines Wirtschaftswunder.

Die wirtschaftliche Zukunft Kambodschas liegt in seinen **landwirtschaftlichen Ressourcen** und der billigen „manpower" einer explodierenden Bevölkerung. Durch Modernisierung der archaischen Landwirtschaft könnte der Reisexport zu einem wichtigen Wirtschaftsfaktor des Landes werden. Ein unermesslicher Reichtum, der ohne Investitionen verfügbar ist, sind die riesigen Urwälder, die noch ca. 50 % des Landes bedecken. Die Kautschukproduktion wird zwar niemals wieder die gleiche wirtschaftliche Rolle für das Land spielen wie unter den Franzosen, jedoch erlebte dieser Landwirtschaftszweig in den letzten Jahren einen beachtlichen Aufschwung.

Da Kambodscha zu den Ländern mit dem niedrigsten **Lohnniveau** der Region (durchschnittlich 60–80 $ pro Monat) zählt und über ein großes Heer an Arbeitskräften verfügt, ist das

Land für arbeitsintensive Industrien hochinteressant. Besonders die Textilindustrie boomt seit Jahren und steigerte ihre Umsätze bis zur Weltwirtschaftskrise 2009 jährlich um stolze 20 Prozent.

Als zukunftsträchtig erwiesen sich auch die Probebohrungen nach Erdöl vor der Küste. Förderungskonzessionen an große Ölfirmen wurden schon vergeben. Die Bodenschätze im Land sind noch wenig erforscht, doch der Abbau in großem Stil scheint mit Ausnahme von Edelsteinen, Gold, Kohle, Bauxit und Phosphaten nicht besonders erfolgversprechend zu sein.

Die wichtigsten **Exportartikel** sind Textilien, Bekleidung und Schuhe (zusammen 70 % der Exporte), Möbel, Bauholz, landwirtschaftliche Produkte und Bier. Der größte Abnehmer sind die USA mit 60 %; Deutschland importiert ca. 7,5 % der in Kambodscha produzierten Waren. **Importiert** werden müssen Öl, Ölprodukte, Maschinen, Fahrzeuge, Chemikalien, Insektizide, Nahrungsmittel und Waffen.

Durch seine günstige Lage zwischen dem reichen Thailand und dem boomenden Vietnam profitiert es auch als Trittbrettfahrer seiner Nachbarländer.

Die Schattenseite eines Billiglohnlandes, in dem Arbeiter mit ca. 60 Doller Monatslohn, bei 10 und mehr Arbeitsstunden pro Tag auskommen müssen, ist ein **Leben am Existenzminimum.** Selbst in Kambodscha kann niemand von 60 Dollar im Monat leben, geschweige denn eine Familie ernähren und sich um eine Ausbildung der Kinder kümmern.

Kambodscha verfolgt eine sehr **offene Wirtschaftspolitik,** um Geldgeber ins Land zu locken. Zwar dürfen ausländische Investoren selbst kein Land besitzen, aber sie haben die Möglichkeit, es für 99 Jahre zu pachten. Davon Gebrauch machen vor allem Nachbarstaaten, die noch vor wenigen Jahren selbst Billiglohnländer waren, jedoch wegen der gestiegenen Lohnkosten im eigenen Land heute wirtschaftlicher in Kambodscha produzieren lassen können. Allen voran Südkorea, gefolgt von Malaysia und China.

Zugpferd der kambodschanischen Exportwirtschaft ist die **Textilindustrie.** Mittlerweile gibt es über 200 Fabriken mit mehr als 300.000 Arbeiterinnen, die für alle nur erdenklichen internationalen Bekleidungsfirmen fertigen. Der niedrige Lohn und die schlechten Arbeitsbedingungen in einigen Fabriken bergen jedoch großen sozialen Sprengstoff, und es kommt immer wieder zu Streiks.

An zweiter Stelle stehen die Einnahmen aus dem **Tourismus,** der die letzten Jahre wegen der innenpolitischen Stabilität mit Wachstumsraten bis zu 30 % aufwartet.

Einer der größten Posten des Staatshaushaltes bleibt jedoch die **Entwicklungshilfe,** die jedes Jahr aufs Neue mit IMF, Weltbank und anderen Geberländern ausgehandelt wird.

Auch die **Europäische Gemeinschaft** engagiert sich in Kambodscha. Es gibt sogar eine eigene EU-Kambodscha-Kommission, die ihre zur Verfügung stehenden Entwicklungsgelder (über 300 Mio. Euro seit 1992) vor allem zur ländlichen Entwicklung, Minenräumung, Volksschulerziehung, Armutsbekämpfung und dem Aufbau einer effektiven Verwaltung einsetzt.

Entscheidend für eine nachhaltige Entwicklung Kambodschas ist vor allem politische Stabilität, eine gerechte Entlohnung der Fabrikarbeiter und einen Weg zu finden, auch die armen Bevölkerungsschichten und vor allem die Landbevölkerung an dem Wirtschaftswachstum teilhaben zu lassen.

Eine große Sache ist das **Spekulieren mit Grundstücken** geworden, das aus vielen einfachen Familien Millionäre gemacht hat. Da es hierbei um hohe Summen geht, werden viele ahnungslose Bauern, die oft noch Analphabeten sind, mit gefälschten Verträgen skrupellos um ihren Besitz gebracht.

Aktuelle Situation

In den letzten Jahren vor der **Weltwirtschaftskrise** konnte Kambodscha beachtliche wirtschaftliche Erfolge vorweisen. Noch 2005 verzeichnete das Land das höchste Wirtschaftswachstum aller Staaten in Südostasien. Als Folge der Krise gab es 2009 jedoch Massenentlassungen in den Textilfabriken, die Inflation stieg zeitweilig auf über 20 %, die Grundstückspreise fielen und die Besucherzahlen ausländischer Touristen brachen um fast 50 % ein, weshalb auch hier viele der etwa 300.000 in diese Branche Beschäftigten ihren Arbeitsplatz verloren. Leidtragende waren vor allem wieder die armen Bevölkerungsschichten. Während die Armen immer ärmer werden, ist der Anblick der auch in der Wirtschaftskrise von Jahr zu Jahr steigenden Anzahl von Luxuskarossen (*Mercedes, Hummer* und *Toyota Jeeps*) in diesem Entwicklungsland geradezu grotesk, denn dies unterstreicht zusätzlich die großen sozialen Unterschiede.

Gegen Ende 2009 hatten sich zwar die Preise stabilisiert, aber durch die vielen Arbeitslosen und geringeren Löhne hat sich die wirtschaftliche Lage deutlich verschlechtert.

Auf der Skala des **Human Development Index** belegte Kambodscha 2009 den Platz 137 von insgesamt 182 Ländern. Somit hat das Land den Status „medium human development country" und befindet sich diesbezüglich auf einer Stufe mit dem Kongo und Myanmar.

Wirtschaftsdaten

- Die **Inflation** liegt zurzeit bei 5 %.
- Das gesamte **Wirtschaftswachstum** erfuhr in den letzten fünf Jahren eine durchschnittliche Steigerung um 10 %, während die Wirtschaft 2009 um lediglich 2,5 % wuchs.
- Der **Wechselkurs** zwischen US$ und Riel ist seit fünf Jahren annähernd stabil.
- Pro-Kopf-Einkommen 2008: 600 Dollar im Jahr.
- 36 % der Bevölkerung leben **unterhalb der Armutsgrenze,** d.h. sie müssen mit weniger als einem Dollar pro Tag auskommen.

Tourismus

Entwicklung

Seit der Öffnung Kambodschas 1992 für Besucher aus aller Welt, ging die Tourismus-Industrie durch turbulente Höhen und Tiefen. Mitte der 1990er Jahre kamen jährlich etwa 200.000 Touristen ins Land, um insbesondere die Tempel von Angkor Wat zu sehen. Weit über die Hälfte aller Gäste kamen aus dem asiatisch/pazifischen Raum.

Am Ostersonntag, den 13. März 1997 explodierte mitten in Phnom Penh bei einer politischen Veranstaltung eine Bombe. Es blieben 16 Tote, über 100 Verletzte und eine geschockte Weltöffentlichkeit zurück. Als im Juli 1997 auch noch die Bilder vom Staatsstreich, mit tausenden von Flüchtlingen, brennenden Gebäuden und plündernden Soldaten durch die Medien gingen, war auf einen Schlag Schluss mit dem Tourismus. Zu allem Unglück verschlechterte sich in Asien noch einmal die Wirtschaftslage, so dass zu der Angst vor dem Bürgerkrieg auch die leeren Urlaubskassen der gerade vom Reisefieber gepackten Asiaten kamen. Im Jahr 1998 kamen nur noch 150.000 unerschrockene Abenteurer nach Kambodscha.

Doch dann, durch die stabilen innenpolitischen Verhältnisse, die Öffnung der Überlandgrenzen zu Thailand sowie direkter internationaler Flugverbindungen nach Siem Reap (Angkor), explodierten die Besucherzahlen. 1999 besuchten knapp 300.000 Touristen das Land, 2001 bereits über 600.000 und 2002 kamen sogar ca. 800.000 Besucher. Durch SARS und Vogelgrippe ließen sich 2003 wieder viele Reisende abschrecken, und somit kamen 13 % weniger Besucher ins Königreich. Seitdem steigen die Besucherzahlen allerdings wieder stetig an, im Jahr 2007 kamen 1,9 Mio., im Jahr 2008 2,13 Mio. Besucher ins Land.

Bei den **Visitor Charts** führte 2008 Süd-Korea vor Vietnam und Japan. Auf Platz 4 waren die USA. Unter den europäischen Besuchern liegt England vor Frankreich und Deutschland. Aus Deutschland, der Schweiz und Österreich kamen 2008 insgesamt 80.000 Besucher nach Kambodscha. 60 % der Besucher reisen mit dem Flugzeug an, 40 % über Land- und Wasserweg. Ein neues Besucherphänomen sind die vielen Vietnamesen, die ihren kleinen Nachbarn geradezu überfluten, und dies, obwohl beide Nationen ein sehr angespanntes Verhältnis haben.

Aktuelle Lage

Nachdem der Tourismus in den letzten Jahren regelrecht boomte, kam mit der Weltwirtschaftskrise 2009 die große Ernüchterung. Die Besucherzahlen brachen dramatisch, bis zu 50 %, ein. Während die Hauptstadt Phnom Penh noch relativ glimpflich davon kam, traf es den Nerv der Tourismusindustrie in Siem Reap mit den Tempeln von Angkor mit voller Wucht. Die stärksten Einbußen hatten die 4- und 5-Sterne-Hotels, von denen manche in der Zwischensaison sogar schließen mussten, wodurch Tausende von Angestellten plötzlich keine Arbeit mehr hatten. Auch wenn momentan der vorsichtige Optimismus überwiegt, dürften einige große Hotels nicht überleben. Bei Reisenden, wie etwa den Backpackern, die grundsätzlich mit kleinerem Reisebudget unterwegs sind, waren die Rückgänge weit weniger dramtisch als bei teuren Pauschalreisen. Trotz dieses aktuellen Rückschlages sind die Bedingungen für eine Reise nach Kambodscha aus folgenden Gründen besser denn je:

- Die größte Geißel des Landes, die mörderische **Guerilla der Roten Khmer,** die auch nicht vor Attentaten auf Touristen zurückschreckte, gehört seit vielen Jahren der Geschichte an, wenngleich sie leider immer noch das Image des Landes prägt.
- Die **innenpolitische Lage** ist stabil und Überfälle auf Touristen sind sehr selten geworden.
- Die Straßen zwischen den Provinzhauptstädten sind meist gut ausgebaut und zahlreiche Busgesellschaften bieten schnelle und günstige Verbindungen an. Viele **Naturparks** (z. B. Kirirom, Bokor Mountains, Viracheay Nationalpark und Phnom Kulen) sowie **abgelegene Tempel** (Banteay Chhmar, Preah Khan und Koh Ker) sind jetzt erreichbar.
- Immer mehr **Grenzübergänge** zu den **Nachbarländern** werden geöffnet, wodurch die gesamte Region leicht und günstig zu bereisen ist. Nach Thailand gibt es fünf, nach Vietnam sechs und nach Laos mittlerweile zwei Grenzübergänge.
- Die seltenen Irrawaddy-Delfine bei Kratie locken zahlreiche Touristen an.
- Internationale Fluggesellschaften fliegen nicht nur Phnom Penh, sondern auch Siem Reap (Angkor) in immer größerer Zahl an.
- Kaum ein **Reiseanbieter** in Deutschland, der nicht auch Kambodscha in seinem Programm hat.
- Auch mit einer Reihe **Events** kann Kambodscha aufwarten. Tausende von Menschen kommen jeden November wieder zum Wasserfestival in die Hauptstadt, um die traditionellen Bootsrennen zu sehen. In Angkor Wat fand zum wiederholten Male das Reanker Fest statt, bei dem klassische Tänze aus Südostasien vor dieser historischen Kulisse aufgeführt wurden.

Probleme

Trotz aller Euphorie bleiben noch eine ganze Menge Probleme. Die politische Lage ist zurzeit zwar stabil, doch vor Überraschungen ist man in einem Land, das gerade angefangen hat, mit der Demokratie zu experimentieren, nie sicher. Die touristische Infrastruktur entspricht nur in Phnom Penh und Siem Reap dem internationalen Pauschaltouristen-Standard. Dadurch ist die durchschnittliche Aufenthaltsdauer der Reisenden auf nur 4 Tage beschränkt. Was für den abenteuersuchenden Traveller gerade den Reiz ausmacht, verursacht den Tourismusstrategen Kopfzerbrechen: schwer zu erschließende Strände, fehlende Luxushotels, Ferienclubs und Tourist-Guides, abenteuerliche öffentliche Verkehrsmittel und schlecht ausgebildete Mit-

703ka Foto: an

arbeiter im Hotel- und Gastronomiegewerbe.

Ausblick

Auf dem Schreibtisch des Tourismusministers *Thong Khon* stapeln sich immer noch überschwängliche Pläne für die Zukunft. Am liebsten redet er von großen Hotelprojekten, internationalen Jointventures und Investitionssummen in Milliarden von Dollar. In Sihanouk Ville und Stung Treng sollen internationale Flughäfen entstehen, auch ein **„Visit Cambodia Year"** soll schon bald organisiert werden. Und

Von Touristen gern benutzt: das Tuk Tuk

625ka Foto: an

ganz nebenbei möchte man natürlich auch den Trend zum **Öko-Tourismus** mit Trekking, Bird-Watching und Kanu-Safaris nicht verpassen, auch wenn man im Tourismus-Ministerium anscheinend noch wenig konkrete Vorstellung davon hat, was das eigentlich ist. Viele Großprojekte dürften aber erstmal der Wirtschaftskrise zum Opfer fallen, was für den Individualreisenden und Backpacker wohl eher von Vorteil ist, da die Ursprünglichkeit vieler Regionen bewahrt bleiben wird.

Trotz des Rückschlags 2009 wird der Tourismus in Kambodscha weiterhin der **zweitwichtigste Wirtschaftszweig** bleiben und sicherlich schon bald wieder mit neuen Besucherrekorden aufwarten. Davon abgesehen, ist Kambodscha immer noch ein Eldorado für Individualisten, Abenteurer und Entdecker. Man muss sich nur aufraffen und die ausgetretenen Pfade verlassen. Doch wer noch ein ursprüngliches Land mit freundlichen und aufgeschlossenen Menschen erleben will, sollte sich bald aufmachen, bevor die ganze Welt hier gewesen ist.

Bei Touristen sehr beliebt: frisch gepresste Fruchtsäfte

Barang, Barang

In Kambodscha werden westliche Ausländer pauschal *barang* genannt. Auf dem Land finden sich europäisch aussehende Fremde häufig von Kinderhorden umringt, die, laut *barang, barang* schreiend, den exotischen Besucher ankündigen.

Häufig wird behauptet, dass *barang* nur als Bezeichnung für die Franzosen benutzt wird, doch verwendet der Kambodschaner dafür das spezifischere Wort *fransay*. Der Ausdruck *barang*, der nicht aus dem Khmer kommt, hat eine lange Geschichte:

Interessanterweise findet sich diese Bezeichnung in verschiedenen nicht untereinander verwandten Sprachen in Südostasien wieder. Zum Beispiel sprechen die Thailänder von einem *farang* und die Vietnamesen von einem *pha-rang*, wenn sie einen Fremden sehen. Doch kaum jemand weiß, dass sich dieser Name von den Franken herleitet, die im frühen Mittelalter in Mitteleuropa herrschten. Als die Kreuzfahrer dann ins Mittelmeer aufbrachen, bezeichneten sie sich auch als Franken. Von den Arabern wurden diese blutrünstigen Wegbereiter des Christentums *frandji* genannt.

Durch deren Handelsbeziehungen mit Asien fand dieses Wort unter anderem Eingang in den Wortschatz der Malaien. Da diese wiederum kein F aussprechen können, verwandelte sich *frandji* in *perantji*, was bei ihnen die Bedeutung von fremd beziehungsweise französisch hatte. Durch Händler aus Malaysien wurde dieser Ausdruck in ganz Indochina, Thailand und China verbreitet und existiert bis heute in seinen verschiedenen linguistischen Abwandlungen.

Aufgrund der Herkunft dieses Wortes dürfte also kein anderer Tourist ein größeres Recht darauf besitzen, mit *barang* bezeichnet zu werden, als der Germane.

Die Menschen Bevölkerung

Die Khmer

Rund 90 Prozent der Bevölkerung zählen zum Volk der Khmer. Dies macht Kambodscha zu einem der ethnisch homogensten Länder in Südostasien. Lange bevor Thailänder und Vietnamesen in die Region kamen, siedelten die Khmer bereits an den Ufern des Mekong und Tonle Sap.

Von dieser Epoche gibt es jedoch keine Aufzeichnungen. Erst in den Chroniken der Chinesen etwa zu Beginn unserer Zeitrechnung wird von den Khmer berichtet. Vom Aussehen unterscheiden sie sich von Thais und Laoten durch ihre dunklere Haut, die lockigeren Haare, die runderen Augen und einen stämmigeren Körperbau.

Mentalität

Die Khmer gelten als tolerant und haben ein ausgeprägtes Bedürfnis nach **Harmonie** im Alltag. Konflikten und Problemen begegnen sie mit ihrem wohl einmaligen Lächeln, dem *Sourire Khmer,* das jedoch sehr unterschiedliche Bedeutung haben kann. In allen Lebenslagen und besonders im Umgang mit Fremden fürchtet ein Khmer nichts mehr, als sich zu blamieren oder sein Gesicht zu verlieren. Diese Angst erklärt häufig das manchmal recht seltsame Verhalten gegenüber Ausländern. Wer sich in einem Streit durch lautes Schreien hervortut, hat seinen Respekt bei den Zuschauern verloren.

660ka Foto: an

647ka Foto: an

Durch eine Jahrhunderte alte hierarchische Gesellschaftsstruktur ist vielen eine uns peinlich berührende **Unterwürfigkeit** zu eigen. Verbunden mit der Lethargie der buddhistischen Religion, die zu einer großen Leidensfähigkeit und Passivität führt, förderte dieses Verhalten schon immer diktatorische Regimes. Immer wieder ist es für einen Besucher unbegreiflich, wie diese so freundlich und ausgeglichen wirkenden Khmer zu den grausamen Massakern unter Pol Pot fähig waren.

Sourire …

… Khmer (das Lächeln der Khmer)

Die unfassbaren Leiden von zwei Jahrzehnten Krieg haben den Menschen **Verdrängungsmechanismen** anerzogen, die zum Überleben notwendig waren. Diese haben bei vielen zu einer schizophrenen Lebensweise geführt, die die grausame Realität dadurch erträglicher machte, dass man ihr eine eigene Traumwelt entgegensetzte. Bei manchen führt dieses damals antrainierte Verhalten heute noch zu einem auffälligen Realitätsverlust.

Minderheiten

Die Vietnamesen

Sie gehören zu der einzigen von allen Khmer gnadenlos gehassten Minderheit im Land. Dies wird damit begründet, dass Vietnam bis heute versucht, sich Kambodscha einzuverleiben.

Die erste größere Einwanderungswelle der Vietnamesen nach Kambodscha fand Mitte des letzten Jahrtausends im Rahmen ihrer Eroberungsfeldzüge statt. Durch die gemeinsame Verwaltung der französischen Kolonien in Indochina wurden von den Franzosen während des 19. Jahrhunderts viele Vietnamesen nach Kambodscha geholt und mit wichtigen Aufgaben in der Verwaltung, die man den Khmer nicht zutraute, beauftragt. Eine erneute Invasion vietnamesischer Gastarbeiter fand nach der Befreiung von den Roten Khmer durch die Truppen Hanois 1979 statt. Noch 1970 gab es 250.000 Vietnamesen in Kambodscha, die jedoch unter Lon Nol und Pol Pot brutal verfolgt wurden und in ihr Heimatland fliehen mussten. Heute macht ihr Anteil an der Gesamtbevölkerung nur etwa vier Prozent aus. Sie arbeiten meistens als Fischer auf dem Tonle Sap und dem Mekong, auf dem Bau oder als Taxigirls in den Bars. Trotz ihrer Unbeliebtheit sind sie bei den Kambodschanern als gute, zuverlässige Handwerker hoch geschätzt.

Die Chinesen

Seit dem 13. Jahrhundert bilden die Chinesen eine etablierte Bevölkerungsgruppe, die sich besonders in den Städten angesiedelt hat. Die Mehrheit sind Huaren, die aus der südchinesischen Provinz Guangdong kommen. Seit damals kontrollieren sie den Handel und die Geldgeschäfte in Kambodscha. Durch Heirat haben sie sich mit den Khmer vermischt und gehören als Unternehmer, Bankiers oder Geldwechsler der reicheren Bevölkerungsschicht an. Die meisten mehrstöckigen Betonhäuser in Phnom Penh und anderen Stadtzentren wurden von ihnen erbaut. Religiös und kulturell stehen sie den Vietnamesen näher als den Khmer, da sie dem Mahayana-Buddhismus angehören. Auch ihr Bevölkerungsanteil liegt bei vier Prozent.

Die Cham

Sie sind zum Teil malaysischen Ursprungs und die Nachfahren des mächtigen Champa-Reiches, das einst große Teile der Küstenregion Vietnams kontrollierte. Mitte des 15. Jahrhunderts wurden sie von den Vietnamesen unterworfen, und viele von ihnen flüchteten nach Kambodscha. Im 17. und 18. Jahrhundert vermischten sie sich mit indonesischen Händlern, von denen sie überredet wurden, zum Islam überzutreten. Auch sie waren unter den Roten Khmer brutaler Verfolgung ausgesetzt. Heute haben die Cham ein neues Selbstbewusstsein entwickelt, und in allen ihren Gemeinden erstrahlen die einst unter Pol Pot dem Erdboden gleichgemachten Moscheen in neuem Glanz. In vielen Bereichen ihres Lebens haben sie die

626ka Foto: an

Kultur der Khmer übernommen, und der gemäßigte Islam, dem sie angehören, trägt das seine dazu bei, dass sie als eigenständige Gruppe (250.000 Menschen) problemlos in die kambodschanische Gesellschaft integriert sind. Jedoch fürchten die Khmer den „bösen Blick" der Cham, mit dem sie ihren Opfern angeblich Gegenstände, wie Rindfleisch oder Messer, in den Magen implantieren können, an denen sie qualvoll sterben. Sie leben in kleinen Kommunen, von denen sich die meisten in den Außenbezirken von Phnom Penh, am Tonle Sap und am Mekong befinden. Die Frau von Ranariddh gehört ebenfalls zur Bevölkerungsgruppe der Cham, weshalb viele von ihnen Anhänger der FUNCINPEC-Partei sind. Hochzeiten zwischen den buddhistischen Khmer und den Cham sind ansonsten relativ selten.

Chamjungen nach dem Gebet

Die Khmer Loeu

Diese etwa 75.000 Ureinwohner teilen sich in 21 verschiedene Stämme auf, die überwiegend im Nordosten Kambodschas, in Mondulkiri und Rattanakiri, siedeln. Obwohl sie oft in unmittelbarer Nachbarschaft zueinander leben, hat sich jeder Stamm seine sprachliche und kulturelle Identität bewahrt. Sie leben teilweise als Halbnomaden und ernähren sich überwiegend von Reis und Gemüse, das an den Berghängen angebaut wird, oder von dem, was sie als Sammler und Jäger im Urwald finden. Kühe, Schweine und Hühner werden als Nutztiere gehalten.

Ihre Glaubensformen zählen zu den Naturreligionen. Ahnenkult und die Vergötterung der Natur haben großen Einfluss auf ihr tägliches Leben. Verstrickt in den Vietnamkrieg, als tapfere Kämpfer von verschiedenen Machthabern rekrutiert und für die ihnen wesensfremde Ideologie des Kommunismus missbraucht, wurden sie in den letzten 25 Jahren beinahe ausgerottet (siehe Kapitel Rattanakiri, Highlander).

Die Bevölkerung in Zahlen

Heute leben etwa 15 Millionen Menschen in Kambodscha. Von ihnen wohnen nur etwa 15 % in einer Stadt (Thailand 22 %, Deutschland 88 %). Auf einem Quadratkilometer leben im Durchschnitt 68 Menschen (Deutschland 231).

Mit einem **Bevölkerungswachstum** von 2,2 % gehören die Khmer zu der am schnellsten wachsenden Bevölkerungsgruppe in Asien. Die Alterspyramide ist wirklich noch eine Pyramide. 41 % der Menschen sind jünger als 15 Jahre, und nur 2,9 % über 65 Jahre. Im Durchschnitt leben 5,4 Personen in einem Haushalt. Als Folge des Bürgerkrieges gibt es landesweit über 400.000 Frauen mehr als Männer. Noch krasser ist es in der Altersgruppe über 50 Jahren, in der auf 100 Frauen nur 67 Männer kommen.

Die **Lebenserwartung** beträgt 59 Jahre. Die Kindersterblichkeit auf 1000 Lebendgeburten liegt bei 96 Säuglingen (in Deutschland liegt sie bei 4). Diese erschütternde Zahl beruht unter anderem darauf, dass auf einen Arzt 3300 Einwohner kommen (in Deutschland 278), und nur 30 % der Bevölkerung Zugang zu Trinkwasser haben.

Im Vergleich mit anderen Entwicklungsländern liegt Kambodscha mit einer **Analphabetenrate** von 32 % im Mittelfeld. Nach 1979 wurde unter vietnamesischem Einfluss wieder ein relativ funktionstüchtiges Schulsystem aufgebaut, weshalb es auch auf dem Land den meisten Kinder möglich ist, eine Basisausbildung zu erwerben.

Religion

Überblick

Wer Kambodscha verstehen will, muss zuerst die Religion des Landes begreifen. Der Buddhismus, dem 95 % der Bevölkerung angehören, prägt das tägliche Leben der Menschen sowohl in der Stadt als auch auf dem Land. In Phnom Penh gehören die safrangelben Gewänder der Mönche auf ihrem täglichen Sammelgang genauso zum Straßenbild wie die knatternden Hor-

600ka Foto: an

den von Mopeds. Auf dem Land bilden die Pagoden bis heute das religiöse, soziale und kulturelle Zentrum der Dörfer.

Beide großen Strömungen des Buddhismus sind in Kambodscha vertreten. Am weitesten verbreitet ist der **Theravada-Buddhismus,** der seine Anhänger ausschließlich unter den Khmer hat. Der **Mahayana-Buddhismus** ist die Religion der im Lande lebenden Chinesen und Vietnamesen. Zwischen beiden Richtungen gibt es bedeutende Unterschiede. Während die Toten bei den Khmer zum Beispiel verbrannt werden, bestatten die Chinesen den Leichnam in Gräbern.

Der Theravada-Buddhismus hat seinen Ursprung in Sri Lanka. In Kambodscha entwickelte er seine eigene, nur dort gültige Form. Früher praktizierte Glaubensformen, wie Naturreligionen und der Brahmaismus, sind immer noch fester Bestandteil der religiösen Handlungen der Khmer. Der tief verwurzelte Ahnenkult und der Glaube an gute und böse Geister sind Relikte eines Glaubens, der bis zur Jahrtausendwende das Handeln der Menschen in ganz Südostasien bestimmte. Der *devaraya-* (Gottkönig)-Kult, der König Sihanouk auch heute noch eine

- **Buchtipp:**
Harald A. Friedl „Respektvoll reisen", Praxis-Reihe, Reise Know-How Verlag

besondere Ehrerbietung unter der Bevölkerung einbringt, geht auf den Brahmaismus zurück, der während der Angkorperiode verbreitet war. Aus dieser hinduistischen Religion hat sich eine Symbolwelt erhalten, die heute noch in Pagoden, an Stupas und bei Souvenirhändlern zu finden ist. Zu ihnen gehören Tempelwächter (z.B. Wat Phnom), der Elefantengott Ganesh, die berühmten Apsaras und die drei wichtigsten Götter des Hinduismus, Brahman, Vishnu und Shiva.

Neben den Naturreligionen, die von den Ureinwohnern im Nordosten praktiziert werden, gibt es noch den Glauben der Cham (2 % der Gesamtbevölkerung), die Anhänger eines gemäßigten Islam sind.

Geschichte

Zu **Beginn unserer Zeitrechnung** war Indochina im Einflussbereich der beiden Großmächte Indien und China. Während in Nordvietnam die Religion der Chinesen, der Mahayana Buddhismus, übernommen wurde, brachten die Inder im 1. Jahrhundert ihre Kultur und Religion ins erste Khmerreich nach Funan. Die indischen Händler mussten oft monatelang auf günstige Monsunwinde warten, um in ihre Heimat zurückzukehren. Durch ihren langen Aufenthalt in den Handelsmetropolen begannen sie, die Khmer unbewusst mit ihrem brahmaistischen Glauben zu beeinflussen. Es entstand eine Mischreligion, in der hinduistische Götter und die Götter der Naturreligion nebeneinander existierten.

Während der **Angkor-Periode** dominierte der Hinduismus in Form von Vishnu- und Shivakulten. Die Khmer adaptierten nicht nur die indische Götterwelt und Mythologie, sondern auch das Wissen der Inder, unverzichtbarer Träger der Religion. Somit fand neben der Schrift Sanskrit auch indische Technik, Astronomie und Mathematik Eingang in die Khmerkultur.

Im **13. Jahrhundert** begann sich der Theravada Buddhismus unter *Jayavarman VII.* auszubreiten. Die Thais, die schon längere Zeit Anhänger dieser Religion waren, taten durch ihre Besatzung des Landes nach dem Niedergang Angkors ein übriges, um den Buddhismus in Kambodscha zu festigen. Im 15. Jahrhundert hatte sich der Theravada-Buddhismus als Staatsreligion und als Bindeglied zwischen den Khmer in ihrem bedrängten Staat etabliert.

Als die **Roten Khmer** 1975 an die Macht kamen, wurde auch der Buddhismus ein Opfer ihrer Ideologie. Jegliche Religionsausübung wurde verboten. Die Schergen Pol Pots zwangen die Mönche, ihre safrangelben Roben auszuziehen und ihrem religiösen Gelübde zu entsagen. Viele wurden bestialisch ermordet. Die Pagoden, geistiges Zentrum der Bevölkerung, fielen einem sinnlosen Vandalismus zum Opfer. Sie wurden zu Schweineställen umfunktioniert und dienten als Zielscheiben für wild um sich schießende Jugendliche.

Heute ist der Buddhismus als Staatsreligion durch die Verfassung geschützt. Die Mönche, deren Anzahl

624ka Foto: an

zunimmt, haben ihre gesellschaftliche Aufgabe wieder übernommen, und die meisten zerstörten und verfallenen Pagoden sind wieder restauriert und strahlen im alten Glanz hoch über den bescheidenen Häusern der Menschen. Durch ihre berühmten Friedensmärsche *(dhammayietra)* durch die Provinz Kompong Thom und nach Pailin unter dem 1994 als Nobelpreisträger vorgeschlagenen Mönch *Maha Ghosananda*, hat der Buddhismus einen großen Beitrag zum Frieden in Kambodscha geleistet.

Doch langsam beginnen die Mönche, ins Kreuzfeuer der Kritik zu geraten. Während der Lebensstandard der Menschen sich seit der neuen Regierung kaum verbessert hat, entstehen immer größere und luxuriöser ausgestattete Pagoden. Jeden Morgen scheinen noch mehr Mönche vor den Häusern Gaben entgegenzunehmen, während die Menschen für religiöse Zeremonien bei Hochzeiten, Beerdigungen etc. jedesmal höhere sogenannte Spenden bezahlen müssen. Besonders die alten Menschen kritisie-

Friedensmarsch der Mönche

ren den Verfall moralischer Werte, insbesondere die Respektlosigkeit bei den Sammelgängen und die Unart, lieber Geld als Lebensmittel anzunehmen. Wenn sich die Mönche in dieser kapitalistischen Gesellschaft nicht auf ihre alten Werte zurückbesinnen, laufen sie Gefahr, als Schnorrer und Geschäftsmänner ihre tragende Funktion in Kambodscha zu verlieren.

Buddhismus allgemein

Die zwei wichtigsten Glaubensrichtungen im Buddhismus heißen *Theravada* (oder auch *Hinayana*) und *Mahayana.* Der **Mahayana-Buddhismus** wird in Indien, China, Vietnam, Korea und Japan gelehrt und auch als das „große Fahrzeug" bezeichnet. Diese Richtung des Buddhismus entstand etwa 400 Jahre nach dem Tod von *Buddha Gautama,* hat höhere religiöse Ideale und kompliziertere Lehren, bietet jedoch seinen Anhängern einen schnelleren Zugang ins Nirwana.

Im Gegensatz dazu steht der **Theravada-Buddhismus** (kleines Fahrzeug, Lehre der Alten), der seine geistige Entwicklung in Sri Lanka nahm und in Thailand, Burma, Laos und Kambodscha vertreten ist. Seine Anhänger sind der Überzeugung, dass es sich beim Theravada Buddhismus um die authentische Lehre *Buddha Gautamas* handelt.

Beide Richtungen weisen in ihrer Anwendung Unterschiede auf und werden oft mit Pfaden auf einen Berg verglichen, dessen Gipfel das angestrebte Nirwana ist. Der Theravada-Buddhismus führt nur zum Fuß des Berges, während sich der Besteiger den Rest durch schwere Kletterei erarbeiten muss. Hingegen gleicht der Mahayana-Buddhismus einer langen, aber sanften Straße, die den Wanderer in vielen einfachen Serpentinen zum Gipfel bringt.

Der Begründer des Buddhismus war der Prinz **Siddharta Gautama,** der 563–483 v. Chr. im Norden Indiens, dem heutigen Terrai in Nepal, lebte. Siddharta genoss eine unbeschwerte Jugend. Als er mit 29 Jahren zum ersten Mal seinen Palast verließ, erschütterte ihn das Leid und Elend der ihm bis dahin verborgen gebliebenen Realität so sehr, dass er sich entschloss, das entbehrungsreiche Wanderleben eines Asketen zu führen, um eine Lösung für die leidvolle Existenz des Menschen zu finden. Nach jahrelanger Suche fand er die Erleuchtung unter einer riesigen Pappel (Bodhi-Baum) und wurde daraufhin Buddha („Der Erleuchtete") genannt.

Die von Buddha Gautama während seiner Meditationen „entdeckten" **Grundmerkmale** alles Existierenden sind:

- *Duhkha:* Unzulänglichkeit
- *Anicca:* Vergänglichkeit
- *Anatman:* Nichtexistenz des Seins.

Seine Erkenntnisse fasste er in den vier **Edlen Wahrheiten** zusammen:

- Das Leben ist von Leid erfüllt.
- Das Leid hat eine Ursache, die Begierde.
- Das Leid kann durch die Vernichtung der Begierde beendet werden.
- Es gibt einen Übungspfad, der zum Ende des Leids führt.

026ka Foto: an

Dieser Übungspfad wird als der **Achtfache Pfad** bezeichnet. Die acht Punkte sind: richtige Erkenntnis, richtige Gesinnung, richtige Rede, richtige Tat, richtiger Lebenserwerb, richtige Anstrengung, richtige Achtsamkeit, richtige Sammlung.

Für einen Menschen, der sich um den Lebensunterhalt einer Familie kümmern muss, ist es unmöglich, diesen Übungspfad zu Ende zu gehen. Zu viele alltagsbedingte Emotionen lenken ihn von der Einhaltung dieses rechten Weges ab. Deshalb gründete Buddha die *Sangha* (Mönchsorden), wo sich der Mensch im Einhalten des „Achtfachen Pfades" üben kann.

Am Ende des Pfades steht das **Nirwana,** die gänzliche Erlösung von Gier, Hass und Leid. Es bedeutet das Ende der Wiedergeburt und den Übergang in den Zustand eines Buddhas. Das heutige Ziel eines gläubigen Buddhisten ist weniger, Erlösung von seiner Wiedergeburt zu finden, als vielmehr sich für sein nächstes Leben eine bessere Ausgangsbasis zu schaffen. Die Meditation gilt der Geistesberuhigung und ist der Kern der buddhistischen Erkenntnis.

Sammelgang in Phnom Penh

Obwohl der Buddhismus zu den großen Weltreligionen zählt, kann er im engeren Sinn nicht als Religion bezeichnet werden, sondern entspricht eher einer **Lebensphilosophie.** Buddha wird von seinen Anhängern nicht als Gott angebetet, sondern als großer Meister verehrt, da er menschlichen Ursprungs und kein Weltschöpfer ist. Er ist der Lehrer und die Mönche seine Anhänger. Buddha selbst hat seine Lehre nicht als Dogma gesehen, sondern seine Anhänger immer wieder aufgefordert, alles, was er gesagt hat, immer wieder zu überprüfen.

Im Westen erfreut sich der Buddhismus großer Beliebtheit und ist die „Religion" mit den höchsten jährlichen Zuwachsraten.

Buddhismus in Kambodscha

Im Königreich Kambodscha ist der Buddhismus die tragende Grundstruktur der Gesellschaft. Die täglichen Gaben an die Mönche, Spenden an die Pagoden und die Verehrung von Buddhareliquien in der örtlichen *Wat (Pagode)* gehören zu den regelmäßigen Pflichten eines Gläubigen. Im Gegenzug sind die Mönche in ihren safrangelben Gewändern fester Bestandteil jeder Heirat, jeder Verbrennung eines Toten und der religiösen Feste. Sie sind unverzichtbare Zeremonienmeister bei Ritualen, die die täglichen Ängste der Menschen lindern helfen sollen. Wer eine lange Reise antritt, geht zum Beispiel mit seinen Angehörigen zu einem Mönch, der die Gabe besitzt, Unheil abzuwenden, indem er, unter der Rezitation von *Pali*-Formeln, die Beteiligten mit Wasser übergießt. Insbesondere auf dem Land haben die Mönche noch die wichtige Funktion des Lehrers, Arztes und Psychologen.

Wie in Thailand und Laos gibt es auch in Kambodscha zwei getrennte und unabhängige **Klosterorden.** Den älteren Mohanikay-Orden, dem 90 Prozent der Mönche folgen, und den Thommayut-Orden, dem vor allem die königlichen Familien angehören. Letzterer ist strenger in der Einhaltung einzelner Gesetze; so darf von ihnen etwa bei den Sammelgängen kein Geld angenommen werden, sie müssen allein auf Wanderschaft gehen, und die Annahme von Gaben direkt aus der Hand einer Frau ist verboten.

In jedem Orden gibt es eine strenge Hierarchie, und die Ämter werden nach genau vorgegebenen Regeln vergeben. Mindestens 20 Jahre muss ein Mönch den Buddhismus in einem Kloster praktiziert haben, bis er das niedrigste dieser verantwortungsvollen Ämter ausführen darf. Der Staat nimmt sich in Thailand, Laos und Kambodscha das Recht heraus, den höchstrangigen Mönch *(riachiakenak)* eines jeden Ordens zu bestimmen. Die staatlichen Behörden erheben sich somit zur kontrollierenden Instanz über die Angelegenheiten eines *Sanghas* (Orden). Auf diese Weise sind Religion und Staat eng miteinander verflochten, und eine starke Sangha und eine loyale Ordensgemeinschaft werden zu einer wichtigen Stütze des Königs und des Präsidenten.

Die wichtigsten buddhistischen **Feste** (siehe auch Kapitel Feste):

- **Choul Chhnam,** kambodschanisches Neujahr, Mitte April.
- **Vesak Puja,** Geburt, Erleuchtung und Tod Buddhas, Mai.
- **Choul Vuhsa,** Ordination der Mönche und Novizen, Beginn der Regenzeit.

Der Sammelgang

Für einen Fremden am deutlichsten sichtbar repräsentieren die **sammelnden Mönche** den Buddhismus im Land. Allein, zu zweit und häufig in Begleitung kleiner Tempeljungen ziehen sie am Vormittag durch die Straßen. Auf ihrer festgelegten Route bleiben sie wie versteinert eine geraume Zeit vor jedem Hauseingang stehen und warten geduldig auf Gaben, die sie ins Kloster bringen. Die Laien verbessern ihr Karma, indem sie sich um die materielle Seite der Mönche kümmern, damit diese ungestört der Meditation und ihren sozialen Aufgaben nachgehen können. Dadurch bilden sie eine sich ergänzende Gemeinschaft.

Pagode

Bei den Sammelgängen sind strenge **Regeln** einzuhalten, die in jüngster Zeit jedoch etwas lax gehandhabt werden. Die Mönche sollten barfuß gehen, und auch der Spender muss, bevor er seine Gaben übergibt, seine Schuhe ausziehen und sich anschließend tief und ehrfurchtsvoll verneigen. Einem Mönch sollte man, obwohl es in den Städten gang und gäbe ist, kein Geld anbieten. Wer dies dennoch tut, darf es dem Mönch nicht in die Hand drücken, sondern muss es diesem selbst in die Gabentasche stecken, die über seiner Schulter hängt. Wenn ein Tempeljunge dabei ist, werden diesem die Gaben überreicht. Eine Frau sollte den Mönch keinesfalls berühren.

Die Wat

Eine Wat ist das geistige und soziale Zentrum eines Dorfes oder einzelner Stadtteile. Sie besteht aus mehreren Gebäuden, die von einer Mauer umschlossen sind.

Das große dominierende Bauwerk (ebenfalls Wat oder auf Englisch *Pagoda* genannt) hat die Bedeutung einer Kirche. Die großen **Pagoden** bestehen aus zwei Ebenen. Die zentrale Halle ist umgeben von einem Rundgang, der von verschiedenen Seiten über eine Treppe erreicht wird. Die Architektur einer Wat orientiert sich Richtung Himmel und endet in flammenähnlichen Aufsätzen an den Giebeln. Die Farben, mit denen sie bemalt ist, symbolisieren Edelsteine und wertvolle Metalle: blau – Saphir, gelb – Gold, grün – Smaragd, rot – Rubin. Im Inneren steht ein Altar *(vihara)* mit Reliquien und Buddhastatuen. Die Innenwände sind mit prächtigen Bildern aus dem Leben von Buddha Gautama bemalt. Anhand der farbenfrohen Darstellungen kann der Besucher den Werdegang des Begründers des Buddhismus nachvollziehen. Frühmorgens und abends beten und meditieren hier die Mönche. Nur bei besonderen religiösen Anlässen versammelt sich das Volk in der Wat. Nur wenn die Mönche beten, sind die Pagoden geöffnet, da berechtigte Angst vor Kunstdieben besteht. Einem Fremden wird bei freundlicher Nachfrage meist einer der Mönche aufschließen. In solch einem Fall gehört es sich, eine kleine Spende in die *Donation Box* zu werfen.

Da es sich bei einer Wat um eine Art **Gemeindezentrum** handelt, befinden sich auf deren Gelände noch weitere Gebäude und Einrichtungen:

- ein oder zwei offene Hallen *(sala)* mit einem kleinen *vihara,* für tägliche Gebete, Versammlungen und Gespräche über die Lehre Buddhas,
- die Wohnungen der Mönche,
- *Stupas* zum Verbrennen von Toten und zur Aufbewahrung der Asche,
- Bibliothek für Schriften des Buddhismus,
- gelegentlich ein Heiligtum für Mahayana-Buddhisten,
- Altäre für die Anhänger der Naturreligionen,
- Schulen oder Krankenstationen,
- eine *Palischule,* in der die Sprache, in der die heiligen Texte des Theravada-Buddhismus niedergeschrieben sind, unterrichtet wird.

Eine Wat, in der bis zu mehrere hundert Mönche leben können, wird von der Nachbarschaft oder dem Dorf mit Nahrungsmitteln und Spenden versorgt. Neben den Ordinierten leben hier auch Nonnen, Novizen, Tempeljungen und alte Menschen ohne Angehörige. Die Wats in Phnom Penh dienen meist auch armen Studenten vom Land oder Waisen als Unterkunft und sind für viele die einzige Möglichkeit, in der Stadt zu überleben.

Es gehört zum Höflichkeitskodex der Khmer, einen Fremden nicht auf sein unpassendes Verhalten aufmerksam zu machen. Deshalb ist es um so wichtiger, sich selbst mit den **Regeln beim Besuch einer Pagode** vertraut zu machen und auch andere auf sie hinzuweisen, so dass die Gefühle der Gläubigen nicht durch respektloses Verhalten verletzt werden.

- Das Tragen von Shorts ist unangebracht.
- Der Oberkörper muss auf jeden Fall bedeckt sein. T-Shirts ohne Ärmel sind besonders bei Frauen eine respektlose Provokation der Mönche. Eine grobe Unverschämtheit ist es, wenn Frauen eine Pagode nur mit einem Top bekleidet betreten.
- Hüte müssen abgenommen werden.
- Bevor man das Innere einer Pagode betritt, müssen unbedingt die Schuhe ausgezogen werden.
- Frauen dürfen unter keinen Umständen einen Mönch berühren.
- Das Streicheln des rasierten Kopfes eines Mönchs, selbst wenn er noch ein kleiner Junge ist, wird als große Erniedrigung empfunden.
- Betenden Mönchen oder Einheimischen gegenüber sollte ein zurückhaltendes und unauffälliges Verhalten selbstverständlich sein.
- Lautes Lachen in einer Pagode gehört sich nicht.
- Es sollte vermieden werden, mit dem Finger auf einen Mönch oder eine Buddhastatue zu zeigen.
- Es muss besonders darauf geachtet werden, dass die nackte Fußsohle beim Sitzen für niemanden sichtbar ist.

Der Sangha

Der Sangha ist die Gemeinschaft der Anhänger der Lehre Buddhas. Er setzt sich aus den Mönchen zusammen, die in einer Wat leben und für die Weitergabe der Lehre zuständig sind.

Jedem ist es freigestellt, ob und wann er in den Sangha eintritt und wann er ihn wieder verlässt. Auf ewig bindende Gelübde gibt es im Buddhismus nicht. Eine wichtige Voraussetzung für die **Aufnahme** ist, dass man weder einen Diebstahl noch einen Mord begangen hat und dass bei verheirateten Männern die Frau ihr Einverständnis gibt. Ab dem Alter von sieben Jahren können die Jungen als Mönch aufgenommen werden. Wer in diese Ordensgemeinschaft aufgenommen werden möchte, muss auf jeglichen Besitz verzichten, bekommt dafür die traditionelle Sammelschale und einen Sangha-Namen. Jeder muss vorher entscheiden, ob er als voll ordinierter Mönch *(phikhok)* oder als Novize *(sameney)* eintreten will. Der Unterschied liegt in dem streng einzuhal-

028ka Foto: an

Alter Mönch in seiner Unterkunft auf dem Land

tenden Zölibat und einem geregelten, aus Meditation und Sammelgängen bestehenden Tagesablauf, dem sich ein *phikhok* unterwerfen muss.

Jede Wat wird von einem **Obermönch** *(chau-athikaa)* geleitet. Er überwacht die Mönche bei der Einhaltung ihrer täglichen Pflichten und ist verantwortlich dafür, dass sich der intellektuelle und moralische Standard seines Klosters weiterentwickelt. Bei den religiösen Zeremonien wird er von zwei Mönchen *(kruh sout)*, die zu seiner rechten und linken Seite stehen, unterstützt. Die Verbindung zwischen der religiösen und weltlichen Seite stellt der *achaa* her. Er ist sowohl für die Abwicklung der Geschäfte zwischen Kloster und Behörden zuständig als auch für die Leitung der täglichen Gebete.

Die meisten jungen Männer treten **nur für wenige Monate** in einen Sangha ein. Dies geschieht hauptsächlich während der Regenzeit von Juli bis Oktober mit dem Ziel, ein reifer Erwachsener zu werden oder den Eltern große Ehre zu erweisen. Während der Regenzeit sind bis zu einem Prozent der männlichen Bevölkerung in einem Sangha. Etwa die Hälfte aller erwachsenen Männer in Kambodscha hat eine gewisse Zeit als Mönch in einem Kloster verbracht. Weitere Gründe, die zum Eintritt in einen Sangha führen können, sind die Verbesserung des persönlichen *Karmas,* allgemeines Interesse am Buddhismus, unglückliche Familienverhältnisse, der Versuch, dem Nirwana näher zu kommen, oder die Angst, bei zunehmendem Alter keine Angehörigen zu haben, die einen versorgen.

Zu jedem Sangha gehört meist eine Horde von **Tempeljungen.** Es handelt sich bei ihnen um Knaben zwischen 7 und 12 Jahren aus armen familiären Verhältnissen. Ihre Aufgabe besteht darin, den Mönchen bei der Erledigung ihrer alltäglichen und religiösen Aufgaben (z.B. Sammelgänge, Kochen) zu helfen und bei Zeremonien zu assistieren. Dafür stellt ihnen das

Kloster Essen und Unterkunft zur Verfügung, und sie bekommen eine kostenlose Schulausbildung.

Frauen werden weder ordiniert, noch dürfen sie physischen Kontakt mit den Mönchen haben. Gewöhnlich leben jedoch alte Frauen innerhalb der Wat. Sie werden als Nonnen bezeichnet, dekorieren Altäre und verrichten Hausarbeiten. Wie die Mönche rasieren sie sich ihr Haar und die Augenbrauen und führen ein asketisches Leben.

Das Leben der Mönche

Ihr Leben wird durch die 227 Regeln des *Patimokkha* bestimmt. An erster Stelle steht hierbei der Verzicht auf jegliche **Sexualität.** Wer dagegen verstößt, wird sofort aus dem Sangha ausgestoßen. Wer das Zölibat nicht länger einhalten möchte, kann, anders als ein katholischer Pfarrer, problemlos aus dem Orden austreten.

Zu einer wichtigen Verhaltensregel gehört, dass nach 12.00 Uhr kein **Essen** mehr eingenommen werden darf. Nur noch das Kauen von Betelnüssen und die Aufnahme ungesüßter Getränke, die keine Milch enthalten, sind erlaubt. Mittlerweile werden auch Flüssigkeiten toleriert, denen der Mönch nicht selbst Zucker zugefügt hat, wie etwa Softdrinks.

Der entscheidende Unterschied zu einem Laien, der mit in der Pagode lebt, ist, dass sich ein Mönch seinen Lebensunterhalt nicht selbst verdienen darf, sondern von den Speisen leben muss, die ihm auf seinem Almosengang gespendet werden.

Rauchen ist erlaubt und wird von den alten sowie den ganz jungen Mönchen mit überraschender Selbstverständlichkeit betrieben.

Eine wichtige Aufgabe im Leben eines Mönches ist das **Erlernen der Palisprache,** in der seinerzeit die Texte Buddhas niedergeschrieben wurden.

Insbesondere **in der Öffentlichkeit** wird von einem Mönch ein würdevolles Auftreten verlangt. Er darf nicht laut reden oder lachen, auf keinen Fall den Frauen hinterherschauen oder sich beim Essen zügellos den Bauch vollschlagen. Er muss alle Situationen vermeiden, in denen unkontrollierte Emotionen freigesetzt werden könnten. Im täglichen Sprachgebrauch gibt es besonders ehrerbietige Formulierungen, die ein Laie bei der Anrede eines Mönches benutzen muss. In Bussen und auf Schiffen müssen sie im hinteren Teil des Fahrzeuges Platz nehmen.

Das tägliche Leben gestaltet sich nach einem strikt einzuhaltenden **Zeitplan,** der von jeder Wat geringfügig variiert werden kann. Aufgestanden wird um 5.00 Uhr. Nach der Morgentoilette und dem Frühstück wird gemeinsam in der Wat gebetet. Etwa zwischen 9.00 und 11.00 Uhr, gehen die Mönche auf ihren Sammelgang. Von 11.00 Uhr bis spätestens 12.00 Uhr wird ein einfaches Mittagessen eingenommen. Die Zeit zwischen 12.00 und 14.00 Uhr haben die Mönche zur eigenen Verfügung. Der Nachmittag wird zu Studien weltlicher und religiöser Texte benutzt. Der geregelte Tagesablauf endet am Abend mit gemeinsamen Meditationen.

Der Symbolismus der Buddhastatuen

Jede Buddhastatue in Kambodscha, ob stehend, sitzend oder liegend, wurde nach strengen ikonografischen Regeln, die in den buddhistischen Texten festgelegt sind, gestaltet. Besonders die Haltung der Hände *(mudra)* entspricht einer eindeutigen Symbolik:

- *Dhyana* (Meditation). Beim meditierenden Buddha liegen beide Hände geöffnet übereinander in seinem Schoß, die rechte über der linken.
- *Bhumisparsa* (Berühren der Erde). In dieser klassischen Buddhaposition liegt die linke Hand offen in seinem Schoß, während die Finger der rechten den Boden berühren. In dieser Stellung saß er vor 2500 Jahren unter einem Bodibaum im damaligen Nordindien und wartete auf seine Erleuchtung. *Mara,* die Verkörperung des Bösen, versuchte, ihn auf verschiedene Weisen abzulenken. Diese Szene wird eindrucksvoll im Film „Der kleine Buddha" dargestellt.
- *Vitarka* (Drehen des Rades des *Dharma*). Daumen und Zeigefinger einer oder beider Hände bilden einen Kreis, die anderen drei Finger sind nach außen gestreckt (siehe Abbildung).
- *Abhaya* (Keine Angst). Eine oder beide Hände werden mit gestreckten Fingern vor dem Körper gehalten. Buddha bietet seinen Anhängern Schutz und Erlösung vor der Angst.

808ka

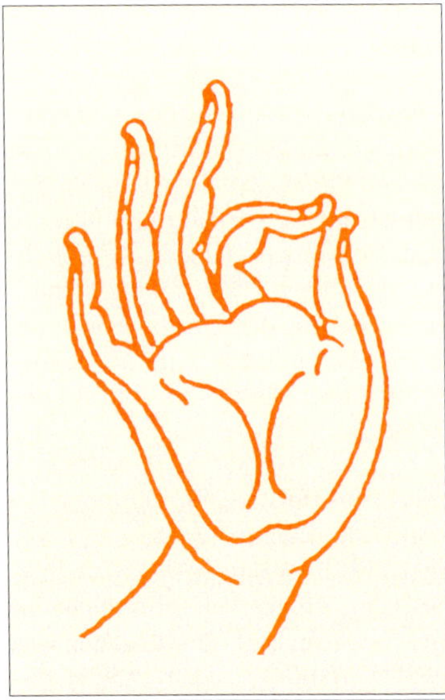

Vitarka

- *Transzendierender Buddha.* Er liegt mit geschlossenen Augen auf seiner rechten Seite und hat seinen Kopf auf die rechte Hand gestützt. Diese Stellung zeigt den sterbenden Buddha in dem Moment, wo er von dem Übel der Wiedergeburt erlöst wird und auf den Übergang ins Nirwana wartet.

Der Islam in Kambodscha

Der Islam ist die Religion der **Cham.** Sie sind Anhänger der gemäßigten, orthodoxen Richtung des sunnitischen Islam. Sie beten in Moscheen, unterhalten Koranschulen, beschneiden die Knaben, begehen den *Ramadan* und stehen in Kontakt zu anderen moslemischen Staaten und Gemeinden in Asien.

Rein äußerlich unterscheiden sie sich kaum von den Khmer. Die Männer und Jungen tragen beim Besuch der Moschee eine Kopfbedeckung, und die Frauen haben zu fast allen Tageszeiten einen *Krama* um den Kopf gewickelt.

Religiöse Konflikte mit Anhängern des Buddhismus sind vollkommen unbekannt. Eheschließungen zwischen beiden Gruppen sind allerdings selten, da die religiösen Gegensätze doch erheblich sind. Im Fall einer Ehe muss der Partner zum Islam übertreten.

Mit dem Beginn des Friedensprozesses ist auch das Selbstbewusstsein der Moslems wiedererwacht, und in allen Chamgemeinden wurden die Moscheen inzwischen prachtvoll restauriert. Häufig wurde von moslemischen UNTAC-Angehörigen religiöse und finanzielle Hilfe geleistet.

Eine der größten neugebauten Moscheen steht in Phnom Penh am Ostufer des Sees Boeng Kak.

Bräuche und Lebensformen

Geburt

Während in den Städten bereits viele Mütter zur Entbindung in ein Krankenhaus gehen und die alten Bräuche, die im Zusammenhang mit einer Geburt stehen, verblassen, sind die Traditionen auf dem Land noch lebendig.

Eine werdende Mutter wird in der Khmer-Gesellschaft, soweit es die Umstände erlauben, geschont und bevorzugt behandelt. Die Geburt findet auf dem Land zu Hause statt. Der Schwangeren wird dabei von älteren, erfahrenen Frauen aus dem Dorf geholfen, die oftmals gute Kenner der Naturheilkunde sind und die Schwangere mit schmerzstillenden Tees versorgen. Männern ist die Anwesenheit bei der Geburt verboten. Aufgabe des Ehemannes und der anderen männlichen Mitglieder der Familie ist es, vor der Hütte zu warten und in dieser Zeit ein scharfes Stück Bambus zu schnitzen, mit dem später die Nabelschnur durchtrennt wird. Diese wird anschließend unter der Eingangstür des Hauses vergraben. Auf diese Art stellt die Familie sicher, dass ihr Kind niemals vergisst, wohin es gehört, sich immer an seinen Geburtsort erinnert und dorthin zurückfindet.

Die Angehörigen bereiten für das Neugeborene einen Altar vor, der mit Geschenken aus Reis, Räucherstäbchen, umgeben von fünf Kerzen, einem Bündel weißer Kleidung und Geld geschmückt ist.

Eine Woche nach der Geburt wird dem Kind im Rahmen einer Familienfeier ein Name gegeben. Als Erstgeborenes wünschen sich viele Familien ein Mädchen, da es eine wichtige Unterstützung für die Mutter nach der Geburt weiterer Geschwister ist.

Drei Wochen nach der Geburt findet das wichtigste Fest statt. Alle Verwandten und Freunde der Familie sind dazu eingeladen. Nachdem das Kind

604ka Foto: an

von einem buddhistischen Mönch gesegnet wurde, wird sein Kopf geschoren, und nur ein kleines Büschel Haare als Symbol der Kindheit bleibt stehen. Erst mit dem Eintritt des Kindes in die Pubertät wird dieses bis dahin lang gewachsene Haar als Zeichen des Eintritts ins Erwachsenenleben abgeschnitten. Leider ist dieses Ritual nur noch sehr selten zu sehen.

Kindheit

Neugeborene werden von der gesamten Familie mit großer Liebe aufgenommen. Das Baby ist den ganzen Tag mit der Mutter zusammen, wird gestillt, wann immer es Hunger hat, häufig bis zum Alter von zwei Jahren, und steht ständig im Mittelpunkt der Aufmerksamkeit der Erwachsenen und älteren Geschwister.

Für jeden Mitteleuropäer ist es faszinierend, dem **Spielen** und Treiben der Kinder in Kambodscha zuzuschauen. Im Alter zwischen fünf und vierzehn scheint es, als gäbe es für sie nichts Wichtigeres auf der Welt, als zu spielen. Durch die hohe Geburtenrate ist die Auswahl an Spielkameraden unerschöpflich. Zu jeder Tageszeit trifft man auf große Horden von Kindern, die unermüdlich und unbeschwert, oft mit ohrenbetäubendem Lärm und ohne von Erwachsenen gemaßregelt zu werden, sich stundenlang beschäftigen und durch die Gegend toben. Am höchsten geht es her, wenn die ersten starken Monsunregen die Straßen unter Wasser setzten. Trunken vor Begeisterung, stürzen sie sich in die vom Himmel fallenden Fluten und verwandeln jede Kreuzung, an der sich das Wasser aufgestaut hat, in ein turbulentes Schwimmbad, ohne dass ein Erwachsener auf die Idee käme, sie davon abzuhalten.

Einer Seuche gleich haben die **Videospiele,** die mittlerweile in kleinen offenen Läden in der Stadt und auf jedem Dorf zu finden sind, die Kinder infiziert. In großen Trauben hängen sie vor den Bildschirmen und stehen den kleinen Videofreaks bei uns in nichts an Geschicklichkeit nach.

Sobald die Kinder das **Schulalter** erreicht haben, geben die Eltern die Verantwortung für die moralische und geistige Entwicklung an die Lehrer beziehungsweise die Mönche weiter. Ihre Unbeschwertheit wird eingeschränkt; sie wird langsam ersetzt durch die buddhistischen Werte von Ordnung, Höflichkeit und Respekt gegenüber Älteren.

So früh als möglich wird von den Kindern Mitverantwortung für den Haushalt, bei der Arbeit ihrer Eltern und beim Aufpassen auf die jüngeren Geschwister verlangt. Verteilt nach Geschlechterrollen, müssen die Jungen die körperlich schwerere Arbeit erledigen, wie etwa Wasser holen, während die Mädchen in der Küche und im Haushalt helfen. Kinder aus ärmeren Schichten müssen auch finanziell zur Unterstützung der Familie beitragen, indem sie ihren Eltern nach der Schule beim Verkauf von Waren helfen oder selbst einem kleinen Job nachgehen.

Obwohl es manchmal scheint, als ob die Kinder Kambodschas die unbeschwertesten und glücklichsten der Welt sind, wird, wer nicht folgt, häufig mit brutalen Schlägen von den Eltern gezüchtigt. Niemanden fürchten die Kinder mehr als ihre Eltern, wenn sie etwas ausgefressen haben. Eine kambodschanische Kindheit ist von großen individuellen Freiheiten, aber auch von strenger Pflichterfüllung bestimmt.

Jugend

Die „Schutzzone“ Jugend ist ein Lebensabschnitt, den in Kambodscha nur reiche Eltern und eine kleine Mittelschicht in der Stadt ihren Kindern bieten können. Auf dem Land, wo jede Arbeitskraft zum Überleben der Familie gebraucht wird, geht die Kindheit nahtlos ins Erwachsensein über.

Das Phänomen Jugend lässt sich am besten **in Phnom Penh** studieren, wo dieser Altersabschnitt am ausgeprägtesten gelebt wird. Noch Ende der 1990er Jahre nahmen fast ausschließlich Jungen in Gruppen von fünf bis zehn Jugendlichen gemeinsam an Aktivitäten teil – Mädchen sah man nur selten zum Vergnügen in der Stadt umherziehen. Dies hat sich in den letzten Jahren gewandelt, und es ist kein seltener Anblick mehr, dass beide Geschlechter gemeinsam auf ihren Mopeds durch die Stadt fahren und in die Disco gehen. Die städtische Jugend ist erstaunlich mobil. Viele besitzen schon mit 14 Jahren ein Moped, und die Söhne reicher Eltern sind manchmal bereits mit 16 Jahren in Papas Auto unterwegs. Die Lieblingsbeschäftigung der Jugend ist das *dalin,* auf Mopeds durch die Stadt fahren und sich amüsieren. Leider sind Drogen und Alkohol in dieser Altersgruppe weit verbreitet, was zu grausamen Unfällen nach halsbrecherischen Fahrten führt. Helme trägt keiner der Jugendlichen, und ein Alkoholverbot am Steuer gibt es nicht. Am Wochenende werden je nach Finanzlage gemeinsame Ausflüge in die Umgebung unternommen. Fußball gehört zu den beliebtesten Sportarten, und selbst bei tropischer Hitze geht man nach Schulschluss erst einmal gemeinsam zum Kicken.

Eine typische Sozialisierungsform der männlichen Jugendlichen in der Stadt ist die **Bildung einer Gang.** Diese besteht meist aus 10–15 Mitgliedern, die insbesondere territoriale Ansprüche, wie Wohnviertel oder Discos, verteidigen. Die Kontakte, die sie in dieser Lebensphase knüpfen, haben meist lebenslang Bestand und sind für die Zukunft wichtiger als die Schule, denn in Kambodscha entscheiden nicht die Noten, sondern allein die Beziehungen zu den richtigen Leuten über eine Karierre. Eine Gang muss nicht zwangsläufig kriminell sein, obwohl sich die meisten im Grenzbereich (Drogen, Schlägereien, Diebstähle) bewegen.

Die westliche **Mode** fasziniert die Jugendlichen noch nicht lange. Bisher waren feine Stoffhosen und teure Hemden mit Mustern aus Thailand angesagt. Die uniforme Jeans als integratives Kleidungsstück der Weltjugend erfreut sich erst seit Kurzem steigender Beliebtheit bei den Khmer.

Der **Musikgeschmack** wird von außergewöhnlich schnulzigen Khmer-Schlagern bestimmt, zu deren noch schlechteren Karaokevideos sich viele Jugendliche stundenlang gegenseitig vorsingen. An zweiter Stelle rangiert thailändische Rockmusik. Hip Hop wird nur von wenigen gehört. In dieser Beziehung ist die Khmer Jugend ihren Altersgenossen in den Nachbarländern, selbst Burma, weit hinterher.

Generell erwartet die Gesellschaft von einem anständigen **Mädchen,** dass es sich nicht mit Jungen herumtreibt (und erst recht nicht abends in die Disco geht).

Obwohl sich diese Konventionen in der Hauptstadt etwas gelockert haben, ist es für ein Mädchen immer noch undenkbar, vorehelichen Geschlechtsverkehr zu haben, ohne als Hure abgestempelt zu werden.

Bei den **Jungen** ist das Gegenteil der Fall. Sie machen ihre ersten sexuellen Erfahrungen meistens mit etwa 15 Jahren im Bordell, wo Einheimische nur etwa 5000 Riel (1 Euro) bezahlen müssen.

Wie in Europa bereitet die Verbreitung von Pornografie durch die digitalen Medien unter den Jugendlichen große Probleme. Kaum ein Schülerhandy auf dem nicht dementsprechende Fotos und Filme zu finden sind. Knapp die Hälfte der Kinder zwischen 11 und 13 Jahren haben bereits Pornos gesehen (Globe, 7/07).

Hochzeit

Früher war es selbstverständlich, dass die Eltern bestimmten, wen ihr Kind heiratet. Auf dem Land ist dies heute noch üblich. Da ein „anständiges" Mädchen nicht so viele Möglichkeiten hat, Männerbekanntschaften zu machen, bietet sich nur die Gelegenheit, im engeren Freundeskreis der Familie oder beim Studium, beziehungsweise am Arbeitsplatz, nach einem Lebenspartner zu suchen. Cousin und Cousine ist es in Kambodscha erlaubt zu heiraten.

Selbst wenn alle Beteiligten einer Heirat zustimmen, konsultieren die Khmer vorher noch einen **Wahrsager.** Die Geburtsdaten werden unter astrologischen Gesichtspunkten verglichen; wenn sie nicht zusammenpassen, wird unter keinen Umständen geheiratet.

Früher war es außerdem üblich, dass der zukünftige Ehemann **vor der Hochzeit** mehrere Monate bei der Familie der Braut leben und arbeiten musste, um zu beweisen, dass er würdig ist, die Tochter des Hauses zu heiraten. Doch durch den derzeit herrschenden Frauenüberschuss sind solch strenge Prüfungskriterien für Ehemänner abgeschafft, und mancher Familienvater ist heute sogar dazu bereit, noch etwas draufzuzahlen, um seine Tochter zu verheiraten. Ebenfalls zu heute nicht mehr praktizierten Traditionen gehörte es, dass die Braut einen Monat vor der Hochzeit das Haus bei Tag nicht mehr verlassen durfte, um eine möglichst weiße, reine Haut für den wichtigsten Tag in ihrem Leben zu haben. Der Regenschirm, unerlässlich bei jeder Hochzeit, ist ein Symbol für dieses überholte Ritual.

Der **Tag der Hochzeit,** für die Kambodschaner das wichtigste Ereignis in ihrem Leben, beginnt für die Nachbarn mit ohrenbetäubendem Lärm. Lautsprecher beschallen ab 6.00 Uhr morgens mit Ansagen und krächzender Musik die Umgebung. Am Vormittag kommt der Ehemann mit seiner Verwandtschaft in einer Art Prozession, die von einer Kapelle begleitet wird, zum Haus der Braut. Sie überbringen Geschenke, Blumen und Früchte. Mönche kommen ins Haus und halten buddhistische Zeremonien ab, um dem Paar den Segen zu geben. Die Braut trägt ein weißes Kleid (ähnlich wie bei uns), während der Bräutigam mit Anzug und Krawatte heiratet.

Gesellschaftlicher Höhepunkt ist eine Masseneinladung am Nachmittag. Um alle Gäste für das aus bis zu zehn Gängen bestehende Menü unterzubringen, werden ganze Straßenzüge abgesperrt und überdacht. Zu dieser Veranstaltung gehört inzwischen sowohl ein Videofilmer als auch eine Rock-Band. Doch anders als bei uns, entwickelt diese Hochzeitsgesellschaft keine ausgelassene Stimmung. Oft schon nach einer Stunde gehen die ersten Gäste wieder nach Hause, jedoch nicht ohne vorher bei den Brauteltern ein Kuvert mit Geld und ihrem Namen abzugeben. Dieser Betrag wird dazu verwendet, einen Teil der Unkosten für die Feier zu bestreiten. Für einen westlichen Gast ist die Summe von 20 $ angemessen.

Familie

Die Familie bildet das soziale Netz in der kambodschanischen Gesellschaft. Im Gegensatz zu anderen asiatischen Kulturen ist zwar die direkte Verwandtschaft, also Kinder, Eltern und Großeltern, enger miteinander verbunden als die übrigen Verwandten; für westliche Verhältnisse jedoch ist auch der Zusammenhalt in der Großfamilie sehr eng. Familienchroniken, wie wir sie kennen, sind für die Khmer allerdings nicht von Bedeutung.

Die Hierarchie einer Großfamilie basiert auf respektvollem Verhalten und Ehrerbietung gegenüber den älteren Mitgliedern, die für die Erziehung der Kinder und den Zusammenhalt der Familie zuständig sind. Wichtige Lebensereignisse (Geburt, Heirat, Tod) führen auch die entferntesten Verwandten aus dem ganzen Land zusammen, die anschließend in der betroffenen Familie häufig für längere Zeit aufgenommen werden.

Unter Pol Pot wurde die Familie praktisch aufgelöst. Kinder über sieben Jahren wurden von ihren Müttern getrennt und kamen in große Lager mit Gleichaltrigen, wo der Erziehungsschwerpunkt auf der Indoktrinierung lag. Hier lernten sie, Feinde des Systems und ihre eigenen Eltern zu denunzieren. Mit der Macht, die die Kinder damit plötzlich über die Erwachsenen hatten, wurde das ganze Wertesystem (Respekt vor Älteren), auf dem die Gesellschaft basierte, über den Haufen geworfen. Das Ziel von *Angkar,* der diffusen Leitung des Horrorstaates, war es, durch die Vernichtung der Familie und der kulturellen Normen die Menschen für ihren Ameisenstaat gefügig zu machen.

Alter

In der Verfassung ist verankert, dass die Kinder verpflichtet sind, sich um ihre Eltern zu kümmern und sie im Alter angemessen zu versorgen. Angesichts eines fehlenden Rentensystems besteht darin die einzige Chance, in Würde den Lebensabend zu genießen. Doch die Realität sieht in Kambodscha oft anders aus.

Das alte Sprichwort „Eltern können 10 Kinder ernähren, aber 10 Kinder können nicht ihre Eltern ernähren“ trifft in Kambodscha genau den Punkt. Denn in einem Land, wo ein Drittel der Bevölkerung mit einem Euro pro Tag auskommen muss, bleibt einer Familie mit Kindern nicht mehr viel finanzieller Spielraum, um auch noch die Eltern zu versorgen. Das Problem sind nicht so sehr das Essen und die Kleidung, sondern die Ausgaben im Krankheitsfall. Denn oftmals sind die Großeltern gezwungen, bei Krankheit zu entscheiden, ob sie ins Krankenhaus gehen und dadurch die Zukunft ihrer Kinder gefährden, die vielleicht ihre einzige Kuh oder die Reisfelder verkaufen müssen, oder auf eine Behandlung verzichten.

Der Bürgerkrieg hat viele kinderlose Witwen zurückgelassen. Die einzige Institution, von der sie Hilfe erwarten können, sind die Pagoden. Dort kümmern die Frauen sich um das Essen der

Mönche oder pflegen die Altäre und Heiligtümer, wofür sie von den Gläubigen Almosen bekommen. Sehr verwunderlich und schon fast bezeichnend ist, dass in einem Land mit über 1000 Non Governmental Organisations sich nur zwei um die Probleme alter Menschen kümmern; *Help Age International* und *Cambodian Assosiation for the Elderly (CAE).*

Unsere idealistische Vorstellung, dass die Jugend in Asien Respekt vor dem Alter hat, trifft nur noch für die Landbevölkerung zu. Wer dort alleine ist, dem hilft die Dorfgemeinschaft, doch in den großen Städten sind alleinstehende alte Menschen noch gnadenloser sich selbst überlassen als bei uns in Europa. Auf der Straße zu betteln ist für viele die einzige Möglichkeit zu überleben.

Tod

Die Trauerfeierlichkeiten für den Verstorbenen richten sich nach dem Alter. Während der Tod eines Kindes oder Jugendlichen im Vergleich zu westlichem Verhalten nur geringe Trauer auslöst, verursacht das Ableben eines alten Menschen mit großer Familie geradezu erschütterndes Wehklagen.

Dem ältesten Sohn kommt bei den **Zeremonien** eine besondere Rolle zu. Er muss sich Haare und Bart abrasieren und darf sie dann erst nach 100 Tagen wieder schneiden. Wenn alle Trauergäste angereist sind, wird der

633ka Foto: an

Sarg im Haus geöffnet und das Gesicht des Toten freigemacht, damit ihn jeder sehen kann. Die Kinder des Verstorbenen sind in der Trauerfarbe Weiß gekleidet. Nun geht der älteste Sohn mit brennenden Räucherstäbchen, gefolgt von seinen Geschwistern, vor das Haus, in dem die Trauergemeinde versammelt ist. Nach etwa 10 bis 20 Metern bleiben sie stehen, verbeugen sich förmlich und bedanken sich bei den Menschen, die gekommen sind, um einem ihrer Elternteile das letzte Geleit zu geben. Dann wird der Tote in einer Pagode verbrannt, die Asche in eine Urne gefüllt und zu Hause auf einen kleinen Altar gestellt, an dem jeden Tag Räucherstäbchen angezündet werden. Reiche Khmer lassen eine *Stupa* auf dem Grund der Pagode errichten, in der die Asche aufbewahrt wird. Eine weiße Fahne mit drachenähnlichen Mustern *(tong khmauith)* wird als Zeichen eines Todesfalles vor das Haus gehängt.

Der Glaube besagt, dass, wenn eine Katze über den Toten steigt, sich ein Geist des Körpers bemächtigt und der Leichnam wiederaufersteht. Deshalb haben alle Angehörigen des Toten, während dieser im Haus aufgebahrt ist, panische Angst vor diesen Tieren.

In Zeitabständen von sieben Tagen, 100 Tagen und drei Jahren **nach dem Todestag** werden Verwandte und Freunde eingeladen. Eine Zeremonie mit einem Mönch wird abgehalten; Räucherstäbchen, die bei der Verbrennungszeremonie des Toten besonders gesegnet wurden, werden verbrannt. Die Khmer glauben an die Wiedergeburt und betreiben einen intensiven Ahnenkult, der auf die Naturreligionen ihrer Vorfahren zurückgeht.

Eigenarten der Khmer

Die wohl amüsanteste Eigenheit der Kambodschaner ist das *dalin*, das jung und alt gleicherweise betreiben. Übersetzt würde *dalin* sinngemäß **„herumfahren und sich amüsieren"** bedeuten. Niemand käme jedoch dabei auf die Idee, in eine Bar oder Disco zu gehen; nein, *dalin* spielt sich auf der Straße ab und zwar in vorgezeichneten Bahnen und zu bestimmten Zeiten.

Überall in den Städten, doch am deutlichsten in Phnom Penh, beginnt am späten Nachmittag und am Wochenende der große Aufbruch, der sich vielleicht mit dem sonntäglichen Spaziergang der Deutschen oder besser noch mit dem *Corso* in den Mittelmeerländern vergleichen lässt.

Jedoch würde ein Khmer im Gegensatz dazu niemals zu Fuß gehen. Die wichtigste Voraussetzung für das *dalin* ist ein Moped, ein Cyclo oder zumindest ein Fahrrad. Es entsteht ein großer Kreisverkehr in jeder Stadt, an dem Tausende teilnehmen und der sich in gemächlichem Tempo dahinschleppt. „Gedalint" wird immer in Gruppen oder im Familienkreis. Jedes daran beteiligte Fahrzeug ist bis zur maximalen Auslastung belegt. Die Verstauung einer Großfamilie auf einem Moped bedarf sorgfältiger Planung und verlangt vom fahrenden Familienvater größtes artistisches Gleichgewichtsgefühl. Nicht selten sitzen auf dem Zweirad sieben Personen und mehr, von der Oma bis zum wenige Wochen alten Säugling. Zentren des *dalin* in Phnom Penh sind Independence Monument, Cambodiana Hotel und der Platz zwischen Königspalast und Vetika Omtouk.

Vor manchen Pagoden und an öffentlichen Plätzen sind **Vogelverkäufer** mit Käfigen voll kleiner Spatzen anzutreffen. Sie werden von Passanten gekauft, die sie aus ihrer Hand fliegen lassen. Die Khmer glauben, dass, wenn sie einem Vogel die Freiheit schenken, dieser drohende Gefahren und die schlechte Zukunft seines Befreiers mit sich fortnimmt.

Viele Menschen gehen auch in die Pagoden, um sich von Mönchen mit Wasser überschütten und segnen zu lassen. Während der laut betende Mönch dieses **Segensritual** ausführt, an dem manchmal auch ganze Familien teilnehmen, werden die Gläubigen von Krankheiten geheilt und drohende Schicksalsschläge abgewendet. Nicht jeder Mönch hat die Kraft, wirkungsvolle Rituale zu zelebrieren.

Die Kambodschaner sind aus unserer Sicht ein sehr abergläubisches Volk. Deshalb, aber auch aus finanziellen Gründen, wird bei Krankheiten, bevor viel Geld für den Arzt bezahlt werden muss, ein **Wunderheiler** besucht. Mit Amuletten, Pülverchen und Kräutern, die nur bei bestimmten Personen zu haben sind, wird, verbunden mit der notwendigen Zeremonie, jede Krankheit und jeder böse Geist bekämpft. Gelegentlich kann man Kinder auf dem Land sehen, die einen Haarschnitt haben, vor dem jeder Punk erblassen würde. Dies ist dann das Werk eines Wunderheilers, der den Kopf bis auf ein paar Haarbüschel rasiert und dem Kind einen Talisman um den Hals hängt, wodurch es gegen Krankheiten und den bösen Fluch geschützt wird.

Auf die **Astrologie** wird blindlings vertraut. Vor wichtigen Entscheidungen im Leben eines Khmer werden, vom Bettler genauso wie von der Königsfamilie, die Sterne befragt. Ihre Deutung wird rationalen Argumenten meist vorgezogen.

Keineswegs ungewöhnlich ist auch der regelmäßige Besuch der Kambodschaner bei einem **Wahrsager.** Überall sind sie in kleinen Gassen, Hinterhöfen oder in den Pagoden anzutreffen. Ihre Hochburg in der Hauptstadt ist die Parkanlage am Fuße der Wat Phnom. Durch Kartenlegen oder Aus-der-Handlesen gibt es für ca. 2000 Riel auf nahezu jedes Problem eine Antwort, und mit einem Blick in die Zukunft kann sich jeder auf sein Schicksal vorbereiten. Gefürchtet sind die Menschen, die sich auf schwarze Magie *(chru cham)* verstehen. Ihre Klientel besteht hauptsächlich aus Menschen, die an unerklärlichen Krankheiten leiden und auf Erlösung von bösen Zaubern hoffen.

Das *kum,* eine verbreitete Art der **Rache,** hat schon viel Leid in Kambodscha verbreitet. Ein zutiefst gekränkter Khmer kann sich häufig wegen der Angst, sein Gesicht in der Öffentlichkeit zu verlieren, nicht sofort rächen. Er frisst die Wut und den Hass auf die Person, die ihm etwas angetan hat, tief in sich hinein, ohne jemals die Bloßstellung oder den Schmerz zu vergessen. Oft wartet er jahrelang auf einen günstigen Moment, sich grausam zu rächen.

Ein Khmer liebt sein **Auto** über alles. Da Garagen in der Stadt nicht existieren, wird das Fahrzeug aus Angst, es könnte gestohlen werden, in der Nacht immer im Wohnzimmer der Familie geparkt – soweit es hineinpasst!

Eine wirklich ärgerliche Eigenschaft der Kambodschaner ist ihr praktisch **nicht vorhandenes Umweltbewusstsein.** Egal wo sie sich befinden, Abfall wird, mit Ausnahme ihrer eigenen Wohnung, sofort an Ort und Stelle entsorgt, d.h. alles wird dort fallen gelassen, wo man gerade steht – ob im Restaurant, im Auto oder vor der Haustür. Am schlimmsten ist es in der freien Natur an wunderschönen Orten, wo die Khmer mit Vorliebe Picknick machen. Dort ist alles, besonders nach einem Festtag, mit Plastiktüten, Styropor, Glasscherben und vermoderndem Kompost übersät.

Verhaltenstipps

Jeder Reisende sollte sich verpflichtet fühlen, sich mit dem angemessenen Verhalten im Land vertraut machen, es einzuhalten und gegebenenfalls auch andere Touristen auf Verstöße aufmerksam zu machen. Nur wenn wir die Sitten und Traditionen des Gastgeberlandes respektieren, kann Tourismus in ein Drittweltland weiterhin gerechtfertigt werden.

Verhalten in der Öffentlichkeit

- Freundliches und bescheidenes Auftreten wird von Einheimischen und Ausländern generell erwartet.
- Die kambodschanische Gesellschaftsordnung basiert auf Respekt gegenüber Älteren.
- Lautes Sprechen oder Schreien wie jegliche Art von emotionaler Überreaktion gilt als unpassendes und unhöfliches Verhalten.
- Frauen sollten keine extrem kurzen Hosen, Bodies oder schulterfreie Oberbekleidung außerhalb der touristischen Gegenden tragen.
- Ein Khmer achtet extrem auf ein gepflegtes Äußeres. Ungewaschene und in dreckigen Klamotten herumlaufende Traveller mögen bei einigen Kollegen vielleicht als cool gelten, bei den Kambodschanern stoßen sie auf Ablehnung und Unverständnis.
- Nacktbaden verstößt gegen die guten Sitten. Das Baden in der Unterhose ist bei Männern üblich.
- Küssen und der Austausch von Zärtlichkeiten zwischen den Geschlechtern ist in der Öffentlichkeit nicht akzeptabel. Männer (auch Soldaten) oder Frauen, die Hand in Hand gehen, erregen kein Aufsehen. Es ist ein Beweis von Freundschaft, kein Zeichen von Homosexualität.
- Beim Betreten eines Hauses wie auch einer einfachen Hütte werden die Schuhe an der Türschwelle ausgezogen.

- Jeder Tourist, der aus Vietnam kommt, sollte wissen, dass die Khmer die Vietnamesen nicht leiden können (siehe Kapitel Geschichte). Deshalb ist es kein sonderlich einfühlsames Verhalten, wenn ein Ausländer stolz mit einem T-Shirt aus diesem Land in Kambodscha umherläuft.
- Zum Verhalten in Pagoden oder gegenüber Mönchen siehe Kapitel Buddhismus.

Verantwortliches Handeln

- Wer Batterien und anderen leicht transportierbaren Problemmüll wieder mit nach Hause nimmt und dort entsorgt, beweist Mitverantwortung für die Probleme seines Reiselandes.
- Elektrizität in Kambodscha ist knapp und teuer. Beim Verlassen des Raumes stets Licht, Ventilator und besonders die stromfressende Klimaanlage ausmachen.
- Mit Dollars sollten nur große Beträge bezahlt werden. Wer nur mit Dollar zahlt, untergräbt die Stabilität der Landeswährung.
- Bei Einkäufen jeglicher Art einheimische Produkte der Importware vorziehen. Wer Angkor Beer trinkt, das in Kambodscha gebraut wird, fördert Arbeitsplätze. Beim importierten Bier gehen dem Land wichtige Devisen verloren.
- Handeln gehört auf den Märkten zum üblichen Verhalten. Gnadenloses Feilschen um den Preis ist eine Form von Ausbeutung.
- Es sollte selbstverständlich sein, dass keine Originale aus Tempeln oder lebende bzw. ausgestopfte Tiere gekauft werden.

Körpersprache

Begrüßung

Die höfliche Form der Begrüßung ist der *sompiah*. Hierbei werden die Handflächen etwa zwischen Brust und Kinn aneinander gelegt. Bei dezentem Blick nach unten wird der Oberkörper leicht nach vorne gebeugt. Je höher die Hände gehalten werden und je tiefer die Verbeugung, desto größer ist der Respekt, den man seinem Gegenüber zollt. Sozial niedriger gestellte und jüngere Personen machen den ersten Schritt bei einer Begrüßung. Niemals mit einem *sompiah* begrüßt werden Kinder, Hausangestellte, Bedienungen oder Taxifahrer. Mönche, gleich welchen Alters, werden mit einer tiefen Verbeugung beim *sompiah* geehrt, was einem tiefen Respekt gegenüber Buddha gleichkommt. Mönche grüßen niemals zurück.

Die meisten Kambodschaner begrüßen einen Ausländer mit Handschlag. Doch gilt es als höflich, den traditionellen Gruß zumindest anzudeuten und anschließend erst die Hände zu schütteln.

Khmer-Lächeln

Das Lächeln der Khmer hat zwei Bedeutungen. Das eine drückt Freude und Vergnügen aus, das andere Verlegenheit und Schuldgefühl. Selbst wenn ein Kambodschaner über den Tod seiner Familie unter *Pol Pot* erzählt, passiert es, dass er dabei lacht.

In vielen Fällen stellt das Lächeln für ihn einen Schutzschild dar, hinter dem er seine Emotionen verstecken kann, ohne dabei sein Gesicht zu verlieren.

In welche Situation ein Reisender auch immer geraten mag, ein strahlendes Lächeln macht ihn beliebt und hilft in jeder Lage weiter.

Gesten

- Es gilt als äußerst unhöflich, mit dem Finger auf Leute in der Nähe zu zeigen oder wenn die nackten Fußsohlen auf jemand anderen deuten. Ein extremer Verstoß gegen den Anstand ist dies im Fall eines Mönches oder einer Buddhafigur.
- Das Berühren des Kopfes einer anderen Person wird als grobes Verhalten angesehen. Das Streicheln über das Haar eines Kindes erregt kein Missfallen, wenn die freundliche Absicht unverkennbar ist. Ein Skandal ist es, wenn die Frau dem Mann auf den Kopf schlägt oder jemand einen Mönch dort berührt.
- Wer jemanden zu sich herwinken möchte, der sollte dies nicht wie bei uns üblich mit den Fingern nach oben, sondern genau umgekehrt, mit den Fingern nach unten und der Handfläche nach innen tun.
- Eine höfliche Geste, besonders beim Überreichen von Gegenständen an höher gestellte Personen, ist die Übergabe mit der rechten Hand. Dabei wird der Ellenbogen des rechten Armes von der linken Hand geführt.
- Als große Ungezogenheit wird es angesehen, wenn man sich im Restaurant auf einen Tisch setzt.

Leben auf dem Land

Über 80 Prozent der Kambodschaner leben von der Landwirtschaft. Nur wenige Bauern können sich Maschinen leisten, die ihnen ihre schwere körperliche Arbeit erleichtern und die Anbauweise produktiver machen könnten. Familienmitglieder sowie Kühe und Wasserbüffel sind deshalb die wichtigsten Arbeitskräfte auf den Feldern.

Das bedeutendste Produkt ist der **Reis.** Je nach Bewässerungsmöglichkeit wird ein- bis dreimal im Jahr geerntet, während der Regenzeit, der Trockenzeit und manchmal noch im Oktober. In kleinen Beeten werden die Setzlinge gezogen und anschließend auf die überfluteten Felder umgepflanzt. Die Khmer unterscheiden exakt nach Geschmack, Qualität und Herkunft des Reises. Am besten und beliebtesten, aber auch am teuersten ist er aus der Provinz Battambang, am schlechtesten aus Kandal. Die schmackhaftesten Reissorten sind *Phka kegney, Somaly* und *Chhma prum.* Die Arbeit auf dem Feld ist nach körperlicher Belastung zwischen den Geschlechtern aufgeteilt. Während die Frauen für das Pflanzen und Ernten zuständig sind, kommen die Männer beim Pflügen und Tragen schwerer Lasten zum Einsatz. Die Kinder stehen ihren Eltern je nach Alter und Kraft bei der Arbeit zur Seite. Neben dem wirtschaftlichen Nutzen ist der Reis auch Architekt und Farbkomponist der Landschaft. Die schachbrettartige Aufteilung des Bodens und die Farbtöne

sind am besten vom Flugzeug aus zu sehen. Graubraun und unwirtlich liegen die brachen Felder am Ende der Trockenzeit (April, Mai) da, während sie nach Einsetzen des Monsuns von saftigem Grün überzogen werden und vor der Erntezeit goldgelb in der Sonne blinken. Da praktisch die gesamte Landbevölkerung vom Reis und hier wiederum überwiegend von der Ernte nach dem Monsun abhängig ist, führen ein verspätetes Einsetzen des Regens oder kräftige Unwetter während der Anbauzeit leicht zu Hungerkatastrophen.

Neben dem Reis werden je nach Jahreszeit andere **Feldfrüchte** wie Süßkartoffeln, Maniok, Bohnen, Zuckerrohr und Mais für den Eigenbedarf und zum Verkauf auf dem Markt angebaut.

Um jede Hütte werden **Obstbäume** wie Palmen, Mango, Jackfrüchte, Bananen und Papayas für den Eigenbedarf angepflanzt. In Battambang wird die sogenannte Pursatorange angebaut, die seltsamerweise den Namen der angrenzenden Provinz trägt. Auch in anderen Regionen Kambodschas gibt es Orangen, doch die Khmer behaupten, dass sich im Geschmack keine mit denen aus Battambang messen kann.

Bestellen eines Reisfeldes

Des weiteren wird der **Lebensunterhalt** mit einigen Kühen, Wasserbüffeln, Schweinen, Enten und Hühnern bestritten, die um das Haus herum gehalten werden. Auch die prachtvollen Blumen, die viele Gärten schmücken, werden, wenn Geld benötigt wird, geschnitten und verkauft. Da während der Trockenzeit auf den Feldern wenig zu tun ist, gehen die Bauern, die an einem großen Fluss leben, in dieser Zeit zum Fischen. In der Provinz Svay Rieng schneiden die Bauern eine besonders kräftige und lange Grassorte, aus der sie Matten weben, die als Dachauflage Verwendung finden.

In den Provinzen Takeo, Kandal, Kompong Speu, Kompong Cham und Kompong Chhnang wachsen viele **Zuckerpalmen,** die als Nahrungsmittel und Rohstoffspender eine wichtige Rolle für die Menschen spielen. Die Früchte, ob reif oder unreif, werden für Desserts und Kuchen verwendet. Aus dem Stamm entstehen Boote und das Grundgerüst für die Hütten. Die robusten Blätter finden als Dach oder Hüttenwand Verwendung, während aus dem Blattstiel Seile gedreht werden. Ein berauschendes Getränk *(toek thnaot)* wird aus den Blüten der Zuckerpalme gewonnen (siehe Essen). Als „Wein der Armen" wird er in Bambusköchern verkauft und erfreut sich unter der Landbevölkerung großer Beliebtheit.

Selbstbewusste Khmer-Frau

Kleidung

Das traditionelle Kleidungsstück und fast schon eine Art Wahrzeichen des Volkes der Khmer ist der **Krama.** Es handelt sich dabei um ein meist rot- oder blau-kariertes Baumwolltuch, das jeder Kambodschaner besitzt und fast immer bei sich hat, da es vielfältig verwendbar ist. Es dient als Kopfbedeckung gegen Sonne und Staub oder als Zwischenschicht beim Tragen schwerer Lasten auf dem Kopf. Es findet als Schneuztuch genauso Verwendung wie zum Abwischen des Schweißes oder der verschmierten Münder der Kinder. Geschickt binden es Frauen und Männer beim Baden als Sichtschutz um den Körper. In den eigenen vier Wänden tragen ihn die Männer um die Hüfte gewickelt, über der Unterhose oder den Shorts. Auch als Tragetuch für Gegenstände aller Art und Kleinkinder kann er benutzt werden. Unter Pol Pot war der *Krama* ein fester Bestandteil der Uniform der Soldaten.

Zu Hause tragen die Frauen den **Sarong,** der ebenfalls um die Hüfte gewickelt wird. Hierbei handelt es sich um ein langes, buntes Baumwolltuch mit verschiedenen Mustern und Blumen, das den Frauen bis zu den Knöcheln reicht. Auch für die Männer gibt es einen *Sarong,* den *Sarong Sot,* der jedoch aus Seide gewebt ist. Er wird von den Männern im Vergleich zum *Krama* wesentlich seltener getragen.

Zu besonderen Festlichkeiten gehen die Frauen entweder mit einem **Houl** oder einem **Phamung.** Beide haben in etwa den Schnitt eines Sarong, sind aber aus Seide. Der *Houl* zeichnet sich durch seine Buntheit und die vielen eingewobenen Blumenmuster aus, während der *Phamung* einfarbig und manchmal am Saum mit einer Borte abgesetzt ist.

Die **Arbeitskleidung** der Frauen im Büro besteht aus einfarbigen blauen, grauen oder grünen Röcken, zu denen sie weiße Blusen tragen. Die Männer tragen graue Stoffhosen und helle Hemden.

Die Rolle der Frau in Kambodscha

Die Frau in der Gesellschaft

Zunächst ein paar Zahlen

- 60 % der Bevölkerung über 25 Jahre sind Frauen.
- 30 % führen einen Haushalt mit Kindern ohne Mann.
- 54 % der registrierten Wähler sind Frauen.
- 60 % der Arbeitskräfte in der Landwirtschaft sind Frauen.
- 67 % der Arbeitskräfte in den Fabriken sind Frauen.
- 16 Stunden beträgt die Arbeitszeit pro Tag für eine Frau.
- 5 Kinder kommen im Durchschnitt auf jede Frau.
- 10 % der Abgeordneten im Parlament sind Frauen.
- Nur 19 % der Studenten sind Frauen.
- Über 80 % liegt die Analphabetenrate bei Frauen in ländlichen Regionen.
- Fast 1 % aller Frauen sterben bei einer Geburt.

Die Frauen in Kambodscha sind durch über 20 Jahre Bürgerkrieg, der vielen Männern das Leben kostete, zur schweigenden Mehrheit in einer patriarchalischen Gesellschaft geworden. Dennoch spielen sie in den meisten Bereichen des **öffentlichen Lebens** die Hauptrolle. Am ersten Tag der Wahlen im Mai 1993 bildeten sich, trotz Drohungen der Roten Khmer, lange Schlangen vor den Wahllokalen, in denen überwiegend furchtlose Frauen standen, die sich bei ihrem Engagement für eine friedliche Zukunft nicht einschüchtern ließen.

Die wichtigste Aufbauarbeit für Kambodscha leisteten die Frauen, nachdem die Roten Khmer 1979 von den Vietnamesen vertrieben waren. Das Land der Khmer war zum Land

630ka Foto: an

der Witwen geworden, die vor einem Scherbenhaufen standen. Die meisten Familienmitglieder ermordet, die Hütten, landwirtschaftlichen Geräte und das Geschirr zerstört und die Nutztiere von der hungrigen Bevölkerung geschlachtet, begannen sie am Punkt Null mit einer neuen Existenzgründung.

Trotz der bedeutenden Rolle der Frau in der kambodschanischen Gesellschaft hat sich die **Einstellung gegenüber dem weiblichen Geschlecht** seit Jahrhunderten nicht geändert. Die Mädchen werden immer noch mit einem Wollknäuel und die Jungen mit einem Diamanten verglichen. Der entscheidende Unterschied aus der Sichtweise der Khmer liegt darin, dass ein Diamant, wenn er in den Dreck fällt, sich leicht wieder reinigen lässt ...

Zumindestens in der neuen **Verfassung** wird die Rolle der Frau gestärkt, und ihr werden die gleichen Rechte wie dem Mann eingeräumt:

Artikel 36:

- Khmer-Staatsbürger beiderlei Geschlechts haben das Recht, gleichen Lohn für gleiche Arbeit zu erhalten.
- Die Hausfrauenarbeit hat den gleichen Wert wie Einkommen durch die Arbeit außerhalb des Hauses.

Artikel 45:

- Jede Art der Diskriminierung von Frauen ist verboten.
- Jede Ausbeutung der Arbeit von Frauen ist verboten.
- Mann und Frau haben in allen Bereichen gleiche Rechte, insbesondere bei der Eheschließung und in der Familie.

Artikel 46:

- Verboten ist die Kündigung des Arbeitsverhältnisses wegen Schwangerschaft.
- Staat und Gesellschaft richten ihr Augenmerk auf die Förderung der Frauen, insbesondere der auf dem Land lebenden sowie der alleinstehenden, und gewähren ihnen Unterstützung für die Ausübung eines Berufes, für Möglichkeiten der medizinischen Betreuung und des Schulbesuches ihrer Kinder sowie für angemessene Lebensbedingungen.

Es gehört nicht viel Fantasie dazu, um zu begreifen, dass die Realität in Kambodscha dem hier formulierten Anspruch, der selbst in westlichen Demokratien noch nicht verwirklicht wurde, weit hinterherhinkt.

Als eine Folge des Frauenüberschusses ist die **Polygamie** weit verbreitet. Obwohl illegal, ist es für eine Frau aufgrund finanzieller Probleme und sozialem Druck einfacher, sich mit einer zweiten Frau einen Ehemann zu teilen, als alleine zu bleiben. Das beste Vorbild ist das Königshaus, wo die Polygamie traditionell auch von König Sihanouk gepflegt wurde.

Scheidungen sind zwar vom Gesetzgeber her möglich, doch gesellschaftlich nicht akzeptiert. Aus Angst, zusammen mit ihren Kindern ohne jegliche finanzielle Absicherung und in sozialer Ächtung zu leben, haben viele Frauen keine andere Wahl, als trotz Missbrauchs und Ausbeutung bei ihren Ehemännern zu bleiben.

Mehr als zehn nationale und internationale **Frauenverbände** haben sich in Phnom Penh niedergelassen, von wo aus sie Gemeindearbeit auf dem Land organisieren, Öffentlichkeitsarbeit betreiben und bei den Ministerien auf die Probleme aufmerksam machen, mit denen Frauen im täglichen

Leben konfrontiert sind. Zu den ältesten kambodschanischen NGOs (Non Government Organisations) gehört *Khemara*. Neben dem Engagement für die Rechte der Frau unterstützen und organisieren die Mitglieder Ausbildungsprogramme in der Stadt und auf dem Land. Ihr Ziel ist es, die Frauen fortzubilden, damit sie Führungsrollen auf Gemeindeebene und in der Politik übernehmen können.

Die Frau in der Familie

Gemäß den Traditionen ist der Mann der Chef der Familie. Von der Frau wird Loyalität und Unterwürfigkeit verlangt.

Doch zeigt die Realität, dass die kambodschanische Frau, im Vergleich zu anderen asiatischen Ländern, über ein großes Maß an Autorität und Recht zur Mitbestimmung innerhalb der Familie verfügt. Sie hat einen bedeutenden Einfluss bei finanziellen, häuslichen und die Erziehung betreffenden Entscheidungen. Die Zukunftspläne der Kinder werden überwiegend von ihr gestaltet. Eine der wichtigsten Aufgaben der kambodschanischen Mutter liegt darin, ein harmonisches häusliches Umfeld zu schaffen, die Familie zusammenzuhalten und bei Konflikten die Initiative für eine Lösung zu ergreifen.

Architektur

Bauweise in der Stadt

Das Zentrum von Phnom Penh sowie die Stadtkerne der größeren Städte bestehen aus soliden Betonbauten. Der Rest der Kambodschaner lebt in mehr oder weniger großen Häusern und Hütten aus Holz und Bambus.

Die drei- bis fünfstöckigen **Wohnblocks** wurden in den 1950er und 1960er Jahren von den seit mehreren Jahrhunderten im Land lebenden chinesischen Geschäftsleuten erbaut. Unter Pol Pot waren sie unbewohnt, und erst 1979, als die Menschen wieder in die Städte zurück kamen, wurden sie von der Bevölkerung (nicht den ursprünglichen Besitzern) wieder bezogen. Die Bausubstanz und die sanitären und elektrischen Einrichtungen befinden sich heute in einem desolaten Zustand. Die meisten dieser Wohnblocks verfügen nur im Erdgeschoss über Toiletten und fließend Wasser. Viel zu viele Menschen sind unter diesen schwierigen hygienischen Verhältnissen zusammengepfercht, und aus Platzmangel entstehen bereits die ersten Slumsiedlungen auf den Dächern dieser Häuser.

Um den Stadtkern (besonders auffällig in Phnom Penh) ist der französische Einfluss unübersehbar. Hier stehen prachtvolle Villen, die zwischen 1920 und 1950 in der als **französischer Kolonialstil** bekannt gewordenen Art-deco-Architektur errichtet wurden. Viele wurden renoviert und heben sich durch ihre luxuriösen Fas-

632ka Foto: an

saden deutlich von den ärmlichen Behausungen der Nachbarschaft ab. Andere scheinen dem Verfall überlassen zu sein, und die Ruinen dienen nur noch den Armen als Unterschlupf. Auch der Central Market in Phnom Penh wurde im Art-déco-Stil errichtet.

Bauweise auf dem Land

Auch wenn die Menschen in der Stadt meist reicher sind als die Landbevölkerung, machen die **Bambushütten** in den Dörfern einen saubereren, ja geradezu idyllischen Eindruck im Vergleich zu den verwahrlosten und überbevölkerten Betonklötzen der Städte. Jedes Haus steht wegen des Ungeziefers und der Überschwemmungen in der Regenzeit auf Holz- oder Betonstelzen. Je höher diese sind, desto reicher ist der Besitzer. Durch diese Bauweise entsteht unter dem Gebäude ein Platz, wo sich die Haustiere nachts aufhalten und wo landwirtschaftliche Geräte wie Pflug, Mühle oder Fischreusen verstaut werden. Auch Fahrrad und Moped haben dort ihren Parkplatz. Tagsüber werden an diesem schattigen Platz die anfallenden Handarbeiten (Körbeflechten, Weben, Netze reparieren etc.) erledigt.

Architektur auf dem Land

Von außen führt eine Treppe zum **Wohngebäude** hinauf. Am Fuß der Treppe müssen die Schuhe ausgezogen werden. Das Haus besteht aus einem großen Raum, einer Art Stube, in der auf dem Boden Platz genommen wird. Auf geflochtenen Matten, die auf dem Holzboden ausgebreitet werden, schlafen hier die Kinder, die Verwandtschaft und der Besuch. Davon abgetrennt ist das Elternschlafzimmer und die Küche. Die Außenwände der Wohnung sind aus geflochtenen Gras- oder Palmenmatten. Reichere Bauern haben ein zwei- bis dreigiebliges Ziegeldach, während das der ärmeren mit Schilf oder Gras gedeckt ist. Durch die leichten, luftdurchlässigen Materialien und den offenen Giebel herrschen auch tagsüber angenehme Temperaturen im Haus.

Jedes Gebäude ist von einem kleinen **Garten** mit schattenspendenden Obstbäumen umgeben. Oft gibt es auch einen kleinen Teich vor dem Haus, auf dem Enten schwimmen und Lotos oder Seerosen wachsen. Ist dieser während der Trockenzeit ohne Wasser, wird Reis oder Gemüse auf dem Grund angebaut.

Literatur

Die **traditionelle Khmer-Literatur** verbindet großen Unterhaltungswert mit wichtigen erzieherischen Inhalten. In Form von seit Jahrhunderten überlieferten **Märchen** und **Fabeln** dienen alte Erzählungen der Weitergabe von gesellschaftlichen Werten und Normen an nachrückende Generationen. Die erzieherischen Botschaften dieser Märchen handeln durchweg von Hilfsbereitschaft, Gemeinschaftsgefühl und der friedlichen Lösung von Konflikten. Auch die Geschichte des Landes wird in Form von Märchen und Legenden weitergegeben, und manch unverständlicher Name von Bergen oder Plätzen wird auf diese Weise erklärt.

Eine bekannte Geschichte heißt **„Der einfache Fischer"** (siehe nächste Seite).

In vielen Geschichten sind die Helden große Krieger, die sich mit ihrer Kraft und ihrem Mut gegen den Feind in endlosen Schlachten mit vielen Toten durchsetzen. Auch die Vorbilder in den Epen und Erzählungen sind durchweg blutrünstige Herrscher, deren Macht und Ansehen auf den vielen getöteten Feinden beruht. Die erzieherische Literatur ist voll mit Anspielungen auf die Hilflosigkeit des einzelnen und die Notwendigkeit, Machtstrukturen so zu akzeptieren, wie sie sind.

Die gern erzählte **Geschichte vom tapferen Kong** zeigt eine typische Schwäche im Verhalten der kambodschanischen Gesellschaft auf. Wie in der Realität häufig anzutreffen, glauben auch hier die Menschen in Ermangelung einer klaren Analyse der Umstände an ihren selbstgeschaffenen, aber falschen Helden. Da das Märchen diese Schwäche aufzeigt, gilt es als eines der wenigen Beispiele für kritische Erzählungen (s. nächste Seite).

Eine **moderne Literatur** entstand in der Zeit unter Sihanouk und Lon Nol.

Der tapfere Kong

Kong war ein sehr durchschnittlicher Mann, der in einem Dorf lebte, das von einem riesigen Krokodil bedroht wurde. Die Bewohner hatten große Angst, gefressen zu werden und fragten Kong, ob er sie nicht vor dem sicheren Tod retten könnte. Die Angst, sein Gesicht zu verlieren, war größer als die Angst vor dem Ungeheuer, weshalb er sich als Retter zu Verfügung stellte. Da er sich jedoch davor fürchtete, mit dem Ungeheuer zu kämpfen, sah er keinen anderen Ausweg aus seiner prekären Situation, als Selbstmord zu begehen. Als er dabei in den Fluss sprang, landete er zufällig auf dem Krokodil, das vor Schreck aus dem Wasser sprang und sich in den Zweigen der Bäume, die über dem Wasser hingen, strangulierte. Als die Menschen vom Tod des Krokodils erfuhren, machten sie ein großes Fest und feierten den Heldenmut von *Kong*.

Als der König von dieser Tat erfuhr, ließ er *Kong* an seinen Hof bringen. Da ein großes Heer von Feinden sein Reich bedrohte, forderte er den tapferen Mann auf, ihm zu helfen. Wiederum wagte *Kong* es nicht, dem Wunsch des Königs zu widersprechen, obwohl er sich sicher war, diesmal sein Leben zu verlieren. Angsterfüllt bestieg er seinen Elefanten und ritt los. Als er das Schlachtfeld sah, machte er vor Angst in die Hose. Erschrocken von der warmen Brühe, die über seinen Rücken hinunterlief, begann der Elefant, geradewegs auf den Feind zuzurennen. Als die Feinde nun *Kong* auf dem Elefanten so tapfer auf sich zurasen sahen, bekamen sie Angst und liefen davon.

Zum Dank dafür machte der König *Kong* zum General seiner Armee, und von seinen Heldentaten wurde noch lange Zeit erzählt.

Der einfache Fischer

In einem Dorf lebte einst ein Ehepaar mit seinem Sohn. Eines Tages ging der Mann zum Fischen. Als er sein Netz auswarf, sank es tief auf den Grund des Sees, wo es sich an einem Baumstumpf verhakte. Da er dachte, es handle sich um einen riesigen Fisch, schickte er den Sohn ins Dorf zu seiner Frau mit der Anweisung, sie solle mit den Nachbarn einen Anlass zum Streiten suchen. Er hatte nämlich Angst, dass, wenn er mit seinem Fang nach Hause käme, das ganze Dorf von seinem Fisch etwas abhaben wolle.

Um den vermeintlich riesigen Fisch ins Boot zu bringen, stieg er selber ins Wasser und tauchte auf den Grund des Sees hinab, wo er feststellen musste, dass dort nur ein toter Baumstamm lag. Unglücklicherweise verletzte er seine Augen an einem abstehenden Ast, so dass er erblindete. Sein Sohn nahm ihn bei der Hand und führte ihn ins Dorf. Da alle Nachbarn über die streitsüchtige Frau verärgert waren, kam niemand zu Besuch oder bot Hilfe an.

Die meisten der Schriftsteller sind bereits gestorben oder leben als Greise in Amerika oder Frankreich. Ihre Bücher werden unterteilt in sozialistische und in kapitalistische Literatur. Von den Vietnamesen wurden die sozialistischen Schriftsteller zur Pflichtlektüre an den Schulen gemacht. Selbst heute gehören die Bücher von *Im Thoc, Doenk Om, Pao You Leng* und *Sonn Sarim* noch zu den Standardwerken des Khmerunterrichtes.

Die Schriftsteller *Nou Haeh, Rim Kin* und *Nhok Thim,* später als kapitalistische Schmierfinken verschrien, verfassten unter *Sihanouk* Belletristik, Romane und politische Werke.

Eine neue Literaturszene hat sich bis heute noch nicht etablieren können.

Tanz, Theater und Musik

Die traditionelle Kunst in Form von Tanz, Theater, Musik und Zirkus hat ihre Wurzeln im Buddhismus, in der Angkor-Periode, in alten Legenden und in der täglichen Arbeit der Bauern. In diesen Ausdrucksformen spiegelt sich die nationale Identität der Khmer wieder. Seit dem Untergang des Angkorreiches haben jedoch weder neue Stilmittel noch neue Inhalte oder gar kulturelle Veränderungen Einlass in diese Kunstformen gefunden.

Tanz

Es wird zwischen drei verschiedenen Tänzen unterschieden.

Klassischer Tanz, Königliches Ballett

Einst diente seine Vorführung nur der Unterhaltung der königlichen Familie. Heute avanciert er zum Markenzeichen Kambodschas und zur kulturellen Touristenattraktion.

Die **Ausbildung** zu einer klassischen Tänzerin dauert viele Jahre (siehe Kapitel Phnom Penh, *L'Ecole des Beaux Arts*). Es sind über 3500 verschiedene, oftmals nur für das geschulte Auge zu unterscheidende Bewegungen zu erlernen, von denen jede eine eigene Bedeutung hat. Diese Körperausdrucksformen sind Anleihen aus der Natur oder dem täglichen Leben und haben eine tiefgründige Symbolik. Der gesamte Zyklus einer Wachstumsperiode vom Keimen der Pflanze zum Erscheinen der Blätter über das Aufgehen der Blüte bis hin zum Heranreifen der Frucht kann von einer Tänzerin detailgetreu, mit nur einer Hand dargestellt werden.

Im Gegensatz zum Unterricht der Kinder in der *L'Ecole des Beaux Arts* sind die Vorführungen der ausgelernten Tänzerinnen, abgesehen von ihren wunderschönen Kostümen und Masken, nach meinem Geschmack eher langweilig und langatmig.

Die **Wurzeln** des klassischen Khmer-Tanzes reichen bis in die Funanzeit zurück. Die vielen Abbildungen von *Apsaras* im Tempel von Angkor Wat beweisen, dass seine kulturelle Blüte im 10. bis 12. Jahrhundert war.

Die **Inhalte** der klassischen Tanzdramen handeln oft von Prinzessinnen in qualvoller Not, Kriegshelden und Sklaven, Riesen und mysteriösen Kreaturen. Die Schwächen der Menschen werden dadurch erklärt, dass sie Spielbälle übernatürlicher Kräfte sind. Die wichtigsten Charaktere des königlichen Balletts sind Prinzen, Prinzessinnen, Ungeheuer und Affen.

Auch der **klassische Tanz in Thailand** hat seinen Ursprung in Angkor. Die Thais tanzen jedoch schneller, haben eine geringere Ausdrucksvielfalt und führen die Bewegungen weniger exakt aus.

Schattentheater — Sbek Touch

Das Khmer-Schattentheater besteht aus Lederfiguren, die an langen Bambusstäben geführt und bewegt werden. Die Schauspieler sprechen und singen für ihre Charaktere, während ein Erzähler die Geschichte vorträgt. Begleitet wird die Vorstellung von einem Orchester mit Perkussioninstrumenten wie Xylofone, Trommeln und Flöten.

Wahrscheinlich wurde das Schattentheater im 7. Jahrhundert von javanischen Eroberern zu Beginn des Angkor-Reiches nach Kambodscha gebracht. Dort wurde es weiterentwickelt und perfektioniert, weshalb es sich von allen anderen Schattentheatern in Südostasien deutlich unterscheidet. Wie beim Apsara-Tanz verwehren sich die Khmer gegen jeden Vergleich mit ihren Nachbarn.

Unterschieden wird zwischen dem *Sbek Thom* (großen Schattentheater) und dem *Sbek Aian* (kleinen Schattentheater).

Sbek Thom

Das klassische Schattentheater hat perfekt geschnittene, zwischen 1 und 2 Meter hohe Lederfiguren, mit denen hinter einer 12 Quadratmeter großen Leinwand nur zu öffentlichen Anlässen, z. B. Wasserfest, Geburtstag des Königs gespielt wird. Die Figuren und Inhalte sind aus dem Reamker, dem Khmer Ramayana (Hinduistischer Epos). Die Figuren, Texte, Lieder und der Verlauf der Geschichte sind fest vorgegeben und dürfen nicht verändert werden. Da diese Art des Schattentheaters am stärksten in der Tradition des Königshauses und der Regierung verwurzelt ist, wurde es nach Pol Pot auch am stärksten finanziell gefördert.

Sbek Aian

Demgegenüber geriet das volkstümlich orientierte Aian fast in Vergessenheit. Dolphine, die Leiterin des Sovanna-Phum-Theaters in Phnom Penh, erweckte es wieder zum Leben. Aian entstand während der Angkor-Periode in der Battambang-Provinz. Die Vorführungen finden auf einer 1,5 x 2 m großen Leinwand statt und die Puppen sind nicht größer als 50 cm. Der große Unterschied zum Sbek Thom besteht darin, dass die Inhalte sich um Alltagsthemen, vor allem aus dem ländlichen Leben, drehen. Die Figuren und die Geschichte können je nach Intention der Schauspieler frei erfunden werden. Auch während der Vorstellung wird häufig improvisiert. Parabeln, alltägliche Konflikte sowie pädagogisch wertvolle Geschichten werden besonders gerne vorgeführt.

Im bekanntesten klassischen Tanz, dem **Apsaratanz,** wird die Legende von der Entstehung des Landes Kambodscha erzählt. Demnach ist durch die Vereinigung des heiligen Einsiedlers *Kampu* und der *Apsara Mera* das Land Kampuchea entstanden. Der Tanz stellt *Mera* dar, die als Symbol der Reinheit ganz in Weiß gekleidet ist und in ihrem Garten für das Glück und den Wohlstand des neuen Landes tanzt. Umgeben von Jungfrauen, die auch *Apsaras* sind, wird *Mera,* als Zeichen großer Verehrung durch das Volk, mit Blumen überhäuft.

Folkloristischer Tanz

Seine Entstehung liegt in der Mystik, im Naturglauben und im Alltagsleben der Bauern. Es sind häufig rituelle Tänze, die mit zeremoniellen Handlungen einhergehen, wobei meist um Regen oder eine gute Ernte gebeten wird. Diese Tänze sind wesentlich lebhafter als der klassische Tanz. Bei Vorführungen werden auch sie von den ausgebildeten Tänzerinnen der Kunstakademie dargeboten.

Sehr beliebt ist der **Reiserntetanz.** Er beschreibt die Freude des Bauern, der, nach Monaten harter Arbeit bei strömendem Regen und unter glühender Sonne, seine Ernte einbringt, um seine Familie zu ernähren.

Der **Kardamomtanz** kommt aus dem Westen Kambodschas, aus der Gegend um Pursat. Er symbolisiert das tägliche Leben der Bauern, die ihre Reisfelder bestellen, Obst ernten und Kardamom, eine Frucht, aus der Heiltee gekocht wird, auflesen.

Volkstanz

Diese Tänze werden von den Khmer nach getaner Arbeit zur Erholung und zum Spass auf Veranstaltungen, Festen und in den Discos getanzt. Einer der beliebtesten Volkstänze ist der *Ram Vong,* der mit großer Begeisterung von jung und alt auf Hochzeiten und zwischen Walzer und Rock'n Roll in den Discos getanzt wird und immer wieder Massen auf die Tanzfläche bringt. Dabei tanzt jeder einzeln, gegen den Uhrzeigersinn, im Kreis. Die Arme werden dabei seitlich hochgehalten und die Hände, in Anlehnung an den Tanz der *Apsaras,* im Takt der Musik hin und her gedreht.

Theater

Die Tradition des kambodschanischen Theaters reicht bis in die Vor-Angkor-Periode im 6. Jahrhundert zurück. Es verbindet Legenden der einzelnen Regionen mit indischen Epen und Geschichten aus dem Theravada-Buddhismus. Sehr beliebt ist auch das Schattenspiel *(nang sbek thom).*

Das **Königliche Theater** beruht auf dem indischen Epos des *Ramayana.* In Kambodscha wurde es mit der Khmer-Tradition und ihrer Symbolik angereichert und nennt sich *reamker.* Das *Ramayana* wurde in 48.000 Zeilen vor 2000 Jahren in Indien niedergeschrieben. Es erzählt die Geschichte des Prinzen *Rama,* der eine Inkarnation des hinduistischen Gottes *Vishnu* ist. Von den Göttern auf die Probe gestellt, wurde der Prinz mit seiner schönen Gemahlin *Sita* und seinem Bruder *Laksman* in die Wildnis verbannt. Dort entführt *Ravana,* der König des Bösen, *Sita.* Mit Hilfe des Affengottes *Hanuman* gelingt es *Rama,* seine geliebte Gattin wieder zu befreien.

Bei der Aufführung dieses Theaterstückes tragen die Schauspieler kunstvoll bemalte Masken.

Das einzige **moderne Stück** des Nationaltheaters nennt sich „Die Geschichte des Landes Kambodscha“. Das Theaterstück beginnt mit der Lebensgeschichte von König *Sihanouk,* arbeitet die dramatischen Jahre des Bürgerkrieges auf und endet mit der Ankunft der Vereinten Nationen und der Krönung *Sihanouks.*

Musik

Die **klassische Khmer-Musik** wurde selten in Noten niedergeschrieben, sondern hauptsächlich direkt überliefert. Die Texte und Verse erzählen von der Liebe und vom Leben auf dem Land und haben größtenteils erzieherischen Charakter. Dieser im Volk beliebten Kunstform bemächtigten sich auch die Roten Khmer, um sie als Propagandamittel einzusetzen. Während des Bürgerkriegs wurden die alten Weisen und Melodien nicht weitergegeben, weshalb die klassische Khmer-Musik auszusterben droht. Die Flüchtlingslager an der thailändischen Grenze erwiesen sich als die einzige Möglichkeit, das kulturelle Erbe an die jüngere Generation weiterzugeben. Zu hören ist die Musik heute in Pagoden oder bei religiösen Zeremonien. In unseren Ohren klingt sie jedoch schräg und bedarf einiger Gewöhnung.

Phleng pinpeat nennt sich das traditionelle Khmer-Orchester. Das *phleng khmer* begleitet magische Rituale und Hochzeitszeremonien auf dem Land. *Phleng mohori* ist nostalgische Hofmusik, die für den König gespielt wird. Das *chrieng tar* ist eine Ballade, die von Männer- und Frauenchören gesungen wird, und *ayai* eine Komödie, bei der ein Junge und ein Mädchen bis zu zwei Stunden im Duett singen.

Traditionelle Khmer-Instrumente

- *sadev* oder *pey pork* aus Tierhörnern
- *ken*, eine Art Panflöte aus Bambus
- *drow*, eine Violine
- *takeh*, eine dreiseitige Gitarre, die dem Kiefer eines Krokodiles gleicht
- *chapei*, traditionelle Khmer-Gitarre
- *ban phiad*, ein Xylofon

Eine eigenständige **moderne Khmer-Musik** beginnt sich erst langsam zu entwickeln, und auch hier neigen die Komponisten zu langsamen, verklärten und eher kitschigen Tönen und Texten.

Einen geradezu erdrückenden Einfluss hat **Rockmusik aus Thailand** auf die Bands und auf das Publikum in den zahlreichen Dancing Restaurants.

Was heute die thailändische Rockmusik ist, war unter den Franzosen in den 1950er Jahren der **Jazz,** der die moderne Musik in den Diskotheken prägte. Zu dieser Zeit wurde auch das Saxofon in Phnom Penh eingeführt. Es gibt in der Hauptstadt noch einige wenige Bands, die erahnen lassen, wie ausgelassen damals in den Kneipen geswingt wurde.

Auch **Walzer** und **Tango** fanden über die Kolonialmacht Eingang in die Khmer-Musikszene. Beide Tänze gehören heute noch in das Repertoire jeder Band und werden vor allem von den älteren Menschen hingebungsvoll getanzt.

Großer Beliebtheit unter der ganzen Bevölkerung erfreut sich heute das **Karaoke.** Selbst in den entlegensten Ortschaften öffnen immer mehr Bars, in denen vor allem Männer romantisch verklärt nervtötende Schnulzen in ihr Mikrofon schluchzen. Zur Minimalausstattung eines Karaoke-Cafés auf dem Land gehört (wegen häufiger Stromausfälle) ein Generator, ein Videorekorder, ein Farbfernseher und eine Stereoanlage, eine Investition, die etwa 1000 Dollar kostet, sich aber bald amortisiert hat. In Koki Beach gibt es bereits Ruderboote mit einer Karaokeanlage (ohne Fernseher) an

629ka Foto: an

Bord, auf denen sich verliebte Pärchen gegenseitig Lieder auf dem Wasser vorsingen.

Khmer-Xylofon (ban phiad)

Bildungswesen

Im Vergleich zu anderen Entwicklungsländern verfügt Kambodscha über ein erstaunlich gut funktionierendes **Schulsystem.** Früher war es Aufgabe der Mönche, die Kinder in den Pagoden zu unterrichten, weshalb viele Schulen auf dem Gelände einer Wat stehen. In abgelegenen Regionen versammeln sich die Kinder immer noch in den Pagoden, um von erfahrenen Mönchen auf das Leben vorbereitet zu werden, während in den Städten die Schulen unter staatlicher Kontrolle sind. Bemerkenswert ist, dass in Kambodscha der gleiche Prozentsatz von Kindern eine Schulausbildung bekommt wie im wesentlich reicheren und höher entwickelten Thailand. Nach nur wenigen Schuljahren beherrschen die Schüler in den Städten neben der Khmer-Schrift auch die lateinischen Buchstaben.

Das kambodschanische Schulsystem orientiert sich in etwa am französischen. Die Grundschulzeit beträgt fünf Jahre. Nach der Grundschule schließt sich das *Collège* an, das drei Jahre dauert und mit einer Abschlussprüfung endet. Der letzte Schulabschnitt ist das *Lycée,* das mit der 11. Klasse und der Hochschulreife endet.

Das in der Verfassung verankerte Recht, das jedem Staatsbürger eine kostenlose, neunjährige Schulbildung garantiert, ist noch reines Wunschdenken. Trotz großer Erfolge im Bildungswesen fehlt es an Schulen, Unterrichtsmaterial und an finanzieller Motivation für die Lehrer. Aus Platzmangel werden die Kinder in zwei Schichten, vormittags und nachmittags, in überfüllten Klassenzimmern unterrichtet. Da ein Lehrer maximal 15–20 $ im Monat bekommt, muss er sich durch Privatstunden oder durch eine andere Beschäftigung, die häufig auf Kosten des regulären Unterrichtes geht, Geld dazu verdienen, um seine Familie ernähren zu können.

Zwischen 1980 und 1990 wurde Vietnamesisch als erste und Russisch als zweite **Fremdsprache** unterrichtet. Seit 1990 stehen Französisch und Englisch auf dem Lehrplan. Zum Entsetzen Frankreichs, das bemüht ist, Französisch zur zweiten Fremdsprache in Kambodscha zu machen, erfreut sich Englisch unter den Jugendlichen wesentlich größerer Beliebtheit. Da es jedoch noch an ausgebildeten Englischlehrern mangelt, müssen die meisten Schüler noch Französisch lernen. Diese Marktlücke nutzen die schlecht bezahlten Lehrer und bieten privaten Englischunterricht an. Trotz einer Gebühr von 400 Riel pro Stunde platzen die Klassenzimmer aus allen Nähten. Aus didaktischer und methodischer Sicht ist der Englischunterricht eine Katastrophe, weshalb nur die Motivation der Schüler für den doch beachtlichen Erfolg verantwortlich sein kann.

Bei den niedrigen Lehrergehältern ist es kein Wunder, dass bei **Prüfungen** knallharte Korruption herrscht. Jeder Schüler, der auf eine weiterführende Schule möchte, muss eine Eingangsprüfung ablegen. Jedoch entscheidet nicht die Leistung über die Aufnahme, sondern die Dollarsumme, die das Kind der Prüfungskommision zukommen lassen muss. Da diese wegen mehrerer Zeitungsberichte über deren Machenschaften seit Kurzem strenger überwacht werden, ist das bei den Khmer auch nicht gerade beliebte Leistungsprinzip auf dem Vormarsch. Doch da in Kambodscha niemand den staatlichen Institutionen vertraut, versucht man weiterhin, auf illegale Weise das Familienschicksal selber in die Hand zu nehmen, weshalb Schulen, an denen Abschlussprüfungen geschrieben werden, schwerbewachten Militäranlagen gleichen. Ein großes Aufgebot an Polizei soll das Heer von Freunden, Eltern und Verwandten davon abhalten, die Prüflinge mit Lösungen und Informationen zu versorgen. Doch gelingt es immer wieder, natürlich durch Bestechung, die Prüfungsfragen aus der Schule zu schmuggeln. Die Antworten werden üblicherweise, um einen Stein gewickelt, durch die offenen Fenster zurück in das Klassenzimmer geworfen, wodurch es jedes Jahr Verletzte zu beklagen gibt.

In Phnom Penh gibt es acht **Universitäten,** in denen fast alle Studienrichtungen angeboten werden. Der Haken an der Sache ist jedoch, dass nur für etwa 10 % der Bewerber ein Studienplatz zur Verfügung steht. Es bedarf nicht viel Fantasie, um sich vorstellen zu können, dass auch diese Plätze nicht nach guten Noten, sondern nach der Höhe von Bestechungsgeldern vergeben werden. Ein Studienplatz in Medizin kostet etwa 3000 Dollar.

Eine Schwäche des Schulsystems ist der **Mangel an praktischer Ausbildung.** Es werden zwar Fächer wie Philosophie in der 7. Klasse unterrichtet, aber eine an den Bedürfnissen des Landes orientierte, handwerkliche Ausbildung gibt es nicht.

Momentan läuft der 1990 durch die Öffnung des Landes entfesselte Bildungsenthusiasmus Gefahr zu versiegen, da viele Schüler merken, dass sie trotz einer langen Ausbildung am Ende arbeitslos sind oder weil sie im eigenen Land nur Hungerlöhne verdienen können. Wer Englisch und Französisch spricht und dazu fit am Computer ist, hat die besten Chancen, einen gut bezahlten Arbeitsplatz zu bekommen.

Gesundheitswesen

Als die Ärzte des deutschen UN-Kontingentes 1992 nach Kambodscha kamen, waren sie schockiert über den Zustand der Krankenhäuser. Es gab keine technischen Geräte, keine ausgebildeten Ärzte, und die wenigen oft in der DDR hergestellten Medikamente konnte sich das einfache Volk nicht leisten. Mittlerweile hat sich die allgemeine Situation durch die vielen im Land tätigen Hilfsorganisationen, wie *Medicien sans Frontiere* oder *Action Nord Sud,* verbessert.

Die Löhne für kambodschanische Ärzte sind sehr niedrig. Deshalb blüht in den staatlichen Krankenhäusern die **Korruption.** Statistiken über die Zahl der behandelten Kranken werden gefälscht, um mehr Geld und Medizin von der Regierung zu bekommen. Die Medizin wird dann zu Schwarzmarktpreisen weiterverkauft.

Da das Honorar für einen **Arztbesuch** sehr niedrig ist, versuchen die Ärzte, ihren Verdienst durch den Verkauf von Medikamenten zu steigern, die jedem Patienten, ob notwendig oder nicht, zu überhöhten Preisen verkauft werden. Am meisten verdienen die Ärzte, wenn sie Spritzen geben, was sie bei praktisch jeder Art von Krankheit tun. Da die Nadeln oft mehrfach verwendet und nur ungenügend desinfiziert werden, vermutet man, dass hierin einer der Gründe für die rasche Verbreitung von Aids liegt.

Bei uns selbstverständliche Leistungen des **Krankenhauses** wie Pflege, Nachbehandlung und Versorgung

652ka Foto: an

sind in Kambodscha unbekannt. Ein Chirurg macht seine Operation und überlässt den Patienten anschließend seinen Angehörigen. Für spätere Komplikationen fühlt er sich nicht mehr zuständig. Um Medikamente, hygienische Pflege, Essen und Kleidung muss sich die Familie kümmern, die, wenn sie von weiter her kommt, mit im Zimmer des Kranken schläft.

Krankenhaus in Banlung/Rattanakiri

Die meisten Patienten leiden an Unterernährung, Magenerkrankungen, Malaria und Hautinfektionen. Viele werden nach Verkehrs- und Minenunfällen oder mit Schussverletzungen in ein Krankenhaus gebracht.

Ein gelungenes Beispiel für **private Entwicklungshilfe** ist das Kinderkrankenhaus *Kantha Bopha* in Phnom Penh und Siem Reap. Mit Spenden aus der Schweiz hat der Arzt *Dr. Richner* dieses Krankenhaus aufgebaut und behandelt alle Kinder bis 16 Jahre kostenlos. Alle einheimischen Ärzte und Krankenschwestern werden überdurchschnittlich bezahlt, um die Korruption einzudämmen. Zudem wird Pflegepersonal ausgebildet, das später in staatlichen Krankenhäusern auf dem Land eingesetzt werden soll (siehe auch die Kapitel Gesundheit und Sieam Reap/Sehenswertes).

Auch das deutsche *Field Hospital* hat, obwohl es nicht zu seinem Aufgabenfeld gehörte, hervorragende medizinische Entwicklungshilfe geleistet. Nachdem es sich herumgesprochen hatte, dass die deutschen Ärzte in Notfällen auch der einheimischen Bevölkerung helfen, drängten sich täglich bis zu 150 verzweifelte Menschen mit ihren kranken Angehörigen vor den Türen. Die deutsche Regierung spendete umgerechnet ca. 250.000 Euro und sieben Tonnen Medikamente für die Kambodschaner. Des weiteren wurden im *Field Hospital* Khmer-Ärzte fortgebildet und Pflegepersonal geschult. Nach dem Abzug des deutschen Kontingents wurden die hochwertigen technischen Geräte an die Krankenhäuser in Phnom Penh verteilt.

Durch fehlende medizinische Einrichtungen und den Mangel an Geld ist die **traditionelle Medizin** für den Großteil der Khmer immer noch die einzige Hoffnung im Krankheitsfall. Zufluchtsstätte sind seit Jahrhunderten die Pagoden, in denen mit Kräutern, Segnungen und religiösen Zeremonien geheilt wird. Hierzu gehören gesungene *Pali*-Verse und geheiligtes Wasser genauso wie geheime Inschriften in den Blättern des Betelbaums, die auf die erkrankten Stellen gelegt werden. Da viele Menschen an Geister, schwarze Magie und übernatürliche Kräfte glauben, spielen die Schamanen *(kruh khmer)* für die Einheimischen eine ebenso wichtige Rolle wie die Schulmedizin. Mit Tatoos und Amuletten, die sich der Kranke um die Hüfte und den Hals hängt, versuchen sie, die Krankheit zu vertreiben.

Wer jemandem mit roten, runden Flecken am Körper begegnet, muss nicht unbedingt befürchten, dass da ein Aussätziger vor ihm steht. Es handelt sich lediglich um die Nachwirkungen einer **Schröpfkur,** die früher auch bei uns häufig angewendet wurde. Glasgefäße mit erhitzter Luft werden auf dem Rücken angesetzt und saugen sich durch den Unterdruck, der bei der Abkühlung entsteht, auf der Haut fest. Es soll gegen Fieber und Schmerzen helfen. Bei Kopfschmerzen werden bis zu drei Gefäße an der Stirn angesetzt. Gegen allgemeines Unwohlsein und Schwäche wird mit einer Münze solange am Nacken oder Rücken mit großem Druck auf- und abgerieben, bis rote Striemen entstehen.

In den Zentren der größeren Städte praktizieren viele **chinesische Ärzte,** die chinesische Medizin anwenden. Ihre Naturheilverfahren und Medikamente sind billig und auch für Arme erschwinglich. Unter den Chinesen gibt es auch gute Zahnärzte.

106ka Foto: an

Ortsbeschreibungen

107ka Foto: an

108ka Foto: an

Ocheurteal Beach

Fleischverkäuferin auf dem Kandal-Markt

Angkor Wat

Phnom Penh und Umgebung

Phnom Penh

↗ XIX/C2

ភ្នំពេញ

Überblick

„Phnom Penh erschien mir als die schönste Stadt Asiens. Die französische Kolonisation hatte breite Alleen mit weit ausladenden Mangobäumen hinterlassen. Auf dem beherrschenden Hügel, dem Wat Phnom, ließ eine buddhistische Pagode bunte Wimpel flattern. Am Strom (Mekong) glänzten die goldenen und grünen Dächer des Königspalastes. Ein eigenartiger Friede ging abends von dieser Stadt aus, wenn man unter den hohen Baumkronen bei nachlassender Hitze mit der Rikscha zu den Hafenkais fuhr." So schwärmte im Jahre 1965 der renommierte Journalist *Peter Scholl-Latour* von der Stadt am Mekong.

Bürgerkrieg, Terror der Roten Khmer und die internationale Isolation Phnom Penhs in den 1980er Jahren haben viel von der einstigen Atmosphäre zerstört, doch arbeiten die Regierung und der Governeur der Stadt in den letzten Jahren intensiv an ihrer Verschönerung. Der Reiz des heutigen Phnom Penh liegt darin, dass es, obwohl auf dem Weg zu einer typisch asiatischen Großstadt, trotzdem seinen provinziellen Charme noch nicht verloren hat. Die Stadt ist weit davon entfernt, ein Moloch wie Thailands Hauptstadt Bangkok zu werden. Es ist lebhafter als Vientiane oder Hanoi, aber erholsamer und übersichtlicher als Saigon. Auch der Charakter Phnom Penhs ist unvergleichbar. Asiatisch sind die Menschenmassen, die die Straßen und Märkte beleben, chinesisch die Geschäftsleute, international die Gastronomie und alles vermischt mit einem Schuss französischem Flair.

Der erste Eindruck jeder Großstadt, sozusagen ihre Visitenkarte, ist der Verkehr. In Phnom Penh fließt er langsam und anarchistisch, jeder fährt nach Lust und Laune, aber irgendwie scheint alles wie von einer höheren Macht gelenkt. Deswegen erscheinen die Ampeln auch wie Fremdkörper, die einfach nicht zu dem individuellen Fahrstil der Khmer passen wollen. Nach Einbruch der Dunkelheit beachtet sie sowieso niemand mehr. Die Straßen sind nicht zweckgerichtet, um so schnell wie möglich von einem Punkt zum andern zu kommen, sondern Kommunikationswege, auf denen kleine Kinder Fußball spielen, Mopedfahrer sich bei Schritttempo unterhalten und Cyclos (Fahrradrikschas) auf der Suche nach Kunden alles durchkreuzen. Vielgereiste Traveller und Geschäftsleute fragen sich immer wieder, warum in einem der ärmsten Länder der Welt so viele neue und hochwertige Luxusautos das Stadtbild prägen. Dies ist möglicherweise ein Beweis dafür, dass nicht alle Entwicklungshilfegelder im Sande verlaufen.

In den verwinkelten Gassen im Zentrum der Stadt, zwischen den großen Boulevards, versteckt sich das authentische, asiatische Leben. Menschenmassen schieben sich an dampfenden Garküchen, zerrupften Hühnern, grünen Bananenstauden und zahllosen kleinen Geschäften vorbei. Auch auf den großen Märkten geht es nicht weniger kunterbunt zu, doch lassen die intensiven Gerüche leicht die Sinne Karussell fahren.

Fällt dann die Nacht über Phnom Penh herein, differieren die Interessen der Asiaten und Westler erheblich. Der kambodschanische Mann trifft sich mit Freunden an einem der zahlreichen Straßenstände, wo es Fleischspieße, Salat und Bier oder billigen „Wein" gibt. Stimmt dann der Pegel, zieht man gemeinsam zu Örtlichkeiten, die mit schillernder Neonreklame wie „Karaoke, Massage oder Beergarden" locken. Für viele Westler beginnt der Abend entweder in der Hängematte am Lakeside oder etwas gehobener im FCC, wo sich Journalisten, NGO-Aktivisten und Botschaftsangehörige, die „wichtigen Leute" der Stadt zur *Happy Hour* treffen. Zu fortgeschrittener Stunde sieht man(n) sich entweder im „Heart of Darkness" oder im „Martini" und beendet den Tag nicht selten in den Armen einer unbekannten Schönheit.

Trotz seiner verhältnismäßig kurzen Geschichte hat Phnom Penh schon viele Höhen und Tiefen erlebt. Einst eine der schönsten und modernsten Städte Südostasiens, wurde sie unter Lon Nol erst zu einem riesigen Flüchtlingslager. Dann, innerhalb weniger Tage, vertrieben die Schergen des brutalen Terrorregimes *Pol Pots* die 2 Millionen Einwohner aufs Land. Für fast drei Jahre blieb Phnom Penh eine menschenleere Geisterstadt. Erst die

22.000 mit reichlich Dollar ausgestatteten Blauhelme hauchten ihr 1992 wieder neues Leben ein. Erstaunlich schnell ist Phnom Penh seither wieder zu einer relativ reichen Stadt geworden, die sich stark von der armen Provinz absetzt.

Überall in der Stadt trifft der Besucher auf Relikte der französischen Kolonialzeit, die von einer wahrlich beeindruckenden Epoche zeugen und Phnom Penh ihren unverwechselbaren Stempel aufgedrückt haben. Prachtvolle, im Jugendstil erbaute Villen, mit blühenden Bäumen bepflanzte Boulevards und frische Baguettes an den Straßenecken machen den Einfluss der „Grande Nation" unübersehbar.

Aber Phnom Penh ist im **Wandel.** Bis vor wenigen Jahren gab es keine Häuser, die den Königspalast überragten. Jetzt entstehen an beinahe jeder Ecke zehn- bis zwölfstöckige Hochhäuser, welche die Skyline der Stadt rapide verändern. Mitten in der Stadt wird sogar ein Doppelhochhaus mit 42 Stockwerken gebaut, mit dem die Stadt ihren Anschluss an das 21. Jahrhundert geltend macht. Auch ist der Zuzug der Landbevölkerung in die Hauptstadt ungebremst und es entstehen in Windeseile ganze Stadtviertel, wo kurz zuvor Reis angebaut wurde und Kühe weideten. Noch liegt der besondere Reiz für den Besucher im Erleben der Stadt und nicht im Abhaken eines touristischen Pflichtprogrammes. Das Schlendern über die aus allen Fugen brechenden Märkte, der Besuch einer Pagode und das Gespräch mit einem Mönch, das Beobachten des allnachmittäglichen Treibens an den Ufern des Tonle Sap oder einfach nur die Begegnung mit den Menschen auf der Straße sind kleine, aber auch unvergessliche Höhepunkte in einer vom Massentourismus noch nicht ausgelaugten Stadt.

Geografie und Klima

Phnom Penh liegt am Westufer des Tonle-Sap-Flusses. Direkt vor dem Hotel Cambodiana vereinigt er sich für ein kurzes Stück mit dem Mekong, um sich nach ein paar hundert Metern wieder von ihm zu trennen. Dieser kurze Berührungspunkt ist die Ursache für das sich jährlich wiederholende Schauspiel der „wechselnden Strömungen" (siehe Kapitel „Geografie"). Die Stadt liegt in einer weiten fruchtbaren Ebene, von der große Flächen während der Regenzeit überschwemmt sind. Umgeben ist sie von archaisch bewirtschafteten Reisfeldern, zwischen denen einzelne Zuckerpalmen stehen, die das Landschaftsbild prägen. Caracas und Costa Rica liegen etwa auf selber Höhe wie Phnom Penh; zwischen dem 11. und 12. nördlichen Breitengrad.

Rush-Hour in Phnom Penh

704ka Foto: an

Das **Klima** wird auch hier von den Monsunwinden bestimmt. Von Mitte Mai bis Anfang Oktober ist das Wetter unbeständig, und heftige Unwetter, in seltenen Fällen sogar mit Hagel, sind in der Lage, die Stadt binnen Minuten so zu überfluten, dass der gesamte Straßenverkehr zusammenbricht. Dezember, Januar und Februar sind die angenehmsten Monate, trocken und mit Temperaturen nicht über 30 °C.

März und April sind ebenfalls niederschlagsarme Monate, doch es ist in der Stadt ausgesprochen schwül und heiß. Nachts sinken die Temperaturen selten unter 26 Grad, und an ein Schlafen in einem Raum ohne Klimaanlage oder Ventilator ist nicht zu denken. Zu dieser Zeit schlafen auch viele Phnom Penher, um Strom zu sparen, auf ihren Dächern, dem Balkon oder vor ihrer Haustür.

Orientierung

Angenehm für Neuankömmlinge ist die leichte Orientierung in Phnom Penh. Die meisten Straßen laufen exakt parallel zueinander und treffen im rechten Winkel auf die Querstraßen. Dieser **schachbrettartige Aufbau** entstand bei der systematischen Planung der Stadt unter den Franzosen. Neue Stadtteile wurden zuerst am Reißbrett geplant. Da sumpfiges Land die Hauptstadt umgibt, wurden erst die Straßen aufgeschüttet, bevor man mit dem Bau der Häuser beginnen konnte.

Umbenennung der Straßen

Bis Mitte der 1990er Jahre hatten die Straßen, bis auf die Hauptverkehrsadern, keine Namen, sondern nur Nummern. Der Grund hierfür lag bei den häufig wechselnden Machthabern in der 2. Hälfte des 20. Jahrhunderts. Jeder Herrscher demonstrierte seine Macht, indem er sofort alle Straßen je nach seiner politischen Orientierung, nach ehemaligen Königen, Generälen oder Helden und nach Revolutionsdaten umbenannte. Dadurch gab es bald ein babylonisches Namensgewirr. Um diesem Zustand ein Ende zu bereiten, wurden allen kleineren Straßen nach 1979 Nummern gegeben. Als Norodom Sihanouk zum zweiten Mal in der Geschichte im Oktober 1993 den Thron bestieg, wurden die Namen erneut geändert. Die Hauptverkehrsstraßen heißen heute wieder so, wie in seiner ersten Regierungsperiode (1953–70). Zum Beispiel hieß der Norodom Blvd. unter den Franzosen Doudard de Lagrée Blvd., unter Sihanouk Norodom Blvd., unter Lon Nol Blvd. 9. Oktober und unter vietnamesischem Einfluss Tousamouth Blvd. Auch die kleinen Straßen haben heute neben ihrer Nummer wieder Namen, die jedoch so lang und schwierig auszusprechen sind, dass es unmöglich ist, sie sich zu merken.

Das Nummernsystem

Eine verlässliche Orientierung anhand der Numerierung ist nicht immer möglich. Es lässt sich jedoch ein logisches Prinzip dahinter erkennen. Die geraden Nummern der Straßen, die quer zum Tonle Sap verlaufen, beginnen im Norden und erhöhen sich nach Süden, mit Ausnahme des Gebietes nördlich der Eisenbahnschienen, wo die höchsten Straßennumern existieren. Die ungeraden Nummern der Straßen, die parallel zum Tonle Sap verlaufen, beginnen am Fluss und zählen Richtung Westen.

Die Stadt ist grob in vier Stadtteile *(Khan)* unterteilt. Im Zentrum liegt Khan 7. Januar, am Flussufer Don Penh, im Süden Chamcarmon und im Westen Toul Kork.

Die wichtigsten Straßen

Die geschäftigste und wichtigste Straße in Phnom Penh ist der Monivong Blvd., der die Stadt von Norden nach Süden durchzieht. Zwischen dem Bahnhof und der Straße 184 bildet er das Zentrum der Stadt. Teure Hotels, Restaurants, Diskotheken, Banken, Spielsalons und zahlreiche kleine Läden (Fotoshops, Reisebüros, Internetcafés, Friseure, Textil- und Lebensmittelgeschäfte) erreichen hier die größte Dichte in der Stadt.

Parallel dazu, Richtung Mekong und Tonle Sap, verläuft der Norodom Blvd. Er beginnt bei der Wat Phnom, umrundet das Independence Monument und setzt sich im Süden der Stadt in der RN 2 Richtung Takeo fort. Im Zentrum flankieren ihn vor allem Villen, Banken und Geschäftsgebäude.

Der Preah Sisowath Quai zieht sich direkt am Tonle Sap Fluss entlang. Von der 106. Straße bis zum Königspalast ist er zur Flaniermeile von Phnom

Phnom Penh River Front

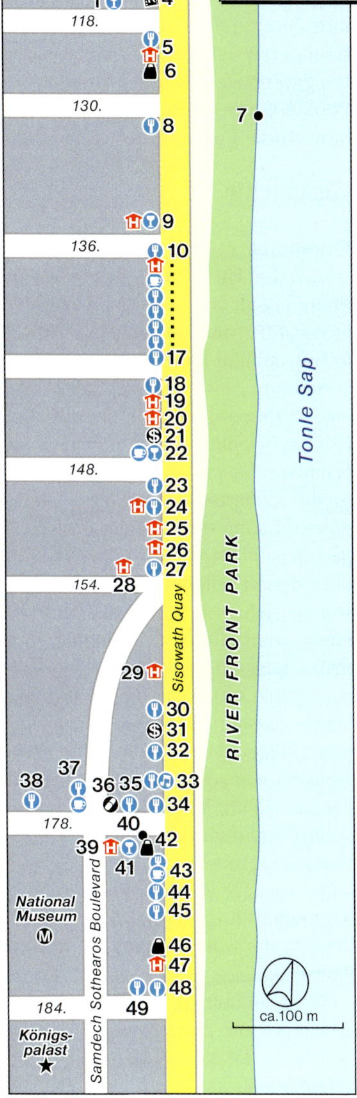

1 Memphis Pub (Live Music)
2 Lyon d'Or Restaurant und Hotel
3 The Riverhouse Restaurant
4 Mekong River Rest. und Kino
5 River Front Rest., River Star Hotel
6 Textilstände
7 Bootsverleih
8 Kiwi Bakery und Restaurant
9 Hope und Anchor G.H. u. Rest.
10 Golden Bar Restaurant
11 Paragon Hotel
12 Café El Mundo
13 Happy Pizza
14 Chiang Mai
15 Moonlight Restaurant
16 Veiryo Tonle und Kandal House
17 On the Corner Restaurant
18 La Croisette Restaurant
19 Indochine
20 Mekong Palace Hotel
21 ANZ Royal Bank
22 Metro (Bar und Café)
23 Riverside
24 The Quay Hotel und Chow Restaurant
25 Bougainvillier Hotel
26 Cozyna Hotel
27 K-West Café
28 Amarjaya Hotel
29 California's Guest House II
30 Ponlok
31 ATM (Bankomat)
32 Taboo Restaurant
33 Pink Elephant
34 Riverstreet Restaurant, Happy Phnom Penh, Happy Herbs
35 Phô Restaurant
36 U Care Drogerie & Apotheke
37 Corner 33
38 Billige Essenstände
39 The Bright Lotus Guest House
40 Seeing Hands Massage
41 The Rising Sun (Bar)
42 D's Books
43 Foreign Correspondent Club (FCC) und Café Fresco
44 Pop Café
45 Edelweiß Restaurant
46 U and ME Spa
47 Khmer Royal Hotel
48 Khmer Borane Restaurant
49 Pocharan Restaurant

Penh geworden. Im Volksmund wird er **Riverfront** genannt. Die internationale Gastronomie, die Cafés, Bars und Straßenstände sowie die Parkanlage am Flussufer ziehen nachmittags Scharen von Touristen und Khmer an. Insbesondere am Wochenende bevölkern Tausende von Kambodschanern die **Uferpromenade,** um bei einem Picknick Erholung von der staubigen Großstadt zu suchen.

Bis voraussichtlich Ende des Jahres 2010 ist die Atmosphäre an der Uferpromenade jedoch durch ein umfangreiches Kanalisationsprojekt beeinträchtigt, das mit Hilfe japanischer Entwicklungshilfegelder umgesetzt wird.

Im Zentrum beginnt der Pochentong Blvd. und der Kampuchea Krom Blvd., die nicht weit voneinander entfernt als Parallelstraßen von Osten nach Westen verlaufen, bevor sie sich am Stadtrand vereinigen und im weiteren Verlauf zum Flughafen Pochentong führen. Der Charles de Gaulles Blvd., der ab dem Olympischen Stadion in den Monireth Blvd. übergeht, beginnt am Central Market und führt nach Südwesten und weiter zu den Killing Fields. Im Süden begrenzt der Praeh Sihanouk Blvd., im Westen der Nehru Blvd., im Norden der Boeng Kak See sowie die Wat Phnom und im Osten der Tonle Sap Fluss das Stadtzentrum. Der Mao Tse Tuong Blvd. rahmt die Innenstadt im Süden und Westen als äußere Halbringstraße ein.

Wer Einheimische **nach dem Weg fragen** muss, sollte sich darauf einstellen, dass die wenigsten die Namen oder Nummern der kleinen Straßen wissen oder sich auf einem Stadtplan zurechtfinden. Die Phnom Penher, die ihre Stadt meist sehr gut kennen, orientieren sich an den obengenannten großen Straßen und an markanten Punkten, wie Bauwerken, Märkten, Hotels oder Restaurants.

Geschichte

Gründung

Um die Entstehung des Namens Phnom Penh rankt sich eine **Legende:** Es war 1372, als eine reiche, verwitwete Frau namens Penh am Ufer des Mekong lebte. Eines Tages entdeckte sie einen großen Kakibaum, der auf dem Fluss schwamm. Mit der Hilfe ihrer Nachbarn brachte sie ihn ans Ufer. Als sie ihn säuberten, bemerkten sie, dass es kein Baum, sondern vier bronzene Buddhastatuen waren. Voller Freude über diesen seltenen Fund entschlossen sie sich, vor dem Haus der Frau Penh einen Hügel zu errichten. Auf dem Gipfel wurde aus Holz eine kleine Pagode erbaut, in die sie die vier Statuen stellten. Seit diesem Tag wurde der Hügel *Wat Phnom Daun Penh* genannt, was soviel wie „Bergpagoda der alten Penh“ heißt. Der Wat Phnom gehört heute zu den wichtigsten Sehenswürdigkeiten der Stadt.

Das erste Mal wurde Phnom Penh 1434 vom König *Ponhea Yat* gegründet. Da die frühere Hauptstadt Toul Prasat, die sich in der Provinz Kompong Cham befand, durch eine Überschwemmung zerstört worden war, beschloss der König, sie nicht mehr aufzubauen, sondern eine neue, an

809ka

dem Ort *Chatoumuk* (Palast vor dem vierarmigen Fluss), dem heutigen *Phnom Penh*, zu errichten. *Ponhea Yat* ließ auch die Wat Phnom restaurieren und gründete, um die im Buddhismus heilige Zahl Fünf zu erreichen, vier weitere Pagoden, die das Heiligtum der Frau Penh im Zentrum hatten. Zu ihnen gehörten die **Wat Ounalom** und die **Wat Sarawan.** Doch durch Kriege bedingt, wurde die Hauptstadt schon bald nach Lovek verlegt und von dort weiter nach Udong, 35 Kilometer nördlich von Phnom Penh. Ab 1867 wurde auf Betreiben der Franzosen der gesamte königliche Hof unter Norodom, dem König von Frankreichs Gnaden, wieder nach Phnom Penh verlegt, das seit dieser Zeit die Hauptstadt Kambodschas ist.

Phnom Penh mit Wat Phnom 1873

Phnom Penh zur französischen Kolonialzeit

Während ihrer Herrschaft bis zum Jahre 1953 entwickelten die Franzosen die Stadt schrittweise. Die Kolonialherren organisierten eine systematische Stadtplanung und errichteten Gebäude, die heute noch das Stadtbild prägen. Zu Beginn dieser Zeit wurde auch die Silberpagode und die Thronhalle vor dem Königspalast erbaut. Für König Norodom errichteten die Franzosen den Königspalast, erbauten im Kolonialstil das Royal Hotel, den Bahnhof und die Nationalbibliothek. In typischer Art-Deco-Bauweise konstruierten sie das Gebäude des Zentralmarktes *(Central Market)*. In den 1930er Jahren war Phnom Penh für asiatische Verhältnisse eine moderne Stadt. Sie hatte drei europäische Hotels, drei französische Banken, eine Niederlassung von American Express, und Apotheken sowie Foto- und Buchläden gehörten zum vertrauten Stadtbild. Mitte 1950 hatte Phnom Penh knapp 400.000 Einwohner. Es gab zwei Zentren zu dieser Zeit, die Wat Phnom und den Königspalast. Abgesehen von den oben genannten Gebäuden, bestand die Stadt aus staubigen Siedlungen und einfachen Holz- und Bambushütten.

Phnom Penh unter Sihanouk und Lon Nol

In der kurzen Zeitspanne zwischen Unabhängigkeit und Ausbruch des Bürgerkrieges erreichte Phnom Penh den Zenit seiner Geschichte. Der in Frankreich ausgebildete Architekt, *Van Molyvann*, errichtete imposante Bauwerke wie das Olympische Stadion, das Unabhängigkeitsdenkmal, die Universität und das Bassac-Theater, das trotz vieler Proteste nach einem Brand im Jahr 2008 abgerissen wurde. Die geschäftstüchtigen Chinesen zogen die heute das Stadtzentrum prägenden mehrstöckigen Wohnblocks hoch. Von den Kriegswirren der Nachbarländer noch verschont, war Phnom Penh unter Norodom Sihanouk eine Stadt, in der Bildung, Kultur und Muse zum Alltag der Menschen gehörten. Die von der engagierten Deutschen *Stefanie Irmer* geleitete gemeinnützige Organisation **Khmer Architecture Tours** widmet sich den architektonischen Leistungen seit 1953 und organisiert sehr interessante Führungen mit kambodschanischen Architekturstudenten. Weitere Informationen und Buchungen unter www.ka-tours.org.

Der Putsch *Lon Nols* gegen den Prinzen, 1970, läutete den Untergang dieses fast paradiesischen Zustandes ein. Durch den sich anschließend ausweitenden **Bürgerkrieg** wurde die Entwicklung der Hauptstadt jäh unterbrochen. Schießereien und Bombenanschläge ließen den Traum Sihanouks von einer „Oase des Friedens" mit einem Schlag zerrinnen. Durch den gnadenlosen Terror, der auf dem Land herrschte, war die Zahl der Einwohner durch die Flüchtlingsströme Anfang 1975 auf zwei Millionen angewachsen, und die Stadt stürzte in ein Chaos. Die Dramen, die sich nach dem Einmarsch der Roten Khmer in Phnom Penh abspielten, lassen sich auf erschütternde Weise anhand des authentischen Films „The Killing Fields" nachvollziehen.

Phnom Penh unter Pol Pot

Am Morgen des 17. April 1975 betraten die ersten bewaffneten Einheiten der Roten Khmer die Stadt. Sie waren ganz in Schwarz gekleidet. Die überwiegend jugendlichen Soldaten wurden von der Bevölkerung als Befreier jubelnd empfangen.

Noch am selben Tag wurde, zur Verwunderung aller Einwohner, die **sofor-**

tige Evakuierung der ganzen Stadt angeordnet. Mit dem Argument, dass die Amerikaner aus Rache für den Sturz Lon Nols Phnom Penh bombardieren würden, und die Stadt überbevölkert sei, wurden selbst Hochschwangere und Schwerkranke zum Verlassen ihrer Häuser aufgefordert. Wer nur den Anschein von Widerstand zeigte, wurde auf der Stelle erschossen. Binnen 48 Stunden war die in der Geschichte wohl einmalige Inszenierung beendet und Phnom Penh menschenleer. Über die Ausfallstraßen der Stadt wurden fast zwei Millionen Menschen wie Vieh in die Provinzen getrieben, und eine unfassbare Tragödie begann für die Bevölkerung.

Geschäfte, Pagoden, Häuser und Museen, **alles wurde geplündert.** Die Roten Khmer sprengten die Kathedrale und die Nationalbank, und aus den Bibliotheken machten sie Schweineställe – die Bücher verbrannten sie auf lodernden Scheiterhaufen am Stadtrand. Zwischen 16.000 und 20.000 Einwohner, hauptsächlich Angehörige der Roten Khmer, lebten noch in der Stadt, und die wenigen Ausländer, die Phnom Penh besuchen konnten, waren sich in ihrer Beschreibung einig: „Horrorstadt", „Geisterstadt", „Stadt aus einem Science-Fiction-Film".

Phnom Penh unter vietnamesischem Einfluss

Am 7. Januar 1979 betraten die ersten vietnamesischen Einheiten der „Nationalen Befreiungsfront zur Rettung Kambodschas" die Stadt. Dies war gleichzeitig das Aufbruchsignal für Tausende Phnom Penher, in ihre ehemalige Hauptstadt zurückzukehren. Doch die Stadt hatte weder Wasser noch Elektrizität, noch ein funktionierendes Abwassersystem.

Um ein Chaos zu vermeiden, wurden die Menschen in sieben **Auffanglagern** vor der Stadt gesammelt. Eines der größten dieser Lager stand an der Route National 5, am Kilometer 7. Ein osteuropäischer Botschafter beschrieb die Lage so: „Die Menschen hausten in Schilfhütten und starben wie die Fliegen. Ausgemergelte, kranke, hoffnungslose Gestalten. Hier lagerten sie zu Tausenden. Es gab ein kleines Krankenhaus, das war zu tausend Prozent überfüllt. So gut wie keiner, der hier ankam, war gesund. Cholera, Malaria, Ruhr, Enzephalitis. Vietnamesische Ärzte versuchten zu helfen, aber es gab so gut wie keine Medikamente. Es war das Schlimmste, was ich je in meinem Leben gesehen habe."

Die Mitarbeiter für die neue Regierung wurden aus diesen Lagern rekrutiert. Jeder, der etwas konnte, das für ein Ministerium von Nutzen war, bekam einen Job und konnte sich bei der **Rückkehr in die Stadt** mit seiner Familie eines der leeren Häuser aussuchen. Als nächstes wurden technische Fachkräfte, Maurer und Handwerker zur Wohnungssuche in die Stadt gelassen. Der Rest musste nehmen, was übrig blieb. Doch dies war mehr als ausreichend, da Hunderttausende nicht mehr zurückkamen. Wer eine Wohnung gefunden hatte, war gleichzeitig auch Besitzer derselben. Versuche der neuen Regierung, die Stadt wieder aufzubauen, scheiterten am chronischen Mangel an Experten, ausgebildeten Arbeitern und nicht zuletzt Entwicklungshilfe – eine Folge der totalen Isolation durch die westliche Welt. Die Hilfe der sozialistischen Bruderländer führte zu keiner gravierenden Verbesserung der Lage in Phnom Penh. Die von Vietnam abhängige Regierung tat sich durch Korruption und eine laxe Durchsetzung des Kommunismus hervor, was den Vorteil hatte, dass über Schmuggel mit Thailand und Singapur ein erstaunlich großes Angebot westlicher Waren in die Hauptstadt gelangte. Vom 7. Januar 1979 bis zum Vertrag von Paris im Oktober 1991 war die Stadt wie der Rest von Kambodscha für Touristen praktisch unerreichbar.

Phnom Penh zu Zeiten der UNTAC

Wie eine Bombe schlugen die 22.000 Mitarbeiter der bis dahin größten und kostspieligsten Aktion der Vereinten Nationen Anfang 1992 in der Hauptstadt ein. Die Stadt gebärdete sich, als ob ihr eine Überdosis Adrenalin gespritzt würde. Phnom Penh besaß praktisch nichts, um die Bedürfnisse dieser mit Dollar zahlenden, friedlichen Invasionstruppe zu befriedigen. Unter der Bevölkerung begann eine hysterische **Jagd nach Dollars,** die umso dramatischer verlief, je unsicherer die Zukunft schien. Hotels wurden in Rekordzeit gebaut oder renoviert, wie Pilze schossen Restaurants und Diskotheken aus dem Boden, und da die kambodschanischen Taxigirls nicht mehr ausreichten, stürmten Tausende von vietnamesischen Prostituierten die Bastionen des horizontalen Gewerbes. Wer ein Haus oder eine neurenovierte Wohnung hatte, vermietete sie zu Wucherpreisen an UNO-Angehörige und zog mit seiner Familie zu Verwandten. Ende 1992 war ein einfaches Haus mit fünf Zimmern nicht mehr unter 3000 € im Monat zu haben. Zu dieser Zeit dürfte Phnom Penh die höchsten Mieten der ganzen Welt gehabt haben.

Doch der Dollarregen brachte besonders für diejenigen, die nicht daran teilhaben konnten, eher Nachteile. Die **Inflation** wuchs dramatisch, und die Preise stiegen in astronomische Höhen, ohne dass die Löhne und Einkommen auch nur einen Riel angehoben wurden. Die Aussage einer Marktfrau, die nicht mehr bereit war, über den Preis ihres Gemüses mit einer armen kambodschanischen Mutter wie üblich zu verhandeln, erschütterte, in der Zeitung abgedruckt, die ganze Stadt und war symptomatisch für die Einstellung der Menschen in dieser Zeit: „Wenn Sie meinen Salat nicht kaufen, dann kauft ihn eben UNTAC, und die zahlen mit Dollar“.

Durch die enorme Kaufkraft der UNO-Soldaten wurde die Stadt in kürzester Zeit aus dem Mittelalter ins 20. Jahrhundert katapultiert. Mit dem Abzug der Blauhelme Ende 1993 wurde eine große wirtschaftliche Krise erwartet, die jedoch ausblieb.

Phnom Penh heute

Viele große Probleme muss Phnom Penh in den nächsten Jahren in den

Griff bekommen. Ermutigend ist, dass die noch 1995 katastrophale Stromversorgung weitgehend unter Kontrolle ist. Ein neues Kraftwerk aus Japan und eine direkte Stromleitung aus dem benachbarten Vietnam haben die zahllosen knatternden und stinkenden privaten Generatoren zum Schweigen gebracht. Wenn jedoch das öffentliche Verkehrssystem nicht in den nächsten Jahren zügig ausgebaut wird, werden die Verhältnisse in zehn Jahren ähnlich sein wie in Bangkok. Trotz der modernen Müllfahrzeuge, eine Spende der Stadt Paris, überfordern die ständig steigenden Müllberge alle vorhandenen Kapazitäten. Deshalb wird der Abfall häufig mitten auf der Straße verbrannt. Die Menschen sind arm, billiger Wohnraum ist knapp, und städtebauliche Konzepte und Gesetze existieren noch kaum.

Doch es gibt auch Positives zu vermelden: Phnom Penh ist eine vergleichsweise **sichere Stadt,** in der sich Einheimische und Touristen unter Einhaltung der üblichen Sicherheitsvorkehrungen unbeschwert bewegen können. Immer mehr Parkanlagen werden angelegt, seit 1998 gibt es Straßenbeleuchtung sowie eine beachtliche Anzahl von Ampeln, und Polizisten versuchen, den anarchischen Verkehr zu regeln.

In kaum einer anderen Stadt in Asien gibt es auf so engem Raum ein so großes Angebot an ausgezeichneter internationaler **Gastronomie.**

Während sich in Siem Reap alles um Angkor und dessen x-te Reproduktion dreht, beginnt sich Phnom Penh wieder als **Kultur- und Kunstmetropole** darzustellen, auch wenn die treibenden Kräfte und Sponsoren hauptsächlich westliche Ausländer sind. Im deutschen Meta Haus und im französischen Kulturzentrum laufen täglich landesbezogene Filme und Vorträge. Mehrmals in der Woche finden Vernissagen und Ausstellungen von ausländischen und einheimischen Künstlern und Fotografen statt. Auch die junge **Musikszene,** vor allem Hip Hop und Break Dance, sind in der Hauptstadt schwer angesagt, und allabendlich finden Konzerte bzw. Shows statt.

Unbedingt Sehenswertes

Königspalast

Weit über die nationalen Grenzen hinaus symbolisiert der Königspalast mit seinen pagodenartigen Dächern und den verschnörkelten Giebeln die wieder auferstandene Monarchie, die das zerstörte Land in eine friedliche Zukunft führen soll. Die gelb getünchten Gebäude am Ufer des Mekong sind mit Abstand die eindrucksvollsten Bauwerke der Stadt.

Seit 1991 ist die Anlage ihrem Museumsschlaf entrissen und dient seitdem wieder dem König als **offizielle Residenz.**

Der Komplex des Königspalastes wird aufgeteilt in zwei Bereiche: die Wohnung von König *Sihamoni* mit Verwaltung und Repräsentationsgebäuden und die für die Öffentlichkeit zugängliche Silberpagode.

- 1 Guest Houses und Rest. am Boeng Kak See
- 2 Le Royal Hotel und Restaurant
- 3 Sunway Hotel und Restaurant
- 4 Seeing Hands Massage
- 5 Hauptpost
- 6 Mekong Express Bus (Office)
- 7 La Volpaia Pizza
- 8 Bopha Phnom Penh Rest.
- 9 Pantoon Lounge
- 10 River 108 Hotel
- 11 Psah Chah
- 12 NCDP Souvenirs
- 13 Art Café
- 14 Canadia Bank
- 15 Cambodian Commercial Bank
- 16 Holiday Villa
- 17 Bayon Supermarkt
- 18 Foreign Trade Bank
- 19 Foreign Trade Bank of Cambodia
- 20 Sharky's
- 21 First Travel Reisebüro
- 22 Amara Spa
- 23 Mekong River Restaurant und Kino
- 24 Memphis Pub (Live Musik)
- 25 Salt Lounge
- 26 Paragon Hotel und El Mundo Café
- 27 La Croisette
- 28 Psah Kandal
- 29 Riverside
- 30 K-West Café und Amanjaya Hotel
- 31 Ponlok
- 32 Sunny Internet
- 33 Phô Restaurant
- 34 Mith Samlah Restaurant
- 35 Reyum Gallery
- 36 Schule der Schönen Künste
- 37 Himawari Hotel-Apartements
- 38 Blue Chilli
- 39 Romdeng
- 40 Heart of Darkness
- 41 Mittapheap Travel und Tours

Fortsetzung nächste Seite

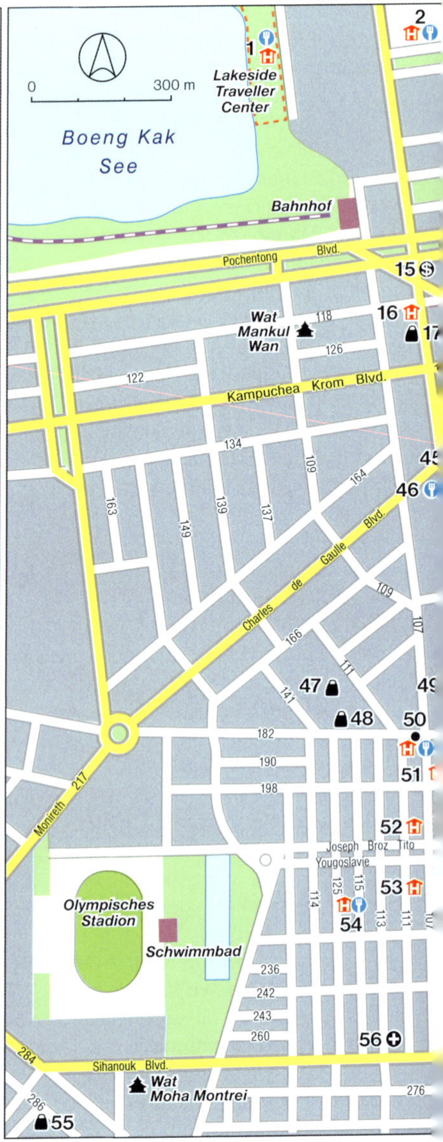

Phnom Penh Zentrum
Wat Phnom
Speedboot-Passagierhafen
Bootsverleih, Fähre nach Chruoy Chang Var
Fuldda Building
Sisowath Quay
Samdech Sothearos Blvd.
Tonle Sap
Angduong
Central Market
Norodom Blvd.
Zentraler Bus- und Taxibahnhof
Wat Ounalom
FCC Foreign Correspondent Club
Vetika Omtouk
Preah Sisowath
National Museum
Königspalast
Wat Sarawan
Croix Rouge
Silberpagode
Kamtha Bopha II
Wat Bodum
Sothearos
Ausschnitt Boeng Keng Kang 199
Denkmal der Unabhängigkeit
Wat Lan Ka
Preah Sihanouk Blvd.
Sihanouk Blvd.
Suramarit 268
utsche Botschaft
Ministerium für Tourismus
189

- 42 The Billabong Hotel
- 43 Busbahnhof Sorya
- 44 Peking Canteen
- 45 Ly Heng Exchange, PTM-Travel
- 46 Lucky Burger
- 47 Psah Orasey
- 48 Nachtmarkt
- 49 Ginga
- 50 Capitol Hotel, Restaurant und Reisebüro
- 51 Dragon Guest House
- 52 Narin II. Guest House
- 53 Spring Guest House
- 54 Juliana Hotel und Restaurant
- 55 Psah Olympic
- 56 Polyklinik Aurore
- 57 In-Style Spa
- 58 Diethelm Travel Reisebüro
- 59 Wahkee Restaurant
- 60 Siem Riep u. Bangkok Airways
- 61 Bophana Audiovisual Resource Center
- 62 Vietnam Airlines
- 63 Naga Clinic
- 64 Magnolia
- 65 Le Duo
- 66 Kentucky Fried Chicken
- 67 Paragon Kaufhaus
- 68 Monument Books
- 69 The Shop
- 70 Frizz
- 71 Freebird Restaurant
- 72 Bliss Spa
- 73 Chaktomuk Theater
- 74 Cambodiana Sofitel
- 75 Local Adventure Cambodia
- 76 Okay Guest House
- 77 Local Adventure Cambodia
- 78 Bai Thong
- 79 Hong Kong Center
- 80 Meta House
- 81 An Nam Restaurant
- 82 Jahrmarkt/Vergnügungspark
- 83 Psah Kabko
- 84 Psah Kabko Restaurant
- 85 European Dental Clinic

Der Königspalast wurde von den Franzosen Ende des 19. Jahrhunderts für König *Norodom* errichtet, und zwar an der Stelle, wo die 1813 erbaute Zitadelle, *Banteay Kev*, stand. Aus kolonialtaktischen Überlegungen wollten sie erreichen, dass der König von seiner damaligen Residenz in Udong nach Phnom Penh umzieht. Die Franzosen übernahmen die gesamte Ausstattung des Palastes, wobei sie oft nach der Devise handelten, dass ein König von Frankreichs Gnaden auch mit gebrauchten Geschenken zufrieden sein muss.

Zu dieser zweitklassigen Ausstattung gehört eine **Villa,** die neben dem Verwaltungsgebäude steht. Sie wurde zur Eröffnung des Suezkanals gebaut und diente der Kaiserin Eugenie als Unterkunft. Nachdem sie dort überflüssig geworden war, wurde das Gebäude von den Franzosen zerlegt, nach Kambodscha verschifft und Norodom zum Geschenk gemacht.

Zu den auffallendsten Gebäuden, die von außerhalb des Palastes zu sehen sind, gehört der **Chan Chhaya Pavillon,** der direkt am Samdech Sothearos Blvd. steht. 1913 wurde die baufällige hölzerne Konstruktion durch das heutige, identisch wiederaufgebaute Gebäude ersetzt. Es diente der Aufführung des klassischen Tanzes zu besonderen Festlichkeiten und als Tribüne für den König, der sich von hier aus an nationalen Feiertagen mit einer Rede an das Volk wandte.

Auch die **Thronhalle,** *Tevea Vinichhay,* steht im Wohnbereich des Palastes. Sie ist das prächtigste und be-

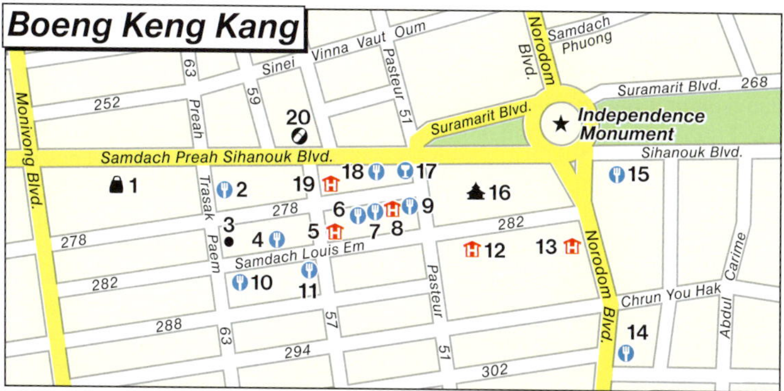

1 Lucky Market
2 Nike Pizza
3 Khmer School for Expats
4 Khmer Surin
5 Goldie Boutique G.H.
6 Amok Restaurant
7 Elsewhere
8 Top Banana G. H.
9 Flavours
10 Boat Noodle I. Rest.
11 Comme á la maison
12 Villa Langka
13 Scandinavia Hotel
14 Mali's
15 Shiva Shakti
16 Wat Lan Ka
17 Sky Bar
19 Mt. Everest Rest.
19 Anise Hotel
20 U Care Drogerie und Apotheke

rühmteste Gebäude im Königspalast und wurde im klassischen Khmerstil erbaut. 1919 wurde sie von König Sisowath eingeweiht und diente der Krönung der Monarchen, königlichen Zeremonien und der feierlichen Unterzeichnung von internationalen Verträgen. Hier wurde auch König *Sihanouk* am 24.9.1993 erneut zum König von Kambodscha gekrönt. Die verschieden geschichteten Dächer sind mit glasierten Ziegeln belegt und schließen dort, wo das Gebäude zu einem Kreuz zusammenläuft, mit einem Turm ab. Auf ihm sind die vier Gesichter Brahmas zu sehen beziehungsweise die Nachbildung des *Bodhisattva* aus dem Bayon in Angkor (siehe dort). Durch eine Spende der Bundesrepublik Deutschland wurde dieses Dach, das durch die Jahre undicht geworden war, 1994 restauriert. Die Bankethalle, genannt *Putschenie,* findet bei Staatsbesuchen als königliche Rezeption Verwendung. In einem kleinen Haus (*Bakuh*), links der Thronhalle, leben noch heute acht Brahmanen (Priester), die für die Zeremonien am königlichen Hof zuständig sind.

Aus Angst vor Kunstdieben darf in der Krönungshalle nicht fotografiert werden. Wenn der König im Palast weilt, dürfen manche Gebäude nicht besucht werden.

Silberpagode

1892 wurde der Bereich der Silberpagode als eine Art überdimensionale

Familiengruft von König Norodom angelegt. Die Pagode selbst entstand in Anlehnung an die *Wat Phra Keo* in Bangkok und besitzt, seit sie damals von Prinz Norodom Sihanouk privat für seine religiösen Meditationen genutzt wurde, einen besonderen Mythos. Das Gelände, auf dem vier Stupas, die die Asche von verstorbenen Königen und der jüngsten Tochter von Sihanouk beinhalten, sowie einige Denkmäler stehen, ist von einer hohen Mauer umgeben. Die Pagode ist ein eindrucksvolles Zeugnis dafür, dass auch nach der Angkor-Periode noch einmal wohlhabende und einflussreiche Herrscher in diesem Land regiert haben. Auch wenn die Macht dieser Könige nicht unabhängig war, stützt die Silberpagode doch das Selbstbewusstsein der Khmer, und König Norodom Sihanouks erneute Inthronisierung knüpft an diese alten Zeiten an.

Die Pagode, die von den Kambodschanern auch *Wat Preah Keo* (Wat des Smaragdbuddhas) genannt wird, bekam 1962 durch eine Renovierung ihr heutiges Aussehen. Unter Pol Pot verschwand erstaunlich wenig von den unermesslichen Kostbarkeiten. Sie hüteten diese Schatzkammer, um dem Ausland vorzuführen, wie sehr man um den Erhalt des historischen Kulturgutes der Khmer besorgt war.

Treppen aus italienischem Marmor führen zum Eingang. Der gesamte Boden **im Inneren der Pagode** ist mit 5281 Silberplatten ausgelegt, von der jede knapp über ein Kilogramm wiegt. In den Vitrinen an den Seiten sind wertvolle Geschenke verschiedener Staatsoberhäupter (z.B. Napoleon III.) ausgestellt. Diamantenbesetzte Säbel, Dolche und filigran gearbeitete Gebrauchsgegenstände der Königsfamilie wechseln sich ab mit Goldmasken, die zum Tanz des Ramayana-Epos benutzt wurden. Doch am beeindruckendsten bleibt der wahrscheinlich **kostbarste Altar der Welt.** In dessen Mitte thront ein lebensgroßer Buddha, der aus 90 Kilogramm purem Gold gegossen ist. Er ist zusätzlich mit 9584 Diamanten bestückt, von denen der wertvollste ein 25-Karatstein ist. Der Buddha wurde zwischen 1906 und 1907 in den Werkstätten des Palastes gefertigt. Neben weiteren kostbaren Buddhastatuen steht hinter dem Altar ein vergoldeter Pavillon, auf dem der Smaragdbuddha (*Preah Keo*) thront. Beeindruckend ist auch die königliche Sänfte, in der 23 Kilogramm Gold verarbeitet wurden und die während früherer Festlichkeiten von 25 Trägern getragen werden musste.

Im Hof steht eine Reiterstatue von König Norodom und ein Pavillon mit einem Fußabdruck Buddhas. Den Blick beherrschen jedoch die Stupas, die die Asche ehemaliger Könige aus der Norodomfamilie enthalten. Wenn man aus der Silberpagode kommt, liegt links von dem Reiterdenkmal die Stupa von Norodom und rechts die von *Ang Duong* (1796–1859), dem Urgroßvater von König Sihanouk. Beide Grabmale weisen eine interessante Mixtur aus buddhistischen und hinduistischen Symbolen auf. Südlich der Pagode steht die Stupa des Königs *Suramarith* (1896–1960; Vater von Siha-

Königspalast

1 Eingang
2 Chan Chhaya Pavillon
3 Thronhalle
4 Privatbereich König Sihanouks
5 Verwaltungsgebäude
6 Pavillon, vor dem der König die Elefanten bestieg
7 Villa (Geschenk der Franzosen)
8 Bakuh, Haus der Bramahnen
9 Banketthalle (Putschenie)

Silberpagode

10 Eingang
11 Stupa des Königs Norodom
12 Stupa des Königs Ang Duong
13 Reiterstandbild König Norodoms
14 Pavillon mit einem Fußabdruck von Buddha
15 Silberpagode
16 Mondap (Bücherei)
17 Phnom Mondap
18 Stupa der Tochter Sihanouks
19 Pavillon für königliche Zeremonien
20 Stupa des Königs Suramarith
21 Glockenturm
22 Bemalte Mauer

nouk), die mit rein buddhistischen Symbolen geschmückt ist. Ganz in der Nähe steht eine deutlich kleinere Stupa, die bestiegen werden kann und auf ihrem Gipfel in einem Gefäß, das die Form einer Lotusblume hat, die Asche der Tochter von Sihanouk enthält. Sie starb mit 5 Jahren an Leukämie. Auf der Rückseite der Silberpagode steht ein maßstabsgetreues Modell des Angkor-Wat-Tempels.

Auf den Innenwänden der **Mauer,** die die Silberpagode umgibt, ist in eindrucksvoller Weise die Geschichte des Ramayana gemalt. Obwohl dieses Epos dem Hinduismus entspringt, machten die Künstler daraus ein kambodschanisches Märchen, indem sie die Tempel von Angkor, buddhistische Pagoden und traditionelle Khmer-Kleidung in ihre Arbeit integrierten. Geschaffen wurde dieses über 500 m lange Gemälde um 1900. Die filigranen Malereien von Göttern, Ungeheuern und Schlachten wurden von polnischen Experten akribisch restauriert.

- Die Silberpagode liegt zwischen der 184. und 240. Straße. Der Eingang ist am Samdech Sothearos Blvd., links vom Eingang zum Königspalast. Geöffnet ist täglich, außer Mo, 7.30–10.30 und 14.00–17.00 Uhr. Der Eintritt kostet 3 $. Für Kamera 2 $, für Video 5 $.

Am Eingang warten englisch- und französischsprachige „Guides", die auf die Frage wieviel eine Führung kostet mit einem freundlichen „it's up to you" (das liegt an Ihnen) antworten. Mit 2–5 $, je nach Anzahl der Personen, sind sie zufrieden.

619 ka Foto: an

Nationalmuseum

Nationalmuseum

Die prägenden Elemente der „modernen" Kunst und Kultur Kambodschas stammen aus der vor sechs Jahrhunderten abgeschlossenen Angkor-Periode. Nirgendwo kann man aus kunsthistorischer Sicht diese Zeit besser nachvollziehen als im bestens dafür ausgestatteten Nationalmuseum von Phnom Penh. Die meisten Ausstellungsstücke sind aus der Angkor-Periode, doch reicht die Palette von antiken Statuen und Gebrauchsgegenständen vom Funan-Reich bis zum Beginn des 20. Jahrhunderts.

Untergebracht sind die Sammlungen in einem wunderschönen, in traditioneller Khmerarchitektur erbauten, roten Gebäude. **Das Museum** wurde in den Jahren 1917/18 erbaut. Unter Pol Pot blieb es sich selbst überlassen, und viele Gold- und Silberarbeiten wurden gestohlen. Zum Glück wussten die ungebildeten Soldaten der Roten Khmer nichts von dem unermesslichen Wert der Statuen. Am Ende des Terrorregimes wuchsen Gras und kleine Bäume in dem Museum, das am 13. April 1979, dem buddhistischen Neujahrsfest, wiedereröffnet wurde.

In vier Galerien sind Gebrauchsgegenstände der vielen Herrscher und Skulpturen in geschichtlicher Reihenfolge geordnet. Zu den beeindruckendsten und wertvollsten **Ausstellungsstücken** gehören:

- Ein achtarmiger Vishnu aus dem 6. Jahrhundert (Funan). Diese drei Meter große Statue wurde um 1920 in Angkor Borei im Süden Kambodschas entdeckt.
- Eine Statue von Harihara aus dem 7. Jahrhundert. Diese detaillierte Steinmetzarbeit zeigt einen Gott, der *Vishnu* und *Shiva* vereint. In der Prä-Angkor-Periode erfreute er sich großer Beliebtheit.
- Eine Statue von Jayavarman VII., einer der größten Könige und der unermüdlichste Baumeister der Angkor-Periode (1181–1218). Er machte den Buddhismus zur Staatsreligion und ist hier selbst als meditierender Buddha abgebildet.
- Ein schlafender *Vishnu* aus dem 11. Jahrhundert. Leider sind nur noch der Oberkörper und zwei Arme dieser einst 7 Meter langen, in Bronze gegossenen Statue erhalten. Seine Augen waren einmal mit Diamanten besetzt. Er gilt als das größte Meisterwerk seiner Zeit und wurde 1936 im Westlichen Baray in Angkor gefunden.
- Das Hausboot von König Ang Duong, dem Urgroßvater von Prinz Sihanouk. Um die Jahrhundertwende fuhr er damit auf dem Mekong und dem Tonle Sap.

Über die Höhen und Tiefen der Geschichte der Khmer geben die Skulpturen der Steinmetze einen hochinteressanten Einblick.

In der **Vor-Angkor-Periode** (600–800 n. Chr.) zeichnen sich die Statuen durch anatomische Genauigkeit, schmalen Körperbau, gelockte Haare und Kopfbedeckungen, die an die alten Ägypter erinnern, aus. Obwohl das Kunsthandwerk in dieser Periode bereits einen hohen Entwicklungsstand erreicht hatte, brauchten die Statuen noch Stützen, um stehen zu können.

In der **Blütezeit Angkors** (900–1200) erkennt man schon an den deutlich dickeren Figuren, dass der Lebensstandard gestiegen war. Die noch besser ausgebildeten Künstler legten viel Wert auf Details an Kopf und Bekleidung. Es entstanden immer mehr dynamische Statuen wie gehende Könige oder Kämpfer. Seit dieser Zeit konnten sie auch ohne künstliche Hilfe stehen.

Ende des 11. Jahrhunderts begannen die Kriegswirren im Lande, zu einer Zeit als Jayavarman VII. gerade einen Tempel nach dem anderen bauen ließ. Viele Statuen wurden benötigt, die aber auf Grund der unsicheren Situation so schnell wie möglich hergestellt werden mussten. Die Folge war, dass sich die Künstler nur noch auf das Gesicht konzentrieren konnten, während die Anatomie vollkommen vernachlässigt wurde. Nach Jayavarman dem VII. stürzte die gesamte Region in den Krieg. Künstler wurden zu Soldaten, und auch die weiten Transportwege des hochwertigen Sandsteins waren nicht mehr zu bewältigen. Dies war das Ende der hochentwickelten Steinmetzkunst. Aus schlechtem Material entstanden nun Figuren mit unproportionalen Beinen, plumpen Körpern und vernachlässigten Details.

Im 14. und 15. Jahrhundert war das frühere Angkor von den Thais besetzt, und die Khmer hatten nur noch Lebensraum im Süden des heutigen Landes und dem Mekongdelta, wo es praktisch keinen Sandstein gab. Die Könige waren verarmt und die Künstler nicht organisiert. Arbeiten aus dieser Zeit bestehen hauptsächlich aus Holz, das jedoch durch Termitenbefall stark beschädigt ist.

- Die Ausstellungsstücke sind auf Englisch und Französisch beschriftet. Einen Katalog mit genauen Beschreibungen in Englisch gibt es an der Kasse. Die Bezahlung für einen Guide ist „up to you" und sollte je nach Zeitaufwand und Engagement zwischen 2 und 3 $ betragen.
- Das Nationalmuseum befindet sich fast neben dem Königspalast, zwischen der 178. und der 184. Straße. Der Eingang ist von der 13. Straße aus zu erreichen. Täglich 8.00–11.00 und 14.00–17.00 Uhr geöffnet. Der Eintritt kostet 3 $.

Fotografieren ist nicht erlaubt. Broschüren, Postkarten und Bücher gibt es am Eingang zu kaufen.

Tuol-Sleng-Museum

Der traumatischen Vergangenheit Kambodschas wurde hier ein eindringliches Mahnmal gesetzt. In diesem **Konzentrationslager** (17.4.1975 bis 7.1.1979) wurden unter *Pol Pot* an die 20.000 Kinder, Frauen und Männer inhaftiert, gefoltert und anschließend auf bestialische Weise in Choeung Ek ermordet. Als Deutscher ist man in besonderer Weise berührt, da sich Vergleiche mit den Konzentrationslagern im Dritten Reich aufdrängen.

Die frühere Schule *Tuol Svay Prey* wurde nach der Machtergreifung *Pol Pots* in die **Folterkammer S 21** (Security Office 21) verwandelt. Fast niemand, der hierher kam, überlebte. Zu Beginn wurden in den Zellen hauptsächlich Angehörige der Regierung Lon Nol „verhört". Doch auf Grund von Säuberungsaktionen in den eigenen Reihen füllten später immer mehr Offiziere und Kader der Roten Khmer das Gefängnis. Exekutionen wurden in S 21 nicht durchgeführt, jedoch starben viele an den Folgen der Folter, weshalb hinter den Phnom Gebäuden ein Massengrab eingerichtet wurde. Hingerichtet wurden die Gefängnisinsassen auf den berüchtigten *Killing Fields* außerhalb Phnom Penhs, zu denen sie nachts mit Lastwagen transportiert wurden.

Folterwerkzeuge, Einzel- und Massenzellen, sowie schaurige Bilder vom Alltag in Tuol Sleng, die *Vann Nath,* einer der wenigen Überlebenden von S 21, malen ließ, lassen einen die hier verübten Grausamkeiten nur erahnen. Endlose Galerien von Porträts der Gefangenen, die peinlichst genau bei der Internierung registriert und fotografiert wurden, hängen an den Wänden. Frauen (teilweise mit Babys auf dem Arm), Männer und Jungen blicken apathisch in die Kamera und lassen den Betrachter erschaudern.

Der berüchtigte Leiter des Gefängnisses, *Kaing Guek Eav,* besser bekannt unter dem Namen *Duch,* war 2009 der erste und mit 66 Jahren der jüngste der fünf Angeklagten des Autogenozid, welchem vor dem Rote-Khmer-Tribunal der Prozess gemacht wurde.

Angesichts dieses schrecklichen Ortes darf nicht vergessen werden, dass das Museum von den Vietnamesen nach der Vertreibung der Roten Khmer eingerichtet wurde. Diese brauchten damals dringend eine Rechtfertigung für die Besetzung Kambodschas. Das Konzentrationslager S 21 kam ihnen da äußerst gelegen.

Tuol Sleng besteht aus 4 Gebäuden, eingeteilt von A bis D.

Im **Gebäude A** befinden sich große Einzelzellen in denen die Gefangenen, meist Angehörige der Khmer-Rouge-Kader, auf Pritschen angekettet waren. Hier fanden die vietnamesischen Soldaten auch die letzten Opfer, denen noch die Kehlen durchgeschnitten wurden, bevor die Gefängniswärter flohen. Die 14 Leichen wurden vor den Zellen begraben.

In den Räumen im **Gebäude B** hängen die Portraits der zahllosen Opfer an den Wänden. Darunter auch Australier, Inder und Afrikaner, die als Spione verdächtigt wurden. Bilder von den Massakern auf den Killing Fields und eine Büste Pol Pots machen das Horrorkabinett komplett.

Das **Gebäude C** ist komplett mit Stacheldraht verhängt. Nach dem Selbstmord einer Frau, die sich aus dem zweiten Stock stürzte, führte man dies als „Sicherheitsmaßnahme“ ein. Die Gefangenen wurden entweder in winzigen Einzelzellen oder in Gruppen in den ehemaligen Klassenzimmern verwahrt.

Im letzten **Gebäude D** hängen Bilder von *Pol Pot* und *Ieng Sery,* denen Besucher die Augen ausgestochen und mit Graffiti gegen *Pol Pot* beschmiert haben. Die Fotos daneben zeigen den Gefängnisdirektor *Duch,* und seine sadistischen Mitarbeiter. Die authentischen Bilder des Malers *Vann Nath* zeigen die unvorstellbare Grausamkeit in diesem Gefängnis. Wer das lebhafte Treiben in den Straßen von Phnom Penh kennt, den erschüttern die Fotos der menschenleeren Hauptstadt aus den Jahren 1975 bis 1979 besonders. Eine makabere Landkarte aus Totenköpfen zeigt das Land mit Tonle Sap und Mekong als blutverseuchten Gewässern. Neben den damals verwendeten Folterinstumenten sind hier vor allem die historischen Fotodokumente, die von den Roten Khmer während ihrer Herrschaft gemacht wurden, beachtenswert. Zu sehen sind Bilder aus Phnom Penh und von den ehemaligen Führungskadern der Guerilla.

In gesonderten Räumen, der Öffentlichkeit nicht zugänglich, werden zahlreiche Dokumente und Fotos aufbewahrt, die noch auf ihre Auswertung warten.

● Das Museum liegt im Süden der Stadt. Der Eingang ist in der 103. Straße (manchmal auch als 113. Straße bezeichnet), nahe der Kreuzung mit der 350. Straße. Täglich geöffnet 7.30–17.30, Eintritt 2 $. Ein Führer ist nicht unbedingt erforderlich, da die Bilder für sich sprechen. Wer jedoch Informationen über

Details haben möchte, findet englisch- und französischsprachige Khmer, denen 2–3 $ für eine Führung bezahlt werden sollten. Filmvorführungen täglich 10.00 und 15.00 Uhr.

Wat Phnom

Dieser mit riesigen Bäumen bewachsene Hügel inmitten der Stadt gab Phnom Penh seinen Namen. Er wurde laut einer Legende von Menschenhand aufgeschüttet. Auf seinem Gipfel stehen eine Pagode, ein dem Mahayana-Buddhismus geweihter Altar und eine gewaltige Stupa.

Erbaut wurden der Hügel und seine Pagode 1372, als eine Frau Penh am Ufer des Mekong vier Buddhastatuen fand und, um ihnen einen angemessenen Platz zu geben, den Wat Phnom mit Freunden aufschüttete. Ihr zu Ehren wurde er Phnom Penh (der Hügel der Penh) genannt. Die zuerst aus Holz errichtete Pagode wurde mehrmals renoviert und 1806 erstmals aus Beton erbaut. 1926 wurde sie das letzte Mal restauriert und bekam ihr heutiges Aussehen.

Integriert in das tägliche Leben der Phnom Penher, ist die Wat Phnom besonders an Wochenenden lebhaft besucht. Die Menschen kommen hierher, um Freunde zu treffen oder weil sie eine Insel der Ruhe in der hektischen Großstadt suchen. Außerdem, so der überlieferte Glaube, bringt es Glück, diesen Platz zu besuchen. Die Khmer bitten in der Pagode für gute Schulnoten, um die Verbesserung ihrer wirtschaftlichen Situation oder generell für eine friedlichere und bessere Zukunft. Wenn ihnen ein Wunsch erfüllt wurde, bedanken sie sich mit Jasmingirlanden und Obst, die als Opfergaben am Altar der Pagode dargebracht werden. Häufig ist die ganze Verwandtschaft bei diesem Ritual anwesend.

Der Hügel ist von einer **Parkanlage** umgeben. Wahrsager, Wunderheiler, Glücksspieler und sonderbare Heilige sind den ganzen Tag über unter den großen schattigen Bäumen zu finden. Große Menschentrauben bilden sich um Märchenerzähler und Artisten. Wer sich für die Zukunft absichern möchte, kauft nach buddhistischer Tradition ein paar Spatzen aus einem der überfüllten Käfige, die hier von Händlern herumgetragen werden, und lässt sie fliegen. Ihren Erlösern sollen sie Glück und Reichtum bringen.

Der **Haupteingang** liegt an der östlichen Seite (19. Straße). Über eine große, rotbraune Treppe, die zwischen zwei siebenköpfigen *Nagas* sowie Wächtern und Löwen aus der hinduistischen Symbolwelt hindurchführt, gelangt der Besucher zur Pagode. **Das Innere der Pagode,** der Altar und die Gemälde aus dem Leben Buddhas, wurden dezent restauriert, und durch die verwendeten Erdfarben blieb der historische Charakter erhalten.

Außerhalb der Pagode, an der Westseite, steht die Statue der Frau Penh. Der Boden vor ihrem kleinen Altar ist rosa gekachelt. Abends, bevor der Wächter nach Hause geht, wird die verklärt lächelnde Frau Penh liebevoll in eine safrangelbe Robe gehüllt. Daneben erhebt sich eine gewaltige Stupa, die die Asche des Königs *Ponhea Yat* (1404–1467) enthält. Er gründete 1434 die Hauptstadt Phnom Penh und renovierte die Wat Phnom. Die Stupa ist mit vielen hinduistischen Symbolen verziert.

Nördlich, etwas unterhalb der Pagode, liegt das **Heiligtum Preah Chau.** Es wird von Vietnamesen und Chinesen besucht, die dem Mahayana-Buddhismus angehören. In einem kleinen Raum stehen die Figur des *Preah Chau* mit einem elektrischen Heiligenschein und ein mit Kacheln ausgelegter Tisch für Opfergaben wie Bananen, Mangos, Geld und Räucherstäbchen. Er dient gleichzeitig als Altar. Zwei Figuren in chinesischem Stil, links *Thang Cheng* und rechts *Thang Thay*, rahmen ihn ein. Auch ein Gemälde von Konfuzius und die Figur eines achtarmigen Vishnu schmücken das Heiligtum.

Im Norden, am Fuß des Hügels, wo sich einst der Zoo befand, entsteht ein dreistöckiges Bauwerk mit einer Stupa. Es wird **Sakayamoni Chedi** heißen und einen Knochen Buddhas, der bisher in einer kleinen Stupa vor dem Bahnhof lag, aufbewahren. Diese heilige Reliquie war 1957, anlässlich der 2500. Wiederholung des Todestages Buddhas, ein Geschenk Sri Lankas an Kambodscha. Zurzeit sind die Bauarbeiten eingestellt.

Auf der Südseite des Hügels steht die lebensgroße, vergoldete **Statue des König Sisowath** (1904–27). Zu seiner Rechten sind drei Frauen als Halbrelief dargestellt. Sie repräsentieren die Provinzen Battambang, Siem Reap und Sisophon, die einst von Thailand annektiert und 1907 wieder an Kambodscha zurückgegeben wurden.

- Wat Phnom liegt am Beginn des Norodom Blvd. im nördlichen Teil der Stadt. Die Pagode und das Praeh-Chau-Heiligtum werden vor Einbruch der Dunkelheit wegen der Gefahr von Diebstählen geschlossen. Eintritt 1 $.

Weiterhin Sehenswertes

Olympisches Stadion

Es lohnt sich nicht, seinen Kopf weiter zu zerbrechen – in Phnom Penh fand nie eine Olympiade statt. Der große Sportkomplex wurde 1962–64 für die Spiele der GANEFO (games of the new emerging forces), einer chinesischen Sportinitiative, gebaut. Die Spiele fanden nur ein einziges Mal statt und zwar 1966 in Kambodscha. Damals nahmen 18 Staaten, überwiegend aus Südostasien und den arabischen Ländern, daran teil. Kambodscha brachte es auf 13 Goldmedaillen.

Unter Pol Pot wurde alles, was nicht niet- und nagelfest war, abmontiert und anderweitig verwendet. Die Sporthallen dienten als Munitions- und Warenlager und auf dem Rasen des Fußballplatzes wurde Gemüse angebaut.

Auf einer riesigen Fläche inmitten der Stadt stehen ein Fußballstadion mit 80.000 Sitzplätzen und eine Halle für Ballsport und Boxkämpfe mit 10.000 Plätzen, deren großer Vorplatz oft für politische Veranstaltungen genutzt wird. Das Schwimmbecken mit Sprungturm wurde renoviert und zieht täglich die Jugend Phnom Penhs in Scharen an. Nebenan gibt es neu angelegte Tennisplätze (siehe Sport und Erholung), und ein paar Karatekids trainieren hier täglich in ihren weißen Anzügen.

Morgens zwischen 5.00 und 7.00 Uhr sowie Nachmittags ab 16.00 Uhr sind die Fuß- und Volleyballfelder zwischen den Gebäuden von Nationalmannschaften und Hunderten sportbegeisterter Phnom Penher belegt.

Das Stadion ist ein idealer Platz, um Leute kennenzulernen oder von den Zuschauertribünen am Schwimmbad den schönen Ausblick über die Dächer der Stadt zu genießen. Wer sich trotz der tropischen Temperaturen auf ein Volleyball- oder Fußballmatch einlässt, dem ist die Begeisterung der Phnom Penher Jugend sicher.

●Wo der Charles de Gaulle Blvd. auf den Preah Sihonouk Blvd. trifft, ist das Gebäude des Olympischen Stadions nicht zu übersehen.

Schule der Schönen Künste

Kambodscha ist ein Land, in dem viel Wert auf die Pflege traditioneller Kultur gelegt wird. Auch 20 Jahre Bürgerkrieg konnten das Bedürfnis des Volkes nach kultureller Identität, die ihre Wurzeln in Angkor hat, nicht ausrotten. Der lebende Beweis dafür ist die Kunstakademie, von den Franzosen lieblich säuselnd „l'école des beaux arts" genannt. Sie wurde 1965 gegründet und hieß anfänglich „Königliche Universität der schönen Künste". Nach dem Putsch unter Lon Nol nannte man sie nur noch Universität der Schönen Künste. dass die Roten Khmer für eine solche Institution nicht viel übrig hatten, wird niemanden verwundern. Sie wurde geschlossen und fast alle Lehrer ermordet. 1979 trafen sich die wenigen Lehrer, die den Alptraum Pol Pots überlebt hatten, und gründeten die Schule aufs neue, die heute offiziell den Namen **Université Royal des Beaux Arts** trägt. Die ersten Schüler waren ihre eigenen Kinder und die Waisen ihrer ehemaligen Kollegen. 1986 waren die ersten Schüler mit ihrer Ausbildung fertig. Ein großer Teil von ihnen wurde zu einer weiteren Ausbildung in sozialistische Bruderländer geschickt.

Die Akademie ist aufgeteilt in zwei Fakultäten, die an verschiedenen Orten in der Stadt untergebracht sind.

In der technisch orientierten Schule, die eher einer Universität gleicht, wird **Architektur, Archäologie** und **Kunst** (Plastiken, Malerei) gelehrt. Die etwa 1000 Studenten sind zwischen 14 und 30 Jahren alt. Die Voraussetzung für die Studiengänge Architektur und Archäologie ist der Abschluss der 11. Klasse einer staatlichen Schule. Für den künstlerischen Bereich genügt die 8. Klasse.

Am faszinierendsten sind jedoch die Unterrichtsfächer der choreografischen Fakultät. Hier wird **Tanz** (klassisch und folkloristisch), **Zirkusakrobatik, Theater und Musik** gelehrt. Im Jahr 1993 wurden hier 411 Schüler von insgesamt 58 Lehrern ausgebildet.

Ein unvergessliches Erlebnis ist der Besuch des klassischen **Tanzunterrichtes.** Hübsche, zierliche Mädchen (nur wenige Jungen) von manchmal erst sieben Jahren üben hier, gekleidet in klassische Kostüme, den traditionellen Tanz der Apsaras. Mit stoischer

Schülerin bei der Ausbildung zur klassischen Tänzerin

Konzentration und unter monotonem Gesang, „Ting, Ting, Ting", trainieren diese Kinder viele Jahre lang die diffizilen Bewegungen, die den Khmertanz ausmachen, bevor sie das erste Mal öffentlich auftreten.

Die Karriere dieser Schüler beginnt mit einer Aufnahmeprüfung. Für die musikalische **Ausbildung** werden sie ab 9 Jahren aufgenommen, für Theater, Zirkus oder Tanz noch jünger. Dem künstlerischen Schwerpunkt ist der Vormittag gewidmet. Am Nachmittag findet regulärer Unterricht statt. Nach Abschluss der 11. Klasse haben sie die allgemeine Hochschulreife und können an jeder Universität in Phnom Penh studieren. Viele machen jedoch eine weitere fünfjährige Ausbildung und werden Lehrer an der Kunstakademie. Die Besten jedes Jahrgangs bekommen eine feste Anstellung am *Theatre Nationale de Spectacle*.

Zum Entsetzen vieler mussten die beiden Fakultäten für Tanz und Musik aus dem alten Gelände weichen. Jetzt ist die Schule in einem neuen sterilen Gebäude in der Nähe des Flughafens untergebracht, das in der Regenzeit für Monate unter Wasser steht und nur noch selten von Ausländern besucht wird. Der Frust der Studenten, Tanz- und Kunstlehrer über eine politische Entwicklung, die nur noch an Gewinnmaximierung interessiert ist und Kunst und Kultur an den Rand drängt, ist verständlich.

● Die Gebäude der technischen Fakultäten liegen hinter dem Nationalmuseum. Am Eingang in der 184. Straße gibt es einen Laden, in dem Schüler und Lehrer ihre Produkte ausstellen und verkaufen. Wer freundlich fragt, wird sicher jemanden finden, der einem die Universität zeigt.

Apsara Art Association

Die Musiker und die reizenden Tänzerinnen der *Apsara Art Association,* einer im Gegensatz zur *Schule der Schönen Künste* privat mit Spendengeldern finanzierten Einrichtung, sind Waisen oder kommen aus sehr armen Familien in der Nachbarschaft. Die Jungen, die im Waisenhaus leben, lernen den Khmer-Tanz sowie das *Pin Pheat,* die klassische Khmer-Musik. Die Mädchen, teilweise erst 6 Jahre jung, werden zu **Apsaratänzerinnen** ausgebildet. Die Einnahmen durch öffentliche Auftritte und Spenden der Besucher werden für den Unterhalt

613ka Foto: an

und die Ausbildung der Kinder verwendet. Durch ihren mittlerweile großen Bekanntheitsgrad hatten sie bereits Auftritte in Frankreich, Estland und Litauen.

Frau *Vong Metry,* die Leiterin der Schule, hat vor Pol Pot als klassische Tänzerin im Königspalast gelebt. Ihrem Engagement ist es zu verdanken, dass aus dieser sozialen Einrichtung eine kleine Erfolgsstory geworden ist. Die einstmals kleine Hütte, in der 1998 alles begann, konnte ausgebaut und immer mehr Kindern aus sozial schwierigen Verhältnissen eine fundierte Tanz- und Musikausbildung geboten werden. Geblieben sind die persönliche Atmosphäre und die herzlich Art, mit der Besucher während der Übungsstunden (täglich außer Sonntag 7.00–11.00 und 14.00–17.00 Uhr) empfangen werden. Eine kleine Spende ist obligatorisch. Samstags gibt es eine Aufführung mit Kostümen und Masken um 19.30 Uhr, Eintritt 5 $.

• Dort, wo der Pochentong Blvd. auf den Kampuchea Krom Blvd. trifft (hinter der Universität) beginnt die Straße 598. Nach ca. 1 Kilometer liegt das Holzgebäude (Hausnummer 71) auf der linken Seite (großes Schild). Tel. 012/857424, www.apsara-art.org.

Vetika Oumtouk

Gegenüber dem Königspalast steht am Ufer des Tonle Sap ein **Pavillon in klassischer Khmerarchitektur.** Er hat auf jeder Seite einen kleinen buddhistischen Altar, an dem Räucherstäbchen geopfert werden. Während des Wasserfestivals der „wechselnden Strömungen" (*Bon Oumtouk*) beobachten hohe Politiker und offizielle Gäste von hier aus die Bootsrennen auf dem Fluss. Doch auch außerhalb des Festes ist ein Besuch der Vetika Oumtouk, besonders nachmittags und abends, ein Erlebnis. Gruppen von Kindern verwandeln die betonierten Ufer des Flusses in eine turbulente Badeanstalt. Verkäufer bieten Gebäck, Obst und Getränke an. Bastmatten werden auf dem Boden ausgebreitet, auf denen Familien Platz nehmen und angebrütete Enteneier, Tintenfische und gekochte Maiskolben essen. Die Kleinen bekommen ein Eis und einen großen Luftballon. Der Sonnenuntergang lässt Tonle Sap und Mekong in roten und orangenen Farbtönen schillern. Im Schutz der Dunkelheit nutzen junge Liebespaare die Chance in der noch keuschen Stadt für ein romantisches „tête à tête".

Wer hier morgens zwischen 4.00 und 6.00 Uhr vorbeikommt, wird seinen Augen nicht trauen und im ersten Moment wohl den Restalkohol für diese gespenstische Erscheinung verantwortlich machen. Auf dem Rasen zwischen der Vetika Oumtouk und dem Königspalast versammeln sich im Morgengrauen hunderte, vor allem ältere Einwohner von Phnom Penh, um hier gemeinsam Aerobic und Gymnastik zu machen.

The Buddhist Institute

In erster Linie eine Bibliothek, die neben vielen Büchern auf Khmer auch eine brauchbare Auswahl an englischer und französischer Literatur bietet. Manchmal versteckt sich sogar ein deutsches Exemplar in den Regalen. Vor allem Schüler und Studenten nutzen die Bibliothek, um für Referate zu recherchieren. Im Erdgeschoss befinden sich Bücher über Asien sowie über Kunst, Literatur und Geschichte der Khmer und die Tempel von Angkor. Der erste Stock ist dem Buddhismus gewidmet. Ein Besuch lohnt sich für Reisende, die Muße haben, sich intensiver mit Kambodscha zu beschäftigen bzw. wissenschaftlich oder journalistisch tätig sind. Die anwesenden Schüler und Studenten sind immer an einem Gespräch mit einem „barang" interessiert. Bücher können nicht ausgeliehen werden.

- Das hübsche Gebäude steht im Hun Sen Park, im Schatten des Naga Casinos. Geöffnet Mo–Fr 7.30–11.00 und 14.30–17.00 Uhr.

Independence Monument

Diesem mächtigen, roten Turm (erbaut 1958) diente das zentrale Heiligtum des Bakong-Tempels in Angkor (Roluos Gruppe) als Vorlage. Er ist mit vielen *Nagas* verziert und wurde zur Erinnerung an die damals von König Norodom Sihanouk am 9. November 1953 erlangte Unabhängigkeit von Frankreich erbaut. Unter der vietnamesischen Besatzung wurde das Denkmal zu Ehren der Kriegstoten und als Zeichen für den Sieg über die Roten Khmer in Victory Monument umbenannt. An nationalen Feiertagen werden hier Kränze niedergelegt.

- Das Denkmal liegt an der Kreuzung von Norodom und Preah Sihanouk Blvd.

Pagoden

In Phnom Penh gibt es über 20 Pagoden, von denen mittlerweile fast alle renoviert sind. Unter Pol Pot wurden alle Bonzen aus den Pagoden in Phnom Penh vertrieben oder ermordet. Gold und Silber wurde gestohlen, die religiösen Gebäude zweckentfremdet oder dem Verfall überlassen. Nur in der Wat Ounalom sollen drei oder vier Mönche als Alibi für das mörderische System geduldet worden sein. Die bedeutendsten Pagoden wurden bereits unter den Vietnamesen wieder instand gesetzt, der Rest nach dem wirtschaftlichen Boom der Stadt unter den Vereinten Nationen von 1992 bis 1993. Viele Humanitäre Einrichtungen und Menschenrechtsor-

654ka Foto: an

Independence Monument

ganisationen haben sich heute auf ihren Grundstücken niedergelassen.

Neben den religiösen Aufgaben erfüllen viele Wats in Phnom Penh die Aufgabe von **Studentenwohnheimen.** Die jungen Männer kommen meistens vom Land und aus armen Verhältnissen. Eine höhere Schulbildung können sie sich nur leisten, da sie kostenlos in der Wat leben und essen dürfen.

Der **Besuch einer Pagode** in Phnom Penh gleicht einem Ausflug auf eine paradiesische Insel der Ruhe, mitten in der hektischen Großstadt. Viele Mönche und Studenten sprechen ein bisschen Englisch oder Französisch und sind gerne bereit, einem Ausländer ihre Wat zu zeigen (s. Verhalten in der Pagode). Die meisten Pagoden sind außerhalb der Meditationszeiten der Mönche aus Angst vor Dieben geschlossen. Wem für eine Besichtigung extra aufgeschlossen wird, sollte sich mit einer Spende in die *donation box* erkenntlich zeigen!

Wat Moha Montrei

Sie ist die belebteste und besuchenswerteste Pagode in Phnom Penh. Auf ihrem Gelände leben 250 Mönche und 300 Studenten. Umgeben wird sie von den Gebäuden einer großen öffentlichen Schule, in der abends noch Englisch für die Schüler und Bonzen unterrichtet wird, und einer Palischule. Vor *Pol Pot* sollen hier angeblich über 700 Bonzen gelebt haben.

Der Name wurde der Pagode von König Monivong gegeben. Zu Ehren seines Ministers, *Chakrue Ponn*, der die Initiative zum Bau der Pagode ergriffen hatte, wurde sie *moha montrei* (der große Minister) genannt. Über dem Altar erhebt sich ein 35 Meter hoher Turm, der 1970 erbaut wurde. Die Pagode ist renoviert und innen mit beeindruckenden Bildern aus dem Leben Buddhas bemalt.

- Die beste Zeit für einen Besuch ist morgens vor 9.00 Uhr oder abends zwischen 17.00 und 19.00 Uhr. Liegt südlich des Olympischen Stadions, an der Einmündung der 123. Straße in den Preah Sihanouk Blvd.

Wat Lanka

Die Wat Lanka gehört zu den ersten fünf Pagoden, die 1422 von König Ponhea Yat in Phnom Penh gegründet wurden. Sie diente als **Bücherei,** in der die heiligen Pali-Verse und ein Manuskript des Tripataka aufbewahrt wurden. Der Name Lanka kommt von den Mönchen aus Sri Lanka, die hier einst wohnten und den Buddhismus lehrten.

Nachdem sie unter Pol Pot stark beschädigt worden war, gehörte sie zu den ersten, die nach dem Einmarsch der Vietnamesen wieder aufgebaut wurden. Heute ist sie mit über 200 Mönchen eine der größten Wats in Phnom Penh.

Sie besteht aus zwei Etagen. Im Erdgeschoss befindet sich der *Sala* mit einem Altar für die alltäglichen Zeremonien. In dem großen Saal im ersten Stock wird nur bei besonderen religiösen Anlässen meditiert. Beide Räume

Wat Bodum

sind mit prächtigen Wandmalereien aus dem Leben Buddhas verziert.

- Wat Lanka liegt nahe dem Independence Monument am Preah Sihanouk Blvd.

Wat Bodum

Sie steht inmitten einer parkähnlichen Umgebung zwischen großen Bäumen und einigen gepflegten Unterkünften für die Mönche. Wat Bodum macht einen besonders ästhetischen und beschaulichen Eindruck. Ihr Name bedeutet „Tempel der aufgehenden Lotusblume“. Sein Ursprung liegt darin, dass die Wat früher auf einer Insel stand, die von einem Teich mit vielen Lotusblumen umgeben war. Sie wurde 1989 renoviert und hat auf ihrem Gelände eine kleine Grundschule und eine Palischule. Die etwa 70 Mönche gehören der Dhammayuttika-Richtung an, eine Reformgruppe innerhalb des Theravada-Buddhismus, die einer strengeren Ordensrichtung folgt.

In der Pagode überragt eine riesige Statue, die den Buddha Somanakodom darstellt, den Altar, vor dem viele kleine Buddhaabbildungen stehen. An der Decke über dem Altar kann man auf einem Bild alle fünf Buddhas sehen, die schon geboren wurden bzw. noch geboren werden. Bis hinauf unter das Dach ist der ganze Innenraum mit Bildern und Geschichten über das Leben Buddha Gautamas gechmückt.

Um die Pagode stehen viele weiß getünchte Stupas unterschiedlicher Größe. Die höchste von ihnen ist oben mit einem viergesichtigen Kopf, der

Phnom Penh

621ka Foto: an

Darstellung des Bothisattva (Angkor), geschmückt und enthält die Asche eines Bruders des Königs *Norodom*. Nördlich der Pagode ist eines der Boote untergebracht, das während des Festes Bon Oumtouk bei den Ruderwettbewerben auf dem Tonle Sap eingesetzt wird. Es ist 25 Meter lang, 35 Wettkämpfer haben darin Platz.

● Besucher finden die Wat Bodum südlich des Königspalastes, an der 13. Straße zwischen 244. und 264. Straße.

Wat Ounalom

Auch sie gehört zu den ersten fünf Pagoden, die 1422 unter König *Ponhea Yat* erbaut wurden. Vor *Pol Pot* lebten hier 500 Mönche. Während seiner Schreckensherrschaft sollen hier die einzigen paar Mönche in der ganzen Stadt gelebt haben. Wat Ounalom ist die bedeutendste Wat in Kambodscha, da hier das religiöse Oberhaupt des Landes, *Somphat Te Wong*, residiert. Ein Knochen seines berühmten Vorgängers, *Somphat Tschunath*, liegt in der großen Betonstupa und wird von alten Frauen bewacht.

Auf dem Gelände stehen zwei große Gebäude.

Der klotzig wirkende **Betonbau** mit quadratischem Grundriss besteht aus zwei Stockwerken und hat einen Aufbau, der dem zentralen Turm von Angkor Wat gleicht. Dieser lieblose Bau gehört nicht zu den Prunkstücken der Khmer-Architektur. Er hat einen großen Saal mit einem Altar und wird für Versammlungen genutzt.

Das wesentlich schönere, **gelbe Gebäude** mit den grünen Giebeln und den weißen „Flammen" auf dem Dach, ist die Pagode. Da sie aus Angst vor Dieben nur frühmorgens geöffnet ist, bekommen nur die Touristen, die rechtzeitig aufstehen, die im Inneren aufbewahrten Schätze zu sehen.

Trotz ihrer Bedeutung und den über 200 Mönchen und zahlreichen Studenten, die heute hier leben, macht die Wat Ounalom von allen Pagoden im Land den sterilsten Eindruck.

Am südöstlichen Eingang befand sich bis 1975 die *Bibliothek des buddhistischen Institutes*, die die Roten Khmer fast völlig zerstörten. Sie wurde zwar wiedereröffnet, doch ist die Literaturauswahl, was den Buddhismus betrifft, sehr bescheiden.

● Wat Ounalom liegt an der Ecke Samdech Sothearos Blvd. und 154. Straße. Die Pagode ist nur frühmorgens geöffnet.

Wat Sarawan

Diese unscheinbare Pagode ist eine der wenigen, die noch nicht renoviert wurden. Diese Ursprünglichkeit verleiht dem hübschen kleinen Bauwerk aus dem Jahr 1936 eine ländliche Atmosphäre. Auch wenn die wundervollen Gemälde im Inneren durch die Feuchtigkeit abzublättern beginnen und fleckig geworden sind, haben sie von ihrer Ausstrahlung nichts verloren. An dem Altar sitzt in Meditationshaltung ein mächtiger, vergoldeter Buddha, an dessen Schoß viele kleine, sehr filigran gearbeitete Buddhastatuen in unterschiedlichen künstlerischen Stilformen stehen.

Heute leben an die 200 Mönche in den Unterkünften um die Pagode.

Vorsicht Schuhdiebe! Beim Betreten der Pagode sollte man seine ausgezogegen Schuhe nicht aus den Augen lassen.

•Die Wat Sarawan liegt an der Ecke 178. und 63. Straße.

Wat Mankul Wan

Diese kleine, renovierte Pagode liegt abseits jeder Touristenpfade, ist jedoch wegen ihrer zentralen, aber versteckten Lage einen Besuch wert.

Rechts vom Eingang, über den man das Gelände betritt, liegt die 10 Meter lange Statue eines schlafenden Buddhas, die 1992 entstand.

Im Park ist der **Zirkel des Lebens** von der Geburt bis zum Tod anhand lebensgroßer Figuren dargestellt. Von ihnen stehen leider nur noch die letzten drei, der alte, der kranke und der tote Mann. Die Gesichtsausdrücke sind grotesk. Die weit heraushängende Zunge und die hervorquellenden Augen des toten Mannes lassen die ironische Einstellung des Künstlers zum Tod nicht übersehen.

•Wat Mankul Wan, in der lediglich ein Dutzend Mönche leben, ist auch unter dem Namen Wat Tvay Bonkun bekannt und liegt in der Nähe des Zentrums am Monivong Blvd. an der Kreuzung von 109. und 118. Straße.

Wat Than

Der Besuch dieser kleinen Pagode mit ihren ca. 20 Mönchen ist wegen der hier ansässigen Hilfsorganisationen lohnenswert. Dieses Projekt, das sich „Maryknoll Skill Training Program for Landmine & Polio Disable" nennt, gibt Minenopfern und Kambodschanern, die an Kinderlähmung erkrankt sind, die Möglichkeit, eine Ausbildung zu bekommen. Im Mittelpunkt steht Weben, Schneidern sowie die Herstellung kleiner Souvenir-Artikel, die an Besucher verkauft werden. Der Ertrag fließt in die Taschen der Behinderten, die damit ermutigt werden sollen, mit diesem Geld in ihre Dörfer zurückzukehren und ein kleines Business zu eröffnen. Ohne diese Ausbildung und dieses Grundkapital würden sie ihren Familien zur Last fallen oder als Bettler auf der Straße enden. Auch das Schreinerhandwerk, Schreibmaschine und Computer werden dort unterrichtet.

•Wat Than liegt am Norodom Blvd. ca. 500 m südlich des Independence Monument.

Dubai-Moschee

Die größte Moschee in Kambodscha ist ein Geschenk der Vereinigten Arabischen Emirate. Sie wurde im Dezember 1994 fertiggestellt und liegt nicht, wie die meisten Moscheen in diesem Land, in einer Chamgemeinde, sondern isoliert von der islamischen Minderheit am Boeng Kak See. Die Dubai Moschee integriert in erster Linie Moslems aus aller Welt, die in Phnom Penh leben oder arbeiten. Unter der Woche liegt sie vereinsamt an der Gasse zum Lakeside und nur einige Studenten aus der Provinz, die ähnlich wie ihre buddhistischen Kommilitonen in den Pagoden, hier während des Studiums eine billige Unterkunft gefunden haben, besuchen das zwölf Uhr Gebet. Ganz anders ist es am Freitag, dem wichtigsten islamischen Feiertag, wenn dem Ruf des Muezzin zum Mittagsgebet bis zu 200 Gläubige aus Kambodscha, Malaysia, Bangladesch, Pakistan, etc. folgen.

● Vor dem Calmette-Krankenhaus biegt links eine Straße zum Boeng Kak See ab, die genau auf die Dubai Moschee zuführt.

Märkte

Psah Thmay (Neuer oder Zentralmarkt)

Im Sprachgebrauch hat sich der Name Central Market unter Ausländern durchgesetzt. Die richtige Übersetzung bedeutet jedoch „Neuer Markt".

Sein 1936 während der französischen Kolonialzeit im Art-déco-Stil erbautes, gelbes Hauptgebäude ist zu einem Wahrzeichen Phnom Penhs geworden, das derzeit einer Generalüberholung unterzogen wird. Seine vier Seitengebäude streckt es wie die Tentakel einer Krake in das Chaos der dazwischenstehenden Buden. Unter der Kuppel, im Zentrum des Marktes, haben sich Schmuck-, Uhren- und Goldhändler zwischen Geldwechslern und einigen Souvenirständen niedergelassen. Wie in einem Irrgarten verläuft man sich zwischen den vielen, überschwenglich mit Ware ausgestatteten Buden, die dicht gedrängt nebeneinander stehen. Das Angebot ist unerschöpflich. Von Videos, Fernsehern, Kleidung, Schuhen, Obst, Gemüse, Fleisch, Fisch, Spielzeug, Haushaltsartikeln, Büchern und Schreibwaren bis hin zu frischen Bienenwaben, gerösteten Heuschrecken und Bananenbäumen gibt es hier alles. Große Auswahl an Stoffen, Kramas und Seidenartikeln. Wen der Hunger beim Einkaufen überkommt, findet auf der Westseite Stände, die einfache Gerichte anbieten. Touristen sind die große Hoffnung der zahlreichen Bettler und verkrüppelten Minenopfer.

● Der Markt liegt 100 Meter östlich der Kreuzung Kampuchea Krom und Monivong Blvd. Nicht zu übersehen!

Psah Tuol Tom Pong (Russenmarkt)

Während der Zeit des vietnamesischen Einflusses kauften dort für gewöhnlich die Russen ein, da sie hier geschmuggelte Westware fanden, die sie zu Hause nicht bekamen. Er ist mit Sicherheit der am meisten touristisch orientierte Markt Kambodschas und ein lohnendes Revier für Souvenirjäger. Doch gibt es hier noch andere, für den Touristen interessante Artikel, wie z.B. Bücher und Landkarten über Kambodscha, Filme und Fotoausrüstung, aus für den Export produzierte Kleidungsstücke und Raubkopien der neuesten amerikanischen Filme auf DVD sowie Computer-Software und Musik-CDs (2–3 $). Auch das für viele Traveller unerlässliche T-Shirt mit einem unverwechselbaren Aufdruck des bereisten Landes findet sich hier zuhauf.

Neben den üblichen Artikeln eines kambodschanischen Marktes gibt es eine reichhaltige Auswahl für den

Das Angebot an landwirtschaftlichen Produkten ist beeindruckend

Handwerker und Bastler. Von meterlangen Schrauben für den Schiffsbau über moderne elektrische Bohrmaschinen bis hin zum umfassenden Angebot an Fahrrad- und Motorradersatzteilen ist die Auswahl unerschöpflich.

Um den Markt gibt es einige kleine nette **Cafés,** die sich am westlichen Geschmack orientieren. Unter ihnen ist besonders das *Jars of Clay* an der 155. Straße mit seinen vielen leckeren Kuchen, Früchteshakes und Salaten zu moderaten Preisen empfehlenswert. Sonntags geschlossen.

- Der Markt Tuol Tom Pong liegt etwas außerhalb im Süden der Stadt an der Kreuzung 432. und 155. Straße.

Psah Chah (Alter Markt)

Der kleine, überschaubare Markt platzt aus allen Nähten. Mittlerweile sind auch die angrenzenden Gassen in das bunte Treiben mit einbezogen. Obwohl er die ganze Fülle der einheimischen Produkte zu bieten hat, wird er von Touristen selten besucht. Besonders sehenswert sind die Goldschmieden, die sich in der Mitte des Marktes befinden. Hier wird mit denkbar einfachen Mitteln hochwertiger Goldschmuck hergestellt, und wer sich bei den Künstlern verständlich machen kann, bekommt Ketten und Ohrringe nach eigenen Vorstellungen angefertigt. Neben einer großen Auswahl an Sarongs und Kramas gibt es auch ein beachtliches Angebot an Edelsteinen aus Pailin. Die Kioske auf der Südseite werden von verschiedenen internationalen Zigarettenmultis gesponsert. Auf geradezu obszöne Weise werben sie in riesigen Lettern um neue Kunden. Gleich daneben wird in Bambusrohren, die über Fahrräder gebunden sind, *toek thnaot,* der vergorene Saft der Zuckerpalme, verkauft.

- Psah Chah liegt an der Kreuzung von 13. und 110. Straße.

Nachtmarkt

Wenn die Markthallen des Psah Chah um 17.00 Uhr schließen, beginnen die Händler sich in Richtung der 110. Straße, aber auch in die angrenzenden Gassen auszubreiten. Neben Fisch-, Fleisch-, Obst- und Gemüseständen werden vor allem kleine Garküchen in Windeseile aufgebaut. Unter dem flackernden Licht von Petroleumfunzeln gibt es einfache und

616ka Foto: an

preiswerte einheimische Gerichte zu kaufen. Viele Hausfrauen und junge Mütter verdienen für ihre Familien ein Zubrot, indem sie hier köstliche Süßigkeiten aus Reis, Milch, Kokusnüssen und Früchten (siehe Essen und Trinken) anbieten. Diese, den Verhältnissen entsprechend hygienisch zubereiteten Leckereien, finden sich hauptsächlich in der 13. Straße. Geschlossen wird der Nachtmarkt gegen 22 Uhr.

Psah Kandal

Dieser Markt, der aus einer Halle, Ständen und einer großen offenen Fläche besteht, auf der die Händler ihre Waren auf dem Boden ausbreiten, heißt richtig übersetzt Zentral Markt. Wie auf jedem Markt in Phnom Penh ist die Palette des Angebots riesig. Am beeindruckendsten ist das Treiben in den frühen Morgenstunden, wenn Hunderte von Bauern ihr frisches Obst und Gemüse aufgeschichtet haben. Ansonsten ist der Markt eher von lokaler Bedeutung.

- Psah Kandal liegt nördlich der Wat Ounalom an der Ecke 13. u. 140. Straße.

Psah Olympic

Der 1994 erbaute dreistöckige Betonklotz ist mit Abstand der unattraktivste Markt im ganzen Land. Er wurde von dem reichsten und umstrittensten Khmer-Businessman, *Teng Boonma,* errichtet. Als die Händler von den alten Ständen in das neue Gebäude umziehen mussten, konnten sich viele die von Boonma verlangten hohen Mieten nicht mehr leisten. Erst durch die Intervention von König *Sihanouk* wurde dieses Debakel beendet.

Touristisch ist der Psah Olympic eher uninteressant, doch die Khmer schätzen ihn, da dort die besten und billigsten Stoffe in Phnom Penh angeboten werden.

Weitere Märkte

Nicht von großer touristischer Bedeutung, aber vielleicht gerade deshalb einen Besuch wert:

- **Psah Orasey:** in der 182. Straße nahe *Capitol G.H.*
- **Psah Samakey:** nahe der Kreuzung Kampuchea Krom und Preah Sihanouk Blvd.
- **Psah Depot:** an der Kreuzung Preah Sihanouk Blvd. und 132. Straße.
- **Psah Dumkor:** an der Kreuzung Mao Tse Tuong und Monireth Blvd.
- **Psah Kabko:** etwas versteckt, südöstlich der Kreuzung Samdech Sothearos und Preah Sihanouk Blvd.

Ankunft

Am Flughafen

Der **Pochentong International Airport** ist meiner Meinung nach einer der edelsten und stilvollsten Flughäfen in Asien. Allerdings ist die Airport Tax mit 25 $ auch eine der höchsten auf der ganzen Welt. Das Passagieraufkommen steigt ständig, doch ist dem Flughafen seine übersichtliche Provinzionalität geblieben.

Am meisten begeistert die Erteilung des **Visums,** einer zolltechnischen Fließbandarbeit, bei der die Ausweise durch mindestens zehn Hände laufen. Um das Visum am Flughafen ausgestellt zu bekommen, muss man das Formular *Visa Application Form* ausfüllen und ein Passfoto zusammen mit dem Reisepass abgeben. Mit dem Visum passieren Sie die Grenzbeamten, wo Sie die *Arrival Card,* die mit der Zollerklärung *(Custom Declaration),* im Flugzeug ausgeteilt wird, abgeben und den *entry stamp* (Einreisestempel) erhalten. Eine zeitraubende Angelegenheit, da jeder Ausweis extra eingescannt wird. Gleich dahinter ist die Gepäckausgabe. Bei der anschließend folgenden großzügig abgewickelten **Zollkontrolle** geben Sie die Zollerklärung ab.

Vor der Zollkontrolle, neben den Toiletten, stehen zwei **ATM-Terminals** (Bankomaten). Hier kann mit allen gängigen Kreditkarten Bargeld abgehoben werden. Ausgezahlt werden nur Dollars. Nachdem man ins Freie gelangt ist, passiert man die Autotaxi und Mopedtaxi Assosiation. Hier können die Fahrten in die Stadt gebucht werden. Das AC-Taxi kostet 7 $ und das Moped 2 $, egal wohin in Phnom Penh.

Mit Boot und Bus

Egal, an welchem Ort ein paar Touristen in Phnom Penh abgeliefert werden, Trauben der omnipräsenten Motorradtaxis (Motodup und Tuk Tuks) formieren sich vor den Ankömmlingen und buhlen lautstark um Gäste. Die Fahrt zu einem Hotel oder Guest House innerhalb der Stadt sollte zwischen 2500 und 4000 Riel pro Person kosten. Autotaxis sind nur selten anzutreffen.

Mit dem Taxi aus der Provinz

Wer mit dem Sammeltaxi aus der Provinz kommt, wird meistens bis zu seinem Hotel gebracht. Doch kann es auch vorkommen, dass der Fahrer nach einer langen Fahrt keine Lust mehr hat, sich durch den chaotischen Verkehr der Großstadt zu kämpfen. Er lässt seine Fahrgäste dann meist am Psah Thmay bzw. Sorya-Busstation aussteigen, wo sich leicht ein Motorradtaxi oder Tuk Tuk finden lässt.

Stadtverkehr

Cyclo

Es ist das klassische Verkehrsmittel der Stadt, wird aber immer mehr vom schnelleren Motodup oder Tuk Tuks verdrängt. Jedoch ist das Cyclo wesentlich gemütlicher, eignet sich auch zum Transport von viel Gepäck und ist bei Überschwemmungen die trockenste Möglichkeit, sich fortzubewegen. Der Kilometerpreis entspricht dem des Motorradtaxis. Fahrten im Innenstadtbereich dürfen nicht mehr als 2000 bis 3000 Riel kosten. Nachts und bei starkem Regen erhöhen sich die Preise. Dieses exotische, vom Aussterben bedrohte Verkehrsmittel, sollte, wann immer möglich, dem Motorradtaxi vorgezogen werden (s. auch Exkurs zu den Cyclos).

Fahrräder

Das einstige proletarische Massenverkehrsmittel wird nun mehr und mehr von den Mopeds verdrängt. Nur Ausländer, Kinder, Studenten oder Angehörige der Unterschicht benutzen es noch. Dieses billige, umweltfreundliche Gefährt eignet sich hervorragend zur Erkundung der näheren Umgebung. Die ersten Mountainbikes sind bereits in der Stadt zu sehen. Noch gibt es keine zum Ausleihen, obwohl sie bei dem schlechten Zustand vieler Straßen ideal wären.

Fahrräder werden von den meisten Guest Houses für ungefähr 4 $ pro Tag vermietet.

Motorradtaxi (Motodup)

Das beliebteste und schnellste öffentliche Verkehrsmittel. Es ist rund um die Uhr fast überall in der Stadt zu finden. Die Motodup-Fahrer unterscheiden sich von anderen Mopedfahrern durch ihre Schirmkappe. Um nicht nachher lange diskutieren zu müssen, ist es empfehlenswert, den Preis vorher festzulegen. Er richtet sich nach den momentanen Benzinpreisen und sollte in Riel bezahlt werden. Eine Fahrt im Stadtzentrum darf nicht mehr als 2000 bis 3000 Riel kosten. Bei zwei Personen erhöht sich der Preis um 1000 Riel. Spät abends werden etwa 50–100 % Aufschlag berechnet.

Tuk Tuk (Romok)

Sie gibt es erst seit wenigen Jahren in Phnom Penh und sind nach ihren Vorbildern in Thailand benannt, auch wenn sie anders aussehen und weniger stabil sind. Bei einem Khmer-Tuk Tuk (*romok* auf Khmer) handelt es sich um einen **überdachten Anhänger für 4 erwachsene Personen,** der von einem Mo-

103ka Foto: an

ped gezogen wird. Der Vorteil gegenüber den Motodups ist eindeutig der Fahrkomfort und vor allem, dass der Fahrgast gegenüber Sonne und Regen geschützt ist. Nachteil: Im dichten Straßenverkehr von Phnom Penh sind sie nicht viel schneller als Autos und kosten doppelt so viel wie Cyclos oder Mopedtaxis – dafür können aber auch mehr Leute mitgenommen werden. Tuk Tuks dominieren mehr und mehr das Straßenbild – vor allem an der Riverside, was häufig zu Parkplatzproblemen führt.

Pochetong Airport

Leihmotorräder

Sie sind die beste Möglichkeit, Phnom Penh und Umgebung zu erkunden. Jedoch bedarf es eines sicheren Fahrstils und guter Nerven, um den chaotischen Straßenverkehr in der Hauptstadt unbeschadet zu überstehen. Achtung vor neuen Mopeds der Marke „Honda Dream", sie sind die Lieblingsbeute der zahlreichen Diebe. Die **bewachten Parkplätze** vor den Märkten, Restaurants oder Discos kosten zwischen 500 und 1000 Riel und sollten auf jeden Fall in Anspruch genommen werden.

Seit 2009 gilt **Helmpflicht** für den Fahrer. Helme werden mit dem Moped vermietet.

Weder die Leihmotorräder haben eine **Versicherung,** noch die der anderen Verkehrsteilnehmer. Das Restrisiko bleibt, bei einem Unfall alles selber bezahlen zu müssen. Als Sicherheit muss beim Verleiher der Reisepass hinterlegt werden.

- **Lucky Lucky** und **New New Motocycles,** Monivong Blvd. 413 (neben *HongKong Hotel*).

Diese zwei bekanntesten Moped Verleiher in Phnom Penh haben ihre Shops direkt nebeneinander, was zu einem Preiskrieg geführt hat. Honda Waves kosten 4–5 $ und eine Enduro (250 ccm) 8–15 $ pro Tag, je nach Zustand.

Viele Guest Houses verleihen ebenfalls Mopeds.

Taxis und Mietwagen

Die meisten Taxifahrer sind ihre eigenen Unternehmer und warten überwiegend vor den Hotels am Monivong Blvd. auf Aufträge. Aber auch die Rezeption jedes Hotels oder Guest Houses kann meist rasch ein Privattaxi organisieren. Sie besitzen kein Taxameter, deshalb sollten die Preise vorher ausgehandelt werden. Kurze Fahrten innnerhalb der Stadt kosten mind. 4 $. Für einen einfachen PKW werden pro Tag mit Fahrer zwischen 25 und 30 $ verlangt. Allrad-Fahrzeuge kosten etwa 50–60 $ pro Tag. Bei der Verhandlung des Preises muss geklärt werden, ob das Benzin in der Tagespauschale enthalten ist. Autos werden nur ungern ohne Fahrer vermietet; für dessen Unterkunft und Verpflegung muss der Kunde normalerweise nicht aufkommen.

- **Taxi Vantha,** mit Taxameter, sind unter der Nummer 012/855000 zu ordern. Eine neue Taxigesellschaft, **Global Taxi,** die auch Taxameter benutzt, kann unter Tel. 011/311888 kontaktiert werden. Der einzige offizielle Autoverleiher ist **Asia Trade and Travel** am Norodom Blvd. 166, Tel. 016/909090.

Angesichts des chaotischen Stadtverkehrs, den teilweise sehr schlechten Straßenverhältnissen über Land und der Notwendigkeit eines „kambodschanischen Führerscheins", ist es weitaus ratsamer, ein Taxi mit Fahrer zu mieten und sich chauffieren zu lassen.

Stadtbus

Phnom Penh ist wohl einer der ganz wenigen Hauptstädte der Welt, in denen es **kein funktionierendes innerstädtisches Transportsystem** gibt. Lediglich Mopedtaxis, Tuk Tuks und Cyclos stehen zur Verfügung. Da die meisten Städter ein Moped und immer mehr ein Auto besitzen, steht die Stadt kurz vor dem Verkehrsinfarkt.

Die einzigen Busse, die einen festen Fahrplan im 45-Minuten-Takt zu den Vororten einhalten, werden so gut wie nicht genutzt, vor allem, da kein Khmer und auch kein Tourist bereit ist, so lange auf einen altersschwachen Bus zu warten, wenn überall Mopedtaxis zur Verfügung stehen. Die Folge ist, dass Mobilität für ärmere Bevölkerungsschichten in der Stadt sehr teuer ist.

Unterkunft

An einer großen Auswahl an Hotels besteht kein Mangel in Phnom Penh. Mehr als 100 Hotels und Guest Houses bieten von einfachen Zimmern für 4 $ bis zur Luxussuite für 1500 $ alle Kategorien an.

Eine Guest-House-Kultur und ein Traveller-Zentrum, wie in der Khao San Road in Bangkok oder der Pham Ngu Lao in Saigon, gibt es in Phnom Penh nur in sehr kleinem Rahmen an der Lakeside. Auch um das *Capitol Restaurant* stehen und dem Busbahnhof von *Capitol Tours* haben sich mehrere Guest Houses angesiedelt, ohne dass man dabei schon von einem Traveller-Zentrum reden kann. Der Rest der etwa 35 registrierten G.Hs. liegt verstreut in der Stadt.

Bei der großen Auswahl an Unterkünften kann dieser Führer keinen Anspruch auf Vollständigkeit erheben, sondern nur einen subjektiven Überblick vermitteln.

Die Telefon-/Faxnummern sind ohne internationale Vorwahl (00855) und Vorwahl für Phnom Penh (23) angegeben. Bei Mobilanschluss ist die jeweilige Vorwahl angegeben.

Die Preise gelten, soweit nicht anders angegeben, für ein Doppelzimmer, unabhängig von der Anzahl der Personen.

Luxuskategorie

In allen Hotels dieser Kategorie kann mit *Visa-* und *MasterCard* bezahlt werden.

- **Le Royal.** Dieses historische Hotel war in den 1970er Jahren, als der Indochina-Krieg tobte, der beliebteste Journalisten-„hang out" der Stadt. Am Pool trafen sich die kriegserprobten Reporter aus aller Welt und ließen sich bei Rotwein von hübschen Khmer-Mädchen verwöhnen. Auch während der

705ka Foto: an

Kambodschanisches Tuk Tuk

UNTAC Zeit fand hier das gehobene Nachtleben statt. Nach zwei Jahren Restaurationsarbeiten wurde es 1998 wieder eröffnet. Es ist hervorragend gelungen, die Kolonialstil-Atmosphäre zu erhalten. Walk-in Preise bewegen sich zwischen 160 und 2000 $! www.phnompenh.raffles.com, Tel. 023/981888.

● **Inter-Continental.** Großes 5-Sterne-Hotel, etwas abseits vom Zentrum. Die Zimmer kosten zwischen 200 und 1500 $. Gemütliches Schwimmbad, Fitness-Center, Casino, Shopping-Gallery und Konditorei. Tel. 023/424888, phnompenh@interconti.com.

● **Cambodiana Sofitel.** Bevor die beiden oben genannten 5-Sterne-Hotels eröffneten, war das *Sofitel* das Flagschiff der Hotellerie in Kambodscha. Die Zimmer kosten zwischen 150 und 450 $. Schwimmbad neben Pizzeria, Tennisplätze, gut sortierter Buchladen mit aktueller frz. Presse, Gallery Happy Cambodia und Konditorei. Abends Livemusik mit wechselnden Bands. Tel. 023/426288, sofitel.cambodiana@worldmail.com.kh.

Hotels von 70 $ bis 300 $

● **Sunway.** Sympathisches und architektonisch ansprechendes Luxushotel der 3-4-Sterne-Kategorie. Kein Schwimmbad. Gemütliche Lobby, Lounge mit Bar. Zimmer zwischen 160 und 300 $. Günstige Angebote in der Off-Season. Adresse: Straße 92, Nr. 1 (neben Le Royal und Wat Phnom); Tel. 023/430333, Fax 430339.

● **Juliana.** Empfehlenswertes Mittelklasse-Hotel, das auch viel von deutschen Reisegruppen besucht wird. Freundlicher Service, gutes Essen und schönes Schwimmbad, mit Wellnessbereich und Massagen. Auch wenn Lobby und Restaurant nicht wirklich gemütlich sind, das allabendliche Buffet im Restaurant hat einen sehr guten Ruf. Walk-in Preise zwischen 70 und 180 $. Adresse: Straße 152, Nr. 16; Tel. 023/880530, www.julianacambodia.com.

● **Himawari Hotel Appartements.** Nobles Hotel am Mekongufer. Alle Zimmer haben eine voll ausgestattete Küche und lassen sich auch für längere Zeit mieten, doch braucht man schon einen finanzkräftigen Sponsor, um sich diesen Luxus leisten zu können. Schönes Schwimmbad, Tennisplatz und Fitnesscenter. Die Tagesraten bewegen sich zwischen 115 und 300 $, der Monat kostet ab 2200 $. Adresse: Sisowath Quay, Nr. 313, Tel. 023/ 214555, www.himawarihotel.com. Im Erdgeschoss liegt **The Oyster Restaurant.** Dinnerbuffet ab 20 $.

● **Amanjaya.** Nobelste Adresse an der Riverfront. Geräumige Zimmer mit geschmackvollem Interieur sowie mit Blick entweder auf den Königspalast oder den Mekong. Walk-In-Preise zwischen 115 und 260 $ inkl. Frühstück. Adresse: Sisowath Quay, Nr. 154. Tel. 023/214747, www.amanjayapancam-hotel.com, WiFi.

● **The Quay Hotel.** Neu an der Riverside, gehört zur *FCC* Gruppe. Minimalistisches, jedoch sehr edles Design in den großzügigen Zimmern und der Lobby. Preise zwischen 80 und 185 $. Hochwertige asiatische „Fusion Cuisine" im **Restaurant Chow** im Erdgeschoss. Noch besser ist die kleine Dachterrasse mit Blick auf den Tonle Sap. Adresse: Sisowath Quay 275, Tel. 023/224893, www.thequayhotel.com.

Hotels von 30 bis 90 $

● **The Billabong.** Oase der Ruhe inmitten des hektischen Zentrums von Phnom Penh. Das genialste an diesem Mittelklassehotel ist jedoch der herrliche, von Palmen gesäumte Pool neben dem Restaurant. Dafür sind die Zimmer verhältnismäßig klein und haben nur Doppelbetten. Übernachtung inkl. Frühstück. Restaurant mit Western- und Asian Food, Wi Fi. Adresse: 158. Straße, Nr. 5, Tel. 023/223 703, www.thebillabonghotel.com.

● **Holiday Villa Phnom Penh.** Nach vielen Jahren Restaurationsarbeiten hat das historische Monorom-Hotel im Zentrum wieder geöffnet; leider unter einem anderen Namen. Es gehört jetzt zu einer malaysischen Hotelkette. Die Zimmer sind geräumig und sauber und kosten 50–60 $ inkl. Frühstücksbuffet. Im Restaurant wird Western, Chinese und Malaisian Food serviert. Frühstücksbuffet 5 $. *Visa/MasterCard.* Adresse: Monivong Blvd. Nr. 89, Tel. 023/990888.

● **Anise.** Neues, sehr hübsches Mittelklassehotel, nach europäischem Geschmack. Die sauberen Zimmer sind geräumig und gemütlich eingerichtet. Im Preis ist Frühstück, Laundry und Internet (WiFi) inklusive. Nettes Restaurant angeschlossen. Preise ab 37 $ inkl. Frühstück. Ruhige Lage in der sich gerade etablierenden gehobenen Touristenmeile in der 278. Straße, Tel. 023/222522, www.anisehotel.com.kh.

● **Villa Langka.** Sehr schöne, stilvolle Anlage mit 27 Zimmern und Swimmingpool in einer ruhigen, aber zentral gelegenen Seitenstraße am Wat Langka; aufmerksamer und freundlicher Service. Preise ab 45 $ inkl. Frühstück. Adresse: 282. Straße Nr. 14, Tel. 023/726771, www.villalangka.com. Falls ausgebucht, kann auf das benachbarte **Scandinavia Hotel** ausgewichen werden, www.hotel-scandinavia-cambodia.com.

● **Cara Hotel.** Günstig gelegen hinter dem Wat Phnom bietet dieses Hotel 51 elegante Zimmer in zeitgenössischem, asiatischem Design mit Balkon. Einige wenige Zimmer haben kein Fenster und sind günstiger. Die Zimmer mit Balkon kosten zwischen 41 und 58 $ inkl. Frühstück. Adresse: 47. Straße Nr. 18, Tel. 023/430066, www.hotelcara.com.

● **River 108 Hotel.** Nur einen Steinwurf vom Tonle Sap Fluss liegt dieses kleine, aber sehr schicke und geschmackvolle neue Hotel. Die Zimmer und die Aufenthaltslobby sind großzügig und mit mehr ausgestattet, als man in dieser Preisklasse vermuten würde. Die Zimmer nach vorne haben einen Balkon mit schönem Blick auf den Fluss – sind dafür aber teurer – Preise ab 88 $ inkl. Frühstück. Adresse: 108. Straße, 20 m von der Riverside. Tel. 012/906706. www.river 108.com.

Hotels von 10 bis 30 $

In dieser Preiskategorie gehören Kabel-TV, AC, Bad/WC und Kühlschrank zum Standard. Wer etwas Komfort braucht, aber auf

Luxus verzichten kann, ist in diesen Hotels am besten aufgehoben.

●**L'Auberge des Jardins d'Orient.** Der Idealismus der Familie *Bitcheff* aus Frankreich ist zu bewundern. Vor etwa 10 Jahren sind sie mit ihren damals kleinen Kindern ausgewandert, um in Kambodscha eine neue Existenz zu gründen. Jetzt nennen sie ein nettes kleines Hotel mit Garten ihr eigen. Doppelzimmer mit Aircon zwischen 12 und 14 $ inkl. Frühstück. Angeschlossen ist ein Restaurant mit französisch/marokkanischer Küche. Adresse: 75. Straße, Nr. 35, Tel. 012/413825.

●**Goldie Boutique Guesthouse.** 15 individuell eingerichtete DZ zwischen 23 und 30 $. Günstige Lage am Rande des neuen Touristen-Travellerzentrums um die 278. Straße. Adresse: 57. Straße, Nr. 6B-D, Tel. 023/996 670, www.goldieguesthouse.com.

●**The Winking Frog Guesthouse.** Wer abends Unterhaltung sucht, ist in diesem neuen Guesthouse gut aufgehoben: Bar, Pool Billiard, Restaurant, Sportereignisse auf 4 großen Fernsehbildschirmen, am Wochenende Live-Musik. Die 31 Zimmer sind etwas spartanisch eingerichtet aber tiptop sauber und kosten zwischen 10 und 25 $. Adresse: Sothearos Boulevard, 100 Meter nördlich von der Russischen Botschaft entfernt, Tel. 023/356399, www.thewinkingfrog.com.

Guest Houses unter 10 $

Bei Preisen von 2–4 $ haben die Zimmer meist nur Fan und Gemeinschaftsbad, zwischen 4 und 8 $ kann man Bad/WC und manchmal Kabel-TV erwarten und zwischen 8 und 10 $ gibt es manche Zimmer auch schon mit AC.

Zum Service der meisten G.Hs. gehört: Tagesausflüge in und um Phnom Penh, Organisation von Bustickets nach Vietnam (ca. 10 $), Thailand (ca. 15 $), Sihanouk Ville (ca. 14.000 Riel) und Siem Reap (ca. 14.000 Riel). Boottickets nach Siem Reap (ca. 20 $) und nach Chau Doc in Vietnam (ca. 6 $). Visa für Vietnam (28 $) und Laos (45 $). Visum-Verlängerung für Kambodscha (ca. 45 $). Verleih von Mopeds (ca. 5 $) und Fahrrädern (ca. 3 $).

●**Capitol G.H.** Das größte Guest-House-Konglomerat in Kambodscha gehört zum Imperium der *Sopheap*-Brüder. Das *Capitol* war 1989 die erste Unterkunft für Backpacker in Phnom Penh. Das Markenzeichen ihrer mittlerweile 6 Guest Houses, die alle im Umkreis von 100 Metern liegen, sind günstige Serviceleistungen und akurate Zuverlässigkeit. Die Unterkünfte liegen im Stadtzentrum, und da auch die Busgesellschaft *Capitol Tours* hier ihren Busbahnhof hat, ist die Verkehrsanbindung ideal. Empfehlenswert für den praktisch orientierten Kambodscha-Besucher, der nicht viel Zeit für organisatorische Dinge verschwenden will. Wer in eines der G.Hs. einchecken will, kann es entweder direkt vor Ort machen oder im *Capitol Restaurant* (s. „gut & billig") am Touroffice nachfragen.

Alle sechs Unterkünfte haben in etwa den gleichen Standard. Die sauberen Zimmer mit Bad/WC kosten 4–6 $ mit Fan und 8–12 $ mit AC. Die Guest Houses haben verschiedene Namen: **Capitol I.–III., Monorom Inn, Hong Phann** und **Hallo G.H.** Adresse: 182. Straße, Nr. 14, Tel. 023/364104, www.bigpond.com.kh/users/capitol,Capitol@online.com.kh.

●**Dragon G.H.** Kleines, freundliches G.H. mit einfachen Zimmern für 5 $ mit Fan und 10 $ mit AC. Internet und Travellerservice. Wem es im *Capitol Restaurant* zu laut ist, der kann hier vom Balkonrestaurant das Leben auf der Straße beobachten. Tel. 012/239066, vireakcambodian@yahoo.com.

●**OKAY Guest House.** Eines der beliebtesten und bestorganisiertesten Guest Houses der Stadt. Die über 70 Zimmer sind fast immer ausgebucht, weshalb es sinnvoll ist, entweder telefonisch oder über Internet, www.travelfish.org, zu reservieren. Angenehme Atmosphäre, nettes Restaurant, viele Serviceleistungen und Organisation von Ausflügen, Internetcafé und kleiner Souvenir Shop. Preise zwischen 1 und 10 $. Dormitory ab 1 $, Zimmer mit AC 10 $. Tel. 023/986534, hello0325@hotmail.com. Liegt in einer kleinen Seitenstraße in der Nähe des Königspalastes, 258. Straße.

●**Narin II.** Nach Lesermeinungen das Bessere der beiden G.H.s Große Zimmer mit Bad/WC 3–12 $. Internet und kleines Restaurant. Adresse: 111. Str., Nr. 20. Tel. 023/986 131, touchnarin@hotmail.com.

- **Top Banana G.H.** Wie in keinem anderen G.H. in Phnom Penh hat der Besitzer *Sovy* eine sehr heimelige Atmosphäre geschaffen, die ein bisschen an eine WG erinnert. Auf dem Balkon im 2. Stock liegen Sitzkissen zwischen Tischen, Stühlen, Stereoanlage und Ölgemälden von verschiedenen Künstlern. Viele Leute nisten sich hier auch für längere Zeit ein. Ideale Lage in der 278. Straße. Kleines Restaurant. Adresse: Ecke 278. und 51. Straße. Tel. 012/885572, www.topbanana.biz.
- **The Boddhi Tree.** Eine Insel der Ruhe zwischen den Seitenstraßen der Hauptstadt. Kleines, liebevoll eingerichtetes G.H. mit Restaurant in einem wuchernden tropischen Garten. Kein typischer Traveller-Rummel. Fast immer voll. Zimmer 8–24 $. Adresse: 113. Straße, Nr. 50, direkt gegenüber dem Eingang zum Toul Sleng Museum. www.boddhitree.com. Tel. 016/865445.
- **Spring G.H.** Ziemlich großes, funktionales Guest House in einer ruhigen Seitenstraße hinter der Deutschen Botschaft. Gutes Preis-Leistungsverhältnis für große, saubere Zimmer zwischen 7 und 12 $. Adresse: 111. Straße Nr. 34, Tel. 023/222155.

G.H. am Boeng Kak See (Lakeside)

In den kleinen Gassen am Boeng Kak See, dessen Ufer jedoch verbaut und mit einem Gürtel von Wasserpflanzen bedeckt ist, liegt das bekannteste **Backpacker-Zentrum** des Landes. In diesem Mikrokosmos findet sich alles, was das Traveller-Herz begehrt. Billige Cafés und Restaurants, einfache Guest Houses, Reisebüros, Fahrrad und Mopedverleih, Wechselstuben, Internet, Buchläden, CDs und DVDs sowie Postkarten und Souvenirs. Nachteil: Es ist hier kaum möglich, in Ruhe durch die Gassen zu laufen, ohne ständig jemanden am Rockzipfel zu haben, der einem etwas verkaufen will. Besonders lästig sind die Drogenverkäufer, vor deren unseriösen Geschäften dringend gewarnt wird.

Am gemütlichsten sind die G.Hs., die ihre Restaurants und Chillout Areas auf Stelzen in kleinen Pavillons auf dem See gebaut haben. Hier lässt sich in Hängematten und Korbsesseln der Sonnenuntergang genießen oder bei einem kühlen Bier die Eindrücke des Tages entspannt verdauen. Die Restaurants bieten alle eine große Auswahl an günstigem Travellerfood – auch für Besucher.

Allerdings sind die Tage am See gezählt. Das gesamte Gelände wurde an eine Investorengruppe verkauft, die pikanterweise einem Senator der regierenden Partei CPP gehört. Diese Firma hat das Recht erworben, den See mit Sand aufzufüllen, was bereits fast zur Hälfte geschehen ist. Alle Grundstücke um den See müssen geräumt werden und 4000 Familien bangen um ihre Existenz.

Die u.g. Unterkünfte sind nur eine Auswahl. An der Lakeside gibt es mindestens noch mal doppelt so viele. Doch Vorsicht, durch die billigen Preise werden auch weniger seriöse Kunden angezogen. Manche G.H.s machen schon von außen her einen dubiosen Eindruck und sollten besser gemieden werden.

Anfahrt: Auf dem Monivong Blvd. Richtung Norden; vor dem Calmette Hospital links in die 86. Straße einbiegen; geradeaus bis zur Moschee und wieder links.

- **Guest House Nr. 9.** War 1995 die erste Unterkunft am Boeng Kak Lake. Es gehört heute zu den bekanntesten Adressen am See. Einfache Holzhütten über dem Wasser ab 3 $ mit Fan und Gemeinschaftsbad und 6 $ für DZ mit Bad/WC. Nettes Restaurant, mit Blumen dekoriert; Khmer-, Thai- und Western Food zwischen 2 und 5 $. Restaurant 24 Stunden geöffnet. Tel. 012/400090.
- **Number 9-Sister.** Saubere Anlage mit anständigen Zimmern. 5 $ für DZ mit Bad/WC. Gehört zu G.H. Nr. 9 und liegt zwei Blöcke weiter direkt am See. Restaurant. Tel. 012/424240.
- **Simons' II.** Das mehrstöckige Gebäude im Zentrum der Lakeside dürfte im Moment die gehobenste Unterkunft dort sein. Die wenigen Zimmer sind geräumig und haben alle AC (10 $). Nicht direkt am Wasser, Restaurant bietet nur Frühstück. Tel. 012/608892.
- **Grand View G.H.** Fünfstöckiges Gebäude mit kleinen aber sauberen Zimmern, alle mit Bad/WC. EZ mit Doppelbett für 3 $, DZ mit zwei Betten für 4 $. Die AC-Zimmer kosten 8 $, haben aber kein Fenster. Anstrengender aber lohnender Aufstieg ins kleine **Rooftop Restaurant** mit schönem Ausblick auf den

See. Auf der obersten Ebene im Restaurant ist die Sofa Lounge. Wie auch im Restaurant im Erdgeschoss wird Travellerfood sowie Pizza und Pasta zwischen 2 und 6 $ serviert. Tel. 023/430766, *Visa/Master Card.*

- **Green Lake G.H.** Relativ freundlich und engagiert geführte Unterkunft. Die einfachen Zimmer im alten Gebäude sind meist ohne Fenster und kosten 2–5 $. Die Zimmer im neue Gebäude werden auch höheren Ansprüchen gerecht (bis 8 $). Gemütliches Restaurant und Bar auf der Seeterrasse. Tel. 012/943812.
- Die Stichstraße, die von der Dubai Moschee aus die Lakeside erschließt, ist eine Sackgasse. Am Ende der Straße, abseits des Rummels, liegen noch ein paar Guest Houses, z.B. **No Problem** und das **Smile Lakeside Guesthouse.** Beide liegen am Wasser, haben Restaurant und einfache Zimmer zwischen 4 und 6 $.

Essen und Trinken

Die Gastronomie in Phnom Penh bietet eine vielfältige, internationale Auswahl und orientierte sich in den letzten Jahren zusehends an den Bedürfnissen der aufstrebenden kambodschanischen Stadtelite. Fast jeden Tag machen neue schicke Cafés und Restaurants auf, wobei jedoch etliche das erste Jahr nicht überleben. Wer billig essen möchte, sollte sich an die einfachen, einheimischen Restaurants und die Guest Houses halten. Unbedingt bei den **Essensständen am Markt** kosten und auf keinen Fall die **Köstlichkeiten der Straßenverkäufer** verschmähen! Für kulinarische Erkundungstouren bietet sich die **Riverfront** mit ihren unzähligen Restaurants und Garküchen an, die auch in den angrenzenden Seitengassen zu finden sind. Eine ständig wachsende Auswahl internationaler und kambodschanischer Mittelklasserestaurants befindet sich um die **278. Straße** hinter der Wat Lanka. Hier entsteht gerade einer der touristischen Hotspots der Stadt.

Gut und teuer

- **Le Royal** (im gleichnamigen Hotel). Hübsches, im Kolonialstil eingerichtete Restaurant der unangefochtenen Spitzenklasse mit ebensolchen Speisen. Bestes Khmer Fine Dining, verfeinert mit frz. Haute Cuisine. Tellergerichte (Hauptspeisen) zwischen 13 und 20 $, 5-Gänge-Menü 45 $. In Relation zu den gestiegenen Preisen in vergleichbaren deutschen Restaurants ein wahres Schnäppchen.
- Ein gutes Preis-Leistungsverhältnis bietet das üppige Buffet für 28 $ im **Café Monivong.**
- **L'Amboise** (im *Cambodiana Sofitel*). Bekannt für gute französische Gourmet-Küche. Menüs zwischen 20 und 50 $. Adresse: Sisowath Quay, Nr. 313; Tel. 023/426288, Fax 426392.
- Zwei Restaurants befinden sich im Intercontinental, wobei **Xiang Palace** mit chinesischer Küche (Standardgerichte 10 $) für ein gepflegtes Dinner zu empfehlen ist. Adresse: Mao Tse Toung-Blvd., Nr. 296; Tel. 023/424 888, phnompenh@interconti.com.
- **Tonle Bassac** (Mao Tse Tuong Blvd., Nr. 177, Tel. 023/722754) Üppiges Dinnerbuffet. Seafood, Japanisch, Vietnamesisch, Mongolischer Barbeque und reichlich Nachspeisen. Pro Person 14,50 $. Geöffnet 18.00–22.00 Uhr. Um die reichhaltige Auswahl auch auszukosten, empfiehlt es sich, vor 19.30 Uhr das Buffet zu erstürmen. *Visa/MasterCard.*
- **Topaz** (Norodom Boulevard Nr. 136 Tel. 023/221622). Nach Ansicht vieler das beste und edelste Restaurant Phnom Penhs, das einem französischem Spitzenkoch gehört. Vor 2 Jahren hat das Restaurant das kleine unscheinbare Gebäude am Sothearos Boulevard verlassen und ist in eine große zeitgenössische Villa umgezogen. Im *Topaz* hat alles Stil, aber das hat seinen Preis.
- **Riverhouse** (Riverfront an der Ecke 110. Str., Sisowath Quay). Exzellente mediterrane und Khmer-Küche; ausgesprochen geschmackvolle Einrichtung. Klimatisiertes Restaurant, doch schöner ist der Platz auf dem Balkon mit Blick auf den Fluss. In der angeschlossenen Cocktail Lounge steigen am Wochenende fette Partys bei Live-Musik.

Gut und billig

- Wer seine Reisekasse schonen und dabei trotzdem gut essen und satt werden möchte ist in den **Restaurants der Guest Houses** am

Besten dran. Die meisten Gerichte kosten dort zwischen 1 und 2 Dollar. Eine große Auswahl an kleinen und günstigen Restaurants befindet sich bei den Guest Houses am Lakeside.

- Für 2000 Riel pro Teller isst man an den **Garküchen Ecke 86. Str./Monivong Blvd.** (Zufahrt zur Lakeside). Nachschlag an Reis für 1000 Riel.
- **Capitol** (182. Straße, Nr. 14; im gleichnamigen Guest House). In keinem anderen Restaurant der Stadt kann man bei Angkor Beer und Lok Lak das asiatische Leben so hautnah miterleben wie hier. Hier trifft sich alles, vom begeisterten Traveller über den abgebrannten English-Teacher bis hin zum verwegenen Asien-Journalisten. Große Auswahl an Speisen zwischen 1 und 2 $.
- Im 4. und 5. Stock des *Sorya Shopping Center* gibt es einen so genannten **Food Court.** Hier werden an Mini-Essensständen, die sich um einen Platz mit Tischen und Stühlen gruppieren, verschiedene asiatische Gerichte zwischen 1 und 1,50 $ angeboten. Besser, man wählt den 5. Stock, da man von dort aus einen schönen Blick auf die Stadt hat (s. auch *Sorya Shopping Center).*
- Wer allerdings richtig preiswert leben möchte, sollte morgens in die **Suppenrestaurants,** in denen sich die Khmer treffen, gehen, mittags **auf dem Markt** essen und sich abends an den **Garküchen** vor den Märkten oder an den Straßen bedienen lassen. Mit etwa 2,50 $ kann man sich so leicht den ganzen Tag ernähren. Dünnen Tee und authentische Khmerkultur gibt's kostenlos dazu.

Auf jedem Markt gibt es günstige Essensstände. Für ca. 2000 Riel bekommt man einen Teller Gemüse, Fleisch und Reis und kann nebenbei das interessante Treiben beobachten. Besonders empfehlenswert sind der **Zentralmarkt** (Psah Thmey) und der **Russenmarkt** (Psah Toul Tom Pong).

Wenn die Märkte gegen 17.00 Uhr schließen, werden Essensstände vor den Haupteingängen aufgebaut. Suppen, Nudel- und Reisgerichte sowie leckere Süßspeisen aus Reis und Kokosnuss werden zwischen 500 und 2000 Riel angeboten. Empfehlenswert sind der **Orasey Markt** beim Capitol Restaurant und der Nachtmarkt des **Psah Chah** in der 13. Straße (bis 22.00 Uhr). An den **Nudelständen** an der Kreuzung 178. Straße/Samdech Sothearos Blvd. zwischen Riverfront und Nationalmuseum werden kambodschanischen Spezialitäten gebrutzelt, doch für den westlichen Magen dürften die gebratenen Nudeln mit Sojakeimlingen und Ei *(loth cha)* für 2000 Riel am bekömmlichsten sein.

Fast Food

Durch die Anglisierung der kambodschanischen Gesellschaft wird bei der Jugend Phnom Penhs das traditionelle französische Baguette Sandwich „num pang paté" immer mehr vom „burger" verdrängt. Doch was sich ein Khmer unter einem Hamburger vorstellt, ist für westliche Geschmacksnerven oftmals der blanke Horror. Unter den immer zahlreicher werdenden Fast Food Restaurants ist **Lucky Burger** zu empfehlen. Die Qualität ist nicht gerade umwerfend, aber angesichts der günstigen Preise für ein Menü (2–3 $) und der klimatisierten Restaurants lässt es sich rechtfertigen, gelegentlich Junkfood einzuwerfen. Es gibt 3 Filialen:

- Monivong/Ecke Charles de Gaulle Blvd.
- Im Erdgeschoss des Surya Shopping Center.
- Lucky Supermarket am Sihanouk Blvd.
- Mao Tse Tuong Blvd. im Parkway Building.
- Inzwischen hat auch die amerikanische Kette *Kentucky Fried Chicken* Phnom Penh erreicht, am Monivong Boulevard auf der Höhe des Zentralmarktes sowie am Norodom Boulevard Ecke 214. Strasse, neben dem *Pencil* Supermarkt.

Pizza und Pasta

- Gute Pizzen bekommt man im **FCC** (Riverfront), im **Bopha Phnom Penh** (Passagierhafen, s.u.), **Nike Pizza House** (63. Strasse Ecke Sihanouk Blvd.), **Freebird** (240. Straße, Nr. 69, s.u.) und bei **Comme a la Maison** (s. Westliche Restaurants).
- **The Pizza Company.** Diese thailändische Pizzeriakette hat ihr erstes Restaurant in Kambodscha im Surya Shopping Center eröffnet. Hier kann man wahrscheinlich eine der besten Pizzen in Phnom Penh genießen. Die Preise starten bei 3 $; Salatbuffet. Geöffnet 10.00–21.00 Uhr.

● **La Volpaia.** Pizzeria der gehobeneren Kategorie mit akzeptabler Auswahl an klassischen italienischen Gerichten. Meine Lieblingspizza: Gamberetti, Rucola & Grana. Preisniveau: 4–8 $ (schräg gegenüber dem Hauptpostamt am Wat Phnom).

● **Le Duo.** Der charmante Besitzer und Chefkoch *Luigi* ist eine Garantie für authentische italiensche, insbesondere sizilianische Spezialitäten sowie einer hervorragenden Pizza aus dem Holzofen. Gutes Preis-Leistungsverhältnis. Auch bei Kambodschanern sehr beliebtes Restaurant. Adresse: 228. Straße, wo früher die amerikanische Botschaft war.

Khmer

Viele Restaurants sind natürlich nicht nur auf die Küche eines Landes fixiert und bieten in der Speisekarte entweder Chinese/Khmer oder Western/Khmer bzw. Thai/Khmer Speisen an. Der Trend in vielen westlichen Restaurants geht zu Khmer-Fusion-Gerichten, eine Mischung aus westlicher und kambodschanischer Küche. In den folgenden Restaurants werden überwiegend einheimische Speisen serviert.

● **Romdeng Restaurant** (174. Straße, Nr. 74278). Eines der schönsten und besten Khmer Restaurants der Stadt. Die Speisen werden nur geringfügig dem westlichen Magen angepasst. Lediglich der Stil, wie sie auf den Tisch kommen, unterscheidet sie erheblich von den Alltagssitten der Kambodschaner. Auf der Speisekarte werden, wenn möglich, die Gerichte sogar den Provinzen, aus denen sie kommen, zugeordnet. Bei der stilvollen Einrichtung der Villa wurde auf die Verwendung nur in Kambodscha hergestellter Gegenstände Wert gelegt. Dieses Restaurant ist ein Projekt der NGO **Mith Samlanh,** www.mithsamlanh.org. Sonntag Ruhetag.

● **Psah Kabko Restaurant** (9. Straße, Nr. 5). Dieses beliebig herausgegriffene, typische Khmer-Restaurant steht stellvertretend für viele seiner Art in Phnom Penh. Auf der Speisekarte stehen meistens keine Preise, aber sie sind sehr günstig. Fleisch, Gemüse und Reis sind die wichtigsten Bestandteile. Nur selten spricht jemand Englisch. In diesem Restaurant wird auch das typische Khmer Sandwich „num pang paté" für 1 $ serviert.

● **Boat Noodle I.** (63. Straße, Nr. 184). Sehr gute Khmer- und Thai-Küche zu günstigen Preisen zwischen 2 und 3 $. Freundlicher und aufmerksamer Service. Ab 8.00 Uhr morgens geöffnet.

● **Khmer Surin** (57. Straße, Nr. 9). Khmer- und Thai-Küche für 4–6 $. Traditionelles Holzhaus in hübschem Garten. Viele vegetarische Speisen. Köstliche Desserts. Gut besucht.

● **Ponlok** (Riverside, Sisowath Quay, Nr. 319). Typisches Khmer-Restaurant am Ufer des Tonle Sap. Große Auswahl an Speisen um die 2–6 $. U.a. Meeresfrüchte, Süßwasserfische und -langusten, Frösche, Tauben. Der schönste Platz ist auf dem Balkon im 1. Stock mit Blick auf Mekong und Tonle Sap. Speisekarte mit Bildern, aufmerksamer Service. Geöffnet von 16.00 bis 24.00 Uhr.

● **Frizz** Kleines Restaurant, das von einem engagierten Holländer geleitet wird und dessen Khmer-Köchin überwiegend feine einheimische Kost zubereitet. Ab 10.00 Uhr geöffnet. 240. Straße. Wer Khmer kochen lernen will, kann dort einen Kurs belegen.

● **Bopha Phnom Penh** (Riverfront am Passagierhafen). Beste Lage in Phnom Penh. Auf einer Terrasse direkt am Tonle Sap lässt sich in Ruhe im gemütlichen Korbstuhl der Sonnenuntergang bei einem Cocktail genießen. Dieses große Restaurant tritt mit dem Anspruch an, beste traditionelle Khmer-Küche zu servieren. Auch eine Auswahl an traditionell westlichen und vegetarischen Speisen wird angeboten. Preisniveau 4–10 $.

● **Amok** (278. Street, Nr. 2). Sehr schmackhafte Khmer- und Thai-Küche mit einer großen Auswahl auch an vegetarischen Speisen zwischen 2 und 6 $. Mittagsmenü gibt es ab 3,50 $. Frz. Weine. Ansprechende und gepflegte Atmosphäre in überdachtem Garten.

● **Malis.** Derzeit das feinste Khmer-Restaurant, in dem sich die einheimische Schickeria und Expats gleichermaßen wohlfühlen. Schon das Design der Speisekarte lässt einem das Wasser im Munde zusammenlaufen. Reiche Auswahl an kambodschanischen Gerichten, die perfekt zubereitet werden. Man sitzt sehr schön, halb überdacht, um einen kleinen künstlichen Teich. Nicht ganz billig, vor allem der Wein, aber ein hervorragendes Preis-Leis-

109ka Foto: an

All-in-one-shop:
Kokosnüsse, Zigaretten und Telefonzelle

tungs-Verhältnis. Norodom Boulevard Nr. 136, Tel. 023/221022.

Thai-Restaurants

Seit den anti-thailändischen Ausschreitungen im Jahr 2003, bei denen auch thailändische Geschäfte verwüstet wurden, bemühen sich die siamesischen Restaurants um ein eher unauffälliges Auftreten.

- **Chang Mai Riverside** (Sisowath Quai, Nr. 227). Kleines, nettes Restaurant an der Riverfront mit langer Tradition und einem ausgesprochen guten Ruf. Bebilderte Speisekarte. Vegetarische Menüs. Speisen für 2–5 $.
- **Rhuan Thai** Beliebt wegen der günstigen Preise und der authentischen Thai-Küche. Vegetarische- und Khmer-Speisen (Nähe Riverfront, 130. Straße, Nr. 14).
- **Bai Thong** (Sothearos Boulevard 100–102), Dieses Restaurant gehört zum etablierten Edelrestaurant *Topaz* (s. „Gut und teuer") und serviert exzellente Thai-Küche zu erstaunlich moderaten Preisen. Auch französische Spezialitäten stehen auf der Karte.

Vietnamesische Restaurants

● **An Nam** (Sothearos Blvd., Nr. 118). Hübsch dekoriertes und sehr sauberes AC Restaurant. Die engagierten vietnamesischen Besitzer haben lange Zeit in Frankreich gelebt und sind stolz auf ihre authentische Küche mit einem Touch französischer Perfektion. Besonders empfehlenswert von der reichhaltigen Speisekarte ist *Pho Bo* (Suppe) und *Chaca Hanoi* (Fisch). Speisen zwischen 3 und 8 $. *Visa/MasterCard.*

● **Magnolia.** In einer eleganten, großzügigen Villa aus den 1960er Jahren. Auf der schönen großen Terrasse werden hervorragende vietnamesische Gerichte zu moderaten Preisen serviert. Sehr aufmerksamer Service. Gleichermaßen beliebt bei Einheimischen und Ausländern. 51. Ecke 242. Straße.

● **Pho.** Vietnamreisende werden den Namen sofort mit der Rindersuppenspezialität, die überall in Vietnam verkauft wird, in Verbindung bringen. In diesem kleinen Restaurant an der Riverfront wird sie in verschiedenen Variationen mit Nudeln und Gemüse sowie einem kleinen Nachtisch für 2,50 $ angeboten; auf top hygienische Verhältnisse wird sehr viel Wert gelegt. Geöffnet 7.00–21.00 Uhr. In der 178. Straße ein paar Schritte vom FCC entfernt.

Chinesische Restaurants

Oftmals vermischen sich Khmer- und chinesische Gerichte, so dass der Unterschied nicht mehr klar ist.

● **Wahkee** (Ecke Monivong/222. Str.) Großes, äußerst betriebsames Restaurant mit angenehm engagierter Bedienung. Die „kleinen" Portionen kosten um die 2–4 $, doch sie sind so reichlich, dass sie meist auch für zwei Personen reichen. Die umfangreiche Speisekarte ist zwar bebildert, aber es ist nicht wirklich zu erkennen, was man eigentlich bestellt.

● Ein Dutzend kleiner chinesischer Restaurants bieten in der 136. Straße gegenüber der Sorya Busstation am Zentral Markt Essen an. Fried Rice, Fried Noodles, Dumpling etc. für 2–4 $. Verwendet werden Namen wie z.B. *Peking Canteen, Da Dong Bei* oder *Lan Zhou Noodles.*

Westliche Restaurants/Cafés

Die meisten westlichen Restaurants findet man an der Riverfront und in der 240. Straße zwischen Norodom Blvd. und 19. Straße.

● **Foreign Correspondent Club (FCC)** (Sisowath, Nr. 363). Zweifellos *die* Restaurantlegende in Phnom Penh. Originell und hübsch eingerichtetes Bistro und Restaurant in einer Kolonialvilla an der Riverfront. Es liegt im zweiten Stock und bietet besonders am Spätnachmittag bei Sonnenuntergang einen spektakulären Blick auf den Tonle Sap. Hier treffen sich Journalisten, westliche Persönlichkeiten des öffentlichen Lebens, Expats und Touristen zum Essen und Entspannen, für Ausstellungen und Pressekonferenzen. Diverse Snacks und Gerichte um 4–10 $. Geöffnet von 7.00 bis 24.00 Uhr. Hotspot.

● **Metro** (an der Riverfront gegenüber Riverside Bistro). Das derzeit wohl angesagteste Bistro der Stadt. Das moderne Design mit der durchgehenden Verglasung muss Vergleiche mit dem Gastronomieinterieur europäischer Großstädte nicht scheuen. Vor allem die Klimaanlage macht es tagsüber zum Treffpunkt vieler vor der Hitze flüchtender Westler. Diverse Speisen (4–12 $), Snacks, Cocktails, Kaffee und Tee. WiFi kostenlos.

● **Café El Mundo** (Riverfront, Sisowath Str., Nr. 219). Spezialisiert auf Kaffee und Kuchen. Nach eigenen Angaben wird einer der besten Kaffees der Stadt (der Cappuchino ist wirklich gut) serviert. Auch westliche und asiatische Gerichte zwischen 2 und 7 $. Holländisches Management.

● **Comme a la maison** (57. Straße, Nr. 13). Gepflegte frz. Küche sowie Pizza und Pasta in einer hübschen Villa und auf einer Terrasse unter Bambusdach. Große Auswahl an Desserts. Eigene Bäckerei mit Shop. Geöffnet 6.00–22.00 Uhr. Catering Service: 012/951869.

● **The Boddhi Tree** (113. Straße, Nr. 50; im gleichnamigen Guest House). Romantisches, kleines Restaurant etwas abseits der touristischen Hotspots mit einem hübschen Garten. Spezialisiert auf Khmer, Western und vegetarisches Essen zu moderaten Preisen.

● **Mith Samlanh Friends Restaurant.** Stilvolles und sauberes Restaurant, das von der gleichnamigen NGO geleitet wird und in dem ehemalige Straßenkinder eine Ausbildung als Bedienung bzw. Koch bekommen. Spezialisiert auf Khmer-Fusion-Küche. Tapas (kleine Speisen), die man sich je nach Hunger und kulinarischer Experimentierfreude zusammenstellen kann (2–3 $) und Tellergerichte 4–6 $. Viele köstliche vegetarische Speisen. Stets gut besucht. Engagierter österreichischer Manager. Raucher werden auf die Terrasse verbannt. Täglich 11.00–22.00 Uhr geöffnet (13. Straße, Nr. 215, Nähe Nationalmuseum). www.mithsamlanh.org.

● **Corner 33.** Zentral gelegen zwischen dem FCC und Nationalmuseum ist dieses Café ein Refugium der Ruhe, von dem sich bei leckeren Snacks und Früchteshakes das Straßenleben beobachten lässt. WiFi und vier Computer, an denen die Gäste umsonst im Internet surfen können. Täglich geöffnet von 7 bis 22 Uhr (Sothearos Boulevard Nr. 33, Ecke 178. Straße).

● **Irina** (352. Straße). Feinste russische Spezialitäten die im offenen Restaurant einer stilvoll dekorierten Villa serviert werden. Wechselnde Menüs und à la Carte. Guter Service. (5–10 $).

● **Freebird** (240. Straße, Nr. 69). Amerikanische Bar, in der Tacos, Pasta, Pizza, Burger und auch Steaks serviert werden. Das Restaurant wurde bereits zwei Mal von „Pocket Guide Cambodia" für das beste Preis-/Leistungsverhältnis unter allen Restaurants in Phnom Penh ausgewählt, was ich bei der Quantität nur bestätigen kann. Auch der Service ist sehr aufmerksam. Speisen zwischen 3 und 8 $, AC, Frühstück ab 7.30 Uhr, kostenloser Hotspot.

● **The Shop** (240. Straße, Nr. 39). Besonders unter den in Phnom Penh lebenden Ausländern eine sehr geschätzte Einrichtung. Eine Mischung aus Bäckerei, Café und Restaurant. Beliebt sind das Kuchenbuffet, die Pattiserie und die Auswahl an diversen frischen Brotsorten. Der Service ist hervorragend und die Preise moderat (bis 5 $). Wird hauptsächlich mittags besucht.

● **Flavours** (278. Ecke 51. Straße) Das gemütliche Eckrestaurant mit seiner überdachten Terrasse ist ganztägig ein gut besuchter Ort, um zu sehen und gesehen zu werden. Auch die moderaten Bierpreise und die reiche Auswahl an guter westlicher und asiatischer Küche rechtfertigen die Popularität dieses Restaurants.

Deutsche und Schweizer Restaurants/Cafés

● **Riverside** (Ecke Sisowath/154. Straße). Gemütliche Bistro-Atmosphäre an der Riverfront. Im Straßencafé lässt sich bei einem der besten Cappuccinos der Stadt oder einem pfiffigen Cocktail in Korbstühlen gut relaxen. Drinnen laufen auf riesigen Bildschirmen in Blue-Ray Qualität Sportereignisse und Musikvideos. Neben diversen internationalen Speisen gibt es hier auch echte deutsche Hausmannskost (4–8 $). Bar, Billard und verschiedene deutsche Zeitschriften. Große Auswahl an leckeren Kuchen. Bemerkenswert sind die handgemalten Wand- & Deckenmalereien mit mystischen Khmer-Motiven. Ab 7.00 Uhr bis spät abends geöffnet. WiFi kostenlos!

● **Art Café** (84. Str., Nr. 108). Das Art Café einfach als deutsches Restaurant zu bezeichenen, wäre viel zu banal. *Anton* ist Musiker (Flötist), unterrichtet klassische Musik an der Royal University of Fine Arts in Phnom Penh und hat hier eine Plattform für lokale und internationale Musiker geschaffen. Jedes Wochenende finden in kleinem persönlichem Rahmen klassische Konzerte statt. Über seine Musikbegeisterung vergisst Anton gerne mal, dass er ja eigentlich ein Restaurant betreibt, mit dem er auch Geld verdienen möchte. In dem minimalistischen Interieur dominiert nur die Bar und der Konzertflügel. Als echter Pfälzer hat er sich auf Flammkuchen, Riesling und Sauerkrautplatte spezialisiert. Die Preise bewegen sich zwischen 4 und 6 $. Für Liebhaber klassischer Musik und moderner Kunst (Ausstellungen) ist ein Besuch schon fast ein Muss. Tel. 012/834 5517, www.artcafe-phnom-penh.com.

● **Edelweiß** (Sisowath Quai, Nr. 375/nahe FCC). *Uli* ist so etwas wie das Urgestein deutscher Gastronomie an der Riverside, was ihm auch schon viele Artikel in der deutschen Presse eingebracht hat. Seit vielen Jahren hält er mit seinem kleinen Restaurant hier die deutsche bzw. bayerische Fahne hoch. Berühmt ist er für seine Schnitzel und Bratwürste, doch wer die Khmer-Küche bevorzugt, dem kocht seine kambodschanische Frau auch einheimische Spezialitäten (3–7 $). *Uli* hat für jeden Besucher ein paar Tipps und Geschichten parat, die er gerne bei einem kühlen *Erdinger* zum Besten gibt.

- **La Croisette** (Riverfront, Sisowath, Nr. 241). Schon seit vielen Jahren an der Riverfront etabliertes Restaurant mit frz. Background und deutschem Besitzer. Internationale Küche mit Gerichten zwischen 4 und 12 $. Innen lässt es sich angenehm bei Klimaanlage und kostenlosem WiFi relaxen. Am Wochenende finden oft Partys statt.
- **Wilhelm Tell** (90. Straße, Nr. 13, hinter dem Hotel Royal). Eine Hochburg bayerischer und Schweizer Esskultur in Kambodscha. Wer keinen Reis mehr sehen kann, ist hier bei Käsefondue (ab 11 $ pro Person) oder Currywurst (6 $) und einem Weißbier (5 $) bestens aufgehoben. Natürlich gibt es auch noch jede Menge internationaler Gerichte.

Japanisch

- **Ginga** (Monivong Blvd., Nr. 295). Edles Restaurant, in dem Freunde der guten japanischen Küche authentisch und stilvoll speisen können. Menüs 5–10 $, Sushi und Sashimi-Menüs 15 $. Bebilderte Speisekarte. AC.

Indisch

- **Shiva Shakti** (Sihanouk Blvd., Nr. 70; nahe Independence Monument). Bestes indisches Restaurant in der Stadt mit original indischen Spezialitäten und dem Flair aus 1001 Nacht. Hübsche Terrasse und Aircon Restaurant. Speisen zwischen 4 und 10 $. *Visa/Master Card.*
- **Bombay** (Lakeside am Beginn der 93. Straße). Ganz im Gegensatz zum Shiva Shaki ist neben dem hervorragenden Essen die persönliche Atmosphäre die Attraktion. Es existieren nur 3 Tische, und während man beim Kochen zuschaut, probiert der kleine Sohn des Hauses die Schuhe der Gäste aus. Für den Besitzer *Sunil* liegt das Geheimnis seiner hervorragenden Küche an den frischen Zutaten. Auf ein leckeres *Curry* muss schon mal 20 Minuten gewartet werden, aber es lohnt sich. Speisen zwischen 2 und 5 $.
- Gute Gerichte und Curry aus Indien, Nepal und Pakistan servieren auch das **Mount Everest** (Sihanouk Blvd., Nr. 98), das **Royal India** (111. Straße, Nr. 21), **Raani Curry Leaf** (51. Straße, Nr. 9), **Indien Kitchen** (63. Straße, Nr. 162) sowie die **Shanti Lodge** an der Lakeside.

Unterhaltung und Nachtleben

Phnom Penh kann zwar nicht mit Bangkok mithalten, doch wem am Abend oder nachts langweilig wird, der hat selber Schuld (siehe „Nachtleben“ unter Praktische Tipps A–Z). Wer weibliche Unterhaltung und/oder Begleitung sucht, ist in der 104. und 136. Straße bestens aufgehoben, wo sich eine Girlybar an die andere reiht.

Bars und Diskotheken

- **Martini** (95. Straße, Nr. 45). Hier tobt jeden Abend das Nachtleben für die einsamen Herzen, wobei das *Martini* schon bessere Tage erlebt hat. Bei englischer Rockmusik und gelegentlichen thailändischen und indischen Dancefloor-Einlagen, amüsierten sich hier schon 1993 die Soldaten der Vereinten Nationen. Das Publikum ist vom Traveller bis zum Diplomaten breit gestreut, wobei weniger die Essensstände, Filme und das Erdinger Champ Bier, sondern eher das Heer der hübschen Kambodschanerinnen und Vietnamesinnen die Hauptattraktion sein dürfte.
- **Heart of Darkness** (51. Straße, Nr. 26). Früher traf sich hier das coole Underground Movement der Stadt. Heute hat das *Heart* Kultstatus und ist ein „Muss“ für jeden Traveller. Von der einstigen coolen Atmosphäre ist nicht mehr viel zu spüren, wenn sich bei westlichem Hard Rock Sound Ausländer, reiche Khmer-Kids mit ihren Bodyguards und inzwischen auch eine stattliche Anzahl an Taxigirls und -boys auf die Füße treten. Sehenswerte Innenarchitektur. Bis spät in die Nacht geöffnet. Nebenan haben in den letzten Jahren weitere Bars eröffnet, die versuchen, die erfolgreiche *Heart of Darkness* Bar zu kopieren.

• **Memphis Pub** (118. Straße, Nr. 3, 20 Meter von der Riverfront). Der einzige Club, der bis auf sonntags jeden Abend ab 21 oder 22 Uhr Live-Musik mit wechselnden Bands anbietet.

• **Maxines** (Chruoy Chang Var Halbinsel, schräg gegenüber der Riverfront). Von der Lage sowie der Einrichtung eine der coolsten Bars in Phnom Penh. Sie steht auf Stelzen über dem Wasser des Tonle Sap, und vom Balkon sieht man die Lichter der Riverfront, die über den Fluss herüberfunkeln. Die Innendekoration ist eine Kreation aus eigenen Bildern, Kitsch und Kunst (z.B. 8000 Kuhglocken aus Battambang) des Besitzers *Snowy* aus Australien, der unter seinen Gästen Gurustatus besitzt. Entweder mit dem Mototaxi über die Brücke, oder besser mit einem Passagierboot von der Riverfront (gegenüber *La Croissette Restaurant)* für 2000 Riel (Privatfahrt 5 $) übersetzen. Ums Heimkommen kümmert sich *Snowy* schon.

• **Elephant Bar** (im 5-Sterne-Hotel Le Royal). Richtiger Luxus, zu akzeptablen Preisen, lässt sich dort zur Happy Hour (16.00–22.00 Uhr) genießen. Klassische Cocktails einschließlich des berühmten *Singapur Sling* für die Hälfte, dezente Livemusik, prächtige Innenausstattung und devoter Service lassen einen die Realität des Landes schnell vergessen.

• **Pink Elephant Pub** (Sisowath Quai, Nr. 343). Billige Drinks und gute Musik direkt an der Riverfront. Bis abends ca. 22 Uhr sehr gut besucht. Beliebte Location für ein „warm up", bevor man sich ins Nachtleben stürzt.

• **Manhattan Café.** Sicherlich einer der skurrilsten Night-Spots der Stadt. Besonders der Kontrast zwischen dem teilweise etwas provinziell wirkenden Phnom Penh, dem High-tech-Sound und der Laser-Show lässt einen erschaudern. Es gibt viele zwielichtige Gestalten, reiche Chinesen und hübsche Frauen. Getränkepreise wie in den Discos bei uns. Ab 23.00 Uhr geöffnet. Eintritt frei.

• **Pontoon Lounge** (auf dem Tonle Sap am Ende der 108. Straße). Die Bar liegt auf einem überdachten Floß, das am Ufer des Tonle Sap verankert ist. Kein Wunder, dass die einzigartige Location, die gemütlichen Sofas, der gute Sound und die frische Brise am Fluss zu einem der angesagtesten Spots der Stadt zählt. Regelmäßig DJs, Shows und Parties.

• **Sharky's** (130. Straße, Nr. 126). Berühmt-berüchtigter Nachtclub. Hier trifft sich bis spät nachts die Männerwelt, um sich bei Tiger Beer und Thai Food von hübschen Frauen verwöhnen zu lassen. Ab 18.00 Uhr geöffnet. Billardtische. Die „real taff English and Austalian guys", die hier zusammen trinken, sind nicht jedermanns Stil.

• **Elsewhere Bar und Restaurant** (278. Straße, 20 Meter von der 51. Straße). Berühmt geworden ist das *Elsewhere* durch die ausschweifenden Partys in einer alten Kolonialvilla mit Pool. Die neue Location ist zwar kleiner, aber nicht weniger chillig, hat ebenfalls einen Pool, und der Party Spirit der überwiegend jungen Expat Community, die sich hier vor allem trifft, ist ungebrochen. Neben allen erdenklichen Cocktails gibt es auch gute westliche Küche von 3 bis 10 $.

• **Salt Lounge** (136. Straße, Nr. 217, nahe der Riverfront). Beliebte Gaybar mit Niveau, auch für Heteros. Die moderne Inneneinrichtung hat bereits eine Auszeichnung vom Pocket Guide Cambodia bekommen. Gelegentlich finden auch Ausstellungen statt. AC.

• **Blue Chilli** (178. Straße, Nr. 36). Derzeit *die* Bar für die Gayszene in Phnom Penh. Gemütliche Einrichtung und sehr freundlicher Service.

• **Sky Bar** (Sihanoukl Boulevard Ecke 51. Straße). Eine durchgestylte Bar und Dachterrasse mit schönem 360 Grad Blick auf Phnom Penh.

• Außerdem gibt es noch zwei gewaltige Clubs, die fast ausschließlich von Khmer besucht werden. Im **Spark** (Mao Tse Toung Blvd.) wird Khmer-Hip Hop mit Pop und Dancefloor gemixt aufgelegt, dazwischen treten Livebands auf. Gute DJs und gutes Sound System. Im **Rock** (Monivong, Nr. 468) amüsiert sich das etwas gesetztere Khmer-Publikum.

Casinos

Der Casino-Boom, der 1995 über Phnom Penh hereinbrach und Kriminelle, Geldwäscher, Zocker, Politiker, Millionäre und Traveller an den Roulettetischen vereinigte, ist vorbei. Das Glücksspiel wurde mit einem **100-Kilometer-Bann** um die Hauptstadt belegt.

711ka Foto: an

Die meisten Casinos zocken ihre Kunden jetzt entweder in Sihanouk Ville oder an den Grenzübergängen zu Thailand ab. Die einzige Ausnahme ist das **Naga Casino** hinter dem *Cambodiana Hotel*. Dieser hässliche, riesengroße Betonklotz überragt das hübsche, kleine, buddhistische Institut nebenan so pietätslos, dass es den religiösen Einwohnern der Stadt die Zornesröte ins Gesicht treibt.

Straßenstand in Phnom Penh

Kunst, Kultur, Musik und Film

Langsam beginnt sich in Phnom Penh eine schillernde, internationale Künstlerszene zu entwickeln, die nicht nur den Angkorkult reproduziert, sondern auch Neues schafft.

● **Meta House** (264. Straße, Nr. 6; nahe Wat Botum). *Nico Mesterham,* Berliner Dokumentarfilmer für Arte und den WDR, hat vor einigen Jahren seine Liebe zu Kambodscha entdeckt und sich hier niedergelassen. Mit dem Meta House betreibt er ein Kunst- und Kommunikationszentrum, in dem er Künstler aus Kambodscha mit Kollegen aus Thailand, Vietnam oder woher auch immer, zusammenbringt. Moderner Kunst wie Grafic und Video Arts, Multimedia aber auch Fotografie, Malerei und Skulpturen mit sozialem Fokus, was bisher im Khmer Kulturraum und der Politik keinen Platz hat, ist hier willkommen.

Täglich wechselndes Programm: Filme, Vorträge und Ausstellungen. Das Goethe-Institut hat hier eine Filiale. Kleines Restaurant und Bar auf der Dachterrasse! Tel. 012/607465, mesterham@gmx.net.

- **Art Café** (84. Straße, Nr. 108). Der deutsche Flötist Anton hat dieses Café als Plattform für Khmer und internationale Künstler geschaffen um einen interkulturellen Dialog mit Hilfe der klassischen Musik in Bewegung zu bringen. Konzerte finden am Wochenende vor allem mit Musikern aus der Region statt. Info unter Tel. 012/834517 oder www.artcafe-phnom-penh.com (s. auch Kapitel Deutsche und Schweizer Restaurants).
- **Centre Culturel Français** (184. Straße, Nr. 214; Tel. 023/724560). Es versteht sich als Kulturzentrum und bietet ein breites Spektrum an gemischt Khmer-/französischen Veranstaltungen an. Info vor Ort oder in der englischen und französischen Presse.
- **Sovanna Phum** (360. Straße, Ecke 105. Straße). Durch dieses Projekt werden einheimische Musiker, Schauspieler, Tänzer und Artisten, die in Kambodscha keine finanzielle Unterstützung vom Staat bekommen, gefördert. Hier wird ihnen die Möglichkeit gegeben, vor Publikum aufzutreten und ein wenig Geld zu verdienen. Die Bühne, auf der die Vorführungen stattfinden, lässt sich am ehesten mit einem Hinterhoftheater vergleichen. In einem Workshop werden die Figuren für Schattentheater hergestellt. Besucher sind jederzeit willkommen und können auch die sehr dekorativen Figuren erwerben. Vorführungen sind nur von Freitag bis Sonntag, jeweils um 19.30 Uhr. Eintritt 5 $. Zur Aufführung kommen Maskentanz, Schattentheater sowie klassischer und volkstümlicher Khmertanz. Es werden Hintergrundinformationen zu den jeweiligen Stücken gegeben. Tel. 023/987564, www.sovannaphum.org.
- **The Chinese House** (Sisowath Quay 45, gegenüber dem Containerhafen). Stilvoll restauriertes, chinesisches Handelshaus, in dem Austellungen, Konzerte und Filmvorführungen stattfinden. Gemütliche Bar und chinesische Snacks. www.chinesehouse.asia.
- **Mekong River** (Riverfront, Ecke Sisowath und 118. Straße). Bekannt ist dieses Restaurant an der Riverfront weniger wegen seines Essens, sondern vor allem, weil der engagierte frz. Besitzer ein eigenes Kino im 1. Stock betreibt. Gezeigt werden u.a. zusammengeschnitte Szenen aus Dokumentarfilmen und eigenen Aufnahmen. Derzeit laufen zwei Filme. Der erste handelt vom Völkermord unter Pol Pot, der zweite über die Minenproblematik in Kambodscha. Sein neuestes, für 2008 geplantes Projekt, ist eine Dokumentation über die Schlangenjäger vom Tonle Sap See. Mehrere Vorführungen täglich auf Englisch, eine auf französisch. Eintritt 3 $. Tel. 023/991150, mekong.river@voila.fr.
- **Regelmäßige Ausstellungen** von Malern und Fotografen finden statt im Art Café (108. Straße, Nr. 84), Meta House (264. Straße, Nr. 6), Popil Photo Gallerie (19. Straße, Nr. 126), Reyum (178. Straße, Nr. 47).

Veranstaltungshinweise

Aktuelle Infos über Filme, Konzerte, Tanzvorführungen, Ausstellungen usw. stehen in der **Phnom Penh Post,** im **Cambodia Daily** in der Freitagsausgabe sowie verstreut im **Bayon Pearnik.**

Shopping

Film, Foto und Video

Entlang des Monivong Blvd. und in der Gegend des Central Market befinden sich viele Läden mit erstaunlich guter Qualität zu günstigen Preisen.

- **Super up to date** (Agfa Foto Shop). Der Beste in Phnom Penh; hier lassen auch Journalisten ihre Bilder entwickeln; Filme, Kameras, Fotokopien, Expressentwicklung. Adresse: Monivong Blvd., Nr. 415.
- **Nikon Center Cambodia** (Monivong Blvd., Nr 208). Alle gängigen Nikon-Kameras plus Zubehör und Reparatur, gute Qualität.

Souvenirs

- **Psah Tuol Tom Pong, Russian Market.** Die größte Auswahl an Mitbringseln. Echte und falsche Antiquitäten, lokale Erzeugnisse von Kuhglocken bis Buddhastatuen, T-Shirts und Seide (siehe Märkte). Besonders beliebt sind die billigen CDs und DVDs. Auch auf dem **Central Market** gibt es viele Souvenirs.

• In der **178.** und in der **240. Straße** nahe dem Nationalmuseum und der Silberpagode haben sich eine Reihe von Souvenirläden und Galerien angesiedelt.

• **Hidden Treasures – Antique Shop** (148. Straße, Nr. 9, neben Riverside Restaurant). Reichhaltige antike Buddhasammlung und andere religiöse Artefakte verschiedener Epochen aus Kambodscha, Myanmar, Thailand, Laos und Vietnam. Doch auch andere Skurilitäten aus der ganzen Welt und aus Deutschland sind hier zu finden. Ausfuhrerlaubnisse vom Department of Fine Arts werden ausgestellt, www.asiaartsnantiques.com.

• **Cambodian Design Center** (neben der Wat Phnom). Zwischen den Ständen der Wahrsager steht ein im Khmer-Stil restauriertes Gebäude, wo die Produkte der *Cambodian Craft Cooperation,* ein von der Handelskammer Koblenz unterstütztes Projekt, ausgestellt und verkauft werden. Ein lohnender Deal sind die feinen Silberarbeiten, bei denen man sicher sein kann, dass der angegebene Silbergehalt auch wirklich stimmt.

• **Wat Than** (s. Pagoden)

• **NCDP** (Norodom Blvd., Nr. 3). Das *National Center of Disabled Persons* verkauft in einem hübschen Shop lokale Handarbeiten von Behinderten.

Kaufhäuser und Supermärkte

• **Sorya Shopping Center.** Das zurzeit mit 7 Stockwerken größte Kaufhaus in Kambodscha war bei der Eröffnung (2005) mit der ersten Rolltreppe im Land eine Sensation. Das Warenangebot ist für westliche Touristen nicht sonderlich interessant, doch ein kleiner Kaufhausbummel bei angenehmen Temperaturen lohnt sich allemal. Angeboten werden vor allem Bekleidung, Kosmetik, Schmuck, Kinderspielzeug, Schuhe sowie CDs und DVDs. Zahlreiche Restaurants sind hier zu finden. Das Kaufhaus liegt, kaum zu übersehen, im Zentrum der Stadt etwa 100 m südlich vom Zentralmarkt.

• **Lucky Supermarket.** Am besten sortierte Supermarktkette hauptsächlich für Lebensmittel und Hygieneartikel in Phnom Penh. Lebensmittelladen, Einkaufszentrum der Expats. Es gibt 3 Filialen: Nähe Preah Sihanouk, Ecke Monivong Blvd.; im Erdgeschoss des Parkway Building am Mao Tse Toung Blvd. und im Erdgeschoss des Sorya Shopping Centers.

• **Parkway Building** (Mao Tse Toung Blvd.). In diesem Kaufhaus sind Restaurants, Supermärkte, ein Hallenbad mit Sauna und Fitness Center sowie andere Shops untergebracht.

Diverses

• Gute **Fotokopien** kann man in vielen Läden im Zentrum machen. 500 Riel pro Kopie.

• **Passfotos** werden in fast jedem Fotoshop gemacht.

• **Videos, CDs** und **DVDs** gibt's billigst auf dem Toul Tom Pong (Russenmarkt). Auch sehr gute Reportagen auf Video-CDs über die Geschichte Angkors und die Roten Khmer bekommt man dort sowie die klassische Khmer-Musik *Pin Pheat*. Der *Boom Boom Room* an der Lakeside und auf der 278. Straße ist für Musik-Freaks ebenfalls zu empfehlen.

• **Handys.** Mobile Phones, SIM Cards, Prepaid Cards etc. gibt's in den zahlreichen Telefonshops in der ganzen Stadt.

• **Gebrauchtwagen Markt** findet jeden Tag in der Rukhuk Vithei Straße vor dem Le Royal Hotel statt.

• Alte **Briefmarken** gibt es auf dem Toul Tom Pong Markt und dem Hauptpostamt. Besonders schöne und komplette Sammlungen (1986–92) im Postamt 3 Ecke Monivong/ Preah Sihanouk Blvd. (das Postamt hat keine Beschriftung).

• **Kino.** Englischsprachige Videos sieht sich die Travellerszene in den Guest Houses an der Lakeside an. In einem kleinen Kino mit Klimaanlage an der Riverside im Mekong River Restaurant laufen täglich zwei beeindruckende Filme über Kambodscha. Themen: der Genozid und die Minenproblematik. Filmfestivals mit Schwerpunkt Kambodscha und Südostasien finden regelmäßig im *Meta House* statt. Französische Filme laufen im *Centre Culturel Francais.* Programm im Cambodia Daily und im Asia Life Phnom Penh (siehe auch Kapitel: Kunst, Kultur, Musik und Film). Es gibt ein paar große Kinos in denen aber ausschließlich Khmer-

Filme gezeigt werden. Einen Besuch sind sie trotzdem wert, z.B. das *Kirirum* oder das *Lux*.

- **Deutsche Welle TV** ist in den meisten Hotels und Guest Houses, die „Cable TV" haben, zu empfangen.
- **Toilettenartikel** sind in den Läden im Zentrum am Monivong Blvd. und in den Supermärkten, z.B. *Bayon* und *Lucky Supermarket,* zu haben. Die beste Auswahl an westlichen Produkten haben U Care (Adresse s. „Apotheken").
- **Alte Münzen** und **Geldscheine** werden vor allem auf dem Markt Toul Tom Pong feilgeboten.
- **Wäschereien** (Laundry Service) gibt es verteilt über das gesamte Stadtzentrum, jedoch bietet jedes Hotel diesen Service, gegen Bezahlung, seinen Kunden an.
- **Uhrmacher** findet man u.a. auf dem Central Market direkt unter der Kuppel sowie auf den anderen Märkten und in kleinen Shops verteilt über die Stadt.
- **Postkarten** findet man auf dem Russen- und Central Markt, auf dem Postamt, im FCC und im *Monument Bookstore* am Norodom Blvd., Nr. 111.
- **Schreibwaren** bekommt man auf den Märkten, in den Kiosken vor den Schulen oder im *International Bookcenter* am Sihanouk Blvd. neben dem *Lucky* Supermarkt.
- **Metzgerei.** *Dan Meat,* die größte professionelle Metzgerei in Kambodscha, gehört dem Deutschen *Lancy.* Die meisten guten Restaurants in Phnom Penh und Sihanouk Ville werden von ihm beliefert. Stolz ist er auf seine Wurstwaren. In dem Laden in der 214. Straße, Nr. 51 findet man deutsche Fleischwaren made in Cambodia (Tel. 012/906 072).

Adressen

Ausflüge

- **Boote für Rundfahrten** auf dem **Tonle Sap** und **Mekong** lassen sich ab 8 $ die Stunde direkt am Ufer an der Riverfront mieten. Die Boote bieten Platz für eine Gesellschaft von ca. 10 bis 15 Personen. Getränke können an Bord gekauft werden. Am Speedboothafen beim Hauptpostamt gibt es ein paar größere und sehr schöne Boote, auf denen während einer Rundfahrt diniert werden kann. Empfehlenswert ist die **Chenla.**
- **Mekong Village Tour.** Einen tiefen Einblick in das ländliche Leben Kambodschas bietet dieser Ausflug von Capitol Tours. Zuerst wird das Kokusnussdorf Roka Kong besucht, wo bereits kleine Jungs mit spielerischer Selbstverständlichkeit 10 Meter hohe Baumstämme hinauf klettern. Die Khmer stellen hier unter anderem den vergorenen Kokusnusswein *toek thnout* her. Dann wird auf die dicht besiedelte Mekonginsel *koh snei ha* (Liebesinsel) übergesetzt. Von dort aus geht's auf dem Mekong zurück nach Phnom Penh. Täglich ab 6 Personen für 10 $ inkl. Mittagessen. Anmeldung im Capitol G.H., Tel. 023/ 364104.
- **Sammeltaxis** mit oder ohne Reiseleiter zu den Sehenswürdigkeiten in der Stadt, aber auch nach Udong, Tonle Bati, Phnom Chisor und den Killing Fields organisieren Guest Houses wie Capitol, Narin u.a.

Banken und Geldwechsel

- Gute Wechselkurse für Bargeld (Euro in Riel, Euro in Dollar oder Dollar in Riel) gibt es an den Wechselstuben am **Zentralmarkt (Psah Thmay).** Bekannt für die besten Wechselkurse für Bargeld, vor allem von Euro in Dollar, ist **Ly Heng Exchange** an der Ecke Charles de Gaulle und Monivon Blvd. Hier werden so ziemlich alle Währungen gewechselt. Handeln ist überall möglich.
- In der Travellerhochburg **„Lakeside"** gibt es alle erdenklichen Möglichkeiten, Geldgeschäfte zu tätigen. Unter den Banken hat die **ANZ Royal** die besten Wechselkurse.
- **Geldautomaten** (ATM) werden in Phnom Penh immer zahlreicher. Im Stadtzentrum, an der Riverfront und in den Traveller Zentren wie Lakeside oder Capitol besteht wahrlich kein Mangel. Auszahlung in Dollar.
- Die **Banken** eignen sich zum Einlösen von Traveller Schecks, Bargeldauszahlung auf Kreditkarten sowie Geldtransfers. Öffnungszeiten meist Mo–Fr 8.00–15.00 Uhr und Sa bis 11.30 Uhr.

Die wichtigsten Banken in Phnom Penh liegen alle auf der 114. Straße zwischen Monivong und Norodom Boulevard:

- **ANZ Royal Bank.** Hat mehrere Niederlassungen und Bankomaten in Phnom Penh. Gute Wechselkurse und freundlicher Service.
- **Canadia Bank** (114. Straße, Nr. 265). Handelt mit Euro und Dollar in bar und mit TC. Bargeldauszahlung auf *Visa-* und *MasterCard*.
- **Cambodian Commercial Bank** (Ecke Monivong Blvd./114. Straße). Barauszahlung von *Visa-* und *MasterCard*. Korrespondenzbanken in Deutschland sind die Deutsche und Dresdner Bank; in Österreich die Raiffeisen Zentral Bank. Für die Auszahlung von kleineren Summen bis 300 $ steht am Haupteingang eine kleine Wechselstube, die auch samstags und sonntags 9.00–18.00 Uhr geöffnet ist.
- **Western Union** *(Cambodia-Asia Bank)*. Um Geld zu verschicken oder sich schicken zu lassen, siehe „Praktische Tipps A–Z/Geld". Es gibt mehrere Filialen, beispielsweise *Naga World Hotel* im Naga Casino, rund um die Uhr geöffnet (Tel. 023/210900), Riverside am Sisowath Quayn Nr. 349 (Tel. 023/ 220 381) oder am Monivong, Nr. 252 (Tel. 023/ 427016).
- **Acleda Bank** (Zentrale: Monivong Blvd. Nr. 61). Bankomaten in Phnom Penh, Filialen in ganz Kambodscha, *Western Union Money Transfer*. Tel. 023/214634.
- **American Express.** Die Vertretung, die sich beim Verlust der Reise-Schecks um Ersatz kümmert, ist im Büro von *Diethelm Travel*, 240. Straße, Nr. 65 untergebracht. Tel. 023/ 219151.

Bücher und Landkarten

- **Monument Books** (Norodom Blvd., Nr. 111). Großer und gut sortierter Buchladen mit Filialen auch am **Flughafen** und in Siem Reap. Die Preise sind allerdings deftig. Beeindruckendes Sortiment über Kambodscha, Angkor und Indochina. Auch Video-CDs und Postkarten. Geöffnet täglich 7.30–19.00 Uhr; Mo nur bis 17.00 Uhr.
- An der Riverfront verkaufen Kinder Bücher und Landkarten in den Restaurants. Mit dem hierbei verdienten Geld finanzieren sich die meisten ihren Schulbesuch.
- **D's Books** neben dem FCC an der Riverfront verkauft aktuelle Literatur über Asien und Kambodscha sowie gebrauchte Bücher aller Art – auch viele deutschsprachige.
- Alle großen Hotels haben in der Lobby einen Shop in dem Zeitschriften, Bücher und Landkarten verkauft werden; genauso wie die meisten Supermärkte.
- Große Auswahl an **Landkarten** mit meist alten Bezeichnungen (Vietnamesische Besatzung), aber sehr genau in kleinem Maßstab, gibt es bei den Schreibwarenhändlern am Russenmarkt.

Internet

- **Internetcafés** gibt es in der ganzen Stadt. Die meisten findet man an der Riverfront, an der Lakeside und in der direkten Umgebung der Guest Houses und Hotels. Eine Stunde kostet in den Internetcafés oft 50 Cent. Auch in der Wartehalle am Flughafen gibt's Internet.
- Für das **Internet Phone** wird, da es nicht legal ist, nur selten öffentlich geworben. Doch in fast allen Internetcafés können für ca. 500 Riel/Min. internationale Gespräche aus einem Hinterzimmer geführt werden.
- In vielen Hotels und Restaurants gehört **WiFi** bereits zum Standard. Manche bieten diesen Service kostenlos an, die meisten verlangen aber eine Gebühr. Je teurer die Hotels, desto teurer in den meisten Fällen auch der Internetzugang. Kostenlos mit dem eigenen PC surfen ist z.B. im *Anise Hotel* und im *Riverside Bistro* möglich.

Airlines

Die Kernöffnungszeiten sind Mo–Fr 8.00–12.00 Uhr und 13.00–16.00 Uhr, Sa 8.00–12.00 Uhr (s. „Öffentliche Verkehrsmittel").

- **Siem Reap Airways** (214. Straße, Nr. 65), Tel. 023/722545, www.siemreapairways.com. Fliegt zwischen Phnom Penh und Siem Reap sowie Siem Reap und Saigon.
- **Bangkok Airways** (214. Straße, Nr. 61), Tel. 023/722545, www.bangkokair.com. Verbindet Siem Reap und Phnom Penh mit Bangkok.
- **Thai Airways** (Neben Interkontinental Hotel, Mao Tse Toung Blvd., Nr. 94), Tel. 023/ 214359.

- **Malaysia Airline** (Monivong Blvd., Nr. 172), Tel. 023/218923.
- **Vietnam Airlines** (214. Straße, Nr. 41), Tel. 023/363396.
- **Silk Air** (Singapur). Himawari Hotel, (Sisowath Blvd., Nr. 313), Tel. 023/426808.
- **China Southern Airlines** (Monireth Blvd., Nr. 168), Tel. 023/424588.
- **Dragon Air** (Hong Kong). Monireth Blvd., Nr. 168, Tel. 023/424300.
- **Eva Air** (Taipeh), Mao Tse Toung, Nr. 298, Tel. 023/219911.
- **Lao Aviation** (Laos), Sihanouk Blvd., Nr. 58, Tel. 023/216563.

Gesundheit

- **SOS International Medical Center** (51. Straße, Nr. 161).

Notfallnummern: 119 (vom Festnetz) oder **023/724891.**

Dieser weltweit arbeitende **Rettungsdienst** ist die wichtigste Anlaufstelle für Ausländer in Kambodscha bei Krankheit und Unfall. Er ist kommerziell orientiert und hat hohe Preise, dafür arbeitet er aber zuverlässig und ist die beste Lebensversicherung in Kambodscha. Folgender Service wird geboten:

- 24 Stunden Bereitschaft
- kleine Operationen
- Apotheke
- Arztpraxis mit in FR ausgebildeten Ärzten
- Impfungen und Labor
- Evakuierung bei Unfällen in Kambodscha
- Evakuierung in medizinisch notwendigen Fällen nach Singapur oder Bangkok

- **Naga Clinic** (254 Str., Nr. 11).

Notrufnummer: 011/811175 oder **023/361225.**

Ebenfalls eine zuverlässige Adresse für Notfälle. Bietet etwa die gleichen Leistungen wie SOS International. Kleines Krankenhaus mit OP, engl. und frz. sprechende Ärzte, 24 Std. Bereitschaftsdienst. Kreditkarten.

- **Calmette Krankenhaus** (Ecke Monivong Blvd./84. Straße, Tel. 023/426948). Das beste Krankenhaus in Kambodscha; französische Ärzte. Bei schweren Unfällen sollte unbedingt ausgeflogen werden, da westliche Hygiene bei der Nachbehandlung nicht gewährleistet ist. Das Herzzentrum des Calmette Krankenhauses *(Centre de Cardiologie de Phnom Penh)* wird von frz. Ärzten geleitet und genießt einen guten Ruf.
- **Kinderkrankenhaus Kantha Bopha**
In Phnom Penh gibt es zwei dieser von dem bekannten Schweizer Arzt Dr. *Richner* gegründeten Krankenhäuser. Nur Kinder bis 16 Jahre werden dort behandelt (kostenlos). Kantha Bopha I. (11. Straße), Tel. 023/367 009, und Kantha Bopha II. (240. Straße neben der Silberpagode), Tel. 023/428009.
- **Dr. Gavin Scott** (108. Straße, Nr. 88). Britischer Allgemeinmediziner und Spezialist für Geschlechtskrankheiten, Tel. 023/366802.
- **Zahnarzt:** „European Dental Clinic" (Norodom Blvd., Nr. 160 A). Franz. Zahnärzte; Tel. 023/362656. Notfallnummer: 012/854408.

Zu empfehlen ist der **deutsche Zahnarzt** *Dr. Wolfgang Schmidtberg,* der Kieferchirurgie an der Uni in Phnom Penh unterrichtet. Termine nach telefonischer Vereinbarung. Tel. 012/894679.

- **Apotheken.** Zu den besten Kambodschanischen Apotheken zählt die *Pharmacy de la Gare* in der Nähe des Bahnhofs am Monivong Blvd., Nr. 81, Tel. 023/526855.
- Die **U Care** Drogerie- und Apothekenkette unter frz. Leitung hat eine Filiale am Sihanouk Blvd./Ecke 55. Straße und an der Riverfront Sothearos Blvd./Ecke 178. Straße.
- **Optiker.** I Care Optical Center (Norodom Blvd., Nr. 166) und Royal Optic (Monivong Blvd., Nr. 220).

Immigration Office

- **Visumverlängerung.** Pochentong Blvd. gegenüber Pochentong Airport (siehe auch Kapitel „Praktische Tipps/Ein- und Ausreise").

Botschaften und Konsulate

- **Deutschland:** 214. Straße, Nr. 76,
Tel. 023/426381; Fax 427746.
- **Schweiz:** 242. Straße, Nr. 53 D;
Tel. 023/219045; Mo bis Fr 8.00–11.00 Uhr.
- **Thailand:** Norodom Blvd., Nr. 196,
Tel. 023/726306; Mo bis Fr 8.00–12.00 Uhr.
- **Myanmar:** Norodom Blvd., Nr. 181,
Tel. 023/213663.

Polizeinotruf

Für Ausländer, die Opfer eines Verbrechens geworden sind, stehen Französisch und Englisch sprechende Polizeibeamte im Sicherheitsministerium und auf der Polizeihauptwache 24 Stunden zur Verfügung.
Polizeinotruf: 117
Krankenwagen: 119

Unter der Nummer 023/724793 sollen englischsprachige Polizisten abheben.

- **Vietnam:** Monivong Blvd., Nr. 436, Tel. 023/726283.
- **Laos:** Mao Tse Tuong Blvd., Nr. 17, Tel. 023/983632; Mo bis Fr 8.00–11.30 Uhr und 14.30 bis 17.00 Uhr; Sa 8.00–11.30 Uhr.

Post, Telefon, Fax

- **Hauptpostamt.** Ecke 13. und 102. Straße. Der Schalter für Post ist täglich von 7.00 bis 17.00 Uhr geöffnet. Telegramm, Telefon und Fax bis 22.00 Uhr möglich. Außerdem werden am Schalter Postkarten und Briefmarken verkauft. Internationale Telefongespräche kosten zwischen 1,50 $ und 3 $ pro Minute.

Paketdienst

- **UPS** (134. Straße, Nr. 27) Tel. 023/366323.
- **DHL** (110. Straße, Nr. 353), Tel. 023/427726.
- **FedEX** (Monivong, Nr. 701D), Tel. 023/216712.

Reisebüros

Große Auswahl. Unterschieden werden muss zwischen Büros, die selber Reisen organisieren und denen, die nur vermitteln und dafür Provision bekommen.

Individuell reisen in Kambodscha:

- **Diethelm Travel** (240. Straße, Nr. 65). Insbesondere deutsche und Schweizer Reiseunternehmen arbeiten mit dieser, in fast allen südostasiatischen Ländern vertretenen Reisebürokette zusammen. Buchung von Gruppen- und Individualreisen in Südostasien und Flüge weltweit. Tel. 023/219151, dtc.out@dtc.com.kh. *Visa/MasterCard.*
- **Capitol Tours** (182. Straße, Nr. 14; im Capitol Guest House). Hat sich speziell auf die Bedürfnisse von Travellern mit kleinem Reisebudget eingestellt. Billig und zuverlässig. Sightseeing zu den Sehenswürdigkeiten in und um Phnom Penh, Pauschal Arrangements für Angkor sowie Bus- und Boot-Tickets nach Vietnam, Thailand, Sihanouk Ville und Siem Reap. Visum-Service. Tel. 023/364104, capitol@online.com.kh; *Visa/MasterCard.*
- **Local Adventure Cambodia** (258. Straße; Nr. 14, schräg gegenüber von O.K. Guest House). Mit viel Engagement und Fachwissen bei der Sache. Alles für Touristen und Traveller, von individuellen Touren über Pauschalangebote und Infos bis zu Flugtickets und Visa. Es gibt kaum etwas, was der Chef *André Ruys* aus Holland nicht organisieren kann. Er hat viele Backcountry Trails auf Lager, die noch in keinem Reiseführer stehen. Spezialisiert auf die Umgebung von Phnom Penh sowie Rattanakiri und Mondulkiri. Tel. 023/990460; www.cambodia.nl.
- **Monsoon-Tours** (528. Straße, Nr. 67). Kleiner Reiseveranstalter, der mit *Focus Asia* zusammenarbeitet. Interessante und engagierte Touren. *Frank Ludwig*, der Besitzer, ist ein ausgezeichneter Kenner des Landes. Spezialgebiet ist die Stadt Kratie und die Irrawaddy-Delfine. Tel. 023/992816, www.monsoontours.com.

Vermittlung von Reisen und Flügen:

- **PTM Travel & Tours.** Professionelles Reisebüro mit besten Kontakten in Südostasien. Spezialisiert auf Flüge weltweit. Vermitteln auch Billigflieger wie *Air Asia* nach Bangkok und Kuala Lumpur. Großes Angebot an Serviceleistungen vom Visum bis zu Reisen. Zwei Büros am Monivong Blvd., Nr. 200 und 333. Tel. 023/986363, ticketing@ptm-travel.com.
- **First Travel** (Norodom Blvd., Nr. 32). Eines der größten und renommiertesten Reisebüros im Land. Von Flugtickets über Pauschalreisen bis zur Durchführung und Orga-

nisation individueller Reisen im Land. Tel. 023/725146, first.tour@online.com.kh.

Sport und Action

- **Khmer Boxkampf** (Kbach Kun Khmer). Für alle, die über das Wochenende in Phnom Penh sind, eine äußerst unterhaltsame Veranstaltung. Nicht nur wegen der Boxkämpfe, sondern vor allem auch, um die Khmer bei einer ihrer Lieblingssportarten zu beobachten. Die Kämpfe werden von zwei Fernsehsendern veranstaltet: TV 5 (Borai Kaila, nähe Juliana Hotel) Fr und So zwischen 15.00 und 18.00 Uhr sowie bei CTN (nähe Chroy Chang Var Brücke) Sa und So zwischen 14.30 und 17.00 Uhr. Eintritt knapp einen Dollar; bei Kämpfen gegen bekannte Boxer aus dem Ausland teurer.
- **Schwimmbäder.** Ein beliebtes öffentliches Hallenbad mit 25 Meter Bahn, Sauna und Fitnessraum ist der **Parkway Health Club** im Parkwaybuilding, Mao Tse Toung Blvd. Tageskarte 8 $. Schöne Swimming Pools besitzen die Hotels **Le Royal, Intercontinental** und **Juliana.** Die Preise liegen zwischen 8 und 10 $. Wer mehr Wert auf Relaxen als auf sportliches Schwimmen legt, dem sei das Billabong Hotel mitten in der Stadt empfohlen (5 $).
- **Motorräder.** Vom einfachen Moped bis zur 250 ccm Enduro können in folgenden Shops gemietet werden: *Lucky Lucky* am Monivong Blvd., Nr. 413 (Tel. 023/212788), *Dara Motorbike Shop* in der 339. Straße, Nr. 110 sowie *Riverside Moto* in der 118. Straße, Nr. 30.
- **Wasserski.** Wer auf zwei Brettern über den Mekong cruisen will, kann das im Alligator Ski Club tun. Ca. 1,7 km hinter der Chroy-Chungvar-Brücke rechts Richtung Kean-Klang-Pagode. Wegweiser! Tel. 012/835850.
- **Kanu.** Eine interessante Auswahl an verschiedenen Touren auf dem Mekong, Tonle Sap und Bassac bietet *Adventure Canoe Cambodia.* Miete für 1 Std. 5 $. Tel. 012/870993.
- **Fitness-Center.** Im Juliana Hotel, im Le Royal und im Royal Phnom Penh. Besonders empfehlenswert: das *Clark Hatch* im *InterContinental.*
- **Golf.** Eine Oase des Luxus ist der Cambodia Golf and Country Club mit einem 18-Loch-Platz. Er liegt an der Nationalstraße 4 Richtung Sihanouk Ville kurz vor Kompong Speu auf der linken Seite. Tel. 023/363666.
- **Rundflüge mit Propeller-Drachen.** Diesen besonderen Kick kann man bei Kan Merlets Angkor Aile unter Tel. 012/806704 buchen.
- **Karts Kambol F1.** Wer vom Sight-Seeing die Nase voll hat, kann sich auf einer anspruchsvollen 900 Meter Strecke mit neuen 200 cc Karts dem Formel-1-Rausch hingeben. 5 Minuten 5 $, 10 Minuten 7 $. Auf der RN 4 Richtung Sihanouk Ville, nach ca. 18 Kilometern beim Ort Kambol rechts abbiegen; dann noch ca. 2 Kilometer. Tel. 012/897493. Geöffnet täglich ca. 14.00–19.00 Uhr.
- **Kegeln.** Zwei moderne Kegelbahnen: Superbowl auf dem Mao Tse Tuong Blvd. 113 (Parkwaysquare) und Phnom Penh Bowling Club in der 294. Straße, Nr. 34.
- **Shooting Range.** Pkor Loan Club (200 Meter vor der Kartbahn, Kambol F1).

Angesichts der schrecklichen Geschichte Kambodschas halten sensible Touristen diese Einrichtung für geschmacklos, doch tauchen dort erstaunlich viele Traveller auf, um mit den Originalwaffen des Bürgerkrieges rumzuballern. Ein interessanter Platz ist die Shooting Range auf jeden Fall. Die Anlage wird von Ausbildern des kambodschanischen Militärs betreut. Die beliebtesten Waffen sind die M16 und die Kalaschnikov (AK 47), doch auch Pistolen und Handgranaten stehen zur Auswahl. Zwischen 10 und 60 $ betragen die Kosten. Täglich bis in die Nacht hinein geöffnet.

- **Olympisches Stadion.** Tennisplätze und Kampfsport-Clubs an der Ostseite; Badminton, Gymnastik und Aerobic in der Gymnastikhalle. Informationen am besten vor Ort (s. auch unter Sehenswürdigkeiten).
- **Spa und Massage.** In Phnom Penh haben in den letzten Jahren unzählige, teilweise erstklassige Spas und Massagesalons eröffnet, in denen man sich von geschultem Personal stundenlang pflegen und verwöhnen lassen kann. Massagen kosten in der Regel zwischen 8 und 20 $ pro Stunde, für Gesichtsbehandlungen muss man je nach Aufwand 15 bis 40 $ veranschlagen und Ganzkörperbehandlungen kosten zwischen 20 und 50 $. Hier eine Auswahl:

Die Cyclos — Begegnung mit einer aussterbenden Art

Die Verkehrsmittel in Phnom Penh haben sich in den letzten Jahren revolutioniert. Vom kommunistisch verordneten Einheitsgefährt, dem Fahrrad, ist nicht mehr viel zu sehen. Doch die langsamen und trägen Cyclos, die wie eine bedrohte Saurierart der Gattung Pedalorex ihre Kreise zwischen den chromblitzenden Autos und den dahinrasenden Mopeds ziehen, scheinen sich dem ihnen drohenden Untergang so lang wie möglich widersetzen zu wollen.

Es gibt keinen Platz in der Stadt, der nicht von diesem an einen Bagger erinnernden öffentlichen Verkehrsmittel befahren wird. Auch in der Nacht sind sie unterwegs. Dabei scharen sie sich wie Moskitos vor den hell erleuchteten Restaurants und Diskotheken. Dort warten sie geduldig darauf, die letzten Nachtschwärmer, einsam und allein oder in Begleitung, nach Hause zu bringen. Wenn die Stadt spät nachts zu Ruhe gekommen ist, parken die braunen, hageren Männer ihr Gefährt auf dem Bürgersteig am Monivong Boulevard, binden sich ihren Krama um den Kopf und versinken in den Sitzen ihrer Cyclos für ein paar Stunden im Tiefschlaf.

Eigentlich spricht nur die Hektik und Eile des modernen Phnom Penhs gegen diese unaufdringlichen Männer, die ihr behäbiges Gefährt sicher durch die überfüllten Straßen der Hauptstadt lenken. An Gemütlich- und Bequemlichkeit sind sie allen anderen Verkehrsmitteln überlegen. Was bietet zum Beispiel ein Moped, wenn es regnet? Auf dem Cyclo wird der Fahrgast zum Schutz vor dem vom Himmel prasselnden Monsunregen in Plastik eingehüllt, und durch den hohen Radstand stellt auch eine überflutete Straße kein Problem dar. Auf einem Zweirad sind bei solchem Wetter die Schuhe nach wenigen Metern nass von dreckigem Spritzwasser. Doch über diesen Vorteil wissen auch die Cyclofahrer Bescheid, was sich in solchen Situationen durch sofortige Preiserhöhungen bemerkbar macht.

Beeindruckend ist die Geräumigkeit des Cyclos, die sich bei einem Familienausflug als großer Vorteil erweist. Die Großeltern sowie Mama und Papa mit einer vierköpfigen Kinderschar finden mit etwas gutem Willen leicht Platz. Auch nach dem Großeinkauf der Hausfrau gibt es nur eine Möglichkeit, alles nach Hause zu bringen: das Cyclo. Doch den größten Triumph über die Technik feiert der Cyclofahrer dann, wenn er seinen Erbfeind, das Moped, samt Fahrer und Sozius nach einem Motorschaden zur nächsten Werkstatt bringen darf.

Seit wann es das Cyclo in seiner heutigen Form gibt, ist nicht genau bekannt, doch es ist anzunehmen, dass es nach 1920 in Phnom Penh eingeführt wurde. Sein Vorläufer waren Holzkarren auf Rädern, in denen die Fahrgäste Platz nahmen und vom Chauffeur gezogen wurden. Die meisten Cyclofahrer haben ihr Fahrzeug nur gemietet. Bei den Besitzern muss der Mieter seinen Personalausweis hinterlegen, zahlt sein Geld und hat dann auch ein Anrecht darauf, die einfache Unterkunft, die der Cycloverleiher seinen Arbeitern bereitstellt, zu benutzen. Viele Männer, die vom Land in die Stadt kommen und weder Arbeit noch Wohnung haben, verdingen sich zuerst als Cyclofahrer, um in Phnom Penh Fuß zu fassen.

Die langen Wartezeiten auf Fahrgäste vor öffentlichen Gebäuden, Hotels, Bars und Bordellen bringen es mit sich, dass Cyclofahrer gute Informanten sind. Deshalb bot sich für diese unauffällig auf ihrem hohen Sattel sitzenden Männer, die nicht gerade üppig verdienen, ein zweiter, oftmals einträglicherer Gelderwerb an: die Arbeit als Spion. Mit einer verständlichen Bitterkeit wirft man ihnen immer noch vor, dass viele von ihnen früher Informationen über die Bevölkerung an die Roten Khmer weitergegeben haben. Doch hat sich bis heute jede politische Gruppierung dieser unscheinbaren Gestalten bedient, um den Gegner auszuspionieren. Man ist versucht, ihnen noch viele Spionageaufträge zu wünschen, damit diese rare und sympathische Spezies überlebt, denn den Kampf mit den modernen Verkehrsmitteln werden sie über kurz oder lang verlieren. Doch wie es in der Politik Kambodschas aussieht, werden Spitzel noch lange benötigt, und wenn Ihnen mal ein Cyclofahrer verdächtig vorkommt, dann vorsichtig, 007 lässt grüßen.

618ka Foto: an

Freundlicher Cyclofahrer

Amara Spa (Sisowath Quay, Ecke 110. Straße). Hochklassiges Spa und Massage sowie Gesichtsbehandlungen in Einzelräumen.

Bliss (240. Straße, Nr. 29, montags geschlossen). Seit vielen Jahren etabliert in der Expat-Gemeinde in einer schönen alten französischen Villa.

In-Style (242. Straße, Nr. 63). In einer hübschen kleinen Villa mit zauberhaften Garten, in dem auch leichte, gesunde Snacks angeboten werden. Spezialisiert auf balinesische Massage.

Seeing Hands Massage (Am Wat Phnom Penh, 178. Straße neben dem FCC, 63. Straße, Ecke 322. Straße und weitere Filialen). Nach Meinung vieler Expats die beste Massage in der Stadt von blinden, gut geschulten Masseuren. Sehr günstig mit 5 $ pro Stunde.

Sprachschulen

- **Khmer School of Language** (420. Straße, Nr. 10) Gut organisierte Sprachschule, an der ausschließlich Khmer unterrichtet wird. Wochenkurse oder Privatstunden (4 $ je Std. und Person), je nach Vereinbarung. Registration Fee 10 $. Tel. 023/213047.
- **Khmer School of Expats** (288. Straße, Nr. 35). Keine Kurse, sondern nur Privatstunden ab 4 $. Freundlich, gut organisiert, keine Registration Fee. Tel. 012/867177.
- **Language and Crossculture Facilitators** (LCF). 39. Straße, Nr. 40, Tel. 012/561665, www.lcf.cn.to.

Zeitungen

Deutsche Zeitungen gibt es in Kambodscha nicht, aber die *Zeit* und der neueste *Spiegel* und andere deutsche Zeitschriften liegen im *Riverside Restaurant* aus.

- **Time, Newsweek, Asian Week, Far Eastern Review.** Zu finden im *Monument Bookstore*, sowie im *seven/seven*, *Lucky* und *Bayon Supermarket*.
- **Bangkok Post, The Nation.** Gute englischsprachige Tageszeitungen aus Thailand. Frühestens ab 12.00 Uhr in Phnom Penh zu bekommen. Meistens werden sie von Zeitungsjungen verkauft, hauptsächlich vor dem Lucky Supermarkt und an der Riverfront.

- **Phnom Penh Post** erscheint 6x wöchentlich. Man findet sie in Kiosks und in den Shops der Tankstellen.
- **Cambodia Daily** (engl.) wird von Zeitungsjungen verkauft. Auch die Zeitungskioske haben sie schon frühmorgens im Sortiment.
- **SE Asia Globe,** Hochglanzmagazin, erscheint in Kambodscha. Artikel auch über die Nachbarländer. Wird in Supermärkten, Tankstellen und Restaurants für 4 $ verkauft.
- **Asia LIFE,** Hochglanzmagazin, das interessante Themen des Landes u.a. zu aktueller Kultur, Musik und Film aufgreift, liegt kostenlos in den Restaurants aus. Erscheint monatlich, ist aber schnell vergriffen.
- **Bayon Pearnik** (englisches Satiremagazin) und **Phnom Penh Visitors Guide** (engl.) liegen kostenlos in Guest Houses und Restaurants aus (siehe „Informationsstellen").

Anreise und Weiterreise

Flug

- Der **Flughafen Pochentong** liegt 10 Kilometer vom Zentrum der Stadt entfernt. Je nach Menge des Gepäcks kommt entweder Taxi, Tuk Tuk oder Moped als Transportmittel in Frage. Taxis warten am Ausgang. 7 $ Pauschal für die Fahrt nach Phnom Penh. Auch Mototaxis warten auf dem Flughafengelände und verlangen 2 $ in die Stadt. Wer sein Gepäck allerdings aus dem Flughafengelände rausträgt, bekommt ein Motodup oder Tuk Tuk auch günstiger.
- **Flughafengebühr** bei internationalen Flügen 25 $, bei Inlandsflügen 6 $.
- Bei **abgelaufenem Visum** sind bei der Ausreise pro Tag 5 $ Strafe zu zahlen.
- Internationale und nationale Verbindungen siehe Kapitel Reisetipps A–Z.

Bus

Von Phnom Penh aus bedienen AC Busse alle Städte und Ortschaften, die über eine asphaltierte Straße zu erreichen sind. Die größten Busgesellschaften sind *Phnom Penh Sorya Transport, G.S.T.* und *Capitol Tours.* Die beiden erstgenannten fahren am oder nahe dem Surya Bus Terminal am Zentral Markt ab, *Capitol Tours* am *Capitol Restaurant.* Die bequemsten Busse bietet *Mekong Express* an, was sich aber auch im Preis niederschlägt. Sie fahren nur nach Siem Reap, Sihanouk Ville und Saigon. Das Büro liegt am Sisowath Quai Nr. 87, nahe Hauptpostamt. Plätze können telefonisch (Tel. 023/427518) gebucht werden; Abholservice inklusive.

Folgender Fahrplan wurde stellvertretend von *Capitol Tour* (Tel. 023/724104) übernommen, um einen Überblick über die Verbindungen zu bekommen. Die anderen Gesellschaften, die meist direkt in den G.Hs. gebucht werden können, haben ähnliche Fahrpläne und Preise. Lediglich *Mekong Express* ist etwas teurer.

Von **Phnom Penh** nach:

- **Siem Reap,** 8 Busse täglich 6.15–14.30 Uhr, 6 $, 6 Std.
- **Sihanouk Ville,** 4 Busse täglich 7.15–14.30 Uhr, 5 $, 4 Std.
- **Battambang** (und Pursat), 9 Busse täglich 6.45–14.15 Uhr jede Stunde ein Bus, 4,75 $, 6 Std.
- **Poipet,** 2 Busse um 6.30 und 8.00 Uhr, 7,50 $, 7 Std.
- **Kampong Cham,** 4 Busse 7.15–14.00 Uhr, 4 $, 2 Std.

Andere Busgesellschaften:

- Nach **Kampot** und **Kep** fährt *Hua Lian Transportation* (Tel. 012/376807) täglich um 7.30 und 13.00 Uhr für 5 $ (4,5 Std.) Abfahrt am Haupteingang des Olympia Stadion.
- **Nach Takeo:** *Phnom Penh Sorya Transport* 6.30–16.00 Uhr stündlich für 7000 Riel. 2,5 Std. Fahrzeit.
- **Nach Kampong Chhnang:** *Phnom Penh Sorya Transport* für 6500 Riel. Mehrere Busse täglich.
- **Nach Stung Treng (über Kratie):** *Sorya Transport,* täglich 7.15 Uhr, 6 $ bis Kratie und 8,25 $ bis Stung Treng
- Nach **Banlung** (Rattanakiri) fährt ebenfalls *Sorya Transport* um 7.30 Uhr für 9,50 $.

• Entfernungen von Phnom Penh in Straßenkilometern nach:

Kompong Chhnang	92
Pursat	181
Battambang	292
Sisophon	361
Poipet	409
Siem Reap über RN 5	467
über RN 6	311
Kompong Thom	165
Kompong Cham	129
Kampot	151
Sihanouk Ville	229
Sre Ambel	161
Grenze Vietnam (Moc Bai)	174

Internationale Busverbindungen

- **Vietnam** (Saigon)

Verschiedene Busgesellschaften wie *Sorya, Mekong ExpressTransport* und *Capitol Tours* bieten Direktverbindungen nach Saigon, ohne Umsteigen an der Grenze, für ca. 10 $ an. Abfahrt täglich 6.45 und 9.00 Uhr *(Capitol Tours)*. Fahrzeit 7 Std.

Alle Busse haben Endstation in der Pham Ngu Lao Street, dem Travellerviertel in Saigon. Dort können auch die Tickets nach Phnom Penh gekauft werden.

Achtung: Für Vietnam muss das Visum vorher beantragt werden. Es wird nicht wie das kambodschanische Visum an der Grenze ausgestellt.

- **Thailand** (Bangkok)

Capitol Tours bietet täglich eine Verbindung über Poipet nach Bangkok für 18 $ an. Abfahrt um 6.30 Uhr (12 Std.). Der Bus muss allerdings an der Grenze gewechselt werden. Das thailändische Visum wird an der Grenze ausgestellt.

- **Laos** (Pahse)

Sorya Transport bietet seit Juni 2009 eine tägliche Busverbindung nach Pakse/Laos an, um 7.30 Uhr für 28 $. Ohne Umsteigen an der Grenze, allerdings muss das laotische Visum vorher beantragt werden.

Bus und Boot über Chau Doc nach Saigon

Wer nach dem Motto *der Weg ist das Ziel* reist, sollte diese Variante nach Vietnam und Saigon wählen. Die meisten, z.B. *Capitol Tours* und *Narin G.H.,* fahren ihre Kunden mit dem **Bus** bis Neak Loeang, von wo aus die Fahrt mit einem kleinen Boot nach Chau Doc fortgesetzt wird. Bei *Capitol Tours* Abfahrt um 8 Uhr, 17 $. Es gibt auch eine **direkte Bootsverbindung** täglich ab 12.00 Uhr, Ankunft in Chau Doc um 16.00 Uhr für 22 $ inkl. Guide. Die Tickets können direkt am Passagierhafen an der Sisowath Quay gekauft werden.

Die Weiterfahrt ab Chau Doc muss immer extra bezahlt und organisiert werden. Buchungsmöglichkeiten problemlos vor Ort.

Die Tour ist auch in die andere Richtung möglich. Entweder in der Pham Ngu Lao Street in Saigon eine Tour durch das Mekongdelta über Chau Doc bis nach Phnom Penh buchen oder die Tour ganz einfach selbstständig mit öffentlichen Verkehrsmitteln unternehmen. Auch in Chau Doc kann man noch eine organisierte Tour nach Phnom Penh buchen, z.B. im Thanh Tra Hotel.

Über die thailändische Grenze bei Koh Kong/Hatlek

Es bestehen zwei Möglichkeiten:

Von Phnom Penh mit dem Bus nach Sihanouk Ville (5 $), und von dort aus um 12.00 Uhr mit dem Speedboot weiter nach Koh Kong (500 Bath).

Es gibt auch eine direkte Busverbindung mit *Sorya Transport* um 7.45 Uhr für 6,25 $, ca. 5 Stunden Fahrzeit.

Pickups, Sammeltaxis und Minibusse

Da die Reisebusse sicherer, wesentlich bequemer und auch nicht teurer als die Pickups sind, fahren Ausländer nur noch selten mit Sammeltaxis. Bei den Einheimischen sind sie nach wie vor beliebt. Für die Sammeltaxis in die Provinz gibt es verschiedene Abfahrtsplätze in der Stadt. Die Preise entsprechen in etwa denen der Busse.

- **Sorya Bus- und Taxibahnhof**/am Zentralmarkt (Psah Thmay), Taxis nach Kompong Chhnang, Kompong Cham, Kompong Thom, Kompong Speu, Pursat.
- **Psah Thmay** (nordwestlich des Marktes, Nähe Ecke Monivong/118. Straße). Hier starten die Taxis nach Battambang und Tbeng Meanchey.
- **Psah Dumkor** (Ecke Mao Tse Tuong/Monireth): nach Takeo, Kampot und Kompong Trach.
- **Psah Depot** (Ecke Preah Sihanouk/182. Straße): nach Sihanouk Ville.
- **80. Straße,** hinter dem Holiday Hotel: Pick-ups nach Senmonorom in Mondulkiri. Abfahrt um 7.30 Uhr, 10 $ im Innenraum, ca. 6 Std. Fahrzeit für 380 km. Es empfiehlt sich, die Tickets am Vorabend zu kaufen.

Taxi

- An den Abfahrtsplätzen der Sammeltaxis und vor dem Cambodiana, dem Diamond Hotel und an jedem Taxistand lassen sich ad hoc und unbürokratisch Taxis mieten. Ein Taxi mit oder ohne Fahrer sollte zwischen 30 und 40 $ am Tag kosten, vorher klären, ob Benzin eventuell extra bezahlt werden muss.
- **Taxi Vantha** lässt sich unter der Nummer 012/855000 oder 023/982542 anfordern.

Boot

Der Passagierhafen für die **Speedboote** liegt am Tonle Sap nördlich der Riverfront (nähe Hauptpostamt). **Slowboote** ankern ca. 500 Meter nördlich der Chruoy-Chang-Var-Brücke.

Täglich, außer in der Trockenzeit, wenn das Wasser auch für kleine Boote zu niedrig ist, fährt ein Speedboot nach **Angkor/Siem Reap** (Abfahrt 7.00 Uhr). Wenn der Tonle Sap See genug Wasser hat, wird ein großes komfortables, bei niedrigem Wasserstand ein abenteuerlich kleines Boot mit einigen 100 PS starken Außenbordmotoren verwendet. Dieses wird häufig überladen und ist auch schon gekentert. Die Tickets kosten stolze 33 $ und können in den meisten Guest Houses sowie direkt am Hafen gekauft werden.

Da der Preis für das Busticket wegen der großen Konkurrenz sehr günstig ist, fahren immer weniger Leute mit dem Boot. Mittlerweile wird bereits darüber spekuliert, wie lang diese Verbindung noch aufrecht erhalten wird.

Umgebung von Phnom Penh

Überblick

- **Mekong Island,** eine idyllische Insel im Mekong, deren Einwohner überwiegend von der Weberei und der Landwirtschaft leben.
- **Choeung Ek,** die **„Killing Fields“,** sind ein erschütterndes Zeugnis des Holocaust unter Pol Pot. 12 Kilometer vom Zentrum entfernt befinden sich ein Mahnmal und die Massengräber Tausender Ermordeter.
- **Koki Beach (Kep Thapy)** ist ein bei den Phnom Penhern sehr beliebter Wochenendausflugsort. An einem Seitenarm des Mekong, 18 Kilometer außerhalb der Stadt, wird in Holzhütten über dem Wasser gegessen, gebadet und sich amüsiert.
- **Udong** war die Hauptstadt Kambodschas zwischen 1618 und 1866. Sie wurde 1601 von König *Sorypor* gegründet. Der Hügel mit seinen zahlreichen, riesigen Stupas und Heiligtümern liegt 45 Kilometer nördlich von Phnom Penh.
- **Tonle Bati** ist ein beliebtes Ausflugsziel der Städter und bietet einen sehenswerten Tempel (Ta Prohm), das Denkmal Yeay Peau und, an einem Seitenarm des Tonle Bassac, ein paar Bambushütten, in denen am Wochen-

ende Picknick gemacht werden kann. Vom Zentrum Phnom Penhs 31 Kilometer entfernt.

- **Phnom Chiso,** ein selten besuchter Hügel, 55 Kilometer südlich der Hauptstadt, bietet einen alten Tempel (11. Jahrhundert) und eine herrliche Aussicht.
- **Takeo,** eine kleine Stadt 87 Kilometer südlich von Phnom Penh, liegt in einer reizvollen und fruchtbaren Kulturlandschaft. Ausflug zur historischen Stadt Angkor Borei und Tempel Phnom Da.
- **Kirirom,** etwa 140 Kilometer westlich der Hauptstadt, ein ruhiger Nationalpark in den Bergen, umgeben von Kiefern, Bächen und Wasserfällen. Übernachtungsmöglichkeit im Kirirom Guest House, in dem es auch ein Restaurant gibt.

Mekong Island

Koh Deik, wie die Insel von den Khmer genannt wird, liegt nur eine halbe Stunde von Phnom Penh entfernt und steht seit Jahren auf dem Ausflugsprogramm vieler Reiseanbieter. Dennoch hat sich an dem Reiz der Insel kaum etwas geändert. Kleine Wege schlängeln sich unter Palmen zwischen den gepflegten Bambushütten hindurch. Fernab der hektischen Großstadt herrscht hier noch Idylle. Mönche ziehen morgens barfuß von Haus zu Haus, Kühe liegen faul im Schatten und fröhliche Kinder scherzen mit den Fremden; eine kleines Paradies. Neben der Landwirtschaft leben die Menschen vor allem von der Weberei. Hergestellt werden Kramas und Sarongs aus Wolle und Seide. Interessant sind die Webstühle unter fast allen Hütten, an denen auch Männer arbeiten. Die Produkte können direkt vom Erzeuger gekauft werden.

Viele G.Hs., aber auch die Boote an der Riverfront bieten Ausflüge an. Echte Sportler unternehmen die Tour natürlich mit dem Fahrrad. Über die Chruoy-Chang-Var-Brücke nach Preh Leap, dort am Mekongufer entlangfahren und nach der Fähre nach Koh Deik Ausschau halten. Überfahrt 500 Riel. Angelegt wird am Südende der Insel. Nach etwa 5 km erreicht man das Nordende bei dem Dorf Khaday Chah. Am äußersten Nordzipfel gibt es bei Niedrigwasser einen kleinen Strand und ein paar einfache Bambushütten, die Essen und Getränke anbieten. In der Nähe gibt es wiederum eine Fähre, die zurück zum Festland fährt.

Choeung Ek (Killing Fields)

Hier steht das größte und makaberste Mahnmal zur Erinnerung an die grauenhaften Morde der Roten Khmer. Während ihrer Herrschaft wurden die Gefangenen des S-21-Gefängnisses (Tuol Sleng, siehe dort), Männer, Frauen und Kinder, hierher zur Exekution gebracht. Um Munition zu sparen, mussten sich die Menschen neben die offenen Massengräber knien, wurden mit Knüppeln und Hacken erschlagen und in die Gruben geworfen. Die blutrünstigen Schlächter von Choeung Ek empfanden die größte Genugtuung bei der Ermordung der Kinder. Bilder,

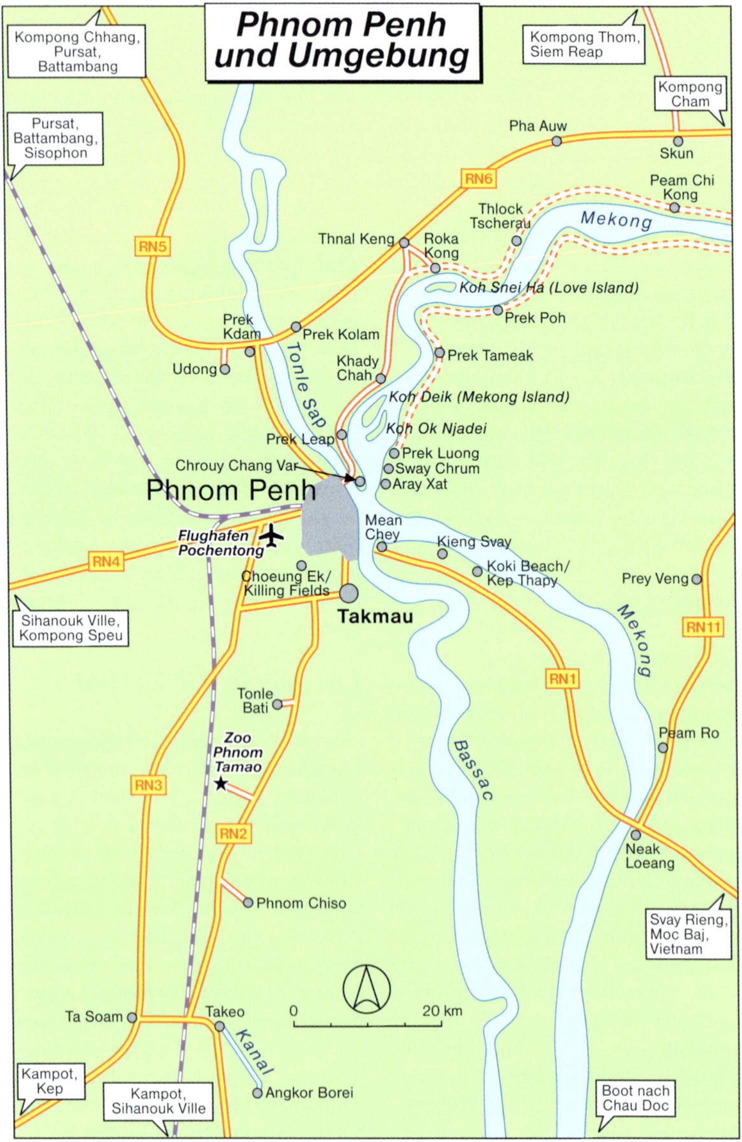
Phnom Penh und Umgebung
Kompong Chhang, Pursat, Battambang
Kompong Thom, Siem Reap
Kompong Cham
Pursat, Battambang, Sisophon
Pha Auw
Skun
RN6
Peam Chi Kong
Thlock Tscherau
Mekong
Thnal Keng
Roka Kong
RN5
Koh Snei Ha (Love Island)
Prek Poh
Prek Kdam
Prek Kolam
Tonle Sap
Prek Tameak
Khady Chah
Udong
Koh Deik (Mekong Island)
Koh Ok Njadei
Prek Leap
Prek Luong
Chrouy Chang Var
Sway Chrum
Aray Xat
Phnom Penh
Mean Chey
Flughafen Pochentong
Kieng Svay
RN4
Koki Beach/ Kep Thapy
Choeung Ek/ Killing Fields
Prey Veng
Takmau
Sihanouk Ville, Kompong Speu
RN11
Mekong
RN1
Tonle Bati
Zoo Phnom Tamao
Peam Ro
Bassac
RN3
RN2
Neak Loeang
Phnom Chiso
Svay Rieng, Moc Baj, Vietnam
0
20 km
Ta Soam
Takeo
Kanal
Kampot, Kep
Kampot, Sihanouk Ville
Angkor Borei
Boot nach Chau Doc

die im Tuol-Sleng-Museum hängen, zeigen Soldaten, die Babys in die Luft werfen und sie mit dem Bajonett auffangen. Propaganda, Mythos oder Wirklichkeit?

Von 1975 bis 1979 wurden hier zwischen 10.000 und 17.000 Menschen ermordet. Im Jahre 1980 wurden die meisten der 129 Massengräber ausgehoben und die Knochen und Schädel in einem Mausoleum, das im Stil einer Stupa erbaut ist, aufgebahrt. Etwa 8000 Schädel sind in dem 1988 erbauten Gebäude, schön säuberlich nach Alter und Geschlecht sortiert, hinter Glas aufgebahrt. In den offenen Gruben der Massengräber, die hinter dem Denkmal liegen, sind immer noch Knochen und Kleidungsreste der Ermordeten zu sehen. Ein Drittel der Gräber wurde nicht mehr geöffnet. Eine äußerst bedrückende Atmosphäre liegt über diesem Stück der Geschichte Kambodschas, die der Deutschen auf erschütternde Weise ähnelt. Jedes Jahr am 9. Mai wird hier im Gedenken an die Opfer eine Zeremonie abgehalten. Eintritt 2 $.

Anreise

- Über den Monireth Blvd., der am Olympischen Stadion beginnt, geht es Richtung Südwesten. Nach etwas über 3 Kilometern biegt die Straße nach Süden (links) ab, führt an einer Glasfabrik vorbei und wird zu einem Feldweg. Nach etwa 12 Kilometern, vom Zentrum aus, erkennt man auf der linken Seite das Mausoleum. Ein reeller Preis für ein Mopedtaxi ist ca. 5 $, für ein Autotaxi um die 10 $. Im Capitol Guesthouse werden billige Fahrten dorthin organisiert.

615ka Foto: an

Mausoleum mit Schädeln und Gebeinen

Koki Beach (Kep Thapy)

Wer das Wochenendleben der Phnom Penher studieren und dazu in einer kleinen Hütte über dem Wasser relaxen möchte, sollte es nicht versäumen, dieses marktähnliche Treiben am Samstag und Sonntag zu besuchen.

In der Umgebung vermieten Einheimische ihre Hütten, die auf Stelzen über dem Wasser stehen, an Gäste und versorgen sie mit Essen und Trinken Um keine bösen Überraschungen zu erleben, sollte man unbedingt vorher den Preis für die Hütte und das Essen klären.

Um keine falschen Erwartungen zu wecken: Koki Beach ist kein idealer Badestrand. **Baden** ist zwar möglich, doch das gesundheitlich unbedenkliche Wasser ist oft trüb braun und entspricht nicht unseren Vorstellungen von einer romantischen, tropischen Bademöglichkeit.

Das Essen ist etwas teurer als in Phnom Penh, doch werden hier auch echte kambodschanische Spezialitäten serviert. An Fischgerichten ist zu empfehlen *trey roah* (meist als Suppe) oder *trey ondein* und *trey kragn*. Auch ein begehrtes kambodschanisches Festtagsessen, das *muan doth*, ein Hühnergericht, bekommt man in Koki (siehe Kapitel Essen und Trinken). Mit den Preisen ist man dort jedoch nicht zimperlich, weshalb es auch hierbei wichtig ist, diese vorher abzuklären.

200 Meter von den Imbissständen führt eine Brücke auf die gegenüber liegende **kleine Mekonginsel,** die sich am besten mit dem Fahrrad erkunden lässt. Die Einheimischen sehen nur selten Ausländer, und man wird mit einem freundlichen „Hallo" begrüßt.

Anreise

- Das Zentrum von Koki Beach liegt 18 Kilometer südöstlich von Phnom Penh. Der Weg führt über die Monivong Brücke und anschließend entlang der RN 1 Richtung Saigon. Durch ein Tor, das auf der linken Seite der Straße steht, von zwei weiße Löwen bewacht wird und auf dem drei nachgebildete Angkor-Wat-Türme stehen, kommt man nach 200 Metern an das Ufer. Anfahrt am besten mit Moped oder Taxi. Zurück kann man sehr beschaulich auf der kleinen, holprigen Parallelstraße direkt am Fluss ca. 10 Kilometer lang bis zum Wat Chruy Ampil fahren, wo man wieder auf die Hauptstraße zurück nach Phnom Penh gelangt.

Udong

XIX/C2

Schon die Anreise entlang des Tonle Sap vermittelt einen schönen Eindruck von der kambodschanischen Provinz.

Bereits kurz vor Udong drängt sich in dem Ort **Prek Kdam** ein kleiner Zwischenstopp auf. Eine Fähre über den Tonle Sap verbindet hier die RN 5 mit der RN 6, über die man Kompong Cham und Kompong Thom erreichen kann. Der Großteil der in diesem Ort lebenden Menschen gehört den moslemischen Cham an. Interessant ist der Besuch des **Silberschmiede-Dorfes Prek Kolam** auf der anderen Seite des Tonle Sap.

In ein paar Minuten hat man von hier aus die kleine Stadt Udong erreicht. Ziel ist der deutlich sichtbare Hügel auf der linken Seite, der von der hier lebenden Bevölkerung **Phnom Udong** genannt wird. Am Fuße dieses Hügels lag zwischen 1618 und 1866 die Hauptstadt Kambodschas. Auch König Norodom wurde hier gekrönt. Auf den zwei Erhebungen, die durch einen Grat verbunden sind, stehen Stupas, Heiligtümer, Pagoden und eine Moschee. Vieles ist in den Jahren 1974/75 zerstört oder schwer beschädigt worden. Bevor die Roten Khmer Phnom Penh eroberten, kontrollierten sie diesen strategisch wichtigen Berg. Deshalb war er immer wieder Ziel von Luftangriffen des Lon-Nol-Militärs. Was durch die Bombenabwürfe noch nicht zerstört war, versuchten die Sol-

Zentrum von Koki Beach

617ka Foto: an

daten Pol Pots nach ihrer Machtübernahme zu vernichten.

Der beste **Aufstieg** liegt an der östlichen Seite. Hier gibt es Essensstände und eine Pagode. Nebenan rottet das Mahnmal an die Opfer der Roten Khmer, in dem einige Gebeine aufgebahrt sind, unbeachtet vor sich hin. Von hieraus führt eine breite Treppe mit Nagabalustrade vorbei an zwei Teichen mit Lotusblumen und Fischen, in 10 Minuten hinauf zur neuen Stupa **Preah Sakiamoni.** Sie wurde 2001 errichtet und ist ca. 55 Meter hoch. Ein Knochen Buddhas, den einst König *Sihanouk* von Indien geschenkt bekam, fand hier einen würdevollen Platz. Früher wurde er in einer unscheinbaren Stupa vor dem Bahnhof verwahrt.

Von hier oben hat man eine wunderbare Aussicht auf die typische kambodschanische Landschaft, mit ihren schachbrettartigen Reisfeldern und dazwischen Zuckerpalmen, die wie Pusteblumen aussehen.

Nur wenige Meter südlich der Preah Sakiamoni Cheday steht die **Stupa Damrei Sam Poan.** Sie ist das Grab des Königs *Soryopor* (1601–18) des Gründers von Udong. Diese Anlage wurde von seinem Nachfolger König *Chey Chethar II.* (1618–26) für ihn errichtet. Am nördlichsten Ausläufer des Hügels befinden sich die Stupas, in denen die Asche seiner Familie aufbewahrt wird.

Die mittlere Stupa, **Tray Troeng,** wurde 1891 von König *Norodom* für

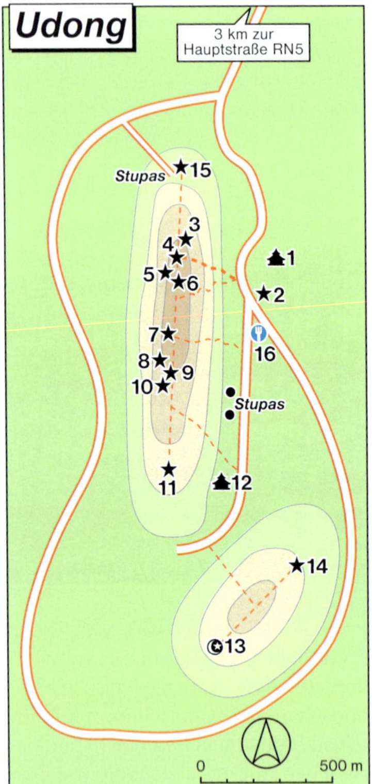

▲	1	Wat Udong
★	2	Pol-Pot-Mahnmal
★	3	Stupa Preah Sakiamoni
★	4	Stupa Damrei Sam Poan
★	5	Stupa Tray Troeng
★	6	Stupa Chet Dey Mak Proum
★	7	Neak Ta Dambong Deik (General)
★	8	Preah Neak (Buddha)
★	9	Preah Keo
★	10	Preah Ko (Bulle)
★	11	Vihear Preah Roes
▲	12	Wat
☪	13	Ta San Moschee
★	14	Preah Chaul Nipean
★	15	Stupas Chey Chethar
	16	Essens- und Getränkestände

seinen Vater, König *Ang Duong*, erbaut, der 1845–59 regierte. Sie ist schwer beschädigt, doch man erkennt noch Teile der blauen Kacheln, mit der sie früher verziert war.

Die südlichste der vier großen Stupas, auf dem Rücken des Hügels, ist die **Mak Proum Cheday.** Sie wurde 1993 renoviert und mit einem hässlichen Einheitsgelb übermalt. Hier wird die Asche von König *Monivong* aufbewahrt. Er regierte in Phnom Penh 1927–41.

Steigt man von den drei Stupas den Rücken Richtung Süden hinab, kommt man zu einem **Steinhaus,** in dem *Neak Ta Dambong Deik,* ein ehemaliger General mit auffällig arabischen Gesichtszügen, sitzt. Von ihm erzählt eine Legende, dass er im Krieg mit Thailand die meisten seiner Soldaten bereits verloren hatte. Von der Vision besessen, weiter mit seinen geliebten Soldaten gegen die überlegenen Thais kämpfen zu müssen, nahm er sich selber das Leben, um im Jenseits seine Armee weiterzuführen.

Der Weg geht zunächst weiter bergab. Nach einem kurzen Anstieg steht man auf einer ebenen Fläche mit **drei Steinhäusern.** Die mächtigen Mauern des ersten Heiligtums sind auseinandergesprengt, und der meditierende Buddha, *Preah Neak,* der von einer Naga bewacht wird, hat durch ein Blechdach Schutz vor der Witterung. Im zweiten Haus sitzt in Form eines Buddha der König *Preah Keo.* Im dritten Haus steht die Statue des heiligen Bullen *Preah Ko.* Einer Sage nach sollen *Preah Keo* und *Preah Ko* von

Khmer-Silber

Die Silberverarbeitung hat eine lange Tradition im kambodschanischen Kunsthandwerk. Die Blütezeit war im 11. Jahrhundert, als vor allem der Königshof in Angkor und reiche Familien Silberwaren für Zeremonien, Beerdigungen und religiöse Rituale verwendeten. Die Technik der Herstellung dieser reich verzierten Filigranarbeiten wird seit Generationen vom Vater an die Söhne weitergegeben. Vorlage für die oftmals schwierigen Motive sind häufig die Halbreliefs der Angkor Tempel. Hergestellt werden Silberkästchen, Urnen, buddhistische Figuren, Chopsticks, Besteck und Schmuck.

Die größte Konzentration von Silberschmieden befindet sich in der näheren Umgebung der alten Königstadt Udong (z.B. Prek Kolam), wo etwa 120 Familien von der Verarbeitung leben. Sie verkaufen ihre Waren in erster Linie an Zwischenhändler aus Phnom Penh. Doch seitdem immer mehr Touristen die interessanten Werkstätten besuchen, können sie ihre hochwertigen Arbeiten auch direkt verkaufen und somit ihre Einkünfte verbessern.

derselben Mutter geboren worden sein. Die kleineren Stupas, die hier stehen, weisen alle deutliche Einschusslöcher auf.

Weiter dem zunehmend flacher werdenden Grat folgend, stößt man auf die mächtige **Ruine Vihear Preah Ath Roes** („Tempel des neun Meter großen Buddhas"). Dieses Heiligtum wurde 1911 von König Sisowath eingeweiht und 1977 von den Roten Khmer gesprengt. Alles was heute noch davon übrig ist, sind die meterdicken Wände, die Reste der 10 mit Einschusslöchern gespickten Säulen sowie der rechte Arm und Teile der rechten Seite des Buddhas. Die übriggebliebenen Teile seines Kopfes bilden das Zentrum eines von den Khmer verehrten Heiligtums. Auf der östlichen Seite, unterhalb der Vihear Preah Ath Roes, liegt eine kleine Pagode.

Vom Sattel zwischen den zwei Hügeln führt auf den niedrigeren, südöstlichen Gipfel eine Treppe hinauf. Auf der rechten Seite stand einst die **Ta-San-Moschee,** deren Zerstörung ebenfalls ein Werk der Khmer Rouge war. Die zahlreichen Cham aus der näheren Umgebung haben hier wieder ein Heiligtum errichtet. Von hieraus kann man bei gutem Wetter die „Skyline" von Phnom Penh erkennen.

Auf der linken Seite findet man die Überreste des buddhistischen Heiligtums **Preah Chaul Nipean,** das einst ebenfalls einen großen Buddha beherbergte und Opfer der Zerstörungswut der Roten Khmer wurde.

Anreise

- Udong liegt 45 Kilometer nördlich von Phnom Penh an der RN 5 Richtung Battambang. Auf Höhe der ersten Häuser des Ortes Udong stehen auf der linken Seite ein großes Schild auf dem Stupas abgebildet sind und ein Wegweiser. Von dort sind es noch etwa 3 Kilometer bis zu den Essensständen, von denen man den Hügel erklimmen kann. Am Wochenende kommen viele Khmer zum Picknick hierher, unter der Woche gibt es wenige Besucher und nur wenige Stände bieten Essen und Trinken an.

Auf der Straße von Phnom Penh nach Udong herrscht zum Teil sehr viel Verkehr. Mit dem Motodup oder Tuk Tuk braucht man etwas über eine Stunde (ca. 10 $). Viele Guest Houses bieten organisierte Ausflüge dorthin an.

614ka Foto: an

Stupa Chet Dey Mak Proum

Tonle Bati

Tonle Bati war ein beliebter Ausflugsort südlich von Phnom Penh, der heute von den Khmer nur noch wenig besucht wird. Mit einem Auto oder Moped kann man ihn in einer Stunde erreichen. Er liegt in einer weiten fruchtbaren Reisebene mit den charakteristischen schlanken Zuckerpalmen. An einem Seitenarm des Tonle Bassac ziehen der Tempel Ta Prohm, das Denkmal Yeay Peau und die Hütten und Restaurants am Bati Fluss hauptsächlich Touristen an. Eintritt: 3 $!

Ta Prohm

Dieses Heiligtum wurde von König *Jayavarman VII.* (1181–1218) an der Stelle eines aus dem 6. Jahrhundert stammenden Altars erbaut. Die Ruine des aus Laterit errichteten Tempels befindet sich in gepflegtem Zustand. Auch wenn Ta Prohm in keiner Weise mit den Bauwerken in Angkor verglichen werden kann, so gibt er doch einen eindrucksvollen Einblick in die damalige Architektur und Symbolik.

In dem Tempel halten sich **alte Männer und Frauen** auf, denen die Bewachung und Betreuung je eines Heiligtums obliegt und die den Besuchern die Zukunft vorhersagen. Sie nehmen Opfergaben für Buddha entgegen, segnen den Spender und bekommen dafür ein paar Riel. Dies ist eine Art kambodschanische Altersversorgung in einem Land, das keine Sozialversicherung kennt.

Der Haupteingang führt durch das Osttor, in dem der geköpfte Buddha *Kong Dschum* sitzt. In der Mitte dieser parkähnlichen Anlage erhebt sich das aus fünf Räumen bestehende **zentrale Heiligtum** des Tempels, das aus Sandstein besteht. Gut erhaltene aber etwas schlichter erscheinende Apsaras als in Angkor Wat. Halbreliefs am Eingang zeigen verschiedene Könige mit ihren Frauen, Buddha beim Übergang ins Nirwana und einen sechsarmigen Vishnu. Die fünf Altäre im Inneren bestehen der Reihenfolge nach aus zwei kompletten Buddhastatuen, einer Linga (phallisches Symbol Shivas) und zwei angeblich von den Roten Khmer enthaupteten, sitzenden Buddhas. In

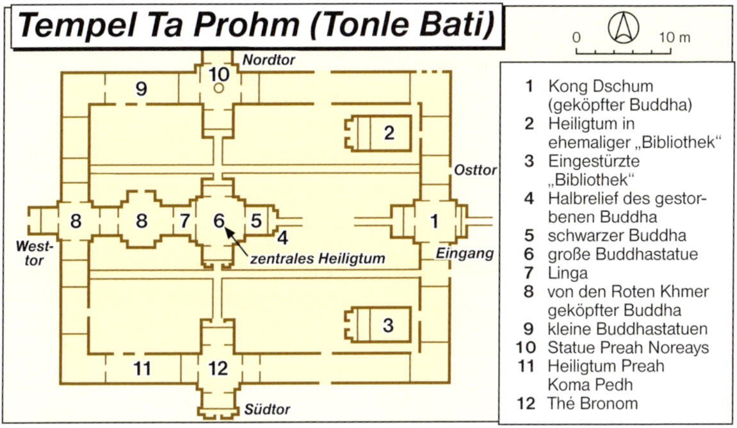

den Nischen, Nebeneingängen und der ehemaligen Bibliothek liegen weitere buddhistische Heiligtümer, die vor allem aus Überresten zerstörter Statuen bestehen.

Das Portal des **Nordeingangs** ist der Standort *Preah Noreays,* einer leider schwer beschädigten Statue eines hinduistischen Gottes. In seinem Oberkörper sind kleine, meditierende Buddhas eingemeißelt. Frauen bitten hier für sich um Fruchtbarkeit.

Yeay-Peau-Denkmal

Auf dem Gelände der Wat Tonle Bati liegt ein kleiner, aus Sandstein errichteter Turm. Er wurde zu Ehren der Mutter *Yeay Peau* des Königs *Ta Prohm* erbaut. Diebstahlgesichert sitzt sie in Form eines Buddhas mit weiblichen Gesichtszügen hinter einem Eisengitter.

Um die Beziehung zwischen dem König *Prohm* und seiner Mutter *Peau* rankt sich eine **Legende:**

Während der Zeit Angkors kam der König *Preah Ket Mealea* auf einer Reise an Tonle Bati vorbei. Dabei sah er eine wunderschöne Frau namens *Peau* mit langen, wohlriechenden Haaren. Er verliebte sich in sie, und Peau wurde bald schwanger. Da der König vor der Geburt seines Kindes wieder in Angkor sein musste, vereinbarte er mit der Mutter, wenn das Kind ein Junge würde, werde er ihn nach Angkor holen, ein Mädchen aber dürfe mit Peau aufwachsen. Das Kind war ein Junge, und die Mutter nannte ihn Prohm.

Als der Bub alt genug war, wurde er nach Angkor geschickt und lebte dort mit seinem Vater. Nach einigen Jahren bekam der junge Mann jedoch Sehnsucht nach seiner Mutter und fuhr mit der Erlaubnis des Vaters nach Tonle Bati. Peau war, seitdem ihr Sohn nach Angkor gegangen war, nicht um ein Jahr gealtert, weshalb Prohm sie nicht als seine Mutter erkannte, sich in sie verliebte und sie bat, seine Frau zu werden. Sie weigerte sich, doch ihr Sohn ließ nicht locker. Deshalb überlegte sie sich einen Plan.

Sie schlug vor, dass jeder von ihnen einen Tempel bauen müsse, und wer zuerst fertig sei, dessen Wunsch müsse der andere akzeptieren. Peau gewann die Wette, und ihr Sohn erkannte sie als seine Mutter an.

Wat Tonle Bati

Vor dem Yeay-Peau-Denkmal steht diese geschmackvoll renovierte Pagode, in deren Inneren farbenprächtige Bilder aus dem Leben Buddhas erzählen. Über dem Altar thront ein riesiger Buddha, zu dessen Füßen eine Menge kleiner Nachbildungen stehen. In der Wat unterrichtet ein alter Musiklehrer Waisenkinder an traditionellen Khmerinstrumenten. Wer Glück hat, kann bei einer dieser interessanten Übungsstunden in der hübschen Pagode dabei sein.

Uferpromenade

500 Meter nordöstlich von Ta Prohm stehen, ähnlich wie in Koki Beach, Hütten auf Stelzen über dem Wasser eines Seitenarmes des Tonle Bassac. Heute bevölkern nur noch wenige Khmer diesen an sich reizenden Platz, da sie am Wochenende über die gut ausgebauten Straßen lieber bis ans Meer fahren. Unter der Woche ist es hier menschenleer, und es gibt nichts zu kaufen. Zwischen 1979 und 1990 sollen vor allem Russen und Cubaner die Wochenenden hier verbracht haben.

- **Anreise:** Tonle Bati liegt an der RN 2 nach Takeo und ist 31 Kilometer von Phnom Penh entfernt. Am einfachsten ist die Anreise mit dem Motodup oder Taxi. Manche G.Hs. bieten Ausflüge dorthin an.

An der RN 2 steht ein großes Schild, auf dem der Tempel abgebildet ist. Dort zweigt ein Schotterweg nach rechts ab und führt in 2,5 Kilometern nach Tonle Bati.

Zoo Phnom Tamao

Mitten auf dem Land ist ein weitläufiges Gehege mit den unterschiedlichsten Tieren aus Asien eingerichtet worden. Auch wenn es nicht mit den Wildparks in Afrika oder dem Standard der Zoos in Europa verglichen werden kann, ist dieser Tierpark auf jeden Fall einen Besuch wert. Neben Affen, Krokodilen, Raubtieren, Rehen und Hirschen und Bären, begeistern vor allem die zahlreichen farbenprächtigen Tropenvögel. Der Eintritt beträgt 1 $. Essens- und Getränkestände beim Ausgang und im Zoo.

- **Anreise:** Ein paar Kilometer hinter Tonle Bati. Auf der rechten Seite steht ein großes Schild, auf dem Tiere abgebildet sind. Dort rechts abbiegen und noch ca. 5 Kilometer fahren.

Phnom Chiso

In der weiten Ebene ist dieser kahle Berg, auf dessen Rückseite die Tempel stehen, schon von ein einiger Entfernung aus zu sehen. Über zwei Betontreppen kann der Phnom Chiso bestiegen werden. Am häufigsten benutzt wird der Aufgang bei der Schule des Dorfes **Trabeang Srong.** Der andere Aufgang beginnt im Nordwesten bei einem Steinbruch.

An der östlichen Seite des Gipfels stehen eine halb zerstörte **Pagode,** ein Sala und die Wohnungen einiger Mönche. Anfang der 1970er Jahre diente der Berg den Roten Khmer als wichtiger strategischer Punkt bei der systematischen Einkesselung der Hauptstadt. Deshalb bombardierten Lon Nols Soldaten die Stellungen auf dem Hügel vom Hubschrauber aus. Was dann noch nicht vernichtet war, wurde von den Khmer Rouge zerstört.

Hinter der Pagode befinden sich die Ruinen des im 11. Jahrhundert von *Suryavarman I.* erbauten **Tempels Suryagiri.** Die Aussengalerie, die teilweise noch erhalten ist, besteht aus Laterit mit Fensterstürzen auf der Innenseite aus Sandstein, die durch fünf verzierte, ebenfalls aus Sandstein bestehende Säulen, vergittert waren. Im Inneren standen mindestens fünf Ziegeltürme, in denen die Altäre untergebracht waren. Die Eingangsportale waren aus Sandstein und mit Steinmetzarbeiten verziert. In einem der noch erhaltenen Türme steht ein Lingam (Symbol Shivas), in einem anderen die Statue eines „bärtigen Typen", dessen Bedeutung unklar ist.

Das Zentralheiligtum steht in der Mitte und besteht aus zwei baufälligen Türmen. Einer wurde bereits mit Beton geflickt, der höchste ist eingestürzt und mit Wellblech abgedeckt. In ihm ist ein kleiner Altar errichtet, der mit Buddhafiguren und Totenfahnen geschmückt ist. Auch Wahrsager trifft man dort an.

Vom östlichen Haupteingang des Tempels blickt man über eine **große Treppe** mit angeblich 400 Stufen hinab zu der Ruine des Tempels Sen Thmul am Fuß das Phnom Chiso. Noch etwas weiter Richtung Osten erkennt man noch einen Tempel mit Namen Sen Rveang. Den Abschluss dieser zusammenhängenden Bauwerke bildet der rechteckige See Tonle Om. Von dort beginnt ein noch gut zu erkennender Weg, der durch die beiden Tempel und über die große Treppe hinauf zu den Ruinen von Suryagiri führt. Hinduistische Rituale, die im 11. Jahrhundert auf dem Phnom Chiso abgehalten wurden, begannen mit einer Prozession am Tonle Om, von wo aus die Brahmanen (hinduistische Priester) durch die zwei Tempel und die große Treppe auf den Berg pilgerten.

Wer noch einen wunderbaren Blick über die Reisfelder genießen möchte, der sollte den kurzen Aufstieg zu einem der beiden Gipfel mit **Aussichtskanzel** nicht scheuen. Oben auf dem Phnom Chiso gibt es einfache Getränkestände. Eintritt 2 $.

Anreise

- Der Straße RN 2 Richtung Takeo folgen. Nach ca. 50 Kilometern erreicht man das Dorf **Neang Khmao** (schwarze Frau). Hier stehen zwei von der Straße aus nur schwer erkennbare Türme (Prasats) aus Ziegelstein, die wahrscheinlich aus derselben Zeit stammen wie die Bauwerke auf dem Phnom Chiso. In dem größeren Prasat wird die Statue des *Bodhisattvas Maitreya* verehrt. Am Eingang stehen die in Stein gehauenen Reste der *Neang Khmao.* Ca. 50 sehr freundliche Mönche leben in der Pagode.
- Um zum Aufstieg zu kommen, muss man auf der RN 2 noch knapp 2 Kilometer bis zu

einem großen Schild, mit einem nicht ganz nachvollziehbaren Lageplan des Phnom Chiso, weiterfahren. Der Schotterweg links führt zum Hauptaufgang. Anreise am besten mit Moped- oder Autotaxi, oder den Ausflug, wenn er nicht in einer Pauschalreise integriert ist, von einem Reisebüro organisieren lassen.

Takeo

↗ XIX/C3

Die Hauptstadt der gleichnamigen Provinz, in der ca. 740.000 Menschen leben, liegt in einer lieblichen Kulturlandschaft inmitten von Reisfeldern, fruchtbaren Gärten, paradiesischen Dörfern und freundlichen Menschen, weshalb sich ein Besuch lohnt, insbesondere als Ausgangsort für Ausflüge in die nähere Umgebung.

Die Stadt teilt sich in zwei Zentren auf. Im Norden liegt der Markt, wo sich auch das tägliche Stadtleben abspielt. Einen Kilometer östlich davon befindet sich das Hafenviertel, der weitaus interessantere Stadtteil. Zwischen beiden Stadtteilen steht an einer großen Kreuzung eine kleinere Ausgabe des Independence Monument aus Phnom Penh. Nördlich der Stadt breitet sich ein großer See aus, und östlich beginnt der Kanal Nr. 15, der in den Fluss Takeo übergeht und durch ein weites, in der Regenzeit überflutetes Reisanbaugebiet führt. An der Grenze zu Vietnam, bei dem Ort Chau Doc, fließt er in den Tonle Bassac, wodurch Takeo mit dem Mekong-Delta und dem Meer verbunden ist.

Takeo hat zwei Häfen. In dem relativ ruhigen Passagierhafen **Kompong Tuk** legen die Boote nach Angkor Borei ab, außerdem findet man hier drei Guest Houses. In dem eher quirligen Handelshafen **Kompong Krom** (ca. 1 km Luftlinie südöstlich) werden die Waren aus Vietnam gelöscht.

Stadtverkehr

- Insbesondere am Markt, aber auch im Rest der Stadt gibt es Motorradtaxis und Tuk Tuks. An der Ostseite des Marktes kann man Autotaxis mieten.

Unterkunft

- **Phnom Da G.H.** Neues und noch sehr gepflegtes Haus direkt am Passagierhafen. Schöner Blick vom Balkon über den am Horizont verschwindenden Kanal. EZ mit Fan 5 $, DZ mit Fan 6 $, DZ mit AC 10 $, Tel. 016/957639. Das **Sovann Theary 999 G.H.** nebenan bietet einen ähnlichen Service an. Tel. 012/351276.
- **Boeng Takeo G.H.** Schöne Lage direkt an der Uferpromenade des Sees. Akzeptable Unterkunft mit Gemeinschaftsbalkon Richtung See. Besitzer spricht Französisch. DZ mit Bad/WC u. TV 5 $, mit AC 10 $. Tel. 012/598707.

Essen und Trinken

- Kulinarisch ist Takeo eher eine Wüste. Verhungern muss aber niemand, denn auf einem Kilometer zwischen dem Markt und dem Independence Monument gibt es jede Menge namenloser **Garküchen und Essensstände.**
- Im empfehlenswerten **Apsara Restaurant** kosten Speisen zwischen 2 und 3 $.
- Besonders nett sitzt man im **Hong Neak Restaurant** auf der Holzterrasse zum See neben dem Kanal Nr. 15 am Hafen.

Internet

- In der Khemara University am Platz des Independance Monument kann man für 2000 Riel pro Stunde Internet Terminals benutzen.

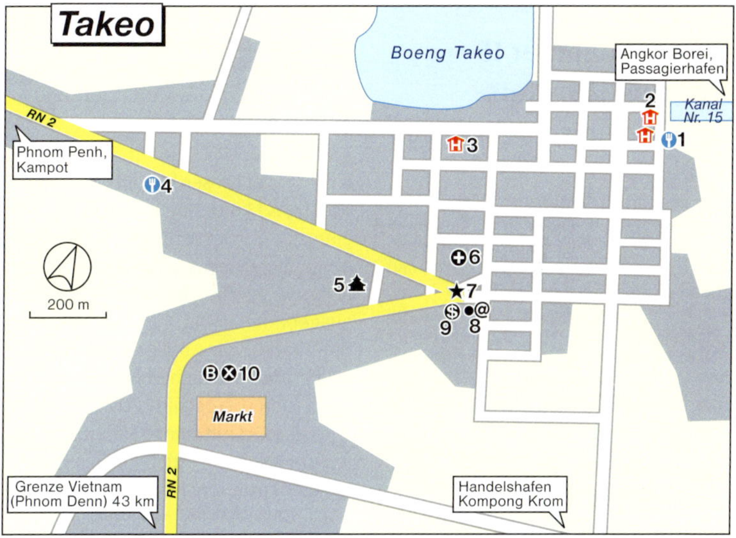

- 1 Hong Neak Restaurant
- 2 Phnom Da G.H. und Sovann Theary 999 G.H.
- 3 Boeng Takeo G.H.
- 4 Apsara Restaurant
- 5 Pagode
- 6 Krankenhaus
- 7 Independence Monument
- 8 Khemara University, Internet
- 9 Acleda Bank
- 10 Busbahnhof und Taxistand

Anreise und Weiterreise

- **Entfernungen** in Straßenkilometern nach:

Phnom Penh über RN 2	78
Kampot über RN 3	85
Phnom Chiso	26

- **Taxi:** An der Ostseite des Marktes gibt es Sammeltaxis nach Phnom Penh, 3 $. Taxis von Phnom Penh nach Takeo starten am Psah Dumkor.

Nach Kampot fahren vom Markt aus nur wenige Taxis. Die einfachste Möglichkeit ist es, sich mit dem Motorradtaxi nach Ta Soam an der RN 3 bringen zu lassen (15 km, ca. 2 $.) und dort auf ein Taxi oder Bus nach Kampot zu warten.

- **Bus:** Der AC-Bus der Sorya Gesellschaft fährt 6.30–16.00 Uhr fast stündlich zwischen Phnom Penh und Takeo 2 $. Abfahrt Phnom Penh: Sorya Busstation; in Takeo: am Markt.
- **Zug:** Der Bahnhof liegt 3 Kilometer nördlich der Stadt. Es verkehren jedoch keine Züge mehr. Ein lohnendes Abenteuer ist es zu versuchen, Kompong Trach oder Kampot mit einem *Bamboo Train* zu erreichen, s. Kapitel „Kampot“. Infos am Bahnhof.

Kanal Nummer 15 — Takeos Handelsverbindung mit Vietnam

Schon während der Funanzeit (300 n. Chr.) wurden rund um Angkor Borei Kanäle gebaut, um in der Region besser Handel treiben zu können. Der Kanal Nummer 15 entstand allerdings erst in den 1980er Jahren und sollte zum einen die Stadt Takeo mit Vietnam verbinden und zum anderen der Bewässerung der Reisfelder in der Trockenzeit dienen. Vor allem der Handel mit Waren, die aus Vietnam eingeführt werden (insbesondere landwirtschaftliche Erzeugnisse), floriert immer noch, wovon man sich am besten im Warenhafen Kompong Krom in Takeo überzeugen kann.

- Bauzeit: 1986–1989
- Kanallänge: 19,7 km
- Breite: 30 Meter
- Tiefe: 4 m
- 25.000 Menschen waren mit dem Bau beschäftigt

Grenzübergang nach Vietnam Phnom Den/Tinh Bien

Sehr selten benutzer Grenzübergang. Die gut ausgebaute Straße von Takeo nach Phnom Denn führt 43 km entlang der RN 2 durch eine Region, die von Reisfeldern und Karsthügeln dominiert wird. Die Fahrt muss selber organisiert werden (wird von keinem Reisebüro angeboten).

Von Takeo aus entweder mit Pick-up (6000 Riel) zum Ort Dun Loap und von dort aus mit Motodup zur 7 km entfernten Grenze oder in Takeo ein Tuk Tuk (10 $, 1 Std. Fahrzeit) nehmen.

Angkor Borei

Während der Funanzeit (ca. 300 n. Chr.) war dieser historische Ort ein wichtiges Handelszentrum. Er war von einer ca. 3 Meter hohen Stadtmauer umgeben, deren Verlauf teilweise heute noch sichtbar ist. Über ein genial ausgebautes Netz von Kanälen wurden Waren von Angkor Borei bis zum Meer und wahrscheinlich weiter bis nach Indien verschifft. Von Touristen wird der Ort mit seinem lebhaften Hafen noch selten besucht. In einem neuen Gebäude am Fluss ist ein kleines aber interessantes Museum untergebracht, das von der europäischen Gemeinschaft finanziert wurde (1 $ Eintritt). Hier sind vor allem Statuen von Vishnu, Harihara (Vishnu und Shiva in einer Person) sowie Rama und Krishna aus der Phnom Da Periode (6.–7. Jahrhundert) ausgestellt. Darüber hinaus gibt es einige Alltagsgegenstände aus Ton sowie Menschenknochen und Gebisse, die in umliegenden Gräbern gefunden wurden und über 2000 Jahre alt sein sollen, zu sehen.

- **Anreise:** Auch wenn man mit Auto oder Moped nach Angkor Borei gelangen kann, sollte man es sich auf keinen Fall entgehen lassen, mit einem Boot vom Passagierhafen in Takeo über den Kanal 15, der zwischen den Reisfeldern und Entenfarmen hindurchführt, anzureisen (23 km). Das öffentliche Boot kostet etwa 2500 Riel pro Person und braucht 2 ½ Std. Abfahrt in Takeo 13.00 Uhr. Es gibt allerdings kein Guest House in Angkor Borei.

Sinnvoll ist es, eine Fahrt nach Angkor Borei mit dem Besuch des **Tempels von Phnom** Da zu verbinden. Dafür eignet sich am besten ein Speedboot für 20 $ pro Boot inkl. Rückfahrt nach Takeo, bzw. eines mit 40 PS für 5–8 Personen (18 $ pro Boot). Etwa 35 Min. Fahrtzeit zum Phnom Da und eine knappe Stunde ist man ungefähr nach Angkor Borei unterwegs.

Phnom Da

Über einen schmalen Seitenkanal, der von dem großen Fluss, der Hauptverkehrsader nach Vietnam, abzweigt, erreicht das Boot den Fuß des Phnom Da. Auf dem 100 Meter hohen Hügel steht ein quadratischer Turm aus dem 8. Jahrhundert. Er ist ca. 17 Meter hoch. Der untere Teil besteht aus Laterit, der Aufbau aus Ziegel. Die Kuppel ist eingestürzt, und im Inneren wird ein Shiva-Heiligtum von der einheimischen Bevölkerung verehrt. Der Turm ist umrahmt von prächtigen Frangipani-Bäumen, die im Mai in voller Blüte stehen.

● **Anreise:** Siehe Anreise Angkor Borei. Es besteht auch die Möglichkeit, von Angkor Borei aus mit dem Motodup für 2 $ zum Phnom Da zu fahren.

Kirirom

Der Naturpark des Kirirom Plateau liegt auf etwa 800 Meter über dem Meer und umfasst ca. 35.000 Hektar. Da das Klima hier deutlich kühler ist als in Phnom Penh, war es schon immer ein **beliebtes Ferien- und Wochenenddomizil** für die von der Hitze geplagten reichen Städter. Berühmtestes Beispiel ist die Villa von Sihanouk. Nachts kann es hier richtig frisch werden. Charakteristisch für Kirirom sind die ausgedehnten Kiefernwälder. Allein der Geruch der Nadeln lässt ein mediterranes Feeling, wie z.B. auf Korsika, aufkommen.

Die hügelige Landschaft ist von einem Netz aus Straßen und Pfaden durchkreuzt, die zu den Sehenswürdigkeiten (überwiegend Wasserfälle – oder was die Khmer dafür halten) führen. Dort stehen einfache, offene Bambushütten, in denen die Einheimischen am Wochenende Picknick machen. Unter der Woche ist es hier sehr einsam. Lediglich **Birdwatcher** und Menschen, die die Ruhe lieben, werden von Kirirom begeistert sein. Wirklich spektakuläre Dinge gibt es nicht zu sehen. Die einzige Ausnahme ist ein echter Wasserfall am Fuß des Plateau, den aber nur die Leute von Local Adventure Cambodia kennen (s. Reisebüros in Phnom Penh). Der Eintritt für Touristen in Kirirom kostet 5 $.

Die einzige Unterkunft auf dem Plateau ist das **Kirirom G.H.** Es verfügt über 6 saubere DZ mit Bad/WC und Moskitonetz. Der stolze Preis von 10 $ ist nicht verhandelbar. Im angeschlossenem Restaurant gibt es Speisen für 1,50–6 $. Taschenlampe mitbringen, da nach 21.00 Uhr der Generator ausgemacht wird!

● **Anreise:** Am einfachsten mit einem der Busse von Phnom Penh nach Sihanouk Ville bis zu dem Ort Treng Trajung fahren (1 Std. 45 Min.). Obwohl nur die Hälfte der Strecke, kostet es trotzdem 12.000 Riel. Von dort in 45 Min. mit dem Motodup auf das Plateau oder zum G.H. (3 $). Wer oben übernachtet, sollte mit dem Fahrer einen Zeitpunkt ausmachen, wann man wieder abgeholt werden will.

655ka Foto: an

Angkor und Umgebung

Überblick

Angkor ist zum Synonym eines zu Stein erstarrten Traumes geworden. Das Wort steht für eine mythische Hochkultur aus der Zeit der Jahrtausendwende, die nach ihrer Blütezeit im tropischen Urwald versank und zweimal, 1860 und 1992, für die westliche Welt wiederentdeckt wurde. Angkor Wat ist das größte religiöse Bauwerk der Erde, und seine Umgebung hat die dichteste Ansammlung von Tempeln auf der Welt. Es ist die Seele des Volkes der Khmer und wurde 1992 zum **Weltkulturerbe** erklärt.

Seit ihrer Entdeckung durch den Franzosen *Henri Mouhot* haben die Ruinen tiefen Eindruck bei den Besuchern hinterlassen. Einzigartige Architektur der Tempel und die Lage inmitten eines verschwenderischen Urwaldes bringen selbst welterfahrene Kunstreisende wie auch hartnäckige Kulturbanausen zum Schwärmen.

Zwischen den historischen Ruinen existieren zwei Parallelwelten. Zum einen die der touristischen Heerscharen, zum anderen herrscht ein Leben, das sich seit Jahrhunderten nicht geändert zu haben scheint. Buddhistische Pilger besuchen die als riesige Mausoleen errichteten Tempel. In safrangelbe Roben gekleidete Mönche gehen ihren rituellen Aufgaben nach, und die Reisfelder werden wie eh und je mit Wasserbüffel und hölzernem Pflug bestellt. Grotesk ist dabei die Tatsache, dass der heutige Besucher diesen paradiesischen Zustand 20 Jahren grausamsten Bürgerkrieges verdankt. Ansonsten

612ka Foto: an

wäre auch Angkor schon, wie viele antike Bauwerke im Nachbarland Thailand, zu entwaldeten „Konsum"-Tempeln entwürdigt worden.

Doch die Kunde über diese kunsthistorischen Schätze im Tropenwald hat sich in den letzten 10 Jahren sehr schnell in der ganzen Welt verbreitet. Besonders die asiatischen Nachbarn starten seit ein paar Jahren **massentouristische Großangriffe** auf Angkor. Zur Rushhour teilen sich dann hunderte Touristen einen Tempel, wodurch die paradiesische Idylle dann doch leicht getrübt wird. Zum Glück kanalisieren die Empfehlungen der einschlägigen Reiseführer die Busladungen zu bestimmten Zeiten auf einen Tempel und somit bleibt dem Individualisten immer noch eine große Auswahl an einsamen Plätzen.

Geografisch betrachtet, umfasst der Begriff Angkor eine Fläche von bis zu 1000 (!) qkm. Dieses **Angkor-Gebiet** bezieht alle Tempel, die zur Angkorperiode (7. bis 13. Jahrhundert) gehören, mit ein. Es liegt in der Provinz Siem Reap, und die gleichnamige Hauptstadt bildet in etwa das Zentrum aller hier vereinten Sehenswürdigkeiten. Wer heute sagt, er fährt nach Angkor, denkt zuerst an die großen Tempel wie **Angkor Wat** und **Angkor Thom.** Doch im weiteren Sinne umfasst der Begriff viele besuchenswerte Plätze, vom schwimmenden Dorf Chong Kneas auf dem Tonle-Sap-See über die endlosen Lotusblumenfelder, archaische Dörfer und reizende Pagoden bis hin zu den vielen verstreuten kleinen Heiligtümern und dem Phnom Kulen.

Touristische Infrastruktur gibt es lediglich in **Siem Reap.** Von hier aus liegen die bekanntesten Tempel, wie Angkor Wat und Angkor Thom, sowie die dichteste Ansammlung weiterer beeindruckender Bauwerke, im **Norden** und sind über gut ausgebaute Straßen zu erreichen. An der RN 6, Richtung **Osten** (Kompong Thom, Phnom Penh), liegen die Tempel der Roluos-Gruppe, die 13 km von Siem Reap entfernt ist. 12 km Richtung **Süden** steht der Berg **Phnom Krom,** von dem aus es, je nach Wasserstand des Sees Tonle Sap, zwei bis zehn Kilometer zum schwimmenden Dorf **Chong Kneas** und zum Hafen sind.

Bodhisattva

Siem Reap

↗ XIV/B2

សៀមរាប

Überblick

Siem Reap ist der Ausgangsort zum Besuch der Tempel und der Sehenswürdigkeiten von Angkor. Mit über einer Million Besuchern im Jahr seit den 1990er Jahren, ist die kurze Zeit friedlicher Beschaulichkeit dieser Stadt wie weggeblasen. Schon der Name Siem Reap („Platz, wo die Thais geschlagen wurden") ist Indiz dafür, dass bereits die **Blütezeit Angkors** von Kriegen geprägt war.

Unter der Herrschaft der **Roten Khmer** wurden alle Einwohner aus der Stadt aufs Land getrieben. 1979 übernahmen die Vietnamesen die Macht in Siem Reap und vertrieben die Kämpfer in den nahen Urwald. Doch von dort aus terrorisierten diese die Einwohner der Stadt durch regelmäßige Überfälle, welche bis zur Kapitulation der Roten Khmer in ständiger Angst vor der kommunistischen Guerilla lebten. Sie konnten sich vor den Roten Khmer nur schützen, indem sie das gesamte Stadtzentrum mit Barrikaden verriegelten. Der letzte Überfall fand im Mai 1993 statt, als ein ganzes Bataillon der Roten Khmer die Stadt und die UNTAC-Camps überfiel.

Heute scheint die Stadt einem Ameisenhaufen gleich. Die Arbeiter der zahllosen Hotels, Baustellen, Souvenirshops und Restaurants strömen im Morgengrauen in Scharen mit Mopeds und auf Fahrrädern vom Land in die Stadt. Dort setzen sich nach dem Frühstück die Mopeds, Tuk Tuks und Touristenbusse Richtung **Angkor Wat** in Bewegung und verteilen sich auf die verschiedenen Tempel, um dann zum Sonnenuntergang gemeinsam mit den Mönchen auf den Phnom Bakeng zu pilgern. Abends setzt dann nochmals eine zielgerichtete Wanderung von Touristen und Tuk-Tuk-Fahrern in Richtung **Pub Street** ein, wo gemeinsam gegessen und getrunken wird.

Doch der Tourismus hat auch dazu beigetragen, dass viele Menschen aus armen Verhältnissen hier Arbeit gefunden haben, eine Dichte an wunderschönen Hotels und Guest Houses in allen Preisklassen entstanden ist und die kulinarische Vielfalt in fantasievoll und kreativ gestalteten Restaurants Besucher aus der ganzen Welt fasziniert.

Bleibt nur noch das Problem mit der **Aussprache** der acht Buchstaben von Siem Reap. Das E bei Siem ist nicht zu hören und das A in Reap wird kaum hörbar betont, etwa so: Sim Rehapp.

Orientierung

Das touristische Zentrum der Stadt ist der **Psah Chah** („Alter Markt") mit den umliegenden Gassen. Zum Zentrum gehören auch die **Bar (Pub) Street** und die **„Amok Street"**, welche direkt angrenzen. Auf diesem überschaubaren Areal bekommen die Reisenden alles was ihr Herz begehrt. Essen, Bars, Banken, Souvenirs, Reisebüros, Internet, Massage etc. Lediglich Hotels und G.H. sind hier weniger zu finden. Die-

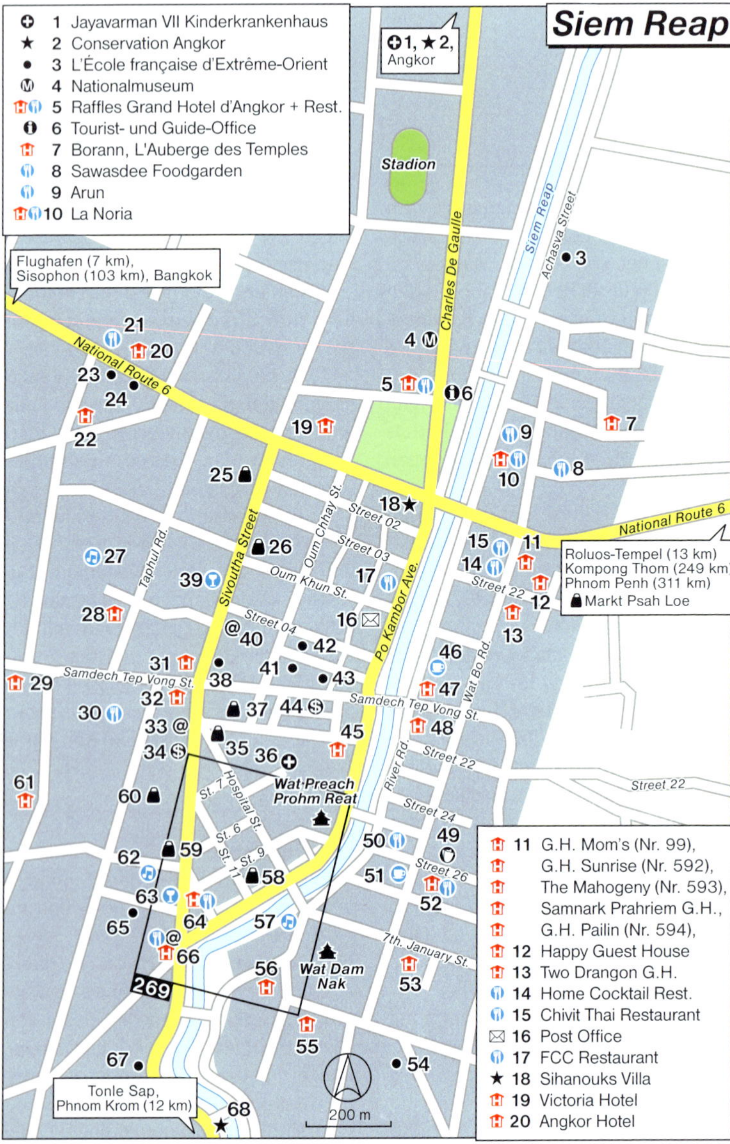
Siem Reap
1 Jayavarman VII Kinderkrankenhaus
2 Conservation Angkor
3 L'École française d'Extrême-Orient
4 Nationalmuseum
5 Raffles Grand Hotel d'Angkor + Rest.
6 Tourist- und Guide-Office
7 Borann, L'Auberge des Temples
8 Sawasdee Foodgarden
9 Arun
10 La Noria
1, 2, Angkor
Flughafen (7 km), Sisophon (103 km), Bangkok
Stadion
Charles De Gaulle
Siem Reap
Achasva Street
National Route 6
Sivoutha Street
Oum Chhay St.
Street 02
Street 03
Oum Khun St.
Taphul Rd.
Street 04
Po Kambor Ave.
Samdech Tep Vong St.
Wat Bo Rd.
Street 22
River Rd.
Street 24
Street 26
Hospital St.
St. 7
St. 6
St. 9
St. 11
Wat Preach Prohm Reat
Wat Dam Nak
7th. January St.
Roluos-Tempel (13 km)
Kompong Thom (249 km)
Phnom Penh (311 km)
Markt Psah Loe
Tonle Sap, Phnom Krom (12 km)
269
200 m
11 G.H. Mom's (Nr. 99),
G.H. Sunrise (Nr. 592),
The Mahogeny (Nr. 593),
Samnark Prahriem G.H.,
G.H. Pailin (Nr. 594),
12 Happy Guest House
13 Two Drangon G.H.
14 Home Cocktail Rest.
15 Chivit Thai Restaurant
16 Post Office
17 FCC Restaurant
18 Sihanouks Villa
19 Victoria Hotel
20 Angkor Hotel

- 21 Abacus Restaurant
- 22 Earth Walkers Guest House
- 23 Bangkok Airways Büro
- 24 Diethelm Travel
- 25 Lucky Mall (Supermarkt)
- 26 Angkor Market (Supermarkt)
- 27 Zone One Disco
- 28 Auberge Mt. Royal
- 29 Number 10 Guest House
- 30 Bopha Leak Kluon
- 31 Hotel de la Paix
- 32 Guest House Naga
- @ 33 ATS Travel + Internet
- 34 Cambodia Commercial Bank
- 35 Zeitungsstände
- 36 Krankenhaus
- 37 Central Market
- 38 Heli Star Cambodia Office
- 39 Nest Bar/Restaurant
- @ 40 WoW Web Internet
- 41 Terre Cambodge Office
- 42 Frangipani Massage
- 43 Helicopters Cambodia Office
- 44 ANZ-Royal Bank
- 45 Ivy Guest House
- 46 Moloppor Café
- 47 La Residence d'Angkor
- 48 Bopha Angkor
- 49 Angkor Village Theater
- 50 Butterfly Garden Restaurant
- 51 Singing Tree Café
- 52 Angkor Village
- 53 Siem Reap Hostel
- 54 Quad Advebture Cambodia
- 55 Green Village Palace G.H.
- 56 Golden Banana Boutique Resort
- 57 Martini Disco
- 58 Markt Psah Chah
- 59 Huy Meng Supermarkt
- 60 Night Market
- 61 Garden Village G.H.
- 62 Sok San Disco
- 63 Zansy Bar
- 64 Terrasse des Elephantes Hotel und Restaurant
- 65 Artisans d'Angkor
- 66 Popular G.H., Restaurant und @ Internet
- 67 IKTT (Institut for Khmer Traditional Textiles)
- ★ 68 Krokodilfarm

se stehen aber in großer Zahl im Umkreis von 2 bis max. 10 Gehminuten Verfügung. Nur die meisten 4- und 5-Sterne-Hotels liegen weiter entfernt.

Richtung Süden führt die **Sivoutha Street** zum Tonle Sap See und Richtung Norden zu den Tempeln. Sie ist die wichtigste Geschäftsstraße der Stadt. Richtung Tempel (Norden) kreuzt sie die Nationalstraße **RN 6,** die nach Westen (links) zum Flughafen und weiter nach Poipet und Bangkok führt. Nach Osten (rechts) geht es zum **Markt Psah Loe,** zu den Tempeln der **Roluos Gruppe** und nach **Dam Deik,** wo die Straße nach Baeng Melea und Koh Ker abzweigt. Bleibt man auf der RN 6, kommt man nach Phnom Penh.

Sehenswertes in Siem Reap

Märkte

In Siem Reap gibt es vier Märkte. **Psah Loe** ist der einzige, an dem noch landwirtschaftliche Produkte in größerem Rahmen verkauft werden, und hat somit für die lokale Bevölkerung eine wichtige Bedeutung. Aber auch aus touristischer Sicht lohnt sich ein Besuch, um sich ein Bild über die breite Palette landwirtschaftlicher Erzeugnisse und den Artenreichtum der im Tonle Sap gefangenen Fische zu machen. Er liegt an der RN 6 Richtung Phnom Penh.

Der **Psah Chah,** der nach dem Ende der Roten Khmer im Jahr 1975 mehr als Warenlager für die Stadt diente und für die Einheimischen eine „No

Go Zone" war, ist heute das touristische Zentrum der Stadt. Landwirtschaftliche Produkte werden kaum mehr verkauft, dafür gibt es zahllose Souvenirshops und Essensstände.

Der **Central Market** kann eigentlich nicht wirklich als Markt bezeichnet werden, denn er besteht aus zwei- und dreistöckigen Neubauten im chinesischen Stil. Im Erdgeschoss haben sich verschiedene Shops mit unterschiedlichsten Angeboten eingerichtet während die Besitzer im Stockwerk darüber wohnen. Er liegt an der Sivoutha Street gegenüber *Hotel de la Paix.*

Seit 2008 gibt es den **Night Market,** nur ein Katzensprung von der Pub Street entfernt. Von 16 bis 23 Uhr gibt es hier ein riesiges Angebot an Souvenirs und ein paar nette Bars (siehe auch unter „Souvenirs").

Kinderkrankenhaus Jayavarman VII

Jeden Donnerstag und Samstag um 19.15 Uhr gibt der bekannte Schweizer Arzt *Dr. Beat Richner,* Gründer der *Kantha Bopha Foundation,* die drei Kinderkrankenhäuser in Kambodscha unterhält, in denen Kinder bis 16 Jahre kostenlos behandelt werden, ein Konzert und erzählt über seine Arbeit. Wer an einem dieser Tage in Siem Reap ist, sollte sich die Einmannshow von *Beatocello,* so sein Künstlername, nicht entgehen lassen. *Richner,* ein ausgezeichneter Entertainer und Musiker, philosophiert mit Celloeinlagen über seine Krankenhäuser, die Gesundheitssituation in Kambodscha und über seinen Streit mit der WHO.

Wer Blut spenden möchte, kann es in diesem Krankenhaus ohne gesundheitliche Risiken tun.

- **Anfahrt:** Auf der Hauptstraße nach Angkor Wat, linke Seite.

Angkor National Museum

Mächtiges Gebäude, das von Thailändern 2009 gebaut wurde und auch verwaltet wird, weshalb es von den Khmer recht kritisch beurteilt wird. Die 12 $ Eintritt lohnen aber trotzdem einen Besuch, wenn auch die Beschriftung der Statuen und Exponate etwas dürftig ist. Aufschlussreich zum Verständnis der Kunstentwicklung sind die acht chronologisch angeordneten Gallerien der Angkor Epoche sowie eine Multi-Media-Präsentation über Geschichte und Kultur; www.angkornatio nalmuseum.com, geöffnet täglich 9–20 Uhr.

- **Anfahrt:** Auf der Straße nach Angkor Wat unübersehbar hinter dem *Grand Hotel.*

Institute for Khmer Traditional Textiles (IKTT)

Im Jahr 2000 hat der japanische Seidenspezialist *Morimoto* dieses Institut mit dem Hintergrund gegründet, die einst florierende **Seidenproduktion,** die bis ins 8. Jahrhundert zurückgeht und durch den langen Bürgerkrieg fast in Vergessenheit geriet, zu retten und wieder zu beleben. Es werden traditionelle alte Motive gewebt und die Farben nur aus Pflanzen wie Lycheeholz, Bananen, Kokusnüssen sowie Bougainvillea und Mandelblättern gewonnen. „Wisdom of the forest" nennt Herr *Morimoto* diese uralten Färbe-

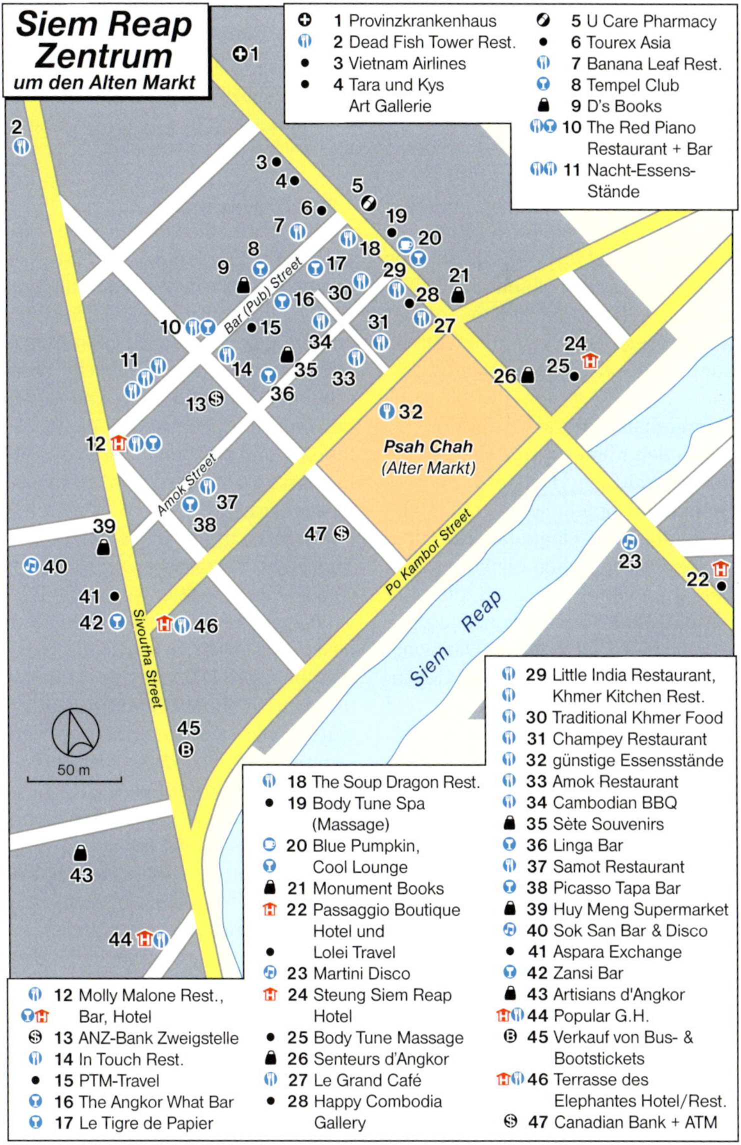
Siem Reap Zentrum
um den Alten Markt
1 Provinzkrankenhaus
2 Dead Fish Tower Rest.
3 Vietnam Airlines
4 Tara und Kys Art Gallerie
5 U Care Pharmacy
6 Tourex Asia
7 Banana Leaf Rest.
8 Tempel Club
9 D's Books
10 The Red Piano Restaurant + Bar
11 Nacht-Essens-Stände
12 Molly Malone Rest., Bar, Hotel
13 ANZ-Bank Zweigstelle
14 In Touch Rest.
15 PTM-Travel
16 The Angkor What Bar
17 Le Tigre de Papier
18 The Soup Dragon Rest.
19 Body Tune Spa (Massage)
20 Blue Pumpkin, Cool Lounge
21 Monument Books
22 Passaggio Boutique Hotel und Lolei Travel
23 Martini Disco
24 Steung Siem Reap Hotel
25 Body Tune Massage
26 Senteurs d'Angkor
27 Le Grand Café
28 Happy Combodia Gallery
29 Little India Restaurant, Khmer Kitchen Rest.
30 Traditional Khmer Food
31 Champey Restaurant
32 günstige Essensstände
33 Amok Restaurant
34 Cambodian BBQ
35 Sète Souvenirs
36 Linga Bar
37 Samot Restaurant
38 Picasso Tapa Bar
39 Huy Meng Supermarket
40 Sok San Bar & Disco
41 Aspara Exchange
42 Zansi Bar
43 Artisians d'Angkor
44 Popular G.H.
45 Verkauf von Bus- & Bootstickets
46 Terrasse des Elephantes Hotel/Rest.
47 Canadian Bank + ATM
Bar (Pub) Street
Amok Street
Sivoutha Street
Po Kambor Street
Psah Chah
(Alter Markt)
Siem Reap
50 m

techniken. Mit diesem Projekt wurden bereits über 300 Arbeitsplätze geschaffen, und Herrn *Morimoto* wurde dafür 2004 der Rolex Preis für Unternehmer verliehen.

In einem äußerlich bescheiden wirkenden Holzhaus stehen im Erdgeschoss die Webstühle; die Verkaufsräume befinden sich im 1. Stock. Hergestellt und gefärbt wird die Seide in einem Dorf außerhalb der Stadt. Täglich von 8.00–18.00 Uhr geöffnet. Das Institut liegt am Beginn der Straße zum Tonle Sap, Lakeroad Nr. 472.

Cambodian Cultural Village

Von den Khmer wird diese gewöhnungsbedürftige Darstellung ihres Landes und ihrer Kultur begeistert aufgenommen. Auf einer über 20 Hektar großen Fläche stehen Miniaturen von berühmten Bauwerken, z.B. dem Königspalast oder dem Nationalmuseum, elf verschiedene Dörfer der Ureinwohner und, etwas überraschend, Gebäude wie „house of a millioner" und „house of Khmer living in America". Dazu finden stündlich Aufführungen statt. Persönlich finde ich das Wachsfigurenkabinett am amüsantesten. Die Darstellungen beginnen mit den Königen von Angkor und gehen weiter zu berühmten Persönlichkeiten und Künstlern in den 1930er Jahren bis hin zu den UNTAC-Soldaten, die bezeichnenderweise Taxigirls im Arm halten.

Die 12 $ Eintritt lohnen sich v.a. für die Touristen, die nur eine kurze Stippvisite in Siem Reap machen. Sie können hier einen komprimierten (wenn auch verkitschten) Überblick über das Land bekommen und werden dadurch hoffentlich motiviert, Kambodscha eines Tages richtig kennen zu lernen. Geöffnet täglich 9.00–21.00 Uhr.

- **Anfahrt:** An der RN 6 Richtung Flughafen, unübersehbar auf der linken Seite.

Conservation Angkor

1908 wurde die Conservation Angkor von der *L'École française d'Extrême-Orient*, einer französischen Institution, die sich um antike Bauwerke in Asien kümmert, gegründet. Zu ihren Aufgaben zählen wissenschaftliche Forschungen, Restaurierung und Erhalt der Tempel und besonders die Registrierung und Dokumentation von Statuen im Kampf gegen den internationalen Kunstraub.

Bis 1970 arbeitete hier einer der wichtigsten französischen Archäologen, *George Groslier.* Als er wegen des Bürgerkrieges das Land verließ, übergab er die Leitung an seinen Schüler *Pachkeo,* dem heutigen Direktor des Nationalmuseums in Phnom Penh. Nach 1972 wüteten die Kämpfe zwischen den Tempeln dermaßen, dass sich die Arbeiten des Institutes auf ein paar kleine Monumente in der nahen Umgebung von Siem Reap beschränkten. 1975 wurden sämtliche Aktivitäten eingestellt. 1980 rief die neue, vietnamfreundliche Regierung nach ausländischer Hilfe, um die Restaurierungen an den Tempeln fortführen zu können, worauf lediglich Indien seine Mitarbeit anbot.

Bis heute werden allerdings die Franzosen als die eigentlichen Experten von Angkor angesehen. Ein Teil der Schätze auf dem Gelände der Conservation Angkor können gegen eine kleine Gebühr besichtigt werden. Einige Statuen sind heute im neuen Angkor National Museum (s.o.) zu sehen.

- Das Gebäude liegt auf der Höhe des Kinderkrankenhauses Jayavarman VII. am Siem-Reap-Fluss.

Umgebung von Siem Reap (ohne Tempel)

Minen-Museum

Der Kambodschaner *Akira* hat auf einem kleinen Gelände ein einfaches, aber eindrucksvolles Gruselkabinett dieser heimtückischen Waffen zusammengestellt. Auf einem nachgestellten Minenfeld können sich Besucher eine Vorstellung davon machen, welchen arglistigen Gefahren die Menschen in Kambodscha in 20 Jahren Bürgerkrieg ausgesetzt waren. Neben einer Vielzahl von Minen gibt es noch weitere Kriegsutensilien zu begutachten.

Mit 12 Jahren ging *Akira* zu den Roten Khmer und war für das Legen von Minen zuständig, worin er bald ein geachteter Spezialist wurde. Nach Kriegsende begannen er und seine Frau die Minen wieder zu räumen, die sie einst gelegt hatten. Da seine Methode mit Messer und Bambusstock nicht den internationalen Sicherheitsbestimmungen entsprach, wurde seine kleine Organisation erst nicht anerkannt, obwohl er einer der effektivsten Entminer im Land ist. Jetzt hat sich Herr *Akira* den Sicherheitsbestimmungen angepasst und arbeitet mit Schutzweste, Helm und Detektor. Somit wurde seine Organisation 2009 als erste kambodschanische NGO für Minenentfernung anerkannt. Seine Arbeit finanziert er unter anderem aus Spenden, die er über sein Museum einnimmt. Täglich geöffnet, Eintritt frei.

- **Anreise:** 6 km vor dem Tempel Banteay Srei. Kennt jeder Taxifahrer. Am besten mit einem Besuch von Banteay Srei und Kabal Spien verbinden.

Tiere am Tonle Sap

Über 30 verschiedene Arten von Reptilien leben am und im See. Schildkröten waren früher weit verbreitet, doch wurden sie in den letzten Jahrzehnten stark dezimiert und landeten in heimischen Kochtöpfen. Die neun Wasserschlangenarten sind alle ungiftig. Sie werden in beunruhigend großem Stil gefangen und überwiegend an die Krokodile verfüttert, die früher Fisch als Nahrungsmittel bekamen. Doch da sich heutzutage Fisch zu besseren Preisen an Touristen verfüttern lässt, holen die Schlangenfänger vom Tonle Sap an manchen Tagen bis zu 8500 Exemplare für diesen stetig wachsenden Industriezweig aus dem See. In freier Wildbahn gibt es kaum noch Krokodile, sie vegetieren alle in den zahlreichen Farmen ihrem grausamen Schicksal entgegen, dass ihre Haut nach Vietnam oder China verkauft und zu Handtaschen verarbeitet wird.

Etwa 15 Großvogelarten leben am See wie z.B. Pelikane, Störche, Fischadler und der vom Aussterben bedrohte Schwarzkopfibis. Von dem ebenfalls seltenen Großen Marabu brüten in Preak Toul noch ca. 40 Paare.

Von den angeblich 260 Fischarten des Sees sind gut einhundert kommerziell interessant. Die schmackhaftesten sind der Wels und der Snakefisch.

Siem Reap und Umgebung
Petit Circuit (kleiner Rundgang)
Grand Circuit (großer Rundgang)
Ausschnitt Seite 295
Banteay Srei, Phnom Kulen
Angkor Thom
Bayon
Angkor Wat
Siem Reap Fluss
Sisophon, Thailand (152 km)
Siem Reap
Busbahnhof
Wat Chedei
Phnom Krom
Tonle Sap See, Speedboat Hafen
0
5 km
1 Westlicher Baray
2 Bademöglichkeit/Essensstände
3 Flughafen
4 Tukvill Souvenir Shop
5 Krokodilfarm
6 Markt (Psah Loe) und Taxis
7 Conservation Angkor
8 Hidden Cambodia Adventure Tours
9 Wat Thmey,
Souvenir-Werkstatt: Phum Tropean Sa
10 Ticket Office
11 Phnom Bakheng
12 Baksei Chamkrong

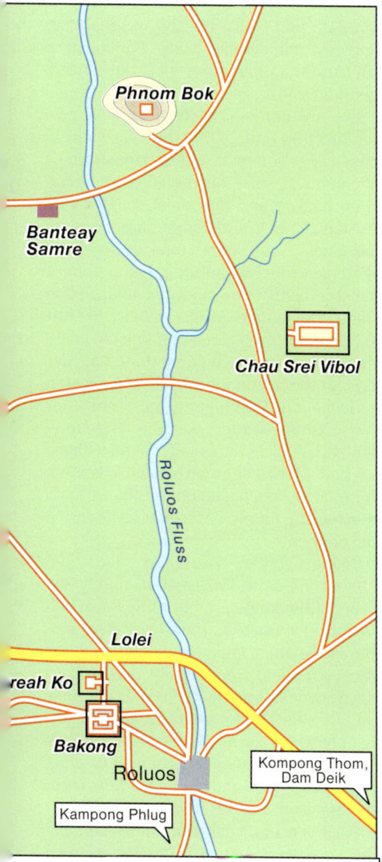

- 13 Prasat Kravan
- 14 Sras Srang
- 15 Banteay Kdei
- 16 Ta Prohm
- 17 Chaosay Tevoda
- 18 Ta Keo
- 19 Thommanon
- 20 Preah Khan
- 21 Neak Pean
- 22 Ta Som
- 23 Östlicher Baray
- 24 Östlicher Mebon
- 25 Pre Rup

Seidenfarm (Silk Farm)

Von der Europäischen Gemeinschaft unterstütztes Projekt, das den Einheimischen Arbeit und eine Ausbildung ermöglichen soll. Der Besucher kann hier an einem Ort den Prozess von der Aufzucht der Seidenraupe, über die Verarbeitung des Kokons, das Herstellen der Fäden und das kunstvolle Weben bis zum fertigen Produkt kennenlernen. Der Besuch kostet keinen Eintritt, doch wird erwartet, dass der Gast im Shop das eine oder andere hier gefertigte Produkt kauft. Besucher werden Mo–Fr 7.00–11.00 Uhr und 14.00–17.00 Uhr sowie Sa 7.00–11.30 Uhr empfangen. So und Feiertage geschlossen.

- **Anreise:** Auf der rechten Seite, bei Kilometer 16 an der RN 6 Richtung Sisophon.

Westlicher Baray

Im Jahre 1050 baute *Udayadityavarman II.* den größten künstlichen See in Angkor, den westlichen Baray. Er war 8 Kilometer lang, 2,2 Kilometer breit und hatte ein Fassungsvermögen von 40 Millionen Kubikmetern. Er diente als Wasserspeicher, um auch während der Trockenzeit Landwirtschaft betreiben zu können. In der Mitte lag die Insel des westlichen Mebon. Dort wurde die riesige Bronzestatue des Hindugottes Vishnu gefunden, die heute im Museum von Phnom Penh steht. Kleine Boote bieten eine Rundfahrt mit Bademöglichkeit für 6 $ an.

- **Anfahrt:** über die RN 6 in Richtung Sisophon. Die erste bzw. zweite Straße rechts, nach der Abzweigung zum Flughafen, führt direkt zum See (ca. 9 km).

Siem Reap und die Auswüchse des Tourismus — Kopfgeldjäger in Commision City

Genial, nur 650 Bath (ca. 12 Euro) kostet es, von Bangkok nach Siem Reap zu fahren, 418 Kilometer und 10–12 Stunden Fahrzeit. Eine Wohltat für das Reisebudget jedes Travellers. Die wenigsten machen sich jedoch Gedanken darüber, wer dabei noch Gewinn macht, und wundern sich nur, warum sie manchmal mit Gewalt daran gehindert werden, in Siem Reap das Guest House ihrer Wahl aufzusuchen.

Der „Viehhandel" läuft wie folgt: Die 650 Bath für die Tickets sind der Reingewinn der Reisebüros in der Khao San Road. Der Bus fährt kostenlos bis zur Grenze bei Poipet. Dort bekommt der Fahrer von den Besitzern der Kleinbusse, die auf der kambodschanischen Seite warten und weiter nach Siem Reap fahren, pro Passagier 100–150 Bath. Diese kassieren ihrerseits wieder für jeden Touristen, den sie vor dem vereinbarten Guest Houses absetzen (egal ob er bleibt oder nicht) ca. 6 $. Um sicherzustellen, dass die „Kunden" sich nach Ankunft in Siem Reap nicht noch auf die Suche nach einem anderen G.H. machen, wird möglichst viel Zeit unterwegs vertrödelt, um spät und bei Dunkelheit anzukommen. Zuvor werden die Touristen aber noch in Poipet an der Wechselstube betrogen. Es wird behauptet, dass es bei der späten Ankunft in Siem Reap nicht mehr möglich ist, Geld zu wechseln und jeder gut daran täte, es hier an der „government approved" Wechselstube zu tun. Der Kurs, vor allem bei Bath in Riel, ist unverschämt, und oft werden auch derart kleine Scheine ausgehändigt, dass es schwierig ist, diese zu zählen. Der Riel/Bath-Kurs ist schon seit Jahren relativ konstant (100 Bath ca. 10.000 Riel). Fakt ist außerdem, dass auch in Siem Reap mit Bath und Dollar bezahlt werden kann und es mittlerweile viele Bankomaten (ATM) im Stadtzentrum gibt, die 24 Std. geöffnet sind.

Die Ankunft in Siem Reap ist meist zwischen 21.00 und 24.00 Uhr. Wer nicht in dem „angebotenen" Guest House übernachten will, sollte nicht einfach seine Sachen packen und davonziehen. Das gibt verständlicher Weise immer Stress. Besser: das Guest House oder Hotel, in dem man absteigen möchte, anrufen. Dann kommt meist jemand und regelt die finanziellen Dinge. Eine andere Möglichkeit ist, die erste Nacht dort zu bleiben und sich am nächsten Tag zu verabschieden, dann hat der G.H.-Besitzer zumindest seine Unkosten gedeckt. Zur Beruhigung muss ehrlicher Weise gesagt werden, dass die „angebotenen" G.H.'s nicht unbedingt die schlechtesten sind. Meist stehen sie einfach in keinem Reiseführer oder liegen ungünstig, weshalb es schwierig für die Besitzer ist, an Kunden zu kommen.

Beängstigende Ausmaße hat die Abzockerei von Provisionen durch die **Tourguides** angenommen. Ob Pauschaltourist oder Traveller, meist wird dem netten, allwissenden Guide bedingungslos vertraut, vor allem wenn es um den Einkauf von Souvenirs, eine Kulturvorführung oder ein gutes Restaurant geht. Da einige Etablissements bis zu 50 % der Rechnung als Provision an den Guide geben ist es ganz klar, wohin der Kunde verschachert wird. Die meisten Guides verdienen an den Provisionen ein Vielfaches ihres Lohnes. Der Verlierer ist natürlich der Tourist, weil er keine Qualität mehr geboten bekommt.

Was tun: Sich gut informieren, selbstständig handeln und nicht nur auf die Vorschläge der Führer eingehen. Vor allem dem Guide nicht glauben, dass das Restaurant, in dem man am Abend essen möchte, zufällig heute geschlossen hat oder erst letzte Woche dort jemand an Lebensmittelvergiftung gestorben ist.

Ballonfahrt

Wer sich keinen Helikopter leisten kann, um Angkor von oben zu sehen, kann auch mit einem Heliumballon für 15 $ in die Höhe steigen. Etwa 1 km von Angkor Wat entfernt hievt der Ballon bis zu 30 Personen 200 Meter nach oben. Für etwa 10 Minuten kann der lohnende Blick auf die im Urwald erscheinenden Silhouetten der Tempel genossen werden. Besonders gut erkennt man Angkor Wat, Angkor Thom und die Bayon. Der Ballon darf nur bei absoluter Windstille aufsteigen, da es wegen unberechenbarer Gewitterböen schon zu Unfällen gekommen ist.

- **Anreise:** Wie nach Angkor Wat und vor dem Haupteingang links der Straße etwa einen Kilometer Richtung Westen folgen.

Phnom Krom

Lohnend ist die Besteigung des Hügels Phnom Krom (137 m) am Ufer des Tonle Sap See. Nach 15 Min. Aufstieg kommt man auf ein Plateau mit einer Pagode (bis Pagode auch kleine Straße). Von hier führen Stufen zum Gipfel, der einen einmaligen Ausblick auf den See und die Umgebung bietet. Abends erlebt man hier den schönsten Sonnenuntergang von Angkor, und das ohne großen Touristenrummel. Der auf dem Gipfel erbaute Tempel stammt aus dem 10. Jahrhundert und wurde von König *Yasovarman I.* erbaut. Die drei wuchtigen, stark verwitterten Sandsteintürme sind von Nord nach Süd den hinduistischen Göttern *Vishnu, Shiva* und *Brahma* geweiht.

● 12 km südlich von Siem Reap Richtung Schwimmendes Dorf Chong Kneas. Angkor-Ticket notwendig, aber abends sind meist keine Kontrolleure da.

Ausflüge auf dem Tonle Sap

Eine fremde Welt mit schwimmenden Dörfern, versunkenen Wäldern und einer beeindruckenden Artenvielfalt an Vögeln erschließt der Tonle Sap See, der durch seinen ständig schwankenden Wasserstand ganz eigene und faszinierende Lebensformen entstehen ließ. In den Monaten März bis Juni ist der Wasserstand am niedrigsten, am höchsten ist er im Oktober (s. auch Kapitel „Das Tonle-Sap-Becken").

Besonders die **schwimmenden Dörfer,** deren Bewohner auf Hausbooten und in Stelzenhütten leben und bei veränderndem Pegel umziehen, gehören zu den interessantesten Lebensräumen, die ich je kennengelernt habe. Zu den Standardausflügen, als Alternative zu den zahlreichen Tempeln, gehört eine einstündige Rundfahrt durch das schwimmende Dorf **Chong Kneas.** Hier leben etwa 8000 Menschen, vor allem Vietnamesen, aber auch Khmer und die moslemische Minderheit der Cham (ca. 30 Familien) in Hausbooten auf dem Wasser. Auch Restaurants, Lebensmittelläden, eine Kirche sowie eine kleine Moschee schwimmen auf dem Wasser. Mit dem Boot paddeln die Kinder in die Schule. Die Menschen leben überwiegend von der **Fisch- und Krokodilzucht,** deren Gehege bei der Rundfahrt besucht werden. Ein neuer Einkommenszweig ist das **Betteln,** auf das sich vor allem die Vietnamesen spezialisiert haben. Kein Wunder, denn in der Hauptsaison fahren hier hunderte Touristen auf den Ausflugsbooten durch die Gegend und fotografieren alles, was ihnen vor das Objektiv kommt. Da liegt es nahe, die Hand auszustrecken und nach einem Dollar zu fragen.

Sehr besuchenswert sind die Fischfarmen mit den Krokodilen und das kleine **Infozentrum „Gecko Enviromental Education Center",** das von den Vereinten Nationen mitfinanziert wurde.

Die **Rundfahrt** kostet zwischen 10 und 15 $ pro Person. Die Taxifahrer wissen, wo und wie die Rundfahrt zu buchen ist. Leider sind die Bootsbetreiber in Chong Kneas mafiaartig organisiert. Da hier in der Hauptsaison hunderte von Pauschaltouristen durchgeschleust werden, sind sie meist mehr an Abzocke interessiert, als sich für den Gast zu engagieren und einen vernünftigen Service zu bieten.

Weniger touristisch sind die Bootsausflüge noch in den Dörfern **Kompong Phlug** bei der Roluos Gruppe oder noch etwas entfernter in **Kompong Kleang.**

Tipp: Für gute Fotos sind die Morgen- und Abendstunden wesentlich lohnender.

Für Ornithologen ist das **Vogelschutzgebiet bei Prek Toal** wärmstens zu empfehlen. Die beste Zeit zum „bird watching" liegt zwischen November und März. Die Fahrt dorthin führt durch die erwähnten überfluteten Wälder (nur bei Wasserhöchststand des Sees) und an weiteren schwimmenden Dörfern vorbei.

• **Spezialisten für Ausflüge auf dem Tonle Sap:** *Terre Cambodge,* Tel. 012/843401, www.terrecambodge.net und *Osmose,* die verschiedene ornithologische Projekte in Prek Toal betreuen und Ausflüge nach dem Grundsatz des sanften Tourismus organisieren. Ein Tag kostet 80 $, auf Wunsch können auch individuelle Touren mit Übernachtung organisiert werden. Tel. 012/832812, www.osmosetonlesap.net.

• **Tara River Boat** bietet sich als Alternative zu den Kaffeefahrten an. Der Nachteil ist, dass das Boot sehr groß ist und die Preise höher als bei den kleinen Booten sind, dafür wird man aber in Siem Reap abgeholt und Essen und Trinken sind im Preis inbegriffen. Verschiedene Angebote wie eine Halbtagesrundfahrt für 23 $ bis hin zum Ausflug in das Vogelschutzgebiet Prek Toal mit Übernachtung an Bord für 95 $, www.taraboat.com , Tel. 092/957765 oder im G.H.

Rundtour: Roluos – Kampong Phlug – Chong Kneas – Phnom Krom

Sehr lohnender Ausflug, der kaum von den Motodups und Tuk Tuks angeboten wird. Als erstes Ziel werden die **Tempel der Roluosgruppe** angefahren. Von dort führt eine unbefestigte Straße ca. 16 km (je nach Wasserstand des Sees) zu dem wenig touristischen, schwimmenden Dorf **Kampong Phlug.** Dort wohnen die Menschen nicht auf Booten, sondern haben ihre Häuser auf bis zu 8 m hohen Stelzen gebaut. Bei Niedrigwasser ein besonders beeindruckender Anblick. Von dort aus kann man ein Boot zum schwimmenden Dorf **Chong Kneas** bekommen. Der Preis ist Verhandlungssache und liegt zwischen 15 und 20 $ pro Person. Abschließend nach dem Besuch von Chong Kneas kann der Sonnenuntergang auf dem **Phnom Krom** genossen werden.

Outdoor Adventure

Alternativen zum Sightseeing und Shoppen sind unter anderem:

• **Hidden Cambodian Adventure Tours.** Professionelle **Dirtbike** Touren mit XR-250 cc. *Honda Enduros* organisiert der Kambodschaner *Paul.* Bei ihm können individuelle Touren nach Können und Interesse von 1–14 Tagen um Siem Reap, aber auch in ganz Kambodscha gebucht werden. Die Lieblingsziele des Energiebündels *Paul,* der auch die abgelegensten Trails in seinem Land kennt, sind Praeh Khan, Preah Vihear und Koh Ker. Ab zwei Personen muss mit etwa 155 $ pro Tag gerechnet werden. Dafür sind Motorrad, Hotel, Benzin, Essen, Mechaniker und Guide inklusive. Auch Touren mit Allradfahrzeugen sind im Programm. Außerdem „der" Spezialist für **Trekking** Touren im nahegelegenen Phnom Kulen Gebirge. *Laurent* (frz. Schweizer), ist schon seit vielen Jahren in dieser abgelegenen und oft nur zu Fuß erreichbaren Gegend, in der es viele kaum bekannte Bauwerke aus der Vorangkorperiode und versteckte Dörfer gibt, mit Kunden unterwegs. www.hiddencambodia.com; Tel. 012/934412; Street 0, Nr. 240, Nähe Kinderhospital Jayavarman VII.

• **Quad Adventure Cambodia.** Zwischen einer Stunde bis max. einem Tag kann in Begleitung eines Guides mit dem Quad in der Umgebung von Siem Reap umhergeknattert werden. Schutzausrüstung vorhanden. 20–150 $ ja nach Dauer. www.quad-adventure-cambodia.com; Tel. 017/784727; nähe Wat Damnak.

• Entspannte **Mountain Bike** Touren in Angkor und Umgebung bietet **Terre Cambodge** an (brauchbare MTBs vorhanden). Touren sind jedoch nur im Voraus als Pauschalarrangement buchbar. www.terrecambodge.com und www.bikingcambodia.com. Tel. 00855/12/843401.

Unterkunft

In der Zwischensaison von Mai bis Oktober sind vor allem die Preise der teureren Hotels um 20–40 % verhandelbar. Bei den G.H. sind die Margen nicht so hoch.

Luxus-Hotels

• **Raffles Grand Hotel d'Angkor** (Tel. 063/963888, www.raffles.com). Dieses legendäre Hotel aus der frz. Kolonialzeit (erbaut 1892) mit Restaurants, Cafés, Bars, Shops und riesigem Pool lässt keine Wün sche für den anspruchsvollen Reisenden offen. Auch *Bill Clinton* hat hier während seines Aufenthalts gewohnt. Mit Preisen zwischen 350 und 1900 $ pro Tag nicht für jedermann erschwinglich. Kleiner Tipp: Auf der Homepage werden Sonderangebote besonders während der Off-Season angeboten. Klassische Apsara Tänze mit Dinnerbuffet am Pool lassen den Gast einen Hauch von Luxus spüren (s. auch Restaurants „Gut & teuer").

• **Victoria Hotel** (Tel. 063/760428, www.victoriahotels-asia.com). 5-Sterne-Haus. Beeindruckend schöne Anlage im nachgebauten Kolonialstil. Doch genau das ist Diskussionsthema unter den intellektuellen Khmer in Siem Reap, die es nicht sonderlich schmeichelhaft finden, wenn diese Epoche glorifiziert wird. Die offiziellen Preise beginnen bei 300 $, doch lassen sich über die Webseite günstigere Schnäppchen machen. Liegt schräg gegenüber des *Raffles Grand Hotels*.

• **La Residence d'Angkor** (Tel. 063/963390, www.residencedangkor.com). Weiteres Deluxe-Hotel in der 5-Sterne-Kategorie. Im Gegensatz zu den vielen anderen Hotels besticht das *Residence d'Angkor*, das von der Orient-Express Gruppe gemanaged wird, durch sein schlichtes, aber edles Innendekor, überwiegend aus Holz. Schönes Schwimmbad. Hier steigen vor allem die reichen Individualtouristen ab. Walk-In-Preise beginnen in der Hauptsaison bei 260 $ inkl. Frühstück (s. auch „Essen und Trinken – Gut & teuer"). Liegt in der River Road.

• **Angkor Village** (Tel. 063/963361, www.angkorvillage.com). Zwei französische Architekten haben mit Angkor Village zweifellos eines der stilvollsten Hotels in Kambodscha gebaut. Die komfortabel ausgestatteten Holzbungalows wurden, inspiriert durch Fotos einer Mönchswohnanlage um die Wende vom 19. zum 20. Jahrhundert, in traditioneller Khmer-Architektur errichtet. Die ganze Anlage ist umgeben von einem tropischen Garten mit Pool. In Angkor Village treffen sich naturverbundene Reisende mit etwas größerem Geldbeutel, denen Atmosphäre wichtiger als Luxus ist. Zimmer und Appartements zwischen 80 und 190 $. Wegbeschreibung (keine Beschilderung): Am Bayon Hotel (Achasva Straße) nach Osten in die Seitenstraße einbiegen; nach ca. 150 m auf der rechten Seite. Visa/Master Card.

Zusätzlich betreiben dieselben Besitzer (gleiche Internetadresse) am Stadtrand Richtung Tempel das **Angkor Village Resort & Spa.** Ein exklusives Wellness Bungalow Hotel mit diversen Massagen, Bädern und Schönheitspflege. Großartig ist der längste Swimmingpool Kambodschas, der sich durch die Parkanlage zwischen den Bungalows hindurchschlängelt. Preise zwischen 140 und 190 $. Hausgäste können an einer Kurzausbildung zum *Mahout* (Elefantenführer) und an einem Khmer-Kochkurs teilnehmen.

• **Steung Siem Reap** (Tel. 063/965169, www.steungsiemreaphotel.com). Architektonisch gelungene Anlage im frz. Kolonialstil mit schmucken Balkonen. Ruhige, aber zentrale Lage nahe dem Psah Chah. Salzwasserpool, Sauna, Restaurant. Große Zimmer zwischen 70 und 120 $.

• **Angkor Hotel** (Tel. 063/964302, www.angkor-hotel-cambodia.com). Neben japanischen, chinesischen und koreanischen Gästen steigen hier recht viele deutsche Pauschalreisegruppen ab, die vor allem während der Mittagspause das herrliche Schwimmbad zur Erholung vom Tempelmarathon schätzen. Liegt an der RN 6 Richtung Flughafen. Walk-In-Preise: 60–90 $ inkl. Frühstück.

• **Terrasse des Elephantes** (Tel. 063/965570, www.terrasse-des-elephantes.com). Dieses dreistöckige, einzelstehende Gebäude in herrschaftlichem Kolonialstil, umwuchert von Palmen und Bougainvillea, sieht aus wie ein verwunschenes Märchenschloss. Dazu kommen die abenteuerlichen Zimmer, in denen auf dem Weg ins Bad ein Teich überquert und ein wasserspeiender Bayonkopf passiert werden muss. Auf dem Dach gibt es einen großen Pool. Eine faszinierende Unterkunft. Mit Restaurant. Zimmer Hauptsaison 80–200 $, Nebensaison 50–100 $. Beste Lage zwischen Psah Chah und Sivoutha Street direkt im Zentrum.

Hotels zwischen 30 und 50 $

In dieser Kategorie ist wegen der Überkapazität an Zimmern ein sehr gutes Preis/Leistungsverhältnis zu finden.

• **Bopha Angkor** (Tel. 063/964928, www.bopha-angkor.com). Sehr hübsche Zimmer, die in modernem Khmerstil mit vielen Assessoires eingerichtet sind. Schönes Schwimmbad und gutes Restaurant, in dem überwiegend Khmer-Food serviert und abends traditionelle Khmer-Livemusik gespielt wird. Achasva Street, Nr. 512, an der Ostseite des Siem-Reap-Flusses. *Visa/MasterCard.*

• **Auberge Mont Royal** (Tel. 063/964044, www. auberge-mont-royal.com). Das beliebte Hotel liegt versteckt aber zentral in ruhiger Lage in einer Parallelstraße der Sivoutha Straße. Große und saubere Zimmer. Kleines Schwimmbad und hübsches Restaurant. WiFi in der Lobby, Thapul Str. 497, *Visa/MasterCard.*

• **Borann, L'Auberge des Temples** (Tel. 063/974740, www.borann.com). Hübsches Bungalow-Dorf in einem tropischen Garten mit Swimmingpool. Die großen Zimmer sind sauber und mit antiken Khmer-Möbeln sowie Figuren aus dem traditionellen Schattentheater dekoriert. Restaurant. Keine Kreditkarten, nur Dollar und Euro. Frz. Management. Versteckt in kleiner Seitengasse hinter Sawasde Foodgarden gelegen.

• **La Noria** (Tel. 063/964242, www.angkorhotel-lanoria.com). Engagiertes Hotel im Bungalow Stil direkt am Siem-Reap-Fluss. Saubere, schlichte Zimmer mit AC, ohne TV. Schöner Garten mit Pool. Bungalow, WiFi (kostenpflichtig), *Visa/MasterCard.* Exzellentes Restaurant auf offener Veranda (s. „Weitere gute Restaurants"). Gegenüber dem *Raffles Grand Hotel,* auf der anderen Flussseite.

• **Palm Village** (Tel. 063/964466, www.palmvillage.com.kh). Diese hübsche Bungalowanlage nördlich der Stadt zwischen der Nationalstraße 6 und den Tempeln gehört zu den preiswertesten Resorts in Siem Reap. Wer relativ günstig, aber trotzdem stilvoll wohnen möchte, dem sei diese Adresse wärmstens empfohlen. Nettes Schwimmbad, WiFi und Fahrradverleih (3 $ pro Tag). Übernachtung inkl. Frühstück. Kleines Khmer-Restaurant ist angeschlossen. Liegt beim Dorf Trapaing Ses, *Visa/MasterCard.*

• **Passaggio Boutique Hotel** (Tel. 063/760 324, www.passaggio-hotel.com). Gepflegtes Hotel unter schweizerischem und deutschem Management. Geräumige und saubere Zimmer, Übernachtung inkl. Frühstück, das auf netter Dachterrasse serviert wird. Schöner Salzwasser Pool, WiFi. Sitz des Reisebüros *Lolei Travel.* Zentral in Nähe Psah Chah gelegen, Wat Damnak Str. Nr. 432, auf der östlichen Seite des Siem-Reap-Flusses. *Visa/MasterCard.*

Das Nationalgericht „Amok"

Drei Esslöffel rote Currypaste, 8–10 getrocknete und fein gehackte Chilischoten, 1 Stange fein geschnittenes Zitronengras, ein Esslöffel *Galangal* (Ingwer-ähnliches Gewürz), fünf kleingehackte, rote Schalotten und vier zerdrückte Knoblauchzehen mit möglichst wenig Wasser zu einer Paste anrühren.

Des Weiteren ein Ei, ein Esslöffel Fischsauce, jeweils eine Prise Salz und Zucker mit zwei Tassen Kokosmilch in einer Schüssel verrühren.

In einen Kochtopf Fischfilet, Hühnchen- oder Schweinefleisch oder auch Shrimps geben. Die angerührte Kokosmilch dazu. Die Gewürzpaste mit Limetten- und frischen Basilikumblättern dazugeben und auf mittlerer Hitze 20–25 Min. dämpfen, bis das Fleisch gar ist. Besonders authentisch ist es, wenn das Amok-Gericht in Bananen gegart und in einer ausgehöhlten Kokusnuss mit einem Teller Reis serviert wird.

Hotels zwischen 15 und 30 $

Von Unterkünften in dieser Kategorie kann man saubere Zimmer in gepflegter Atmosphäre mit Bad/WC und AC erwarten. Viele bieten zumindest einen kleinen Pool. Sie sollten denselben Service offerieren wie die Guest Houses und beim Organisieren der Tempelbesuche helfen. Oftmals lohnt es sich, ein paar Dollar mehr zu investieren, denn der Standard ist hier oft deutlich höher als in den billigen G.H.

- **Green Village Palace** (Tel. 092/185639, www.greenvillagecambodia.com). Beliebtes, kleines Hotel mit lebhaften Gartenbetrieb in ruhiger Seitengasse. Kleiner Pool, Bar und Restaurant, in dem bei Interesse der Gäste abends gegrillt wird. Die 15 Zimmer sind standardmäßig ausgestattet; Übernachtung inkl. Frühstück. 5 Minuten zum Zentrum, Wat Damnak Rd. 147, östliche Seite des Siem-Reap-Flusses.
- **Two Dragon G.H.** (Tel. 063/965107, twodragons@talesofasia.com). Engagiert geführte Travellerunterkunft mit nett eingerichteten Zimmern. Gemütlichkeit strahlt auch das halboffene Restaurant am Eingang mit asiatischer Küche aus. Liegt in einer Seitenstraße der Wat Bo Street.
- **Earth Walkers G.H.** (Tel. 012/967901, www.earthwalkers.no). Wird von einer Gruppe skandinavischer Freundinnen gemanaged. Großer Garten mit Pool, WiFi. Kostenloser Abholservice in Siem Reap (Hafen, Flugplatz und Busbahnhof). Vorteil: sehr engagiert, westlicher Standard und ideal für Familien mit kleinen Kindern. Nachteil: etwas abgelegen. 20 Zimmer mit und ohne AC einschl. Frühstück. Restaurant und Bar. Liegt in einer Seitenstraße auf halbem Weg zum Flughafen. *Visa/MasterCard.*
- **Molly Malone's** (Tel. 063/963533, www.mollymalonescambodia.com). Im Obergeschoss des gleichnamigen Restaurants gibt es 7 hübsche Zimmer für Gäste, denen eine zentrale Lage (direkt neben der Bar (Pub) Street am Psah Chah) wichtiger als idyllische Ruhe ist. Kostenloser WiFi, *Visa/MasterCard.*
- **Golden Banana Boutique** (Tel. 063/761259, www.golden-banana.com). Gepflegtes Hotel mit ruhigem Garten und Swimming Pool. 5 Minuten vom Zentrum Psah Chah, Nähe Wat Damnak. Überwiegend homosexuelle Gäste. WiFi, *Visa/MasterCard.* Nicht zu verwechseln mit dem gleichnamigen Resort, das wesentlich teurer ist!

Guest Houses unter 15 $

Die Anzahl der billigen Unterkünfte in Siem Reap wächst ständig. In der Hauptsaison zwischen Dezember und Februar sind jedoch viele Unterkünfte ausgebucht und die Preise höher als sonst. Wer nicht auf ein spezielles G.H. fixiert ist, findet allerdings immer einen Platz zum Übernachten. Die meisten Zimmer sind für 2 Personen geeignet und haben ein eigenes Bad/WC und kosten mit Fan 5–10, mit AC 10–15 $.

Zum **Service,** den man in jedem G.H. erwarten kann, gehört: Verkauf von Boots-, Flug- und Bustickets, Organisation von ortskundigen Auto-, Tuk-Tuk- und Mopedtaxis zum Besuch der Tempel, Visa für Vietnam und Laos. Manche verleihen auch Fahrräder.

- **Popular G.H.** (Tel. 012/916165, www.camnet.com.kh/popular). *Mr. Chom,* der engagierte Besitzer dieser beliebten Unterkunft und Guide in Angkor, ist ein Mann der ersten Stunde, der ein erfolgreiches Guest House eröffnet hat. Seine Geschichten von über 15 Jahren Erfahrung mit Travellern könnten Bände füllen. Vor allem wegen seiner Seriosität und Zuverlässigkeit gehört das *Popular G.H.* zu den empfehlenswertesten Unterkünften in dieser Preisklasse. AC, Internet-Café und hauseigene Tuk-Tuk-Fahrer zum Besuch der Tempel. Große Auswahl an netten, sauberen Zimmern verschiedener Kathegorien. Das gemütliche Restaurant auf der Dachterrasse bietet eine große Auswahl an Traveller Food. Liegt in Siem Reap am Beginn der Straße zum Tonle Sap; Nähe Psah Chah, Boboos Street, Nr. 33.
- **Garden Village** (Tel. 012/217373, www.gardenvillageguesthouse.com). Eine der aufstrebenden großen Travellerunterkünfte (ca. 60 Zimmer) in Siem Reap und besonders beliebt bei Reisenden mit kleinerem Budget. *Pohin,* der engagierte Khmer-Besitzer, steckt voller Ideen, die er auf dem großen Grundstück noch verwirklichen möchte. Dormitory ab 1 $ und große Auswahl an Zimmern ver-

schiedenster Kathegorien. Kostenloses Internet. Sehr beliebt ist das *Rooftop Restaurant* mit chilligen Korbsesseln, gutem Traveller Food (2–4 $) und billigem *Angkor Draft* Bier für nur 2000 Riel. 24 Stunden geöffnet. Liegt nahe dem Psah Chah.

•**Ivy G.H.** (Tel. 012/800860, www.talesofasia.com). Typisch englische Hochburg in nettem Garten gelegen, mit Restaurant und Bar sowie schrillem, angelsächsischem Partyvolk. Eine der am längsten in Siem Reap etablierten Unterkünfte, die in den letzten Jahren aber mehrfach umgezogen ist. Liegt relativ zentral in der Pokambor Street an der westlichen Seite des Siem-Reap-Flusses.

•**Nr. 10 G.H.** (Tel. 012/973811). Beliebte und umtriebige Unterkunft für Traveller mit 24-Stunden-Service. Restaurant mit Traveller Food (1,50–6 $) auf der Dachterrasse. Dort gibt es noch die echte „Happy Pizza". Kostenloser Abholservice und Internet. Etwa 7 Gehminuten zum Zentrum. In der Samdech Tep Vong Street, Nähe *Zone One Disco.*

•**The Siem Reap Hostel** (Tel. 063/964660, www.thesiemreaphostel.com). Der Stil dieses Hostels erinnert tatsächlich eher an eine moderne Jugendherberge als ein typisch asiatisches G.H. Das mehrstöckige Gebäude ist etwas steril. Die 6-Bett-Zimmer sind geräumig, haben AC und Bad/WC. Ein Bett dort kostet 8 $ die Nacht, ein DZ allerdings 30 $. Beliebt ist das kleine Schwimmbad im Erdgeschoss mit Restaurant und Bar. Wat Bo Street, ca. 5 Gehminuten vom Zentrum.

•**Naga G.H.** (Tel. 063/963439). Eines der billigsten in der Stadt. Einfache Zimmer zwischen 2 und 6 $. Im Restaurent werden Indische, Khmer und Internationale Speisen zwischen 1,50 und 3 $ serviert. In einer Seitenstraße der Sivoutha Street; Nr. 243.

•In der **Wat Bo Street** und in den angrenzenden Seitengassen hat sich ein kleines sympathisches Traveller Zentrum gebildet. Hier reihen sich mehrere G.Hs. und diverse Shops aneinander. **Mom's G.H.** (Tel. 063/964037, www.momguesthouse.com), gehörte zu den ersten in Siem Reap und ist immer noch beliebt. Vermietet werden sehr schöne und geräumige Zimmer. Ebenfalls schon lange im Geschäft und empfehlenswert sind das **Mahogony G.H.** mit Chillout-Veranda (Tel. 063/963417, proeun@bigpond.com.kh), das **Sunrise G.H., Pailin G.H.** und **Garden G.H.**

•**Samnark Preahriem G.H.** (Tel. 063/760378, preahriem@camnet.com.kh). Kleine Unterkunft mit familiärem Anschluss. Nur 7 Zimmer mit unterschiedlicher Ausstattung. Das Frühstück wird im Garten serviert. In einer Seitenstraße der Wat Bo.

•**Happy G.H.** (Tel. 063/963815). Kleines G.H. in Holzvilla, das sehr engagiert geführt wird. Gepflegte und saubere DZ mit Fan und Bad/WC. Minirestaurant im Garten. Liegt in einer kleinen Seitengasse hinter der Wat Bo Street, Nr. 134.

710ka Foto: an

Allgegenwärtiger Buddha

Angkor

Essen und Trinken

Neue Restaurants schießen wie Pilze allerorts aus dem Boden. Die meisten haben sich am Alten Markt (Psah Chah) angesiedelt. Dort wiederum ist der touristische Höhepunkt eine kleine, rot gepflasterte Gasse mit mediterranem Flair nur für Fußgänger (parallel zur Bar (Pub) Street), die mit roten Fliesen gepflastert wurde. Obwohl hier die gemütlichsten Restaurants mit liebevoll gedeckten Tischen die Kunden mit Khmergerichten scharenweise anziehen, hat sie keinen Namen. Da die meisten Touristen hier die für Siem Reap besonders bekannten Amok-Gerichte bestellen (siehe „Amok – Kambodschanisches Nationalgericht"), nenne ich sie im Folgenden **„Amok Street".** Die Restaurants sind überaus touristisch, aber Preis/Leistung und Ambiente sind absolut in Ordnung.

• Das Restaurant der ersten Stunde war das **Khmer Kitchen,** das hier im Jahr 2000 mit 4 Tischen und sehr günstigen und guten Gerichten schnell den Weg in viele Reiseführer fand. Es dauerte nicht lange, bis hier abends kaum mehr ein Platz zu bekommen war, und die Nachbarn begannen, dieses Erfolgsrestaurant mal besser mal schlechter zu kopieren. Das Original *Khmer Kitchen* bietet Speisen zwischen 2,50 und 3 $ an.

• Daneben hat sich das **Traditional Khmer Food** (3–4 $) etabliert.

• Das **Amok** wird von einem Franzosen geleitet und gilt als das Beste in der „Amok Street" (4,50–8,50 $). Besagtem Franzosen gehört auch das **Champey,** in dem überwiegend Khmer Curry gekocht wird sowie das **Cambodian BBQ,** wo auf einem Tischgrill neben den üblichen Gerichten auch Känguru- Krokodil- und Schlangenfleisch bestellt werden kann (6–10 $).

Da noch ein paar Läden leer stehen, werden sich in naher Zukunft sicherlich weitere Restaurants dazugesellen, um am Boom der „Amok Street" zu profitieren.

Weniger romantisch aber mit einer ähnlichen Konzentration touristischer Restaurants präsentiert sich abends die **Bar Street** (auch **Pub Street** genannt). Auf Grund der großen Konkurrenz kosten hier fast alle Gerichte in den netten Lokalen zwischen 3 und 4 $. Es lohnt sich auch dort, auf kulinarischen Streifzug zu gehen.

• Besonders empfehlenswert: **The Red Piano.** Ehemaliges Hauptquartier der Tomb Rider Filmcrew im Jahre 2000. Die großen, gemütlichen Korbsesseln im Erdgeschoss sind genau richtig zum Entspannen nach einer Tempeltour. Im ersten Stock kann das pulsierende Leben in der Bar (Pub) Street aus angenehmer Distanz beobachtet werden. Khmer und internationale Küche zwischen 3 und 7 $. Engagiertes Personal. Happy Hour 17.00 bis 19.00 Uhr (pro Essen ein Getränk frei).

• **The Soup Dragon.** Zweistöckiges Restaurant. Im Erdgeschoss wird nur die traditionelle Khmer-Beef-Soup serviert. Westliche und vietnamesische Speisen kann man auf dem Balkon im 1. Stock genießen (2–7 $). In der offenen Bar auf der Dachterrasse gibt's Bier, Wein und Cocktails.

Gut & teuer

• **Raffles Grand Hotel d'Angkor** (siehe Luxus-Hotels). Ein kulinarisches Erlebnis ist das tägliche *Fine Dining* im *Le Grand,* dem wohl besten Restaurant der Stadt. Aber auch mit weniger Geld kann die exklusive Atmosphäre dieses legendären Hotels geschnuppert werden, beispielsweise zur Happy Hour 17.00–19.00 Uhr an der *Poolbar* und 19.00–21.00 Uhr in der *Elephant Bar* (halbe Preise).

• **La Residence d'Angkor.** Im schicken Restaurant des gleichnamigen Nobelhotels kann beim Apsara-Tanz zwischen Khmer-Menü und Europäischen Menü gewählt werden. Auf der Veranda über dem Pool werden während der Happy Hour zwischen 18.00 und 19.30 Uhr Cocktails serviert.

• **Victoria Hotel.** Freunde des „fine dining" kommen hier relativ günstig zu ihren Gaumenfreuden. Im gleichnamigen Luxus-Hotel.

• **Angkor Village.** In einem überdachten, sehr stilvoll angelegtem Gartenrestaurant wird authentische Khmer-Küche vom Feinsten serviert. Täglich wechselnde Menüs für 14 $. Im gleichnamigen Luxus-Hotel.

• **FCC.** Ableger des berühmten Foreign Correspondent Club in Phnom Penh. Offenes

Restaurant im 1. Stock. Die Inneneinrichtung ist eine interessante Mischung aus modernem Großstadt-Bistro und Kolonialstil-Elementen. Das Gebäude war früher eine Polizeistation zum Schutz der angrenzenden königlichen Villa. Westliche Speisen wie Pizza und Pasta zwischen 9 und 22 $. Menüs à la „Fusion Cuisine" zwischen 13 und 16 $. In der Po Kambor Street nahe dem Postoffice.

● **Abacus.** Gehobenes Restaurant mit klimatisiertem Speisesaal. Der kulinarische Schwerpunkt liegt auf französischer Küche, doch findet sich auch eine kleine Auswahl an Khmer-Gerichten auf der Speisekarte, die auf großen Tafeln zu den Tischen getragen wird. In einer Seitengasse an der RN 6, Richtung Flughafen, nach dem *Angkor Hotel* rechts. Tel. 012/644286. Ab 11 Uhr geöffnet.

● **Samot.** Ein Restaurant in einer Gasse am Mittelmeer könnte kein authentischeres Flair ausstrahlen, als dieses französische Feinschmeckerlokal in der „Amok Street". Wie der Name *Samot* (Meer) schon vermittelt, wird überwiegend Fisch angeboten, zu dem es eine beachtliche Auswahl an guten Weinen und Desserts gibt. Hauptgerichte 7–12 $. Liegt in der Verlängerung der „Amok Street", Richtung Sivoutha Street. 11–23 Uhr geöffnet.

● **Nest.** Ein bisschen wie Phönix aus der Asche präsentiert sich dieses moderne, offene Restaurant unter weißen Segeln am Rande der staubigen Sivoutha Street. Es gehört zur neuen Generation von Gastronomie, die sich durch ein ausgefallenes Design und der Kombination von Restaurant/Lounge und Bar von den traditionellen Restaurants abhebt. Augenfällig sind die überdimensionalen Korbsessel. Das Management bezeichnet die servierten Speisen als „Soft-Fusion"-Gerichte (8–20 $). Geöffnet 16–24 Uhr. Zwischen *Lucky Mall* und *Hotel de la Paix.*

● **Picasso Tapa Bar.** Außergewöhnlich edle Bar, die Gourmetsnacks in feinstem Ambiente serviert. Favourit der Expatszene. In der „Amok Street" neben dem *Samot Restaurant.*

Gut & billig

● **Moloppor Café.** Kleines Restaurant, das neben dem guten Essen vor allem für die billigsten Preise der Stadt berühmt ist. Die Portionen sind nicht riesig, aber so günstig, dass eine doppelte Portion immer noch billiger ist als eine normale in einem anderen Restaurant. Die meisten Gerichte wie Pasta, Pizza, Western Food kosten 2–3,50 $, das Bier 0,90 $. Geöffnet von 11–22 Uhr. Liegt am Fluss in der Achesva Street nahe *Bopha Angkor Hotel.*

● **Arun.** Gutes und freundliches Khmer-Restaurant. Da es etwas abgelegen ist, wird es weniger von Touristen frequentiert als die Restaurants am Alten Markt. Hierher kommen auch die Einheimischen zum Essen. Neben den Amok-Gerichten, die in einer Kokosnuss serviert werden, gibt es Prahok-Speisen (mit vergorener Fischpaste), Khmer-Suppen und Phnom Ploeng, eine Art Tischgrill. Natürlich gibt es auch andere Gerichte wie z.B. Fried Shrimps with Pepper. Bebilderte Speisekarte. Hauptspeisen 2,50–3,50 $. Geöffnet 7–22 Uhr. Auf der linken Seite des Flusses auf Höhe des *Raffles Grand Hotel.*

● **Psah Chah.** Am Nordeingang des Alten Marktes haben sich eine Reihe einfacher **Khmer-Garküchen** niedergelassen. Die Gäste können die vorgekochten Speisen (Hühnchen, Schweinefleisch oder Rind) sowie div. vegetarische Gerichte aus großen Töpfen auswählen. Mit einer kleinen Portion Reis kostet es 1 $. Die etwas gepflegteren Garküchen verlangen 1,50–3 $. Sie schließen abends relativ zeitig gegen 20.30 Uhr.

● Sehr beliebt, sowohl bei den Einheimischen als auch den Touristen sind die vielen **Essensstände** vor dem *Molly Malone Restaurant* (s. Hotels) und westlich der Pub Street. *Fried Rice* und *Fried Noodles* mit Fleisch oder Fisch werden hier frisch im Wok zubereitet und für ca. 1 $ verkauft. Nur abends bis spät in die Nacht aufgebaut.

Weitere gute Restaurants (Hauptspeisen 3–7 $)

● **Singing Tree Café** (Tel. 012/490265, www.singingtreecafe.com). Liebevoll betriebenes Gartencafé, das nebenbei eine Art Kommunikationszentrum für engagierte NGO darstellt, die sich hier präsentieren können. Der gastronomische Schwerpunkt liegt auf vegetarischen Speisen sowie Fisch und Shrimps aus dem Tonle Sap, die lecker zubereitet werden. Ab 7.00 Uhr Frühstück. Mo geschlossen. Kostenloses WiFi. Außerdem treffen sich hier Musiker für spontane Konzerte. Yoga- und Meditationskurse werden angeboten. Ein hauswandgroßes Gemälde zeigt die Tempel von Angkor mit Szenen aus dem täglichen Leben der Khmer. Praktikanten, die sich hier engagieren wollen, sind immer willkommen. Liegt in kleiner Seitenstraße zwischen Apsara Theater und Siem-Reap-Fluss.

• **Dead Fish Tower.** Sehr originell. Sieht aus wie eine verfallene Scheune, in der nach dem Chaos-Prinzip Terrassen mit Tischen und Stühlen aufgehängt wurden. Besonders abgefahren wirkt die eigenwillige Einrichtung in der Nacht. Thai- und Khmer-Küche. Liegt in der Sivoutha Street nahe Cambodia Bank.

• **Chivit Thai.** Stilvolles Restaurant in alter Holzvilla, das seit Jahren zu den Besten der Stadt gehört. Khmer- und Thai-Küche. Mittags 11.00–14.00 Uhr gibt es Gerichte zum Happy-Hour-Price für 1,50 $. Frühstück ab 7.00 Uhr. Liegt in der Wat Bo Street.

• **Sawasde Food Garden.** Ausgezeichnete Thai-Küche mit freundlichem Service, die unter Expats sowie den hier lebenden Thais einen guten Ruf genießt. Gespeist wird im überdachten Garten. Liegt in der Nähe des Wat Bo Traveller Zentrum, auf der anderen Seite der RN 6.

• **Butterfly Garden.** Über das gesamte Restaurant ist ein Netz gespannt, damit die Schmetterlinge nicht davonfliegen. Einerseits ein guter Marketinggag, um Leute ins Restaurant zu bringen, andererseits ein soziales Projekt, denn etwa 30 bedürftige Kinder aus der Provinz züchten zu Hause Schmetterlinge und bringen sie ins Restaurant, wo ebenfalls der Entwicklungsprozess von der Raupe über den Kokon bis zum vollendeten Schmetterling beobachtet werden kann. Die Kinder bekommen dafür ausreichend Geld, um in die Schule gehen zu können. Ruhiges, abseits des Massentourismus gelegenes Restaurant mit origineller Idee. Western- und Khmer-Speisen. Geöffnet 8.00–22.00 Uhr. Samstags Aufführung traditioneller Tänze. Liegt auf der Ostseite des Flusses, Street 25.

• **La Noria.** Stilvolles, französisches Restaurant mit bezahlbaren Preisen abseits des Pub Street Trubels. Das Essen wird auf einer offenen Terrasse unter einem traditionellen Fachwerkziegeldach im 1. Stock serviert. Neben französischer und Khmer-Küche gibt es Pasta, Fisch und Steaks. Große Auswahl auch an offenen Weinen. Jeden Mittwoch und Sonntag Apsara-Tanz und Schattentheater (s. Kulturvorführungen). Frühstück ab 6 Uhr. *Visa/MasterCard.* Liegt im gleichnamigen Hotel auf der Ostseite des Flusses gegenüber dem *Raffles Grand Hotel.*

• **Bopha Leak Kluon.** Ein Tipp für Liebhaber origineller Khmer-Küche und für experimentierfreudige Reisende, die auch vor ungewöhnlichen kulinarischen Genüssen nicht zurückschrecken. Neben Fisch, Aal und Frosch ist eine besondere Spezialität *Sako Ang Prohok,* gegrilltes Fleisch mit Prohok (vergorene Fischsauce), serviert mit Ameiseneiern und Zitronengras. Ab 17.00 Uhr geöffnet. In einer Seitengasse der Sivoutha Street, nahe *Naga G.H.*

• **Blue Pumpkin.** Mischung aus Café, Bistro und Bäckerei. Gutes Frühstück mit frischem Brot und Croissant aus der eigenen Bäckerei. Leckeres Eis, diverse Kaffees, Milkshakes und große Auswahl an Snacks. Alles wird sehr stilvoll und auf hübschem Geschirr serviert. Mittags und abends werden Sandwiches, Pasta und frischer Salat angeboten. Kurios ist die Atmosphäre in der **„cool lounge"** im 1. Stock (AC). Auf der einen Seite des Raumes steht eine riesige weiße Couch, auf der die Gäste im Liegen essen, chillen und mit dem Netbook surfen. Liegt am Psah Cha und hat mehrere kleine Niederlassungen in der Stadt.

• **Home Cocktail.** Gutes und preiswertes Restaurant im Traveller Viertel der Wat Bo Street. Khmer- und europäische Küche. Empfehlenswert sind u.a. das Frühstück und die Menüs (Wat Bo Street).

• **Le Grand Café.** Großes, gehobeneres Restaurant in offenem Kolonialbau, der früher einmal als Lagerhalle genutzt wurde. Die überwiegend asiatischen und französischen Gerichte werden nach dem Motto „das Auge isst mit" serviert. Große Auswahl an Eissorten. Liegt im Zentrum am Psah Cha.

• **Little India.** Freundliches Pärchen aus Sri Lanka tischt in einem kleinen Restaurant 20 Meter nordwestlich vom Psah Chah gute indische Küche (auch vegetarisch) auf. Geöffnet 10–22 Uhr.

• **Am Psah Chah** (Alter Markt), auf der **Sivoutha Street** und in den angrenzenden Gassen lassen sich spannende kulinarische Exkursionen unternehmen. Zahllose Restaurants und Garküchen öffnen hier genauso schnell, wie sie wieder von der Bildfläche verschwinden.

Nachtleben

Bars

Zentrum des westlich orientierten Nachtlebens ist unangefochten die **Pub Street/ Bar Street.** Nach Einbruch der Dunkelheit ziehen die vielen Restaurants und Kneipen mit Happy-Hour-Preisen Touristen an wie das Neonlicht Insekten (kleines Bier vom Fass 0,50 $). Um die Ausländer vor jeglicher Art aufdringlichen Geschäftsgebarens zu schützen, dürfen Motodup- und Tuk-Tuk-Fahrer, Bettler und Straßenverkäufer diese „heilige" touristische Hochburg nicht betreten.

• **The Angkor What?** war die erste Bar, die in der Pub Street eröffnete und den Hype ausgelöst hat. Am späten Abend ist hier kaum mehr ein Platz zu bekommen. Guter Sound, freundliche Staffs und eigenwilliges Design. Geöffnet bis frühmorgens um 4.00 Uhr.

• **Le Tigre de Papier.** Auch eine der ersten Restaurants und Bars, die zu den Mitbegründern der Pub Street zählen. Auch Angebot von Kursen in der Khmer Kochkunst.

• **Tempel Club.** Berauschender Platz im Zentrum der Pub Street. Gehört ebenfalls zu den angesagtesten Hangouts mit günstigem Essen, billigem Bier und kostenlosen Apsara-Tanzaufführungen im 1. Stock.

• **Zansy Bar.** Hangout für einsame Nachtschwärmer. Jede Menge kontaktfreudiger Taxigirls, die den Gästen liebevoll den Rücken kraulen. Coole Bar für einen kleinen Drink zwischendurch. Billard. Sivoutha Str., Nr. 3.

• **In Touch.** Bar und Restaurant im Thai-Stil. Ab 21 Uhr treten hier jeden Abend Live-Bands auf. Liegt in der Pub Street im 1. Stock gegenüber *Red Piano.*

• **Banana Leaf.** Längste Bar in der Bar (Pub) Street mit Tischen direkt im turbulenten Treiben. Snacks, Tapas und große Leinwand, auf der auch der zum Teil in Angkor gedrehte Action Streifen *Tomb Rider* hin und wieder gezeigt wird.

• **Linga Bar.** Gay Bar mit stilvoller, moderner Innenarchitektur. In der „Amok Street".

Discos

• **Zone One.** In dieser modernen und größten Disco von Siem Reap tobt das Khmer Night-Life; doch auch Ausländer sind hier regelmäßige Gäste. Hat alles, was das Männerherz höher schlagen lässt: Musik, Massage und Mädchen. Biergarten im Freien. Zwei Seitenstraßen westlich der Sivoutha Street.

• **Sok San.** Typisches Khmer Entertainment Center mit Tendenz zum horizontalem Gewerbe. Der große Gebäudekomplex ist in ein Restaurant (Khmer/Western Food), eine Disco mit Karaoke und ein Hotel mit Zimmern für div. Massagen unterteilt. Asiatische Touristen werden hier in Busladungen angekarrt und nach 2 Stunden wieder eingesammelt. Zweifellos ein unterhaltsamer Platz, um bei einem Bier das bunte Treiben zu beobachten. Sivoutha Street.

• **Martini.** Nur der Name ist identisch mit der berühmten Disco in Phnom Penh. Für Khmer-Verhältnisse kleine Disco, in der überwiegend Techno und Hip Hop aufgelegt wird. Wie überall in Asien fehlt es auch hier nicht an alleinstehenden Frauen. Bis in den frühen Morgen geöffnet. Liegt in der Achasva Str. bei der Brücke zum Psah Chah.

Kulturvorführungen

Apsara-Tanz und **Schattentheater** *(Sbek Touch)* gehören zum Kulturgut der Khmer. Die Ausbildung der Tänzerinnen dauert Jahre und jede Bewegung hat eine tiefe symbolische Bedeutung. Auch die Geschichten des klassischen Schattentheaters haben ihre Wurzeln in der Religion und den Traditionen dieses Volkes.

Mittlerweile ist dieses Kulturgut zum Verkaufsschlager von Siem Reap geworden. Hotels, Restaurants und soziale Einrichtungen haben es aus Geschäftsinteresse zur Massenfolklore stilisiert. Auf der einen Seite erscheint es schön, die Touristen haben einen unterhaltsamen Abend und die Khmer verdienen ihr Geld. Doch für jemanden, der sich eingehender mit Kambodscha beschäftigt hat, ist es schmerzlich mit anzusehen, wie diese Kultur in billigen Folkloreaufführungen verramscht wird. Manche Aufführungen haben bereits ein so katastrophales Niveau erreicht, dass das Ministerium für Kultur und Religion in Erwägung zieht, sie zu stoppen. (siehe Kapitel Tanz, Theater und Musik).

Im Folgenden werden nur diejenigen Veranstaltungen erwähnt, die einem gewissen Anspruch genügen. Zur Unterhaltung beim Abendessen sind natürlich auch die zahlreichen anderen Vorführungen geeignet.

- **Apsara Theatre.** Mit viel Liebe zum traditionellen Detail hat der französische Architekt *Olivier Piot* sein Theater im Stil einer Pagode gebaut. Eine junge Truppe von Tänzerinnen und Tänzern, die mit viel Engagement und Spaß bei der Sache ist, führt dort den Apsara- und Kokosnusstanz sowie Einlagen aus dem hinduistischen Ramayana Epos auf. Das äußerst stilvolle Ambiente, das gepflegte Khmer-Dinner und die traditionellen Tänze rechtfertigen die 22 $ Eintritt. In der Hauptsaison zwei Aufführungen pro Abend. Die erste beginnt um 18 Uhr, die zweite um 20 Uhr. Die erste halbe Stunde wird das Essen serviert, dann folgt die ca. 1-stündige Vorführung. In der Zwischensaison finden Aufführungen nur 3-mal pro Woche statt. Das Theater liegt gegenüber dem *Angkor Village Hotel*. Platzreservierungen über ein Reisebüro, vor Ort oder unter Tel. 063/963361.
- **Raffels Grand Hotel d'Angkor.** Veranstaltet Mo, Mi und Fr ein ähnliches Programm in einem extra dafür gebauten Pavillion. Einschließlich des Dinner Buffets kostet der Besuch ca. 28 $, Beginn um 19.00 Uhr (Adresse siehe „Luxus-Hotels").
- **La Noria.** Mittwochs und sonntags um 7.30 Uhr führen die Kinder vom Krousar Thmey Waisenhaus Apsara-Tanz und Schattentheater auf. Die 6 $ Eintritt kommen dieser sozialen Einrichtung zu Gute (Adresse La Noria siehe unter „Hotels").
- **Weitere Aufführungen** gibt es im *Butterfly Garden, Meridien Hotel,* und im *La Residence d'Angkor* (s. „Hotels"). Apsara-Tanz ohne großen Anspruch gibt es jeden Abend kostenlos im *Temple Balcony* (Pub Street) und *Dead Fish Tower* (s. „Restaurants").

Wünsche für ein Leben nach dem Tod – Grabfiguren der Ureinwohner

Informationen über Siem Reap und die Tempel

- **Tourist Office.** Nur unregelmäßig geöffnet. Das liegt weniger an der Arbeitsmoral der Angestellten, sondern vielmehr an deren Bezahlung. Die Mitarbeiter sind gezwungen, anderen lukrativeren Arbeiten nachzugehen, um ihre Familie zu ernähren.
- **Khmer Angkor Tour Guide Association.** Zusammenschluss der Tour Guides, die eine anerkannte Ausbildung und Prüfung abgelegt haben. Trotzdem sind die Unterschiede in Bezug auf Wissen (vor allem über auswendig gelernte Prüfungsinhalte hinaus), Sprache und Engagement erheblich. Leider ist es nicht möglich, die Führer vorher zu testen. Es lohnt sich aber, die Tempel mit einem Guide zu besuchen, da sonst viele Fragen ungeklärt bleiben, und man viele Highlights gar nicht zu Gesicht bekommt. (Tuk-Tuk-Fahrer dürfen sich nicht als Guide betätigen.) Die meisten haben eine fundierte Ausbildung und können zusätzliche Hintergrundinformationen geben. Englisch und französisch sprechende Guides kosten 25 $ pro Tag, deutschsprachige 40 $. Üblich ist es, sich über die Rezeption seiner Unterkunft den Guide zu organisieren.
- **Hotels und G.Hs.** In jeder Unterkunft kann man Informationen zum Besuch der Tempel erwarten, die sich jedoch meistens am Standard-Massentourismus-Programm orientieren. Jede Rezeption kann in kürzester Zeit ein Fahrzeug und Führer organisieren. Viele Unterkünfte haben einen festen Stamm von Tuk-Tuk- oder Motodup-Taxifahrern mit denen sie über Jahre zusammenarbeiten.

713ka Foto: an

● **Reinhart Zieger.** Autor des ersten Angkor-Führers in deutscher Sprache, der leider nicht im deutschen Buchhandel verkauft wird, sondern nur direkt über ihn bezogen werden kann. Der pensionierte Deutschlehrer lebt seit zehn Jahren in Siem Reap und erforscht pedantisch jedes Bauwerk der alten Khmer. Kaum jemand verfügt über so viel Fachwissen, schon gar nicht auf Deutsch (siehe auch „Besuch der Tempel/Literatur"). Gegen Honorar (600 $ für 3 Tage) steht er wissensdurstigen Reisenden, die tiefer in die Zusammenhänge von Angkor eintauchen möchten, zur Verfügung: www.angkorguide.de, Mobil-Tel. (855) 012 637422.

● **German Apsara Conservation Projekt.** Durchgeführt von der Fachhochschule Köln, Fachbereich Restaurierung und Konservierung und finanziell unterstützt vom Auswärtigen Amt, kümmern sich unter der Leitung von *Prof. Hans Leisen* einige Praktikanten um die Konservierung der ornamentierten Flächen (speziell der berühmten 1870 Apsaras) in Angkor Wat. Sie leisten zusammen mit einigen Kambodschanern hervorragende Arbeit und haben großes Fachwissen. Das **Info Center** steht bei Angkor Wat neben der Pagode; nach vorheriger Absprache lassen sich auch kleine Führungen organisieren. Tel. 063/963697, gacp@camintel.com.

● **The Siem Reap Visitor Guide** und **Siem Reap Pocket Guide** („Drinking/Dining") sind kostenlose Hefte, die in den Hotels und G.H.s ausliegen und sich über Werbung finanzieren. Sie werden alle drei Monate überarbeitet und beinhalten Infos zu Tempeln, Restaurants, Unterkünften und Sonstigem in Siem Reap. Sehr nützlich, weil immer aktuell. Doch nur wer zahlt wird erwähnt.

● Auf der Website des www.angkorvillage.com kann bei der Info über die Tempel eine **virtuelle 3D Tour** durch die Bauwerke unternommen werden.

Geld

Das Netz der Geldautomaten wird immer dichter. Besonders im Zentrum von Siem Reap sind sie an allen Ecken zu finden.

● **Banken:**

Kernöffnungszeiten: Mo–Fr 8–15 Uhr; Sa 8–11.30 Uhr.

ANZ Royal Bank. Hauptgebäude in der Samdech Tep Vong Street zwischen Hotel de la Paix und dem Siem Reap Fluss; mehrere Filialen und Geldautomaten *(blue spot)* in der ganzen Stadt. Die Filiale am Psah Chah hat von 13 bis 21 Uhr geöffnet.

Union Commercial Bank (UCB). Nähe Alter Markt (Psah Chah).

Cambodia Commercial Bank (CCB). Sivoutha Str., Nr. 130.

Mekong Bank. Sivoutha Str., Nr. 43.

Canadia Bank. An der Nordseite des Psah Chah. Internationaler Geldtransfer mit *Money Gram.*

Reisebüros

Zuverlässige und engagierte Reisebüros, in denen vor allem internationale Flüge, aber auch alle nur erdenklichen Touren und Transporte in und um Kambodscha gebucht werden können, sind:

- **PTM Tour & Travel** in der Pub Street (Tel. 063/964388),
- **Tourex Asia** in der Pub Street neben dem *Banana Leaf* (Tel. 063/964277).

Gesundheit

Am besten sind die **Kinder** von Siem Reap und Umgebung versorgt. Im berühmten Krankenhaus **Jayavarman VII.,** von dem Schweizer *Dr. Beat Richner* gegründet, werden Kinder bis 16 Jahre kostenlos behandelt. Ein Segen für die kleinen Khmer, die von ihren mittellosen Eltern oft über weite Strecken hierhergebracht werden.

Erwachsene werden nicht aufgenommen. Sie wenden sich am besten an die **Naga International Clinic** (Tel. 012/767505 oder 063/964500) an der RN 6 Richtung Flughafen, Nr. 593 oder an das **Royal Angkor International Hospital** (ebenfalls Nationalstraße 6, Richtung Flughafen, Tel. 063/761888, 012/235888; www.royalangkorhospital.com).

Das **Provinz-Krankenhaus** von Siem Reap (zwischen Psah Chah und Sivoutha Str.) ist höchstens bei kleineren Verletzungen zu empfehlen.

Ein zuverlässiger Khmer **Arzt** ist *Dr. Bun Ranie* (Tel. 012/880753). Seine Klinik Sokapheap liegt an der RN 6 in der Nähe des Psah Loe.

Bei **schwereren Erkrankungen** und Unfällen unbedingt nach Bangkok ausfliegen lassen (s. Kapitel „Praktische Reisetipps A–Z, Gesundheit").

Apotheken

Vor dem Eingang zum Provinz-Krankenhaus reiht sich etwa ein Dutzend einfacher Apotheken aneinander. Auch wenn sie nicht unserem Standard entsprechen, ist die Auswahl recht groß, und alles ist ohne Rezept zu günstigen Preisen erhältlich. **U Care Pharmacy** am Alten Markt ist eine Apotheken- und Drogeriekette, die europäischen Standards recht nahe kommt. Sie hat überdies Filialen im Shoppingcenter *Lucky Mall* (Sivoutha Str.) und am Flughafen.

Massage

Traditionelle Khmer-, Thai-, Reflexzonen- und Fußmassage erleben im Moment einen unglaublichen Boom in Siem Reap. Es ist eine gute Möglichkeit, nach den Tempelbesuchen richtig zu entspannen. Viele Hotels und G.Hs. bieten eine Massage schon ab 4 $ als Service an. Vorsicht: nicht in jedem Etablissement werden nur die Muskeln massiert!

Um den *Psah Cha* wimmelt es nur so von Massage-Anbietern. Die meisten sind recht billig, und die Frauen haben keine fundierte Ausbildung. Trotzdem kann auch dort eine Fußmassage für 5 $ den nächsten Tag Tempelsightseeing erträglicher machen.

Die besten Massagen von gut ausgebildeten Masseurinnen in einem edlen Wellness-Ambiente gibt es z.B. bei:

- **Frangipani** (Tel. 012/982062). Eine vorzügliche Wellness-Oase. Schon in der Lobby, wo jeder Kunde ein Fußbad in einer Kupferschale bekommt, sind die vielen Stufen der Tempel vergessen. Es kann zwischen mehreren Massagen, wie der entspannenden Aroma- oder der belebenden Sports-Massage gewählt werden. Die aufwendigste, aber auch teuerste, ist zweifellos die „Four Hands"-Massage. Jeder Kunde wird in einem stilvollen Zimmer mit Dusche behandelt. Pro Stunde liegen die Preise bei 22 bis 40 $. Geöffnet von 12 bis 22 Uhr. Liegt am Central Market in der Hup Guan Street 615.
- **Body Tune** (Tel. 063/764141). Hier erhält der Kunde eine professionelle Thai-Massage ebenfalls in einem edlen Setting. Die Preise beginnen bei 12 $ für 1 Std. Handmassage und enden bei 20 $ für eine Ganzkörpermassage mit Aromaöl. Liegt in der Pokambor Ave., Nr. 293.
- Sehr gut und günstig (ca. 5 $ die Std.) ist **Krousar Thmey Massage** (Tel. 063/380402), die von Blinden durchgeführt wird (7 $). Nähere Info im *Hotel La Noria*.

Kommunikation

Post/Telefon

Das **Hauptpostamt** liegt am Fluss in der Po Kambor Str. Täglich 7.00–17.30 Uhr geöffnet.

Die leicht gelangweilten Damen verkaufen Postkarten mit Briefmarken sowie Briefmarken zum Sammeln. Hier kann für 2 $/Min. im Festnetz nach Europa telefoniert werden.

Hotspot/WiFi

Drahtloser Zugang zum Internet ist im Gegensatz zu Phnom Penh an den meisten WiFi Spots in Siem Reap kostenlos. In allen besseren Hotels und bereits in vielen G.Hs. haben Gäste mit dem eigenen PC oder Notebook Internetzugang – oft sogar auf den Zimmern. Je teurer das Hotel, desto eher wird eine Gebühr für WiFi verlangt.

- Sehr beliebt ist das Surfen auf dem Monstersofa in der **„cool lounge"** bei einem Eisbecher im 1. Stock des **Blue Pumpkin** am Psah Chah oder im **Singing Tree.** Anspruchsvolle User surfen bei einem *Lavazza Café* im **Café de la Paix** oder im **FCC.**

Internetcafés

Internetcafés sind überall im Zentrum zu finden. Die meisten Hotels und Guest Houses haben PCs mit Internetzugang für die Gäste – manche, wie das **Garden Village G.H.,** sogar kostenlos. Die Verbindung ist meist gut und schnell. Eine Stunde online kostet etwa 1 $. Eines der größten ist das **Wow Net** in der Sivoutha Street. 24 Std. geöffnet und AC. Auch das Internetcafé im **Popular G.H.** bietet entspanntes Surfen auf großen Bildschirmen und bei AC. Die meisten Internetcafés haben *Skype*. Siehe auch Kapitel „Reisetipps A–Z, Telefon und Internet".

Einkaufen

Souvenirs

Siem Reap und die Tempel sind ein unerschöpfliches Shopping Revier für Souvenir-Jäger. Die lokalen Produkte der hier lebenden Khmer sind Holzschnitzereien, Steinmetzarbeiten, Seidenprodukte, Korbflechtereien und diverse Handarbeiten. Originell sind die hölzernen **Kuhglocken** und die **Bambusmaultrommeln;** edel machen sich die **Reispapier-Drucke** mit Apsara- und Tempelmotiven, wenn sie zu Hause schön eingerahmt werden. Weitere beliebte Mitbringsel sind traditionelle Musikinstrumente, Edelsteine und Schmuck, *Kramas* (ein karierter Schal, den die Khmer gegen Sonne und Staub um den Kopf wickeln), Silberschachteln zum Aufbewahren von Betelnüssen und aus Leder geschnitzte Figuren des Schattentheaters.

Achtung: Auf den Erwerb von **Originalen** aus den Tempeln stehen zu Recht hohe Strafen! Außerdem eröffnen immer mehr riesige Souvenir-Supermärkte, in die ganze Busladungen von Touristen geschaufelt werden. Vorsicht ist bei Silberwaren, Schmuck und Edelsteinen geboten, immer wieder kommen Fälle von Betrug ans Tageslicht.

- **Siem Reap Nightmarket.** Großer Beliebtheit unter Souvenirjägern und Shoppern erfreut sich der Nachtmarkt, der von 16 bis 23 Uhr geöffnet hat und nahe des Psah Cha und der Pub Street liegt. Dutzende kleiner Shops bieten auf zwei überdachten Stellflächen eine beeindruckende Auswahl an allen möglichen Mitbringseln an, von denen Kenner behaupten, dass hier die besten Schnäppchen zu machen sind. Wem die Begeisterung zum Shoppen und Feilschen fehlt, kann trotzdem getrost seine bessere Hälfte begleiten, denn es gibt mehrere nette Bars und die *Movie Hall*, in der stündlich historische Filme über Kambodscha laufen (3 $), als Fluchtmöglichkeiten.

Das **Highlight** des Marktes ist *Dr. Fish. Footmassage*. In zwei Aquarien, in denen die blanken Füße baumeln, nagen kleine Fische der Gattung *Garra Rufa* die Schuppenflechten von der Haut. Eine kitzlige und originelle Fußreinigung mit großem Entertainmentfaktor (20 Minuten für 3 $).

- Ebenfalls eine sehr große Auswahl an Souvenirs gibt es an den Ständen am **Psah Chah,** dem „Alten Mark" im Zentrum der Stadt.
- **Les Artisans d'Angkor.** Ursprünglich ein Projekt der EU, das sich der Förderung des traditionellen Kunsthandwerks, wie Schnitzerei, Malerei und Steinmetzarbeiten widmet. Insbesondere junge Handwerker aus den ländlichen Regionen werden in Siem Reap mit dem Ziel ausgebildet, zurück in ihre Dörfer zu gehen, um dort Souvenirs für die Tourismus-Industrie herzustellen. Das Projekt be-

deutet eine sinnvolle Entwicklungshilfe, da es neben der Verbreitung des alten überlieferten Handwerks auch der Landflucht durch die Verlagerung der Produktionsstätten in die Dörfer entgegenwirkt. Das Projekt wird von den Khmer weitergeführt und finanziert sich über den Verkauf der Produkte. Der Besucher hat die Möglichkeit, den Schülern bei der Arbeit in den verschiedenen Werkstätten zuzuschauen.

Dieses große Gelände liegt versteckt, ca. 200 m von der Sivoutha Str. entfernt, in einer Seitenstraße. Jeder Taxi- und Motodup-Fahrer kennt es. Täglich geöffnet 7.30–18.30 Uhr.

- **Institut for Khmer Traditional Textiles** (IKTT). Traditionelle Seidenprodukte, die mit natürlichen Farben u.a. aus Bougainvillea-, Bananen- und Mandelblättern gefärbt werden (s. „Sehenswertes in Siem Reap").
- **Senteurs d'Angkor.** Neben den klassischen Verkaufsschlagern von Angkor wie Statuen und Seide werden vor allem qualitätsmäßig hochwertige einheimische Produkte in stilvoller Verpackung angeboten. Kaffee und Tee, Reisschnaps, Tigerbalsam, Seife mit verschiedenen Beimischungen und Gewürze. Gegenüber dem Psah Cha.
- **Paris-Sète.** Kramladen für Souvenirjäger. Hier werden alle möglichen nützlichen und sinnlosen Mitbringsel angeboten. Liegt zentral in der „Amok Street".
- **Happy Cambodian Gallery.** Bilder mit lustigen Motiven aus dem kambodschanischen Alltag. Nachdrucke 25–55 $, Originale 150–400 $. Teuer, aber originell. Nahe *Khmer Kitchen Restaurant.*

Tourist Police

- Die **Telefonummer der Touristenpolizei** ist 012/402424.

Einkaufszentren und Supermärkte

Scheint ein lukratives Geschäftskonzept in Siem Reap zu sein, denn die Zahl nimmt ständig zu. Das Sortiment ist eine bunte Mischung aus westlichen und asiatischen Lebensmitteln und Haushaltswaren. Die meisten befinden sich in der Sivoutha Street. So auch das Flaggschiff, die **Lucky Mall.** In diesem mehrstöckigen Einkaufzentrum befindet sich die einzige Rolltreppe in Siem Reap, die für die Khmer die wohl größte Attraktion und für die ältere Generation eine echte Mutprobe darstellt. Neben diversen Shops gibt es hier den bestsortiertesten Supermarkt, ein Fast Food Restaurant, ein Eiscafé, zahlreiche Geldautomaten und eine Apotheke. Bis 22 Uhr geöffnet. In der Sivoutha Street nahe Kreuzung RN 6.

24 Stunden hat dagegen der **Huy Meng Supermarkt** geöffnet, vor dem abends auch Vietnamesisches verkauft wird. Ebenfalls Sivoutha Street auf Höhe der Pub Street.

Zeitungen & Bücher

Einheimische Presse wie die *Phnom Penh Post, Cambodia Daily* sowie die *Bangkok Post* findet man an einer Straßenkreuzung auf der Sivoutha Str. nahe dem *Hotel de la Paix.* Gute Bücher und Bildbände über Angkor werden bei **Monument Books** am Psah Chah, **am Flughafen** und im **FCC** verkauft. **D's Bookshop** (Pub Street) verkauft neben Büchern über Angkor, Kambodscha und Asien auch gebrauchte Romane in englischer Sprache, doch auch deutsche Literatur ist vorhanden. Viele große Hotels haben auch einen Shop, allerdings mit begrenztem Sortiment. Billige, fotokopierte Angkor Guidebooks in englischer Sprache verkaufen **Kinder** vor den Tempeln und die Shops am Psah Chah an der Flussseite. Das **Siem Reap Bookcenter** (gegenüber Restaurant *Soup Dragon)* versteht sich als Schreibwarenladen mit Büchern, Magazinen und DVDs.

Stadtverkehr

Motodups (Moped Taxis) und Tuk Tuks sind auch in Siem Reap überall zu finden. Tuk Tuks kosten etwa das Doppelte wie ein Motodup, dafür passen mehr Personen hinein, und die Gäste sind vor Sonne und Regen geschützt. Für Fahrten in der Stadt veranschlagen sie ca. 2000 bzw. 4000 Riel, in der Nacht manchmal das Doppelte. Jeder von ihnen bietet auch Fahrten zu den Tempeln an. Die Tagesmiete für Tempeltouren beträgt bei einem Motodup 8 $, bei einem Tuk Tuk 12 $. Offizielle Taxis gibt es nur wenige (z.B. *Allo Taxi,* Tel. 092/529 001, 24 Std. Service) doch kann jedes Hotel oder G.H. ein Privatauto organisieren. S. a. „Ankunft und Besuch der Tempel".

Mopedverleih

In Siem Reap dürfen keine Motorräder und Mopeds an Touristen verliehen werden. Lediglich Ausländer, die nachweisen können, dass sie dort arbeiten, dürfen selbst Motorrad fahren. Während diese Vorschrift in der Stadt relativ locker gehandhabt wird (vorausgesetzt der Fahrer verstößt nicht gegen eine Verkehrsregel), wird peinlich genau darauf geachtet, dass keine Touristen selbstständig zu den Tempeln fahren. Wer erwischt wird, dessen fahrbarer Untersatz wird konfisziert, und Fahrer sowie Besitzer müssen eine deftige **Strafe** zahlen. Es wird vermutet, dass dahinter die vielen Motodup- und Tuk-Tuk-Fahrer stecken, die, wenn die Touristen selber mit dem Moped herumcruisen dürften, zum größten Teil arbeitslos würden.

Fahrräder

Dadurch hat natürlich der Fahrradverleih einen gewaltigen Aufschwung genommen. Da die Straßen flach und gut ausgebaut sind und die meisten Tempel nicht zu weit auseinander liegen, so dass auch der Grand Circuit an einem Tag machbar ist, erkunden immer mehr Ausländer die Tempel auf die sportliche Weise. Das Erlebnis auf dem Bike ist viel intensiver als auf einem knatternden Moped. Früh am Morgen und kurz vor Sonnenuntergang begegnet man unzähligen Kambodschanern, die mit ihren Fahrrädern auf den Straßen um Siem Reap und zwischen den Tempeln unterwegs sind.

Leider werden keine guten Mountainbikes (eine echte Marktlücke) vermietet. Von vielen G.Hs. werden abenteuerliche Modelle der Marke „chinesisches Damenfahrrad" für ca. 1–2 $ pro Tag angeboten. Eine Ausnahme ist **Biking Cambodia,** die ihre guten Mountainbikes allerdings nur im Rahmen ihrer organisierten Touren mit Guide verleihen. Tel. 012/843401, www.bikingcambodia.net.

Electric Bikes

Diese von einem Akku betriebenen Fahrräder aus China waren bei der Einführung 2006 der große Renner und wurden in vielen G.H.s und Hotels vermietet. Da sie jedoch weder gepflegt noch repariert wurden, gab es viel Ärger mit Touristen, die ihr Rad zurückschieben mussten. Inzwischen verrotten die Electric Bikes in Hinterhöfen, China liefert jetzt Elektro-Autos.

Angkor Halbmarathon

Ein großartiges Ereignis für alle Sportler. Findet jedes Jahr im Dezember statt. Start und Ziel sind vor den Toren von Angkor Wat. Den Termin am besten über Internet (www.angkormarathon.org) oder bei den Reisebüros oder G.Hs. erfragen. **Tipp:** Für alle, die ein bisschen sportlich motiviert sind, ist es ein großartiges Erlebnis, auf den Alleen zwischen den Tempeln zu joggen. Beste Zeit ist frühmorgens oder am späten Nachmittag. Die Reaktionen der Khmer schwanken zwischen bewundernder Verständnislosigkeit und höchstem Respekt.

Helikopter

Ein unvergessliches Erlebnis ist es, sich die Tempel von Angkor aus der Vogelperspektive anzusehen. Kurze Flüge über Angkor Wat bieten zwei Fluggesellschaften zwischen 90 und 400 $ pro Person an. Die unterschiedlich großen Hubschrauber bieten Platz für 4–5 Personen. Ab 2–3 Kunden wird geflogen. Doch bei beiden Gesellschaften ist es möglich, den Helikopter auch für Flüge in ganz Kambodscha oder für Tempelhopping nach Preah Vihear, Koh Ker, Preah Kahn und Banteay Chhmar zu chartern.

- **Helicopter Cambodia** (Tel. 063/963316, www.helicopterscambodia.com). Neuseeländische Piloten, die schon seit vielen Jahren in Kambodscha fliegen. Der Heli für eine Tempelhopping Tour wie oben beschrieben kostet ca. 4700 $. Das Büro liegt in der Hup Quan Street 658, hinter dem Central Market.
- **Sokha Helicopter** (Tel. 063/966072, www.sokhahelicopters.com). *Sokha* ist die Konkurrenz aus Australien, die hier neu im Geschäft

Angkor

ist. Der große Helikopter mit AC für 5 Personen kostet 1600 $ die Stunde für Charterflüge. Der Name wird sich voraussichtlich in *Heli Star* ändern. Büro in der Sivoutha Street 24, gegenüber *Hotel de la Paix*.

Eine Alternative ist die Fahrt mit dem **Heliumballon,** siehe „Umgebung von Siam Reap ohne Tempel".

Ankunft

Ankunft am Hafen

Die Tickets für die Fahrt auf dem Tonle Sap zwischen Phnom Penh und Siem Reap sind am einfachsten und günstigsten in den G.Hs. zu bekommen. Da die meisten Traveller-Unterkünfte in beiden Städten zusammenarbeiten, um ihre Gäste untereinander zu verschachern, wird man bei Ankunft im Hafen seinen Namen auf irgendeinem Schild, das in der turbulenten Menschenmenge, die am Ufer oder in kleinen Booten auf die Neuankömmlinge warten, wiederfinden. Um Stress zu vermeiden, ist es sinnvoll, sich diesen Leuten vorerst anzuvertrauen, da sie einen erstmal aus dem Chaos befreien und eine kostenlose Fahrt zu ihrem G.H. in Siem Reap (12–15 km entfernt) organisieren. Dort kann man sich dann immer noch in Ruhe entscheiden, ob man bleibt, oder sich eine andere Unterkunft sucht.

Bei hohem Wasserstand legen die Boote direkt am Phnom Krom, am Festland an. Ansonsten muss erst in dem schwimmenden Dorf Chong Kneas auf kleinere Boote umgestiegen werden (1 $). Vorsicht, in dem wilden Durcheinander bei der Ankunft tummeln sich auch Taschendiebe!

Ankunft am Flughafen

Liegt 7 km von Siem Reap entfernt. Pauschaltouristen werden von Taxis oder Kleinbussen ihrer jeweiligen Reiseagentur abgeholt. Wer von einem G.H. aus Phnom Penh gebucht hat, wird normalerweise mit Namensschild am Flughafen empfangen und kostenlos in ein G.H. gebracht. Wer ganz individuell anreist, hat eine große Auswahl an Taxis (bzw. Tuk Tuks und Mopeds), die natürlich ihre Unterkünfte haben, mit denen sie zusammenarbeiten und wo sie für jeden Gast Provision bekommen. Deswegen ist die Fahrt, wenn man sich auf das G.H. ihrer Wahl einlässt, meistens frei. Ansonsten kostet ein Moped 2 $, Tuk Tuk 3–5 $ und ein Taxi 5–7 $.

Ankunft mit dem Bus

Wegen der günstigen Preise reisen mittlerweile die meisten Traveller mit einer der zahlreichen Busgesellschaften von Phnom Penh aus an. Jede Gesellschaft hat ihren eigenen Busterminal etwa 3–4 km außerhalb des Zentrums. Beim Verlassen des Busses beginnt ein Spießrutenlauf. Eine Traube von Motodup- und Tuk-Tuk-Fahrern schreit in wildem Durcheinander auf die Neuankömmlinge ein. Wichtig ist, sich vor dem Aussteigen zu entscheiden, in welche Unterkunft man möchte, dann sollte man sich einen Taxifahrer aussuchen, der sich freundlich zurückhält und dann so schnell wie möglich das Schlachtfeld verlassen. Wer sich erst in diesem Trubel für ein G.H. entscheidet, hat verloren (bzgl. Ankunft aus Bangkok/Poipet siehe Exkurs „Auswüchse des Tourismus").

Anreise und Weiterreise

- **Entfernungen** in Straßenkilometern:

Bangkok	418
Sisophon	103
Battambang	176
Poipet	152
Kompong Thom	249
Phnom Penh über Kompong Thom	311
Phnom Penh über Battambang	468

- Am einfachsten ist es, die **Tickets** für Bus und Boote in den Hotels oder G.Hs. zu kaufen. Sie organisieren auch die Zubringerdienste. **Visa** für Laos und Vietnam können in Siem Reap organisiert werden.

Flüge

Die touristische Bedeutung von Siem Reap nimmt besonders in Asien stetig zu. Daher steigt auch die Anzahl der Airlines, welche die Stadt direkt anfliegen. **Aktuelle Flugpläne** unter: www.canbypublications.com.

Airport Tax: Inlandsflüge 6 $, internationale Flüge 25 $.

Es gibt folgende internationale Fluggesellschaften, die Siem Reap anfliegen: Bangkok Airways, Siem Reap Airways, Silk Air, Vietnam Airlines, Lao Aviation und Malaysia Airlines. Jetstar (Singapur) und Air Asia (Kuala Lumpur) sind Billigfluggesellschaften. Preise one way:

- **Phnom Penh** (nur *Bangkok Airways*): täglich mehrere Flüge (ca. 80 $).
- **Bangkok** *(Bangkok Airways):* 4–5x täglich (ca. 140 $).
- **Saigon** *(Vietnam Airlines):* 4x täglich (ca. 130 $).
- **Hanoi** *(Vietnam Airlines):* 2–3x täglich (ca. 180 $).
- **Vientiane** (über Pakxe) *(Lao Aviation):* täglich (ca. 95 $).
- **Luang Prabang** *(Lao Aviation):* 5x wöchentlich (ca. 145 $).
- **Singapur** (*Singapur Airlines* und *Jetstar*): 4x wöchentlich (ca. ab 75 $).

Boot

Normalerweise verkehrt täglich ein **Speedboot** zwischen Siem Reap und der Hauptstadt. Bei hohem Wasserstand fahren große, sichere Boote, bei geringer Wassertiefe die kleinen. Diese werden oft überladen und entsprechen nicht westlichen Sicherheitsstandards. Bei zu geringem Wasserstand kann es in der Trockenzeit auch zur Unterbrechung der Verbindung kommen. Abfahrt ist um 7.00 Uhr im Hafen, der Transfer von Siem Reap zum Hafen beginnt um 6.00 Uhr. Das Ticket kostet 33 $, einschließlich Transport zum Hafen, die Fahrt dauert ca. 5 Std. Da seit Ausbau der Straße nach Phnom Penh immer mehr Leute mit dem Bus fahren, denn dieser ist deutlich billiger, ist die Zukunft der Bootsverbindung ungewiss.

Ebenfalls täglich um 7.00 Uhr fährt ein kleines Speedboot von und nach **Battambang** für 19 $; Fahrzeit ca. 3–5 Std. Landschaftlich sehr reizvoll.

Bus

- **Inlandbusse:** Von Siem Reap aus operieren fast ein Dutzend Busgesellschaften, die Verbindungen in ganz Kambodscha anbieten. Die Etabliertesten sind *Capitol, GST, Phnom Penh Sorya, Mekong Express* und *Paramount Angkor Express*. Jede hat ihr eigenes Terminal ein paar Kilometer außerhalb des Zentrums. Am stressfreiesten ist es, das Ticket in der Unterkunft zu buchen. Dies kostet ein paar Cent mehr als direkt bei der Busgesellschaft, aber dafür sorgt auch das G.H. für den Transport zum Terminal.

Mehrere Busgesellschaften verkehren täglich zwischen Siem Reap und **Phnom Penh** via Kompong Thom (ab 5 $). Abfahrten zwischen 7.00 und 12.00 Uhr; Fahrzeit einschl. Pausen 6 Std. Am bequemsten sind Busse der *Mekong Express*-Gesellschaft (10 $).

Nach **Battambang** 5 $.

Nach **Kompong Thom** und die **Tempel von Sambor Prey Kuk** 5 $. Alle Busse nach Phnom Penh halten dort.

Nach **Sihanouk Ville** gibt es einen Nachtbus der ohne Umsteigen durchfährt. Abfahrt um 20 Uhr, Ankunft 6.30 Uhr. *Virak Buntham Express,* ca. 18 $.

Nach **Anlong Veng** täglich eine Verbindung um 13.30 Uhr mit *GST* für 6 $. Rückfahrt Anlong Veng **nach Siem Reap** 7.30 Uhr.

Durchgehende Tickets, allerdings mit Umsteigen, gibt es auch von und nach **Stung Treng** an der laotischen Grenze, von wo aus es auch weiter über Banlung (Rattanakiri) nach **Vietnam** geht. Übernachtung in Kompong Cham einplanen.

- **Von Bangkok nach Siem Reap:** Tickets in den Reisebüros rund um die Khao San Road kosten zwischen 600 und 1000 Bath. Es ist nicht notwendig, das **Visum** für Kambodscha gleich mitzukaufen. Dieses kostet 20 $ und wird problemlos an der Grenze ausgestellt (Reisepass und Passbild bereithalten). Die Zöllner in Poipet runden großzügig auf 1000 Bath (ca. 30 $) auf. Wer keinen Stress haben will, sollte lieber ohne Widerspruch bezahlen. Ansonsten: 20-Dollar-Schein in den Pass einlegen und darauf bestehen, dass man keine Bath hat. Unter fadenscheinigen Argumenten bieten Leute in Poipet an, das Visum für 200 Bath Aufpreis zu organisieren. Ebenso unnötig wie die Gesundheitserklärungen, die man angeblich braucht.

Vom **Geldwechsel** an den Wechselständen (ausgenommen die offiziellen Banken) in Poipet wird dringend abgeraten, da hier das Geschäft mafiaähnlich betrieben wird, die Touristen werden professionell übers Ohr gehauen. Nicht nur, dass die Kurse unverschämt schlecht sind, darüber hinaus wird noch beim Wechselgeld betrogen. Auf der Strecke und in Siem Reap kann überall mit Bath und Dollar bezahlt werden.

Von Mitarbeitern des Bangkok-Busses wird man dann bis zu den kambodschanischen Bussen auf der anderen Seite begleitet. An der Grenze geht es ziemlich turbulent zu! **Fahrzeit** bis zur Grenze 4 Std., Grenzformalitäten 1–2 Std., Weiterfahrt nach Siem Reap 5–6 Std. Ankunft in Siem Reap 21.00–23.00 Uhr. Die Fahrt wird absichtlich in die Länge gezogen, damit die Reisenden entmutigt werden, selbständig ein G.H. zu suchen und stattdessen dort übernachten, wo sie abgesetzt werden (siehe Exkurs „Siem Reap und die Auswüchse des Tourismus").

Schneller, wenn auch teurer, ist es, sich in Poipet ein **Taxi** ab 35 $ nach Siem Reap zu nehmen. Ankunft ist gegen 16.00 Uhr.

- **Von Siem Reap nach Bangkok:** Tägliche Verbindungen für 9 $; buchbar in allen Guest Houses; Abfahrt in Siem Reap um 7.00 Uhr, Ankunft Bangkok gegen 18.00 Uhr.
- **Von Siem Reap nach Saigon:** täglich mit Umsteigen in Phnom Penh (z.B. *Capitol* 17 $).

Alternative Anreisemöglichkeiten

- **Von Phnom Penh** Bus bzw. **von Poipet Sisophon** mit Bus oder Taxi nach **Battambang** und von dort mit dem Boot nach Siem Reap.
- Mit dem Bus **aus Phnom Penh** nach **Kompong Thom,** am Nachmittag die Tempel von Sambor Prei Kuk besichtigen und am nächsten Tag weiter nach **Siem Reap.** Anders herum weniger lohnend, da der Eindruck von Angkor diese Tempel deutlich überragt.
- Aus **Bangkok:** ab der *Hua Lamphong Train Station* in Bangkok fahren täglich **Züge** um 5.55 Uhr und 13.05 Uhr für ca. 100 Bath nach **Aranyaphratet.** Ca. 5 Stunden, sehr lohnende Fahrt. Es geht aber auch mit dem **Bus** von der *Northeastern Bus Station Chatuchuk* nach Aranyaphratet für 200 Bath (ca. 4 Std.). Oder vom Flughafen in Bangkok mit kostenlosem Shuttlebus zum Talat Rong Kluea Busbahnhof und von dort mit dem Bus (mehrere Busse täglich) für ca. 200 Bath nach Aranyaphratet. Das Tuk Tuk bis zur Grenze kostet 80 Bath. Der Grenzübergang ist bis 20.00 Uhr geöffnet. Von Poipet weiter mit Taxis.
- Abenteurern, die sich von **Thailand** nach Siem Reap durchschlagen wollen, seien die seit 2002 für den internationalen Grenzverkehr geöffneten Übergänge **Smach** und **Anlong Veng** nördlich von Angkor empfohlen. Auch über **Pailin,** von wo aus man über Battambang nach Siem Reap kommt, ist die Einreise möglich. Das Visum wird an der Grenze ausgestellt (siehe auch Kapitel „Praktische Reisetipps A–Z, Hin- und Rückreise").

Praktische Hinweise zum Besuch der Tempel

Sicherheit

Der Besuch der Tempel im üblichen Rahmen und auf den bekannten Touristenpfaden ist ungefährlich. Die Tempel sind minenfrei!

Eintrittspreise und Reglementierungen

Seit 1999 ist die Firma *Sokimex* mit Verkauf der Tickets und der Vermarktung der Tempel beauftragt. Man munkelt, dass dafür jährlich rd. 1 Mio. Dollar an die Regierung in Phnom Penh abgeführt werden, der Rest fließt in die Taschen der Konzernleitung, welche die gleichnamige Tankstellen-

Die Tempel von Angkor

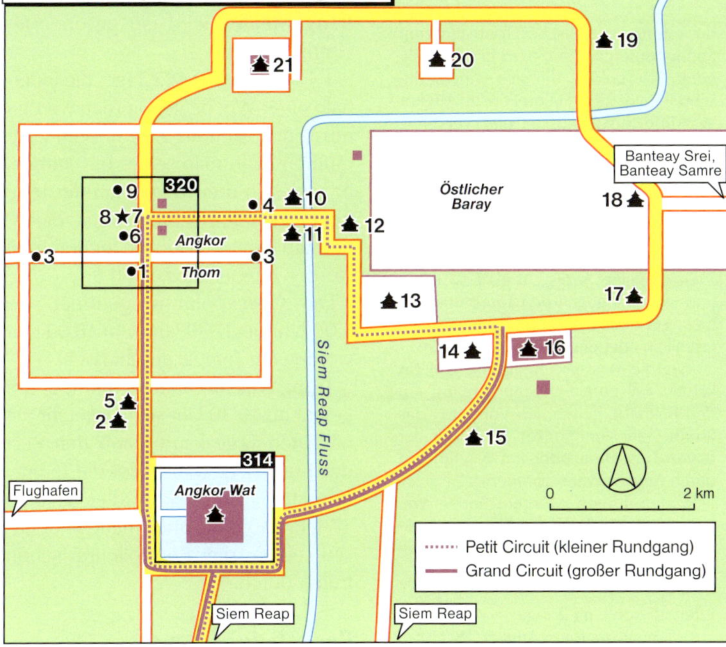

- ● 1 Bayon
- ▲ 2 Phnom Bakheng
- ● 3 Eingangstore nach Angkor Thom
- ● 4 Siegestor
- ▲ 5 Baksei Chamkrong
- ● 6 Baphuon
- ★ 7 Elefantenterrasse
- ★ 8 Terrasse des Leprakönigs
- ● 9 Preah Palilay
- ▲ 10 Thommanon
- ▲ 11 Chaosay Tevoda
- ▲ 12 Ta Keo
- ▲ 13 Ta Prohm
- ▲ 14 Banteay Kdei
- ▲ 15 Prasat Kravan
- ▲ 16 Srah Srang
- ▲ 17 Pre Rup
- ▲ 18 Östlicher Mebon
- ▲ 19 Ta Som
- ▲ 20 Neak Pean
- ▲ 21 Preah Khan

kette, das *Sokha Hotel* in Sihanouk Ville und Bokor Mountain besitzt.

Die **Tickets** können nur an dem Checkpoint, der unübersehbar an der Straße von Siem Reap nach Angkor Wat liegt, gekauft werden. Das Gelände von Angkor darf auch ohne Ticket betreten werden, doch sind die Polizisten an den Checkposten extrem penibel und lassen Ausländer nur hinein, wenn sie einen trifftigen Grund vorgeben, z.B. Fahrt nach Anlong Veng oder eine Fahrt mit dem Heliumballon. Vor jedem Tempel stehen freundliche Kontrolleure. Wer ohne Ticket in einem

Angkor fast allein

Busladungen asiatischer Touristen zum Sonnenuntergang auf dem Phnom Bakheng, Tourguides, die sich wie Marktschreier vor den Halbrelieft in Angkor Wat übertönen müssen und Verkehrsstaus vor der Bayon. Horrorszenarium für jeden Besucher! Doch leider ist das zu Stoßzeiten Wirklichkeit geworden, und immer mehr Reisende sind schockiert über die Menschenmassen, die sich durch die Tempel wälzen.

Doch keine Sorge, Angkor ist riesig und wer sich gegen den Touristenstrom bewegt, kann die Tempel immer noch fast allein erleben. Hier ein paar Tipps:

Wer die Massen scheut, sollte auf gar keinen Fall zum Sonnenuntergang auf den Bakheng gehen, am Vormittag das South Gate von Angkor Thom mit der Bayon besuchen oder am Nachmittag durch Angkor Wat schlendern.

In den frühen Morgenstunden von 6.00 bis 9.00 Uhr sind die Tempel praktisch menschenleer. Auch mittags irren nur wenige Pauschaltouristen herum.

Alternativroute für 2 Tage:

1. Tag: Vormittags Angkor Wat vom abgelegenen Osttor betreten und sich beim Haupteingang abholen lassen. Nachmittags vom South Gate bei Angkor Thom über die Stadtmauer bis zum Westgate wandern (ca. 1 Std.). Sehr lohnend! Sich dort abholen lassen und die Bayon und die weiteren Sehenswürdigkeiten in Angkor Thom besuchen. Den Tag im Tempel Ta Prohm ausklingen lassen.

2. Tag: Vormittags früh aufbrechen und sich den Grand Circuit vornehmen. Nachmittags zuerst Banteay Srei (Mittagessen, aber nicht zu früh) und bei der Rückfahrt Banteay Samre. Wer rechtzeitig dran und noch fit ist, kann den Phnom Bok zum Sonnenuntergang besteigen.

Weniger frequentierte Tempel: Roluos-Gruppe, Phnom Krom, Wat Trat, Beng Mealea.

Tempel erwischt wird, muss 100 $ Strafe zahlen. Für **Phnom Kulen** und **Beng Mealea** wird ein gesonderter Eintritt verlangt.

1 Tag kostet 20 $; 3 Tage, die innerhalb einer Woche genommen werden müssen, kosten 40 $. In diesem Zeitrahmen kann man selber bestimmen, an welchen drei Tagen man die Tempel besuchen möchte. 7 Tage, die innerhalb eines Monats genommen werden müssen, kosten 60 $.

Der Checkpoint ist geöffnet von 5.00 Uhr bis 17.30 Uhr. Um 18.00 Uhr werden die Tempel geschlossen.

Tipp: Wer am Spätnachmittag, ungefähr ab 16.30 Uhr sein Ticket für die nächsten Tage kauft, kann den Rest des Tages bereits kostenlos die Tempel besuchen. Offiziell ist dies erst ab 17 Uhr möglich, aber manchmal lassen einen die Kontrolleure schon früher durch.

Besuch der Tempel

Pauschaltouristen werden im Bus meistens in großen Gruppen zu den Tempeln gefahren, wohlhabendere Individual-Touristen mieten sich ein Taxi (ca. 30 $), und die Traveller Szene erkundet Angkor normalerweise für ca. 8 $ pro Tag als Sozio auf einem Moped Taxi (Motodup) – sportliche Menschen fahren mit dem Fahrrad. Am stilvollsten und gemütlichsten sind meiner Meinung nach die Tuk Tuk (auf Khmer **Romok**) für zwei Personen, die ca. 12 $ pro Tag kosten. Es dürfen nur Fahrer mit Lizenz und Uniform Touristen zu den Tempeln fahren. Die Preise gelten für einen Tag, einschließlich Benzin, und beziehen sich auf den „Petit Circuit," d.h. den kleinen Rundgang.

Weiter entfernte Ziele sind Verhandlungssache und deutlich teurer. Alle Arten von Vehikeln können von den Guest Houses oder Hotels organisiert werden.

Während die großen Bauwerke, **Angkor Wat** und **Angkor Thom** (mit **Bayon**), eigens besucht werden sollten, was auch für die abseits gelegene Roluos-Gruppe gilt, empfiehlt es sich für die übrigen Bauwerke, dem Petit und dem Grand Circuit zu folgen. Diese Routen wurden von Archäologen kreiert und sind die systematische Weise, Angkor zu entdecken.

Nach dem Besuch von Angkor Wat und dem Bayon sollte man sich zuerst auf den **Petit Circuit** begeben. Er beginnt bei Angkor Wat und ist 17 Kilometer lang. Über ihn erreicht der Besucher viele gewaltige, oftmals versteckt liegende Bauwerke. Wer alle Tempel, die am Petit Circuit gelegen sind, besuchen möchte, benötigt einen Tag.

Einen ganz anderen, aber nicht weniger reizvollen Eindruck vermittelt der **Grand Circuit,** 26 Kilometer lang. Er führt über eine neu asphaltierte Straße in die ländliche Idylle des Landes. Die archaische Lebensweise der Menschen, auf die der Besucher hier trifft, scheint sich seit der Angkor-Periode kaum geändert zu haben. Dort wo die von Siem Reap kommende Straße auf den Wassergraben von Angkor Wat trifft, biegt der Grand Circuit nach rechts, Richtung Osten, ab. Er endet mit der Besichtigung von Preah Khan, nördlich von Angkor Thom. Auch hier sollte man sich einen Tag Zeit lassen.

Für die Tempel der **Roluos-Gruppe** genügt ein halber Tag.

Der besondere Reiz von Angkor liegt nicht im Abhaken der Sehenswürdigkeiten, sondern im Erleben und Aufnehmen der Atmosphäre, wie sie kaum eine andere Sehenswürdigkeit auf der Welt zu bieten hat. Viele Besucher kehren mehrmals zu verschiedenen Tageszeiten an denselben Tempel zurück. Andere verbringen viele Stunden in den Ruinen mit Malen, Fotografieren, Musikhören oder Meditationen.

661-ka Foto: an

Der berühmteste Tempel in Kambodscha: Angkor Wat

656ka Foto: an

Einige Tempel sind immer noch in dem Zustand, in dem sie die Entdecker angetroffen haben

Eine nicht zu versäumende **Attraktion** ist der Sonnenaufgang im Bayon und in Angkor Wat, sowie der Sonnenuntergang auf dem Phnom Bakheng.

Wer auf bestmögliches **Licht beim Fotografieren** Wert legt, sollte den Bayon am Vormittag besuchen und sich Angkor Wat für den Nachmittag aufheben. Da diese Reihenfolge auch bei organisierten Gruppen eingehalten wird, ist es zu diesen Zeiten in den Tempeln meist sehr voll (siehe auch Exkurs „Angkor fast allein").

Als ideale **Jahreszeit** für einen Besuch bieten sich Dezember, Januar und Februar an. Auch im März, April und Mai ist Regen die Ausnahme, doch kann es dann recht schwül und heiß sein. Zu vermeiden sind die niederschlagreichen Monate September und Oktober. Allerdings hat man dann die Tempel für sich allein!

Die Frage, **„Welcher Tempel ist der schönste?"**, ist müßig zu beantworten. Der durch Größe und hervorragenden Zustand beeindruckendste Tempel ist Angkor Wat. Am meisten inspiriert die schaurige Schönheit des Bayon mit seinen 172 zu Fels erstarrten Fratzen. Der Romantiker wird sich besonders in Ta Prohm wohlfühlen, wo die Wurzeln gigantischer Urwaldriesen wie die Tentakel von Seeungeheuern die 800 Jahre alten Ruinen umarmen. Für Eremiten bietet der Irrgarten von Galerien in Preah Khan eine große Auswahl an Rückzugsmöglichkeiten. Wen die Symbiose von alten Heiligtümern und Buddhismus der Gegenwart fasziniert, darf sich einen Besuch der Bakong und der Lolei (Roluos-Gruppe) nicht entgehen lassen.

• **Tipp:** Fast jeder Reisende ärgert sich darüber, dass er für seinen Besuch von Angkor nicht mehr **Zeit** eingeplant hat. In vier Tagen hat man zwar alles gesehen, doch um die einzigartige Atmosphäre, das historische Flair und die Ausstrahlung dieser nur hier existierenden Aura zu spüren und zu erleben, ist mehr Zeit für Angkor notwendig.

Souvenirs

Für alle Souvenirjäger gilt: Aus den Tempeln darf nichts mitgenommen oder gar mit Gewalt entfernt werden. **Originale** aus der Angkorperiode, wie

Angkor

sie von manchen Händlern immer wieder angeboten werden, gehören ins Museum! Wer antike Funde kauft, macht sich mitschuldig am Kunstraub.

In den Souvenirshops in Siem Reap und zwischen den Tempeln sowie bei den fliegenden Händlern in Angkor kann fast alles, was in den Tempeln zu sehen ist, als **Nachbildung** gekauft werden. Statuen gibt es in allen Größen, aus Holz, Metall und Marmor: *Vishnu, Shiva, Hanuman,* Dämonen und Götter sowie graziöse Apsaras und Buddhas in verschiedenen Meditationsstellungen. Eines der beliebtesten Objekte ist der Kopf mit den vier Gesichtern des *Boddhisattvas Lokesvara,* das Markenzeichen der Bauwerke des Königs *Jayarvarman VII.*

Kunstvoll hergestellte **Papierdrucke** erzählen die Geschichte der Khmer und Epen aus der hinduistischen Götterwelt oder zeigen Apsaras und die Tempel von Angkor Wat.

Die Einheimischen, die in Bambushütten zwischen den Ruinen leben, verkaufen vor den Tempeln **Gebrauchsgegenstände** aus dem täglichen Leben. Hierzu gehört die Khmer-Violine *(droh),* Pfeil und Bogen *(snah),* eine Mundorgel aus Bambus *(guith),* aus Holz geschnitzte Flöten *(khloi),* verzierte Handbeile *(puhtow)* und hölzerne Kuhglocken.

Verpflegung

Verhungern oder verdursten ist bei den Tempelbesuchen unmöglich. Nirgendwo ist man vor den aufdringlichen Verkäuferinnen sicher. Wie von den allgegenwärtigen Apsaras in Angkor Wat wird man von den Mädchen auf Schritt und Tritt beobachtet und gebetsmühlenartig ertönt der Spruch: „you buy, only one dollaaaarrr!" Vor allen Tempeln gibt es Stände, die gekühlte Getränke, Früchte und einfache Speisen zwischen 2 und 5 $ anbieten. Vor den größeren Tempeln wird auch ein einfaches Frühstück angeboten. Am Eingang von Angkor gibt es bereits sehr gute Restaurants.

Literatur

Da Angkor erst vor Kurzem begonnen hat, das Reisefieber der Deutschen zu entfachen, gibt es bisher nur wenige deutschsprachige Publikationen. Durch ihr jahrhundertealtes Engagement in Indochina und die *L'École Française d'Extrême-Orient* haben die Franzosen die umfassendsten **wissenschaftlichen Veröffentlichungen** über die Tempel. Die umfangreichste **Literatur** gibt es allerdings in englischer Sprache. Eine große Auswahl an Literatur über Angkor findet man in den Buchläden in Phnom Penh und bei den *Monument Bookshops* in Siem Reap am FCC und am Flughafen.

Deutsch

- **ANGKOR, Tempel der Khmer in Kambodscha** von *Reinhart Zieger,* Silk Worm Books, Thailand. Der umfangreichste Tempel-Guide, der in deutscher Sprache geschrieben wurde. Leider nicht in Deutschland zu kaufen.
- **Der Traum von Angkor** (Kambodscha – Laos – Vietnam). Viele Information und eine kritischen Betrachtung der Vergangenheit, Gegenwart und Zukunft der Region. Autoren: *Heinz Kotte* und *Rüdiger Siebert.*

- **Angkor.** Sehr schöner Bildband mit fundierten Texten zum stolzen Preis von 75 €. Von *Claude Jacques* und *Susanne Held.*
- **Sitten in Kambodscha. Über das Leben in Angkor im 13. Jahrhundert.** Der chinesische Reisende und Geschäftsmann *Chou Ta-Kuan* beschreibt seine individuellen Eindrücke zur Blütezeit Angkors.
- **Schliemanns Erben. Von Herrschern der Hethier zu den Königen der Khmer.** Neben anderen Abenteuern der Archäologie auch 70 Seiten über Angkor. Populärwissenschaftlich - Fernsehbegleitbuch.
- **Ruins of Angkor.** Historisch interessante Fotos von Angkor und Phnom Penh um 1909. Texte auch in deutscher Sprache. *River Books,* Bangkok.

Englisch

- **Angkor. The Hidden Glories.** Zweifellos einer der schönsten und gelungensten Bildbände über die Tempel mit sehr informativen Texten. Ein *David Larkin Book* von *Michael Freeman* und *Roger Warner.* Es ist über die *Houghton Mifflin Company* in London zu beziehen. In Bangkok und Singapur wird es in großen Buchläden und am Flughafen verkauft.
- **Sanctuary. The Tempels of Angkor.** Bildband mit beeindruckenden Fotos des bekannten Fotografen *Steve Mc Curry.*
- **Angkor** (2. Auflage 4/2002). Die Bibel der individuellen Entdecker von Angkor. In keinem anderen Buch sind die Geschichte, die Tempel und die Galerien derart verständlich und übersichtlich beschrieben. Respekt und großes Lob an *Dawn Rooney.*
- **Angkor, Heart of an Asien Empire.** Hochinteressante Reportage über Angkor mit vielen alten Malereien, Fotos und Dokumenten. Veröffentlicht von *New Horizons,* England.

Karten

- **world mapping project: Kambodscha,** mit Stadtplan Phnom Penh. Maßstab 1:500.000. GPS-tauglich. Erschienen im Reise Know-How Verlag.
- **Nelles Map: Cambodia/Angkor.** Landkarte Kambodscha. Auf der Rückseite Lagepläne und Kurzbeschreibungen der wichtigsten Tempel. Sehr nützlich sind die Erklärungen der Galerien auf den Umrissplänen der Tempel. Erschienen im *Nelles Verlag München.*

Angkor verstehen

„Für jemanden, der es nicht mit eigenen Augen gesehen hat, ist es schwierig, sich ein so wildes und baufälliges Durcheinander von Leben und Verwesung, von zügellosem Grün, im Krieg mit einem unbeweglichen grauen Tod vorzustellen. Trotzdem erlangt der Stein durch diesen Kampf eine Art Leben, da er zwischen zwei Feuern gefangen ist. Zweige bäumen sich auf- und abwärts, um die Ruinen zu zerstören, wodurch die Architektur, genötigt, an dieser Schlacht teil zu nehmen, eine unvergleichliche Dynamik, im Gegensatz zu ihrer statischen Aufgabe, annimmt." (*Osbert Sitwell,* 1939)

Die „Entdeckung" der Tempel

Nur in den Köpfen der Europäer existiert die romantische Vorstellung, Angkor sei, nachdem es Hunderte von Jahren im Urwald versunken war, wiederentdeckt worden.

Nachdem der königliche Hof Angkor 1431 endgültig verließ, da die Stadt militärisch nicht mehr zu halten war, herrschte hier noch pulsierendes Leben. Ende des 16. Jahrhunderts unternahm sogar der König *Satha* den Versuch, seine Hauptstadt wieder nach Angkor zu verlegen. Seit die Stadt aufgegeben wurde, haben Mönche hier gelebt und ihre Pagoden in der Nähe der Tempel errichtet. Buddhisten dienten sie, selbst wenn sie einst hinduistischen Göttern geweiht waren, seit Jahrhunderten als Wallfahrtsorte.

Die ersten Europäer, die die ehemalige Hauptstadt der Khmer zu Gesicht bekamen, waren Missionare und Geschäftsreisende aus Portugal, Spanien und Frankreich. Der französische Naturkundler *Henri Mouhot,* der auf seinem Weg nach Laos war und im Jahre 1860 durch Zufall auf Angkor stieß, lenkte durch seine Veröffentlichungen das Interesse der westlichen Welt, insbesondere der Franzosen, auf diese mysteriösen Tempelanlagen. Auch ein Deutscher, *Adolf Bastian,* machte sich 1863 einen Namen, indem er entdeckte, dass einige Inschriften in Sanskrit verfasst waren, woraus geschlossen werden konnte, dass indischer Einfluss beim Bau der Tempel im Spiel war. Die ersten Expeditionen, bei denen die Ruinen systematisch erforscht wurden, führten *Douart de Lagrée* (1866) und *Louis Delaporte* (1873) durch. Erst nachdem sich 1907 die Siamesen in ihre westlichen Provinzen (das heutige Thailand) zurückgezogen hatten, konnten französische Wissenschaftler unter dem Schutz ihrer Kolonialregierung ungehindert in Angkor arbeiten. Die bereits 1898 geründete *L'École Française d'Extrême-Orient* begann nun mit der intensiven Erforschung und Restaurierung der Tempel. Die Arbeit der Franzosen in Angkor zählt heute zu den wenigen unbefleckten Episoden ihrer Kolonialzeit und hat durch die Entdeckung der Großartigkeit der Angkorperiode entscheidend zum heutigen Selbstbewusstsein der Khmer beigetragen.

Wie kam es zur Hochkultur?

Eine Voraussetzung für jede Art von Hochkultur ist die Überproduktion von Nahrungsmitteln. Die Basis in Angkor wurde gelegt durch den Monsun, den See Tonle Sap und eine **hochentwickelte Bewässerungstechnik.** Das Beherrschen der Wasserströme wurde zum wirtschaftlichen Motor eines besonders hoch entwickelten Gesellschaftssystems der Jahrtausendwende. Die das Wasser beherrschende Stadt Angkor war geboren.

In der Vorangkorperiode waren die Reisbauern auf die viermonatige Regenzeit angewiesen, in der sie eine Ernte einbringen konnten. Die Herrscher von Angkor hatten begriffen, dass sie ihre Macht nur ausdehnen konnten, wenn es ihnen gelänge, die Reiserträge zu steigern. Dazu musste der von der Natur vorgegebene Zyklus von Regen- und Trockenzeit aufgehoben werden. Also begannen sie, riesige Reservoire *(baray)* anzulegen, die sich während der Monsunzeit füllten und die Felder während der Trockenzeit über ausgeklügelte Bewässerungssysteme mit Wasser versorgten. Dadurch war es möglich, anstatt bisher einer Ernte nun sogar zwei bis drei pro Jahr einzubringen. Die Voraussetzung für den Reichtum und die Macht von Angkor war damit geschaffen.

Diese **Lebensmittelüberproduktion** ließ die Bevölkerung rasch anwachsen und setzte Arbeitskräfte frei, die nicht mehr ausschließlich in der Landwirtschaft benötigt wurden. Dieses Menschenpotenzial konnte nun für andere Aufgaben eingesetzt werden. Zum Beispiel standen den Königen jetzt ausreichend Soldaten zur Verfügung, um das Imperium vor Chams und Siamesen zu schützen und die Grenzen des Reiches weiter auszudehnen. Große Menschenmassen konnten zum Bau der Tempel eingesetzt werden, und Künstler wie Handwerker hatten genug Muße, sich ganz den Heiligtümern zu widmen, da sie von der Gesellschaft versorgt werden konnten.

Auch der religiöse und geistige Aufschwung dieser Epoche, der durch eine große Zahl von Priestern und Mönchen mitgestaltet wurde, war letztendlich nur durch eine hochentwickelte Wasserbautechnik möglich geworden.

Der religiöse Einfluss

Lange bevor die Khmer mit anderen Religionen in Berührung kamen, hatten sie ihre eigene **Naturreligion.** Die Götterwelt drehte sich in erster Linie um Ahnenkulte, Nahrung, Wasser sowie Geister und Ungeheuer.

Mit indischen Seefahrern und Händlern gelangte der **Hinduismus** nach Kambodscha. Die Menschen nahmen die neuen religiösen Einflüsse schnell an und vermischten sie mit ihren eigenen Glaubensformen und ihrer Götterwelt. Mit der Religion begann auch die indische Kultur das Leben der Khmer zu beeinflussen, wodurch einer der wichtigsten Grundsteine für die Blüte der Angkorperiode gelegt wurde. Neue Reisanbaumethoden, die Gelehrtenschrift Sanskrit, Mathematik und Astronomie fanden schnelle Verbreitung und wurden weiterentwickelt. Die großen indischen Epen, *Ramajana* und *Mahabharata,* wurden mit der eigenen Mythologie verknüpft und schmücken heute in filigranen Flachreliefs die Wände in Angkor Wat sowie im Bayon.

Während die einfache Bevölkerung ihre eigenen religiösen Mischformen entwickelte, unterwarfen sich die Herrscher von Angkor und ihr Hof den strengen Ritualen des Brahma-, Vishnu- oder des am weitesten verbreiteten Shivakultes.

Unabhängig von den vorherrschenden Kulturen oder Religionen setzte sich die *indische Kosmologie,* die Vorstellung vom Aufbau der Welt, durch. Im Mittelpunkt steht dabei der heilige Berg Meru, auf dem die Götter leben, während die bewohnte Erde von einem Urmeer begrenzt wird. Die Architektur der Tempel war die exakte Nachbildung des Universums aus der Sichtweise des Hinduismus. Auch *Jayavarman VII.,* der letzte große Herrscher von Angkor, der zum Buddhismus übertrat, behielt bei seinen Bauwerken die hinduistische Auslegung des Weltbildes bei.

Die Bedeutung der Tempel

Die Tempel waren also keine Kultstätte für Gläubige und auch keine Wohnungen, weder für das Volk, noch für die Priester oder den König selbst. Sie stellten einen Mikrokosmos dar, wie er der indischen Vorstellung der Welt entsprach. Dabei wurde der Berg Meru als Wohnsitz der Götter und Mittelpunkt der Welt besonders verehrt. In der Architektur wurde er symbolisiert durch die aus Stein errichteten Türme. Sie wurden im Laufe der Zeit immer größer, und um ihre Bedeutung noch zu verstärken, baute man sie auf den Gipfel eines künstlichen Hügels oder pyramidenförmiger Terrassen. Als Zeichen der Macht des herrschenden Königs standen diese Tempel immer im Zentrum des Reiches. Sie durften nur von hohen Priestern oder dem König selbst betreten werden. Im höchsten Turm eines Tempels stand die Statue des Gottes, dem er geweiht war. Nach dem Tod des Königs, der das Heiligtum erbaut hatte, bekam der Tempel die Aufgabe eines gewaltigen Mausoleums. Hier vereinigte sich der Körper der verstorbenen Monarchen mit der Gottheit des Tempels, wodurch der König selber zu einem Gott wurde und in dessen Statue weiterlebte. Deswegen wurden die Könige zu Lebzeiten bereits als Halbgötter verehrt.

Die Rolle des Königs

Der König wurde als irdischer Vertreter einer Gottheit betrachtet. Diese Macht eines Herrschers in der Angkorperiode und den folgenden Jahrhunderten wird als **Gottkönigs- oder Devaraja-Kult** bezeichnet. Obwohl die Göttlichkeit der Regierenden in allen von Indien beeinflussten Staaten wiederzufinden ist, gab es kein anderes Land, in dem diese Symbolik so ausgeprägt war wie in Angkor.

Trotz seiner Macht stand der König jedoch in enger Verbindung mit seinem Volk. Er war oberster Gerichtsherr und gab seinen Beamten sowie seinen Untertanen regelmäßige Audienzen. Bei seinem Anblick mussten sie sich unterwürfig auf den Boden setzen. Die Aufgabe des Königs war unterteilt in weltliche Verpflichtungen und in seine Vermittlerrolle zwischen den Göttern, den Naturgewalten und den Menschen.

Zu seinen **Regierungsangelegenheiten** gehörte die Entscheidung über Kriegsführung, Bau eines neuen Tempels oder das Anlegen neuer Bewässerungssysteme. Durch seinen Kontakt zu den Göttern stellte er unter anderem die regelmäßige Rückkehr des Monsuns, die Basis für den Reichtum von Angkor, sicher. Letztendlich war seine Hauptaufgabe jedoch, durch die Verbindung von technischen Möglichkeiten mit göttlich magischer Macht das Wohlergehen und die Zukunft seines Volkes sicherzustellen.

Das Leben der Menschen

Manche Wissenschaftler gehen davon aus, dass die damaligen Monarchen ihr Volk wie Sklaven hielten, es finanziell und physisch ausbeuteten und dass individuelle Freiheiten unbekannt waren. Ansonsten, so ihre Hypothese, wäre es nie möglich gewesen, ein so großes Reich zu kontrollieren und

Die Zerstörer Angkors — Diebe, Dschungel und Devisen

Kaum war Angkor von seinen Bewohnern verlassen, schon wurden seine Schätze recycelt. Die **Plünderer** interessierten sich vor allem für die Metalle. Die Stein- und Holzbauten waren reichhaltig mit Metallverkleidung überzogen, Bronzestatuen schmückten die Heiligtümer, und auch Kupfer war verschwenderisch zur Verschönerung der Tempel verwendet worden. Die ersten Diebe montierten die Teile, die sie brauchen konnten, ab, schmolzen sie ein und machten sich Waffen oder landwirtschaftliche Geräte daraus. Doch auch Mönche, unwissend über die Bedeutung der alten Bauwerke, brachen Ziegel und Steine aus den Mauern und verwendeten sie als Baumaterial für die Wats.

Nachdem die Schätze geraubt waren, begann die noch gnadenlosere Natur mit ihrem Zerstörungswerk. Einem Feldherrn gleich, der verlorenes Territorium zurückerobern möchte, fielen **tropische Vegetation und Monsunklima** über die Tempel her und richteten weit mehr Schaden an als alle Plünderer aus fünf Jahrhunderten. Die Wurzeln der gigantischen Urwaldriesen, die heute Ta Prohm seine einzigartige Atmosphäre verleihen, zersprengten mit schleichender Gewalt die Mauern der ohne Mörtel und Zement errichteten Laterit- und Sandsteingebäude. Die Wassermassen, die während des Monsuns vom Himmel stürzten, wuschen die Fugen aus und unterhöhlten das Mauerwerk, wodurch viele Gebäude wie Kartenhäuser in sich zusammenfielen. Die hoch gewachsenen Bäume, die bald zwischen den Tempeln in den Himmel schossen, hatten auf dem steinernen Untergrund weit weniger Halt als im tiefgründigen Urwaldboden. Sie wurden häufig von den Monsunstürmen umgeworfen, wobei ihre Wurzeln die Gebäudeteile, die sie umschlossen, mit niederrissen und die Wucht des Stammes die Mauern zum Einsturz brachte. Doch auch die Bausubstanz selbst überstand die Jahrhunderte nicht ohne Schaden. Der Sandstein, das Material, aus dem viele beeindruckende Steinmetzarbeiten und Heiligtümer entstanden, wurde porös und hielt dem Druck der auf ihm errichteten Türme und Gebäude nicht mehr stand. Deshalb mussten viele Heiligtümer, wie etwa die Baphuon, mit Stahlbeton verstärkt werden, um sie vor dem gänzlichen Einsturz zu bewahren. Ursache für die Verwitterung der Steine sind die in dem feuchtwarmen Klima hervorragend gedeihenden Mikroorganismen, Farne und Flechten, die den Sandstein wie eine „Hautkrankheit“ überziehen.

Obwohl die **Roten Khmer** nicht gerade für ihren sensiblen Umgang mit Religion und Kultur bekannt waren, wurde unter ihrer Herrschaft in Angkor weit weniger zerstört, als allgemein angenommen wird. Auch sie schienen Angkor als ihr kulturelles Erbe zu betrachten und in Shiva, dem die meisten Tempel gewidmet sind und der im Hinduismus als Gott der Zerstörung gilt, einen heimlichen Verbündeten zu sehen. Ihr Vandalismus beschränkte sich auf buddhistische Symbole wie Buddhastatuen, Altäre und Pagoden. Apsaras und andere Figuren benutzten sie als Zielscheiben, und die Pläne zur Restaurierung der Tempelanlagen wurden zu Zigarettenpapier verarbeitet. Ganz im Gegensatz zu ihren sonstigen Gewohnheiten legten sie jedoch Angkor nicht in Schutt und Asche.

Doch in den letzten Jahren hatte der in Kambodscha Einzug gehaltene Kapitalismus auch die eiserne, steinzeitkommunistische Moral der Roten Khmer aufgeweicht. Die Nachfrage auf dem internationalen Antiquitätenmarkt nach Khmer-Kunst war enorm, die Grenzen zu Thailand kaum bewacht, die Finanzquellen früherer Geldgeber versiegt, und Devisen für den Kauf neuer Waffen wurden dringend benötigt. Was lag da näher, als in einen der zahlreichen unbewachten Tempel zu gehen, einen Buddha zu enthaupten und dessen Kopf für einige Tausend Dollar in Bangkok zu verkaufen.

Doch der größte Schaden an den Tempeln wurde nicht von den Roten Khmer, sondern von gut organisierten Banden angerichtet, die im Auftrag einer **internationalen Antiquitätenmafia** arbeiten. Die Interessenten, meist reiche Japaner, Amerikaner und Europäer, wählen anhand von Fotografien und Videoaufnahmen ihre „Ware", die sich noch an den Originalplätzen befindet, aus. Dann treten die Kunsträuber in Aktion und besorgen die begehrten Objekte. Sie haben ein leichtes Spiel, denn obwohl mehr und mehr Polizisten, Militär und Wächter zum Schutz dieses kulturellen Erbes der Menschheit eingesetzt werden, ist es nicht möglich, dem illegalen Treiben dieser hauptsächlich in der Nacht arbeitenden Banden auf einem 200 qkm großen Gebiet Einhalt zu gebieten. Außerdem sind bei dieser Art von Antiquitätenhandel so hohe Geldsummen im Spiel, dass jeder Wächter mit seinen 10 € Monatslohn mit Leichtigkeit bestochen werden kann. Die 78 größeren Kunstgegenstände, die von 1990 bis Anfang 1993 gestohlen wurden, erreichten ihre Abnehmer fast ausschließlich über Thailand und Bangkok. Im Gegensatz zu den 1990er Jahren, in denen auch das einflussreiche thailändische Militär beim Schmuggeln kräftig mitverdiente, zeigt sich heutzutage die Regierung von Thailand kooperativ bei der Rückführung der antiken Kunstschätze.

Das größte Interesse der organisierten Kunsträuber erwecken nicht die Tempel, sondern das Gebäude der *Conservation Angkor*. In einer schlecht bewachten Halle in Siem Reap lagern Hunderte der wertvollsten Statuen und Kunstwerke der Angkorperiode. Viele Originale wurden aus den Tempeln bereits hierher in Sicherheit gebracht und vor Ort durch wertlose Zementabgüsse ersetzt, um den Plünderern zuvorzukommen. Doch auch im Conservation Angkor verschwanden regelmäßig Kunstwerke, die häufig durch die Hilfe von korrupten Mitarbeitern und Wachmännern entwendet wurden. Aus Sicherheitgründen wurden deshalb die ältesten und wertvollsten Statuen nach Phnom Penh gebracht.

Auch wenn Angkor durch Zerstörung und Kunstraub großer Schaden zugefügt wurde, an der überwältigenden Faszination, die die „Seele der Khmer" auf ihren Besucher ausstrahlt, hat sich seit Angkors Wiederentdeckung durch den Franzosen *Mouhot* im Januar 1860 nichts geändert: „.... es ist größer als alles, was uns von den Griechen oder Römern erhalten geblieben ist."

607ka Foto: an

Enthauptete Buddhastatue

110ka Foto: an

solch gewaltige Bauwerke zu schaffen. Dem widerspricht jedoch die Beschreibung des chinesischen Diplomaten *Chou Ta-kuan* aus dem 13. Jahrhundert: „Es ist nicht notwendig, Kleidung zu tragen. Da Reis leicht zu haben, Frauen leicht zu überreden, Häuser leicht zu bauen, Möbel leicht zu machen und Handel leicht zu treiben ist, gibt es viele Seefahrer, die sich hier fest niedergelassen haben."

Aufgrund der damaligen Reisanbaufläche lässt sich heute errechnen, wie viele Menschen zu dieser Zeit ernährt werden konnten. In der Blütezeit von Angkor haben im weiteren Umkreis um die Tempel etwa 1 Million Khmer gelebt. In dieser Epoche war Angkor die größte Stadt der Erde. Um diese Menschenmassen zu ernähren, insbesondere das komplizierte Bewässerungssystem zu unterhalten, muss man jedenfalls davon ausgehen, dass es sich um ein straff organisiertes und **zentral gelenktes Gesellschaftssystem** gehandelt hat. Wissenschaftler vermuten, dass die Versorgung so großer Menschenmassen mit Nahrungsmitteln nur möglich war, weil die Arbeit streng organisiert und im Kollektiv verrichtet wurde.

Auch wenn sich das strenge indische Kastenwesen nicht etabliert hat, so war die Gesellschaft doch in **Stände und Berufsgruppen** unterteilt. Die

Tempel Östlicher Mebon (Siem Reap)

größte und wichtigste Schicht waren die Reisbauern, da sie die Basis für den Reichtum von Angkor bildeten. Dazu kamen die Wasserbautechniker, die für den Erhalt der Bewässerungssysteme ebenfalls eine bedeutende Rolle im Reich spielten. Weitere Berufsgruppen waren Fischer, Handwerker, Händler und Künstler. Eine dominierende Rolle in dieser Gesellschaft spielten die Beamten und Soldaten. An der Spitze der sozialen Leiter standen die Priester, die für die Zeremonien zuständig waren. Sie dürften auch in direkter Umgebung der Tempel gelebt haben.

Einige Forscher nehmen an, dass es sich damals um eine gleichberechtigte Gesellschaft gehandelt hat, in der es kein Erbrecht auf privilegierte Posten gab. Auch ein Bauer hatte die Chance, ein hoher Beamter zu werden. Sicherlich variierten solche Freiheiten erheblich unter den einzelnen Königen.

Die Tempel waren als **Wohnstätten** den Göttern vorbehalten. Selbst der König residierte in einem Palast aus Holz. Das einfache Volk siedelte am Rande der sakralen Bauwerke. In ihren Hütten, die wegen der jährlichen Überschwemmungen durch den Monsun auf Pfählen standen und mit einem Dach aus Schilf oder Ziegel abgedeckt waren, lebten im Durchschnitt 12 Personen.

Wer heute die Dörfer in der Umgebung von Angkor besucht, wird einen fast authentischen Eindruck vom damaligen Leben bekommen. Nur wenig hat sich hier in den letzten tausend Jahren verändert.

Die Architektur

Gemäß dem hinduistischen Glauben war der König von Angkor ein Gott auf Erden, und seine Stadt und seine Bauwerke stellten das Universum im Kleinformat dar. Die Architektur wurde durch **indischen Einfluss** geprägt. Doch schon bald verwandelten die Baumeister dieser Epoche ihre Ideen und ihre Kreativität in einen eigenen, für Angkor typischen Baustil. Er gilt zwar weiterhin als durch Indien inspiriert, aber letztendlich hat er mit seinem Ursprung nicht mehr viel gemeinsam. Erhalten blieb die exakte Grundsymmetrie eines jeden Heiligtums, aber auch die Wasserbecken, die das Urmeer symbolisieren, Steinwälle, die Bergketten darstellen, die die Erde umgeben, und der Turm im Zentrum, der den Berg Meru, das Zentrum der Welt, verkörpert und von den Göttern bewohnt wird. Weitere, wenn auch weniger bedeutende Einflüsse auf die Architektur kamen aus Java und China.

Die wichtigste architektonische Gemeinsamkeit aller Bauwerke sind die **Türme** *(prasat)* im Zentrum eines Tempels, die häufig in Fünferstellung angeordnet sind. Sie haben meist einen quadratischen Grundriss mit zurückversetzten Mauern und einem Haupteingang, der sich an der Ostseite befindet. Über vier terrassenförmige Aufbauten, von der jede eine verkleinerte Nachbildung der darunterliegenden ist, läuft er spitz nach oben zu. Je weiter sich die Architektur entwickelte, desto prunkvoller und filigraner wurden die Prasats verziert. An den Ecken der Terrassen errichteten die Künstler später Miniaturprasats, die eine exakte Nachahmung des Turmes waren. Während auf den vier abgestuften Terrassen die Götter, nach ihrer Wichtigkeit geordnet, lebten, hatte der Gott, dem der Tempel geweiht war, seinen Platz im Inneren des Prasats. War es *Brahma* oder *Vishnu,* so existierte er dort in Form einer Skulptur mit sechs bis zehn Armen, war es *Shiva,* der beliebteste Gott dieser Zeit, befand sich eine Linga im Zentrum des Heiligtums.

Auf der Suche nach immer bombastischeren Heiligtümern, visualisierten die Baumeister zunehmend die symbolische Bedeutung des Berges Meru. Die Prasats wurden jetzt auf mehreren, sich verjüngenden Plattformen errichtet, die oft reichlich verziert waren und über die eine steile Treppe nach oben führte. Teilweise wurden sogar künstliche Berge aufgeschüttet, um die Verbindung der Könige zu den Göttern so perfekt als möglich zu gestalten (Beispiel: siehe Phnom Bakheng).

Alle Tempel sind nach dem strengen Muster der rechtwinkligen **Achsensymmetrie** gebaut, wodurch sich zwangsweise eine Wiederholung von Strukturen ergibt. Im Grundriss ist jedes Bauwerk in vier Quadrate aufgeteilt, was mit der in der Hindureligion symbolisch wichtigen Zahl vier (absolute Vollkommenheit) in Verbindung steht. Daraus ergibt sich, dass die gesamte Anlage eines Tempels auf zwei rechtwinklig zueinander verlaufenden Achsen liegt, die als Wege benutzt wurden und sich exakt im zentralen Heiligtum kreuzen.

Im Gegensatz zu den für Menschen aus Holz errichteten Häusern mussten die Wohnungen der Götter für die Ewigkeit halten, weshalb Stein als **Baumaterial** verwendet wurde. Während in der Vorangkorperiode überwiegend mit Ziegeln gebaut wurde, setzte sich etwa ab der Jahrtausendwende immer mehr Laterit und Sandstein durch. Der schwere Baustoff konnte nur mit Booten während der Regenzeit die vielen Kilometer zu den Baustellen transportiert werden.

Laterit ist ein verfestigter, rötlicher Ton. Dort wo er zum Bau der Tempel verwendet wurde, ist er heute stark verwittert. Er wurde am häufigsten zum Bau von Fundamenten und Terrassen benutzt. Der graue Sandstein wurde wegen seiner besseren Qualität bei den künstlerisch ausgeschmückten Sakralbauten verwendet.

Der Untergang Angkors

Der letzte große König war *Jayavarman VII.* (1181–1218), der als größter Baumeister in die Geschichte Angkors einging. Obwohl er als einer der sozial engagiertesten Könige dieser Epoche verehrt wird, war das Volk am Ende seiner Regierungszeit ausgelaugt. Zu groß war der Verschleiß an menschlichen Ressourcen, um all die Tempel und Bauwerke zu errichten und gleichzeitig das gewaltige Reich zu kontrollieren und zudem vor Feinden zu schützen.

Im Osten hatten sich die Cham von der vorübergehenden Herrschaft der

Khmer gelöst und begonnen, wie seit Jahrhunderten, Angkor wieder anzugreifen. Im Westen hatten die Mongolen, selbst aus ihrer Heimat vertrieben, die Thais immer mehr gegen Osten gedrängt. Nachdem die Siamesen wieder erstarkt waren, begannen sie ihrerseits, das geschwächte Reich der Khmer zu bedrängen, ohne auf große Gegenwehr zu stoßen.

Der Legende nach soll durch die massenhafte Errichtung von Tempeln die Instandhaltung der Bewässerungsanlagen vernachlässigt worden sein. Dies führte zum Bruch eines der Barays, wodurch es zu einer katastrophalen Überschwemmung kam und ein großer Teil der Bewässerungskanäle, Grundlage für den Reichtum der Stadt, zerstört wurde. Auf Grund dieses Ereignisses sollen viele Menschen Angkor verlassen und sich an Mekong und Tonle Sap, den Orten der früheren Hauptstädte, angesiedelt haben. Wissenschaftlich gesichert ist die Tatsache, dass sich über Jahre das Land um Angkor geotechnisch einige Meter gehoben hat. Dadurch senkte sich der Grundwasserspiegel, die Flüsse und Bäche gruben sich tiefer in den Boden und versorgten die künstlichen Bewässerungsanlagen nicht mehr mit genügend Wasser. Die Anbauflächen wurden weniger und konnten schlussendlich nicht mehr alle hier lebenden Menschen ernähren.

Nach *Jayavarman VII.* regierten noch einige schwache Könige in der Tempelstadt, doch Mitte des 15. Jahrhunderts wurde sie als Regierungssitz aufgegeben.

Die Geschichte Angkors und seiner Könige

Anfänge um 800 n. Chr.

Die Geschichte Angkors beginnt mit *Jayavarman II.* (802–850). Im 8. Jahrhundert war Kambodscha in viele kleine Herrschaftsgebiete zersplittert und stand unter der Kontrolle Javas. Jayavarman II. gelang es, die verstreuten Khmer-Fürstentümer zu einem Reich zu vereinigen. Danach erklärte er die Unabhängigkeit von Java. Nach einigen Feldzügen zur Vergrößerung seines Territoriums gründete er seine Residenz am Berg Kulen, 30 Kilometer nordöstlich von Angkor. Er machte sich zum Alleinherrscher über sein Volk und verlegte später seine Hauptstadt Hariharalaya an den Ort der heutigen Roluos-Tempel.

9.–11. Jahrhundert

Nach seinem Tod übernahm sein Sohn *Jayavarman III.* (850–877) den Thron. Der dritte König, der in Hariharalaya residierte und ebenfalls aus demselben Geschlecht war, hieß *Indravarman* (877–889). Er ließ die großen Tempel Preah Ko und Bakong, die zur Roluos-Gruppe gehören, errichten. Mit ihm begann die systematische Kultivierung der Reisfelder. Er ließ den ersten Stausee von Angkor anlegen.

Sein Sohn *Yasovarman* (889–900) beendete zu Ehren seiner Eltern den Bau der Lolei, um sich dann der Errichtung seiner neuen Hauptstadt zu widmen, zu deren religiösem Mittelpunkt er den Hügel von Bakheng auswählte. Um die Nahrungsmittelversorgung

Zeittafel

König	Regierungszeit	Bauwerke
Jayavarman II.	802–850	Tempel am Berg Kulen
Jayavarman III.	835–877	
Indravarman I.	877–889	Preah Ko, Bakong
Yasovarman	889–900	Lolei, Östlicher Baray, Phnom Bakheng, Phnom Krom, Kravan, Phnom Bok
Harshavarman I.	900–922	
Isanavarman II.	922–925	
Jayavarman IV.	925–944	
Rajendravarman II.	944–968	Östlicher Mebon, Pre Rup, Banteay Srei, Baksei Chamkrong
Jayavarman V.	968–1001	Phimeanakas, Ta Keo
Suryavarman I.	1002–1050	Preah Vihear, Ta Keo, Phimeanakas
Udayadityavarman II.	1050–1066	Baphuon, Westlicher Baray, Westlicher Mebon
Harshavarman III.	1066–1080	
Jayavarman VI.	1080–1107	Wat Phu
Dharanindravarman I.	1107–1113	
Suryavarman II.	1113–1150	Angkor Wat, Beng Mealea, Banteay Sare, Chau Say Tevoda, Thommanon
Dharanindravarman II.	1150–1160	
Yasovarman II.	1160–1165	
Tribhuvanadityavarman	1165–1177	
Jayavarman VII.	1181–1219	Angkor Thom, Bayon, Preah Khan, Ta Prohm Banteay Kdei, Preah Khan, Srah Srang, Elefanten Terrasse, Terrasse des Leprakönigs, Neak Pean, Ta Som, Prasat Suor Prat

seines Volkes zu sichern, ließ er einen gewaltigen Stausee, den Östlichen Baray (6 x 2 km), bauen. Seine zwei Söhne *Harshavarman I.* (900–922) und *Isanavarman II.* (922–925) setzten nach seinem Tod die Herrschaft fort.

Jayavarman IV. (925–944) verlegte nach seiner Krönung für etwa 20 Jahre die Hauptstadt in den Norden von Kambodscha, nach Koh Ker. *Rajendravarman* (944–967) zog mit seinem Hof wieder nach Angkor, erneuerte die Stadt und baute zwei Tempel, den östlichen Mebon und Pre Rup. Unter seiner Regierung wurde Angkor für kurze Zeit von den Cham besetzt.

Sein Sohn *Jayavarman V.* (968–1000) gründete eine neue Hauptstadt mit dem Tempel Ta Keo im Zentrum. Für seinen Priester und Lehrer, *Yajnavaraha,* ließ er einen eigenen Tempel, den Banteay Srei, 20 Kilometer nordöstlich der Hauptstadt, erbauen. Aus einem fast zwei Jahre dauernden Kampf um die Macht in Angkor ging im Jahre 1002 *Suryavarman I.* als Sieger hervor. Er war ein kriegslüsterner König und weitete sein Reich bis tief ins heutige Thailand hinein aus. Er hielt sich 48 Jahre an der Macht. Eine für damalige Zeit erstaunliche Leistung.

Sein Nachfolger war *Udayadityavarman II.* (1050–1066), der den größten, heute noch benutzbaren Stausee, den Westlichen Baray (2 mal 8 Kilometer), anlegte. Er führte viele Schlachten mit den Cham, die immer wieder versuchten, die Hauptstadt einzunehmen. Mit seinem jüngeren Bruder *Harshavarman III.* (1066–1080), dessen Regierungsperiode durch einen intensiven Krieg mit den Cham überschattet wurde, endete die lange Familiendynastie.

Die Macht fiel nun in die Hände einer Familie, die aus dem Khorat-Plateau im heutigen Nordosten Thailands kam. Ihr erster König hieß *Jayavarman VI.* (1080–1107). Er hatte die fast unlösbar erscheinende Aufgabe, einen Bürgerkrieg unter seinem Volk zu schlichten, bevor sein Bruder *Dharanindravarman I.* (1107–1113) die Macht übernahm.

Blütezeit im 12. Jahrhundert

Mit *Suryavarman II.* (1113–1150) erreichte das Angkorreich seinen Höhepunkt. Er war ein gefürchteter Feldherr und führte sein Volk in viele Schlachten, insbesondere mit den Cham. Unter seiner Herrschaft erreichte Angkor seine größte territoriale Ausdehnung. Außerdem errichtete er das größte Bauwerk Kambodschas, Angkor Wat. Nach seinem Tod stürzte das Reich in ein Chaos. Streitereien um die Thronfolge und Bürgerkrieg schwächten den Staat so, dass er 1177 eine leichte Beute der Cham wurde. Sie eroberten Angkor Wat und zerstörten die Hauptstadt.

Hätte nicht *Jayavarman VII.,* ein Cousin von *Suryavarman II.,* 1181 den Thron bestiegen, wäre dies das Ende von Angkor gewesen. Er schaffte es, das Volk der Khmer wieder hinter sich zu vereinigen, Angkor zurück zu erobern und erneut das Champa-Reich zu besetzen. Zu seiner Hauptstadt machte er Angkor Thom, mit dem Bayon im Zentrum. Zudem veranlasste er eine Fülle von weiteren bedeutenden Bauwerken. Straßen zur Kriegsführung, soziale Einrichtungen wie Schulen und Krankenhäuser sowie Rasthäuser für die Händler und Pilger entstanden ebenfalls durch seine Initiative.

Beeinflusst vom Vater und seiner Frau, brach er mit der jahrhundertealten Tradition des Hinduismus und wandte sich dem Mahayana-Buddhismus zu. In beachtenswerter Weise gelang es ihm, humanistische Aspekte und demokratische Ansätze dieser Religion in seinen Staat zu integrieren.

Untergang

Nach seinem Tod im Jahre 1219 ging das Angkorreich überraschend schnell seinem Untergang entgegen. Ab 1353 wurde es wiederholt von den Thais besetzt, und nach vergeblichen Versuchen verschiedener schwacher Monarchen, den alten Glanz wieder herzustellen, gab man die Stadt im Jahre 1431 auf. Nur dem König *Satha* gelang es noch ein letztes Mal, von 1570 bis 1587, seine Hauptstadt in Angkor zu etablieren und Angkor Thom und Angkor Wat wieder aufzubauen.

Die Tempel

Angkor Wat

Angkor Wat ist das **größte sakrale Bauwerk der Erde.** Kein anderes Monument in Angkor wurde bisher so aufwendig restauriert wie dieser gewaltige Tempel. Wer das Heiligtum betritt, die ungeheuere Größe der Anlage durchschreitet, die bis ins Detail durchdachte Geometrie der Architektur begreift und die unvorstellbare Schönheit der Skulpturen und Flachreliefs sieht, wird sich wie in einem Traum vorkommen.

Die Bauwerke dieser architektonischen Meisterleistung liegen 6 Kilometer nördlich von Siem Reap. König *Suryavarman II.* erbaute sie in der ersten Hälfte des 12. Jahrhunderts und weihte den Tempel dem hinduistischen Gott Vishnu. Heute sind sich die Wissenschaftler einig, dass dieses gewaltige Bauwerk errichtet wurde, um *Suryavarman* nach seinem Tod als **Grabmal** zu dienen. Der Bau, bei dem Hunderte von Elefanten im Einsatz waren, dauerte annähernd 37 Jahre. Für Hindutempel unüblich, ist Angkor Wat nicht nach Osten, sondern nach Westen ausgerichtet. Nach anfänglicher Verwirrung glaubt man heute, dass die Architekten durch die letzten, den Tempel berührenden Strahlen der untergehenden Sonne die Bedeutung als Grabmal hervorheben wollten.

Die Tempelanlage war damals eine **Stadt in der Stadt,** in der lediglich Priester, Beamte und der König mit seinen Bediensteten wohnen durften. Sie war von Wassergräben umgeben und hatte etwa 20.000 Einwohner. Die Menschen lebten in Hütten aus Holz, die auf den offenen Flächen zwischen den steinernen Bauwerken standen. Obwohl als hinduistisches Heiligtum erbaut, nahmen sich nach dem Untergang des Angkorreiches buddhistische Mönche seiner an, pflegten die

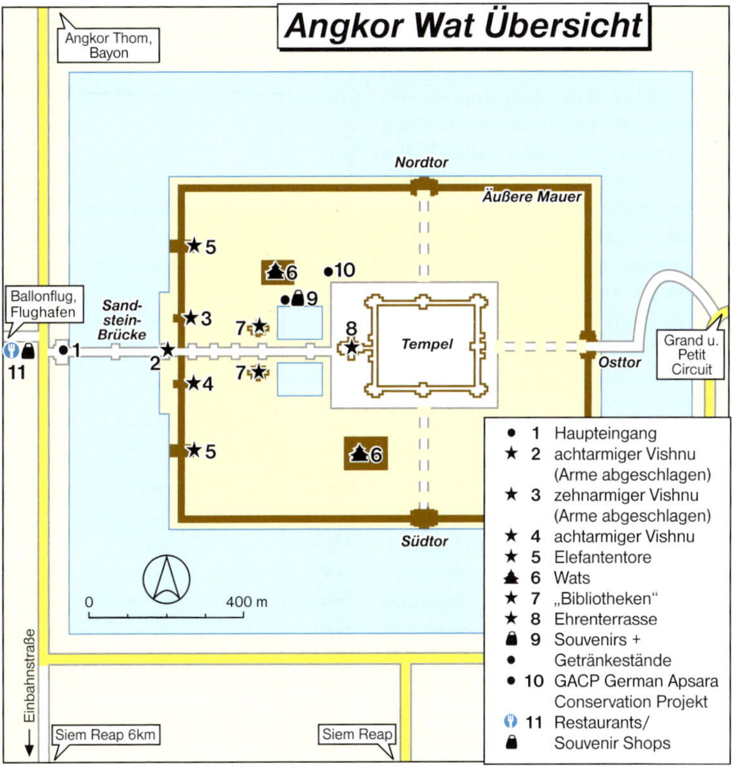

gewaltigen Bauwerke von Angkor Wat so gut es ihnen möglich war und errichteten zwei Pagoden. Die vielen Buddhastatuen, die jetzt anstelle von Vishnu überall im Tempel zu finden sind, ziehen viele Pilger an, die sich hier an diesem mythischen Ort eine Lösung ihrer Probleme versprechen.

Umgeben ist Angkor Wat von einem 150 Meter breiten Wassergraben, mit den Seitenlängen 1000 mal 800 Meter. Wer die Stadt besucht, sollte sich bewusst sein, dass er die perfekte **Nachbildung des Universums,** wie es in der hinduistischen Mythologie beschrieben wird, betritt. Die Wassergräben symbolisieren das Urmeer, Gräben und Galerien die Gebirgsketten und die Türme den Sitz der Götter.

Aus der Luft betrachtet, erscheint Angkor Wat wie ein massives Steingebäude aus einem Guss. Doch bei näherer Betrachtung stellt sich heraus, dass es sich um eine geometrisch exakt durchdachte Anordnung von Türmen, Galerien, Zimmern, Portalen und Höfen handelt, die auf verschiedenen Ebene stehen und durch Treppen verbunden sind. Auf der dritten, der sich nach oben verjüngenden Ebenen, stehen die berühmten fünf **Türme von Angkor Wat.** Ganz gleich welche politischen Ziele die verschiedenen Machthaber in Phnom Penh auch verfolgten, die Türme fehlten als Zeichen der einstigen Größe des Reiches auf keiner Nationalflagge. Je vier stehen an den Ecken, und der höchste, das Grabmal *Suryavarman II.* in der Mitte. Sie haben die Form einer Lotusknospe.

Wer Angkor Wat besucht, überquert zuerst das Urmeer auf einer 150 m langen Sandsteinbrücke. Nach der Durchschreitung des **Eingangsportals** entfaltet sich die Größe von Angkor Wat. Durch die Tore rechts und links des Haupteingangs hatten einst die Elefanten Zugang zum Tempelbezirk. Rechts am Eingang steht ein achtarmiger Vishnu.

Ein Damm von 350 m Länge, flankiert von einer Balustrade in Form des Schlangenkörpers der Naga, führt den Besucher direkt zum Zentrum des Heiligtums. Auf diesem Weg passiert er die rechts und links gelegenen sogenannten **Bibliotheken.** Die genaue Bedeutung dieser für hinduistische Tempel typischen Gebäude ist unbekannt, jedoch vermutet man, dass sie der Aufbewahrung von Opfergaben und gesegneten Objekten dienten.

Kurz vor dem Eingangsportal besteigt man eine kreuzförmige Plattform, die sogenannte **Ehrenterrasse.**

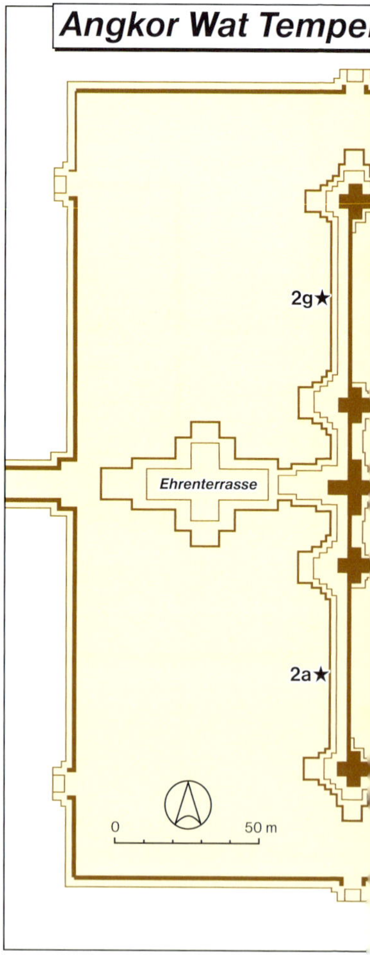

★ 1 Echohalle
★ 2 Flachreliefs
★ 3 Galerie der 1000 Buddhas

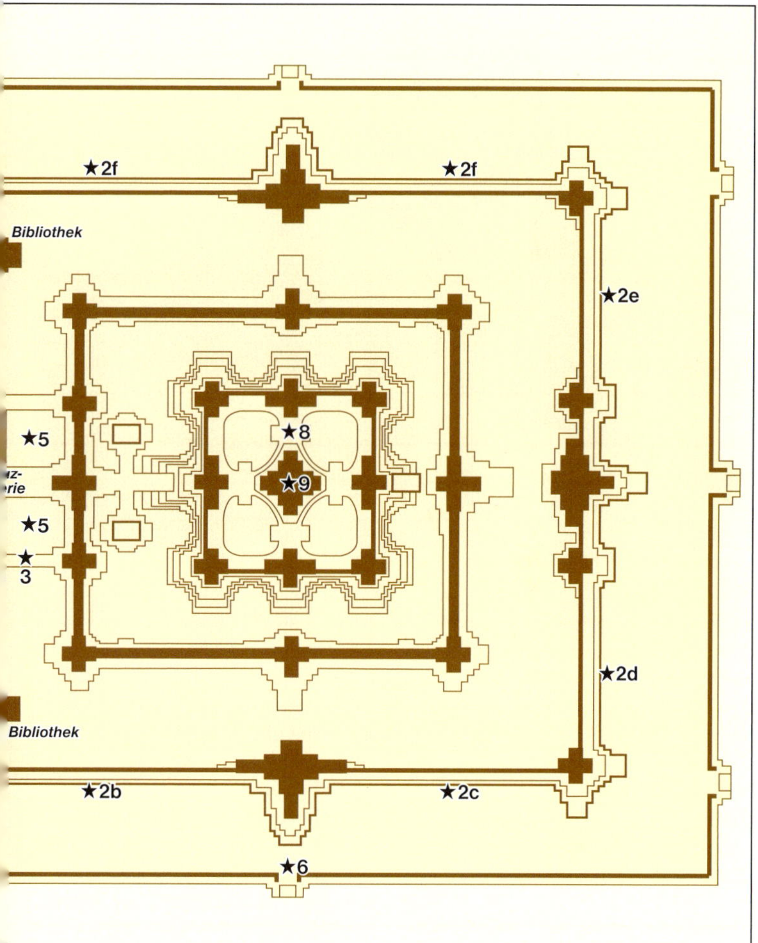

★ 4 große Buddhastatue
★ 5 heilige Bäder
★ 6 Elefantenzugang für den König
★ 7 Außentürme
★ 8 ruhender Buddha
★ 9 Hauptturm

606ka Foto: an

Hier wird heute wieder, wie schon vor 1970, der klassische Khmer-Tanz aufgeführt. Im Frühjahr 1996 war sie Kulisse für das *Internationale Ramayana Festival,* bei dem Tänzer aus Indien, Indonesien, Laos, Malaysia, Singapur und Thailand ihre Interpretation dieses berühmten Hindu-Epos vorführten. Durchschreitet man nun den Eingang des ersten Gebäudes, erstreckt sich rechts und links die berühmte Galerie der Flachreliefs, die später noch beschrieben wird.

Auf geradem Weg zum Zentrum des Heiligtums, wo die berühmten fünf Türme stehen, durchschreitet der Besucher als nächstes die **Kreuzgalerie.** Sie dient als Verbindungsgebäude zwischen der ersten und zweiten Ebene. Auf der rechten Seite liegt die „Galerie der 1000 Buddhas". Der Name ist irreführend, da hier lediglich ein paar Dutzend Buddhastatuen stehen, von denen die meisten enthauptet sind. Im Zentrum steht ein etwa drei Meter großer Buddha, der von den hierher kommenden Pilgern hoch verehrt wird. Er wurde aus einem einzigen Sandsteinblock herausgemeißelt. Die

Eingangsportal

Galerie auf der linken Seite wird wegen ihrer ungewöhnlichen Akustik „Echohalle" genannt. Die Resonanz der Halle lässt sich am besten hören, wenn man ans Ende des Ganges geht, sich ins linke Fenster stellt und mit seinen akustischen Experimenten beginnt.

Eine Treppe führt hinauf zur zweiten Ebene, auf der der **zentrale Bau mit den fünf Türmen** steht. Sie ist umgeben von einer Galerie, die mit über 1600 Apsaratänzerinnen verziert ist, von der keine der anderen gleicht. Zwölf sehr steile Treppen, mit jeweils 40 Stufen, führen zu den Türmen hinauf. Die Fläche zwischen den vier Außentürmen ist aufgeteilt in vier quadratische, mit Steinplatten belegte Innenhöfe, die zwischen kaum dekorierten Galerien liegen. Der mittlere Turm, unter dessen Kuppel heute eine Buddhastatue steht, überragt die oberste Ebene um 42 Meter. Unter *Suryavarman II.* stand hier eine Statue von Vishnu, mit der sich der König nach seinem Tod vereinigte und die ihm den posthumen Namen „Paramavishnuloka" (der in Vishnus Paradies Weilende) einbrachte. Zu diesem höchsten Heiligtum hatten nur der König und der höchste Priester Zugang.

Die Flachreliefs

Sie bedecken eine Wandfläche von 800 Metern Länge und sind somit die längsten zusammenhängenden Flachreliefs der Welt. Der Besucher sollte sich bei der Betrachtung viel Zeit lassen, da dieser antike „Comicstrip" einen tiefen Einblick in die damalige Geschichte vermittelt und jeder Meter interessante Begebenheiten aus dem Alltag des alten Angkorreiches erzählt. Die Themen sind hauptsächlich den vielen Schlachten der Armee und den zwei indischen Epen, *Mahabharata* und *Ramayana,* entnommen. Nur bis zu dieser steinernen Wandzeitung hatte einst das gemeine Volk Zutritt.

Die Galerie mit den Flachreliefs beginnt nach dem ersten Portal, das nach Überschreiten der „Ehrenterrasse" durchquert wird. Sie wird gewöhnlich, nach rechts beginnend, entgegen dem Uhrzeigersinn besichtigt, um die logische Reihenfolge der Erzählung einzuhalten. In dieser Richtung durchschritt auch der Beerdigungszug von *Suryavarman II.* die Galerie.

Der rechte Teil der westlichen Galerie (siehe Grundriss: 2a) erzählt die Geschichte der **Schlacht von Kurukshetra** aus der hinduistischen Sage *Mahabharata*. Sie handelt von einem historischen Krieg in Indien zwischen den fünf Prinzen *Pandava* und ihren Cousins, den *Kauravas.* In diesem Epos rächt sich *Krishna* an seinem Onkel *Kamsa.* Er tötet ihn und macht sich selber zum König. Bald darauf schließt er sich *Balarama* und den *Pandavas* an und kämpft mit ihnen in einer Reihe blutiger Schlachten gegen die *Kauravas.*

Auf dem Halbrelief ist die entscheidende Schlacht dargestellt, in der die Infanterie unter musikalischer Begleitung einer Militärkapelle aufs Schlachtfeld zieht. Die *Kauravas* (von links) und die *Pandavas* (von rechts) marschieren auf das Zentrum zu, wo sie sich zum Gefecht treffen.

Die Generäle beobachten die Schlacht von Streitwagen, Elefanten und Pferden aus. Eine der tragischen Figuren ist *Bisma,* der Befehlshaber der *Kauravas,* der, von Pfeilen durchbohrt, sterbend am Boden liegt und dabei von seinen Soldaten umringt wird. *Arjuna* feuert einen Pfeil auf seinen Halbbruder *Krishna* ab und tötet ihn.

Die südliche Seite (2b) wird als die historische Galerie bezeichnet, da hier **Schlachten aus der Angkorperiode** dargestellt werden. Den Mittelpunkt bildet ein prächtiger Triumphzug der Khmer nach dem Sieg über ihre Feinde.Dicht gedrängt, mit langen Speeren bewaffnet, marschieren die Soldaten zurück nach Angkor. Zwischen das Fußvolk haben sich kleine Gruppen bewaffneter Reiter gemischt. Im Hintergrund laufen Elefanten mit, auf denen die großen Feldherrn der Schlacht sitzten. *Suryavarman II.,* dessen Haupt von einer kegelförmigen Haarpracht geziert wird, ist in der Mitte der Galerie zu finden. Er unterscheidet sich von den anderen Feldherren dadurch, dass seine Diener insgesamt 15 Schirme über ihn halten. Am Ende des Feldes vereinigt sich die militärische Prozession mit einer Truppe Siamesen. Sie tragen eine Art Faltenrock mit Blumenmuster, Gürtel mit herabhängenden Schmuckstücken, geflochtene Haare mit federbesetzten Hüten und einen Schnurrbart. Bei ihnen handelt es sich wahrscheinlich um Händler oder Soldaten aus der heutigen Thaiprovinz Lopburi, die für die Armee von *Suryavarman* kämpften. In der rechten Hälfte der südlichen Galerie (2c) sind **die Qualen der 32 Höllen und die Freuden der 37 Himmel** dargestellt. Die fehlenden Teile des Flachreliefs wurden gestohlen bzw. bei einem Artillerieangriff 1971 herausgerissen. Fein gekleidete Frauen und Männer marschieren auf den 18armigen *Yama,* den Richter nach dem Tod, zu. Dieser sitzt auf einem Stier. Rechts von *Yama* ist das Bild durch eine horizontale Linie, welche aus Garudas besteht, in zwei Hälften aufgeteilt. Im oberen Teil leben die Auserwählten und werden von den Dienern bewirtet, während darunter die Verdammten grausame Qualen durchleiden müssen.

Die Szenen auf der **östlichen Galerie** (2d) sind die beeindruckendsten von Angkor Wat. Im Mittelpunkt steht das **„Quirlen des Milchmeeres“,** das seinen Ursprung in einer indischen Sage hat. Dämonen und Götter wühlen das Milchmeer auf, um an „Amrta“, das begehrte Lebenselixier, zu kommen, das beide Gruppen heftig begehren, da es Unsterblichkeit verleiht.

Die Szene spielt auf drei Ebenen. Auf der untersten sind echte und der Fantasie entsprungene Wassertiere zu sehen. Darüber stehen in einer Reihe 92 Asuras (Dämonen), die mit einem Kamm versehene Helme tragen, und 88 Devas (Götter), die an den mandelförmigen Augen und der kegelartigen Haartracht zu erkennen sind. Jede Gruppe zieht an einem Ende einer riesigen Schlange. Um das kostbare Elixier *Amrta* aus der Schlange zu wringen, halten die Dämonen den Kopf und die Götter den Schwanz, verdrehen ihren Körper und ziehen ihn vor und zurück. Dabei hilft der Affengott *Hanuman* auf der Seite der Devas mit. In der Mitte steht der Kriegsgott *Indra* auf dem Gott *Vishnu,* der hier als Schildkröte in Erscheinung tritt.

Ein wildes **Schlachtfeld mit vielen Elefanten** (2e) zeigt das Flachrelief auf der nördlichen Hälfte der östlichen Galerie. Der vierarmige *Vishnu* reitet auf seinem Garuda und kämpft gegen eine riesige Zahl von Dämonen.

Die im Verhältnis zu den anderen Flachreliefs weit weniger filigranen Arbeiten auf der **Nordseite** (2f) erzählen weitere Geschichten aus der hinduistischen Mythologie.

Die nördliche Hälfte der westlichen Galerie (2g) zeigt die **Schlacht von Lanka** (Sri Lanka). Diese Szene aus dem *Ramayana* handelt von einem harten Kampf zwischen *Rama* und dem Dämonenkönig *Ravana,* der 10 Köpfe und 20 Arme besitzt. *Ravana,* der *Sita,* die wunderhübsche Frau von *Rama,* entführt hat, wird am Ende besiegt. Die wichtigsten Figuren sind dabei die Affenkrieger, die auf *Ramas* Seite gegen die Dämonen kämpfen. Etwa im Zentrum steht *Rama* auf den Schultern von *Hanuman.* Zu seiner Rechten kämpfen die befreundeten *Sugrivas,* zu seiner Linken *Laksmana* mit Kegelkopfschmuck sowie Pfeil und Bogen. *Ravana* fährt auf einem Streitwagen, der von prächtigen Löwen gezogen wird. *Nala* der Affe, der die Brücke für *Rama* nach Lanka baute, lehnt sich an die Köpfe von zwei Löwen. Dabei wirft er den Körper eines Kriegers, den er gerade getötet hat, hinter sich.

Angkor Thom (mit Bayon)

Angkor Thom, „die große Hauptstadt", wurde um 1200 von *Jayavarman VII.,* dem fleißigsten Bauherrn und letzten großen König in der Geschichte Angkors errichtet. Es war eine befestigte Stadt, umgeben von einer Stadtmauer und Wassergräben, in der Priester, Beamte und das Militär lebten. *Jayavarman* diente sie als Administrationszentrum seines Reiches. Während der Blüte Angkor Thoms lebten hier mehr Menschen als in jeder Stadt in Europa im 20. Jahrhundert. Auf der Fläche dieser antiken Großstadt stehen noch viele weitere architektonische Meisterleistungen aus der Angkorperiode, die zum Teil schon unter früheren Königen errichtet wurden. Im Zentrum von Angkor Thom liegt der Bayon (s.u.).

Wie die anderen Tempel versinnbildlicht Angkor Thom den Mikrokosmos nach der Vorstellung des hinduistischen Glaubens. Auf der etwa neun Quadratkilometer großen Fläche stehen mehrere gewaltige Buddhastatuen zwischen monumentalen Urwaldbäumen; in abseits der Hauptstraßen gelegenen Pagoden leben Mönche noch wie vor Hunderten von Jahren.

An fast allen Tempeln in Angkor finden zurzeit **umfassende Renovierungsarbeiten** statt.

Die Stadttore

Das südliche Stadttor, durch das die meisten Besucher Angkor Thom betreten, liegt 8 Kilometer von Siem Reap entfernt. Ein 50 Meter breiter Wassergraben, in dem früher Krokodile ge-

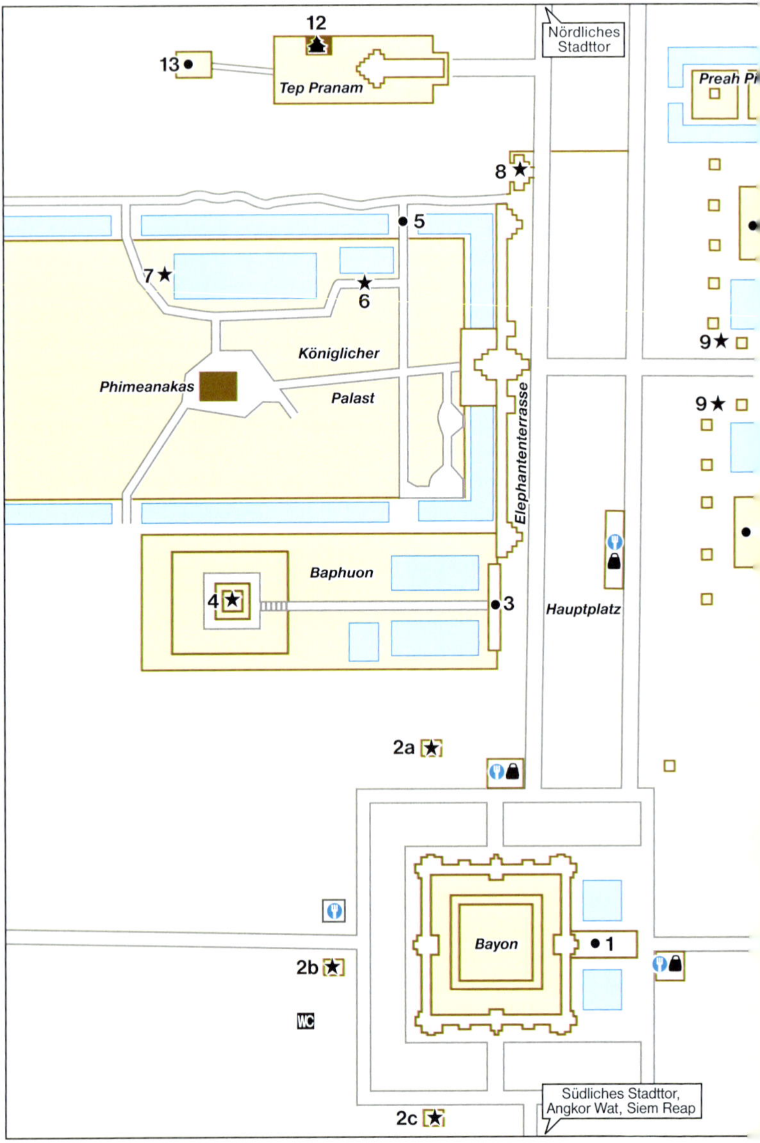
12
13
Tep Pranam
Nördliches Stadttor
Preah Pi
8
5
7
6
Königlicher
Phimeanakas
Palast
9
9
Elephantenterrasse
Baphuon
4
3
Hauptplatz
2a
Bayon
1
2b
WC
2c
Südliches Stadttor, Angkor Wat, Siem Reap

Angkor Thom (Zentrum)

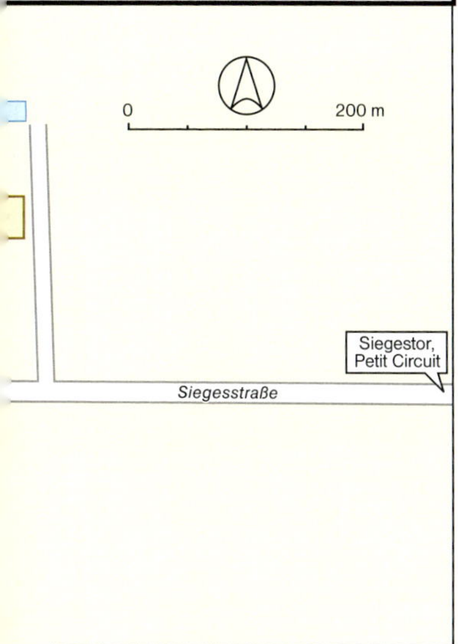

- ● 1 Haupteingang
- ★ 2 Große Buddhastatuen (mit Zement restauriert)
- 2a Preah Ngok
- 2b Preah Kok Thlok
- 2c Preah En Tep
- ● 3 Eingang zum Baphuon
- ★ 4 ruhender Buddha
- ● 5 Eingang zum Phimeanakas
- ★ 6 Bad für die Konkubinen des Königs
- ★ 7 Bad für die Männer
- ★ 8 Terrasse des Leprakönigs
- ★ 9 Die zwölf Prassat Suor Prat
- ● 10 Nördlicher Kleang
- ● 11 Südlicher Kleang
- 12 Wat
- ● 13 Preah Palilay

- WC Toiletten
- Getränke- und Essensstände
- Shopping

lebt haben sollen, umgibt die 12 Kilometer lange, im Quadrat angelegte Stadtmauer. Insgesamt gibt es fünf Stadttore. Vier sollen die Himmelsrichtungen symbolisieren und befinden sich jeweils in der Mitte zwischen den Eckpunkten der Mauer. Die Straßen, die durch sie hindurchführen, schneiden sich genau im Zentrum von Angkor Thom, wo der Bayon steht. Das fünfte Tor, das Siegestor, liegt an der Ostseite, auf Höhe der Elefantenterrasse. Jedes Tor ist mit einem 23 Meter hohen Turm, der an sich schon ein architektonisches Kunstwerk ist, überdacht. Von jedem Turm blicken vier gewaltige Gesichter herunter; das Symbol aller unter *Jayavarman VII.* errichtete Bauwerke. Die untere Hälfte des Turmes stellt einen Elefanten dar, der Lotusblumen mit seinem Rüssel pflückt. Indra, ein hinduistischer Kriegsgott, sitzt auf dem Dickhäuter und hält einen Blitz in der Hand. Auf jeder Seite sitzt eine himmlische Nymphe.

Die Brücken, die über den breiten Graben zu den Toren führen, werden von Steinfiguren flankiert. Es handelt sich dabei jeweils um 54 Götter (auf der linken Seite) und 54 Dämonen (auf der rechten Seite), die je eine riesige Schlange (Naga) tragen. Die Dämonen sind an ihrem grimmigen Gesichtsausdruck und den Helmen zu erkennen, während die Götter mit ihren mandelförmigen Augen und ihrer kegelartigen Kopfbedeckung Heiterkeit ausstrahlen. Wie auf dem Flachrelief in Angkor Wat ist auch diese Szene dem indischen Epos über das „Quirlen des Milchmeeres“ entnommen.

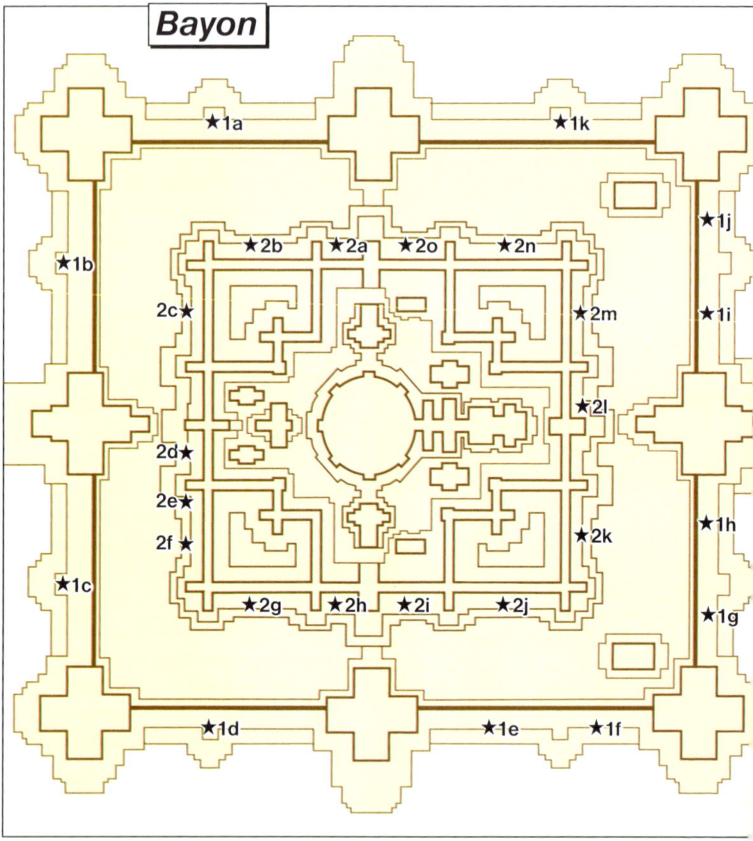

Der Bayon

Von der Ferne wirkt der Tempel wie ein massiver Felsklotz im Dschungel. Doch bei näherer Betrachtung entpuppt sich der Bayon als architektonisches Meisterwerk, dessen Originalität viele Besucher in noch größere Begeisterung versetzt als Angkor Wat. Verschachtelte Galerien, filigrane Flachreliefs und ein Chaos an verwinkelten, dunklen Räumen mit Buddhareliquien ziehen Touristen wie Pilger magisch an. Doch am beeindruckendsten sind die etwa 200 gewaltigen Gesichter mit ihrem zu Stein erstarrten Lächeln, die den Besucher erschaudern lassen.

Die Errichtung des Bayon begann etwa 100 Jahre nach der Fertigstellung

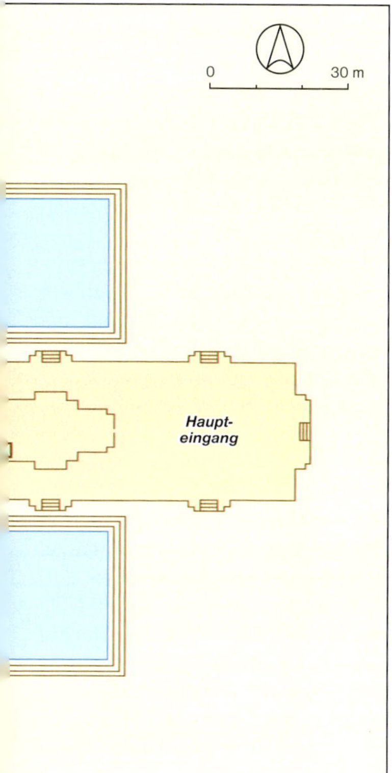

★1a-k Flachreliefs der äußeren Galerie
★2a-o Flachreliefs der inneren Galerie

Angkor Wats. Da er mindestens zweimal durch bedeutende Erweiterungsarbeiten verändert wurde, ist es heute schwierig, genau festzustellen, welche Teile zu welcher Zeit gehörten. Vermutlich handelte es sich beim ersten Tempel um einen Flach-Tempel, ähnlich dem Ta Prohm. Der Mittelteil des Bayon entstand in der zweiten Phase, und der mächtige Aufbau, der ihm seinen heutigen Charakter verleiht, kam beim letzten Umbau hinzu.

Ende des 12. Jahrhunderts wurde der Bayon von *Jayavarman VII.* zum buddhistischen Heiligtum umgebaut.

Der **Grundplan** des Bayon ist einfach. Er besteht aus drei Ebenen, wobei die erste und zweite Stufe von quadratischen Galerien umgeben ist, die mit eindrucksvollen Flachreliefs verziert wurden. Den Höhepunkt der Baukunst stellt das Heiligtum im Zentrum der dritten Ebene dar. In unterschiedlicher Höhe, stehen 54 Türme, mit den berühmten Gesichtern, die in die vier Himmelsrichtungen blicken. Der Turm in der Mitte, der früher vermutlich vergoldet war, besteht als einziger aus acht Antlitzen. Unter der Kuppel dieses Turmes sitzt heute mitten in einem Irrgarten aus dunklen Gängen und verschachtelten Räumen ein aus Zement gegossener Buddha, vor dem die Gläubigen Räucherstäbchen opfern.

Die ersten Forscher gingen davon aus, dass es sich bei dem Bayon um einen Königspalast handelte. Doch durch seine Lage im Zentrum von Angkor Thom ist heute gesichert, dass er den **Berg Meru** darstellen sollte. Im Prinzip machte *Jayavarman VII.* mit dem Bau von Angkor Thom und dem Bayon nichts anderes als seine Vorgänger und errichtete seine irdische Vorstellung von der hinduistischen Kosmologie der Welt. Der einzige Unterschied war, dass er dem Mahayana-Buddhismus angehörte. Doch er verwarf nicht die Symbole seiner Vorgänger, sondern integrierte sie mit kleinen Änderungen in den neuen Glauben. Die Lingas, Symbole Shivas, die in einigen Räumen zu finden sind, stammen aus dem 14. Jh. Damals erlebte der Hinduismus eine kurze Renaissance, wobei der Bayon in ein Hinduheiligtum verwandelt wurde.

Über die **200 Fratzen,** von denen jeweils vier Gesichter von 54 Türmen in je eine der vier Himmelsrichtungen blicken, schrieb einer der ersten französischen Entdecker: „Sie erscheinen überall, und ich musste feststellen, dass ich in jedem Winkel von diesen viergesichtigen Visagen angestarrt wurde." Lange Zeit rätselten Wissenschaftler darüber, wen diese Gesichter darstellen sollten. Zuerst glaubte man, es handle sich um **Brahma,** den Gott, der lt. der hinduistischen Mythologie die Erde erschuf. Er wird zum Zeichen seiner Allgegenwärtigkeit mit vier Gesichtern abgebildet. Andere waren der Ansicht, es müsse sich um ein Selbstporträt *Jayavarmans VII.* handeln.

Doch 1924 kam *Henri Parmentier* des Rätsels Lösung auf die Spur, als er einen Ziergiebel fand, auf dem eine buddhistische Figur abgebildet war, die mit den monumentalen Gesichtern in Verbindung gebracht werden konnte. Es handelte sich um *Lokesvara,* einen **Bodhisattva** aus dem Mahayana-Buddhismus. Ein Bodhisattva ist ein Wesen, das die höchste Stufe auf dem Weg zur Erleuchtung erreicht hat, an der Schwelle zum Nirwana steht und selbst zum Buddha werden kann. Aus Mitleid mit den Menschen verzichtet es aber auf diesen letzten Schritt, um ihnen auf der Erde bei der Suche nach der ewigen Glückseligkeit helfen zu können. Heute sind die Archäologen davon überzeugt, dass sowohl die Gesichter des Bayon wie die an den Eingangstoren zu Angkor Thom und anderen von *Jayavarman VII.* erbauten Eingangstoren diesen *Lokesvara* darstellen sollten.

Der Bayon hat drei **Eingänge:** einen im Süden, auf den die Straße zuläuft, die von Angkor Wat kommt; den früheren Haupteingang im Osten, und den Eingang im Norden, über den heute die meisten Besucher den Tempel betreten. Hier befinden sich Souvenirläden, Getränkestände und ein Parkplatz. Deshalb beginnen die Erklärungen zu den Flachreliefs auch am Nordeingang und werden entgegen dem Uhrzeigersinn beschrieben.

Die Außenwände der beiden Galerien sind mit eindrucksvollen **Flachreliefs** verziert, deren Darstellungen viel vom Leben der damaligen Menschen erzählen. Wer tiefere Einblicke in das faszinierende Zeitalter von *Jayavarman VII.* und *Yasovarman I.* gewinnen möchte, sollte sich diese mit einem fachkundigen Führer ansehen. Die wissenschaftliche Deutung der „Wandzeitung" ist sehr schwierig. Deshalb schweift so mancher selbsternannte Fachmann gerne ins Reich der Legenden ab und verkauft seine eigenen Interpretationen als bewiesene Fakten. Egal, ein Guide wird dem Besucher auf jeden Fall die Augen für Details öffen, die jener sonst nicht entdecken würde. Im Vergleich zu Angkor Wat sind die Reliefs tiefer, weniger feierlich im Ausdruck, dafür aber wesentlich lebhafter in ihrer Darstellung.

Die Arbeiten an der **äußeren Galerie** zeigen überwiegend Szenen aus dem täglichen Leben der alten Khmer. Märkte, Fischer vom See Tonle Sap, Festivitäten mit wilden Hahnenkämpfen und Schaustellern sowie die Geburt eines Kindes wechseln sich ab mit historischen Schlachten und Triumphzügen, die vom ständigen Kampf mit den Cham erzählen. Die äußere Galerie war auch für das Volk zugänglich.

● **1a.** (Nummerierung siehe Grundriss Bayon). Diese nicht vollendete Wand zeigt Szenen aus dem täglichen Leben, dem Krieg und einen Zirkus. Letzterer ist rechts außen zu sehen und zeigt Artisten, denen der königliche Hof von einer Terrasse aus zusieht. Auch eine Gruppe meditierender Asketen und Frauen, die an einem Fluss Geschenke empfangen, sind abgebildet.

● **1b.** Auch hier sind die Steinmetzarbeiten nicht beendet worden. Die Bilder erzählen vom Kampf der Khmer-Armee mit den Thais Anfang des 13. Jh., als die Siamesen Angkor für sieben Monate besetzt hielten.

● **1c.** Die unvollendeten Szenen zeigen das tägliche Leben im 13. Jh. und Versammlungen, wie sie der damals sozial und demokratisch engagierte *Jayavarman VII.* abhalten ließ.

● **1d.** In einer Zeremonie rüstet sich die Khmer-Armee, um in den Kampf zu ziehen.

● **1e.** Im Zentrum dieser hervorragenden Arbeiten steht eine entscheidende Seeschlacht um 1177 auf dem See Tonle Sap zwischen den Khmer und den Cham. Die Cham sind an ihrer Kopfbedeckung zu erkennen, die an eine umgestülpte Lotusblume erinnert. Die Künstler haben viel Mühe auf die prächtige Darstellung der Boote verwandt, in denen Ruderer sitzen, die mit Speeren, Schildern und Pfeil und Bogen bewaffnete Soldaten in die Schlacht bringen. Während der Kämpfe schleudern sich die Gegner gegenseitig über Bord und werden im Wasser von Krokodilen gefressen. Auch Szenen aus dem Alltag sind hier zu sehen, unter anderem eine Frau, die ein Kind gebärt, zwei Männer, die Schach spielen, und die Zubereitung von Speisen.

● **1f.** Wieder stehen die unter 1e erwähnten Kämpfe der Khmer gegen die Cham auf dem Tonle Sap im Mittelpunkt. Der untere Teil des Halbreliefs zeigt das Leben am „Großen See". Menschen, die Waren tragen, um sie auf dem Markt zu verkaufen, Frauen beim Entlausen, Jäger, Männer beim Schachspiel, Musiker mit einer Art Harfe und anderes.

● **1g.** An der Ostseite sind die eindrucksvollsten Reliefs des Bayon zu bewundern. Im linken Viertel wird die Khmer-Armee im letzten Kampfjahr, mit den Cham 1180, gezeigt. Links oben wird ein Büffel geopfert.

● **1h.** Dieser Teil besteht aus drei Stufen, die dem erfolgreichen Rückzug der Khmer-Soldaten nach vier Jahren Krieg gegen die Cham gewidmet sind. Auf der untersten Ebene marschiert die Armee in einer Prozession auf Elefanten und in Ochsenkarren zurück nach Angkor. Musiker begleiten die Krieger. Rechts unten sind Chinesen zu sehen, die damals als Händler in Angkor lebten und den Khmer beim Kampf gegen ihren Feind im Osten halfen. Auf der mittleren Ebene werden die Toten in Särgen nach Hause gebracht. Oben sind die Feldherren zusammen mit *Jayavarman VII.,* der an einem schützenden Regenschirm zu erkennen ist, abgebildet. Sie reiten auf Elefanten und Pferden Richtung Angkor.

● **1i.** Auf drei Ebenen ist abermals eine grausame Schlacht der zwei Erzfeinde dargestellt. Viele Verwundete und Tote mit abgetrennten Gliedmaßen und Köpfen liegen am Boden.

● **1j.** Auch hier wird um Angkor gekämpft. Die Armee der Khmer steht auf der linken Seite, die Cham, deren Kämpfer an der Kopfbedeckung zu erkennen sind, haben sich auf der rechten Seite formiert.

● **1k.** Dieses Flachrelief zeigt das Jahr 1177, als die Cham Angkor besetzt hatten. Die Khmer sind dabei, einen Berg zu besteigen, um von dort ihre Feinde aus Angkor zu vertreiben. Dabei gibt es viele Verletzte und Tote. Diese Wand, einst in sich zusammengebrochen, wurde von den Franzosen wieder aufgebaut.

Die Inhalte der Darstellungen in der **inneren Galerie** beziehen sich auf Geschichten und Epen der hinduistischen Mythologie sowie die Beschreibung der Größe des Königs *Yasovarman I.* Diese Reliefs sind wesentlich stärker verwittert und teilweise schwierig zu erkennen und zu interpretieren. Sie sollen bereits von *Yasovarman I.* Ende des 9. Jh. erschaffen worden sein. Damit wären sie also weitaus älter als der Bayon selbst. Die Reliefs sind im Vergleich zur äußeren Galerie weniger zusammenhängend, da sie häufig durch Räume, Gänge und Türme unterbrochen werden.

- **2a.** Shiva in verschiedenen Abbildungen und Inkarnationen.
- **2b.** *Yasovarman* I. mit seiner Frau bei einer Bootsreise auf dem Tonle Sap.
- **2c.** Szenen aus dem Hinduepos über das „Aufwühlen des Milchmeeres".
- **2d.** Hier sind die Arbeiten bei der ersten Bauetappe des Bayon zu sehen. Menschen beim Tragen von Baumaterial, beim Vermessen und beim Meißeln. Darüber thront der Hindugott Vishnu, der als der Erhalter der Erde gilt. Rechts von ihm steht *Yasovarman I.* mit dem Architekten des Tempels.
- **2e.** Szenen aus dem Hinduepos Ramayana zeigen den Held *Rama* mit seiner Frau *Sita*.
- **2f.** Vishnu sitzt auf seinem Reittier Garuda und kämpft mit Dämonen.
- **2g.** Auf der linken Seite der Wand empfängt *Yasovarman I.* Geschenke von seinem Volk. In der Mitte wird Gott Vishnu verehrt. Auf der rechten Seite fressen Geier einen toten Menschen.
- **2h.** Der Lehrer *Yasovarmans I.*, ein Eremit, der außerhalb des Tempelbezirkes im Urwald lebt, kommt den König besuchen.
- **2i.** Diese Wandarbeiten erzählen Geschichten aus dem Leben *Yasovarmans I.*, zeigen seine Frau im Palast, eine Linga auf einer Lotusblume und einen Brahmanen, der eine Linga anbetet.
- **2j.** Eine Prozession von *Yasovarman I.*, in der Mitte ein Garuda und auf der rechten Seite der König, der gegen den Anführer der Cham kämpft.
- **2k.** *Yasovarman I.* zieht von Phnom Bakheng mit seinem Volk zu seiner neuen Residenz, im späteren Angkor Thom, um.
- **2l.** Rechts vom ehemaligen Haupteingang kämpft der König mit einer Schlange. Er schlägt ihr den Kopf ab und bekommt dabei vermutlich Lepra. Dies lässt sich daraus schließen, dass eine Art Heilerin ihm im darauffolgenden Bild versucht, die Finger zu strecken. Eine übliche Behandlungsmethode dieser weit verbreiteten Krankheit. Weitere Darstellungen zeigen den König, wie er von zwei hübschen Frauen und dem Hofstaat unterhalten wird.
- **2m.** *Yasovarman I.* bei einer Prozession auf einem Elefanten.
- **2n.** Links ist der König in seinem Palast zu sehen, umgeben von hübschen Tänzerinnen; rechts bringen er und sein Hofstaat seinem Meister und Lehrer, der im Urwald lebt, ein Opfer.
- **2o.** Links ist stark verwittert der Dämon *Ravana* mit seinen 24 Armen zu erkennen. Er versucht Shiva beim Meditieren auf dem Berg Kailasch zu stören. Rechts sieht man Shiva zusammen mit seiner Gemahlin *Parvati* auf seinem Reittier Nandi. Dabei hält er einen Dreizack in der Hand.

Baphuon

Nach den aufwendigen Restaurierungsarbeiten der *L'École Française d'Extrême-Orient* wird der Baphuon, der um 1060 von *Udayadityavarman II.* erbaut wurde, voraussichtlich 2010 wieder in altem Glanz erstrahlen. Die schwierige Zuordnung der zusammengestürzten Felsquader wurde mit Hilfe eines raffinierten Computerprogrammes gelöst. Größe und Lage der Steinbrocken wurden mit Hilfe von Schallwellen und Magnetfeldern erfasst, in ein eigens dafür entwickeltes Programm eingescannt und am Bildschirm zusammengesetzt. Dieser fünfstufige Tempelberg, der ebenfalls eine Nachbildung des Berges Meru war, besteht aus Sandstein und Laterit. Er misst an seiner Basis 100 mal 120 m, und die Spitze des Turmes überragte die Basis einst um 43 m. Zum Bau des Hügels mussten unzählige Kubikmeter Erde bewegt werden. Da man über wenig Erfahrung verfügte, gaben die Architekten dem Erdreich zu wenig Zeit, sich zu setzen, bevor sie mit der Errichtung des Tempels begannen. Die katastrophale Folge war, dass der gesamte Berg mitsamt seinem Aufbau in sich zusammenstürzte.

Der **Eingang** zum Baphuon liegt 200 m nördlich des Bayon. Nach einem kreuzförmigen Eingangstor führt der Weg über eine Brücke vorbei an zwei Srah (rechteckige Wasserbecken) zum Fuß des Tempelberges. Dieser steinerne Steg, der mit Sandsteinplatten belegt ist, wird von Hunderten von kleinen Säulen getragen.

Lohnend ist eine Besteigung des Gipfels und der Besuch der Rückseite (Westseite) des Tempels, wo die gesamte 50 Meter lange, untere Wand einen **liegenden Buddha** darstellt. Man muss jedoch zweimal hinsehen, um ihn zu erkennen. Er wurde nachträglich, im 15. Jahrhundert, angebaut. Der Kopf auf der linken Seite der Mauer ist relativ leicht zu erkennen. Beim verfallenen Eingangstor in der Mitte liegt die Hüfte, wobei das Tor selbst den Nabel darstellt. Um den Rest des Körpers zu sehen, bedarf es einiger Fantasie des Betrachters.

Phimeanakas (Himmlischer Palast)

Diesen Tempelberg, mit dessen Bau unter *Rajendravarman* begonnen wurde, stellte *Jayavarman V.* Anfang des 11. Jahrhunderts zu Ehren des Gottes Vishnu fertig. Auch dieses Bauwerk sollte den Berg Meru darstellen. Die Basis misst 35 mal 28 Meter. Die drei terrassenförmigen Aufbauten aus Laterit sind 12 Meter hoch. Das Heiligtum, das auf der obersten Terrasse steht, ist aus Sandstein und schließt mit einem Prasat ab, der von dem Chinesen *Chou Ta-Kuan* im 13. Jahrhundert beschrieben wurde: „Aus dem Palast erhebt sich ein goldener Turm, zu dem der König jede Nacht emporsteigt, um zu schlafen. Die Menschen glauben, dass in dem Turm ein Geist in Form einer neunköpfigen Schlange lebt, der der heimliche Herrscher des gesamten Königreiches ist. Jede Nacht erscheint er den Menschen in Gestalt einer Frau. Im Fall, dass er nur eine Nacht nicht auftauchen sollte, bedeutet dies den baldigen Tod des Königs."

Die Ecken der Terrassen zierten einst steinerne Elefanten, die heute teils verschwunden, teils enthauptet sind. Die Treppe hinauf zum Palast ist flankiert von steinernen Löwen. Der Name Phimeanakas setzt sich zusammen aus den zwei Sanskritwörtern *vimana* und *akasa,* die übersetzt „himmlischer Palast" bedeuten.

Jayavarman V. ließ den Phimeanakas später von einer rechteckigen Mauer (250 x 600 m) und Wassergräben einfassen und gründete hier, mit dem Tempelberg im Zentrum, seine neue Hauptstadt, die vorher in Koh Ker lag.

Von den zwei Pools an der nördlichen Stadtmauer wurde der größere von den Männern benutzt, während der kleinere den Konkubinen des Königs zum Amüsement diente.

Elefantenterrasse

An der Ostseite der Mauern, die den Phimeanakas einschließen, liegt die 350 Meter lange Elefantenterrasse. Sie bekam ihren Namen durch die fast lebensgroße Elefantenparade, die als Halbrelief auf dem Fundament dargestellt ist. Sie gilt als Hommage an dieses Tier, das zur damaligen Zeit von unverzichtbarem Wert beim Tempelbau, bei der Jagd und der Kriegsführung war. Sie wurde von Jayavarman VII. erbaut und diente ihm als Tribüne. Von der Mitte sahen der Herrscher, vom Seitenanbau, der durch ein Geländer in Form der Schlange Naga begrenzt wird, das einfache Volk den Spektakeln und Zeremonien auf dem Platz zu. Triumphzüge und Paraden zu Ehren des Königs und Spiele für die Massen, wie Elefantenkämpfe, Wasserbüffelreiten und Pferderennen, wurden dort veranstaltet. Die Terrasse aus Sandstein war einst überdacht durch eine verzierte Holzkonstruktion, deren Innenseite mit Spiegeln dekoriert war. Neben den Elefanten schmücken auch in Halbreliefs dargestellte Löwen und Garudas das Fundament.

Terrasse des Leprakönigs

Dieses etwa 6 Meter hohe Bauwerk hat seinen Namen von der Statue im Lotussitz, die auf ihr gefunden wurde. Sie stellt den Gott *Yama* (Gott des Todes) dar, denn hier, nördlich des Palastes, wurden die Leichen verbrannt. Doch die Einheimischen glaubten, es handle sich dabei um König *Yasovarman,* den Gründer Angkors, der vermutlich an Lepra starb. Schon längst ist das wertvolle Original der Statue im National-Museum in Phnom Penh und durch einen Zementabguss ersetzt. Wie notwendig diese Sicherheitsmaßnahme war, lässt sich daran sehen, dass sogar dieser Nachbildung bereits der Kopf gestohlen wurde.

Außergewöhnlich schöne Halbreliefs (Anfang des 13. Jahrhunderts) schmücken die Außenwände der Terrasse. Eine besonders gelungene Arbeit zeigt einen König, vermutlich *Jayavarman VII.,* mit seinem Schwert über der rechten Schulter. Neben ihm sitzen Frauen seines Hofes, die Perlenketten um den Hals tragen und sich Betelnüsse reichen.

Die vielleicht feinsten Steinmetzarbeiten von Angkor bleiben den Augen des flüchtigen Besuchers verborgen. In einem schmalen **Gang unterhalb der Terrasse,** dessen Eingang an der Südseite des Bauwerkes liegt und der als tiefer Graben die Terrasse zerteilt, verstecken sich an der Innenwand bestens erhaltene Halbreliefs von Apsaras, Dämonen und mehrköpfigen Nagas. Für die Existenz dieses mysteriösen Ganges gibt es zwei Theorien. Die erste geht davon aus, dass die Terrasse von *Jayavarman V.,* einem Anhänger des Hinduismus, erbaut wurde. Der buddhistische König *Jayavarman VII.* soll sie demnach erweitert und mit einer zweiten Mauer umgeben haben, um die hinduistischen Symbole zu verbergen und der Terrasse seine Handschrift zu verleihen. Die zweite besagt, dass die Architekten versuchten, die hinduistische Mythologie in ihren Bauwerken zu verwirklichen. Dieser Gang mit seinen Dämonen und Schlangen soll demnach plastisch getreu die Unterwelt symbolisieren, die von der äußeren Wand, die das wirkliche Leben darstellt, verborgen wird.

Die zwölf Prasat Suor Prat

Diese Laterittürme bilden den Hintergrund des Paradeplatzes von Angkor Thom. Je fünf von ihnen stehen nebeneinander, in Nord-Süd-Ausrichtung, zu beiden Seiten der Victory Avenue. Zwei stehen neben der Straße geringfügig nach Osten versetzt.

Die Einheimischen sind der Meinung, dass sie früher als **Gefängnisse** benutzt wurden. Dabei sollen Kläger und Angeklagter gemeinsam zwischen 2 und 15 Tage in denselben Turm gesperrt worden sein. Die Richter warteten auf eine Entscheidung der Götter, die an der Haut der Gefangenen sichtbar wurde. Wer von beiden zuerst ein Exzem oder einen Ausschlag bekam, war der Lüge überführt.

Archäologen glauben, dass sie von *Jayavarman VII.* als eine Art **Ehrengasse** für die Victory Avenue erbaut wurden. Im Inneren sollen Lingas oder Statuen gestanden haben.

Die Kleangs

Sie stehen östlich neben den zwölf Prasat Suor Prat und wurden von *Jayavarman V.* erbaut. Über die genaue Bedeutung der zwei Bauwerke ist man sich noch nicht im klaren. Da die wörtliche Übersetzung von Kleang „Geschäft" oder „Laden" bedeutet, könnten es Lagerhallen für Haushaltsgeräte wie Töpfe und Gefäße des königlichen Hofes gewesen sein.

Tep Pranam

Knapp 150 Meter nördlich der Terrasse des Leprakönigs biegt von der asphaltierten Straße nach links ein sandiger Pfad in den Wald ab. Er trifft nach weiteren 150 Metern auf die buddhistische Kultstätte Tep Pranam, die von *Jayavarman VII.* errichtet wurde. Auf einem kreuzförmigen Fundament stand früher einmal eine Pagode. Heute sitzt hier ein über vier Meter hoher Buddha, überdacht von einem pagodenähnlichen Gebäude. Nebenan leben hier Mönche, Nonnen und eine Anzahl Tempeljungen in ein paar einfachen Holzhütten.

Preah Palilay

Dieser Tempel, der von *Jayavarman VII.* erbaut wurde, liegt 150 Meter westlich von Tep Pranam, versteckt und wildromantisch unter großen Urwaldbäumen, noch ohne großen Restaurierungsrummel. Davor befindet sich eine Buddhastatue aus der Zeit *Jayavarmans VII.*, deren Kopf jedoch auseinandergebrochen war und mit Zement wieder ausgefüllt wurde. Früher beherbergte auch der Tempel eine riesige Buddhastatue, die aber schon lange zerstört ist.

Kleiner Rundgang/ Petit Circuit (ohne Angkor Wat und Angkor Thom)

Von Siem Reap aus führt der Petit Circuit (Kleiner Rundgang) zuerst nach Angkor Wat, am Haupteingang vorbei und dann nach Norden in Richtung Angkor Thom.

Phnom Bakheng

Neunhundert Meter hinter Angkor Wat liegt der Phnom Bakheng, auf den ein steiler Pfad hinaufführt, der den Besucher zu einem großartigen Tempel bringt, der von der Straße aus nicht zu sehen ist.

Der Tempel steht auf einem natürlichen Hügel, der 67 Meter hoch ist. Allein der Aussicht wegen lohnt sich der Aufstieg. Der **Ausblick** über das gesamte Gebiet von Angkor ist überwältigend. Im Südosten erheben sich die fünf Türme von Angkor Wat aus dem Tropenwald, und im Süden glitzert der Tonle Sap in der Ferne, davor ist der Berg Phnom Krom zu sehen. Phnom Bok liegt im Osten, Phnom Kulen im Nordosten und im Westen der Baray.

Yasovarman I. verlegte seine Hauptstadt Ende des 9. Jahrhunderts von Roluos auf den Berg von Bakheng, womit er den **ersten Tempel im heutigen Angkor** gründete. Phnom Bakheng, der wie die meisten folgenden Bauwerke den Berg Meru versinnbildlicht, ist fast im gleichen Stil wie Bakong in Roluos gebaut. Er war umgeben von einer gewaltigen, quadratischen Stadtmauer, deren Seitenlänge 4 Kilometer betrug. An den Ecken der obersten Plattform des fünfterrassigen, aus Sandstein errichteten Tempels, standen vier Türme, die fast vollkommen zerstört sind. Der Prasat in der Mitte ist noch relativ gut erhalten. Die fünf Türme enthielten zur Zeit *Yasovarman I.* eine Linga, das Symbol Shivas, dem der Tempel geweiht war. Von allen vier Himmelsrichtungen führen Treppen zum Zentrum des Bauwerkes. Sie sind jeweils von sitzenden Löwen flankiert. An den Ecken und rechts und links der Aufgänge stehen auf jeder Stufe Miniaturprasats, die kleine Heiligtümer waren.

Die Gesamtsumme aller Türme ergibt die Zahl 109. Möglich ist, dass sie, ohne den Turm im Zentrum mitzuzählen, einen **Kalender** mit den vier Mondphasen und den 27 Mondaufgängen symbolisieren sollten. Um den eigentlichen Tempelaufbau standen früher 44 Nebentempel, die aus Ziegeln erbaut waren.

Auf dem 1993 vom Urwald befreiten weitläufigen Vorplatz, ist unter einem Holzpavillon ein überdimensionaler **Fußabdruck Buddhas** zu sehen.

Der Phnom Bakheng ist der beste Platz in Angkor, um den **Sonnenuntergang** zu genießen. Diese „touristische Kulthandlung" zieht abends große Scharen von Besuchern an.

15 Dollar kostet das Erlebnis, den Tempelberg, wie einst Könige und Feldherren, auf dem Rücken eines Elefanten zu besteigen. Sehenswert sind die traditionellen Stallungen der Dickhäuter, die nur 150 Meter entfernt auf der anderen Straßenseite im Dschungel liegen.

Baksei Chamkrong

Die Besteigung dieses vierstufigen, Anfang des 10. Jahrhunderts von *Harsavarman I.* erbauten Tempels, verlangt Trittsicherheit und Schwindelfreiheit. Nach den großen Bauleistungen seiner Vorgänger erscheint die Baksei Chamkrong als bescheidene Hinterlassenschaft eines Königs von Angkor. Doch das, was sie interessant macht, sind die architektonischen Neuerungen (Baumaterial aus Laterit, ein einziger Tempel auf der obersten Plattform), die für die Baumeister der späteren, gewaltigen Bauwerke richtungsweisend wurden.

Thommanon

Dieser Tempel aus Laterit und Sandstein wurde Anfang des 12. Jahrhunderts, früher als Angkor Wat, erbaut. Er besteht aus einem zentralen Heiligtum mit einem Prasat, der eine ähnlich kegelartige Form wie die später erbauten Türme von Angkor Wat hat. Das einzige, was sonst noch erhalten geblieben ist, sind die zwei Eingangspavillons (links bzw. nördlich der Straße).

Chaosay Tevoda

Sie wurde zur selben Zeit errichtet wie Thommanon, jedoch dem Gott *Shiva* geweiht. Die Chaosay Tevoda besteht aus einem zentralen Heiligtum, das mit Scheinfenstern und mit weiblichen Göttern verziert ist (rechts bzw. südlich der Straße).

Spean Thma

Diese steinerne Brücke, die unter *Jayavarman VII.* erbaut wurde, überspannte den Siem Reap Fluss. Nur wenige Meter flussaufwärts dreht sich ein imposantes Mühlrad.

Ta Keo

Ta Keo ist ein typischer Tempelberg der Angkorperiode. Er besteht aus fünf sich nur wenig verjüngenden Stufen, wodurch sich die Besteigung sehr steil und anstrengend gestaltet. Es handelt sich um den ersten, bis auf das Fundament vollkommen aus Sandstein errichteten Tempel. Er hat eine Höhe von über 50 Metern. Auf dem obersten Plateau stehen fünf Türme, die in alle vier Himmelsrichtungen offene Türen haben und in der Quinkunxstellung angeordnet sind.

Mit dem Bau des klotzig erscheinenden Tempels wurde Ende des 10. Jh. unter Jayavarman V. begonnen. Suryavarman I. setzte den Bau des Heiligtums, das dem Gott Shiva geweiht war, fort. Der Bulle Nandi, das Reittier dieses Hindugottes, sitzt heute noch am Haupteingang, der früher auf der Ostseite war. In den Prasats befinden sich Lingas.

Besonders auffällig ist die gute Qualität des Sandsteines, der über 70 Kilometer auf Booten hierher transportiert wurde. An der geringen Verwitterung lässt sich erkennen, dass er zum besten Material gehört, aus dem in Angkor Tempel errichtet wurden. Auffällig ist, dass die fünf Prasats keinerlei ornamentierte Flächen aufweisen. Das liegt wahrscheinlich daran, dass die Bauarbeiten an Ta Keo aus nicht bekannten Gründen abgebrochen wurden und somit der Tempel nie seine geplante Bestimmung erfüllte.

Krankenhauskapelle (Chapel of the Hospital)

Dieses Bauwerk mit der Grundform eines Kreuzes wurde durch einen Eingangsturm aus Sandstein und Laterit betreten. Hier fand man detaillierte Inschriften über die 102 Krankenhäuser, die *Jayavarman VII.* erbauen ließ. Die Kapelle wurde Ende des 12. Jahrhunderts errichtet. Sie liegt gegenüber dem Ta-Keo-Tempel.

Ta Prohm

Wenn die Anzahl der Getränkestände und Souvenirverkäufer ein Indiz für die touristische Beliebtheit eines Tempels ist, dann wäre Ta Prohm der Favorit. Da es so viele Bauwerke in Angkor gab, entschlossen sich die Archäologen der *L'École Française d'Extrême Orient* einen Tempel so zu belassen, wie sie die gesamte Tempelstadt bei ihrer Entdeckung vorgefunden hatten. Ta Prohm legt beeindruckend Zeugnis ab über die Vergänglichkeit der Menschenwerke und die Macht der Natur.

Wie Tentakeln von riesigen Kraken umarmen die mächtigen Wurzeln der **Urwaldriesen** die Türme, Fassaden, Portale und Mauern dieses Bauwerkes. Sie sprengen selbst die dicksten Wände, doch bewahren sie sie durch ihre Umklammerung, vorm Einsturz, wodurch sie gleichzeitig Zerstörer und Erhalter in einem sind. Die Natur als gemeinsame Inkarnation von *Vishnu* und *Shiva*. Die Zeit hat in Abwesenheit des Menschen hier ihr eigenes Kunstwerk geschaffen. Wurzeln huschen wie Schlangen durch dunkle, von Ein-

657-ka Foto: an

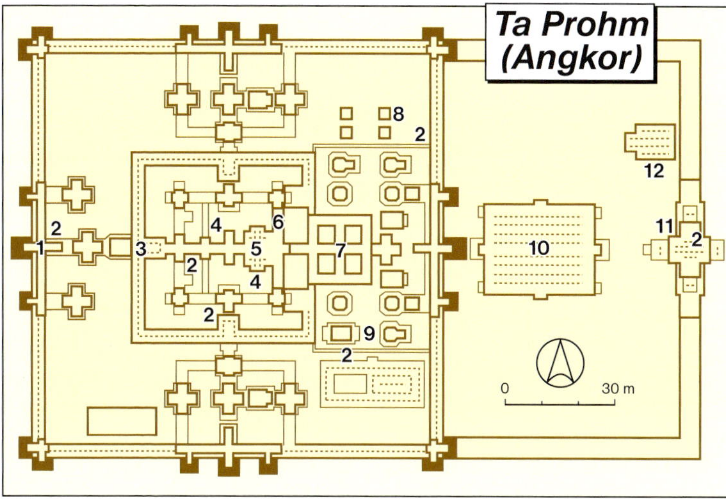

1 Eingangsportal
2 Riesige Würgefeige
3 Eingang zum Innern des Tempels
4 Tempelhof
5 Zentraler Turm
6 Tor in der Galerie mit riesiger Würgefeige
7 Zusammengestürzte Galerien mit versteckten Asparas
8 Echoturm
9 Bibliothek
10 Höfe, von Galerien umgeben (Asparas), nicht betretbar – Einsturzgefahr
11 Ostportal; ehemaliger Haupteingang
12 Säulenhalle

sturz bedrohte Galerien, Reliefs sind von einem Kranz aus Blättern künstlerisch eingerahmt, und vor manchem Portal haben sich über die Jahre hölzerne Säulen gebildet. Das Durcheinander von eingestürzten Türmen und Galerien macht den gesamten Tempel zu einem unheimlichen Labyrinth.

Osbert Sitwell, einer der ersten Besucher, beschrieb seinen Eindruck so: „Wurzeln, von riesiger, unvorstellbarer Größe, so dick wie Bäume in nördlichen Breitengraden, schieben sich

Ta Prohm – Wurzeln wie Krakenarme

zwischen die Pfeiler des Klosters und brechen es mit der Leichtigkeit eines Riesen, der eine Walnuss in seiner Hand zerdrückt, auseinander. An den Dächern wird gezogen, gedreht und gespreizt, und die tropischen Bäume schwingen sich zum selben Verhältnis auf wie eine Eiche, die auf dem Kopf eines Menschen wachsen würde."

Besonders zwei Bäume sind für diese zerstörerische Macht verantwortlich. Der **Kapokbaum** und die **Würgefeige** (Ficus gibbosa). Beide beginnen ihr Leben als kleine Setzlinge in den Nischen der Mauern und Dächer. Auf Nahrungssuche lassen die feinen, dünnen Wurzeln keine noch so enge Fuge aus und wachsen schließlich über die Gebäude hinab ins Erdreich.

Ta Prohm bedeutet „Alter Brahma". Dieser Flachtempel wurde Ende des 12. Jahrhunderts (1186) von *Jayavarman VII.* erbaut und ist seiner Mutter geweiht. Er war keine Nachbildung des Berges Meru, sondern hatte die Funktion eines **buddhistischen Klosters.** Eine Sanskritinschrift im Tempel gibt genauere Information über die Zahl der Menschen in Ta Prohm. Im Innenbereich lebten 18 hohe Priester, 2700 Mönche, 600 Tänzer und 12.000 Bedienstete.

Am Ta Prohm Tempel ist es am sinnvollsten, sich entweder am Ost- oder Westtor absetzen und an der anderen Seite wieder abholen zu lassen. Sehr schöne **Fotomotive** befinden sich an der östlichen Seite.

Großer Rundgang/ Grand Circuit

Der große Rundgang bildet den äußeren Kreis um die Tempelstadt. Die Heiligtümer, die an seinem Weg liegen, sind meist kleiner und werden seltener besucht als diejenigen am Petit Circuit. Die asphaltierte Straße führt durch kleine Dörfer bis weit aufs Land hinaus. Die hier lebenden Menschen haben erkannt, dass der Tourismus eine Chance bietet, ihren bescheidenen Lebensunterhalt aufzubessern. Deshalb findet man vor vielen Tempeln Verkäufer, die Getränke und Souvenirs anbieten.

Prasat Kravan

Dieses hinduistische Heiligtum besteht aus fünf Ziegeltürmen, die auf einer flachen Terrasse stehen. Prasat Kravan war vermutlich der erste Tempel, mit dessen Bau in Angkor, nach Verlassen der Hauptstadt in Roluos, begonnen wurde. Die Türme wurden jedoch erst im Jahre 921 unter *Harshavarman I.* fertiggestellt. Der Turm im Zentrum birgt eine Linga (Symbol Shivas), von der nur noch das Becken, das so genannte weibliche Geschlechtsteil, erhalten ist. Auf einem Halbrelief auf der linken Seite ist der Gott Vishnu mit vier Armen zu sehen. In seinen Händen hält er einen Diskus, eine Muschel, ein Schwert und die Weltkugel. An der hinteren Wand ist Vishnu mit acht Armen abgebildet, und auf der rechten Wand sitzt er auf seinem Reittier Garuda. Der nördlichste Turm ist Laxmi, der Gemahlin Vishnus, geweiht, wo sie mit ihren Bediensteten zu sehen ist.

Banteay Kdei

Dieser buddhistische Flachtempel aus Sandstein setzt sich aus chaotisch verschachtelten Galerien, Gängen, Toren und Räumen zusammen. Die 9 Türme im Zentrum sind bereits stark beschädigt und müssen vor dem drohenden Kollaps gestützt werden. Die meisten Dächer der Anlage sind eingestürzt und es stehen nur noch die Fassaden mit den Fensterrahmen.

Banteay Kdei wurde unter *Jayavarman VII.* erbaut und Ende des 13. Jahrhunderts fertiggestellt. Die konfuse Bauweise, die unbearbeiteten Oberflächen und die grob zusammengesetzten Blöcke lassen vermuten, dass er in einer äußerst unruhigen und hektischen Zeit entstand. Dieses als große Pagode errichtete Bauwerk besitzt viele kleine Räume, die durch Galerien miteinander verbunden sind.

Banteay Kdei soll ein **Beichtstuhl** für den König gewesen sein, in dem viele Mönchen lebten, die für das Seelenheil *Jayavarmans VII.* zuständig waren. Bei Vollmond versammelten sich hier über 1000 Mönche zum Gebet.

Unter *Pol Pot* diente der Tempel zusammen mit einigen Holzbaracken auf dem Vorhof als **Krankenhaus.**

Sras Srang

Von einer Terrasse (erbaut Ende des 12. Jahrhunderts) aus Laterit und Sandstein führt eine Treppe, die von Löwen und Nagas flankiert ist, hinab zu einem gewaltigen künstlichen Teich. Dieses „Königliche Schwimmbad" mit 700 Meter Länge und 300 Meter Breite diente *Jayavarman VII.* zu rituellen Waschungen. Auf einer heute noch erhaltenen Insel in der Mitte stand früher ein hölzernes Heiligtum.

Der immer noch mit Wasser gefüllte See wird von den Einheimischen auf verschiedene Weise genutzt. Er dient als **Waschplatz und Badeanstalt** sowie als Reisfeld und als Seerosenplantage. Diese lila blühende Lilienart wird von den Khmer samt ihrem meterlangen Stengel gepflückt. Nicht der schönen Blüte wegen, sondern wegen ihres Stieles. Aus ihm wird eine säuerlich schmeckende Suppe gekocht. Die zarten Blüten landen auf dem Müll.

In dem Dorf auf der Nordseite wurde eine **Gedenkstätte aus Totenschädeln** errichtet, um der Opfer des Pol-Pot-Regimes zu gedenken. Sie steht in Zusammenhang mit dem Krankenhaus der Roten Khmer im Banteay-Kdei-Tempel, in dem den Patienten, die dort eingeliefert wurden, der sichere Tod drohte.

Pre Rup

„Wende den toten Körper" ist die wörtliche Übersetzung dieses aus Laterit und Sandstein erbauten Hindutempels, der Shiva geweiht wurde. Auf dem dreistöckigen Bauwerk stehen fünf Türme, deren Dach aus Ziegeln konstruiert ist. Unter *Rajendravarman II.* wurde im Jahr 961 mit dem Bau dieses typischen Tempelberges begonnen. Seine genaue Bedeutung ist unbekannt, doch sind die Khmer davon überzeugt, dass er der königlichen Familie als Krematorium diente.

Links vom Eingang stehen drei, rechts davon zwei große, unvollendete Ziegeltürme, die einmal Lingas beinhalteten. In dem ersten Ziegelturm links vom Eingang wurden, nach Aussage der Einheimischen, die Leichen verbrannt und die Asche in den kleinen Ziegeltürmen aufbewahrt, die auf der ersten Terrasse des Tempelberges stehen.

Dieses sehr beeindruckende und mächtig wirkende Bauwerk diente bei der Erbauung von Ta Keo und Angkor Wat als Vorbild. Von der obersten Plattform aus hat man einen wunderbaren Blick Richtung Phnom Bok und Phnom Kulen. Im Südwesten sind sogar die Türme von Angkor Wat zu erkennen.

Östlicher Mebon

Einige Jahre vor Pre Rup errichtete *Rajendravarman II.* den kleineren, aus drei Ebenen bestehenden Tempel Mebon, den er Shiva weihte und der ihm für große Zeremonien diente. Er erbaute ihn 952 zu Ehren seiner Eltern. Auf der ersten Ebene aus Laterit stehen 9 kleine Ziegeltürme, in denen einst Lingas und Statuen von Helden aufbewahrt wurden. Die obere Terrasse besteht komplett aus Sandstein. Dort befinden sich fünf Ziegeltürme in Quincunxstellung. Im mittleren Turm unter einem Schirm befindet sich eine Buddhastatue, die von den Einheimischen verehrt wird. Die Treppe, die hinaufführt, ist von Löwenstatuen flankiert, deren Gesichter z. T. bis zur Unkenntlichkeit verwittert sind. Wegen der damals hell getünchten Türme wurden Pre Rup und Mebon auch die weißen Tempel genannt. Da der Mebon als Insel in dem gewaltigen Wasserreservoir lag, konnte er nur per Boot erreicht werden. Anlegestege wurden an jeder Seite errichtet und sind heute noch erhalten. Anstelle des Sees umgeben den Tempel heute grüne Reisfelder.

Ta Som

Bereits sein Eingangstor, von dem die vier Gesichter des Lokesvara auf den Besucher herunterblicken, verrät, dass es sich um einen Tempel des unermüdlichen Bauherrn *Jayavarman VII.* handelt. Das Gesicht, welches Richtung Westen blickt, war früher eines der am häufigsten fotografierten Objekte in Angkor, da es von einer gewaltigen Würgefeige überwachsen war, die das Gesicht pittoresk einrahmte. Der aus Laterit und Sandstein errichtete buddhistische Tempel wurde als einer der letzten restauriert. *Jayavarman VII.* baute ihn Ende des 12. Jahrhunderts für seinen Lehrer und Mentor *Som.* Ta Som bedeutet soviel wie „der alte Som". Es lohnt sich, bis zum Ende durchzugehen, da der Besucher noch mit einem fotogenen Eingangsportal, überwachsen von einer Würgefeige, belohnt wird.

Neak Pean

Die hinduistische Vorstellung vom Urmeer, das die Welt umgibt, stand Pate für dieses Heiligtum, das ebenfalls vom buddhistischen König *Jayavarman VII.* errichtet wurde. Inmitten eines großen, künstlich angelegten *baray,* der heute ausgelaufen ist und das Weltenmeer symbolisierte, stand eine Insel. In ihrem Zentrum war ein Teich (60 mal 60 Meter) angelegt, der heute noch in der Regenzeit mit Wasser gefüllt ist. Er ist eine Nachbildung des Anavatapta-Sees im Himalaya, der laut der hinduistischen Legende am Gipfel des Universums liegt. Aus ihm sollen die vier größten Flüsse der Erde entspringen, die in Neak Pean von vier kleineren Teichen symbolisiert werden. In der Mitte dieses Wassertempels befindet sich auf einer aus fünf Stufen bestehenden Insel ein Heiligtum, das eine Lotusknospe darstellt, in der sich ein meditierender Buddha befinden soll. Den Rand dieser Insel bilden die Körper zweier siebenköpfiger Nagas, von denen der heutige Name dieses Tempels, „Sich windende Schlange", abgeleitet wurde.

Die größte Aufmerksamkeit zieht jedoch **ein aus Sandstein erbautes Pferd,** das im Wasser steht, auf sich. Es handelt sich dabei um eine Inkarnation von Lokesvara, der verlorenen Seelen Schutz an seinen Flanken gewährt. In der Vorstellungswelt der Einheimischen handelt es sich hierbei um kambodschanische Händler, deren Schiff bei einem Unwetter sank. Sie konnten sich auf eine Insel retten, die von einem weiblichen Dämonen bewohnt war, der sie fressen wollte, worauf sie sich aus Angst wieder ins Meer stürzten. Daraufhin verwandelte sich Lokesvara in das weiße Pferd Balaha und kam ihnen zu Hilfe.

Preah Khan

Eingebettet in dichten Dschungel, bietet dieser Komplex eine unerschöpfliche Fülle an kleinen Entdeckungen. Preah Khan bedeckt eine Fläche von ca. 50 Hektar und wurde von *Jayavarman VII.* Ende des 12. Jahrhunderts als Tempel und Klosterschule erbaut. Das zentrale Heiligtum dieses aus Sandstein errichteten Flachtempels wurde 1191 fertiggestellt und während der folgenden drei Jahrhunderte mehrmals umgebaut. Das zentrale Heiligtum ist eingerahmt von vier konzentrischen, rechteckigen Mauern. Die äußerste Wand, die von einem Wassergraben umgeben war, umschließt heute das Dickicht. Innerhalb dieser Mauer lebten früher die Mönche, Studenten und Bediensteten von Preah Khan in Holzhütten. Die zweite Mauer schließt das religiöse Zentrum ein, in dem sich eine Ansammlung von kleinen Heiligtümern und Tempeln befindet, die im Norden Vishnu, im Westen Shiva und im Zentrum, wie im südlichen Teil, Buddha geweiht waren. Dort wo sich die Achsen kreuzen, steht heute eine Stupa aus dem 16. Jahrhundert, die anstelle eines Lokesvara errichtet wurde, der das Gesicht von *Jayavarmans* Vater hatte.

Der nach dem Tod *Jayavarmans VII.* folgenden erneuten kurzzeitigen **Hinduisierung von Angkor** fiel fast die gesamte buddhistische Symbolik dieses Tempels zum Opfer. Es gibt einige Halbreliefs, die einst Buddhas darstellten, aber von geschickten Steinmetzen in hinduistische Asketen umgewandelt wurden, indem man ihnen Bärte hinzufügte und die typische Form ihres Lotussitzes veränderte.

Der **ehemalige Haupteingang** war im Osten. Den linken Flügel überwuchern die Wurzeln zweier nicht weniger als 50 Meter hohen Würgefeigen (Terameles Nudiflora). Hier steht noch ein beeindruckendes Tor (Gopura) mit einem Haupteingang und mehreren kleineren Eingängen, die für Würdenträger niedrigeren Ranges gedacht waren. Die äußere Wand des Eingangsportals ist mit Flachreliefs, graziösen Apsaras und Devatas verziert. Auf die Gopura folgt ein großer, offener Platz, Halle der Tänzer genannt.

Preah Khan wird vom „World Monument Fund" restauriert.

Die Roluos-Gruppe (sprich: Roluoh) außerhalb des Grand Circuit

Roluos ist der zusammenfassende Name für drei Tempel – Bakong, Preah Ko und Lolei –, die abseits der Bauwerke von Angkor liegen. Es waren Heiligtümer, die in der von *Jayavarman II.* im 9. Jahrhundert gegründeten Hauptstadt Hariharalaya lagen. Der Name der Stadt stammt von dem göttlichen Wesen *Hari Hara,* das die Hindugötter Shiva und Vishnu in sich vereint. In Hariharalaya stand die Wiege der heute in aller Welt bekannten klassischen Khmer-Architektur. Dreihundert Jahre vor der Erbauung Angkor Wats entstanden hier unter König *Indravarman I.* die ersten, nicht aus hölzernen Materialien errichteten Heiligtümer. Sie waren die Prototypen einer faszinierenden Architektur, die heute auf der ganzen Welt bewundert wird.

Das in Roluos häufig verwendete Motiv ist der Kopf des Monsters *Kala,* das mit seinen bulligen, runden Augen, einer löwenartigen Nase und einem breiten Grinsen über vielen Portalen verewigt wurde.

Die Abgeschiedenheit von den anderen Sehenswürdigkeiten, die für Kambodscha typische, mit Zuckerpalmen bepflanzte Kulturlandschaft sowie die Integration der Tempel in das religiöse Leben der von Mönchen und Novizen übervölkerten Pagoden machen einen Besuch besonders reizvoll.

Bakong

Das größte der drei Bauwerke wurde im Jahre 881 unter *Indravarman I.* fertiggestellt. Es war dem Gott Shiva geweiht und stellte das Hauptheilig-

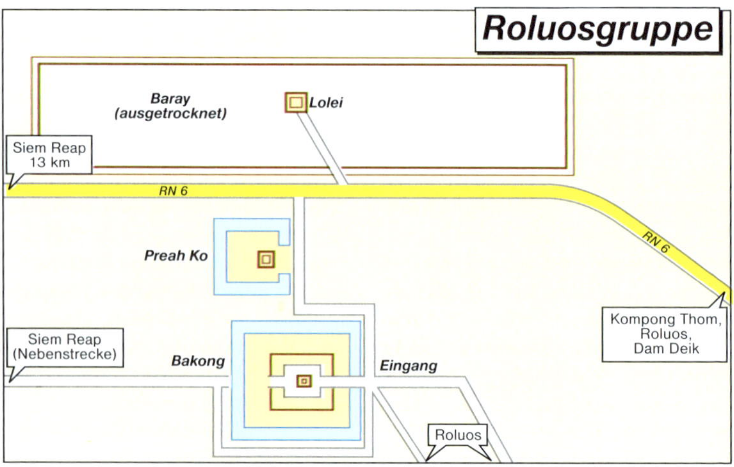

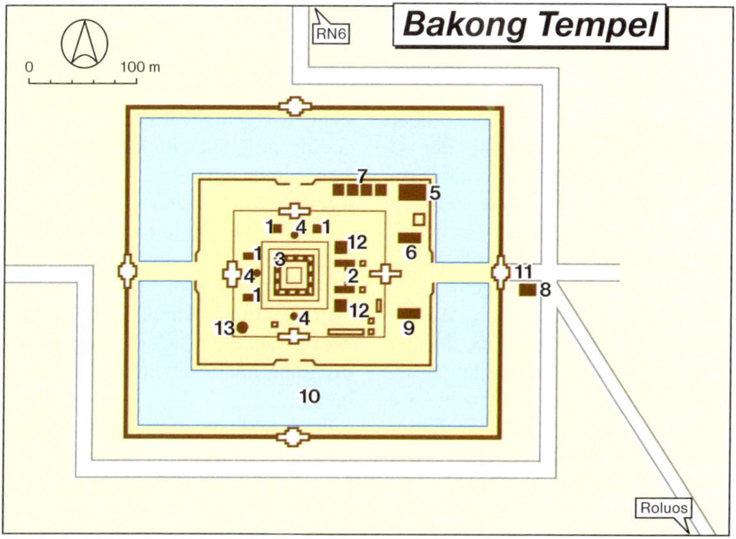

1 Ziegeltürme
2 Bibliotheken
3 12 Stupas
4 Nandi-Statue
5 Neuer Sala
6 Alte Wat
7 Wohnungen der Mönche
8 Getränkestand
9 Schule
10 Wassergraben
11 Eingang
12 Shiva-Heiligtum
13 Großer Mangobaum

tum der Stadt Hariharalaya dar. Wie viele nach ihm in Angkor erbaute Tempel war es die Versinnbildlichung des Berges Meru, des Sitzes der hinduistischen Götter. Der Bakong ist aus Sandstein errichtet und besteht aus fünf fast quadratischen Terrassen, die sich nach obenhin verjüngen. Das zentrale Heiligtum bildet ein 15 Meter hoher Turm, der in der Mitte der Pyramide steht. Seine Bauweise diente als Vorbild des Independence Monument in Phnom Penh. An den Ecken der fünf Terrassen standen früher Elefanten (Symbole für die Ewigkeit des Universums), von denen nur noch wenige vollständig erhalten sind. Das gleiche gilt für die Löwen, die die vier Aufgänge an jeder Stufe flankierten. Auf der obersten Terrasse stehen 12 kleine Stupas. Umgeben war der Tempelberg von acht Ziegeltürmen, von denen nur noch fünf vollständig erhalten sind. Am Westaufgang zum Heiligtum steht ein verwitterter Nandi. Der Tempel war von einem äußeren und einem inneren Wassergraben umgeben. Auf der dazwischen liegenden Fläche, die das Herz dieser Stadt darstellte, lebten schätzungsweise 7000 Menschen.

Als der Bakong von westlichen Forschern entdeckt wurde, war er ein zusammengestürzter, von Urwald überwucherter Steinhaufen. Unter der Leitung des französischen Archäologen *Maurize Glaize* begannen 1936 die Restaurierungsarbeiten. Mehr als sieben Jahre dauerte der fast vollständige Wiederaufbau dieser Anlage.

Zwischen dem inneren Wassergraben und dem Heiligtum, dort wo vermutlich vor elfhundert Jahren die Wohnungen der Priester errichtet waren, befinden sich heute die **Unterkünfte von buddhistischen Mönchen,** ein Salla sowie eine kleine Pagode.

Preah Ko

Preah Ko (heiliger Bulle) war der erste Tempel, der im Jahre 879 in Roluos entstand. *Indravarman I.* erbaute ihn zu Ehren seiner Eltern und Großeltern sowie des ersten Königs der klassischen Angkorperiode, *Jayavarman II.,* und seiner Frau. Die Idee, seinen Ahnen einen Tempel zu widmen, hat seine Wurzeln im Naturglauben und war damals für den König eine Möglichkeit, sich des Fortbestandes der Macht seiner Familie zu versichern. Geweiht war er dem Hindugott Shiva.

Sechs Ziegeltürme stehen auf einem kleinen Plateau in zwei Dreierreihen hintereinander. Drei Treppen, die je von zwei Löwen flankiert sind, führen auf die flache Terrasse hinauf. Vor jedem dieser Aufgänge liegt eine Statue des Bullen Nandi (Reittier von Shiva), von dem sich der Name Preah Ko ableitet. An den Seiten der vier Eingänge zum höchsten Turm sind Wächter (Dvarapala), die aus einem Sandsteinblock gemeißelt sind, in die Mauer eingefügt. Die Nischen neben den Eingängen der hinteren Turmreihe sind weiblichen Gottheiten vorbehalten. Alle Türme waren früher mit Stuck überzogen und hatten die Funktion eines Grabmals. In ihrem Inneren wurden Statuen von den Hindugöttern aufbewahrt, mit denen sich der dort ruhende König nach seinem Tod vereinigt hatte.

Preah Ko liegt am Weg zum Bakong auf der rechten Seite. Der Tempel wird mit deutschen Geldern restauriert.

Lolei

Yasovarman I. baute diesen letzten, aus vier Ziegeltürmen bestehenden Tempel in Roluos, der Shiva geweiht war. Er lag auf einer Insel inmitten des ersten, in dieser Gegend errichteten Baray (4 Kilometer mal 800 Meter). Das Wasser diente einst der Stadt Hariharalaya und der Bewässerung ihrer Reisfelder. Nach dem Verfall der Dämme lief der See aus. Heute wird Reis auf seinem ehemaligen Grund angebaut. Das Heiligtum war seinen Vorfahren, den Eltern und Großeltern von *Yasovarman I.* gewidmet. Die baufälligen Türme, von denen einer bereits eingestürzt ist, sind auf dem Dach mit dichtem Gras bewachsen und sehen aus, als trügen sie eine Perücke. Türstöcke und Steinmetzarbeiten wurden in Sandstein gemeißelt und in die Ziegelmauern eingefügt.

Das Heiligtum ist der **Mittelpunkt einer Wat.** Das bunte Durcheinander von Tempeljungen, alten Menschen, Nonnen, Kindern und gläubigen Bauern beweist die heutige Bedeutung des Buddhismus für die ländliche Bevölkerung. Die große Pagode an der südlichen Seite der Terrasse ist wie die Türme aus Ziegel erbaut und birgt einen gewaltigen Buddha.

- **Anreise zur Roulos-Gruppe:** der RN 6 Richtung Kompong Thom bis Kilometer 13 folgen. Hier beginnt rechts ein sandiger Weg, auf dem nach 500 m die Türme von Preah Ko sichtbar werden. Nach weiteren 400 m steht man vor dem inneren Wassergraben, der den Bakong umgibt.
- Zur **Lolei** führt der Weg von Siem Reap aus an der Abzweigung nach Preah Ko und Bakong vorbei. Nach etwa 250 Metern biegt links ein Weg im spitzen Winkel ab, der nach 500 Metern vor der Wat Lolei endet.

Banteay Samre

Erbaut wurde der hinduistische Tempel Mitte des 12. Jahrhunderts unter *Suryavarman II.,* der ihn dem Gott Vishnu weihte. Er besteht aus einem gut erhaltenen zentralen Heiligtum, dessen Turm denen von Angkor Wat und des Thommanon gleicht. Es wird von zwei konzentrischen Galerien umgeben, wobei die Innere den Turm so eng umschließt, dass er von dort mit einem Schritt betreten werden kann.

Phnom Bok

Yasovarman I. baute Anfang des 10. Jahrhunderts auf jedem der drei Hügel, die die Angkorebene überragten, einen Tempel. Am bekanntesten ist der Phnom-Bakheng-Tempel. Ebenfalls leicht zu erreichen ist der Phnom Krom. Der Phnom Bok wird bisher nur selten besucht, da er sehr abgelegen ist und bis vor Kurzem noch vermint war. Außerdem ist dort viel Militär stationiert, das angeblich seinen Sold mit illegalen Holzfällarbeiten aufbessert. Der Aufstieg zu den drei Türmen aus Sandstein dauert 20 Minuten. Lohnender Ausblick.

Chau Srei Vibol (Wat Trak)

In der Pagode dieses Tempels aus dem 12. Jahrhundert leben etwa 30 Mönche. Hier wurden viele Szenen für den Film „Zwei Brüder" gedreht, eine nette Geschichte um zwei Löwenjungen, der 2004 in den deutschen Kinos lief. Da der Tempel nur sehr schwer zu erreichen ist, wird er noch kaum von Touristen besucht, und nur wenige Motodup-Fahrer kennen den Weg. Doch gerade darin liegt der Reiz! Nur für ambitionierte Abenteurer geeignet und ohne Führer nicht zu finden. Es gibt keine Minen mehr im Tempelbezirk, aber außerhalb ist Vorsicht geboten. Essen und Trinken mitnehmen.

- Der komplizierte Weg beginnt hinter dem Banteay-Samre-Tempel.

Banteay Srei (Die Zitadelle der Frauen)

Dieses Miniatur-Heiligtum, erbaut aus rotem Sandstein und dem Gott Shiva geweiht, liegt 21 km nordöstlich der

Angkor-Gruppe. Seit es gefahrlos zugänglich ist, zählt es wegen seiner gut erhaltenen Fassade zu den Höhepunkten eines Angkorbesuches. Da der Tempel jedoch sehr klein ist, wird es in der Hauptsaison sehr voll.

Banteay Srei ist einer der wenigen Tempel, die nicht von einem König erbaut wurden. Ein brahmanischer Priester, *Yajnavaraha,* ließ ihn Ende des 10. Jh. errichten. Während der Zeit von *Jayavarman V.* spielte er eine bedeutende Rolle am Hofe des Königs. Die Steinmetzarbeiten sind von so atemberaubender Schönheit, dass Banteay Srei als Synonym für die Khmer-Kunst dieser Periode in internationalen Fachkreisen gebraucht wird. Unübertroffen filigrane Devatas und Wächter stehen in Nischen der äußeren Türme. Makaras (Seemonster) speien mehrköpfige Nagas aus, während auf vielen Portalen Shiva sowie Szenen aus Ramayana und dem Leben von Krishna abgebildet sind. Bantaey Srei wurde erst 1914 durch Zufall vom französischen Leutnant *Marec* entdeckt. 1923 wurde er von *André Malraux,* dem Schriftsteller und Kulturminister unter *de Gaulle,* von der Vegetation befreit.

•Von Siem Reap aus dauert die Anfahrt ca. 45 Min. Es empfiehlt sich den Besuch von Banteay Srei und Banteay Samre zu verbinden. Dauer: ½ Tag. Vor beiden Tempeln Getränkestände.

Kobal Spien

Angesichts der großen Tempelanlagen von Angkor ist Kobal Spien wenig spektakulär, doch für Naturliebhaber und Entdecker ein lohnender Besuch. Kobal Spien ist ein kleiner Bach mitten im dichten Urwald, dessen Wasser über zahllose in Fels gehauene Lingas und andere Steinmetzarbeiten fließt. Daher wird er auch **„river of thousand linga“** genannt. Er wurde erst 1968 von dem Franzosen *Jean Boulbet* entdeckt. Während der Angkor Epoche verzierten die alten Khmer häufig Wasserläufe, die nach Angkor flossen mit hinduistischen Symbolen, um das Wasser zu segnen und so für eine gute Reisernte zu sorgen. Die Arbeiten von Kobal Spien sollen etwa im Jahr 1054 entstanden sein und zeigen Szenen aus den hinduistischen Epen z.B. Liegender Vishnu, der von einer Naga beschützt wird, oder Brahma wie er aus einem Lotus geboren wird.

Der Fußweg beginnt an einem Parkplatz mit Getränkeständen nahe der Straße nach Anlong Veng. Nach einer halben Stunde Gehzeit durch dichten Wald erreicht man den „Bach der Tausend Lingas“. Wasserfall! Noch ist der Eintritt frei (wird sich sicher bald ändern). Das Ticket für Angkor ist hier nicht notwendig. Überlegenswert ist es, einen der am Parkplatz wartenden Guides zu nehmen (1 $ pro Person), denn einige der ornamentierten Flächen sind schwer zu finden.

•Ca. 40 km von Siem Reap entfernt. Am Banteay Srei Tempel vorbei und noch ca. 9 km Richtung Anlong Veng auf der linken Seite. Ein Motodup Fahrer verlangt ca. 10–12 $ für die Fahrt. Sinnvoll ist es, Banteay Srei, Kobal Spien und Phnom Kulen als einen Tagesausflug zu organisieren. **Achtung:** Neudings ist für den Besuch der Tempelanlage ein Ausweis erforderlich!

Phnom Kulen

Der Phnom Kulen ist für die Khmer ein Kultberg mit Tempeln, Heiligtümern, Wasserfällen und beeindruckenden Lingaornamenten in einem kühlen, glasklaren Bach. Der Phnom Kulen war fast 25 Jahre in den Händen der Roten Khmer. Erst seit 1998 ist er wieder zugänglich. Die Kombination von buddhistischen Kultstätten und kühlem Badevergnügen lockt am Wochenende und an Feiertagen viele wohlhabende Khmerfamilien hinauf, die vor allem von dem Wasserfall begeistert sind.

Etwa im Jahre 802 gründete *Jayavarman II.* die Stadt **Mahendrapura** auf dem Phnom Kulen und ließ sich dort von einem Brahmanen zum Gottkönig ernennen. Dies war der Beginn des Devaraja-Kultes und der Übergang von der Pre Angkor in die Angkor Periode. Doch aus wirtschaftlichen Gründen wurde die Stadt schon wenige Jahren später nach Roluos verlegt.

Obwohl der 30 Meter hohe Wasserfall, das Bachbett mit den Hunderten Lingas, der obskure pilzförmige Wackelstein und der ca. 5 m lange **transzendierender Buddha,** der auf einer Felsspitze ruht, um die eine Pagode gebaut wurde, durchaus sehenswert sind, lohnen sich der Aufwand und die erheblichen Kosten, um dorthin zu fahren, nicht unbedingt. Nur dies bekommt allerdings der Tourist zu sehen, der mit einem Taxi oder Motodup hier anreist. Das Sehenswerte und Faszinierende am Phnom Kulen ist der historische Ort **Mahendrapura** (ca. 8 km vom Wasserfall entfernt). Er liegt tief im Urwald und ist nur über kleine Pfade zu erreichen. Monumente aus längst vergangener Zeit, mystische Höhlen, in denen sich gläubige Buddhisten zu Ritualen treffen und ursprüngliche Pagoden mit herrlichem Blick über Angkor bis zum Tonle Sap sind auf einer weiten Fläche am Bergrücken verteilt. Diese zu entdecken ist die wirkliche Faszination des Phnom Kulen.

Um diesen eher exklusiven Ort, der noch weitab vom bedrohlichen Massentourismus in Angkor existiert zu erleben, sollte man unbedingt eine oder zwei Nächte auf dem Berg einplanen. Übernachtet werden darf nur mit **Sondergenehmigung,** die von einem Reisebüro in Siem Reap organisiert werden muss. Es existieren auch keine Unterkünfte, deswegen muss in einer Pagode übernachtet werden. Nur wenige Veranstalter in Siem Reap bieten diese Tour überhaupt an. Meiner Meinung nach hat die beste Kompetenz für diesen Ausflug *Laurant* von **Terre Cambodge,** www.terrecambodge.com, Tel. 012/843401.

Vorsicht: Abseits der ausgetretenen Pfade besteht auf dem Phnom Kulen noch **Minengefahr.**

● **Anreise:** Phnom Kulen liegt 45 km von Siem Reap entfernt. Zuerst Richtung Banteay Srei. Ca. 2 Kilometer vorher rechts abbiegen. Über eine unbefestigte Piste, die durch eine recht einsame Gegend führt, erreicht man nach ca. 10 km die Mautstation eines angeblich hohen Miltärs, der den Phnom Kulen privat vermarkten darf. Touristen müssen 20 $ bezahlen. Das Angkor Ticket gilt dort nicht. Ein Motodup kostet ca. 20 $, ein Taxi 40 $.

Beng Mealea

Beng Mealea wurde im 11. Jh. von *Surjavarman II.* erbaut. Sehenswert sind die Galerien mit ihren Tunneln und den versteckten Steinmetzarbeiten. Dieses verhältnismäßig große Bauwerk ist, seitdem dort der rührende Tierfilm „Two Brothers" gedreht wurde, gut zugänglich und durch viele Holzstege leicht begehbar. Ein Führer ist nicht unbedingt notwendig. Da dieses Bauwerk abseits der Haupttempelanlagen liegt und noch wenige Busse mit Pauschalurlaubern sich hierher verirren, gilt er im Moment am ehesten als der Inbegriff des mystischen, im Urwald verborgenen Tempels.

Eintritt 5 $, das Angkor Ticket gilt hier nicht.

● **Anreise:** Gut ausgebaute Straße über Dam Deik. Motodup 25 $, Tuk Tuk 40 $ von Siem Reap aus. Auf dem Rückweg können Banteay Srei und Banteay Samre besucht werden.

Koh Ker

Bis 2004 war der Besuch von Koh Ker nur engagierten Abenteurern vorbehalten, die sich weder vom unwegsamen Dschungel noch von Minen abschrecken ließen. Doch auch heute kommen nur wenige Besucher. Und das obwohl jetzt eine asphaltierte Straße die 125 km von Siem Reap bis vor die Tore der von *Jayavarman IV.* in den Jahren 921–944 gebauten **Tempelstadt** führt. Auf dem 35 Quadratkilometer großen Areal sind an die 130 Bauwerke registriert. Die meisten dieser Bauwerke sind zugänglich, von der Vegetation befreit und frei von Minen. Einige liegen noch in vom Urwald überwucherten und verminten Gelände und sollten nur mit einem ortskundigem Führer (bzw. Polizisten oder Soldaten) besucht werden.

Zu seiner Blütezeit war Koh Ker eine große Stadt, deren Heiligtümer dem Gott Shiva geweiht waren. Die Architektur (schlanke und hohe Türme) sowie die Art der ornamentierten Flächen unterscheiden sich deutlich von Angkor, weshalb in der Kunstszene auch von dem **eigenständigen Koh-Ker-Stil** gesprochen wird.

Die Bauwerke lassen sich in drei Hauptgruppen unterteilen. Zur ersten Gruppe gehört das Wahrzeichen von Koh Ker, der **Prasat Thom** (großer Turm). Sieben Terrassen türmen sich 40 m hoch auf. Da die Stufen sehr steil sind, wurde eine Bambusleiter gebaut. Hier befindet sich auch das Wasserreservoir *Beng Rahal,* das 500 x 1200 Meter misst. Das zentrale Heiligtum der ersten Gruppe ist jedoch der **Prasat Krahom** (Roter Tempel) der aus roten Ziegeln erbaut ist.

Die Bauwerke der zweiten Gruppe sind in Reihen arrangiert und liegen östlich des Beng Rahal. Die zum Teil beachtlichen Sandsteintürme beinhalten große Linga, die Symbole Shivas. Der größte Prasat heißt **Banteay Pir Chan** und wurde im Jahr 937 erbaut.

Beidseitig der Zufahrtsstraße liegen, versteckt im Urwald, die Bauwerke der dritten Gruppe. Hierbei handelt es sich in erster Linie um Ziegeltürme, in Dreier-Gruppen angeordnet, die nach Osten hin orientiert sind.

An der Einfallstraße zu den Tempeln steht ein großer **Ticketschalter.** Eintritt 10 $ pro Tag. Für einen evtl. zweiten Tag muss verhandelt werden.

Wer einen ausschließlichen Sightseeing Tag einlegen möchte, kann Koh Ker und Beng Melea an einem Tag besichtigen. Der frühe Aufbruch mit einem Taxi gegen 6 Uhr morgens ist notwendig.

- **Unterkunft** findet man nahe bei den Tempeln. In Koh Ker Village ist die *Hidden Lodge* von *Hidden Cambodia Adventure Tours* aus Siem Reap, die jedoch nicht immer bewirtschaftet ist. Deswegen unbedingt telefonisch unter 012/934412 abklären. Das *Mom Morokod Koh Ker Guest House* befindet sich etwa 100 Meter vor dem Ticketschalter. Freundlich, gutes Essen und geräumige Zimmer 10–15 $. Tel. 012/865900.
- **Anreise:** Von Siem Reap sind es 125 km und etwa 3 Std. Fahrzeit auf überwiegend asphaltierter Straße. Während der Recherchen im Juni 2009 waren 10 km der Straße und eine Brücke so beschädigt, dass PKW nur schwer durchkamen. Bis zum Erscheinen dieser Ausgabe soll jedoch alles wieder gerichtet sein – doch in Kambodscha weiß man nie. Deswegen vorher erkundigen. Touren können in Siem Reap mit dem Moped oder dem Auto gebucht werden. Billiger ist es jedoch mit öffentlichen Verkehrsmitteln. Von Siem Reap nach Dam Deik an der RN 6 nach Phnom Penh. Dort auf Sammeltaxis nach Sroyong umsteigen. Abfahrt meist gegen 13.00 Uhr. Von Tbaeng Mean Chey nach Koh Ker sind es ca. 70 km Schotterpiste. Pickups und Taxis fahren unregelmäßig. Ein Mopedtaxi ist allerdings immer zu finden.

Preah-Vihear-Tempel

Mit Abstand die schönste Lage für ein sakrales Bauwerk wurde beim Tempel von Preah Vihear gewählt. Das Heiligtum steht auf einem bewaldeten Gipfel im Damrek-Gebirge (680 m), direkt an der Grenze zu Thailand. Von einem **Aussichtsfelsen,** wo die Hochebene fast senkrecht 300 m nach Norden hin abfällt, schweift der Blick über endlos scheinenden Urwald bis weit ins Innere von Kambodscha. Auf keinen Fall den Sonnenaufgang bzw. -untergang verpassen! Allerdings darf nicht vergessen werden, dass nur deshalb keine Felder und Dörfer zu sehen sind, weil die gesamte Gegend noch **stark vermint** ist.

Im Jahr 900 begann *Yasovarman I.* mit dem Bau der Anlage. Erst *Suryavarman II.,* der Erbauer von Angkor Wat, stellte das Bergheiligtum, das dem Hindu-Gott Shiva geweiht wurde, im Jahr 1150 fertig. Nach dem Untergang des Khmerreiches besetzten es die Thais für mehrere Jahrhunderte. Erst 1962 sprach es der Internationale Gerichtshof wieder Kambodscha zu. Seit Beginn des Bürgerkrieges, Anfang der 1970er Jahre, waren die gesamte Gegend und auch der Tempel unter Kontrolle der Roten Khmer und nur von Thailand aus zugänglich. Erst seit 2003 kann er wieder von Kambodscha aus besucht werden.

Der Tempel wird von Norden aus über eine ca. 800 m lange Treppe, die z.T. mit traditionellem Nagageländer flankiert ist, betreten. Über 4 Ebenen, auf denen jeweils kleine Tempel mit Galerien stehen, gelangt man zum Zentralheiligtum am Gipfel. Hierbei handelt es sich um einen gut erhaltenen Flachtempel (ca. 35 x 50 m), der von einer Galerie aus Sandstein umgeben ist. In dem mittleren Turm (Prasat) befindet sich ein kleines Heiligtum, wo einige wenige Khmer und Thais ihre Opfergaben hinterlassen. Es gibt relativ wenig ornamentierte Flächen, die vor allem über den Eingangsportalen zu finden sind.

Über 90 % der Besucher sind Thais, die auf einer gut ausgebauten Teerstraße bis 150 m vor den Beginn der Treppe fahren können. Wie Heuschreckenschwärme bevölkern sie von ca. 10.00–17.00 Uhr den Tempel. Danach kehrt majestätische Ruhe ein. Auch die allgegenwärtigen Souvenirverkäufer kehren nach der Invasion in ihre Holzhütten am Fuß des Tempels zurück.

Von kambodschanischer Seite aus wird Preah Vihear noch selten besucht. Mittlerweile gibt es sehr gute Straßen, über die der Tempel erreichbar ist, doch wegen der dünn besiedelten Gegend existieren nur schlechte öffentliche Verbindungen. Sowohl die nähere Umgebung des Tempels als auch die gesamte Gegend sind während des Bürgerkrieges intensiv vermint worden. Zwar sind dutzende Minensucher an der Arbeit, doch sollte man **unbedingt auf den markierten Wegen bleiben.** Zudem gehört Preah Vihear zum **Malaria-Gebiet.**

Aktuelle Situation: Praeh Vihear ist in den letzten Jahren zum politischen Brennpunkt der andauernden **Grenzprobleme zwischen Thailand und Kambodscha** geworden. Immer wieder flammen Gefechte zwischen beiden Armeen auf, bei denen auch schwere Waffen eingesetzt werden. 2009 zerstörte die Thai-Armee ein ganzes Khmer-Dorf mit 200 Hütten, das am Fuß des Tempels an der Thaigrenze liegt, mit dem Argument, dass die Khmer auf thailändischem Gebiet siedelten. Wer Preah Vihear besuchen möchte, sollte sich vorher nach der aktuellen Lage erkundigen.

Namens-Chaos „Preah Vihear"

Wer Preah Vihear besuchen möchte, kann leicht in einen babylonischen Bezeichnungswirrwar geraten. Zu allererst ist Preah Vihear eine Provinz im Norden Kambodschas, die an Thailand grenzt. Die Hauptstadt Tbaeng Mean Chey wird, sobald man sich innerhalb der Provinz befindet, auch als Preah Vihear bezeichnet, so wie bei fast allen kambodschanischen Provinzen die Hauptstadt den selben Namen wie die Provinz trägt. Des Weiteren gibt es zwei Tempelanlagen mit dem Namen Preah Vihear. Die eine befindet sich in Angkor und wurde von *Suryavarman I.* erbaut, die zweite liegt in der Provinz Preah Vihear auf einem Berg direkt an der Grenze zu Thailand und gehört zu den sehenswertesten Tempeln außerhalb Angkors.

- **Verpflegung:** Noch gibt es bei den Tempeln keine touristische Infrastruktur. Doch ist es kein Problem, sich an den einfachen Essensständen zu verköstigen.
- **Anreise:** Öffentliche Verkehrsmittel finden sich in Tbaeng Mean Chey und in Anlong Veng. Eine Alternative ist es, mit einem Mopedtaxi, einer Enduro oder einem Autotaxi aus Phnom Penh oder Siem Reap anzureisen. Preise sind Verhandlungssache. Um den Truppennachschub in dieses Krisengebiet zu sichern, sind die Straßen gut ausgebaut und meist asphaltiert.
- In dem kleinen Dorf Sa Em am Fuß des Tempelberges steht ein Schlagbaum, an dem

als Eintritt eine „Spende" von ein paar Dollar kassiert wird.

- Von **Thailand** aus ist Preah Vihear über Si Sa Ket zu erreichen. Da es in dieser Gegend immer wieder zu Grenzstreitigkeiten zwischen beiden Ländern kommt, ändert sich die Situation manchmal unerwartet schnell. Doch normalerweise dürfen auch Ausländer den Tempel besuchen, müssen aber vor Grenzschließung gegen 17.00 Uhr wieder zurück in Thailand sein. Eintritt ca. 5 $. Kein internationaler Grenzübergang.

Tbaeng Mean Chey

↗ XV/C2

ត្បែងមានជ័យ

Tbaeng Mean Chey ist die Hauptstadt der **Provinz Preah Vihear.** In der nur dünn besiedelten Provinz wurden in den letzten Jahren die wichtigsten Verkehrswege zu größtenteils breiten Schotterpisten ausgebaut. Bis 2005 war es extrem abenteuerlich, hier allein zu reisen, und die Provinzhauptstadt war besonders während der Regenzeit nur unter großen Strapatzen zu erreichen. Noch verirren sich auch heute nur wenige Traveller hierher, was sich allerdings schnell ändern wird, wenn sich herumgesprochen hat, dass sich nun der Besuch der beiden absolut sehenswerten Tempelanlagen **Koh Ker** und **Preah Vihear** mit diversen Rundtouren problemlos verbinden lässt (siehe Kompong Thom und Siem Reap). Aber auch für Reisende, die das extreme Abenteuer suchen, bleibt noch Platz. Dazu gehört die Anreise von Stung Treng über den Ort Chhep (s. Stung Treng).

Unterkunft und Essen

- In Tbaeng Mean Chey gibt es eine Handvoll Guest Houses, wie z.B. das **Prum Tep Hotel** (5 $, mit Bad/WC), das **Phnom Meas G.H.** und das **Bakan G.H.** (10.000 Riel, Gemeinschaftsbad, netter Garten).
- Verköstigt wird der Traveller im **Malopdong Restaurant.** Kein Namensschild und keine Speisekarte, aber der Chef spricht englisch. Portionen kosten ca. 6000–10.000 Riel. Liegt etwa 100 m vom *Phnom Meas G.H.* entfernt.

Anreise und Weiterreise

- **Entfernungen** in Straßenkilometern:

Kompong Thom	140 km
Preah Vihear Tempel	110 km
Koh Ker	70 km
Stung Treng	ca. 80 km

(Strecke nur für Abenteurer geeignet).

Die einzige regelmäßigen Verbindung mit Pick-ups und Taxis besteht mit Kompong Thom. Fahrzeit ca. 3–4 Std.

Am sinnvollsten ist es, diese Gegend mit einer eigenen Enduro oder einem **Motodup-Fahrer** zu bereisen.

- Weiterreise zum **Preah Vihear Tempel:** Wer über ein eigenes Transportmittel wie Auto oder Moped verfügt, kann von Tbeang Mean Chey direkt zum Preah Vihear Tempel (ca. 3–4 Std.) fahren. Ein Motodup kostet etwa 25 $. Wer auf öffentliche Verkehrsmittel angewiesen ist, muss einen kleinen Umweg über Chom San machen. Bis zu diesem Ort fahren Pick-ups von Tbaeng Mean Chey. Die letzten 35 km müssen mit einem Motodup zurückgelegt werden (10 $, 1½ Std.). In Chom San ist das G.H. *Srey Pheap* (10.000 Riel, Gemeinschaftsbad) zu empfehlen.
- Weiterreise nach **Koh Ker:** Über den Ort Kulen führt eine Schotterpiste bis nach Sroyong, dem Ausgangsort zum Besuch der Tempel von Koh Ker. Meines Wissens verkehren noch keine öffentlichen Verkehrsmittel, aber in Tbaeng Mean Chey lässt sich immer ein Motodup-Fahrer finden.

Anlong Veng

↗ XIV/B1

អន្លង់វែង

Wenig spektakulär, aber ein spannender Ausflug in die jüngste Geschichte Kambodschas, ist die Fahrt von Siem Reap zu dem kleinen Ort Anlong Veng. Hier, nahe der thailändischen Grenze, leisteten die **Roten Khmer** am längsten Widerstand gegen die Regierungstruppen. In den malariaverseuchten Wäldern der Dangrek-Berge **starb am 15.4.1998 Pol Pot,** der Kopf der brutalen Maoisten. Bis Ende desselben Jahres leistete noch der einbeinige **Ta Mok,** bekannt als einer der blutrünstigsten Führungskader, mit seinen Soldaten erbitterten Widerstand. Ende 1998 fiel Anlong Veng. *Ta Mok,* der „Schlächter", starb am 21.7.2006 bevor ihm der Prozess gemacht werden konnte in einem Gefängnis in Phnom Penh.

112ka Foto: an

Along Veng selbst ist ein staubiger Marktfleck, den die „kapitalistischen" Khmer schnell unter sich aufgeteilt haben. Innerhalb kurzer Zeit hat sich dieser isolierte Ort, ähnlich wie Pailin, von der kommunistischen Zucht und Ordnung gelöst und zum irdischen Sündenpfuhl gewandelt. Das Business, von der Computerschule bis zum Bordell, wird von den zugewanderten Khmer betrieben, während die ehemalige Khmer-Rouge-Bevölkerung nur noch in den ärmlichen Hütten auf dem Land zu finden ist. Angesichts ihres Schicksals wird man nicht überrascht sein, dass sie heute mehr denn je *Ta Mok* als „guten Führer mit sozialem Engagement" verehren.

Sein ehemaliges Feriendomizil ist die einzige Sehenswürdigkeit im Ort. Es steht auf einer Halbinsel in einem künstlichen See aus der Zeit der Roten Khmer, aus dem abgestorbene, silbergraue Bäume bizarr in den Himmel ragen. Das stattliche Haus ist geplündert, nur noch verklärt kitschige **Bilder von Angkor, Koh Ker** und **Preah Vihear** zieren die Wände der kahlen Räume. Am Eingang steht ein Altar zu Ehren *Ta Moks,* der dort in Form eines Steines, umwickelt mit orangfarbenen

Abkürzung

Stoff, aus dem die Mönchsroben gemacht werden, von vielen Khmer mit Räucherstäbchen und Geld verehrt wird. Im Garten des Hauses steht ein Funkwagen aus der Zeit der Roten Khmer sowie ein Gefängnis-Käfig. Stolze 2 $ Eintritt.

Lohnend ist ein Ausflug mit einem Mopedtaxi das Hochplateau hinauf, in das ca. 15 km entfernte **Damrek-Gebirge.** Auf einer Teerstraße passiert man einen Felsen, aus dem die **Statuen von Khmer-Rouge-Soldaten** herausgehauen wurden, denen aber die Regierungssoldaten die Köpfe abgeschlagen haben. Sehr befremdend ist das **Grab von Pol Pot,** das in der Nähe des Grenzübergangs nach Thailand liegt. Ein überdachter Erdhügel mit einem Geisterhaus und einem verwittertem Schild vom „Ministry of Tourism" mit der Aufschrift „Please help to preserve this historical site" sind das Einzige, was auf den Massenmörder, der soviel Leid über das Land gebracht hat, hinweist. Trotzdem kommen immer noch Menschen vorbei, die Opfergaben spenden.

Fährt man auf der Hochebene Richtung Osten, stößt man immer wieder auf zerstörte Häuser aus Beton, die an schönen Plätzen mit großartiger Aussicht stehen. Hier soll *Pol Pot* mit seinen Führungskadern gelebt haben, wobei ihnen die Nähe zur thailändischen Grenze ein sicheres Rückzugsgebiet bei Angriffen der kambodschanischen Regierungstruppen bot.

Mopedtaxis in Anlong Veng, etwa für einen Ausflug zum Chong Sa-Ngam Pass, kosten um die 10 $.

Essen

Neben den üblichen Essensständen am Markt sind das **Pkoy Preak Restaurant** bei der Abzweigung zu Ta Moks Haus und das **Seang Hai Restaurant** am Kreisverkehr zu empfehlen. Geöffnet sind beide früh morgens ab 6 Uhr. Hauptgerichte, überwiegend aus der Khmer-Küche sowie chinesisch, kosten zwischen 2 und 5 $.

Unterkunft

Achtung: Einige G.Hs. werden häufiger als Stundenhotel denn als touristische Unterkunft genutzt.

- **New Lucky Star** (Tel. 011/998384). Bestes und gepflegtestes Hotel in Anlong Veng. Große, saubere Zimmer mit hübschem Bad, AC 15–20 $, Fan 8–10 $. Vom Kreisverkehr 100 Meter Richtung Preah Vihear.
- **Sokharith G.H.** (Tel. 017/242404). Relativ neu und recht sauber. Zimmer mit Fan 7–10 $, mit AC 10–13 $. Liegt an der Straße nach Thailand direkt am Staudamm kurz vor Abzweigung zum Ta Mok Haus.
- **Reasmei Angkor G.H.** Günstigstes und von der Sauberkeit noch akzeptables G.H. DZ mit Doppelbett und Bad/WC 5 $, mit AC 15 $. Nähe Kreisverkehr.
- Ein extravaganter Ort für eine Übernachtung ist das **Poy Taroun G.H.** (Tel. 012/444067) in den Bergen nahe der Grenze. Es liegt am Rande einer Klippe mit gewaltigem Ausblick nach Kambodscha. Der Besitzer *Taroun* hat hier als Kommandant gegen die Roten Khmer gekämpft. Die Ruine nebenan soll das Haus von *Ta Mok* gewesen sein. Einfache Zimmer mit Bad/WC, Moskitonetz und Fan für 30.000 Riel. Mit Restaurant. Liegt 20 km von Anlong Veng und 3 km vom Grenzübergang Chang Sa-Ngam Pass entfernt.

Anreise und Weiterreise

- **Entfernungen** in Straßenkilometern:

Siem Reap	130
Grenze Thailand, Chang Sa-Ngam Pass	16
Preah Vihear	200

- **Bus und Taxi:** Siem Reap: Sammeltaxis in Siem Reap am PsahThmei und in Anlong Veng am Kreisverkehr für 5 $. Busgesellschaft *CST* fährt um 7.30 Uhr von Anlong Veng

706ka Foto: an

(Kreisverkehr) nach Siem Reap und um 11.30 Uhr von Siem Reap (Busbahnhof) nach Anlong Veng (6 $, 2 Std.) auf einer durchgehend asphaltieren Straße. **Grenze Chang Sa-Ngam Pass:** Nur Mopedtaxis für 5 $. **Preah Vihear:** Sammeltaxis am Kreisverkehr im Zentrum (16 $). **Tempel Banteay Chhmar:** Über Samrong, die Provinzhauptstadt von Oddar Meanchey. Es gibt keine öffentlichen Verkehrsmittel, aber Motodup und Taxis sind organisierbar. Die Straße nach Samrong (ca. 90 km, einige G.H.) ist gut ausgebaut, von Samrong geht eine unasphaltierte Piste nach Banteay Chhmar (56 km).

- **Grenzübergang nach Thailand:** Visa für beide Länder an der Grenze erhältlich (siehe Kapitel „Praktische Reisetipps A–Z, Hin- und Rückreise").

Kambodscha ist ein Eldorado für Enduro-Fahrer – aber nur mit Erfahrung

Das Tonle-Sap-Becken

Überblick

Der See Tonle Sap und der gleichnamige Fluss bilden das Herz Kambodschas. Das Tonle-Sap-Becken war einst ein Meeresarm, der durch die Anhebung der Küstenregion vom Südchinesischen Meer abgeschnitten wurde. In den weiten Ebenen, durchzogen von vielen Flüssen und Kanälen, wird überwiegend Reis angebaut. Die Böden gehören zu den fruchtbarsten im Lande und machen unter guten klimatischen Bedingungen zwei Reisernten im Jahr möglich. Während der Regenzeit werden riesige Flächen überflutet, da der Mekong dann sein Wasser von Phnom Penh aus über den Fluss Tonle Sap in den See lenkt. Dabei fließt so viel Wasser in den „Großen See“, dass sich die Fläche fast bis zum Siebenfachen ausdehnt. Nach Abfluss des Wassers bleibt fruchtbares Schwemmland zurück (s. Kapitel Geografie).

Der See Tonle Sap gehört zu den fischreichsten Gewässern der Erde. Der sich ständig verändernde Wasserspiegel hat die Menschen jedoch gezwungen, sich in besonderer Weise mit der Natur zu arrangieren. Viele Fischer führen mit ihren Familien ein Leben auf Hausbooten und in schwimmenden Dörfern, wo die Häuser auf hohen Holzpfählen stehen, die während des höchsten Wasserstandes gänzlich verschwinden, sodass der Hauseingang mit der Oberfläche des Sees abschließt. Wenn das Wasser noch höher steigt, verlassen die Menschen ihre Häuser und ziehen mit ihren Booten zum Ufer. Zwischen den

Häusern haben die Bewohner Fischfarmen angelegt.

Während, Siem Reap und Kompong Thom ausgenommen, die Städte im Tonle-Sap-Becken wenig touristische Attraktionen zu bieten haben, gehört eine Fahrt auf dem Fluss Tonle Sap oder auf dem See mit dem Besuch der schwimmenden Dörfer zu den Höhepunkten eines Kambodschabesuches. Die Schiffbarkeit wird nicht vom Monsun, sondern vorrangig vom Rückstaueffekt durch den Mekong beeinflusst. Der See ist für größere Boote nur von Juli bis Dezember befahrbar.

Um den See gibt es ein weitverzweigtes Netz an Wasserwegen, die von den Einheimischen mit Booten befahren werden. Für abenteuerlustige Reisende gehört es zu einem besonderen Erlebnis, mit den Bewohnern in die kleinen abgelegenen Dörfer zu fahren, die an Flussmündungen oder weit draußen auf dem See stehen.

Viele Jahre waren die beiden rechts und links des Sees verlaufenden Straßen berüchtigt für ihren katastrophalen Zustand. Deswegen konnte auch Siem Reap bis Ende der 1990er Jahre von Phnom Penh aus nur mit dem Flugzeug oder Boot erreicht werden. Heutzutage sind sie ausgebaut, und große Reisebusse fahren mit über 100 km/h durch die Landschaft. Die Nationalstraße RN 6 führt über Skun, Kompong Thom, Siem Reap nach Sisophon. Es ist die kürzeste Verbindung nach Angkor Wat (311 km). Die Nationalstraße 5 verbindet die beiden größten Städte des Landes, Phnom Penh und Battambang, miteinander.

Kompong Chhnang

⇗ XV/C3, XIX/C1

កំពង់ឆ្នាំង

Überblick

Dies ist die Hauptstadt der gleichnamigen Provinz, in der ca. 350.000 Menschen leben. Die Gegend ist für ihre Korbflechtereien und Töpferarbeiten bekannt. Bei der Herstellung dieser im Land hochgeschätzten Ware, wird der Ton von Hand gedreht und nur unter der Sonne getrocknet. Die Händler kommen mit Ochsenkarren bis nach Phnom Penh, um ihre Produkte anzubieten. Die Stadt teilt sich in zwei Zentren auf, den Markt und den zwei Kilometer entfernten Hafen, der am Fluss Tonle Sap liegt.

Der **Hafen** wird über einen Damm erreicht, der zwischen Sümpfen und Lotosblumenfeldern hindurchführt. Das bunte Treiben von Händlern, Fischern und Trägern weist auf die Bedeutung des Hafens als wichtiges Handelszentrum in der Region des Tonle Sap hin. Hausboote und Hütten auf Stelzen ziehen sich am Ufer entlang.

Motorradtaxis und **Tuk Tuks** stehen zur Verfügung.

Sehenswertes

Markt

Hier gibt es Töpfer- und Korbflechterarbeiten sowie eine große Auswahl an Fischen und anderen Süßwassertieren aus dem Tonle Sap.

Wat Daep

An der Straße vom Markt zum Hafen ist diese prächtig renovierte Pagode als dominierendes Gebäude unübersehbar. Etwa ein Dutzend Mönche leben hier.

Hafen

Besonders morgens und abends ist der Hafen ein lohnender Platz für jeden, der gerne Menschen einer fremden Kultur in ihrem Alltag beobachtet. Auch hier gibt es einen Markt.

Unterkunft

- **Samrongsen Hotel** (Tel. 026/989011). Großzügige und ruhige Anlage auf der Straße zwischen Markt und Hafen. Alle Zimmer mit Klimaanlage, TV und Kühlschrank. EZ 10 $, DZ 15 $. 2 $ Ermäßigung, wer nach 19.00 Uhr eincheckt.
- **Sovann Phum Hotel** (Tel. 026/989333). An der RN 5 ca. 200 m vor dem Independence Monument auf der rechten Straßenseite. Große, saubere und gut ausgestattete Zimmer zwischen 7 und 15 $. Das daneben gelegene neue **Asia Hotel** bietet einen ähnlichen Standard.
- **Sokha G.H.** (Tel. 026/988622). 200 m entfernt vom Independence Monument in einer kleinen Seitenstraße. Schönes, ruhiges Haus mit Garten und sehr freundlichem Besitzer, der auch gut Englisch spricht und bei Ausflügen in die Umgebung gerne berät. Zimmer zwischen 5 und 15 $.

Restaurants

Es ist kaum zu glauben, aber im Sommer 2009 verfügte die Stadt über kein einziges Restaurant, das am Abend geöffnet hat. Auch in den Hotels gab es kein Essen, nur im **Sokha G.H.** kann auf Vorbestellung abends Essen serviert werden. Lediglich an der Nationalstraße 5, ca. 2–3 km außerhalb der Stadt Richtung Pursat, gibt es zwei Restaurants, die abends geöffnet haben. Auch am **Markt** ist die Versorgungslage bescheiden. Es finden sich zwei Essenstände, die Wurstbaguette und Reissuppe mit Huhn anbieten. Tagsüber sieht es etwas besser aus, es gibt etliche kleine Restaurants um den Markt herum, wie etwa das **Mithapheap** am Independence Monument, das auch westliches Frühstück anbietet.

Anreise und Weiterreise

- **Entfernungen** in Straßenkilometern:

Phnom Penh	92
Pursat	89
Battambang	194
Siem Reap	375

Taxi

100 Meter nördlich vom Markt an der *Sokimex*-Tankstelle liegt der Sammelplatz für Taxis. Nach Phnom Penh 3–4 $, ca. 1½ Std.; nach Pursat 2,50 $; ca. 1 Std. (sehr schlechte Straße).

Bus

Alle Busse, die von Battambang nach Phnom Penh fahren, halten zwischen 10.00 und 18.00 Uhr an der *Sokimex*-Tankstelle und sammeln Passagiere nach Phnom Penh für 2,50 $ auf.

Ausflüge

Ein lohneswertes Erlebnis ist eine Bootsfahrt auf die andere Seite des Tonle-Sap-Flusses nach **Kampong Leang.** Das Passagierboot verkehrt 5-

mal täglich vom Hafen aus. Die halbstündige Fahrt kostet nur 1000 Riel. Am Bootsanleger in Kampong Leang warten hilfsbereite Mopedtaxifahrer, die sich über die wenigen Ausländer, die hierher kommen, freuen und gerne ihre Fahr- und Führdienste für 10 $ anbieten. Allerdings spricht niemand von ihnen Englisch.

Der ca. 45 km lange **Rundweg** führt durch eine sehr ländliche Gegend mit ursprünglichen Dörfern und Ziegeltürmen aus der Vorangkorzeit. Von der Straße aus sind sie nicht zu sehen, doch die Fahrer kennen sie. Einige kleine Tempel liegen auf Hügeln, aber der beschwerliche Aufstieg wird mit einem schönen Ausblick auf den Tonle Sap belohnt.

Recht gut erhalten ist der **Prasat Gklo Tempel,** der ca. 1 km abseits des Rundwegs neben einer kleinen, modernen Pagode steht und keinen anstrengenden Anmarsch erfordert. Zwischen der Tempelbesichtigung bleibt noch genug Zeit, um an den Miniverkaufsständen an der Straße anzuhalten und kleine Köstlichkeiten zu probieren, die dort angeboten werden, bevor das letzte Boot um 16.00 Uhr zurück nach Kampong Chhnang fährt.

Ein weiterer Ausflug der etwas skurilen Art führt ca. 8 km außerhalb von Kampong Chhnang zu einem **Flughafen,** der während der Zeit der Roten Khmer von den Chinesen erbaut, aber nie in Betrieb genommen wurde. Der Sinn dieses Großprojektes erschließt sich einem aber kaum, da Kambodscha währen dieser Zeit international total abgeschottet war und lediglich ein Flugzeug am Tag zwischen Phnom Penh und Bejing verkehrte. Zwischen Karsthügeln und Reisfeldern liegt eine perfekte Start- und Landebahn, auf der man mit dem Moped „Flugzeug" spielen kann. Die Anlage wird von Uniformierten bewacht, die Besucher aber für ein kleines Trinkgeld gern auf die Piste lassen.

Pursat

↗ XIV/B3, XVIII/B1

ពោធិ៍សាត់

Überblick

Pursat ist eine beschauliche Provinzhauptstadt. Sie liegt am Stung Pursat, einem Fluss, der in den See Tonle Sap fließt und von den Bewohnern als Schwimmbad benutzt wird. Die Provinz Pursat hat ca. 270.000 Einwohner. Die Stadt liegt an der RN 5 und der Eisenbahnlinie Phnom Penh – Battambang. Sie ist eine Hochburg der NGOs, die sich hier mit über 10 Organisationen um die sozialen Belange der Einheimischen kümmern. Das Zentrum bildet der Markt, an dessen Peripherie sich 3–4-stöckige Häuser anschließen. Achtung: **Malaria!**

Sehenswertes

Museum

Das Museum beherbergt das Kulturbüro von Pursat, eine von Kanada gesponserte Bibliothek und ein Atelier, in dem Figuren aus **Pursatmarmor** hergestellt und verkauft werden. Der Marmor wird im 40 Kilometer entfernten Thmor Keo abgebaut. Die Arbeiten, die Symbole aus dem Buddhismus und der Angkorperiode darstellen (Apsaras, Buddhas, die vier Gesichter des Bayon etc.), werden zwischen 15 und 150 $ verkauft.

Das Gebäude liegt an der Brücke (RN 5) über den Stung Pursat.

Cardamom-Berge

Pursat ist der Ausgangsort zu den Nationalparks **Phnom Aural** und **Phnom Samkok,** die erstmals im Jahr 2000 nach 30 Jahren absoluter Abgeschiedenheit von Wissenschaftlern besucht werden konnten. Die Begeisterung über die unberührte endemische Tierwelt war grenzenlos. Selbst Tiere, wie das Siamesische Krokodil, das schon als ausgestorben galt, wurden gesichtet. Die Forscher erwarten noch weitere Überraschungen. Mitglieder der Umweltorganisation *Global Witness* machten darauf aufmerksam, dass der Urwald an vielen Stellen von illegalen Holzfälleraktivitäten massiv bedroht ist. Organisierte Trips zu den Nationalparks gibt es noch keine. Wer trotzdem dorthin will, sollte sich wegen der **Minen** und **Malaria** sorgfältigst darauf vorbereiten. Infos sind am besten bei den *Enviromental Organisations* in Phnom Penh zu bekommen.

Unterkunft

- **Hotel Than Sour Thmey** (Tel. 052/951 506). Sehr empfehlenswerte Unterkunft mit angeschlossenem Restaurant. DZ mit AC, heißem Wasser und TV für 10 $, mit Fan 5–6 $. Im angeschlossenem G.H. kosten DZ mit Fan und TV 4 $ und EZ 3 $. Nähe der Hauptstraße auf der Nordseite des Flusses.
- **Hotel Phnom Pich** (Tel. 052/951515). Großes Hotel mit sauberen Zimmern, freundlichem Management und Restaurant. DZ mit AC und TV 10 $, mit Fan und TV 5 $. 1. Straße zwischen Brücke und Markt.
- **Vimean Sourkear Hotel** (Tel. 052/9514 66). Ebenfalls eines der empfehlenswerten „high end"-Hotels. Preislage wie die beiden oben genannten; kein Restaurant. 1. Straße neben *Phnom Pich Hotel.*
- **Chouk Meas G.H.** (Tel. 092/900669). Eine der günstigsten Unterkünfte in der Stadt. Freundlich und sauber. DZ mit Bad/WC und Fan 4 $; EZ 3 $. Nahe der Brücke an der RN 5 Richtung Phnom Penh.

Restaurants

- Die Restaurants in den beiden Hotels **Than Sour Thmey** und **Phnom Pich** haben zwar nicht unbedingt viel Stil, aber das Essen ist gut und günstig (3000–4000 Riel). Westliches Frühstück!
- **Borei Thmei.** Zurzeit eines der beliebtesten Restaurants in Pursat. Angenehme Atmosphäre in einem netten Garten. Wird vor allem abends von Einheimischen gern besucht. Alle Speisen um 5000 Riel. Liegt an der RN 5 Richtung Phmom Penh.
- **Lam Siv Eng.** Alteingesessenes Restaurant mit gutem Preis/Leistungsverhältnis. Speisen um 4000 Riel. An der RN 5 zwischen Brücke und Bahnhof.

Internet

- **Tieng Chan Hong Phone Shop.** 1 Std. kostet 3 $. Am Markt.

Anreise und Weiterreise

- **Entfernungen** in Straßenkilometern:

Battambang	105
Phnom Penh	187
Siem Reap	280

Taxi und Pick-up

- Taxis nach **Phnom Penh** sind östlich an der Brücke über den Stung Pursat zu finden. 4–5 $, 3–4 Std. Fahrzeit.
- Taxis nach **Battambang** warten vor dem Bahnhof. 2–3 $, 1½ Std. Fahrzeit (schlechte Straße).

Umgebung

Kompong Loung

Unbedingt zu empfehlen ist ein Ausflug zu diesem schwimmenden Dorf *(floating village)* am Ufer des Tonle-Sap-Sees. Am Ufer warten kleine Motorboote, welche die Besucher für 2 $ pro Std. durch das nahegelegene Dorf fahren.

Das tägliche Leben der Menschen spielt sich nur auf dem Wasser ab. Schulkinder fahren mit dem Boot zum Unterricht, Marktfrauen verkaufen ihre Waren von kleinen Kähnen aus, und auch die Pagode und eine kleine Kirche schwimmen auf dem braunen Wasser des Sees. Hochinteressant – und nur wenige Touristen!

- **Anreise:** Am einfachsten von Pursat aus (aber auch als kleiner Zwischenstopp auf dem Weg von Phnom Penh nach Battambang machbar). Mit dem Motodup (8 $) oder Auto (30 $) auf der RN 5 Richtung Phnom Penh zum kleinen Ort *Krakor* (1 Std., ca. 40 km). Von dort (je nach Wasserstand bis zu 5 km) zum Ufer des Tonle-Sap-Sees.

Battambang

(Sprich: Badtambong) ↗ XIV/A2

បាត់ដំបង

Überblick

Battambang hat ca. 300.000 Einwohner und ist damit die zweitgrößte Stadt Kambodschas sowie die Hauptstadt der gleichnamigen Provinz. Sie liegt am Fluss Sangker, der während der Regenzeit ein rotbraunes Wasser führt und die Stadt in zwei Hälften teilt; einen westlichen Teil mit dem Zentrum mit Markt, Bahnhof, Hotels und Restaurants sowie einen östlichen Teil, in dem sich Wohngebiete und ein stillgelegter Flughafen befinden.

Die Böden in der Provinz, der **„Reisschüssel" des Landes,** gehören zu den besten und fruchtbarsten in Kambodscha. Deshalb erfreuen sich die landwirtschaftlichen Produkte dieser Region, vor allem Reis und Orangen, in Phnom Penh großer Nachfrage. Auch für die **Roten Khmer** hatte die landwirtschaftliche Entwicklung dieser Region höchste Priorität. Die meisten aus Phnom Penh evakuierten Einwohner wurden deshalb nach Battambang gebracht und mussten dort, in Arbeitsbrigaden organisiert, die Felder urbar machen.

Lange Zeit führte Battambang touristisch gesehen ein Schattendasein. Doch seit einigen Jahren zieht es immer mehr Touristen in diese beschaulich Stadt, die ihren provinziellen Charme bis heute bewahrt hat.

Ein sehr lohnendes Buch für jeden interessierten Reisenden mit Englischkenntnissen ist **Battambang during the time of the Lord Governor.** Es beschreibt das Leben in der Stadt im 19. Jahrhundert. Die Ausführungen über Sitten, Berufe, Wirtschaft und Zeremonien lassen sich auch auf den Rest des Landes übertragen und helfen viele Dinge, die man in der Provinz noch heute zu sehen bekommt, besser zu verstehen. Erhältlich ist es in den Bookshops der großen Städte.

Sehenswertes

Da Tambong

Auf dem Weg von Phnom Penh in die Stadt steht am Kreisverkehr eine goldene, alles überragende Figur, die einen Stab in beiden Händen hält. Ihr Name ist *Da Tambong* (Großvater mit dem Stab). Nach ihm wurde die Provinz Battambang benannt.

Zentralmarkt (Psah Nat)

Der Markt bildet das Zentrum Battambangs. Besonders beachtenswert ist die breite Palette von Obst und Gemüse dieser fruchtbaren Region. Die Orangen sollen die süßesten im ganzen Land sein. Besonders lohnend ist der Besuch bereits früh am Morgen.

Weitere, weniger bedeutende Märkte liegen am Stadtrand an der RN 5 Richtung Sisophon und bei den Taxis Richtung Phnom Penh.

Wat Piphit

Die 1993 prächtig renovierte, palmenumsäumte Pagode liegt im Herzen der Stadt, 100 Meter nördlich vom Markt. Sie soll 1888 gegründet worden sein, besitzt eine Palischule und bietet über 100 Mönchen Unterkunft. Am Nordeingang stehen vier Figuren, die fast drei Meter hoch sind und Wächter darstellen. Nach den Erzählungen der Einheimischen handelt es sich dabei um die Kinder der zwei Riesen, die am Südeingang stehen. Diese zwei Statuen sehen mit ihren spitzen Stoßzähnen und gigantischen Keulen besonders gefährlich aus.

In keiner anderen Region Kambodschas findet man so viele **Pagoden** wie in Battambang und Umgebung.

Museum

Interessantes Museum, in dem Exponate aus Tempeln und Fundstücke aus der Angkorperiode ausgestellt sind, die in Battambang und den angrenzenden Provinzen gefunden wurden. Montag bis Freitag 8–11 und 14–17 Uhr geöffnet, Eintritt 1 $. Liegt in der 1. Straße neben dem Polizei-Hauptquatier, Tel. 092/914688.

Zirkus Phare Ponleu Selpak

Ca. 3 km außerhalb der Stadt auf dem Weg nach Sisophon liegt in einer Seitenstraße eine Kunstschule, die jungen Leuten Training in Zirkuskunst, Musik und Malerei anbietet. Das Projekt wird von einer französischen NGO geleitet, und das Können der begeisterten Schüler kann regelmäßig am Donnerstag abend um 19 Uhr in einer Zirkusvorstellung bewundert werden. Eintritt 8 $, Tel. 053/952424, www.phareps.org.

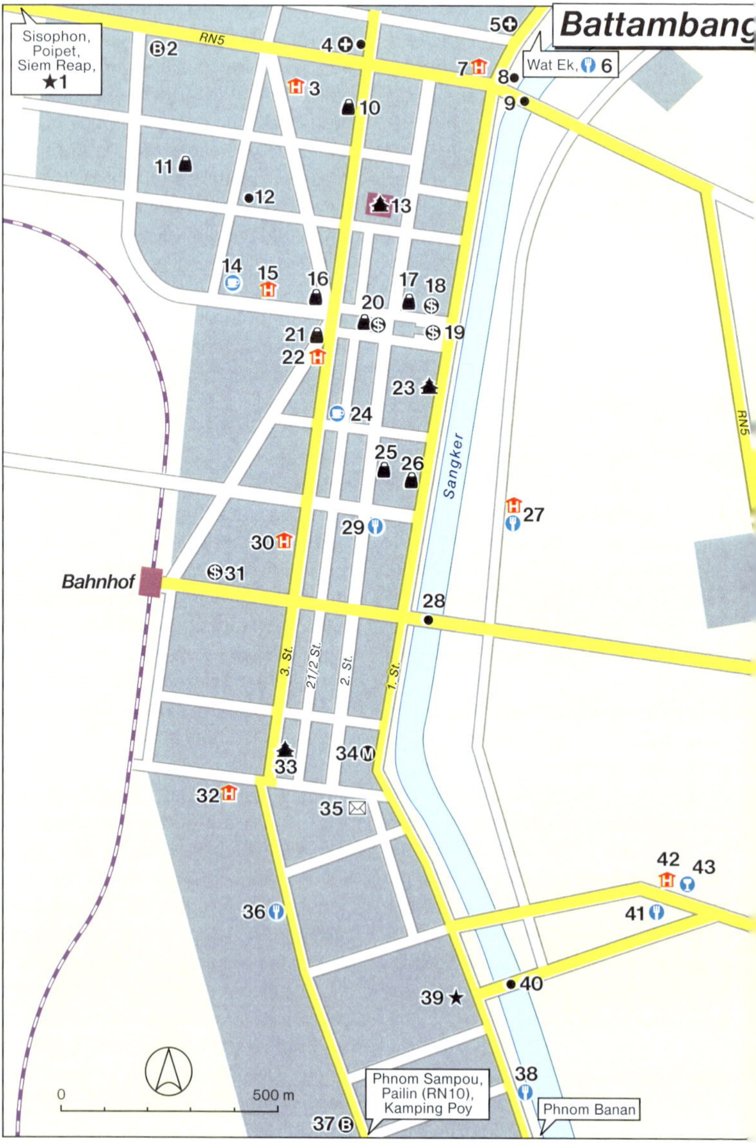
Battambang
Sisophon, Poipet, Siem Reap, ★1
RN5
Wat Ek, 6
Bahnhof
Sangker
3. St.
21/2 St.
2. St.
1. St.
RN5
Phnom Sampou, Pailin (RN10), Kamping Poy
Phnom Banan
0
500 m
2
3
4
5
7
8
9
10
11
12
13
14
15
16
17
18
19
20
21
22
23
24
25
26
27
28
29
30
31
32
33
34
35
36
37
38
39
40
41
42
43

- ★ 1 Circuis Phare
  Ponben Selpark (2 km)
- 2 Abfahrt nach Sisophon, Poipet
- 3 Hotel Asia
- 4 Hospital Visalsokh,
- • Vietnamesisches Konsultat
- 5 Staatliches Krankenhaus
- 6 Stoeng Sangker
- 7 Stung Sangke Hotel
- • 8 Speedboot-Hafen
- • 9 Autobrücke (Spien Thmo Thmey)
- 10 Bäckerei International Bread
- 11 Psah Boeng Chhoeuk
- • 12 Capitol Tours Office
- 13 Wat Piphit
- 14 Sunrise Coffeehouse
- 15 Royal Hotel
- 16 Chea Neang Drink Shop
- 17 Souvenir Shop
- 18 Canadia Bank,
  Union Commercial Bank
- 19 ANZ Royal Bank
- 20 Psah Nath (Zentralmarkt),
  Wechselstuben
- 21 Danise Markt
- 22 Chhaya Hotel
- 23 Chinesischer Tempel
- 24 Gecko Café und Moto
- 25 Fotoshops
- 26 Antiquitäten
- 27 La Villa Hotel und Restaurant
- • 28 Fußgängerbrücke
- 29 White Rose
- 30 Golden River/Stung Mea
- 31 Cambodian Commercial Bank
- 32 Teo Hotel
- 33 Wat Domrei Sor
- 34 Museum
- ⊠ 35 Post Office
- 36 Phkay Proek
- 37 Saloe Pailin (Abfahrt nach Pailin)
- 38 Riverside Balcony
- ★ 39 Gouverneurspalast
- • 40 kleine Brücke (nur PKW)
- 41 Soun Yuan Restaurant
- 42 Khemara Hotel
- 43 Sky Nightclub
- 44 Abfahrtstelle nach Phnom Penh
- ★ 45 Da Tambong

Nachtleben

Da der Governor von Battambang ein strenger und ordnungsliebender Mensch sein soll, ist ein wildes Nachtleben so gut wie unbekannt. Es reduziert sich auf den Boulevard, der sich vom *Teo Hotel* zum Sangker-Fluss zieht. Dort stehen ein paar Stände, die nachts Bier und div. kambodschanische Snacks verkaufen. In den Restaurants nebenan werden bis spät in die Nacht Khmer-Sandwiches *(num pang paté)* serviert. Bis ca. 23 Uhr kann man ein paar kühle Drinks an der Bar im *Riverside Balcony* mit Flussblick zu sich nehmen (siehe „Essen und Trinken"). Ein wenig kambodschanisches Nachtleben bietet der *Sky Nightclub* hinter dem *Khemara Hotel.*

Orientierung

In Battambang sind die von Nord nach Süd verlaufenden Straßen vom Fluss aus gezählt nummeriert, kurioserweise gibt es eine Straße 2½. In diesem Buch wird die Nummerierung zur Orientierung in Text und Karte verwendet, sie hat jedoch in Battambang selbst nur als Postanschrift eine Bedeutung. Die Einheimischen orientieren sich an markanten Gebäuden.

Adressen

●**Geld.** Die Wechselstuben an der Nordseite des Psah Nath (Zentralmarkt) haben einen guten Euro-Dollar-Wechselkurs. *Cambodian Commercial Bank* (am Bahnhof); Geöffnet Mo–Fr 8.00–15.30 Uhr. Travellerschecks, Barauszahlung auf *Visa* und *MasterCard. Canadia Bank* (Südseite Zentralmarkt). Mo–Fr 8.00–15.30 Uhr, Sa bis 11.00 Uhr; Travellerschecks, Barauszahlung auf *MasterCard*. *ANZ Royal Bank* mit gleichen Öffnungszeiten und 24 Stunden ATM befindet sich an der Ecke, wo der Markt auf die Flussstraße trifft.

• **Post.** In der 1. Straße zwischen Fußgängerbrücke und der Brücke zum Flughafen.

• **Foto.** Kameras, Filme, Fotokopien und Zubehör in der 2. Straße. Nähe Zentralmarkt.

• **Souvenirs.** *Yi Hwa Sreng* (Antique und Diamond Shop), 1. Straße, Nr. 92. *Souvenir Shop* am Beginn der 2. Straße.

• **Internet.** Auch in Battambang sind Internetshops überall in der Stadt zu finden. Die größte Dichte steht in der 1. Straße an der Riverside. 1 Std. kostet 0,75 $. Internetphone: 1 Min. für 500 Riel.

• **Bäckerei.** *International Bread*. Brot, Kuchen und süßes Gebäck. Der Laden liegt in der 3. Straße, in der Nähe der RN 5.

• **Lebensmittel.** Chea Neang Drink Shop (westl. Seite vom Markt) Müsli, Milch, Käse, Wein, Toilettenartikel, etc.

• **Mopedverleih.** *Gecko Moto*, auf der 3. Straße, ein Block südlich vom Markt. Neuwertige *Honda Wave 125 cc* für 7–8 $ am Tag, die *Honda 250 cc Enduro* im leidlichen Zustand für 12 $ pro Tag, Fahrräder 2–3 $. *Gecko* bietet auch Ausflüge auf dem Fluss und in die Umgebung an. Tel. 089/924260.

• **Krankenhäuser.** Das staatliche Krankenhaus wird von vielen NGOs unterstützt, da es ein großes ländliches Einzugsgebiet hat und die meisten Patienten kein Geld haben. (Nähe Autobrücke Spien Thmo Thmei).

Hospital Visalsokh. Privatklinik mit für kambodschanische Verhältnisse gut ausgebildeten und engagierte Ärzten (an der RN 5 Richtung Sisophon).

Stadtverkehr

• **Motorradtaxi.** Auch hier wird der öffentliche Verkehr von den Motorradtaxis beherrscht. Wer selbst eines mieten möchte, sollte sich bei Taxifahrern erkundigen. Wer hier einen Preis unter 8 $ für einen Tag aushandelt, kann sich glücklich schätzen.

Tagsüber kosten Fahrten mit dem Motodup im Stadtbereich 500–1000 Riel.

Ein zuverlässiger Fahrer, um die Umgebung zu erkunden (Englischkenntnisse), ist *Mr. Bat*. Zu finden meist vor dem Royal Hotel.

• **Fahrradtaxis** und **Ponykutschen.** Werden nur von den Einheimischen benutzt, da sie dem eiligen Touristen zu langsam sind. Wer sich jedoch mit diesen umweltfreundlichen Verkehrsmitteln fortbewegt, kann sich der erstaunten Bevölkerung sicher sein.

• **Taxi.** An der Flussseite des Zentralmarktes. Ein Taxi für einen Tag sollte nicht mehr als 20–25 $ kosten.

Unterkunft

In den letzten Jahren sind an die 20 neue Hotels in Battambang entstanden, was den Bedarf für dieses Jahrhundert weit überschreiten dürfte. Falls eines der hier empfohlenen Hotels ausgebucht sein sollte, steht an der nächsten Ecke sicherlich schon ein Ersatzquartier.

Hotels und Guesthouses

• **La Villa** (Tel. 089/930951). Das Feinste, was Battambang zu bieten hat. Alte Kolonialvilla mit Garten und Swimmingpool direkt am Fluss, die aufwendig und stilvoll bis ins letzte Detail renoviert und eingerichtet wurde. 7 individuelle Zimmer, wobei die beiden Luxuszimmer im ersten Stock mit Balkon grandios sind. DZ 60 bzw. 80 $ pro Nacht inkl. Frühstück. Auch sehr gutes Restaurant. Französisches Management. www.lavilla-battambang.com.

• **Stung Sangke Hotel** (Tel. 053/953495). 4-Sterne-Ausstattung und Service für 40 $ pro Zimmer inkl. Frühstück. Gute Lage direkt am Fluss. Swimmingpool und Fitnessraum sind auch für Tagesgäste für 5 $/Tag zugänglich. www.stungsankehotel.com.

• **Teo Hotel** (Tel. 053-952288). DZ mit AC 13 $, EZ 10 $. Luxussuiten für 25 $. In der 3. Straße. Seit vielen Jahren das Lieblingshotel der NGOs. *Visa* und *MasterCard*.

• **Khemara Hotel** (Tel. 053/732727). Neues Hotel an der Hauptstraße zwischen der Ta

Dambong Statue und dem Fluss. Sehr gut ausgestattete Zimmer für 15–25 $, freundliches Personal. www.kmrbb.com.

- **Royal Hotel** (Tel. 016/912034). Viele Traveller. Große Auswahl an geräumigen und gepflegten Zimmern für jeden Geldbeutel (3–10 $). Dachterrasse mit schönem Ausblick und kleinem Restaurant mit westl. Frühstück und günstigen Preisen. Die Rezeption ist auf die Bedürfnisse der Traveller eingestellt und organisiert Ausflüge, Taxis, Leihmopeds, Tickets für Bus, Boot und Flüge, Laundry Service, etc. Liegt 100 m westlich vom Psah Nath entfernt.
- **Chhaya Hotel** (Tel. 012/733204). Auch dieses große G.H. im Zentrum ist eine Traveller-Hochburg, wo sich das Management auf die Wünsche und Bedürfnisse von Rucksackreisenden eingestellt hat. Große, saubere Zimmer 3–10 $, Dachterrasse, etc. Liegt nahe dem Psah Nath in der 3. Straße.

Essen und Trinken

- **White Rose** (Kolap Sar Coffee Shop). Sehr beliebt bei Travellern wegen der großen Auswahl an günstigen Khmer-Speisen, Sandwiches und Fruitshakes. In der Nachbarschaft sind ähnliche Restaurants eröffnet worden, die das Erfolgsrezept kopieren. Liegt in der 2. Straße, Nähe der Straße zum Bahnhof.
- **H & H Khmer Delight.** Hübsch eingerichtetes Restaurant in einem alten Kolonialhaus, das sowohl gute westliche Küche als auch kambodschanische Spezialitäten anbietet. Ausgesprochen liebenswürdiger Service. Auf der 2. Straße, ca. 100 m südlich vom Markt.
- **Soun Yuuan.** Große, schöne Holzvilla, die ganz auf kambodschanisches Essen spezialisiert ist. Gegenüber dem *Khemara Hotel.*
- **Sunrise Coffeehouse.** Empfehlenswert für ein gemütliches Frühstück oder einen Mittagsnack. Gebäck, Sandwiches, Pizzas und andere Kleinigkeiten um die 2 $. Erfreulich große Auswahl an Kaffee und Tee. Ab 6.00 Uhr geöffnet. Selbe Straße wie Royal Hotel.
- **Gecko Café.** Ein schöner Platz auf dem Balkon eines alten französischen Eckhauses, an dem sich bei Frühstück, Snacks und Pizza das beschauliche Stadtleben beobachten läßt. Lage siehe Mopedverleih Gecko Moto.
- **Riverside Balcony.** Beliebtes Restaurant mit Bar, das besonders abends von Expats frequentiert wird. Westliche Küche: Burger, Pasta, etc. Gute Location, um abends ein chilliges Bier zu trinken. 1. Straße flussaufwärts, ca. 200 m hinter dem Gouverneurspalast.
- Zu den empfehlenswerten Khmer-Restaurants gehören das **Phkay Proek** in der 3. Straße (etwas außerhalb hinter dem Teo Hotel) und das **Stoeng Sangker** in der Nähe der Chamgemeinde Richtung Wat Ek. Beide Restaurants haben ein große Auswahl an Gerichten für 6000–12.000 Riel.

Tonle-Sap

Die Regen-Wetter von Battambang

Seltsame Dinge passieren mitten am Tag auf den Dächern um den Busbahnhof am Psah Boeng Chhoeuk. Aufgeregt umherschreiende Männer bevölkern in großer Zahl Balkone und Hochstände der angrenzenden Häuser. Sie sind gut gekleidet, mit Funkgeräten und Notizblock bewaffnet und starren unablässig in den Himmel, als ob dort jeden Moment ein UFO auftauchen würde. Ein bizarres Schauspiel für Nichteingeweihte.

Kambodschaner wetten gerne, besser gesagt: sie sind süchtig danach. Gibt es keinen Boxkampf, keine Fußball-WM und keinen Hahnenkampf, dann erfinden sie eben etwas, um das man wetten kann. In Battambang geht es darum: regnet es heute am Psah Boeng Chhoeuk oder nicht. Und dabei wird nicht um Peanuts gewettet. Manch einer hat wegen eines unverhofften Regenschauers schon Haus und Hof verloren. Deswegen sind die Teilnehmer auch bestens organisiert; mit den Funkgeräten stehen sie zu ihren Mitspielern in Kontakt, die auf dem Land positioniert sind und Wolkenbildung, Windrichtung und Regenwahrscheinlichkeit an den Hotspot melden.

Anreise und Weiterreise

- **Entfernungen** in Straßenkilometern:

Phnom Penh	292
Siem Reap	175
Sisophon	69
Poipet	117
Pursat	105
Pailin	79
Kampong Chhnang	200

Boot

Täglich um 7.00 Uhr fährt ein kleines **Speedboot** für 15 $ pro Person nach **Siem Reap.** Landschaftlich sehr schöne Fahrt auf dem schmalen Sangker Fluss, anschließend über den Tonle Sap See. Abfahrt und Tickets an der Autobrücke Spien Thmo Thmey.

Bus, Taxi und Pick-up

- **Battambang nach Phnom Penh:** Taxis und Pick-ups stehen am *Psah Thmey* am Beginn der Straße nach Phnom Penh. Da die Straßenverhältnisse immer besser werden, dominieren v.a. Reisebusse den Transport. Durch ein Überangebot an Busgesellschaften herrscht ein brutaler Preiskampf, durch den die Qualität der Busse leidet. Die etablierten Gesellschaften sind *Capitol, GST* und *Soryia*. Viele Busse fahren täglich zwischen 6.30 und 14.00 Uhr für 4,75 $, die Fahrzeit beträgt ca. 5 Std. Tickets in den G.Hs. oder den Büros, die überall leicht zu finden sind. Zwischenstopps in Pursat und Kompong Chhnang.
- **Bangkok:** *Capitol* bietet eine *Open Tour* von Phnom Penh nach Bangkok mit Zwischenstopp in Battambang für 14 $ an. Abfahrt nach Bangkok in Battambang um 12.00 Uhr.
- **Siem Reap:** *Capitol Bus* 2 x täglich um 7.45 und 9.30 Uhr, für 3,75 $.
- **Pailin:** Taxis und Pick-ups für ca. 4–5 $, 2½ Std. Fahrzeit. Straße in unterschiedlichem Zustand. Abfahrt *Saloe Pailin*. Täglich eine Busverbindung mit *Paramount Angkor* um 13.30 Uhr, 4 $.

Umgebung

Westliche Besucher sind besonders begeistert von der pittoresken *country side* und den Begegnungen mit der einheimischen Bevölkerung.

Wat Phnom Ek

Dieser mächtige Tempelbau aus dem 11. Jahrhundert steht zehn Kilometer nördlich von Battambang. Vor 1970 galt Wat Ek als eines der schönsten Bauwerke der Angkorperiode und zog viele Touristen an.

Doch die Khmer Rouge entfremdeten dieses historische Bauwerk für ihre Zwecke und errichteten in den dicken Mauern ein Gefängnis zur Inhaftierung und Folter von Zwangsarbeitern und Kollaborateuren aus den eigenen Reihen. Augenzeugen sprechen von mehreren hundert Menschen, die hier bestialisch ermordet wurden.

Heute liegt der aus Laterit und Sandstein erbaute Tempel unter einer Decke aus mannshohem Gestrüpp, aus dem hohe Pipelbäume ragen. Die meisten Mauern sind eingestürzt, angeblich das zerstörerische Werk der Roten Khmer. Nur noch an den Eingangsportalen zu dem zentralen Heiligtum, sind die letzten der einst wunderschönen Steinmetzarbeiten zu bewundern.

- Am besten sind die zehn Kilometer **Anreise** mit einem Motorrad oder einem Allrad zu bewältigen. Man folgt dem Fluss Sangker auf der westlichen Seite in Richtung Norden. Nach knapp 5 Kilometern überquert die Straße den Bach Krahol. Hier biegt man nach links ab und folgt dem Bach mal auf der rechten, mal auf der linken Seite und kommt nach weiteren 5 Kilometern zur Wat Phnom Ek.

Phnom Sampou

Um die Entstehung dieses **Tempelberges** rankt sich eine Sage, die Bezug auf den jahrhundertelangen Kampf Kambodschas mit seinem Nachbarland Thailand nimmt.

Von der RN 10 ist der Berg Sampou (154 m) bereits von weitem sichtbar. Über den senkrechten Felswänden, die von üppiger Vegetation überwuchert sind, stehen auf dem Gipfel zwei Pagoden. Bereits am Fuß des Berges warten Kinder, die den Fremden für ein kleines Entgelt über die angeblich 700 Stufen und durch verschlungene Irrwege zu den Pagoden führen wollen. Die 130 Höhenmeter gestalten sich äußerst mühsam, doch in 15 Minuten erreichen die meisten den Gipfel. Belohnt wird diese Mühe mit einer wirklich grandiosen Aussicht auf die weiten Reisfelder um Battambang und auf die schroffen Karsthügel Richtung Pailin.

Beide **Pagoden** sind sehr klein und haben einen quadratischen Grundriss. *Wat Brahn* ist die größere und steht auf der höchsten Stelle des Berges. Sie ist renoviert, und schöne Bilder über das Leben Buddhas zieren die Innenwände. Die etwas tieferliegende *Wat Konping* ist im Stil der Türme von Angkor Wat erbaut. Als die Roten Khmer den Hügel besetzten, warfen sie die hier lebenden Mönche über die Felswände hinab. Phnom Sampou und der um 40 Meter höhere Nachbargipfel Kdong waren während der Kriege wichtige **strategische Punkte** für das Militär.

● Phnom Sampou liegt an der RN 10 Richtung Pailin. Die 12 km lange Strecke kostet mit dem Motorradtaxi 10.000 Riel, mit dem Auto 15 $.

Laan Thom

Versteckt auf der Westseite des Berges Sampou liegt dieser mystische Platz, der von **zwei Höhlensystemen** umgeben ist. *Laan Gah Slah* ist eine Höhle, mit einem großen Innenraum, dessen Decke nach obenhin geöffnet ist. Die Grotte der *Laan Kijol* beherbergt ein buddhistisches Heiligtum mit einem liegenden Buddha in einer Felsnische. An der linken Seite der Grotte befindet sich der Eingang zur Höhle. An dessen Beginn liegt ein in den Felsen geschlagenes Zimmer, ausgeschmückt mit sakralen Gegenständen. Diesen verwunschenen Ort findet man mit Hilfe der Kinder, die sich am Fuß des Berges als Guides anbieten.

Laan Kirirum (Killing Fields)

Folter- und Exekutivstätte während der Khmer Rouge-Herrschaft. Die „Sehenswürdigkeit" an diesem schaurigen Platz ist eine Grotte, von der eine Höhle abzweigt. Hier sind in Drahtkäfigen die Gebeine der Ermordeten aufgebahrt. Die Jugendlichen, die sich auch hier als Führer anbieten, haben einige grausame Geschichten über die Exekutionsmethoden auf Lager. Wahrheit oder Legende?

Auf dem Platz vor der Höhle stehen heute ein kleines Gebäude mit einem Altar und verschiedene buddhistische Bauwerke.

● **Anfahrt:** Links von den Treppen, die zum Phnom Sampou führen, führt ein kleiner, nur schwer mit einem Moped befahrbarer Weg zum Sattel zwischen Phnom Sampou und Phnom Kdong. Am besten die einheimischen Kinder fragen. Für kleine Führungdienste sind 500–2000 Riel angebracht.

Kamping Poy

An diesem Ort versuchte Pol Pot die bewährte Bewässerungstechnik der Angkor Periode zu toppen. An die 10.000 zwangsevakuierte Städter mussten hier mit ihren bloßen Händen unter unmenschlichen Bedingungen einen 8 Kilometer langen Damm errichten. Mit dem Wasser sollten während der Trockenzeit die fruchtbaren Felder um Battambang bewässert werden. Dieses utopische Projekt wurde nie beendet. Heute ist der kleine See bei Kamping Poy ein beliebter Ausflugsort für Khmer und Touristen.

• **Anreise:** Liegt 36 km westlich von Battambang. Auf der RN 10 bis ca. 1 Kilometer hinter den Phnom Sampou, dann bei der Straßengabelung rechts abbiegen. Ein Motodup-Fahrer verlangt für Hin- und Rückfahrt 6 $.

Prasat Banan

Ein sehenswerter Bergtempel, der erst seit wenigen Jahren für Besucher zugänglich ist. Angeblich sind es 300 Stufen, die zu dem im 11. Jh. erbauten Heiligtum hinaufführen. Allein schon wegen der Aussicht lohnt die Mühe.

Auf dem Gipfel ist ein künstliches Plateau, auf dem auf einer Fläche von etwa 40 x 60 m fünf Türme in Quincunx-Stellung errichtet wurden. Der mittlere Turm ist aus Sandstein, in seinem Inneren werden mehrere Buddhastatuen verehrt. Die Apsaras an den Eingangsportalen sind leider alle enthauptet. Die äußeren vier Prasats bestehen aus Laterit.

In der Literatur ist so gut wie nichts über diesen Tempel zu finden. Auffällig ist die Mischung von hinduistischen und buddhistischen Symbolen. Vermutlich wurde er in der Regierungszeit von *Suryavarman II.* als Hinduheiligtum erbaut und später zum buddhistischen Tempel umfunktioniert.

Die belebte Pagode am Fuß des Phnom Banan soll über 150 Jahre sein.

Wer etwas sportlich ist, sollte noch die Höhle *(la-an)* **But Meas** besuchen, deren Eingang auf der Rückseite des Hügels liegt. Der Eingang ist nur auf allen Vieren möglich. Taschenlampe!

• **Anreise:** Von Battambang flussaufwärts auf der linken Flussseite ca. 25 km. Schwer zu finden, besser mit Führer.

Prasat Bassaet

Eine hübsche kleine **Tempelanlage** aus dem 11. Jh., die einmal aus 5 Türmen bestand, und die bereits der französische (Wieder-)Entdecker von Angkor, *Henri Mouhot* im Jahr 1862 besuchte und sie als die besterhaltendste in der Gegend um Battambang beschrieb. Davon kann heute keine Rede mehr sein, da die Roten Khmer hier weite Teile als Steinbruch benutzten.

• **Anreise:** Auf der östlichen Seite des Sangker Flusses bis zum Dorf Noria, dann rechts abbiegen und der Tempel liegt nach ca. 8 km nicht zu übersehen an der Straße. Zurück kennen die Mototaxifahrer eine sehr schöne Tour an den Seitenarmen des Sangker Flusses.

Ausflugsvorschläge für Motodup-Fahrer:

• 1. Tag: Phnom Sampou – Killing Fields – Prasat Banan und zurück mit dem *Bamboo Train* (bidahn). Zeitaufwand: ca. 7 Std. Preis: ca. 8 $.

• 2. Tag: Fish Factory (Herstellung von *Prohoc*) – Wat Ek – Kamping Poi. Zeitaufwand: ca. 5 Std. Preis: 6 $.

Pailin

↗ XIV/A3

ប៉ៃលិន

Die Straße nach Pailin

Die **Route National 10** (RN 10), die von Battambang nach Pailin führt, ist in den über 25 Jahren Bürgerkrieg zum symbolischen Leidensweg eines ganzen Volkes geworden. Bis 1992 waren es zwei kommunistische Armeen, die sich entlang dieser Straße unerbittliche Gefechte lieferten. Zwischen 1993 und 1996 waren es die letzten verzweifelten Versuche der Roten Khmer, ihre finanziellen Pfründe gegen eine demotivierte und korrupte „königliche" Armee zu verteidigen. Die Leidtragenden waren die Landbewohner, die sich jedes Jahr, wenn die traditionellen Trockenzeitoffensiven begannen, wieder auf der Flucht vor Raketenangriffen und plündernden Soldaten befanden, nur um nach Abflauen der Kämpfe, zu Beginn der Regenzeit, ihre zu bestellenden Felder aufs neue vermint vorzufinden.

Geschichte der Stadt

Die ersten Siedler in Pailin waren die *Kolah,* ein burmesischer Volksstamm, der vor etwa 400 Jahren hierher kam, um Edelsteine zu suchen. Bis Anfang der 1970er Jahre lebten noch etwa 1000 Familien dieser ethnischen Minderheit in Pailin. Sie wurden jedoch von den Roten Khmer vertrieben und ermordet. 1867 überließen die französischen Kolonialherren aus diplomatischen Gründen die Region, einschließlich Battambang und Siem Reap, den Thailändern. Erst 1935 bekam *König Monivong* die Gebiete zurück. Anschließend kamen die Franzosen zur Sommerfrische nach Pailin und ließen Kaffee anbauen. Anfang der 1970er Jahre wurde die Stadt zur **Kommandozentrale der Roten Khmer** und für 25 Jahre die isolierteste Stadt in Asien.

Seit Thailand 1989 die Grenze zu Kambodscha offiziell öffnete, begannen die Kommunisten ihre seltsame Metamorphose zum Kapitalismus. Auf einer Schatzkammer sitzend, die bis zum Rand mit Edelsteinen und Tropenhölzern gefüllt war, vergaben sie in den von ihnen kontrollierten Gebieten um Pailin Schürf- und Schlagrechte an die Thailänder. Allein an den Claims für Edelsteine verdienten sie nach Schätzungen 1991 fast vier Millionen Euro pro Monat.

Mit diesen Geldern war der Massenmörder *Pol Pot* von seinen einstigen Geldgebern Amerika und China unabhängig und konnte seinen Krieg gegen die Regierung in Phnom Penh fortsetzen. Neben den Roten Khmer und den thailändischen Geschäftsleuten verdiente auch das thailändische Militär durch die Besteuerung der Händler kräftig mit.

Der Reichtum verwandelte den Stadthalter von Pailin, *Ieng Sary,* ehemaliger Außenminister unter *Pol Pot,* vom brutalen Schlächter und Hardcore-Kommunisten zum gewieften Geschäftsmann. Den sich jedes Jahr wiederholenden Kämpfen um die

Stadt überdrüssig, erkannte er die Zeichen der Zeit und akzeptierte 1996 das Amnestie-Angebot der Regierung in Phnom Penh unter der Voraussetzung, Pailin und Phnom Malai als autonome Provinz verwalten zu können und die Gewinne aus den Schürfrechten der Edelsteine und dem Verkauf von Tropenhölzern behalten zu dürfen. Doch die Vergangenheit hat ihn eingeholt, und er steht kurz davor, von einem internationalen Kriegsverbrechertribunal verurteilt zu werden.

Heute leben etwa 33.000 Menschen in Pailin. Die ehemalige Khmer Rouge-Bevölkerung hat die Stadt verlassen und lebt in den kleinen Dörfern auf dem Land. Die Stadt haben sie den Geschäftsleuten aus Phnom Penh und Battambang überlassen.

Sehenswertes

Edelsteine (in Khmer: tabong)

Die wenigen Touristen, die sich nach Pailin verirrten, waren v.a. an Rubinen und Safiren interessiert. Doch seit 1999 werden nur noch wenige wertvolle Edelsteine gefunden. Die Ressourcen sind ausgebeutet, die Zukunft Pailins liegt in der Landwirtschaft.

Durch die jahrelange intensive Suche nach den Steinen glich die Umgebung Pailins noch Anfang 1997 einer Großbaustelle. Trucks aus Thailand donnerten 24 Std. am Tag durch den Ort, um die Erde von den Schürfstellen zu den Waschanlagen zu bringen. War ein Claim dann so weit ausgebeutet, dass sich der industrielle Abbau nicht mehr lohnte, wurde er den Khmer überlassen, die mit den Händen weitergruben.

Angezogen von Gerüchten über sagenhafte Funde und den schnellen Reichtum, kamen sie aus ganz Kambodscha nach Pailin. Doch nur wenige wurden reich. Wenn diese bedauerlichen Glücksritter nicht vorher schon von der Malaria dahingerafft wurden, waren sie meist nach ein paar Monaten so verarmt, dass sie nicht einmal mehr genug Geld hatten, um in ihr Dorf zurückzukehren. Dramatische Schicksale spielten sich hier ab.

Edelsteine gibt es immer noch zu kaufen. Doch sollte man sich auf kleine Souvenirmengen beschränken und nicht so naiv sein zu glauben, im Heimatland könne man die Steine für ein Vielfaches verkaufen.

Phnom Yat

Zum einen ist Phnom Yat ein **Tempelberg,** dessen mühsame Besteigung mit einem schönen Blick auf Pailin und die hügelige Umgebung belohnt wird, zum anderen rankt sich um ihn die Legende, dass wertvolle **Diamanten und Saphire** in seinem Innersten lagern. Außerdem gibt es noch eine nette Geschichte über seine Entstehung (siehe Exkurs). Diese Geschichte erzählte mir ein alter Mann, der mit seiner Frau, der letzten Kolah in Pailin, hinter der Wat Rattanak Saupoan lebt.

Die **Statue von Frau Yat** wird auf der rechten Seite am Aufgang zum Hügel in einer Art Tempel verehrt. Herr *Yat* muss daneben mit einer einfachen Hütte vorlieb nehmen.

Die erste Stupa am Gipfel des Hügels ist wiederum der Frau *Yat* gewidmet. Sie besteht aus Ziegel und war früher vergoldet. In einem Gehege nebenan werden an lebensgroßen Figuren die buddhistischen Strafen für Lügen, sexuelle Vergehen und Mord demonstriert. In den Häuser neben dem Tempel leben ein paar Nonnen und alte Männer. Die größte Stupa direkt am Gipfel ist ca. 300 Jahre alt und das Grabmahl von Herrn *Yat*. Unberührt von der Historie ragt nebenan ein Mobilfunk-Mast in die Höhe.

Phnom Yat liegt am Ortseingang neben der Wat Rattanak.

Wat Rattanak Saupoan (Im Volksmund Wat Khong Kang)

Sie wurde 1963 von den Kolah im birmesischen Stil gebaut. Unter der Herrschaft der Roten Khmer wurden die Bonzen vertrieben oder ermordet. Heute leben wieder über 30 Mönche hier. Auch eine Grundschule ist in dem Gebäude untergebracht. Die stattliche alte Pagode hat drei Stockwerke, in denen traditionelle Gemälde aus dem Leben Buddhas zu bestaunen sind. Auf dem Dach befinden sich vier Stupas, in denen früher einmal Buddhastatuen standen. Dazwischen sieht man eine fünfte, in der eine fast lebensgroße Holzstatue von *Brahma* mit seinen vier Gesichtern sowie seine Gemahlin *Sarasvati,* Göttin der Gelehrsamkeit und der Wahrheit, von der Bevölkerung verehrt werden. Von den wertvollen Diamanten, mit denen beide verziert waren, haben die Diebe nur wenige übrig gelassen.

Beachtenswert ist die ca. 70 Meter lange **Außenmauer der Pagode,** auf der eine gut erhaltene Nachbildung vom *Quirlen des Milchmeeres* zu sehen ist (s. auch Angkor Wat).

Unterkunft

- **Pailin Ruby Hotel** (Tel. 016/477933). Großes, neues Hotel an der Hauptstraße, das Zimmer mit allem Komfort zwischen 5 und 15 $ anbietet. Der freundliche Besitzer Mr. *Kop Saly* spricht gut Englisch und ist eine zuverlässige Informationsquelle.
- **Kim Young Heng G.H.** Am Markt gelegen, einfache Zimmer mit Ventilator für 4 und 5 $.

Restaurant

- **Bamboo Restaurant,** serviert Khmer-, Thai- und chinesische Gerichte. Schöner Platz im Grünen, allerdings etwas auswärts, Richtung thailändischer Grenze gelegen.
- **Kim Young Heng Restaurant.** Hier kann man in die Kochtöpfe schauen und aussuchen. Vor dem gleichnamigen Guesthouse.

Geld

- **Wechselstuben** befinden sich am Markt. Reiseschecks können bei der *Canadia Bank* eingetauscht werden. Sie liegt schräg gegenüber der Edelstein-Börse und ist Mo–Fr 8.00–15.30 Uhr und Sa 8.00–12.00 Uhr geöffnet.
- **Acleda Bank** bietet 24 Stunden ATM (nur *Visa*) und liegt an der Hauptstraße.

Gesundheit

Die **Malariagefahr** in Pailin und in der ländlichen Umgebung ist sehr groß. Die lebensgefährliche *Malaria Tropica* hat hier eine sehr hohe Resistenz gegen die üblichen Prophylaxen. Malariapatienten werden jedoch erfolgreich mit Chinin (intravenös) behandelt.

Das örtliche Krankenhaus ist weniger zu empfehlen. Zwei engagierte, englisch sprechende Ärzte, die auf Malaria und Dengue Fieber spezialisiert sind, arbeiten in der *Clinique Khe Sokhom* gegenüber der Pailin City Hall.

Stadtverkehr

Motodups sind überall zu finden und kosten innerhalb der Stadt 1000 bis 2000 Riel.

Anreise und Weiterreise

- **Entfernungen** in Straßenkilometern:

Battambang	79
Grenzübergang zu Thailand	21

Bus, Taxi, Pick-up

- Von und nach **Battambang:** In Pailin warten die Fahrzeuge vor dem Markt. Ein Platz im Wageninneren kostet 5 $, auf der Ladefläche 2,50–3 $. 2,5 Std. Fahrzeit. Es gibt auch täglich einen Bus um 7.00 Uhr für 4 $.
- Mopeds fahren an den 16 km entfernten Grenzübergang zu **Thailand** für 2,50 $, und ein Taxi dorthin kostet 8–10 $.

Sisophon

↗ XIV/A2

ស៊ីសូផុន

Wegen des Grenzübergangs Poipet/Aranyaprathet nach Thailand entwickelte sich Sisophon zu einem wichtigen **Knotenpunkt** für Touristen. Hier trennen sich die Wege nach Siem Reap (Angkor) und nach Phnom Penh. Außerdem erreicht man von Sisophon aus die Tempel von Banteay Chhmar.

Ansonsten hat die Stadt wenig für Besucher zu bieten, und nur ganz selten machen Traveller hier Station.

Unterkunft

- **Phnom Svay Hotel** (Tel. 012/952165). Eines der besten Hotels in der Stadt. Zimmer mit AC 10–12 $, mit Fan 6 $. Am Kreisverkehr beim Beginn der Straße nach Poipet.
- Zwei gepflegte, aber **einfache Guest Houses** in hölzerner Kolonialstilvilla. Zimmer mit Gemeinschaftsbad/WC für 10.000 Riel (100 Bath). Beide Unterkünfte haben nur ein „Guest House“ Schild am Eingang. Sie liegen am Beginn der RN 6 nach Siem Reap.
- **Prom Meanchey Hotel.** DZ mit AC für 10 $. Entspricht nicht den höchsten hygienischen Ansprüchen. Im Zentrum bei der *Tela*-Tankstelle.
- **Mean Chey G.H.** Freundliche Familie; Räume nicht sonderlich sauber. Zimmer mit Doppelbett und Bad/WC für 4 $, mit Gemeinschaftsbad 3 $. Der Name des G.H. ist nur auf Khmer angeschrieben. Liegt am Beginn der RN 69 nach Banteay Chhmar.

Essen und Trinken

- Die meiner Meinung nach besten Restaurants der Stadt sind **Apsara** und **Phkay Proek.** Sie bieten westliches Frühstück und eine große Auswahl an Speisen zwischen 60 und 120 Bath. Engl. Speisekarte. In diesen Restaurants machen auch die meisten Touristenbusse auf ihrem Weg von Poipet nach Siem Reap Mittagspause.
- **Prom Meanchey.** AC-Restaurant im gleichnamigen Hotel. Khmer- und chinesische Küche zwischen 4000 und 8000 Riel.

Internet

CTC Computer sind bis jetzt die einzigen, die eine Internetverbindung anbieten, für 3 $ die Stunde. Liegt in der Nähe Neak Meas Nightclub.

Anreise und Weiterreise

- **Entfernungen** in Straßenkilometern:

Siem Reap	106 km
Battambang	69 km

Phnom Penh	361 km
Poipet	48 km
Banteay Chhmar Tempel	56 km

Bus, Taxi, Pick-up

Es gibt drei Taxistände:

- **Psah Kagoh:** Taxis nach Banteay Chhmar, 15.000 Riel, 1½ Std. Fahrzeit.
- **Psah Thmey:** Taxis nach Poipet kosten 6000 Riel und brauchen 1 Stunde.
- **Psah Sreysophon:** Hier stoppen alle Busse auf dem Weg von Poipet nach Battambang und Phnom Penh bzw. nach Siem Reap. Die meisten Busse nach Phnom Penh (6 $) über Battambang (4 $) stoppen hier morgens zwischen 7 und 11 Uhr. Nachmittags stehen oft nur Sammeltaxis parat. Taxis nach Siem Reap brauchen auf der gut ausgebauten Straße 2–3 Stunden (ca. 6 $). Nach Battambang ca. 4 $ (1¾ Std.), nach Phnom Penh ca. 6–8 $ für eine Fahrt ohne Umsteigen (ca. 5 Std.).

Umgebung

Phnom Chuncheat

Wer jemals in dieser staubigen Stadt hängenbleibt, sollte auf jeden Fall ihren fast 100 Meter hohen und dicht bewachsenen Hausberg erklimmen. Am Fuß des Hügels liegt ein großer chinesischer Friedhof und eine Pagode. Eine steile Treppe führt zwischen vielen buddhistischen Symbolen hinauf zum fahnengeschmückten Gipfel. Dieser ist nur durch einen kurzen, versteckt liegenden Tunnel, der 30 Meter hinter dem stehenden Buddha beginnt, zu erreichen. Schöne Aussicht.

- Von Sisophon ca. 4 Kilometer auf der Hauptstraße nach Poipet auf der rechten Seite, nicht zu übersehen. Motodup 10 Bath.

Banteay Chhmar

Dorf in idylischer Umgebung mit freundlichen Menschen, die es noch nicht überdrüssig sind, den wenigen Touristen echte Begeisterung entgegen zu bringen. Markt, Essensstände, Pagode und Schule reihen sich in der Nähe des Haupteingangs des gleichnamigen Tempels auf. Da die französische NGO „Agir pour le Cambodge" hier ein **Home-Stay-Projekt** (siehe „Praktische Tipps/Unterkunft") aufgezogen hat, eignet sich dieses Dorf fantastisch, um die vielbeschworene ländliche Idylle des Landes aus nächster Nähe zu erfahren. Die Besucher sind in traditionellen hölzernen Bungalows auf Stelzen untergebracht, die neben den Häusern der vermietenden Familien stehen. Die Zimmer sind einfach, aber sauber und haben ein Moskitonetz. Die Nacht kostet 5–7 $ pro Zimmer. Die Häuser sind mit braunen Schildern gekennzeichnet, doch meist werden Besucher sofort bei Ankunft von einem der **Guides,** z.B. *Sok Seuory,* abgefangen, die dann alles weitere organisieren. Vorbuchung nicht unbedingt notwendig (E-Mail: aplc@online.com.kh).

Essensstände und ein einfaches Restaurant gibt es am Markt. Bei Bedarf ist auch vorgesehen, dass die Homestay-Familien für die Gäste kochen.

Es gibt eine Handvoll selbsternannter **Guides** mit Moped, die über unterschiedlich gute Englischkenntnisse verfügen. Es macht Sinn sich ihnen anzuvertrauen, da der Rest der Bevölkerung kaum Englisch spricht. Zwischen 10–15 $ pro Tag einschl. Fahrkilometer.

- **An- und Weiterreise:** Nur über schlaglochreiche Schotterstraßen zugänglich. Am einfachsten erreichbar von Sisophon über

RN 69. Sammeltaxi am Markt *Cham Kagoh* in Banteay Chhmar; 15.000 Riel, 56 km, 1½ Std. Fahrzeit.

Abenteurer können sich nach Samrong, und von dort entweder zur Thaigrenze bei O'Smach oder nach Anlong Veng durchschlagen. Keine regelmäßigen Verbindungen, aber ein Motodup oder Taxi lässt sich immer auftreiben.

Banteay Chhmar Tempel

Schon unter *Jayavarman II.,* der von 802 bis 850 regierte, stand an diesem Ort eine große Stadt. Der aus Sandstein gebaute **Tempel** wurde Ende des 12. Jahrhunderts, während der Regierungszeit von *Jayavarman VII.,* errichtet. Er war einst umgeben von einer neun Kilometer langen Mauer.

In dieser gewaltigen Tempelanlage wurde erst wenig restauriert. Aus dem Chaos von dichtem Buschwerk, riesigen Urwaldbäumen und eingestürzten Mauern ragen windschiefe Portale, bemooste Galerien und vom Einsturz bedrohte Türme heraus. Die Außengalerie ist mit eindrucksvollen **Flachreliefs** verziert. Am besten ist die Seeschlacht, in der *Jayavarman VII.* gegen die Cham kämpft, erhalten. Einige Türme im Zentrum des Tempels tragen, wie der berühmte Bayon in Angkor, die vier Gesichter. Beeindruckend ist auch das Flachrelief eines 24-armigen Vishnu auf der Rückseite des Tempels. Es wird immer noch gerätselt, ob dieses Heiligtum für seinen Sohn *Indravarman,* den General, der die Cham besiegte, oder als Grabmal für *Jayavarman's* Großmutter gebaut wurde.

Aufgrund der Abgeschiedenheit und der Grenznähe zu Thailand hatten **Kunstdiebe** in den 1990er Jahren ein leichtes Spiel, wodurch viele wertvolle Steinmetzarbeiten unwiederbringlich verschwunden sind.

Die Tempelanlage ist minenfrei. Sinnvoll ist es einen Führer vor Ort zu engagieren. Alleine findet man die sehenswerten Ecken nur durch Zufall. Die 5 $ Eintritt gehen an die Soldaten, die den Tempel bewachen.

Weitere Bauwerke in der Nähe

- **Prasat Ta Prohm:** Etwa 8 m hoher baufälliger **Turm,** flankiert von einem Papayabaum im Bayon-Stil mit vier Gesichtern, inmitten eines Teiches. Nicht weit von Banteay Chhmar.
- **Banteay Top:** Beachtlich große, sehr abgelegene **Tempelanlage** mit wuchtigen, wenig verzierten Sandsteintürmen, die kurz vor dem Kollaps sind. Wurde von *Jayavarman VII.* wahrscheinlich zu Ehren der Armee gebaut. Reizvolle Lage zwischen Reisfeldern, einem mit Lotusblumen bewachsenen See und vielen Kuhherden. Von Banteay Chhmar etwa 12 km. Eintritt frei.

Poipet

↗ XIV/A2

ប៉ោយប៉ែត.

Noch Mitte der 1990er Jahre lebten die wenigen Einwohner von Poipet in ständiger Angst vor den Roten Khmer, die die Stadt bei Gefechten mit der Regierungsarmee bombardierten. Heute ist Poipet eine quirlige, überbevölkerte und schmutzige Grenzstadt, die bei Regen im Schlamm versinkt und bei Trockenheit unter einer Staubwolke erstickt. Der Reiz für den Besucher, wenn es diesen hier überhaupt gibt, liegt in der Beobachtung der krassen sozialen Gegensätze von Poipet. Im Niemandsland zwischen Thailand und Kambodscha stehen etwa **10 Casino-Komplexe,** wo vor allem die reichen Thais, in deren Land das Glücksspiel verboten ist, abgezockt werden. Hier im Las Vegas Asiens werden jeden Tag tausende von Dollar verspielt, während nur ein paar Meter weiter viele Khmer ums tägliche Überleben kämpfen.

Da Poipet seit der Öffnung für Ausländer im Jahr 1998 der am meisten benutzte Grenzübergang zwischen Thailand und Kambodscha ist, ist diese Stadt für viele Besucher der erste Eindruck ihres Reiseziels. Zu dem Dreck und sozialem Elend kommen noch die Abzockermethoden der Schlepper. Das ist vor allem für unerfahrene Reisende recht harter Tobak. Doch ihnen sei gesagt, dass **Poipet nicht Kambodscha ist.**

Grenzübergang

Die Grenze ist nur von 7.00–20.00 Uhr geöffnet. Das Visum für Thailand und Kambodscha kann an der Grenze ausgestellt werden (siehe „Praktische Tipps A–Z, Hin- und Rückreise"). Wer bereits ein Visum hat muss lediglich eine „Arrival Card" und manchmal eine „Custom Declaration" ausfüllen. Das alles ist kostenlos. **Achtung:** Zum **Verhalten an der Grenze, überhöhten Visumgebühren** und den **Tricks der Schlepper** siehe Siem Reap, „Anreise von Bangkok nach Siem Reap" und Exkurs „Auswüchse des Tourismus"! Außerdem fahren die thailändischen Tuk-Tuk-Fahrer die Touristen manchmal nicht gleich zur Grenze, sondern vorher zu einer schönen Villa, die als „Kambodschanisches Konsulat" bezeichnet wird. Dort werden zwar auch Visa erteilt, aber zu einem höheren Preis als an der Grenze.

Unterkunft

- **Orkiday Angkor Hotel** (Tel. 045/967503). Gepflegtes und empfehlenswertes Hotel direkt am Kreisverkehr an der Grenze. DZ mit warmen Wasser und TV 10 bis 15 $.
- **Hang Meas Thmey G.H.** Akzeptables Hotel etwas abseits des Casinotrubels am Markt Psah Akia (ca. 2 km von der Grenze entfernt, direkt neben dem Busbahnhof). Zimmer mit AC 350 Bath, mit Fan ab 200 Bath.
- **Sophal Thavy G.H.** Einigermaßen gepflegtes Hotel mit brauchbaren AC-Zimmern für 10 $, mit Fan ab 5 $. Liegt ca. 200 m hinter der Grenze an der Hauptstraße links.
- **Liy Hov Guest House** (gesprochen: *Li Hauw*). Ältestes G.H. in Poipet. Sehr einfache Zimmer, aber freundliche Angestellte. Kaum Englisch. DZ mit AC ab 300 Bath, mit Fan und Bad/WC ab 150 Bath. Liegt ca. 250 Meter von der Grenze entfernt in einer namenlosen Seitenstraße. Jeder Mopedtaxifahrer kennt es. Einfaches **Restaurant** nebenan mit einem aussagekräftigem Schild: „Have rice".
- Gute Deals lassen sich manchmal auch in den **Casinos** machen.

Essen und Trinken

In der ganzen Stadt, vor allem am **Markt,** gibt es viele Essensstände und Garküchen.

- Die größte Auswahl an **Bars** und **Restaurants** gibt es im Niemandsland zwischen den Häuserschluchten und auf den Straßenzügen vor den Casinos, wo Speisen für 80 bis 200 Bath serviert werden.
- **Neben dem Eingang vom Poipet Casino Resort** wird bei Live-Musik Barbeque, Sea-

food etc. serviert, und **nahe dem Tropicana** kann man sich selbst am Tisch das Fleisch und Gemüse grillen.

- Wer bei „Black Jack“ und „Roulette“ sein Geld verprasst, kann sich dafür am Buffet der Casinos schadlos halten.
- Am Stadtrand an der Hauptstraße nach Sisophon stehen einige **Khmer-Restaurants.**

Wichtig: Ausweis nicht vergessen, da die Casinos im Niemandsland liegen.

Geld

Es gibt gleich hinter der Grenze einige **Wechselstuben,** die aber mit Vorsicht zu genießen sind, da dort häufig die organisierten Touristenbusse aus der Khao San Road halten und schlechte Wechselkurse angeboten werden. Bis Siem Reap bzw. Battambang, wo die Wechselkurse in Ordnung sind, muss kein Geld in Riel getauscht werden. Alles kann in Dollar oder Bath bezahlt werden.

- **Cambodian Public Bank:** 100 m hinter der Grenze links. Hat einen ATM, der aber nur *Visa-* und *MasterCard* akzeptiert.

111ka Foto: an

- **Canadia Bank:** ca. einem Kilometer hinter der Grenze an der Hauptstraße rechts ist eine der zuverlässigsten Banken in Kambodscha. Der ATM ist 24 Stunden zugänglich, er akzeptiert alle gängigen Kreditkarten. Öffnungszeiten der Schalter: Mo–Fr 8.00–15.30 Uhr; Sa 8.00–11.30 Uhr. Bargeldwechsel zu seriösen Kursen.

Internet

Im Verhältnis zum Rest des Landes gibt es hier keine große Auswahl. Am besten einen Mopedtaxifahrer (Motodup) fragen.

- **Network Computers,** 1 Std. 40 Bath. Liegt an der Hauptstraße ca. 600 m von der Grenze entfernt.

Stadtverkehr

Viele Mopedtaxis zwischen 20–30 Bath für Fahrten in der Stadt.

An- und Weiterreise

- **Entfernungen** in Straßenkilometern:

Sisophon	48 km
Battambang	117 km
Siem Reap	154 km
Phnom Penh	409 km
Bangkok	265 km

- Einfach und entspannt ist die Anreise vom Talat Rong Kluea Busbahnhof in **Bangkok.** Vom Flughafen kostenloser Shuttle Bus (10 Minuten). Von dort mehrere AC-Busse täglich nach Aranyaprathet (ca. 200 Bath; 3½ Std.). Von Aranyaprathet mit dem Tuk Tuk zur Grenze (80 Bath, 15 Min.). Anreise von Bangkok, Kao San Road, bis nach Siem Reap, siehe Kapitel „Siem Reap“.
- Etwa 10 AC-Reisebusgesellschaften, wie *G.S.T., Capitol, Paramount Angkor Express, B&B* etc. fahren täglich zwischen 6.30 und 8.00 Uhr direkt vom Poipet Akia Markt über

Auch zum Hühnertransport lässt sich das Motorrad einsetzen

Sisophon und Battambang **nach Phnom Penh.** Preis nach Phnom Penh 250–300 Bath, Fahrzeit 6 Std. Nach Battambang 150 Bath. Tickets in den Büros an der Hauptstraße oder direkt am Bus.

- **Nach Siem Reap** fahren keine Reisebusse (ist aber geplant). Wer individuell nach Poipet gekommen ist, nimmt am besten ein Taxi und teilt es sich mit anderen Travellern. Realistischer Preis 35 $.
- Wer mit dem Sammeltaxi weiter möchte, muss zum Markt „Psah Akia", ca. 2 km von der Grenze entfernt. Von dort fahren AC-Sammeltaxis **nach Sisophon** 80 Bath (1 Std.), **nach Battambang** 150 Bath (2 Std.)

Kompong Thom

↗ XV/C3, XIX/C1

កំពង់ធំ

Überblick

Die Provinz Kompong Thom liegt geografisch gesehen in der Mitte des Landes und zählt 688.000 Einwohner. Wegen seiner zentralen Lage diente es der Roten Khmer, die Waffen aus Thailand durch die unzugängliche Nord-Provinz Preah Vihear nach Kompong Thom schmuggelten, als wichtige Basis für ihren maoistischen Guerillakrieg. Deshalb war diese Provinz erst nach 1995 ohne Gefahr zugänglich.

Wegen der **Tempel von Sambor Prei Kuk** und dem **Klosterberg Phnom Santuk** gehört Kompong Thom zweifellos zu den touristisch sehr lohnenden, aber noch wenig besuchten Zielen in Kambodscha. Durch die lange Abgeschiedenheit kann der Besucher sicher sein, eine der authentischsten Regionen des Landes zu erleben.

Die Bevölkerung ist z.T. sehr arm und lebt überwiegend vom Reisanbau, der Fischerei und der Forstwirtschaft.

Immer wieder stößt man am Beginn von kleinen Feldwegen auf Schilder mit einer deutschen Flagge. Diese Wege zu Dörfern wurden von deutscher Entwicklungshilfe finanziert und von der *Deutschen Gesellschaft für technische Zusammenarbeit (GTZ)* ausgeführt, um der Landbevölkerung zu ermöglichen, ihre Waren zu den Märkten zu transportieren.

Wer sich für Kuriositäten und exotische Nahrungsmittel interessiert, sollte bei der **Anreise** aus Phnom Penh unbedingt in dem Ort **Skun** anhalten. Dort werden behaarte schwarze Spinnen (Khmer: *bing*), frittiert in Öl, als Snack den Reisenden angeboten!

Kompong Thom Stadt

Diese **Provinzhauptstadt** mit ihren ca. 40.000 Einwohnern liegt am Fluss Stung Sen, der sie in zwei Hälften teilt. Im Südteil befinden sich der Markt, Taxibahnhof, die Guest Houses und Restaurants, das Tourist Office und das Department of Culture and Fine Arts. Der Nordteil ist mit dem Süden über eine Brücke und Fährboote verbunden.

Sehenswertes

Markt

Das Zentrum der Stadt bildet das große flache Marktgebäude, an dessen Ostende ein Nachtmarkt bis ca. 24.00 Uhr Getränke, Essen und Süßigkeiten für Nachtschwärmer anbietet.

Wat Kompong Thom

Sie steht direkt an der RN 6 Richtung Siem Reap und ist der Sitz des höchsten buddhistischen Würdenträgers der Provinz. Auffällig sind die bunten Figuren, die die drei Eingänge flankieren. Im Sala, im 2. Stock, haben die Mönche die Wände mit Zeichnungen, von den von der UNO gesponserten Wahlen im Jahre 1993, bemalt. Zur Zeit leben hier ca. 50 Mönche und 20 Yetchi (weibliche Mönche).

Unterkunft

- **Stung Sen Royal Garden Hotel** (Tel. 062/961228). M.E. nach das Hotel mit dem besten Flair in der Stadt. Gepflegt in ruhiger Lage. Zimmer mit AC, TV und Badewanne für 20 $. An der Brücke über den Sen Fluss.
- **Arunras Hotel** (Tel. 062/961294). Khmer-Standardhotel mit sauberen Zimmern und gutem Preis/Leistungsverhältnis. DZ mit AC, TV und Bad/WC 15 $. Auch die Zimmer mit Fan (5 $) sind für diesen Preis empfehlenswert. Liegt unübersehbar im Zentrum.
- **Mittapheap Hotel.** Ein in die Jahre gekommenes Khmer-Standardhotel. Nicht mehr ganz so gepflegt, aber immer noch eine Alternative zum quirligen Arunras. DZ mit Fan 5 $, mit AC 10 $. Liegt auf der anderen Seite des Flusses an der Brücke.
- **Santepheap G.H.** Holzhaus mit großen Zimmern für 8000–10.000 Riel für Gemeinschaftsbad. Die neuen Zimmer im Erdgeschoss sind klein, aber sehr sauber und mit Bad/WC; EZ 3 $, DZ 4 $. Ruhige Lage 100 m östlich des Taxibahnhofs.
- **Monorom G.H.** Saubere Unterkunft mit kleinen Zimmern für 10.000 Riel; Gemeinschaftsbad. Gegenüber Santepheap G.H.

Essen und Trinken

Am und um den **Markt** gibt es viele einfache Restaurants und Essensstände, nachts bis 1.00 Uhr geöffnet.

- **Arunras.** Sehr erfolgreiches und gut besuchtes Restaurant. Billig und gut. Alle Speisen 5000 Riel außer Seafood 6000–10.000 Riel. Frühstück. Unübersehbar im Zentrum.
- **Stung Sen.** Die große Halle entbehrt jeder Gemütlichkeit, doch das Essen ist in Ordnung. Speisen 6000–7000 Riel. Wird hauptsächlich von Khmer zum Frühstück besucht. Mittags halten hier viele Busse auf ihrem Weg von oder nach Siem Reap. Gehört zum *Stung Sen Royal Garden Hotel* und liegt gegenüber dem Markt an der Hauptstraße.
- **Prum Bayon.** Beliebtes Khmer Restaurant. Kein Namensschild und auch keine Speisekarte auf Englisch. Wer nicht zurechtkommt, kann immer *Loc Lac* (Fleisch, Gemüse, Kartoffeln) bestellen. Alle Speisen 4000 Riel. Ab morgens geöffnet. Liegt in der Seitenstraße beim *Arunras Hotel* ca. 100 Meter entfernt.

Internet

- Verschiedene Internet Cafés in der Stadt. Alle kosten 2 $ pro Stunde.

Information

- Im **Tourist Office** (auf dem Weg zum *Monorom G.H.*) arbeiten zwar freundliche Leute, aber sie haben weder Infomaterial, noch sprechen sie Englisch oder Französisch.
- Im **Department of Culture and Fine Arts** hat der Direktor Herr *Um Sok* ein fundiertes Wissen über die Tempel, doch leider gibt es auch hier große Sprachbarrieren.
- Hilfreich ist der Guide und Motodup-Fahrer **Mr. Sokhom** (Tel. 012/691527; guideimsokhom@yahoo.com). Er spricht gut Englisch, kennt sich in der Gegend aus und kann auch Trips zu den weiter entfernten Tempeln (Preah Khan, Koh Ker, etc.) begleiten. Einfach bei den Motodup-Fahrern fragen.

Anreise und Weiterreise

- **Entfernungen** in Straßenkilometern:

Siem Reap	146
Phnom Penh	165
Tbaeng Mean Chey	140
Skun	81

Bus, Taxi und Pick-up

Der Abfahrtsplatz für die **Taxis** (Ben Laan) liegt 100 m gegenüber dem Markt.

- **Kompong Cham:** Taxi 15.000 Riel
- **Tbaeng Mean Chey:** Taxi 20.000 Riel, Pick-up 10.000 Riel, ca. 4 Std. Fahrzeit.

Die **Straßen** nach Phnom Penh und Siem Reap sind in gutem, die nach Tbaeng Mean Chey in brauchbarem Zustand.

Da alle **Busse** auf der Strecke Phnom Penh - Siem Reap durch Kompong Thom fahren, ist es am einfachsten, sich zwischen 9.00 und 15.00 Uhr an die Straße zu stellen und zu winken. Die Busse halten überall dort an, wo sich Passagiere bemerkbar machen. Die Preise nach Phnom Penh bzw. Siem Reap betragen 4 $, Fahrzeit jeweils 3 Std.

Umgebung

Phnom Santuk

Ein lohnender **Ausflug** ist die Besteigung des 207 Meter hohen Berges, der durch seine isolierte Lage einen schönen Ausblick über die weiten Ebenen von Kompong Thom bietet. Doch vorher muss der Besucher 809 **Stufen** hinter sich bringen. Die Geländer stellen Schlangen dar, die sich vom Gipfel bis zum Fuß des Berges schlängeln. Sie werden von einer Hundertschaft von Figuren gehalten; auf der linken Seite die Frauen, auf der rechten Seite die Männer. Der Weg führt unter weit ausladenden Bäumen hindurch, in denen sich scheue Affen tummeln.

In der renovierten **Pagode** am Gipfel lebt ein Dutzend Mönche. Der ganze Berg ist übersät mit großen und kleinen **Heiligtümern,** die teilweise bis ins 17. Jh. zurückdatieren. Liegende und meditierende Buddhas, Stupas, ein Fußabdruck Buddhas und ein 20 Meter hoher Schirm, dessen 9 Stufen den Weg ins Nirvana symbolisieren; der größte dieser Art in Kambodscha.

Getränkestände am Beginn der Treppe. Eintritt für Touristen 2000 Riel.

Ein lohnender Zwischenstopp beim Besuch von Phnom Santuk ist die **„Buddha Factory“,** 12 km nach Kompong Thom. In einigen Shops werden dort aus örtlichen Steinen Buddhastatuen in allen nur erdenklichen Größen gemeißelt und in ganz Kambodscha verkauft.

- **Anreise:** Von Kompong Thom 18 km auf der RN 6 in Richtung Skun. Durch einen Torbogen führt eine ca. 1,5 km lange Straße zum Fuß des nicht zu übersehenden Berges. Mit dem Moped hin und zurück ca. 15.000 Riel.

Ku Hak Nokor Tempel

Ein lohnender Zwischenstopp auf dem Weg von Phnom Penh nach Kompong Thom. Auf dem Gelände der Ku-Hak-Nokor-Pagode steht der kleine Laterittempel aus dem 10. Jh., der von *Suryavarman I.* erbaut wurde. Der mittlere Turm erreicht eine Höhe von 15 m. Interessant ist die schwarze Verfärbung des Laterits, was mit dem hohen Eisengehalt des Gesteins erklärt wird. Hier sind die Einheimischen noch sehr neugierig, und v.a. die Mönche probieren schüchtern ihr Englisch aus.

- **Anreise:** Liegt 69 km vor Kompong Thom an der RN 6 Richtung Skun. Bei dem Dorf Tang Kuk von der Hauptstaße abbiegen und einem Feldweg ca. 2 km bis zur Pagode Ku Hak Nokor folgen.

Sambor Prey Kuk

„Versunkene Stadt im Urwald“ - eine Beschreibung, die bis Anfang der

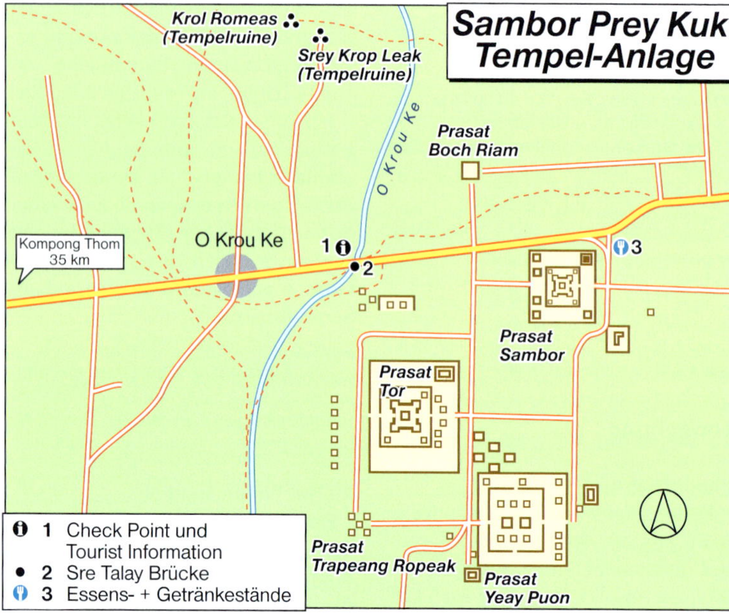

1990er Jahre für Angkor zutraf, ist heute noch gültig für Sambor Prey Kuk. Zwischen dem 6. und 8. Jh. existierte hier die bedeutendste Hauptstadt des Chenla-Reiches mit dem Namen *Isanapura*. Damals waren die Tempel die größten Bauwerke aus Stein in Südost-Asien. Sie sind aber bei weitem nicht so mächtig wie die Anlagen in Angkor.

Bis Anfang 1996 war dieser Ort wegen Aktivitäten der Roten Khmer nicht zugänglich. Hunderte armer Einwohner aus den umliegenden Dörfern wurden von den Vereinten Nationen im Rahmen des „Work for Food"-Programms angeheuert, für 4 Kilo Reis pro Person und Tag die mehr als 100 überwiegend kleineren Bauwerke vom Unterholz zu befreien und somit für Besucher zugänglich zu machen.

Schon die ca. einstündige **Anreise** durch tiefste kambodschanische Provinz ist lohnend. Idyllische Dörfer mit freundlichen Einwohnern und palmengesäumte Feldwege zwischen belebten Pagoden.

Jeder Besucher muss sich beim Check Point in ein Buch eintragen. Der aktuelle Eintrittspreis beträgt 3 $.

Im Durchschnitt besuchen etwa 300 Ausländer pro Monat die Tempel. Eine Handvoll Essensstände stehen vor dem Prasat Sambor.

Prasat Sambor

Obwohl dies früher die gewaltigste Anlage war, ist heute außer ein paar stark beschädigten Ziegeltürmen im schütteren Laubwald nicht mehr viel davon zu sehen. Er wurde im frühen 7. Jh. von *Isanavarman I.* erbaut und ist dem Hindugott Shiva geweiht.

Prasat Yeay Puon

Die schönste Tempelanlage von Sambor Prei Kuk, die von *Isanavarman I.* erhalten ist. Die Heiligtümer sind umgeben von zwei Außenmauern. Die äußere besteht aus Laterit und ist größtenteils in sich zusammengefallen. Die innere ist aus Ziegeln gebaut und vor allem an der Westseite noch gut erhalten. Es gibt einen Ost- und einen Westeingang. Im Innengelände, erhebt sich das zentrale Heiligtum, ein ca. 30 m hoher Ziegelturm, der auf einer kleinen Sandsteinterrasse steht. Er war dem Hindu Gott *Shiva* geweiht. Ihn umgeben sechs kleinere ca. 3–4 m hohe Ziegeltürme, die z.T. noch sehr schöne Verzierungen aufweisen.

Besonders beeindruckend ist die mächtige Würgefeige, die die Ziegelreste des zusammengestürzten Osttors, auf dem sie einst gewachsen war, noch mit den Wurzeln umklammert hält.

Prasat Tor (Löwenturm)

Mit etwa 35 Metern ist er der höchste Ziegelturm aller hier freigelegten Heiligtümer. Er hat seinen Namen von den zwei Löwen, die seinen Haupteingang flankieren. Am Osteingang sind in den Eingangsportalen noch gut erhaltene Sandsteinarbeiten zu bewundern. Am Prasat Dhaow wurden bisher die umfangreichsten Restaurierungsarbeiten durchgeführt.

Prasat Krol Romeas

Sehr wenig ist über diese Tempelgruppe, die etwas abseits liegt und nur über einen ca. 2,5 km langen sandigen Karrenweg erreicht werden kann, bekannt. Etwa 8 verschieden große Ziegeltürme stehen, ohne erkennbare symmetrische Anordnung, im dichten Wald verstreut. Im hinteren Bereich liegt das Laterit-Fundament eines Tempels mit den Maßen 10 x 25 m. Die beiden Türme, ca. 100 m vor Krol Romeas, heißen **Prasat Srey Krop Neak.**

Vorsicht vor den Mücken (Malaria) und schwarzen Ameisen (Bisse).

Die Könige von Isanapura

Genaue Daten über die 1300 Jahre alte Hochkultur sind sehr dürftig und teilweise widersprüchlich. Zu meinen Quellen gehört Mr. Um Sok (Direktor des *Department of Culture and Fine Arts* in Kompong Thom) und das frz. Dossier *„Histoire et Archeologie"*, erschienen im März 1988.

Als Gründer von Isanapura gilt der König *Phavavaraman,* der sich mit seinem Hof hier Ende des 6. Jh. niederließ. Nach dessen Tod bestieg sein Bruder *Mahendravaraman* den Thron. Er starb etwa im Jahre 610. Ihm folgte sein Sohn *Isanavarman I.* (610–628), einer der größten Könige dieser Epoche. Er dehnte sein Herrschaftsgebiet bis fast auf die heutigen Grenzen Kambodschas aus und errichtete den Prasat Sambo. Laut Mr. Um Sok folgten ihm zwei Königinnen. Die Tochter des verstorbenen Isanavarman I. *Cheay Devi,* die die Tempel Prasat Dhaow und Prasat Nie Puan erbauen ließ und Königin *Sarawani.* Sie wurde, wahrscheinlich aus machtstrategischen Gründen, mit einem Prinzen aus dem Champa-Königreich verheiratet. Dieser soll seinen Beitrag dazu geleistet haben, dass Isanapura in die Hände der Cham fiel. Mitte des 8. Jh. wurde die Stadt endgültig verlassen.

● **Anreise nach Sambor Prey Kuk:** Auf der neu angelegten Straße dauert die 30 km lange Fahrt von Kompong Thom eine knappe Stunde. Ein Motodup-Fahrer verlangt etwa 8–10 $ für den Ausflug.

Preah Khan

Preah Khan, landläufig auch als *Bakan* bezeichnet, gehört noch zu den am schwierigsten zugänglichen Tempelanlagen in Kambodscha. Auch in der Literatur ist kaum etwas über den angeblich drittgrößten Tempelkomplex der Angkor-Periode zu finden. Verwirrend ist außerdem, dass es bei Siem Reap ebenfalls einen bekannten Tempel mit Namen Preah Khan gibt.

Da sich das Bauwerk in sehr schlechtem Zustand befindet und nur wenige Bereiche zugänglich sind, lohnt es sich nicht, die beschwerliche Fahrt auf sich zu nehmen, nur um einen Blick auf die Ruine zu werfen. Doch wegen der extrem aufregenden Anreise durch dichten Dschungel und abgelegene Dörfer ins entlegenste Backcountry des Landes ist der Besuch für hartgesottene Abenteurer ein unvergessliches Erlebnis.

Vorsicht, im Urwald können noch **Minen** liegen!

Preah Khan soll Anfang des 12. Jahrhunderts unter *Jayavarman VII.* errichtet worden sein. Eine Straße verband ihn einst über Beng Mealea mit Angkor. Bevor man den Haupttempel erreicht, steht auf der rechten Seite der noch gut erhaltene **Prasat Muk Buan.** Der mittlere Turm trägt die selben 4 Gesichter wie der berühmte Bayontempel in Angkor. 500 Meter weiter steht das Eingangsportal **Prasat Kuk** und gleich dahinter befinden sich zwei kleine Gebäude, die Bibliotheken, die von den Einheimischen als Gefängnisse bezeichnet werden. Wahrscheinlich wurden sie von den Roten Khmer als solche benutzt. Das zentrale Heiligtum ist fast vollständig eingestürzt und nur schwer zugänglich. Mit der Bezeichnung Preah Khan können die Einheimischen nichts anfangen, bei ihnen heißt der Tempel **Prasat Bakheng.**

● **Anreise:** Die Fahrt ist nur in der Trockenzeit zu empfehlen. Sie ist in einem Tag von Kompong Thom aus möglich; besser sind jedoch 2 Tage. Auf der RN 12 Richtung Tbaeng Mean Chey bis zum Dorf Phnom Deik (70 km, 3 Std.). Dort gibt es einfache Restaurants, aber keine G.Hs.; übernachtet werden kann bei den Einheimischen. Die Motodups fahren für ca. 10 $ nach Preah Khan. Die spannende, aber strapaziöse Dschungel Rallye dauert ca. 2,5 Stunden. 3 km vor der Anlage liegt das Dorf Ta Seng (ca. 2000 Einwohner). Es gibt dort keine Restaurants, Verpflegung sollte man selber mitbringen. **Tipp:** In Kompong Thom nach dem Motodup-Fahrer *Mr. Sokhom* fragen. Er kann von dort eine Fahrt organisieren, spricht Englisch und kennt die Tempel.

Der Nordosten

Rattanakiri

↗ XVI/B1

រតនគិរី

Überblick

Rattanakiri ist die nordöstlichste Provinz Kambodschas und grenzt im Norden an Laos und im Osten an Vietnam. Das Kontoum- und das Chhlongplateau bilden die natürlichen Grenzen zu seinen Nachbarn. Die Flüsse Tonle Kong, Tonle San und Tonle Srepok sind die wichtigsten Wasserstraßen, die aber nur während der Monsunzeit durchgehend befahrbar sind. Sie fließen gemeinsam bei Stung Treng in den Mekong.

Großflächige **Urwälder,** durchzogen von Hügeln, Sümpfen und Wasserläufen, machen Rattanakiri in seiner Unwegsamkeit zu einem der am wenigsten erforschten Landstriche Kambodschas. Tiger, Leoparden, Rotwild, Elefanten, Krokodile und das fast ausgestorbene Kouprey leben hier noch im Schutz der dichten Tropenwälder. Außerdem besteht die Hoffnung, dass das praktisch als ausgestorben geltende Java-Nashorn in Rattanakiri noch unentdeckte Rückzugsgebiete hat.

Die hier lebenden **Bergvölker,** die **Khmer Loeu,** die sich in 21 ethnische Gruppen mit unterschiedlicher Kultur und Sprache gliedern, siedeln vom Stadtrand Banlungs bis in die entlegendsten Winkel der Provinz. Die bekanntesten Stämme sind die Charai, Kaco, Tampuan, Kreung und Brau (s. Exkurs: Highlander).

Unter den ca. 124.000 Einwohnern von Rattanakiri leben neben den Bergvölkern viele Laoten und vietnamesische Minderheiten. In Banlung dominiert die Khmerbevölkerung, auf dem Land ist sie in der Minderheit.

Geschichte

Bis Ende des 19. Jahrhunderts gehörte Rattanakiri zu Laos. Von den Franzosen wurde die Provinz während ihrer Kolonialherrschaft Kambodscha zugeteilt. Noch heute wird laotisch, außerhalb der Provinzhauptstadt, häufiger gesprochen als Khmer.

Während des Vietnamkrieges musste der Vietcong Waffen und Material von Nord- nach Südvietnam bringen. Er benutzte dabei das weit verzweigte Labyrinth des berüchtigten **Ho-Chi-Minh-Pfades,** der von Laos über Banlung, die heutige Provinzhauptstadt Rattanakiris, nach Südvietnam führte. Da die Amerikaner den Nachschub des Vietcong unterbrechen wollten, aber den genauen Verlauf des geheimen Pfades nicht kannten, bombardierten sie mit ihren B-52-Bombern großflächig die ganze Umgebung. Um Banlung und Lumpath sind heute noch die Krater der Bombeneinschläge zu erkennen.

Noch im Freudentaumel über den Abzug der Amerikaner aus Vietnam, kam 1975 das nächste Unheil über die wehrlosen „Highlander". Die **Roten Khmer** hatten die Macht im Land übernommen und machten Lumphat zur Provinzhauptstadt. Sie begannen, unter den Ureinwohnern Soldaten zu rekrutieren und sich die Menschen für ihre kommunistische Ideologie gefügig zu machen. Der Pol-Pot-Terror zwang die Bevölkerung gegen ihre Traditionen zu kollektiver Arbeit und bestimmte die Pflanzen, die sie anbauen mussten. Systematisch versuchten die Roten Khmer die jahrtausendealte Kultur der Khmer Loeu zu zerstören, indem sie Heiligtümer vernichteten und Rituale und Zeremonien verboten.

Erst nach 1979, als die **Vietnamesen** das Land von den Khmer Rouge befreit hatten, konnten die Khmer Loeu wieder zu ihren traditionellen Lebensformen zurückkehren. Von den Vietnamesen wurde die Provinzhauptstadt von Lumphat nach Banlung verlegt.

Banlung ↗ XVI/B2

(laotisch: „Haus des Onkels")

Die **Hauptstadt von Rattanakiri** ist touristisch kaum noch reizvoll, vor allem seit der Markt, auf dem einst viele Ureinwohnern ihr kleines Warensortiment anboten, heute eine planlose Baustelle ist. Banlung ist umgeben von einem Gürtel aus Kautschuk- und Kastanien-Plantagen. Deren reiche Khmer-Besitzer vernichten mehr und mehr Urwald sowie Siedlungsgebiete der Ureinwohner, was dazu führt, dass in der nahen Umgebung von Banlung kaum mehr intakte Dörfer der Khmer Loeu zu finden sind. Die Stadt ist proportional zu ihrer Größe von viel zu breiten Straßen durchzogen. Im Zentrum, an der größten Kreuzung, steht ein Rondell mit einem siebenköpfigen

Naga-Monument, das zwar in die Jahre gekommen ist, aber einen wichtigen Orientierungspunkt darstellt.

Stadtverkehr

An **Motodups** mangelt es nicht in der Stadt. Wer von den Fahrern ein wenig Englisch beherrscht, wird versuchen, sich als Guide anzubieten. Ein Moped ohne Fahrer kostet pro Tag 5 $, ein Auto mit Fahrer 30 $ pro Tag. In der Regenzeit ist es wegen des extrem rutschigen und klebrigen Schlamms nicht möglich, Dörfer außerhalb Banlungs zu erreichen.

Adressen

- **Geld.** In Marktnähe befindet sich eine Filiale der *Acleda Bank*. Der ATM ist nur mit *Visa-Card* zugänglich. Euro werden zu einem guten Wechselkurs in Dollar getauscht. Auch der Kurs Dollar/Riel ist gut. Übliche Öffnungszeiten.

  Auch an den **Wechselständen** am Markt können Dollar zu einem vernünftigen Kurs in Landeswährung getauscht werden. Euro werden dort nur ungern akzeptiert.
- **Guides.** Um die interessantesten Spots zu besuchen, ist es empfehlenswert, sich einem örtlichen Guide anzuvertrauen. Sie verlangen etwa 15 $ pro Tag für Standard-Ausflüge mit dem Moped in Banlung und Umgebung. Weitere Fahrten sind Verhandlungssache.
- **Krankenhaus** (am Kanseng-See). Es ist verhältnismäßig gut ausgerüstet und wird nur von Khmer-Ärzten geleitet. Finanziell wird es von *AFH Action for Health* unterstützt. Der deutsche Arzt, der hier bis vor zehn Jahren praktiziert hat, hat hier zwar noch ein Haus, in dem man ihn öfter antrifft, aber er arbeitet nicht mehr im Krankenhaus.
- **Mopeds und Fahrräder.** Verleihstellen gibt es in der Stadt. Auch die meisten G.H. verleihen Räder, allerdings handelt es sich eher um ältere und ziemlich marode Modelle. Fahrräder 1 $, Mopeds 5 $. Enduros kosten 20 $.
- **Post** (an der RN 19 Richtung Yaklom-See). Nur Inlandsgespräche möglich.
- **Internet.** Es gibt mehrere Internet-Cafés in der Stadt. Recht schnell ist das Internet-Café im *Chhay Vang G.H.* an der Hauptstraße nahe dem Naga-Monument. Eine Stunde kostet meist 1 $.
- **Souvenir Shop** (am Markt). Arbeiten der Khmer Loeu, z.B. Körbe, Kallebassen, Armbrüste und Kleidungsstücke, aber auch Filme und Batterien verkauft *Mr. Sok Uen.*
- **Tourist Office** (s. Stadtplan). Es wird Englisch und Französisch gesprochen. Mo–Sa 8.00–11.00 Uhr und Mo–Fr 14.00–17.00 Uhr geöffnet.

Unterkunft

- **Terre Rouge Lodge** (Phnom Penh Office Tel. 023/215651, www.ratanakiri-lodge.com). Schöne Kolonialvilla und gepflegtes Restaurant mit Bar in herrlichem Garten mit großem Pool. Unterkunft für gehobene Ansprüche, mit eigenem Ausflugsprogramm, das nach den Interessen der Gäste zusammengestellt wird. WiFi. EZ 50 $, DZ 40 $ inkl. Frühstück. Liegt am Kanseng-See.
- **Tree Top G.H.** (Tel. 012/490333, www.treetopecolodge.com). Die aktuelle Traveller-Hochburg in Banlung. Der gewiefte Khmer *Mr. Tee* hat mit seinen einfachen, aber durchaus stilvollen Zimmern und Bungalows ein kleines Paradies geschaffen. Besonders schön sind die geräumigen und sauberen Holzbungalows mit Bad/WC, großem Balkon, Hängematte und herrlichem Blick in ein kleines Tal für 10 $. Zimmer 5 $. Das angeschlossene Restaurant liegt auf einer Aussichtsterrasse und bietet Travellerfood zwischen 2 und 4 $. Liegt an einem kleinen Feldweg, knapp 10 Minuten vom Markt entfernt.
- **Yaklom Hill Lodge** (Tel. 012/799211). Die empfehlenswerteste Unterkunft für Naturliebhaber. Die Lodge liegt 6 km außerhalb der Stadt, hinter dem Yaklom-Vulkansee, zu dem es von dort nur 5 Min. sind. 10 $ pro Bungalow inkl. Frühstück. Restaurant.
- **Tribal Hotel** (Tel. 075/974047). Große Hotelanlage. Gehört der erfahrenen Geschäftsfrau *Mrs. Kim.* Große DZ mit AC 10–15 $, Zimmer mit Fan ab 3 $. Restaurant auf überdachter Terrasse. Liegt in einer Seitenstraße, die vom Markt Richtung Yaklom-See verläuft.
- **Star Hotel** (Tel. 012/958322). Große Kolonialvilla mit 12 Zimmern (5–15 $). Kleines

Restaurant mit Khmer- und Traveller-Food zwischen 1 und 3 $. Liegt in einer Seitenstraße zwischen Hauptstraße und Park.

- **NorDen House** (Tel. 012/880327, www.nordenhouseyaklom.com). Ruhige Lage, ca. 10 Gehminuten zum Yaklom-See, ca. 4 km vom Zentrum entfernt. Restaurant, Internet. Der schwedische Besitzer hat Enduros, mit denen er mehrtägige Touren anbietet.

Khmer Standard Hotels:

An diesen Hotels gibt es ein Überangebot in der Stadt. Sie kosten alle ca. 5 $ pro Zimmer mit Fan und 10 $ für AC. Viele sind wenig gepflegt, und das Personal spricht kein Wort Englisch. Im Folgenden sind nur die meiner Meinung nach empfehlenswerten aufgezählt:

- Zentral gelegen ist das **Kim Morakat** (Tel. 012/322292), Chhay Vang, direkt am Naga-Rondell.
- Die zur Zeit größte Hotelanlage ist das **Sovanna Kiri** (Tel. 075/974001) an der Hauptstraße Richtung Stung Treng. Mit Restaurant.
- Am schönsten liegt das **Lake Side Chheng Lok Hotel.** Tel. 012/957422, lakeside-chheng lokhotel@yahoo.de) am Kanseng-See. DZ mit Fan 5–7 $, AC 10–20 $. Restaurant.
- Neu, mit sauberen Zimmern, ist das **Sopheap G.H.** unter vietnamesischer Leitung, direkt am Markt. DZ mit Fan 8 $, AC 12 $.

Essen und Trinken

- **Gecko House:** Eines der beliebtesten Restaurants der Stadt. Halboffen und überwiegend aus Bambus gebaut, trifft sich hier ein gemischtes Publikum aus Khmer und Ausländern zum Essen (Khmer, Thai, Western 2–4 $) und auch ein bisschen zum Party machen. Spezialität ist Bier vom Fass in gekühlten Gläsern. Ab 10 Uhr geöffnet. Liegt gegenüber dem *Tribal Hotel.*
- **A'dam Restaurant:** Ebenfalls gut besucht von Einheimischen und Touristen, aber eher einfach eingerichtet. Gutes Essen; bebilderte Speisekarte mit Khmer, westlichen und vegetarischen Gerichten zwischen 1,50 und 4 $. Ab mittags geöffnet. Auf dem Weg zum *Tree Top Guest House.*
- **Café de la Nature:** Verwildertes Gartenrestaurant mit kleinen Hütten der Khmer Loeu. Bunte Auswahl an unterschiedlichsten Speisen und Desserts. Romantisch, aber einfach. Mückenspray nicht vergessen. An der RN 194 Richtung Wunsei.
- **Kam San Restaurant.** Herrliche Lage auf einer Holzterrasse am Ufer des kleinen Kam San Sees. Khmer-Gerichte zwischen 8000 und 16.000 Riel. Liegt am Stadtrand an der Straße RN 194 nach Wunsei.
- **Restaurant 63.** Einfaches Restaurant, das vor allem wegen der leckeren Suppe und dem „grilled beef" (Tischgrill, auf dem das Essen selber zubereitet werden kann) bekannt ist (3–4 $). Liegt im Zentrum an der Straße vom *Tribal Hotel* zum Markt.
- **Terre Rouge.** Wer gepflegten westlichen Standard genießen will, ist hier richtig. Asiatische und europäische Küche zwischen 5 und 15 $. Bar mit westlichen Spirituosen. Im gleichnamigen Hotel.

An- und Weiterreise

- **Entfernungen** in Straßenkilometern:

Phnom Penh	588 km
Stung Treng	149 km
Kratie	244 km
Grenze Vietnam, Oyadaun	70 km

Flug

- Es gibt keine touristischen Flüge mehr nach Banlung. Lediglich *MAF,* die mit einer 6-Sitzer-Maschine Mitarbeiter von NGOs von und nach Phnom Penh fliegt, kann in Notfällen unter Tel. 012/879426 kontaktiert werden.

Busse und Minibusse

Das Ticket **von Banlung nach Phnom Phen** kostet 8 $, und 10 $ **von Phnom Penh nach Banlung.** In den G.Hs. und in diversen Shops am Markt (Schilder der Busgesellschaft), können die Tickets gekauft werden. Fahrzeit 11–13 Stunden. Abfahrt in Marktnähe um 6.30 Uhr. Busse in Phnom Penh am besten über das G.H. buchen oder direkt bei den Busgesellschaften *G.S.T., Thong Ly* oder *Rith Mony.* Diese Busse fahren auch durch Kompong Cham und Kratie.

- **Stung Treng** liegt nicht auf der Strecke, weshalb ab Banlung Minibusse für 6 $ ver-

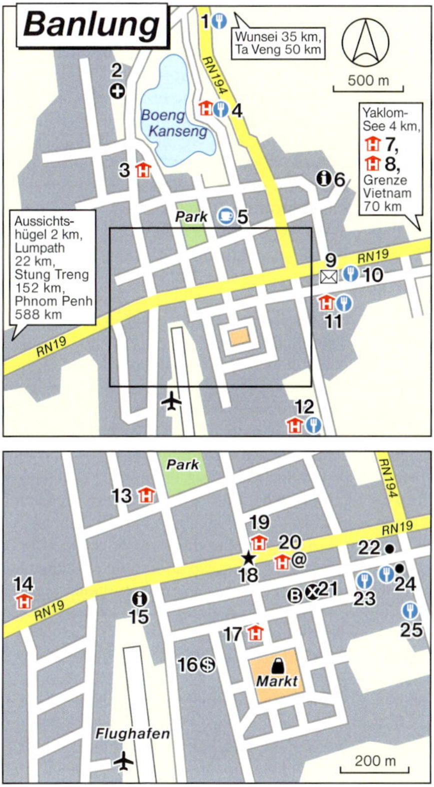

- 1 Kam San Restaurant
- 2 Krankenhaus
- 3 Lake Side Chheng Lok Hotel
- 4 Terre Rouge Lodge
- 5 Café de la Nature
- 6 Eco Tourism Info Center
- 7 Yaklom Hill Lodge
- 8 NorDen House
- 9 Post Office
- 10 Gecko House Restaurant
- 11 Tribal Hotel und Restaurant
- 12 Tree Top G.H. und Restaurant
- 13 Star Hotel
- 14 Sovanna Kiri Hotel
- 15 Tourist Office
- 16 Acleda Bank
- 17 Sopheap G.H.
- 18 Naga Monument
- 19 Kim Morakat Hotel
- 20 Chay Vang G.H. und Internet
- 21 Bus- und Taxi-Stand
- 22 Smile (Reisebüro)
- 23 Restaurant 63
- 24 The Dutch Couple Rest. und Reisebüro
- 25 A'dam Restaurant

kehren. Fahrzeit 3–4 Std., Abfahrt gegen 8 Uhr. Passagiere werden vor der Unterkunft abgeholt. Von Stung Treng aus kann die laotische Grenze (60 km) in einer Stunde erreicht werden. An Transportmitteln besteht kein Mangel. Sammeltaxis außerhalb dieser Abfahrtszeiten gibt es am Markt.

● **Grenze Vietnam:** Die breite, asphaltierte Straße zur Grenze bei Oyadaun wurde Ende 2009 fertig gestellt. Taxis brauchen für die 70 km etwa eine Stunde. Die nächste vietnamesische Stadt zu diesem Grenzübergang ist Pleiku (55 km, Flughafen). Auf beiden Seiten der Grenze warten Taxis und Mopeds auf Kundschaft. Visa für Kambodscha werden für 20 $ (Passbild notwendig) an der Grenze ausgestellt. Das Visum für Vietnam muss vorher, z.B. in Phnom Phen, beantragt werden.

● **Grenze Laos:** Viele Traveller machen auf dem Weg von beziehungsweise nach Laos einen Abstecher nach Banlung. Die Transportunternehmer haben sich darauf eingestellt und verkaufen Tickets von Banlung bis zu den 4000 Islands in Laos für 15 $ (Der Rückweg kostet $ 20 $.) An der Grenze und in Stung Treng muss umgestiegen werden. Informationen zu den möglicherweise notwendigen Visa findet man im Kapitel „Praktische Tipps A–Z, Ein- und Ausreisebestimmungen".

Highlander — die Khmer Loeu im Urwald Kambodschas

Die Jahre 1960 bis 1990 hätten fast das Aus für die Minoritäten in Rattanakiri bedeutet. Sinnlos ermordet und für politische Zwecke missbraucht, verloren die 21 verschiedenen Bergvölker rund drei Viertel ihrer Bevölkerung. Mit ihnen verschwand auch ein Teil ihres über tausendjährigen Kulturerbes. Doch in den letzten 15 Jahren konnten sich die Khmer Loeu der Kohtoum-Hochebene, über die man nicht sehr viel weiß, von ihrem Schicksal einigermaßen erholen.

Die größten Gruppen bilden die Charai, Brau, Kaco, Tampuan und Kreung. Obwohl ihre Dörfer oft in unmittelbarer Nähe zueinander stehen, vermischen sie sich nie durch Heirat und sprechen ihre eigene, nur mündlich überlieferte Sprache. Lediglich in den Siedlungen nahe Banlung wird in einigen Dorfschulen Khmer unterrichtet.

Die extrem scheuen Menschen leben weitgehend **autark** in ihren Dorfgemeinschaften. Nur wenige ihrer Waren bringen sie in oftmals tagelangen Fußmärschen auf die paar Märkte in der Provinz. Vom Erlös kaufen sie sich Kleidung, Taschenlampen, Fahrrad oder ein gebrauchtes Moped. Leider auch immer wieder sehr viel Alkohol. Auf ihren Feldern bauen sie hauptsächlich Trockenreis und Gemüse an. Hühner, Schweine, Rinder und Büffel gehören zum gewohnten Bild in jedem Dorf.

Eine geradezu liebevolle Beziehung pflegen die Menschen zum **Rauchen.** Die Frauen schmauchen unaufhaltsam ihre großen, handgeschnitzten Pfeifen, während die Männer zwischendurch auch mal einer zigarrengroßen, aus Zeitungspapier gedrehten Zigarette den Vorzug geben. Es ist selbstverständlich, dass Kinder ab sechs Jahren im Kreise der Erwachsenen ihre eigenen Zigaretten und Pfeifen rauchen.

Die Frauen tragen als **Kleidung** selbstgewebte Sarongs und lassen den Oberkörper unbedeckt. In Banlung und Umgebung hat das westliche Schamgefühl bereits eingesetzt und „frau" geht mit der Mode; zum letzten Schrei gehören fleischfarbene Büstenhalter. Große, geflochtene Körbe dienen ihnen zum Transport ihrer Waren, und in kunstvoll verzierten Kalebassen wird das Wasser aus den nahen Bächen geholt.

Die Menschen leben in Häusern, die auf hohen Stelzen stehen. Sie sind innerhalb der **Dörfer** kreisförmig oder rechteckig angeordnet.

Faszinierend sind die noch kaum erforschten, **religiösen Zeremonien,** die auf einem Ahnenkult basieren. Zu Ehren ihrer verstorbenen Vorfahren pflanzen die Menschen Bäume *(Arakaabäume)* zwischen ihre Häuser. Damit sie nicht von den Tieren abgefressen und somit entehrt werden, sind sie durch Pfähle geschützt, die im oberen Bereich zusammengebunden sind. Auf einem Brett, das sich auf diesen Pfählen befindet, werden die Vorfahren dadurch verehrt, dass man ihnen Reis, Bethelblätter oder Fleisch opfert.

Im Zentrum eines jeden Dorfes steht ein großes Gebäude. Es ist das **Heiligtum** der Siedlung und dient für Versammlungen und Zeremonien. Neben diesem Haus werden die Götter in Form eines Baumes, meist einer Bananenstaude, verehrt. Im Krankheitsfall kommt die Familie und betet den Baum um Hilfe an. Mit traditionellen Musikinstrumenten wie Trommeln, hölzernen Flöten und Saiteninstrumenten machen sie die Götter auf ihre Gebete aufmerksam. Wenn eine besonders große Hilfeleistung von einem ihrer zahlreichen Götter erwartet wird, schlachten sie ein Tier, dessen Fleisch auf einem Altar vor dem Baum geopfert wird.

Haus der Khmer Loeu

Priester können nur Frauen werden. Ihre wichtigste Aufgabe ist es, Zeremonien durchzuführen und Träume zu haben, die gedeutet werden, und nach denen sich die Bewohner eines Dorfes richten. Bei einer kranken Person erfährt die Priesterin durch solch einen Traum, welche Opfer die Familie bringen muss, um zur Genesung des Erkrankten beizutragen. Im Bedarfsfall muss sie Kontakt zu Göttern sowie zu den Vorfahren der Dorfbewohner, die als Geister in nächster Umgebung weiterleben, aufnehmen.

Die Verstorbenen werden auf einem Friedhof im Wald unweit des Dorfes beerdigt. Ihnen werden einfache Unterkünfte gebaut, in denen Gegenstände des täglichen Bedarfs liegen. Die Dächer sind mit Schnitzereien verziert, die weniger aus der Mystik stammen, sondern aus dem Alltag der Moderne. Beliebte Symbole sind Handys, Flugzeuge und Hubschrauber.

Noch viel Forschungsarbeit ist notwendig, um die komplizierte Gedanken- und Geisterwelt dieser Menschen zu verstehen.

Doch auch die „Highlander" leben nur scheinbar in einer heilen Welt. Mit dem Frieden in Kambodscha sind auch die Geschäftsleute nach Rattanakiri gekommen, sie haben Teile von ihrem Land in Besitz genommen, die Wälder abgeholzt und die Jugend mit der Geisterwelt der Zivilisation verführt.

Eine weitere Gefahr droht ihnen von skrupellosen Seelenfängern. Wie die Heuschrecken sind **Missionare,** religiöse Fanatiker und Sekten nach Kambodscha eingefallen. Bei den Buddhisten hält sich ihr Einfluss in Grenzen, doch die kleinen Religionsgruppen, die letzte Hoffnung vieler Missionare, sind ihren subtilen Methoden nahezu hilflos ausgeliefert.

Ein alter Mann in Banlung kommentierte das Erscheinen der UNTAC 1993 verunsichert: „Jedes Mal wenn Weiße in Rattanakiri auftauchten, bedeutete das für die Menschen nichts Gutes. Zuerst die Franzosen, dann die Amerikaner und jetzt UNTAC." Leider scheint sich seine Befürchtung zu bewahrheiten.

603ka Foto: an

Von Senmonorom nach Banlung

• Für diese Strecke verlangt ein Motodup 60 $. Fahrzeit 1–2 Tage. Übernachtung in Koh Neak möglich. Mehr Infos s. Mondulkiri.

Boot

• Die Flüsse **Tonle San** und **Tonle Kong** verbinden Stung Treng mit Rattanakiri. Bootsfahrten sind nur bei genügend hohem Wasserstand möglich. Ausgangsorte in Rattanakiri sind **Wunsei** und **Lumpath.** Es gibt keine regelmäßigen Verbindungen.

Ausflüge in die nähere Umgebung

Sonnenuntergang

Wenn man der RN 19 Richtung Stung Treng folgt, trifft man nach 1 km rechts auf eine Pagode. Von dort führt eine anfangs breite Straße steil den Berg hinauf. Ihr folgend kommt man nach einem weiteren Kilometer zu einer mächtigen, liegenden **Buddhastatue,** von der es nicht mehr weit zum Gipfel eines Aussichtshügels ist. Schöner Sonnenuntergang.

Yaklom-See

Dieser von Urwald eingerahmte **Vulkansee** ist ein wahres Kleinod. Er ist in der Mythologie der Einheimischen tief verwurzelt. Viele Sagen und Geschichten ranken sich um seine Entstehung, hervorgerufen durch eine Eruption vor ca. 700.000 Jahren. Auffallend ist das unheimlich wirkende schwarze Wasser, in dem noch **Krokodile** leben sollen – gesehen worden ist jedoch schon lange keines mehr.

Am Nordufer, das über eine Straße erreichbar ist, wurde ein **Naturpark** für Khmer und Touristen errichtet, der von den Ureinwohnern verwaltet wird. Neben zwei Stelzenhäusern der Khmer Loeu lädt ein Badesteg zum Sprung in das herrlich klare Wasser ein. Von dort führt ein Weg rechts um den See herum, wo es zwei weitere Badestege gibt. Nach einem kleinen Fußmarsch von ca. 10 Minuten erreicht man das **Parkmuseum.** Hier beginnt ein wildromantischer Pfad durch dichten Dschungel und überdachte Bambustunnel, der um den See herum führt. Der Eintritt zum See kostet 4000 Riel, das Museum 300 Riel. Das Geld kommt der Tapuan Gemeinde zugute, die in der Nähe des Sees lebt und den Park verwaltet.

• **Anfahrt** (ca. 5 km): Auf der RN 19 Richtung Vietnam, nach ca. 4 Kilometern an einem Begrüßungs-Rondell, das zwei Ureinwohner darstellt, rechts abbiegen (beim Tapuan Dorf Cherai). Entweder zu Fuß ca. 1 Std. oder mit dem Motodup für 2–3 $ hin und zurück.

Wasserfälle

In der weiteren Umgebung der Stadt gibt es eine Reihe von Wasserfällen, welche die Khmer mehr begeistern als die Touristen. Besuchenswert sind z.B. **Ka Choung** und **Cha Ong,** die ca. 7 km entfernt liegen.

Elefantenreiten

Im Vergleich zu Mondulkiri gibt es in Rattanakiri kaum Dörfer, die sich Arbeitselefanten halten. Eine Ausnahme ist das Dorf **Kateung** (ca. 5 km westlich von Banlung), wo die Dickhäuter die Safaritouristen zum nahegelegenen Wasserfall **Ka Tieng** tragen. Pro Elefant wird 15 $ die Std. berechnet. Zwei Personen können darauf reiten.

Tagesausflüge

Bei den folgenden Touren empfiehlt es sich, einen Guide mitzunehmen, da man ohne ihn viele Dinge nicht sehen und verstehen würde.

- Die meisten Guest Houses und kleine einheimische Reisebüros, wie **Smile Tours,** vermitteln Guides. Die hier angebotenen Touren finden alle außerhalb, in der so genannten „Bufferzone" des Nationalparks statt.
- Das **„Dutch Couple",** ein holländisches Paar, das sich hier niedergelassen hat, bietet unter diesem Namen mehrtägige individuelle Trekking- und Kajaktouren an. Es gibt eine Broschüre mit eindrucksvoller Beschreibung der Routen aus und verfügt über gute Leihausrüstung. Besonders reizvoll ist die Fahrt mit den aufblasbaren Kajaks auf dem Tonle San. Ein Tag kostet 30–40 $. Tel. 099/531745, www.ecotourismcambodia.info, das Büro mit Restaurant liegt an der Straße vom Markt zum *Tribal Hotel.*

Die Ureinwohner

Banlung ist Ausgangsort zum Besuch der zahlreichen hier lebenden Minoritäten. Die beste Zeit, die Menschen in ihren Dörfern zu besuchen, ist zwischen November und März. Während der Regenzeit, April bis Oktober, halten sich die Khmer Loeu, die überwiegend als Halbnomaden leben, oft Tagesmärsche entfernt von den Siedlungen auf und bewirtschaften im Urwald ihre Felder. Um die steinzeitlich anmutenden, bis zu 40 Kilometer von Banlung entfernten Dörfer zu besuchen und die Kultur und Rituale ihrer Bewohner zu verstehen, sollte man sich einem Guide anvertrauen (siehe Banlung: Unterkunft). Ich empfehle jedoch dringend, vorher mit dem Guide ein klärendes Gespräch zu führen, um festzustellen, ob er nur an ein paar schnellen Dollar interessiert ist oder wirklich etwas von den hier lebenden Menschen weiß und sie respektiert.

Besonders interessante Dörfer, die sich auch mit kleinen Trekkingtouren verbinden lassen, sind:

- **Gala Village;** Bevölkerung: Kreung
- **Gantschon Village;** Bevölkerung: Tampuan

Lumphat

↗ XVI/B2

Während des Terrorregimes der Roten Khmer war Lumphat die Provinzhauptstadt von Rattanakiri. Heute ist dieses hübsche Dorf mit seinen großen Holzhäusern, den weit ausladenden Bäumen an der Uferpromenade und der Pagode im Zentrum, zur Bedeutungslosigkeit verdammt. Bei der Übernachtung und beim Essen ist der Reisende auf das Wohlwollen der freundlichen Bevölkerung angewiesen. Die verwegene, aber landschaftlich reizvolle Straße ist nur mit Allrad oder Moped zu befahren.

- **Anreise:** Ca. 35 Kilometer; 1,5 Std. mit dem Moped. Der RN 19 Richtung Stung Treng folgen, nach ca. 7 Kilometer links, auf eine schmale Straße in Richtung Lumphat abbiegen.

Wunsei (alter Name: Viracheay)

Diese belebte Siedlung liegt am Tonle San. Auf der linken Seite des Flusses leben überwiegend Laoten und Khmer; auf der gegenüberliegenden, die mit einem Fährboot erreichbar ist, lebt eine chinesische Gemeinde mit etwa 30 Familien. Für diese abgelegene Gegend sind sie sehr wohlhabend und haben eine eigene chinesische Schule.

In Wunsei gibt es zwei einfache **Restaurants** direkt am Hafen; übernachtet werden kann im **Wunsei Guest House,** einer Holzvilla, die die meiste Zeit geschlossen ist und von den Besitzern, die im Nachbarhaus wohnen, für Gäste extra aufgeschlossen wird. Die Straße von Banlung ist zumindest in der Trockenzeit gut befahrbar.

●**Anreise:** Ca. 35 km; 1 Std. mit dem Moped. Schöne Landschaft sowie ein Khmer Loeu Dorf auf dem Weg.

Pick-ups fahren frühmorgens vom Markt in Banlung nach Wunsei. Fahrpreis 5000 Riel.

Nur in der Trockenzeit ist es möglich, in einem Tag von Wunsei (bzw. Banlung) über einen nur für Mopeds befahrbaren Uralttrail nach Siem Pang am Tonle Kong zu gelangen. Sehr abenteuerlich. Konditionen für diese Tour am besten mit den Guides in Banlung klären.

Friedhof der Khmer Loeu

Ein beliebter Tagesausflug von Banlung führt über Wunsei zu dem skurrilen **Friedhof des Taphuandorfes Kachon** am Ufer des Tonle San. Jedes Ureinwohnerdorf hat seinen nahegelegenen Friedhof, doch die meisten Khmer Loeu verwehren neugierigen Fremden den Zutritt. Die Gräber sind von Figuren aus Holz, seit neuestem auch aus Beton, und symbolischen Zeichen flankiert. Die Figuren stellen jeweils den Mann und die Frau einer Familie dar. Anhand der Accessoires, die dem Mann zugeordnet wurden, ist zu erkennen, welchen **Berufswunsch bei einer Wiedergeburt** ihm seine Angehörigen mit auf seine letzte Reise gegeben haben.

Hohes Ansehen unter den Ureinwohnern genießen demnach Soldaten und Polizisten. Es wird pro Person eine Spende von ca. einem Dollar erwartet.

●**Anreise:** Von Wunsei benötigt man ein Boot, das etwa 50 Min. bis Kachon braucht. Es kostet 15 $.

Bootstrip auf dem Tonle San

Ein sehr lohnender und abwechslungsreicher 2-Tages-Trip! Mit dem Motodup oder Jeep bis zu dem kleinen Ort **Ta Veng** (50 km). Dort lassen sich kleine Boote (max. 4 Personen) für ca. 25 $ mieten, die in 3–4 Std. nach Wunsei fahren. Unbedingt am oben beschriebenen Khmer Loeu Friedhof anhalten. Übernachten in Wunsei und sich entweder am nächsten Tag abholen lassen oder mit dem Pick-up zurück nach Banlung.

Das *Dutch Couple* (siehe unter „Tagesausflüge") bietet diese Tour mit Kajaks an, und *Mr. Tee* vom *Tree Top Guest House* (siehe unter „Unterkunft") plant, diese Strecke mit Bamboo Rafts zu befahren.

Bay Srok

Spannend ist auch der Besuch von **Bay Srok** (Schreibweise variiert). Hier suchen die Khmer in 10 Meter tiefen Löchern nach Edelsteinen. Er liegt ca. 35 Kilometer östlich von Banlung. Nur mit ortskundigem Guide zu empfehlen. Straße ist sehr schlecht.

Urwaldtrekking im Virachey Nationalpark

Der Virachey Nationalpark ist mit 332.500 ha der größte Nationalpark in Kambodscha. Der höchste Berg ist über 1200 m hoch. Der Park ist sowohl von Stung Treng und Siam Pang als auch von Banlung zugänglich. Im Norden grenzt er an Laos und im Osten an Vietnam. Auch die Ureinwohner, die Khmer Loeu, dürfen nicht im Park siedeln, jagen, Holz fällen oder Felder anlegen. Nur in einigen speziell ausgewiesenen Gebieten dürfen sie Pflanzen sammeln. Einige **bedrohte Tierarten** haben hier eine Zuflucht gefunden. Tiger, Bären, diverse Kleinkatzen, wilde Kühe, Hirscharten sowie verschiedene Vögel und Hühner, Krokodile, Affen, Wildschweine und natürlich Schlangen. Auch eine erheblich Anzahl von wilden Elefanten gibt es noch nördlich von Siem Pang.

Seit 2005 wird der Park langsam für Touristen erschlossen. Organisiert werden Trekkingtouren bis zu acht Tagen vom **EcoTourism Information Center** in Zusammenarbeit mit dem Umweltministerium. Das Büro in Banlung ist von Montag bis Freitag geöffnet und sollte unbedingt wegen aktueller Infos aufgesucht werden (Lage siehe Stadtplan, Tel. 075/974013, www.bpamp.org.kh). Nur hier können die Touren in den Nationalpark organisiert werden. Das Einzige, was man selber mitzubringen hat, sind **feste Schuhe** und einen **Rucksack,** alles Andere kann ausgeliehen werden. Kosten ca. 40–50 $ pro Tag. Dies schließt alle Kosten für Transport, Essen, Nationalparkgebühr, örtlicher Guide, Ranger, Leihausrüstung, etc. mit ein.

Während meiner Recherchen wurden 3 Touren angeboten (weitere sind in Planung):

1. Kalang Chhouy (Trek zum heiligen Berg)

Einfacher 2–3-Tages-Trek in der Gegend um Wunsei mit Besuch von Khmer Loeu-Dörfern und des Parks.

2. O'Lapeung (River Valley Trek)

Mittelschwerer 4-Tages-Trek bei Ta Veng. Kayakfahrten, Übernachtung bei den Ureinwohnern und in Hängematten im Dschungel, Trekken auf dem Ho Chi Minh Trail, Birdwatching.

3. Phnom Veal Thom (Wilderness Trek)

Anspruchsvoller 8-Tages-Trek zum abgelegenen Berg „Phnom Veal Thom", der in einer Art Grassteppe *(grassland)* liegt.

Mondulkiri ↗ XVI/B3

មណ្ឌលគិរី

Mondulkiri mit seiner Provinzhauptstadt **Senmonorom** ist eine der abgelegensten Provinzen Kambodschas. Auch wenn die gesamte Provinz derzeit mit Straßen erschlossen wird, und viele Bäume gefällt werden, um Plantagen anzulegen, bleibt Mondulkiri für **Ökotouristen und Abenteurer** ein lohnendes Ziel. Dschungeltreks, Ausflüge auf Elefanten und Besuche der Ureinwohner sind längst noch nicht so kommerzialisiert wie im benachbarten Thailand. Interessant sind auch die Projekte des WWF, die Touristen tieferen Einblick in das sensible Ökosystem gewähren. So gibt es z.B. noch an die 200 wild lebende Elefanten und etwa 5–10 Tiger und Wildkatzenarten, wie z.B. den Leoparden.

Mondulkiri ist aber auch ein **sozialer Brennpunkt.** Der skrupellose Ausverkauf von Land an chinesische Firmen hat den Gouverneur und das Militär in Misskredit gebracht. Die Missachtung der fundamentalsten Rechte der Ureinwohner durch die Chinesen, die auch noch von offizieller Seite (Provinzregierung und Militär) mit Einschüchterung und Gewalt unterstützt wurden, hat viele Menschenrechtsorganisationen auf den Plan gerufen (s. a. „Goldgräberdorf Prey Meas").

Ureinwohner von Mondulkiri sind die **Phnong** (siehe Exkurs).

Senmonorom

⇗ XVI/B3

Die Stadt liegt zwischen den sanften Hügeln der Chhlong-Hochebene, die eine Höhe von 1000 Metern erreicht. Daher ist das Klima deutlich kühler und angenehmer als in Phnom Penh. Im Dezember und Januar können die Temperaturen bis auf 10° C in der Nacht fallen. Die Bergrücken sind kahl und mit langem Gras bewachsen. Dazwischen stehen kleine Kiefernwälder – eine Landschaft, die ein wenig an die schottischen Highlands erinnert. Die meisten der 12.000 Einwohner von Senmonorom sind Khmer.

In der Regenzeit von Juni bis Oktober können die Ausflugsmöglichkeiten je nach Niederschlag stark eingeschränkt sein, denn die Seitenstraßen sind extrem verschlammt.

Unterkunft

Seit dem Ausbau der Straße nach Snoul hat auch in Senmonorom der Bauboom begonnen und zalreiche G.Hs., Hotels und Restaurants bieten ihre Dienste an.

•**Arun Reas II. G.H.** (Tel. 012/738302). Schöne Lage auf einer Anhöhe außerhalb der Stadt. Große Anlage für Khmer und Traveller. Einzelstehende Bungalows mit hübscher Einrichtung zwischen 5–10 $. *Vichet,* der noch recht junge Khmer Besitzer ist recht motiviert und legt sich für seine Kundschaft mächtig ins Zeug. Da die Unterkunft 1,5 km außerhalb der Stadt liegt, bekommen seine Gäste kostenlos ein Fahrrad geliehen und werden bis ins Zentrum mit dem Pick-up gefahren. Ansonsten bietet er die klassischen Ausflüge, wie Elefantenreiten, Urwaldtrekking und Besuch der Phnongdörfer an. Internet/WiFi. Restaurant. An der Straße nach Snoul.

•**Pich Kiri G.H. und Restaurant** (Tel. 012/932102). Frau *Deu* ist die Chefin des ältesten Guest House in Senmonorom. Anlage mit Garten, Bungalows und neuen Zimmern zwischen 5 und 10 $, mit Fan und Bad/WC. Einfaches Restaurant. Großes Angebot an Touren und Ausflügen. Direkt im Stadtzentrum.

•**Long Vibol G.H. und Restaurant** (Tel. 012/944647). Bungalowanlage in schönem Garten. Die Zimmer für 5–15 $ sind sauber (AC nicht notwendig) und haben Bad/WC. Das G.H. befindet sich am östlichen Ende der alten Landebahn, knapp 2 km vom Zentrum entfernt. Restaurant mit großer Auswahl an Speisen (8000–20.000 Riel). Mopeds (10 $) und Dirtbikes (15 $), Jeeps werden zwischen 60–80 $ mit Fahrer verliehen. Ein englischsprachiger Guide kostet pro Tag 20 $.

•**Nature Lodge** (Tel. 012/230272). Der Ort für echte Naturfreaks. *Sheery* hat zwei Kilometer außerhalb der Stadt in einem großen Garten mehrere einzelstehende, einfache aber stilvoll eingerichtete Bungalows gebaut.

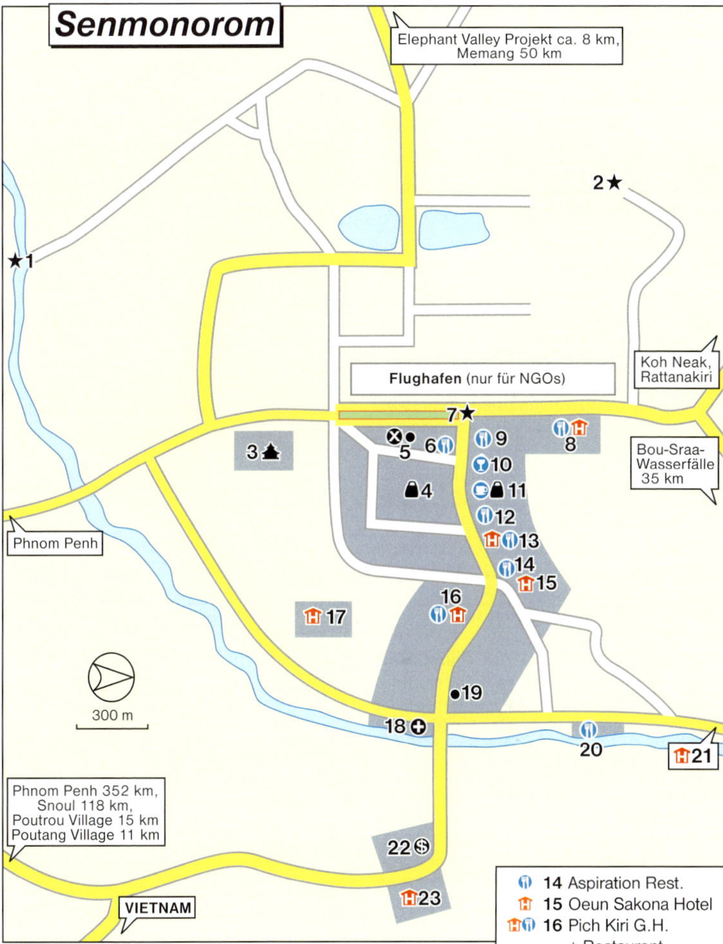

- 1 Sihanouk Wasserfall
- 2 Doh Kromom (kleiner Hügel)
- 3 Pagode
- 4 Markt
- 5 Taxi- und Pick-up-Stand
- 6 Chom Nor Thmei Rest.
- 7 Kuprey Monument
- 8 Long Vibol G.H. + Rest.
- 9 Senmonorom Rest.
- 10 Green House Bar
- 11 Middle of Somewhere Café Shop und Phnong Center
- 12 Orchid Restaurant
- 13 Sovankiri G.H. + Rest.
- 14 Aspiration Rest.
- 15 Oeun Sakona Hotel
- 16 Pich Kiri G.H. + Restaurant
- 17 Mondulkiri Hotel
- 18 Krankenhaus
- 19 WWF Office
- 20 Bananas Restaurant
- 21 Nature Lodge (1,5 km)
- 22 Acleda Bank
- 23 Arun Reas II. G.H.

Gemeinschaftsbad 5 $, mit privater Freilufttoilette und -dusche 10 $. Die gesamte Anlage sowie die reichhaltige Küche (2–4 $) wird nach ökologischen Gesichtspunkten betrieben. Gemütliche Bar mit Baumhaus; hölzerne Dampfsauna; Ausflüge mit Phnong Guides. www.naturelodgecambodia.com.

- **Sovankiri G.H.** Liegt direkt im Stadtzentrum, siehe Stadtplan, DZ mit Bad/WC für 6 $. Abfahrtsstelle des Busses nach Phnom Penh.

Khmer Standard Hotels:

- Das **Mondulkiri Hotel,** siehe Stadtplan, ist zwar das teuerste (20–40 $), aber gleichzeitig das wohl hässlichste Hotel der Stadt. Die Zimmer sind jedoch brauchbar.
- Weniger brutal, aber auch keine architektonische Glanzleistung, ist die Erscheinung des **Oeun Sakona Hotel** (hinter dem *Aspiration Restaurant*). DZ 5 $ mit Fan, 12 $ mit Heizung und 20 $ mit AC.

Essen und Trinken

Im Zentrum, an der Straße vom Kuprey Monument, auf einer Länge von 200 Metern hinab zum *Oeun Sakona Hotel,* gibt es eine große Auswahl.

- Eckrestaurant **Senmonorom** (Khmer, einfach) direkt am Monument.
- Schräg gegenüber liegt das **Chom Nor Thmei,** Khmer-Restaurant mit guten und günstigen Speisen (7000–14.000 Riel).
- Neben dem *Sovankiri G.H.* im **Orchid Restaurant** (8000–12.000 Riel), geht es etwas gepflegter und sauberer zu.
- Auf dem Gelände das *Sovankiri G.H.* liegt das **Sovankiri Restaurant.** *Mr. Wouth* und seine Familie kommen aus Phnom Penh, sprechen sehr gut Englisch und bieten gutes Khmer-Food zwischen 10.000 und 20.000 Riel an. Westliches Frühstück.
- **Bananas.** *Tanja,* die fließend deutsch spricht, betreibt ihr eigenes Restaurant in einem tropischen Garten am Bach. Ausgezeichnet sind die Fleischgerichte mit einem guten Rotwein. Ökologisch angebaute Salate und Obst. Preise zwischen 5–15 $. Außerdem bereitet sie für Ausflüge echte Luxuslunchpackete für 8 $ zu. Tel. 092/412680. Der Weg ist ab dem „The Middle of Somewhere Coffeeshop" (s.u.) beschildert.

Die Phnong

Ähnlich wie die anderen Minoritäten leben die Phnong vom Trockenreis- und Maisanbau. Da der Urwaldboden schnell ausgezehrt ist, wird alle zwei Jahre ein weiteres Waldstück gerodet, das Buschwerk und Holz verbrannt und das Gelände mit einem dichten Zaun gegen Tiere gesichert.

Die Hütten sind zwischen 5 und 10 Metern lang, ca. 2,50 Meter hoch und haben die Form einer Halbtonne. Die Dächer aus Schilf reichen fast bis zum Boden hinab. Links und rechts des Mittelganges befinden sich in einem Meter Höhe je eine Ablage. Auf der einen Seite wird geschlafen, auf der anderen gekocht und Vorräte gestapelt. Leider weicht die originelle Bauweise immer mehr einfachen Holzhütten mit Wellblechdach.

In den braunen Tonamphoren, die in jedem Haus zu finden sind, wird eine Art Wein gelagert. Alkoholismus ist ein ernstes Problem der Minoritäten.

Als Nutztiere werden Rinder, Ziegen, Schweine und Hühner gezüchtet. Jedes Dorf hält sich auch ein paar Elefanten die insbesondere beim Roden zum Einsatz kommen.

- **Aspiration.** Großes Restaurant mit indischer und westlicher Küche, das von Nepalesen betrieben wird. Viele vegetarische Speisen und Pizza zwischen 3,50 $ und 8 $. Neben dem *Oeun Sakona Hotel.*
- **Green House Bar.** Lässige Bambusbar. Internet und Ausflüge. Neben *„The Middle of Somewhere Coffeeshop".*
- **The Middle of Somewhere Coffeeshop.** Anlaufstelle für fundierten Ökotourismus wie z.B. das Elefant-Valley- und Phnong-Projekt. Getränke und einfache Snacks. Souvenirshop selbstgefertigter Produkte der Phnong.

Informationen und Projekte

- Wer sich intensiver mit der Natur und den Ureinwohnern von Mondulkiri beschäftigen will, kommt an *Bill,* einem amerikanischen

Idealisten, der den **The Middle of Somewhere Coffeeshop** betreibt, nicht vorbei. Er hat ein Internat für Phnongschüler gegründet, verkauft in seinem Coffeshop Produkte der Ureinwohner und unterstützt sie beim Verkauf ihrer landwirtschaftlichen Erzeugnisse auf dem Markt. Zudem bildet er Phnongs zu Tourist Guides aus, die er für die Ausflüge, die er organisiert, vermittelt.

- Ein engagiertes und interessantes Projekt ist auch das **Elephant-Valley-Projekt.** Der Engländer *Jack* ist Elefantenliebhaber und hat ein großes Gelände am Rande des Urwaldes, 45 Minuten außerhalb von Senmonorom, gekauft, wo er eine Klinik für kranke, domestizierte Elefanten aufgebaut hat und mit vier eigenen Elefanten Touren zu den Dörfern der Phnong anbietet. Tel. 00855/12/1613833, www.eliecambodia.org.
- Auch der **WWF** ist hier in verschiedenen Projekten engagiert. Bei der Arbeit mit den Ureinwohnern ist das Hauptziel, ihnen durch den Ökotourismus Einkunftsmöglichkeiten zu geben, damit sie auf das Fällen des Urwaldes zum Anlegen ihrer Felder verzichten. Im Office gegenüber dem Krankenhaus erhält man Informationen über die Tierwelt in Mondulkiri. www.panda.org/cambodia.

Ausflüge

- **Elefantentrekking:** 1 Tag für 1 Person 40–50 $ inkl. Transport und Essen. Ab 2 Personen die Hälfte. 2 Tage mit Übernachtung alles inkl. 80–100 $ für eine Person; ab 2 Personen die Hälfte. Eine reine Trekkingtour ist zwar etwas billiger, aber nicht so interessant.
- Der **Ausflug zu den Bou-Sraa-Wasserfällen** kann auch auf eigene Faust mit dem Moped unternommen werden. Ein englisch sprechender Guide kostet pro Tag etwa 20 $.

Moped- und Autoverleih

Die meisten Unterkünfte verleihen Mopeds und Enduros. Mopeds kosten 6–10 $ und Enduros 15 $ pro Tag. Benzin kostet extra. Bei Regen werden die Seitenstraßen zu extrem rutschigen Schlammpisten und sind nicht befahrbar. Das *Long Vibol G.H.* verleiht auch Autos zwischen 60–80 $ pro Tag.

Internet

- Im *Arun Reas II. G.H.* WiFi auch in den Bungalows.
- In der *Green House Bar.* 1 Std. 2 $.

Geld

- Die **Acleda Bank** (nähe *Arun Reas II. G.H.*) hat Mo–Fr 7.30–16.00 Uhr geöffnet.

Anreise und Weiterreise

- **Entfernungen** in Straßenkilometern:

Phnom Penh	352
Chhlong	207
Snoul	118
Kompong Cham	263
Banlung	200

Eine autobahnbreite Piste führt von Snoul durch den Urwald bis Senmonorom. Die Provinzhauptstadt ist von Phnom Penh aus in weniger als 7 Stunden erreichbar.

Pick-up, Sammeltaxis und Bus

Es starten täglich zwischen 7.00 und 8.00 Uhr mehrere **Pick-ups nach Phnom Penh.** Ein Platz im Fahrzeug 20 $, gesamter Beifahrerplatz 30 $. Ca. 7 Std. Fahrzeit. In Phnom Penh starten sie in einer Seitenstraße gegenüber dem *Calmett Hospital.*

Die **Busgesellschaft** *Hour Lean* fährt täglich von Senmonorom über Snoul und Kompong Cham (10 $) nach **Phnom Penh** (12 $). Abfahrt in Senmonorom um 7.30 Uhr vor dem *Sovankiri G.H.;* Abfahrt in Phnom Penh auf dem Monivong Blvd. vor dem Mondial Center. Preis 12 $.

Weitere Anreisemöglichkeiten aus Kompong Cham und Snoul.

Flug

Es gibt keine offiziellen Flüge. Allerdings fliegt *Mission Air Fellowship (MAF)* etwa zwei Mal die Woche für Mitglieder von Hilfsorganisationen von Phnom Penh nach Senmonorom. Wenn Plätze in der 8-Sitzer-Airvan frei sind, was eher selten der Fall ist, können auch Touristen mitfliegen. Tel. 012/879426 *(Emil),* Preis 120 $.

Prey Meas — Goldgräberdorf im Urwald

Prey Meas ist ein Goldgräberdorf wie aus einem Wildwest-Film. An die 500 Familien leben hier fern jeglicher Zivilisation in Schlamm, Dreck und bitterer Armut sowie der ständigen Gefahr ausgesetzt, entweder an Malaria oder beim Einsturz eines Stollens zu sterben. Nur die Hoffnung, eines Tages eine Goldader zu finden, hält die Familien mit den vielen Kindern in dieser unwirtlichen Umgebung.

Aus bis zu 100 m tiefen Stollen werden die Steine, oft von Kindern, die noch nie eine Schule gesehen haben, ans Tageslicht gefördert. Dort werden die Steine zu einem grauen Brei zermalmt und mit Wasser vermischt. In Zentrifugen wird der schwerere goldhaltige Sand mit Hilfe der Gravitation vom Rest des Gesteins getrennt. Unter Verwendung einer hochgiftigen Chemikalie wird zum Schluss das Gold aus diesem Schlamm extrahiert.

Als ob das Überleben in Prey Meas nicht schon schwierig genug wäre, macht die Provinzregierung den Menschen noch darüber hinaus das Leben zur Hölle. Im Jahr 2005 wurde die gesamte Mine für viel Geld, das mit Sicherheit in den privaten Taschen einiger Politiker und Militärs versickert, an eine chinesische Firma verkauft. Alle Stollen der Khmer wurden von den Soldaten zerstört und die sowieso schon am Existenzminimum lebenden Familien ihrer einzigen Lebensgrundlage beraubt. Seitdem beschäftigen sich sogar internationale Menschenrechtsorganisationen mit diesem Fall.

- **Anreise:** Ein spannender Ausflug für hartgesottene Abenteurer. Die Anreise ist nur auf einem Moped möglich. Allerdings gibt es nur wenige Guides, die diese Tour machen, da sie entweder den Weg nicht kennen oder ihnen die Strapazen zu groß sind. Mit einer Enduro sollten sich nur wirklich erfahrene Fahrer auf diesen Trail wagen. **Ohne ortskundigen Guide auf keinen Fall zu empfehlen.** Die Strecke von Senmonorom aus ist 55 km lang und dauert etwa 5 Stunden. Sie führt durch die Phnong Dörfer Poutrom, Srae I und Memang. Nur in Prey Meas gibt es ein G.H. Es ist erstaunlich groß und gehört dem örtlichen Schreiner. Zimmer zwischen 2 und 5 $. Ernähren muss man sich in den kleinen Garküchen im Ort. Ein Guide mit Moped aus Senmonorom für 2 Tage kostet ca. 80 $.

Umgebung

Doh Kromom

Nicht wundern, falls die Kambodschaner zu schmunzeln beginnen, wenn man nach dem Doh Kromom fragt. Auf Khmer heißt dies nämlich Busen. In diesem Fall handelt es sich allerdings um einen Hügel mit Altar *(vihear)* auf dem Gipfel. Von dort hat man eine gute Aussicht auf die Umgebung. Für die Einheimischen besitzt dieser Ort eine starke Spiritualität, weshalb sie oft zum Beten hier heraufkommen, insbesondere um von Krankheiten zu genesen.

- Der Hügel erhebt sich direkt hinter der Flughafenpiste. Entweder mit dem Fahrzeug über die Straße, oder schöner, zu Fuß die fast zugewachsene Treppe hinauf.

Poutang Village

Es handelt sich um zwei Dörfer der Phnong, in denen es noch viele traditionelle Häuser gibt. Die Arbeitselefanten dürfen in ihrer Freizeit Touristen durch die Gegend reiten. Halber Tag 20 $ (2 Personen), ganzer Tag 30 $.

- An der Hauptstraße Richtung Snoul beginnt etwa nach 10 km auf der rechten Seite ein unscheinbarer Pfad, über den man nach etwa 1 km die Dörfer erreicht.

Poutrou Village

Ein abgelegeneres Phnong-Dorf. (In der Nähe liegen auch die netten, aber nicht sehr spektakulären **Romanear-Wasserfälle.**) Ein lohnender Ausflug, den man aber unbedingt mit Guide unternehmen sollte, da das Dorf sehr schwer zu finden ist.

- Liegt etwa 15 Kilometer von Senmonorom, in Richtung Snoul, entfernt.

Bou-Sraa-Wasserfälle

Dorthin zieht es die meisten Touristen, die nach Mondulkiri kommen. Zwei Wasserfälle, der erste 15 Meter und der zweite 30 Meter hoch, stürzen dort in die Tiefe. Die 35 Kilometer lange Straße wurde ausgebaut und ist jetzt gut befahrbar (ca. 1 Std.). Es ist auch möglich, dort in einem der zwei G.Hs. zu übernachten. Sie kosten 10.000 Riel und haben ein einfaches Restaurant.

O-Tang-Lang-Wasserfall

Mysteriöse Wasserfallkaskaden im Urwald, die von einem Becken in das nächste stürzen. Sehr schwer und mühsam zu erreichen. Am besten mit einem Besuch des **Goldgräberdorfes Prey Meas** verbinden. Dort besteht auch die einzige Übernachtungsmöglichkeit. 43 Kilometer von Senmonorom und 12 Kilometer von Memang entfernt. Nur mit Guide. In der Regenzeit unmöglich.

Fahrt von Senmonorom (Mondulkiri) nach Banlung (Rattanakiri)

Nach wie vor eine der extremsten Touren in Kambodscha; nur für erfahrene Abenteurer sowie körperlich gesunde und fitte Leute geeignet. Sie führt in die entlegensten Gebiete des Landes und ist nur auf einer Enduro oder einem Motodup möglich. Auf gar keinen Fall während der Monsunzeit oder bei Regen versuchen.

Zunächst entweder mit Motodup-Fahrer oder auf einem Pick-up von Senmonorom auf ausgebauter Piste nach **Koh Neak** (2–3 Std.). Koh Neak ist eine fruchtbare Ebene *in the middle of nowhere,* wo Khmer und Ureinwohner verstreut in kleinen Dörfern Reis anbauen. Es empfiehlt sich, eine Nacht dort zu verbringen. Keine offiziellen G.Hs., aber das Übernachten und Essen bei Einheimischen ist möglich. Die Strecke nach **Lumphat** führt über verschlungene Pfade durch kleine Dörfer und dichten Urwald; meist entlang des Hoh Chi Minh Trails. Landschaftlich sehr reizvoll. Am **Srepok-Fluss** bei Lumphat muss mit einem schmalen Fährboot übergesetzt werden. Ab dort gibt es eine gute Schotterpiste bis nach **Banlung.** Dauer 1–2 Tage, in der Trockenzeit 6–7 Std., ca. 200 Kilometer. In der Trockenzeit 55 $, Regenzeit 70 $. Die Tour kann von den meisten G.Hs. organisiert werden. Die längste Erfahrung diesbezüglich hat das *Long Vibol G.H.*

An den Ufern des Mekong

Der Mekong

↗ XXIV

មេគង្គ

Überblick

Das Herz Kambodschas ist der Tonle Sap, die wichtigste Lebensader ist der Mekong. Seinen Ursprung hat er in China, im Tanghlagebirge am nordöstlichen Rand der tibetanischen Hochebene. Über 4900 Kilometer fließt er durch China, Burma, Laos, Thailand und Kambodscha oder entlang der Grenzen, bevor er in einem weit verzweigten, mit Kanälen durchzogenen und 70.000 Quadratkilometer großen Delta in Vietnam ins Südchinesische Meer mündet. Der Mekong ist der größte Fluss Südostasiens und der fünftlängste der Erde. 25 % der gesamten Wassermassen fließen ihm in Kambodscha zu. Die Anrainerstaaten haben ehrgeizige Pläne, das bisher kaum wirtschaftlich genutzte Wasser an mehreren Stellen aufzustauen und zur Bewässerung und Stromgewinnung zu verwenden.

An der Grenze zu Kambodscha unterbrechen starke Stromschnellen und Wasserfälle den trägen Lauf des Mekong, so dass es dort selbst für kleine Boote kein Durchkommen mehr gibt. Die erste Stadt, die er bei seinem 450 Kilometer langen Weg durch Kambodscha passiert, ist Stung Treng. Hier fließen ihm, bereits zu einem Strom vereint, die Flüsse Tonle Kong, Tonle San und Tonle Srepok aus Rattanakiri zu.

Zwischen Stung Treng und Kratie verzweigt sich der Mekong in ein Labyrinth aus Wasserwegen und Inseln. Den Schiffsverkehr behindern die sagenumwobenen und schwer zugänglichen Stromschnellen und Wasserfälle von Prek Patang. Weiter schlängelt er sich durch die bevölkerungsreichste Provinz des Landes, Kompong Cham, nach Phnom Penh. Hier fließen Tonle Sap und Mekong für ein paar hundert Meter zusammen, um anschließend wieder ihre eigenen Wege zu gehen. An diesem Ort, Chaktamuk genannt, vollzieht sich jedes Jahr der „Wechsel der Strömungen", ein ungewöhnliches Naturereignis mit tragender Bedeutung für die Landwirtschaft. Während der Regenzeit schwellen die Fluten des Mekong so stark an, dass sich die Fließrichtung des Tonle Sap Fluss ändert und das Wasser in den Tonle Sap See umgeleitet wird. Ab Phnom Penh fließen der Mekong und der wesentlich kleinere Tonle Bassac fast parallel zueinander nach Vietnam.

Die dicht bevölkerten Ufer belegen die **Fruchtbarkeit des Flusses** und seine Bedeutung für die Menschen. In der Trockenzeit liefert er kostbares Wasser für die Felder, und während des Monsuns, wenn seine braunen Wassermassen große Flächen des Umlandes überfluten, versorgt er die Umgebung mit fruchtbarem Schwemmland. An manchen Stellen schwankt der Wasserspiegel zwischen Monsun und Trockenzeit um bis zu acht Meter.

Wegen des nährstoffreichen Wassers ist der Mekong eines der fischreichsten Gewässer der Erde. Die Khmer behaupten, die schönsten Mädchen des Landes seien an den Ufern des Mekong zu finden.

Geschichte

Die Besiedlungsgeschichte der Ufer des Mekongs reicht in Kambodscha bis in die Zeit des Funan- (2. bis 6. Jh.) und Chenlareiches (7. bis 12. Jh.) zurück. Der Fluss diente bereits zu dieser Epoche als wichtiger Verkehrsweg. Doch die fruchtbaren Ebenen hatten auch ihre Schattenseiten für die Bevölkerung. Von den Cham über die Thailänder bis zu den Vietnamesen fühlten sich immer wieder mächtige Nachbarn von diesem Reichtum angezogen und machten sich Land und Menschen untertan.

Auch das **Mekongdelta** gehörte einst zum Reich der Khmerkönige. Doch im 18. Jahrhundert, als in Kambodscha nur noch schwache Herrscher regierten, nutzte Vietnam die Gunst der Stunde und okkupierte das wenig bevölkerte Land im Süden. Während der Zeit Pol Pots erinnerten sich die nationalistischen Kommunisten an die ursprünglichen Grenzen ihres Landes und begannen, das Land im Mekongdelta zurückzuerobern. Dies nahm Vietnam zum Anlass, am 7. Januar 1979 in Phnom Penh einzumarschieren und damit das aggressive Regime der Roten Khmer zu beenden. Noch heute sind die Grenzfragen zwischen Vietnam und Kambodscha in diesem Gebiet ungeklärt. In den Beziehungen beider Länder wird das Mekongdelta noch lange ein heißes Eisen bleiben.

Doch auch auf kambodschanischer Seite des Mekong schwelt ein Konflikt, der immer noch nicht gelöst ist. Seit Generationen nutzen **vietnamesische Fischer** den Fluss bis zur laotischen Grenze als Fanggründe. Sie leben auf Hausbooten oder in ärmlichen Siedlungen am Ufer des Mekong. Viele von ihnen wurden bereits in Kambodscha geboren, haben aber weder die kambodschanische noch die vietnamesische Staatsbürgerschaft. Trotz des vererbten Hasses der Khmer auf den jahrhundertealten Feind lebten die zwei Volksgruppen am Mekong friedlich miteinander. Unter der nationalistischen Regierung von Lon Nol sowie anschließend unter Pol Pot begann eine gnadenlose Verfolgung der Vietnamesen in ganz Kambodscha. Noch 1993 verübten Rote Khmer barbarische Attentate auf die wehrlosen *„yuon"* in ihren kleinen schwimmenden Dörfern, um dadurch die bevorstehende Wahl zu destabilisieren. Dies führte dazu, dass unzählige Fischer auf ihren Booten nach Vietnam ins Mekongdelta flüchteten. Zehntausende von ihnen leben seither an der Grenze in Flüchtlingslagern und bemühen sich, wieder nach Kambodscha zu kommen. Ohne gültige Papiere, die die wenigsten besitzen, wird ihnen das aber nicht gestattet.

Doch Unglück wurde hier nicht allein von den Menschen verbreitet. Auch **Überschwemmungen** katastrophalen Ausmaßes haben nach flutartigen Regenfällen Menschen und Tiere getötet und die Ernte vernichtet. Doch die Menschen haben sich daran gewöhnt, dass die braunen Fluten des Mekong nicht nur Leben, sondern auch Verderben mit sich bringen.

Eine Fahrt auf dem Mekong mit dem Slowboot

So erlebte ich meine erste Reise auf diesem Fluss: „Ein Traum vieler Südostasienkenner wird Realität. Allein in Kambodscha bietet sich der ‚Magic Mekong' über 450 Kilometer als Reisegefährte an. Der Weg ist das Ziel dieser Fahrt. Das monotone Dröhnen des Motors, die nicht enden wollenden braunen Fluten und die Eintönigkeit der Landschaft lassen die Menschen in tiefgründige Gedanken versinken. Es ist, als ob die träge und zeitlos dahinfließenden Wassermassen die Lehre Buddhas von Güte, Toleranz und Meditation verbreiten wollten. Das Gefühl, bei einem kleinen Nickerchen in der Hängematte nichts zu versäumen und trotzdem die Gewissheit, sich in einer einzigartigen Welt zu befinden, deren Lebensader der Reiseführer ist, lässt den Reisenden eine tiefe innere Ruhe finden.

Doch trotzdem lebt der Mekong und hält großartige Inszenierungen für den aufmerksamen Zuschauer bereit. Faszinierend sind die wechselnden Stimmungen, das Zusammenspiel zwischen Wasser und Licht, das zu jeder Stunde einen neuen Farbton erzeugt. Anmutig die ‚schönsten' Frauen Kam-

Badespaß im Mekong

bodschas, wenn sie mit ihren bunten Sarongs bekleidet Wäsche waschen oder selbst ein Bad nehmen. Beneidenswert die Kinder, die scheinbar den ganzen Tag mit ihren Freunden im Wasser verbringen und niemals müde werden, mit den vorbeifahrenden Passagieren zu scherzen. Glücklich die Fischer in ihren kleinen Booten, deren Netze aus dem unglaublichen Fischreichtum des Mekong fette Beute an Land ziehen.

Die Fahrt geht vorbei an zahllosen Siedlungen und Pagoden, Stränden, die zum Baden einladen, und Inseln, die von den fleißigen Bauern in Gemüsebeete und paradiesische Gärten verwandelt wurden. Wenn die Fahrt für ein paar Minuten unterbrochen wird, um Passagiere ein- und aussteigen zu lassen, stürmen Kinder mit Getränken, gekochtem Reis, Fisch und Früchten das Boot. Nach getaner Arbeit klettern sie auf die Reeling und springen mit lautem Geschrei ins Wasser. Wem es auf der Fahrt zu warm wird, steigt aus seiner Hängematte, geht ans Heck des Bootes, füllt einen Eimer mit Wasser und schüttet sich das erfrischende Nass über den Kopf."

Das war eine Fahrt auf dem Mekong im Jahr 1994. Doch heutzutage sind die Straßen gut ausgebaut, und es gibt keine regelmäßigen Bootsverbindungen mehr. Kein Einheimischer, aber auch kaum einer der ständig unter Zeitdruck stehenden Backpacker käme heute noch auf die Idee, mit einem Slowboot den Mekong zu bereisen, anstatt die billigen und schnellen

601ka Foto: an

Busse zu nehmen. Somit wurde ein Stück romantische Originalität dem Fortschritt geopfert. Verständlich, aber sehr schade. Wer flexibel ist, und Zeit und Organisationstalent hat, findet Slowboote in Phnom Penh nördlich der Chruoy Chang Var Brücke.

Prey Veng ↗ XIX/C2

ព្រៃវែង

Prey Veng ist eine ärmliche, landwirtschaftlich strukturierte **Provinz** mit 1,1 Mio. Einwohnern und einer großen Wasserbüffel-Population. Für den auf berühmte Sehenswürdigkeiten programmierten Reisenden bietet sie nichts. Wer jedoch **Erlebnisse abseits der Touristenströme** sucht, wird hier fündig. Freundliche Menschen, archaische Landwirtschaft und faszinierende Dörfer weit ab der Zivilisation.

Erstaunlich ist, dass aus der verschlafenen **gleichnamigen Provinzhauptstadt** viele bekannte kambodschanische Politiker stammen. Sehenswert ist die mit großen Bäumen bestandene Uferpromenade und der kleine Hafen.

Anreise und Weiterreise

- **Entfernungen** in Straßenkilometern:

Phnom Penh	90 km
Neak Loeang	ca. 35 km
Kompong Cham	79 km

- Von **Phnom Penh** aus fahren Sammeltaxis am Psah Olympic für 15.000 Riel pro Person nach Prey Veng. Fahrzeit: 3 Std.

  Auch in **Kompong Cham** gibt es Sammeltaxis, die nach Prey Veng fahren.

Unterkunft

- Zwei Hotels, **Rong Damrei** und **Mittapheap,** bieten Zimmer für 6 $ mit Fan und 12 $ mit AC an. Bei Herrn *Ruong Lang* im **Mittapheap Restaurant** kann man auch gut essen.

Kompong Cham ↗ XIX/C2

កំពង់ចាម

Überblick

Mit 2 Millionen Einwohnern ist Kompong Cham die bevölkerungsreichste **Provinz** des Landes. Die äußerst fruchtbaren Schwemmböden und der Mekong mit seinem Fischreichtum waren schon immer in der Lage, mehr Menschen zu ernähren als andere Gegenden in Kambodscha. Südlich der Provinzhauptstadt Kompong Cham und entlang des Mekong reihen sich unzählige Reisfelder in einer mit einzelnen Zuckerpalmen bestandenen Landschaft aneinander.

Im Norden und Osten der Provinz wachsen auf roter Vulkanerde die riesigen **Kautschukplantagen** von Cham Car Leur, Chup und Memot, die einst von den Franzosen hier gepflanzt wurden.

Die Stadt Kompong Cham ist mit 200.000 Einwohnern nach Phnom

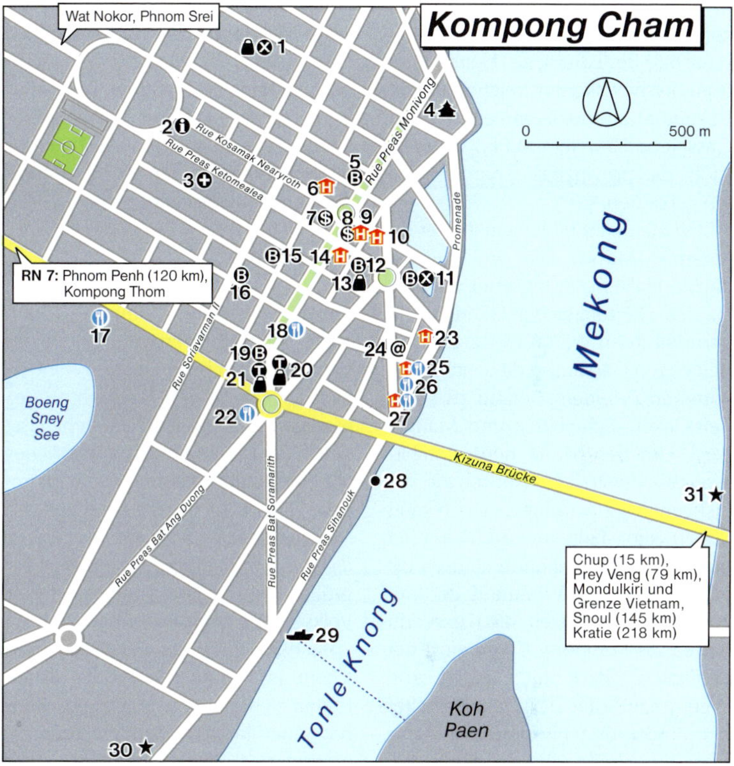

	1	Psah Bang Kak, Taxistand		19	GST Busstation
	2	Tourist Office		20	Tela Tankstelle mit Shop
	3	Krankenhaus		21	Caltex Tankstelle mit Supermarkt "Star Mart"
	4	Wat Chroy Tmar		22	Two Dragon Restaurant
	5	Capitol Busstation		23	Mekong Hotel
	6	Phnom Prosh Hotel	@	24	Sophary Internet
	7	Canadia Bank		25	Mekong Crossing Restaurant, Phnom Brak Trochak Cheth G.H.
	8	ANZ Royal Bank		26	Lazy Mekong Daze Rest.
	9	Mittapheap Hotel		27	Speam Thmey G.H. + Rest.
	10	Nava G.H.	•	28	Slowboot Hafen
	11	Bus- und Taxistand (Ben Laan)		29	Fähre/Steg nach Koh Paen
	12	Busbahnhof	★	30	Chamdorf Roka
	13	Zentral Markt	★	31	Ruine des französischen Observationsturms
	14	Bopharik G.H.			
	15	Bus-Station			
	16	Phnom Penh Sorya Busstation			
	17	Boeng Kunseng Restaurant			

Penh die zweitgrößte Stadt am Mekong und die fünftgrößte in Kambodscha. Ihre Bedeutung als Handelszentrum der bevölkerungsreichen Region ist spürbar am quirligen Leben in den Gassen und auf dem Markt. Trotzdem ist ihr der provinzielle Charme erhalten geblieben.

Den Stadtkern bildet wie immer der **(Zentral-)Markt.** Die große, überdachte Halle platzt tagsüber aus allen Nähten. Die zahlreichen Händler belagern mit ihren Waren die angrenzenden engen Gassen, so dass ein Durchkommen zu einem Eierlauf zwischen Reissäcken, Schweinen und Mangos wird. Um den Markt herum stehen zwei- bis vierstöckige Häuser, die sich dicht aneinander drängen. Doch kaum 200 m vom Markt entfernt finden sich nur noch einzelstehende Häuser, oftmals **prachtvolle Villen** aus der französischen Kolonialzeit, die daran erinnern, dass Kompong Cham einst den Beinamen „Stadt der Gärten" trug. Wenn man vom Markt auf der alten RN 7 Richtung Phnom Penh fährt, führt die Straße durch das einstige **Verwaltungszentrum**, das großzügig wie ein Park angelegt ist. Rathaus, Finanzamt, Justizgebäude, Wetteramt und Zoll, allesamt stattliche Gebäude, sind Zeugen des ehemaligen Wohlstands. Nach und nach wurden sie renoviert und wieder ihrer ursprünglichen Bestimmung zugeführt.

Spätnachmittags und abends wird die neu angelegte **Uferpromenade** von den Stadtbewohnern bevölkert, die spazieren gehen oder sich an den zahlreichen Essensständen verköstigen.

Das Wahrzeichen der Stadt ist die **erste Mekongbrücke Kambodschas,** *Spien Kizuna.* Sie wurde von Japan finanziert und 2002 eröffnet. Ein großer Vorteil für die östlichen Provinzen des Landes, die durch den Ausbau des Straßennetzes besser an die Hauptstadt angebunden sind.

Geschichte

Obwohl der Name Kompong Cham zweifelsohne in Verbindung mit der sich zum Islam bekennenden Minderheit der **Cham,** den Nachfahren des einstigen Champa-Reiches, steht, lässt sich in der Literatur nichts Verlässliches über die Namensgebung der Stadt finden. Die vielen Chamsiedlungen am Mekong lassen aber darauf schließen, dass auch in Kompong Cham einst ein großer Teil der Einwohner zu dieser Volksgruppe gehörte.

Bis 1975 lebten hier wesentlich mehr Cham als heute. Doch die Roten Khmer richteten ein grausames Blutbad unter ihnen an. 90 % wurden ermordet, weil sie sich weigerten, ihre Religion zugunsten einer kommunistischen Ideologie abzulegen und die Koranbücher zu verbrennen.

Heute gibt es nur noch ein einziges **Chamdorf** in der näheren Umgebung der Stadt. **Phum Roka** befindet sich 2 km südlich an einem Seitenarm des Mekong, dem Tonle Knong. Auch hier beweist eine neue Moschee das wieder erwachte Selbstbewusstsein dieser religiösen Minderheit.

Adressen

- **Geld.** Die *Canadia* und *ANZ Bank* liegen einen Straßenblock nördlich des Zentralmarktes am Roundabout (Kreisverkehr). Geöffnet Mo–Fr 8.30–15.30 Uhr. Beide Banken haben ATM (24 Std.). Sehr gute Wechselkurse Euro/Dollar und brauchbare Dollar-/Rielkurse bei der *ANZ BAnk*. Auch am Markt gute Euro/Dollar- und Dollar/Riel-Wechselkurse.
- **Fahrräder.** Im *Mekong Hotel* für $ 2 pro Tag.
- **Gesundheit.** Das Krankenhaus, 300 Meter westlich des Marktes, wird von französischen Ärzten betreut.
- **Post.** Ein wenig funktionstüchtig erscheinendes Postamt befindet sich etwa 500 Meter nördlich des Zentrums.
- **Supermarkt** mit westlichen Waren: *Star Mart* der Caltex-Tankstelle am Beginn der Kizuna-Brücke und der Shop in der *Tela*-Tankstelle gegenüber GST Busstation.
- **Tourist Office.** Liegt am ehemaligen Schwimmbad. Die Mitarbeiter sind freundlich bemüht, haben aber wenig praktische Informationen.
- **Internet.** Mehrere Internetshops in der Stadt. Am besten *Sophary Internet*, schräg gegenüber Restaurant *Mekong Crossing*. 2500 Riel pro Std. Geöffnet 7–19 Uhr.

Stadtverkehr

- **Motorradtaxi.** Auch hier das Hauptverkehrsmittel und überall zu finden. (Um die 1000–2000 Riel in der Stadt.) Offiziell gibt es keine Mopeds ohne Fahrer auszuleihen, das heißt aber nicht, dass niemand sein eigenes verleiht. Einfach nachfragen.
- **Autotaxis** am Busbahnhof *(ben laan)*.

Unterkunft

Es gibt zwar eine kleine Auswahl an günstigen Guest Houses in Kompong Cham, aber Service und Gemütlichkeit sind nicht vergleichbar mit der Guest-House-Szene in anderen Städten des Landes.

- **Mekong Hotel** (Tel. 042/941536). Wurde für die UNTAC-Soldaten gebaut und ist riesengroß. Schöne Lage direkt am Mekong, Rue Preas Sihanouk, DZ mit Bad/WC und Fan 5 $, mit AC 10 $.
- **Phnom Brak Trochak Cheth G.H.** (Tel. 042/941507). Schöne Lage direkt an der Mekong-Promenade. Akzeptable Zimmer, die etwas besser gepflegt sein könnten, mit Bad/WC 5–6 $. Liegt an der Mekongufer-Straße *(Praes Sihanouk)* südlich des *Mekong Hotels*.
- **Speam Thmey G.H.** (Tel. 012/831892). Die Zimmer sind einfach; auch dieses G.H. verfügt über einen Balkon mit schönem Ausblick. Zimmer mit Bad/WC 4–6 $. Am Mekongufer in der Straße Preas Sihanouk.
- **Bopharik G.H.** (Tel. 042/941377). Zentrale Lage neben dem Markt, mit großer Terrasse. Gepflegte DZ mit Fan und Bad/WC, 5–6 $.
- **Nava G.H.** Akzeptable, aber kleine Zimmer mit Bad/WC für 5–6 $. Die angrenzenden Unterkünfte sind zwar noch billiger, aber sehr schmutzig. Taxigirlverkehr! In einer Seitenstraße nördlich des Markts.

Khmer Standard Hotels:

- **Phnom Prosh Hotel** (Tel. 042/941444). Großer, neuer Hotelkomplex, so wie ihn die Khmer lieben. Gepflegte Zimmer, freundliches Management. Restaurant mit Khmer- und chinesischen Speisen für 12.000 bis 15.000 Riel. DZ mit Bad/WC und Fan 6 $, mit AC 12 $. Nahe *Canadia Bank* und Roundabout (Kreisverkehr).
- **Mittapheap Hotel** (Tel. 042/941565). Akzeptable Zimmer für 6 $ mit Fan, 12 $ mit AC. Eine Block nördlich des Zentralmarktes.

Essen und Trinken

Wie überall gibt es auch hier billige Essensstände auf dem **Markt** und in den angrenzenden Häusern. Abends sind Stände an der Nordseite des Marktes und am Busbahnhof *(ben laan)* aufgebaut.

- **Hoa An Restaurant.** Alteingesessenes und meiner Meinung nach das beste Restaurant der Stadt. Khmer- und chinesische Küche für 14.000–18.000 Riel. Schon frühmorgens gut besucht, auch westliches Frühstück. In der Rue Preas Monivong.
- **Two Dragon.** Sehr gute Khmer- und chinesische Küche um die 12.000 Riel. Nach Tagesspeisen, die nicht auf der Karte stehen, fragen. Liegt etwas versteckt am Roundabout (Kreisverkehr) vor der Brücke.

● **Mekong Crossing.** Nettes Eckrestaurant am Mekong mit gemütlichen Korbsesseln. Asian und Western Food für 2–4 $, auch Frühstück. Der Besitzer, *Joe* aus Amerika, lebt schon lange in Kambodscha und hält viele Infos über die Umgebung für interessierte Gäste bereit. In Ufernähe, Nähe *Mekong Hotel.*

● **Lazy Mekong Daze.** Westliche und Khmer-Hauptspeisen zwischen 2,50 und 4 $. Informationen über Kompong Cham und Umgebung. Französische Besitzer. Liegt an der Uferpromenade.

● **Speam Thmey.** Einfach eingerichtetes Restaurant neben gleichnamigem G.H. Freundlicher Khmer-Besitzer, der sich neben dem Khmerfood auch Pizzen und Burgern widmet. Hauptspeisen 2–3 $.

● Auf der anderen Mekongseite, hinter der Brücke, haben einige **typische Khmerrestaurants** eröffnet. Ein Besuch kann durchaus zum kulinarischen Erlebnis werden. Motodup über die Brücke 3000 Riel.

Anreise und Weiterreise

● **Entfernungen** in Straßenkilometern:

Senmonorom	263
Phnom Penh	129
Memot	91
Skun	47
Snoul	145
Prey Veng	79

Boot

Da die Straße nach Kratie mittlerweile perfekt ausgebaut ist, fahren keine Passagierboote mehr den Mekong entlang. Wer aber abenteuerlustig ist und Zeit hat, kann am Slowboathafen (100 m südlich der Brücke) versuchen ein Boot zu finden, das Waren den Mekong hinauf bringt. Wer freundlich nachfragt, hat die Chance mitgenommen zu werden. Es lohnt sich. Ein Entgeld wird erwartet.

Bus

Mehrere Busgesellschaften fahren Kompong Cham an. Jede hat ihre eigene Bushaltestelle in der Nähe des Marktes. Die wichtigsten sind *GST, Phnom Penh Sorya* und *Capitol.* Besonders die ersten beiden Gesellschaften bieten ein weitverzweigtes Netz in alle möglichen Richtungen des Landes an. Busse, die nach Senmonorom, Kratie, Stung Treng und Banlung fahren, halten oft nur am Kreisverkehr vor der Brücke, um Gäste ein- und aussteigen zu lassen. An der *Caltex*-Tankstelle am Kreisel gibt es immer jemanden, der Auskunft über die Verbindungen geben kann.

● **Phnom Penh:** viele Verbindungen am Tag zwischen 7 und 17 Uhr (4 $, 3 Std.)

● **Kratie:** (5 $, 4 Std.)

● **Stung Treng:** (8 $, 6 Std.)

● **über Kompong Thom nach Siem Reap:** 3 Verbindungen pro Tag (7 $, 5 Std.)

● **Senmonorom Bus:** startet in Phnom Penh und hält in der Nähe der Brücke bei der *Caltex*-Tankstelle gegen 10.30 Uhr. Fährt nur außerhalb der Regenzeit (ca. 15 $).

● *Sorya* bietet auch eine direkte Verbindung **über Battambang** (10 $, 6 Std.) **nach Poipet** (13 $, 8 Std.; Grenze Thailand) an. Abfahrt 7.30 Uhr.

Minibus & Sammeltaxi

Minibusse und Taxis nach **Phnom Penh, Kratie** und **Stung Treng** starten am Busbahnhof *(ben laan)* nordöstlich des Marktes.

Mitfahrgelegenheiten nach **Kompong Thom** gibt es am Psah Bang Kak.

Pick-ups nach Mondulkiri **(Senmonorom)** kommen aus Phnom Penh und nehmen Passagiere aus Kompong Cham mit (20 $ für einen Platz, 30 $ für den gesamten Vordersitz). Der Platz muss allerdings am Tag vorher gebucht werden, z.B. bei *Phnom Brak Trochak Cheth G.H.* (Tel. 042/941507).

Umgebung

Koh Paen

Idylische Insel im Mekong, die unbedingt einen Besuch wert ist. Schon die Anreise ist ein kleines Abenteuer, denn je nach Wasserstand setzen entweder zwei verwegene Fähren über, oder es wird eine Brücke aus wackeligem Knüppelholz gebaut. In jedem Fall muss bezahlt werden (ca. 800 Riel). Koh Paen ist ein **Garten Eden.** Kleine Wege schlängeln sich zwischen traditionell gebauten Häusern und hübschen Pagoden hindurch. Auf den Feldern und in den Gärten wird alles angebaut, was die Landwirtschaft in Kambodscha hervorbringt. Papayas, Bananen, Mangos, Jackfruit, Kokosnüsse, Mais, Chili, Tabak und vieles mehr.

● **Anfahrt:** Koh Paen liegt südlich der Stadt im Mekong. Entweder man erkundet die Insel mit einem Guide auf dem Moped, fährt selber mit der Fähre hinüber und erwandert sich die Insel, oder man leiht in der Stadt ein Fahrrad und erkundet so das Eiland. Achtung: Die letzte Fähre fährt gegen 18.00 Uhr zurück.

Wat Nokor

Einen Besuch dieses im 11. Jahrhundert erbauten Sandsteintempels, der von den Einheimischen auch Wat Angkor genannt wird, sollte man sich nicht entgehen lassen. Er bildet das Herz einer von buddhistischen Mönchen gepflegten, parkähnlichen Anlage. Auf dem Gelände befinden sich viele Stupas und kleine Heiligtümer, die von den Buddhisten mit Räucherstäbchen und Essensspenden verehrt werden. Drei schöne Pagoden, ein chinesischer Tempel sowie heilige Teiche, von denen zwei restauriert wurden und in denen nun die Mönche ihr tägliches Bad nehmen, machen Wat Nokor zu einem wichtigen religiösen Zentrum in der Region. Heutzutage leben etwa 50 Bonzen auf diesem Gelände.

Das **zentrale Heiligtum** von Wat Nokor ist ein alter Sandsteintempel, der dem Mahayana Buddhismus geweiht war. Das Dach und die längsseitigen Mauern des Tempels sind eingestürzt. Doch wurde an ihrer Stelle eine Pagode errichtet, die die noch vorhandenen Sandsteinmauern mit in das Gebäude einbezieht, wodurch sie eine einzigartige Architektur besitzt. Der zentrale Turm des alten Tempels hat die Form einer Stupa. Der östliche Ausgang bildet den **Altar der Pagode.** Dort thront eine große Buddhafigur, die von kleineren Buddhas auf Lotussockeln eingerahmt wird. Auch in den anderen drei Ausgängen des Turmes stehen Buddhafiguren in verschiedenen meditativen Stellungen.

Die bunten Säulen und farbenprächtigen **Wand- und Deckenmalereien** erzählen Geschichten aus dem Leben Buddhas, dem Ramayana-Epos und dem buddhistischen Alltag. Sie kontrastieren zu den graubraunen Mauern des alten Tempels.

● Bei der **Anreise** von Kompong Cham auf der RN 7 Richtung Phnom Penh trifft man nach 2,5 km vom Zentrum auf eine Verkehrsinsel, auf der ein Monument mit vier Nagas steht. Hier biegt links eine kleine Straße ein, die nach 400 m das Gelände der Wat Nokor erreicht. Am einfachsten ist die Strecke mit einem Motorradtaxi zurückzulegen.

Phnom Srey und Phnom Proh

Bei den beiden von weitem sichtbaren Hügeln fällt dem aufmerksamen Reisenden sofort auf, dass der Phnom Srey (Hügel der Frauen) um einiges höher ist als der Phnom Proh (Hügel der Männer). Dies erklärt eine **alte Le-**

gende, die besagt, dass beide Hügel von Menschen aufgeschüttet wurden. Der eine von Männern, der andere von Frauen, die hierbei ihre Kräfte messen wollten. Nur in der Nacht durfte gearbeitet werden, und die körperlich überlegenen Männer waren schon bald weiter als die Frauen. Um die Wette doch noch zu gewinnen, griffen die Frauen zu einer List. Sie entzündeten jede Nacht ein so großes Feuer, dass die Männer dachten, es wäre Tag und nicht zur Arbeit gingen. So gewannen die Frauen diesen Wettstreit der Geschlechter und errichteten den größeren und schöneren Hügel.

Phnom Proh ist eine parkähnliche Anlage, in deren Bäumen sich scheue Affen tummeln. Zu sehen gibt es Pagoden, Stupas und verschiedene buddhistische Bauwerke sowie Heiligtümer und Symbole. 30 Mönche leben hier. Im Mittelpunkt stehen zwei lieblose Tempelnachbildungen im Angkor-Stil aus Stahlbeton, deren Altäre *(Vihear)* mit zahlreichen Buddhabildnissen bestückt sind. Überragt werden sie von einer etwa 40 Meter hohen Stupa, in der die Asche des Mönches *Pheang,* des religiösen Gründer des Klosters von Phnom Proh, aufbewahrt wird.

Weithin sichtbar ist die Treppe mit ihren 211 Stufen, die zum schmalen Gipfel des nur wenige hundert Meter weiter gelegenen **Phnom Srey** hinaufführen. Während des Bürgerkrieges war der Hügel aus militärischer Sicht ein wichtiger strategischer Punkt. Doch schon lange sind die Granatwerfer einem kleinen buddhistischen Heiligtum und einer Stupa gewichen. Ein schöner Platz zum Entspannen.

Ein weiteres Hügelheiligtum ganz in der Nähe ist die **Wat Neah Via Tray Leak.** Der kleine Altar hat die Form eines Bootes und die Buddhastatue sitzt an der Stelle des Steuermanns. 3 Mönche leben hier.

Eine **Gedenkstätte für die Opfer des Pol-Pot-Regimes** befindet sich zwischen Phnom Proh und Phnom Srey. Inmitten einer Ansammlung von Stupas, die als Familiengruft dienen, steht ein unscheinbares, gelb getünchtes Gebäude, in dem die Gebeine aufgebahrt sind.

● Nach 8 km **Anfahrt** auf der RN 7 Richtung Phnom Penh zweigt ein Schotterweg nach rechts zum nahegelegenen Phnom Proh ab. Die einfachste Möglichkeit ist, sich ein Motorradtaxi in der Stadt zu nehmen.

Observationsturm

Diesem aus der französischen Kolonialzeit stammenden, 2005 renovierten, Turm muss man nicht unbedingt einen Besuch abstatten. Da der etwa 35 m hohe Ziegelturm aber neben der Mekong-Brücke das auffälligste Gebäude der gesamten Region ist, soll es hier erwähnt werden. Der Turm, der früher einen Anbau hatte, diente den Franzosen während ihrer Kolonialzeit zur Überwachung des Flusses.

Die Kautschukplantagen von Chup ↗ XIX/C2

In der Provinz Kompong Cham befinden sich drei große Kautschukbaumplantagen. Am meisten lohnt sich der Besuch in Chup, da diese Anpflanzung am leichtesten zu erreichen ist und außerdem die Verarbeitungsprozesse in der **Kautschukfabrik** zu besichtigen sind. Hier lässt sich die Herstellung des Latex vom Anzapfen des Baumes bis zur Verarbeitung am besten beobachten. Jedoch gleich eine Warnung: Für Menschen mit empfindlichen Geruchsnerven kann der Besuch der Fabrik zur Tortur werden. Mit Ausflügen in den ca. 13.908 Hektar großen Kautschukwald sollte man vorsichtig sein, da sich hier schon manch einer verlaufen hat.

Anfang des 20. Jahrhunderts von den Franzosen gegründet, gehört Chup zu den größten und bekanntesten **Plantagen** des Landes. Unter den Roten Khmer kam auch hier die Produktion zum Erliegen. Unter der vietnamesischen Besatzung wurde der Name auf „Plantagen des 7. Januars", dem Datum der Befreiung Kambodschas von den Roten Khmer durch die Vietnamesen, geändert.

Es werden ca. 7200 Tonnen Latex im Jahr produziert, das sind 20 Tonnen pro Tag. In der Fabrik arbeiten knapp 100 Menschen, und auf den Plantagen sind fast 2500 mit dem Zapfen des Kautschuk beschäftigt. Etwa 10–20 % des Gesamtertrags werden gestohlen, denn die riesigen Plantagen können nur schwer bewacht werden. Die Diebe, hauptsächlich Kinder und Jugendliche aus den umliegenden Dörfern, kommen meistens in der Nacht in Gruppen von bis zu 50 Personen, sammeln den Kautschuk ein und verkaufen den weißen Saft an kleine private Latexfabriken.

Besucher der Fabrik müssen sich am Eingangstor registrieren lassen und bekommen einen „Visitor Pass".

Tipp: vor dem Besuch der Plantagen unbedingt mit Antimückenspray einsprühen!

- **Anreise:** Von Kompong Cham 17 km auf der RN 7 Richtung Kratie, und nach der Abzweigung nach Prey Veng noch ca. 2 km und dann links (großes Schild).

Weitere Ausflüge

Ponhea Krek

Zwei Tempel, **Nokor Knong** und **Nokor Kraw,** aus dem 6. und 7. Jahrhundert. Lohnender Ausflug aufs Land; zwei ca. 15 Meter hohe Türme sind zu bewundern. Ca. 45 Kilometer westlich von Kompong Cham. Ein Motorrad-Taxi verlangt für den Weg 10 $.

Phnom Han Chey

Eine ursprüngliche Pagode, die auf dem Grund eines ehemaligen Tempels, von dem immer noch Überreste zu sehen sind, errichtet wurde. Liegt auf einem Hügel mit herrlichem Blick auf den Mekong. Tiefste kambodschanische Provinz. Die Umgebung wurde im Vietnamkrieg von den Amerikanern mit Agent Orange entlaubt. Ca. 20 Kilometer nördlich der Stadt. Entweder mit dem Boot oder Motodup für 8 $ erreichbar.

Ausflugsvorschlag mit Motodup

- 1. Tag: Wat Nokor, Phnom Proh und Phnom Srey, und anschließend zum Sonnenuntergang nach Phnom Han Chey. 6 Std., 12 $.
- 2. Tag: Insel Koh Paen und Kautschuk-Plantagen von Chup. 5 Stunden, 7 $.

Kautschuk — das begehrte weiße Gold

In der Wirtschaft Kambodschas spielen die Kautschukplantagen als eine wichtige Quelle für Devisen eine große Rolle. Die ersten Kautschukbäume wurden von den Franzosen 1910 eingeführt, um zu testen, ob sich der Anbau in größerem Rahmen lohnt. Um 1921 wurden die Pflanzungen weiter ausgebaut, da sie besonders auf den roten Vulkanböden dieser Gegend hervorragend gediehen. Bis 1958 beherrschte ein einziges französisches Unternehmen die Ausbeute des Latex. In den Jahren zwischen 1958 und 1969 begannen auch kambodschanische Familien, durch kleinere Anpflanzungen an diesem Reichtum teilzuhaben. Die vorläufige Blütezeit erreichte der Kautschukbaum in Kambodscha 1969, als er eine Fläche von 75.000 Hektar bedeckte. Durch den anschließenden Bürgerkrieg verwahrlosten die Pflanzungen immer mehr und die Produktion kam unter Pol Pot schließlich ganz zum Erliegen. 1980 übernahm der Staat unter vietnamesischem Einfluss die Verwaltung und gab den Plantagen 1987 die finanzielle Autonomie. Heute ist das *Direktorate of Rubber Plantation* für die Produktion des Latex in Kambodscha verantwortlich. Es beaufsichtigt die sechs großen Plantagen: Chup, Krek, Mittaheap, Samaki, Bangket und die des 2. Dezembers. Obwohl die Produktion an Latex in den letzen Jahren deutlich gestiegen ist, hat der Staat nicht im gleichen Maße von dem Wachstum profitiert, da große Mengen illegal nach Vietnam verkauft werden. Der Ausstoß von Rohkautschuk konnte von 1995 bis 2007 kontinuierlich gesteigert werden. Pro Jahr produziert Kambodscha ca. 60.000 Tonnen Kautschuk im Wert von 80 Mio. $.

In Mittel- und Südamerika entdeckten die Menschen als erstes die **Verwendungsmöglichkeiten des Rohkautschuks** und stellten daraus Schuhe her. Mitte des 18. Jahrhunderts kamen die ersten genaueren Kenntnisse über die Verwendbarkeit dieses weißen, seltsam riechenden Saftes zu uns nach Europa. Im 19. Jahrhundert erkannte man dann die hervorragenden Eigenschaften des Latex für medizinische Geräte. Doch den großen Durchbruch erlebte der Kautschuk, als 1840 die Firma *Goodyear* die Vulkanisierung einführte. Damit gingen vor allem Auto- und Fahrradreifen in die Massenproduktion, und die Nachfrage nach diesem Rohstoff stieg stark an. Dies war der Beginn des planmäßigen Anbaus in Plantagen.

Für die Kautschukgewinnung pflanzt man den *Heveabaum,* der zu den Wolfsmilchgewächsen gehört; er liefert den milchig weißen Rohkautschuk. Mit speziellen Geräten wird die Rinde des Baumes angezapft und der heraustropfende Saft am Boden in kleinen Gefäßen aufgefangen. Die Kautschukbäume werden in Plantagen angebaut und benötigen 5–7 Jahre bis zur Zapfreife. Ein Baum liefert pro Tag einen knappen halben Liter. Nach einer Zapfperiode folgt eine ebensolange Ruheperiode für den Baum. Der gesammelte Milchsaft wird in der Fabrik in große Behälter gefüllt und durch Zusatz von organischen Säuren zur Gerinnung gebracht. Zur Weiterverarbeitung wird der dann feste Stoff mit Sägen auf transportierbare Größen zugeschnitten. Erst nach der Vulkanisierung kann er als Gummi bezeichnet werden. Die Verwendung des Naturkautschuk ist sehr vielfältig. Für etwa 50.000 verschiedene Artikel findet er Verwendung, darunter Reifen, Dichtungen, Gasmasken, Treibriemen, Bodenbeläge, Matratzen, medizinische Artikel, um nur ein paar Beispiele zu nennen.

Kratie

↗ XVI/A3

(Sprich: Gradschä)

ក្រចេះ

Die Provinz Kratie

Der **Mekong,** der die Provinz Kratie in eine Ost- und eine Westhälfte teilt, hat die Landschaft geformt und prägt das tägliche Leben der ca. 400.000 hier lebenden Menschen. Der Fluss war früher Transportweg, Nahrungsmittellieferant, wichtigstes Kommunikationsnetz und Bewässerungssystem. Während der Regenzeit überschwemmt er mit seinen braunen Fluten die tieferliegenden Regionen an manchen Stellen bis mehrere Kilometer ins Hinterland. Die Fischerei und der Reisanbau dienen in erster Linie dem Eigenbedarf oder höchstens dem Verkauf auf dem örtlichen Markt. Die **Holzindustrie** ist der wichtigste Wirtschaftszweig. In diesem Bereich finden viele Menschen als Holzfäller, in den Sägewerken und bei der Produktion von Holzkohle Arbeitsplätze. Produziert wird für den regionalen Markt und für den Export. Auch der Tabakanbau ist eine wichtige Erwerbsquelle.

Die überwiegende Mehrheit der **Bewohner** von Kratie sind Khmer. Etwa 2600 Menschen sind vietnamesischen und 1300 chinesischen Ursprungs. Zur größten Gruppe der ethnologischen Minderheiten gehören die Phnong, die mit etwa 5000 Angehörigen in der Gegend um Snoul leben. Weitere Gruppen sind die Lun, Mel, Kuay, Stieng und Sam Re. Die islamischen Cham leben in kleinen Gemeinden am Mekong. Eines ihrer größten Dörfer ist Pong Ro in der Nähe von Chhlong.

Seit 2003 ist die Straße zur laotischen Grenze und nach Phnom Penh ausgebaut und in sehr gutem Zustand. Der bis dahin lebenswichtige **Transportweg** Mekong verliert dadurch immer mehr an Bedeutung. Auch der Passagiertransport auf dem Fluss wurde ganz eingestellt, da er sich finanziell nicht mehr lohnte. Touristisch gesehen ist es ein großer Rückschlag, da das Reisen auf dem Mekong eines der schönsten Abenteuer in Kambodscha war (siehe „Stung Treng, Reisen auf dem Mekong“).

Achtung: Kratie ist **Malariagebiet.**

- Die **größten Städte** der Provinz sind:

Kratie	70.000 Einwohner
Ph Prasap	50.000 Einwohner
Chhlong	45.000 Einwohner
Sambo	35.000 Einwohner
Snoul	25.000 Einwohner

Die Stadt Kratie

Trotz ihrer Größe ist Kratie eine ruhige **Provinzhauptstadt.** Von allen Städten am Mekong ist sie die attraktivste und bietet interessante Aktivitäten an. Das Zentrum ist geprägt vom bunten Durcheinander des Marktes und den angrenzenden dreistöckigen Häusern aus Beton. Es gibt noch viele alten Villen und Holzhäuser auf Stelzen.

Im einst florierenden **Passagierhafen,** in dem Dutzende von Trägern Waren löschten, legen nur noch wenige

Boote an. Vom Spätnachmittag bis in die Nacht stehen Stände auf der **Uferpromenade,** die zu einem *Toek Grolok* oder Bierchen einladen.

Lohnend ist der Besuch der renovierten **Wat Kratie,** in der etwa 30 Mönche und Novizen leben.

Die **Wat Roka Kandal** stammt aus dem späten 18. Jahrhundert und ist eine der wenigen noch erhaltenen Holzpagoden dieser Zeit. Sie wurde von der *Cambodian Craft Cooperation* in Zusammenarbeit mit der Handelskammer Koblenz renoviert und in ein kultur-touristisches Zentrum integriert. Hier kann man lokale Erzeugnisse, die in den nahe gelegenen Dörfern produziert werden, als Souvenirs kaufen. Auf dem Weg dorthin unbedingt bei der Kolonialvilla des Gouverneurs anhalten und die zahmen **Sambar-Hirsche,** die im Garten leben, besuchen.

Vor allem seit es sich herumgesprochen hat, dass es vor der Küste, nördlich von Kratie, noch letzte Bestände der vom Aussterben bedrohten **Irrawaddy-Delfine** gibt, erlebt Kratie einen kleinen Tourismus-Boom.

Adressen

- **Informationen:** Die ausführlichsten Infos bieten *You Hong G.H. I.* und *II.* Doch auch *Star G.H.* und *Heng Heng II.* sind nützliche Informationsquellen.

Als freundlicher und einfühlsamer **Guide** kann *Mr. Sithal* (Tel. 011/564922) empfohlen werden. Er wartet meist an der Bushaltestelle auf Kunden.

In der **Broschüre** *Mekong Discovery Trail,* die in den G.H. kostenlos ausliegt, sind viele Ausflugsvorschläge mit detaillierten Infos enthalten. www.mekongdiscoverytrail.com.

- **Geld:** Die *Acleda Bank* bietet hier als einzige Bank ihren Service an. Sehr gute Wechselkurse von Euro in Dollar und Euro/Riel sowie Dollar/Riel. Mo–Fr 7.30–15 Uhr und Sa 7.30–12.30 Uhr geöffnet. Der ATM ist 24 Stunden zugänglich, akzeptiert aber nur *VisaCard.*

Euros in Dollar bzw. Riel sind nur schwer auf dem Markt zu wechseln und wenn, dann zu einem sehr schlechten Kurs. Auch der Kurs in den G.Hs. ist nicht viel besser. Der Wechselkurs Dollar/Riel am Markt ist o.k.

- **Internet Cafés:** Die beiden G.Hs. *You Hong I.* und *II.* haben jeweils Internet, *You Hong II.* sogar WiFi. 1 Std. für 1 $. Auch im *Balcony G.H.* gibt es WiFi zum selben Preis.
- Das **Krankenhaus** wird von *Health Net Holland* unterstützt und ist erstaunlich gut ausgestattet. Gute Khmer-Ärzte, die auch größere Operationen durchführen.
- **Leihmotorräder:** Mopeds können in den meisten G.H. oder bei den Motodup Fahrern für 5 $ pro Tag gemietet werden.
- **Fahrräder** im *You Hong G.H.* für 2 $ pro Tag.

Stadtverkehr

- **Mopedtaxi.** In der ganzen Stadt präsent, siehe auch Stadtplan. Motodupfahrer mit Englischkenntnissen sprechen die Ausländer bereits bei Ankunft an der Bushaltestelle an und bieten sich als Guide an. Eine Fahrt innerhalb der Stadt kostet 1000 Riel, eine Fahrt zum *Dolphin-Watching* bei Anlong Psaut 3,50 $.

Unterkunft

- **You Hong I. und You Hong II. G.H.** (Tel. 017/8080001, youhong_kratie@yahoo.com). Diese beiden Unterkünfte sind mit Abstand am besten auf Touristen eingestellt. Sie werden von zwei Brüdern geleitet, die sich gut in Kratie auskennen und sich auch dementsprechend für ihre Kunden engagieren. Beide G.Hs. haben ein hervorragendes Restaurant mit Khmer- und Western-Food, Frühstück und Cocktails sowie Internet und eine umfassende Informationssammlung auf großen Tafeln über Ausflüge, Homestays und Verkerhrsverbindungen. Die Zimmerkapazität ist nicht sonderlich groß. *You Hong I.* hat 11 Zimmer mit Fan und AC für $ 4–5 und *You Hong II.* nur vier mit Fan für 5 $ und mit AC für 13 $.

You Hong II., das Neuere und besser Geführte, liegt in der 10. Straße zwischen Markt und Mekong. *You Hong I.* liegt in der 8. Straße am Nordrand des Marktes.

- **Heng Heng II.** (Tel. 012/929943). Geräumige schöne Zimmer. Ein besonders ruhiger Platz ist der große Balkon im 2. Stock. Herrlicher Blick auf den Mekong. Freundliches Management und nützliche Infos für Traveller. DZ mit AC, TV und Warmwasser 13 $, DZ mit Fan und TV 5–7 $.
- **Star G.H.** Seit Jahren beliebte Traveller Unterkunft mit 12 Zimmern, bei denen der Versuch unternommen wurde, sie hübsch einzurichten. Alle Zimmer mit Bad/WC, EZ 4 $, DZ 5 $. Nettes Restaurant und viel Infos über Ausflüge. Am Markt in der 10. Straße.
- **Mekong Dolphin Resort** (Tel. 011/720 150). Die wohl stilvollste Übernachtungsmöglichkeit in der Stadt sind diese zwei großen Holzbungalows mit insgesamt 4 Zimmern direkt am Mekong Ufer. Einfach, aber sehr geschmackvoll eingerichtet, dennoch wenig gebucht. Liegen direkt gegenüber der Wat Roka Kandal. Bungalows mit AC 15 $, mit Fan 10 $. Wer übernachten will, unter obiger Telefonnummer in Kratie melden. Allerdings liegt die Unterkunft 3 Kilometer außerhalb des Zentrums, und es gibt in der Nähe kein Restaurant.
- **Balcony G.H.** (Tel. 016/604036). Wer sich lieber in die Obhut eines von Ausländern geführten G.H. begibt, ist hier richtig. Großzügige Villa an der Riverfront (350 m vom Hafen) mit Zimmern zwischen 4 und 6 $ (Gemeinschaftsbad) und 9 und 15 $ mit AC. Restaurant und Bar auf großem Balkon. Internet und WiFi für 1 $/Std. Australisches- und Khmer-Management.

Khmer Standard Hotels:

- **Udom Sambath Hotel** (Tel. 072/971502). Herrschaftliches Haus mit vielen Balkonen und Fresken an den Decken. Schöner Blick auf den Mekong. Zimmer sind groß und ansprechend eingerichtet. Abends reihen sich die Luxuskarossen der Khmer am Parkplatz aneinander. DZ mit AC und TV 15–18 $.
- **Santepheap Hotel** (Tel. 072/971537). Brauchbare Hotelanlage im Zentrum direkt am Hafen. DZ mit AC 13 $, mit Fan 6 $.

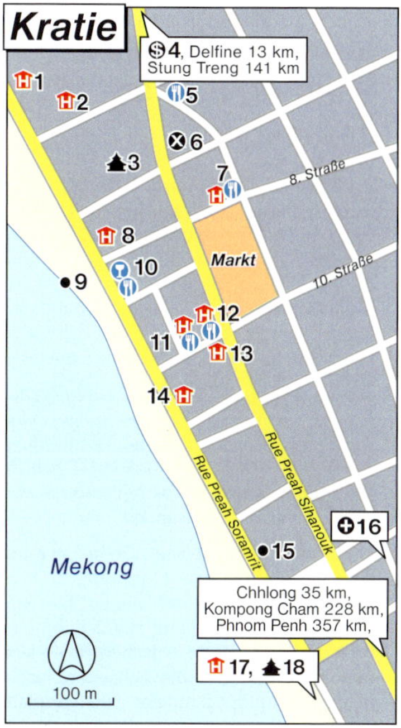

1 Balcony G.H.
2 Udom Sambath Hotel
3 Wat Kratie
4 Acleda Bank (500 m)
5 Bun Thrm Restaurant
6 Taxi- + Mini-Bus-Stand
7 You Hong II. G.H. + Restaurant
8 Santepheap Hotel
9 Hafen
10 Red Sun Falling Bar + Rest.
11 You Hong I. G.H. + Restaurant
12 Star G.H. + Restaurant
13 Heng Udom Hotel
14 Heng Heng II. G.H. + Rest.
15 Living Mekong (WWF Büro)
16 Krankenhaus (100 m)
17 Mekong Dolphin Resort (3 km)
18 Wat Roka Kandal (1 km)

Irrawaddy-Delfine — Wiedergeburten im Mekong

Viele Khmer glauben fest daran, als Delfin wiedergeboren zu werden. Nicht nur menschliche Eigenschaften werden den stupsnäsigen Säugetieren nachgesagt, sondern die einwöchigen Jungen sollen, so Delfinexperten, einem Menschenbaby sehr ähnlich sehen. Auch dazu gibt es, wie in Kambodscha üblich, eine kleine Sage:

Vor langer, langer Zeit wurde ein hübsches Mädchen von ihren Eltern gezwungen, eine Schlange zu heiraten. Aus Verzweiflung stürzte sie sich in den Mekong. Doch ihr Selbstmordversuch schlug fehl und sie wurde in einen Delfin verwandelt.

Das Mekka der *Delphine Watcher* ist Kampi, ein kleines Dorf aus Holzhütten 15 Kilometer nördlich der verschlafenen Stadt Kratie. Hier ist der Mekong fast 2 Kilometer breit und fließt zügig zwischen vielen kleinen, mit Sträuchern bewachsenen, Inseln hindurch. Auf der schmalen Aussichtsplattform zwischen den Getränkeständen trifft sich täglich bei Sonnenauf- und -untergang die Travellerszene zur Fotosession. Doch meist tauchen die Tiere nie an der Stelle auf, auf die die Teleobjektive gerichtet sind. Als wollten sie die Menge necken, kommen sie meist dort an die Oberfläche, wo es niemand vermutet hätte. Bis die Kameras wieder scharf gestellt sind, sind sie meist wieder verschwunden und der Schuss geht ins Leere. Zurück bleiben frustrierte Fotografen mit zahllosen Bildern, auf denen nichts als braunes Mekongwasser zu sehen ist, gerade so, als hätte jemand versucht mal wieder das Seeungeheuer des Loch Ness auf Zelluloid zu bannen.

Die Verbreitung der Irrawaddy-Delfine erstreckt sich von der Bucht Bengalens bis zur Küste Nordaustraliens. Ihr Lebensraum sind große Flüsse und küstennahe Regionen. Je nach Umweltbedingungen können sie sowohl im Salz- als auch im Süßwasser leben. Obwohl noch keine wissenschaftlichen Studien über die kambodschanischen Flusssysteme existieren, gehen Forscher davon aus, das sich die **Mekong-Delfine** durch jahrhundertelange Separation genetisch beachtlich von ihren Artgenossen unterscheiden. Verwandtschaftlich am nächsten stehen ihnen der **Baiji** imYangtse, der **Boto** im Amazonas, der **Bhulan** und der **Susu** in Ganges und Indus, und natürlich der Namenspate, der **Irrawaddy-Delfin** im Irrawaddy in Burma. Die reinen Süßwasser-Delfine sind stark vom Aussterben bedroht.

Charakteristisch für den **Orcaella brevirostris** ist seine konvexe Stirn, die bis über das Maul vorsteht. Er hat keine typische „Flipperschnauze" und sein Luftloch öffnet sich nicht nach oben, sondern nach vorne. Seine Haut ist blaugrau. Ernährungsgrundlage des Mekong-Delfins sind kleinere Fische, aber auch Schnecken, Fischeier und Muscheln. Größere Fische benutzt er gelegentlich als Spielzeug und schleudert sie hoch in die Luft. Die Irrawaddy-Delfine gebären durchschnittlich alle zwei Jahre ein Junges. Ihre Geschlechtsreife erreichen sie mit 5–6 Jahren. Über die Dauer der Schwangerschaft fehlen genauere Untersuchungen; Schätzungen liegen bei 10–14 Monaten.

Zahlen: Länge: 2–2,60 m; Gewicht: 90–200 kg; Alter: bis 50 Jahre; Max. Tauchzeit: 12 min.; Höchstgeschwindigkeit: 25 km/h.

Die Mekong-Delfine leben in kleinen Gruppen von normalerweise 5–6 Tieren zusammen. Die Paarungszeit ist zwischen März und Juni. Wie kambodschanische Fischer berichten, wird das Paarungsritual begleitet von Kämpfen unter den Männchen sowie gegenseitigem Jagen, Springen und Spielen. Während des Geschlechtsverkehrs schwimmen die anderen um das Pärchen herum und schauen zu.

Ihre Hauptbeschäftigung ist Faulenzen und Fressen. Neben einem Boot herzuschwimmen und graziöse Sprünge zu absolvieren liegt ihnen fern. Ausdruck großer Emotion sind höchstens mal kleine Hüpfer, wobei selten das ganze Tier zu sehen ist. Beim Jagen spucken sie Wasserfontainen aus, anscheinend um die Fischschwärme zusammenzutreiben. Sie kommunizieren, indem sie Signale von 25–30 Mikrosekunden, auf einer Frequenz von etwa 60 kHz, ausstoßen.

Früher sollen Tausende *psaut,* wie die Delfine von den Khmer genannt werden, im Mekong und im Tonle Sap gelebt haben. Heute ist ihre Verbreitung auf die abgelegenen Mekongabschnitte zwischen Kratie und der laotischen Grenze beschränkt. Optimisten schätzen die Population auf 100–200 Tiere, Pessimisten auf gerade mal 30. In Laos sollen noch etwa 50 leben.

Die brutalsten **Delfin-Killer** waren Gerüchten zu Folge die Roten Khmer. Um ihre Bootsmotoren mit Öl zu versorgen (aus einem Delfin sollen sich angeblich 25 Liter Öl gewinnen lassen), wurden täglich bis zu 5 *psaut* erlegt. Traditionell haben die Khmer allerdings nie Irrawaddy-Delfine wegen des Fleisches oder aus wirtschaftlichen Gründen gejagt. Verantwortlich für deren beängstigende Dezimierung sind vor allem der illegale Fischfang mit Dynamit und Elektroschocks. Auch die zunehmende Bevölkerung, Wasserverschmutzung, der intensive Fischfang mit Netzen und die Schiffsschrauben stellen eine große Gefährdung dar. Die größte Bedrohung sind jedoch die geplanten Staudämme zur Elektrizitätsgewinnung. Auch die genetischen Defekte durch Inzucht der immer kleiner und isolierter lebenden Gruppen führen zu einer hohen Sterblichkeit.

Doch glücklicherweise wird dieses sympathische Säugetier mit dem Dauergrinsen im Mekong immer noch häufig gesichtet. Vielleicht auch deshalb, weil es von seinem **Mythos** geschützt wird. Es besteht der Aberglaube, dass ein Fischer, der einen Delfin im Netz fängt oder gar tötet, nie wieder einen Fang macht. Auf der anderen Seite genießt der *psaut* aber auch viel Sympathie unter den Einheimischen, da er den Fischern manchmal hilft, die Beute in die Netze zu treiben und sogar Menschen vor den Krokodilen gerettet haben soll.

Und nun können die Bewohner von Kratie und Kampi den Irrawaddy-Delfinen noch aus einem anderen Grund dankbar sein; sie haben die Touristen mit ihren Dollars in die Stadt gelockt. Gibt es eine bessere Lebensversicherung für Reinkarnationen?

Der WWF unterhält ein Forschungsprojekt *(Cambodian Mekong Dolphin Conservation Project)* mit einem Büro in Kratie, www.panda.org/greatermekong.

- **Heng Udom Hotel.** Klassisches Khmer Mittelklassehotel im Zentrum in der 10. Straße am Markt. Die Zimmer sind sauber, aber nicht sonderlich gemütlich eingerichtet. DZ mit AC 15 $, DZ mit Fan 5–6 $.

Essen und Trinken

Eine Spezialität der Umgebung ist **Krolan.** Klebereis, der mit Kokusnuss und Bohnen vermischt und dann in einem Bambusrohr gekocht, und in diesem verkauft wird. Das Zentrum der Krolanproduktion liegt in der Thmor Kreae Gemeinde, etwa 10 km nördlich von Kratie. Die Süßigkeit wird an den Ständen bei den Delfinen und an der Riverfront (Uferpromenade) verkauft.

Die Essensstände an der schönen **Uferpromenade** sind bis 24 Uhr geöffnet. Hier kann man sich von den hübschesten Mädchen der Stadt bewirten lassen. Lecker und günstig ist die Hühnerreissuppe (4000 Riel).

- **You Hong II.** Das gemütlichste Restaurant der Stadt liegt im gleichnamigen G.H. Große Auswahl an Frühstück sowie Khmer- und Western-Food zwischen 2 und 4 $. Cocktails. Auch das Restaurant im *You Hong I.* ist zu empfehlen (s. Unterkunft).
- **Star G.H.** Auch hier umfangreiche Speisekarte und gemütlich Atmosphäre. Speisen zwischen 2 und 6 $ (s. Unterkunft).
- **Bun Thrm.** Original Khmer-Restaurant, momentan unter den Einheimischen das beliebteste der Stadt. Sehr gute Küche und deshalb mittags und abends gut besucht. Alle Speisen um 2,50 $. Am Taxi- und Pick-up-Stand.
- **Heng Heng.** Etabliertes Khmer Traveller Restaurant neben dem gleichnahmigen G.H. Leider sind Stühle und Tische im ungemütlichen, aber bei den Khmer beliebten Massivholzstil. Speisen zwischen 2,50 und 4 $.
- **Red Sun Falling.** Von freakigem Amerikaner, der schon viele Jahre in Kratie lebt, geführtes Restaurant und Bar. Hauptsächlich chinesische und Khmer-Küche sowie täglich wechselndes, westliches Menü. Relativ günstig (1,50–3 $), aber essenstechnisch kein besonderes Highlight. Große Auswahl an Spirituosen und Cocktails. Liegt an der Riverfront gegenüber dem Hafen.

Anreise und Weiterreise

- **Entfernungen** in Straßenkilometern:

Phnom Penh	357
Banlung (Rattanakiri)	252
Kompong Cham	228
Stung Treng	141
Snuol	83
Chhlong	35

Von Kratie nach Kompong Cham gibt es zwei Routen. Immer häufiger wird die deutlich kürzere, und mittlerweile gut ausgebaute Strecke über Chhlong benutzt, die nahe Suong (ca. 45 Min. vor Kompong Cham) wieder auf die RN 7 trifft. Die RN 7 wird nur noch befahren, wenn Fahrgäste nach Snoul (Verbindung nach Senmonrom/Mondulkiri) möchten.

Boot

Seitdem das Straßennetz gut ausgebaut ist, gibt es keine Passagierboote mehr.

Taxi, Mini-Bus

Die Fahrzeuge warten am ehemaligen Busbahnhof, ca. 100 m nördlich des Marktes, auf Kunden. Die meisten Reisenden ziehen allerdings den gemütlicheren Bus vor. Nur hier lohnt eine Mitfahrgelegenheit außerhalb der Linienbusfahrzeiten. Die Preise sind ähnlich wie bei den Bussen.

Bus

Momentan fahren mehrere Busgesellschaften Kratie an, die Verbindungen ins ganze Land ermöglichen. Weitere Busgesellschaften werden bald folgen. Da auch die Busrouten zwischen Phnom Penh und Banlung bzw. Stung Treng hier vorbeiführen, gibt es den ganzen Tag über diverse Verbindungen. Die meisten Abfahrtzeiten sind am Vormittag. In den G.Hs., wo es am sinnvollsten ist die Tickets zu kaufen, denn von dort wird man auch zur richtigen Bushaltestelle gebracht, gibt es die aktuellsten Infos. Zukünftig wollen die Busgesellschaften *Capitol* und *Paramount Express* eine Direktverbindung von Phnom Penh nach Pakse (Laos) anbieten. Die Busse werden auch in Kratie halten. Dies wird Fahrpläne und Preise nochmals kräftig durcheinanderwirbeln.

Folgende Verbindungen sind zur groben Orientierung gedacht.

- **Phnom Penh:** 5 $, 6–7 Std.
- **Stung Treng:** 5 $, 2 Std.
- **Kompong Cham:** 4 $, 3–4 Std.
- **Grenze Laos:** 10 $, 3 Std.
- **Banlung:** 10 $, 5 Std.
- **Siem Reap:** 10 $, 9 Std., umsteigen in Skun
- **Sihanouk Ville:** 11 $, 10 Std., umsteigen in Phnom Penh.

Die Umgebung Kraties

Koh Trong

Diese **paradiesische Insel** liegt direkt vor den Toren Kraties. An ihrem Ufer liegen gepflegte Khmer-Häuser zwischen Palmen, Jackfruit-, Pomelo- und Mangobäumen. Im Inselinneren wird Reis angebaut, Kühe weiden auf Wiesen, und Pagoden stehen am Wegesrand. Am südlichsten Zipfel der Insel steht eine buddhistische Pagode, die von den 40 vietnamesischen Fischern, die nebenan auf Hausbooten leben, genutzt wird. Es gibt einen ausgeschilderten, etwa 9 km langen **Rundweg,** der an den Hauptsehenswürdigkeiten vorbeiführt. Dieser Ausflug ist zu Fuß oder mit dem Fahrrad machbar. Ein Guide ist nicht unbedingt erforderlich, es sei denn, man möchte auf der Insel bei den Einheimischen übernachten. Dies kann entweder von einem Guide oder einem G.H. organisiert werden, sowie beim *Cambodia Community Development* unter Tel. 012/674880, mit einem Office auf der Insel. Leider ist nicht immer jemand anzutreffen. Bis 17 Uhr fahren Fährboote vom Passagierhafen in Kratie zur Insel (1000 Riel), die Mitnahme eines Fahrrades kostet extra. Badesachen einstecken!

Phnom Sambok

Neun Kilometer nördlich von Kratie liegt der besuchenswerte Hügel Sambok. Er ist dicht bewaldet und hat zwei Gipfel, den westlichen (Phnom Proh) und den östlichen (Phnom Srey), der um einiges höher ist. Phnom Proh heißt „Hügel der Männer", Phnom Srey „Hügel der Frauen". Den Sattel zwischen beiden Gipfeln erreicht man von Süden über eine steile Treppe.

Bemerkenswert sind die **fünf Bilder,** die sich in einem Pavillon, links auf dem Sattel, befinden. Sie stellen das Grauen dar, das den Menschen möglicherweise nach einem schlechten Leben erwartet. Obwohl die Malereien religiösen Ursprungs sind, erinnern sie auf fatale Weise an die Bilder aus dem Tuol Sleng Museum in Phnom Penh, welche die grausamen Foltermethoden der Roten Khmer zeigen.

Wendet man sich nach rechts, führen weitere Treppen zwischen Votivstupas zum Gipfel des **Phnom Srey.** Auf dem kleinen Altar *(Vihear)* von 1938 stehen zwei 20 Meter hohe Säulen, an denen die bunten buddhistischen Fahnen flattern. Im Inneren befinden sich farbenprächtige Gemälde aus dem Leben Buddhas. Dieser Platz wird von Einheimischen oft aufgesucht, um für die Genesung von Freunden und Angehörigen zu bitten. Der Hügel bietet überdies einen schönen Ausblick durch die Bäume auf den Mekong.

Wendet man sich auf dem Sattel des Hügels nach links, so kommt man nach wenigen Metern auf den **Phnom Proh.** Hier steht eine kleine Pagode, in der regelmäßig meditiert und gebetet wird. Sie ist umgeben von einfachen Hütten und den Pilgerunterkünften. Doch auch Touristen können hier unter einfachsten Umständen wohnen und am Alltag der acht Nonnen und Mönche teilhaben.

Ein eindrucksvolles Erlebnis für alle, die sich einfühlsam in den buddhistischen Klosterrythmus einfügen können. Dies beinhaltet z.B. auch, um 5.00 Uhr aufzustehen und an der **Meditation** teilzunehmen. Essen und Getränke müssen selbst mitgebracht werden.

Bezahlung in Form von Lebensmitteln oder einer großzügigen Spende ist üblich. Das *Star G.H.* ist bei der Organisation behilflich.

•Am einfachsten mietet man sich für die **Anreise** ein Moped mit Fahrer (10.000 Riel). Nach neun Kilometern Richtung Norden (Anlong Psaut) steht nahe der Straße ein dicht bewaldeter Hügel, zu dem von Südwesten her ein 200 Meter langer, unbefestigter Weg zu einer Treppe führt (Wegweiser an der Straße).

Sambor, die Pagode der 100 Säulen

Immer wieder wird Sambor mit einem alten Tempel in Verbindung gebracht, den es hier wohl einmal gab, aber von dem nichts mehr zu sehen ist. Trotzdem lohnt der 35 km weite Ausflug nach Sambor, denn dort steht die 1997 wiedererrichtete **Pagode der 100 Säulen** *(Wat Sarsar Muay Roy)*, die im 16. Jahrhundert erbaut und unter *Pol Pot* zerstört wurde. Auf dem Grund steht auch eine goldene Stupa von 1529. Die Geschichte über die hier begrabene Prinzessin ist in eindrucksvollen Bildern im Pavillion hinter der Pagode beschrieben. Es ist auch möglich in der Pagode bei den Mönchen zu übernachten. Entweder über einen Guide, ein G.H. oder unter Tel. 011/768847 *(Wat Community)* organisierbar.

•**Anfahrt:** Entweder selber ein Moped mieten und der Straße nach Norden Richtung Anlong Psaut am Mekong Ufer folgen. Von dort weiter nach Sambor. Oder mit Motodup für ca. 8 $.

Koh Phadau/Insel Koh Rougniv

Von Sambor kann mit einem Boot das Dorf Koh Phadau auf der vorgelagerte Insel Koh Rougniv erreicht werden. Es gibt die Chance **Delfine** zu sehen. Auch hier ist „Homestay" bei den Einheimischen möglich, was dazu beitragen soll, alternative Erwerbsquellen zur Fischerei für die Bevölkerung zu finden, um somit den Irrawaddy Delfinen ihren Lebensraum zu erhalten. Bei Guides und G.H. nachfragen oder unter www.crdt.org.kh.

•**Anfahrt:** siehe Sambor

Dolphin-Watching (Anlong Psaut)

Die größte Attraktion von Kratie sind zweifellos die **Irrawaddy-Delfine,** die sich 13 km nördlich der Stadt im Mekong tummeln. Von einem Holzpavillion am Ufer aus, wo Getränke, Kokosnüsse und Zuckerrohrsaft verkauft werden, können die Tiere beobachtet werden. Die Einheimischen nennen diesen Platz *Anlong Psaut* (Delfin-Platz). Wer den Delfinen noch näher kommen will, kann sich vor Ort ein Boot mieten. Zwei bis drei Personen zahlen je 9 $. Ab 3 Mitfahrern nur noch 7 $. Die Rundfahrt dauert 60 bis 90 Minuten.

Die Irrawaddy-Delfine lassen sich normalerweise am frühen Morgen oder am späten Nachmittag am ehesten an der Oberfläche blicken. Angeblich soll der September der beste Monat für Beobachtungen sein.

- **Anreise:** Üblich ist es, sich in Kratie ein Mopedtaxi zu nehmen (3,50 $).

Tagesausflug

8 Uhr morgens mit dem Motodup aufbrechen. Zuerst zum Phnom Sambok, dann nach Sambor zur Besichtigung der 100-Säulen-Pagode, weiter mit Boot zum Dorf Koh Phdau, Insel erkunden. Auf dem Rückweg gegen 16 Uhr Anlong Psaut erreichen und die Delfine beobachten. Mopedtaxi ca. 10 $.

Stung Treng

↗ XVI/A2

ស្ទឹងត្រែង

Die Provinz Stung Treng

Diese Provinz im Nordosten des Landes ist mit 115.000 Einwohnern nach Mondulkiri und Rattanakiri die bevölkerungsärmste in Kambodscha.

Die **Landschaft** wird von buschartiger Vegetation und dichtem tropischen Urwald, der in den letzten Jahren stark dezimiert wurde, sowie von großen Flüssen geprägt.

Die meisten Menschen in der Provinz Stung Treng wohnen an den Ufern des Mekong und der anderen großen Seitenflüsse. Bei Veun Kham, kurz hinter Si Phan Don, den berühmten 4000 Islands, überquert der Mekong, von Laos kommend, die Grenze. Von Norden und Osten (Laos und Rattanakiri) kommen die Flüsse Tonle Kong, Tonle San und Tonle Srepok. Kurz vor den Toren der Provinzhauptstadt vereinigen sie sich zu einem großen Fluss, der wenige Kilometer hinter Stung Treng in den Mekong fließt. In abgelegenen Regionen findet man noch Siedlungen und Dörfer von **Ureinwohnern,** die zum Stamm der Krun und der Kravet gehören.

Heute ist Stung Treng über gut ausgebaute Straßen bequem von Phnom Penh und Laos aus erreichbar. Die 2008 mit chinesischen Geldern erbaute Brücke über den Tonle San war ein wichtiger Beitrag zur Förderung der

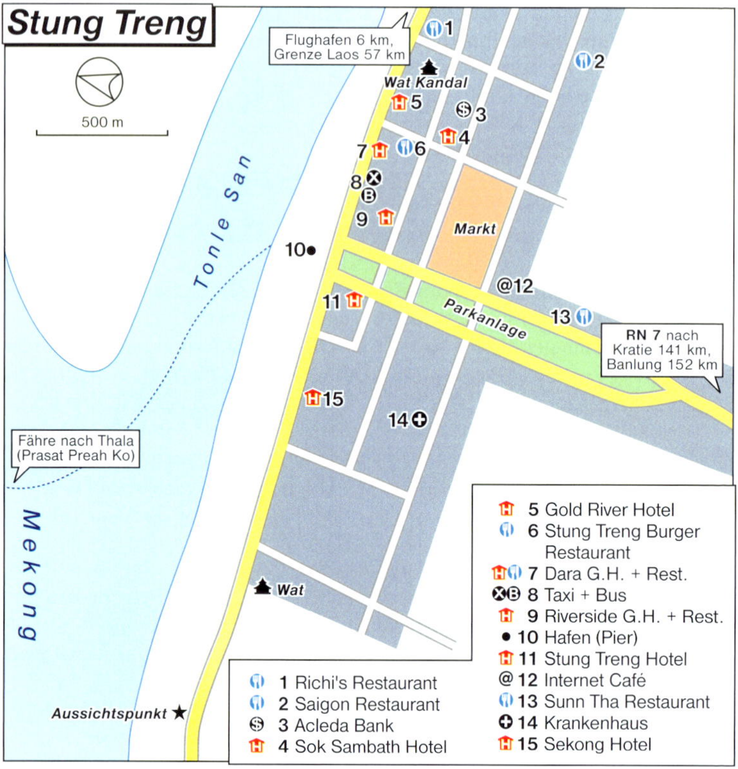

Wirtschaft und des Tourismus der gesamten Region. Bis Anfang dieses Jahrtausends war Stung Treng eine der isoliertesten Provinzen des Landes. Als **Verkehrswege** konnten nur die Flüsse genutzt werden, vor allem der Mekong. Er war die einzige Verbindung mit dem Rest des Landes und Laos. Bis zu dieser Zeit lebten die Menschen hier vor allem vom Fischfang, der Holzwirtschaft und dem, was ihre kleinen Felder hergaben. Nur wenige Produkte, außer Tropenhölzer, wurden von hier aus exportiert, dazu war der Transport zu aufwendig. Doch zumindest entlang der Hauptstraßen und um die Stadt Stung Treng herum ist jetzt Schluss mit der Beschaulichkeit. Es wird rege Handel mit Vietnam, Laos und China getrieben. Die Chinesen haben viele Hektar Land aufgekauft, gerodet und in Plantagen verwandelt. Die Einheimischen haben sich den **Cashew Nüssen** verschrieben. Doch da diese edlen Nüsse jetzt in Massen angebaut werden, ist der Preis bereits auf ein Drittel seines früheren Wertes gefallen.

Die Provinz Stung Treng ist jedoch so groß, dass immer noch genügend Freiraum für abenteuerliche Reisende übrig ist.

Die Stadt Stung Treng

Seitdem die Grenze zwischen Laos und Kambodscha leicht zu passieren ist, hat sich eine **neue Traveller Route** in Südostasien etabliert. Hunderte Touristen fahren von Chiang Mai nach Luang Prabang und am Mekong entlang über Vientiane zu den 4000 Islands (See Pan Don). Von dort kommen sie über die Grenze nach Kambodscha. Nur etwa 30 % der Traveller fahren in die entgegengesetzte Richtung. Zuerst sah es danach aus, als ob Stung Treng von den vielen Reisenden profitieren würde, doch die Realität ist anders. Da fast alle ihre Tickets nach Kambodscha auf den 4000 Islands kaufen, wo Reiseziele in ganz Kambodscha angeboten werden, verweilen die Traveller nicht mehr in Stung Treng, um sich dort erstmal zu orientieren. Stung Treng ist deshalb zu einer reinen **Traveller Transit Destination** geworden, in der man kurz etwas isst und dann im Bus weiterfährt.

Sehr schade, denn Stung Treng mit seinen 45.000 Einwohnern ist eine ruhige und charmante Provinzhauptstadt, in der Genussreisende einen lohnenden 2–3 tägigen Aufenthalt einplanen sollten. Ihren besonderen Reiz bekommt die Stadt durch die zwei großen Flüsse, Tonle San und Mekong, die sich vor ihren Toren vereinigen. Das ständig wechselnde Farbenspiel auf der Wasseroberfläche sorgt besonders bei Sonnenuntergang für ein spektrales Farberlebnis, das zum Flanieren und Fotografieren auf der Uferpromenade einlädt.

Bis auf die relaxte **Rivertown-Atmosphäre** bietet Stung Treng selbst keine spektakulären Höhepunkte, aber auch darin kann ein Reiz liegen. Lohnend ist wie immer ein Bummel über den **Markt,** der mit einem großen Warenangebot überrascht. Viele aus Laos und Vietnam importierte Artikel bereichern das einheimische Angebot. Besuchenswert sind auch die zwei **Pagoden,** die auf dem Weg Richtung Brücke liegen. Kurz vor dem alten Flughafen befindet sich das **Seidenweberzentrum „Mekong Blue".** Hier werden an die 60 Frauen in der Kunst traditioneller Weberei ausgebildet. Diese Einrichtung ist auf den Besuch von Touristen eingestellt und bietet einen Souvenir Shop und ein Restaurant.

Unbedingt unternehmen sollte man einen Spaziergang (knapp 3 Kilometer vom Zentrum) entlang des Tonle San Flusses zu seiner **Mündung in den Mekong.** Von einer Aussichtkanzel hat man einen eindrucksvollen Blick auf die zwei gewaltigen Ströme. Besonders schön ist die Stimmung bei Sonnenuntergang.

Sehr lohnend ist es, der kleinen Straße von hier aus mit dem Fahrrad oder Moped bis etwa 25 km weiter den Mekong abwärts zu folgen. Sie führt zuerst durch eine Siedlung mit viertnamesichen Familien, die in Kambodscha geboren wurden und hier seit Generationen vom Fischfang leben. Etwa einen Kilometer dahinter liegt das **Gefängnis von Stung Treng.** Ab hier beginnt eine unberührte idyllische Kulturlandschaft mit kleinen Dörfern und hübschen Gärten, wo einfache Fischerfamilien, die noch nicht viele Ausländer zu Gesicht bekommen haben leben. Für einen sensiblen und aufmerksamen Reisenden eine gute Möglichkeit, dem ursprünglichen Kambodscha zu begegnen.

Achtung: **Malaria-Gebiet!**

Informationen und Adressen

- Das **Tourist Office** ist unverständlicher Weise einige Kilometer außerhalb des Zentrums an der Brücke über den Tonle San gebaut worden und bietet wenig brauchbare Informationen.
- Vor dem *Riverside Restauran*t und G.H. muss ein Großteil der Touristen für die Ein- und Ausreise nach Laos das Fahrzeug wechseln. Hier gibt es immer jemanden, der einem weiterhelfen kann, wenn auch die Freundlichkeit zu wünschen übrig lässt. Meist ist auch der örtlich bekannte Guide *Kosal* nicht weit. Er spricht gut Englisch und kennt sich bestens in der Gegend aus.
- Zuverlässige Informationen und Touren bietet auch *Richi* von *Richi's Restaurant* an. Sein Office ist im kleinen, gleichnamigen Restaurant an der Uferstraße, ca. 200 Meter vom Riverside flussaufwärts.
- **MLUP Baitong** ist eine NGO, die nachhaltigen Tourismus in Form von „Homestays" am Mekongwasserfall fördert. Büro in der Stadt, Tel. 011/899891, www.mlup-org.
- Das **Krankenhaus** wird von *eyecare medicam* (Holland) unterstützt. Es macht einen zuverlässigen Eindruck.
- **Geld.** Am Markt können laotische Kip und Dollar in Landeswährung gewechselt werden. Euro werden, wenn überhaupt, nur zu einem sehr schlechten Kurs akzeptiert. Auch im *Riverside Restaurant* und *Richi's Restaurant* kann Geld gewechselt werden, allerdings zu einem schlechten Kurs. Die besten Wechselkurse, auch für Euro in Dollar, bietet die *Acleda Bank,* die einzige Bank in der Stadt. Der Geldautomat akzeptiert nur *Visa-Card.* Öffnungszeiten Mo–Fr 7.30–15.30 und Sa 7.30–12.30 Uhr. Ca. 100 Meter nördlich vom *Sok Sambath Hotel* am Markt. In Kambodscha kann alles in Dollar bezahlt werden, für kleinere Beträge empfiehlt sich die Landeswährung Riel.
- **Internet.** *Riverside Restaurant* und an einer Ecke des Marktes (beim Park, Schild). Jeweils 1 $ pro Stunde.

Stadtverkehr

- **Motorradtaxis** sind tagsüber allgegenwärtig. Kurze Fahrten im Stadtzentrum kosten 1000–2000 Riel.

Unterkunft

Guest Houses

- **Riverside G.H.** (Tel. 012/439454). Bekanntestes G.H. in der Stadt. Einfache Zimmer mit Bad/WC und Fan zwischen 3 und 4 $. Liegt leicht nach hinten versetzt an der Flusspromenade im Zentrum.
- **Dara G.H.** (Tel. 011/693429). Der Besitzer *Mr. Tang* hat 12 Jahre in Paris gelebt und spricht daher etwas Französisch. Eine sprudelnde Informationsquelle ist er aber nicht unbedingt. Einfache Zimmer mit Doppelbett und Bad/WC und Fan für 4 $. Liegt nur wenige Meter links vom Riverside G.H.

Die Zimmer beider oben genannten G.H. sind klein und nicht wirklich sauber. Für 2 $ mehr gibt es in den Khmer Standard Hotels wesentlich größere und gepflegtere Zimmer.

Khmer Standard-Hotels:

Bezeichnend für die meisten Hotels hier sind die klobigen und extrem ungemütlichen Bänke und Stühle, die mit glänzendem Lack überzogen sind und die Lobbies zieren. Die Khmer lieben sie, während sie für meinen Geschmack die hässlichsten und unnützesten Möbelstücke sind, die ich kenne.

- **Gold River Hotel** (Tel. 012/980678). Zur Zeit das beste Hotel der Stadt. Große und sehr saubere Zimmer, die sogar, ein Novum in Stung Treng, mit Aufzug erreicht werden können. Nur AC-Zimmer für 15 $. VIP Room für 35 $. Liegt 100 m nördlich vom *Riverside G.H.* an der Uferstraße.
- **Sekong Hotel** (Tel. 074/973762). Große Hotelanlage an der Uferstraße, nahe dem Zentrum. Wurde neu renoviert und bietet Zimmer für 7 $ mit Fan und 13 $ mit AC.
- **Stung Treng Hotel** (Tel. 092/999566). Gepflegte Unterkunft mit freundlichem Personal. Fan 6 $, AC 13 $. Liegt im Zentrum.
- Am längsten hält bereits das **Sok Sambath Hotel** (Tel. 092/791186) die Stellung. Liegt an der nordöstlichen Marktseite und bietet Zimmer zwischen 10 und 15 $ an. Ist jedoch schon etwas in die Jahre gekommen und nicht so gepflegt wie die anderen Hotels.

Essen und Trinken

Eine lokale Spezialität ist **„nhem“.** Dabei handelt es sich um rohen, mit scharfen Kräutern gewürzten Fisch, der in Bananenblättern eingerollt und als kleine Päckchen frühmorgens auf dem Markt verkauft wird.

- **Stung Treng Burger.** Zwar kein gelungener Name, aber sicherlich das gepflegteste und am nettesten eingerichtete Restaurant der Stadt. Bunte Gartenstühle und beeindruckende Bilder aus Kambodscha. Neben klassischen Khmer-Gerichten wie *Amok Chicken* wird auch Pizza und Pasta serviert. Freundlicher Service. Hauptspeisen 2–5 $. Liegt am Markt gegenüber *Sok Sambath Hotel.*
- **Riverside Restaurant** (im gleichnamigen G.H.). Große Auswahl an Gerichten vom Traveller- bis hin zu Khmer- und Chinese-Food zwischen 2–4 $. Weine und Cocktails. Westliches Frühstück. Schöne Dachterrasse mit gutem Ausblick. Traveller Infos.
- **Richi's Restaurant.** Western und Khmer-Food für 1–2,50 $. Westliches Frühstück. Traveller Infos. Liegt an der Uferstraße nahe *Gold River Hotel.*
- **Dara Restaurant** (im gleichnamigen G.H.). Überwiegend Khmer- und westliche Küche zwischen 2–5 $. Frühstück.
- **Sunn Tha Restaurant.** Khmer-Restaurant. Am Abend sehr unterhaltsam, da der Park gegenüber viele Menschen anzieht. Gute einheimische Kost mit Hauptspeisen um die 3 $. Am Park im Zentrum.
- **Saigon.** Kleines, bescheidenes vietnamesisches Restaurant mit sehr freundlichem Service. Hier wird die beliebte Nudelsuppe *Pho* für 1,50 $ angeboten. Liegt etwas versteckt in den Straßen nördlich vom Markt. Am besten mit Mopedtaxi hinfahren.

Anreise und Weiterreise

- **Entfernungen** in Straßenkilometern:

Kratie	141
Banlung	152
Dom Kralor (Grenze Laos)	60

Flug

Der ehemalige Flughafen liegt brach und auf dem Rollfeld grasen Kühe. Wie so oft gibt es auch hier Pläne ihn wieder zu eröffen und auszubauen, aber im Moment ist nichts davon zu sehen.

Boot

- Alle öffentlichen Bootsverbindungen **nach Kratie und Kompong Cham** sind den günstigeren und schnelleren Busverbindungen zum Opfer gefallen. Die einzige Möglichkeit, die vor allem nach Kratie absolut lohnende Strecke zu befahren, ist, wenn sich einige Reisende zusammenfinden und gemeinsam ein Slowboat mieten. Im *Riverside Restaurant* oder *Richi's Restaurant* kann bei der Organisation geholfen werden (siehe auch „Grenze zu Laos, Veun Kham“).

Noch ein **Tipp für engagierte Traveller:** In Stung Treng ein Fischerboot für ca. 60 $ kaufen, bis Kratie selber hinunter paddeln und dort das Boot wieder verkaufen. Allerdings nur mit Guide möglich.

Eine andere Möglichkeit ist es *Mr. Tee* in Banlung *(Tree Top G.H.)* anzurufen (Tel. 011/600381). Er hat Kontakte zu kleinen Booten für max. 4 Personen, die ab der Grenze bei Veun Kham individuell sogar bis Phnom Penh mit Übernachtungen in Kratie und Kompong Cham organisierbar sind. Der Preis bis Phnom Penh beträgt 410 $ pro Boot.

- **Stung Treng Veun Kham:** Eine Alternative zur kanalisierten Ein- und Ausreise von und nach Laos mit dutzenden Backpackern ist die Fahrt über den Mekong nach Veun Kham, die landschaftlich zu den Highlights Kambodschas zählt (s. „Fahrt nach Veun Kham"). Boote fahren stündlich zwischen 8 und 13 Uhr für 5 $ ab.
- Route: **Stung Treng – Siempang.** Zu diesem abgelegenen Ort am Kong-Fluss, der Ausgangspunkt zum Besuch des Virachey Nationalparks ist, gibt es noch tägliche Verbindungen mit Slowbooten. Da aber auch dieser Ort mit einer neuen Straßenanbindung beglückt wird, ist es abzusehen, dass auch diese Verbindung bald eingestellt wird.

Bus und Minibus

Die **Busstation** liegt südlich am Markt, vor dem *Riverside Restaurant*. **Bustickets** der beiden Busgesellschaften können in den G.Hs. gekauft werden. Die Zahl der Verbindungen nimmt ständig zu und ist einem stetigen Wandel unterlegen. Wenn keine Busse mehr fahren, bleiben noch Sammeltaxis oder ein Privattaxi, das ca. 30 $ für 100 km berechnet.

- **Kleinbusse nach Banlung:** 6 $, 3–4 Std. Abfahrten früh morgens und früher Nachmittag (brauchbare Piste oft nicht größer als ein Feldweg mit gelegentlichen Schlaglochpassagen und Engstellen auf Brücken).
- **Bus nach Kratie:** 5 $, 2 Std. (gute Teerstraße).
- **Bus nach Phnom Penh:** 8 $, 8 Std, Abfahrt gegen 7 Uhr.
- **Grenze Laos bei Dom Kralor,** 5 $, 1 Std.
- Extrem abenteuerlich und nur sehr fitten und erfahrenen Reisenden zu empfehlen ist die Fahrt mit dem Mopedtaxi **von Stung Treng nach Tbaeng Mean Chey** in der Provinz Preah Vihear. Die ca. 80 km lange Strecke kann in einem Tag (harte 8 Stunden) oder in zwei Tagen mit einer Übernachtung in Chheb bewältigt werden. Die Dschungelpfade führen in absolut einsames Gebiet und sind nur in der Trockenzeit befahrbar. Für die Fahrt verlangt ein Mopedfahrer ca. 50 $. Es gibt nur wenige Fahrer in Stung Treng, die den Weg kennen.

Wer es bis Tbeang Mean Chey geschafft hat, kann entweder weiter zum **Tempel Preah Vihear** oder über die **Tempel von Koh Ker** nach **Siem Reap** reisen.

Grenzübergang nach Laos ↗ XVI/A1

Nach Laos gibt es **zwei Grenzübergänge.** Die meisten fahren über den Landweg zum Ort Dom Kralor (60 km). Die andere, abenteuerlichere Möglichkeit, ist mit einem Boot über den Mekong bei Veun Kham ein- bzw. auszureisen (s. „Fahrt nach Veun Kham"). Da aber die meisten Traveller billig und schnell reisen möchten, wird dieser absolut lohnende Übergang weitaus weniger benutzt. Passagierboote zwischen 8 und 13 Uhr für 5 $ zwischen Veun Kham und Stung Treng.

Das **Visum für Laos** muss vorher von der Botschaft in den Reisepass gestempelt werden. Es kann aber auch noch in einigen G.H. in Banlung und Stung Treng organisiert werden. Dafür wird der Reisepass mit dem Bus nach Phnom Penh geschickt. Dauer etwa 3 Tage. Das **Visum für Kambodscha** bekommt man für 20 $ an der Grenze (Passbild mitbringen). Sowohl die Laoten als auch die Khmer kassieren neben der Visum Gebühr ihre eigenen illegalen Sondergebühren unter dubiosen Vorwänden (ca. 1–3 $). Solange es sich in diesem Bereich bewegt, lohnt es sich nicht, sich dagegen zu wehren.

In den Guest Houses auf den 4000 Islands werden Tickets nach Kambodscha bis nach Phnom Penh (22 $), Banlung (20 $) und nach Siem Reap (28 $) angeboten. Der Vorteil: Man braucht sich um nichts zu kümmern. Der Nachteil: Die Buspreise in Kambodscha sind oft wesentlich billiger, und man schwimmt ständig mit den kanalisierten Backpackerstömen, die kaum individuelles Reisen zulassen.

Seit Anfang 2010 gibt es eine neue Buslinie von Pakse nach Phnom Penh, die auch in Stung Treng hält. Das wird nochmals einiges ändern.

Umgebung Stung Treng

Nett ist der Besuch des **Prasat Preah Ko,** einem Ziegelturm aus der Cham-Periode. Er hat einen fast quadratischen Grundriss (10 x 12 m) und ist zur Hälfte bereits zusammengestürzt. Er ist dem Hindu-Gott *Shiva* geweiht. Beachtenswert ist der in Sandstein gemeißelte Ochse *(Ko),* der vor dem Tempel steht und von der Bevölkerung verehrt wird. Das Heiligtum steht beim Dorf Thala auf der anderen Seite des Mekong. Eine Fähre pendelt zwischen Thala und Stung Treng hin und her. Abfahrt im Hafen, 1000 Riel. Langboot-Taxis verlangen 10.000 Riel.

Die Fahrt nach Veun Kham

Eine der **landschaftlich schönsten Strecken,** die der Mekong in Kambodscha zurücklegt. Die erste Hälfte der Fahrt geht durch verschlungene Seitenarme des Mekong, vorbei an schilfbedeckten Häusern der Ureinwohner. Bunte Schmetterlinge, Reiher und Eisvögel sind ständige Begleiter. Doch ab der Hälfte ändert der Mekong seinen Charakter. Die Gegenströmung wird so stark, dass das Slowboat kaum mehr dagegenhalten kann. Gefährliche Felsen, reißende Stromschnellen und Strudel lassen einen erschaudern und hoffen, dass der Bootsführer den wackligen Kahn unter Kontrolle hat.

Am beeindruckendsten ist jedoch die unvergleichliche Landschaft. Der Mekong fließt hier nicht in einem Flussbett, sondern mitten durch einen **Wald.** Die Bäume wachsen direkt aus dem Wasser. Festes Ufer ist nur selten zu sehen. Eine Fahrt wie durch die Landschaft eines Märchenbuchs.

Wer nicht in Veun Kham aussteigt, um die Grenze zu passieren, und stattdessen ein Stück weiter flussaufwärts fährt, erreicht die mystischen **Mekongfälle von Pamith,** die eine Durchfahrt mit dem Boot nach Laos unmöglich machen.

Diese unvergessliche Fahrt kann auch als Tagesausflug von Stung Treng unternommen werden.

Als besonderes Erlebnis bietet sich die Übernachtung bei den Einheimischen in dem Dorf **Preah Rumkel,** direkt bei den Wasserfällen, an. Es ist das noch urprüngliche und untouristische Pendant zu den 4000 Islands in Laos. Von hier aus lassen sich weitere Bootsfahrten durch überflutete Wälder organisieren, zu den Delfinbecken auch Trekkingtouren und Mountain-Bike-Ausflüge durch dieses touristisch noch kaum erschlossene Gebiet. „Homestays" (ca. 3 $) organisiert *MLUP* (siehe oben unter „Informationen").

Siem Pang

Dieser pitoreske und ursprüngliche Ort am Sekong Fluss ist erst seit Kurzem über eine Straße mit der Außen-

707ka Foto: an

welt verbunden. Er liegt am südlichen Rand des **Virachey Nationalparks** und ist erst seit der begonnenen Erschließung des Parks für Besucher von touristischer Bedeutung, auch wenn er bis jetzt erst selten besucht wird. Die Teile des Nationalparks, die von hier aus erreicht werden können, bieten größere Chancen, Wildtiere wie z.B. Elefanten zu sehen als die östlichen Teile bei Banlung.

In Siem Pang gibt es ein **Nationalpark Office,** das Touren organisiert. Übernachtet werden kann in einem kleinen G.H. Kulinarisch muss man mit einfachen Essensständen vorlieb nehmen.

Siem Pang ist entweder über die neue Straße oder über den Sekong Fluss von Stung Treng aus zu erreichen. Die abenteuerlichste Anreise führt von Banlung aus nach Wunsei und dann über 60 km Urwaldpfade nach Siem Pang. Nur in der Trockenzeit mit Motodupfahrer aus Banlung machbar.

Fischer am Mekong bei Stung Treng

Die Küste Überblick

Im tropischen Asien gibt es kaum eine Küstenregion, die so dünn besiedelt ist wie die Küste Kambodschas. Noch ist sie, vom ökologischen Gesichtspunkt betrachtet, in einem paradiesischen Zustand. Die Küste hat eine Länge von 435 Kilometern (die Buchten mitvermessen). Sie zieht sich entlang des Golfes von Thailand (Siam) von der Stadt Ha Tien in Vietnam bis hinauf zur Provinz Trat in Thailand. Eine Vielzahl dicht bewaldeter Inseln sind der Küste vorgelagert.

Nur vier kleine **Städte** liegen am Meer. Kampot, Sihanouk Ville, Sre Ambel und Dong Tong.

Die einzigen in geringem Umfang erschlossenen **Strände** liegen bei Sihanouk Ville und in Kep. Dominiert wird die Küste jedoch von unzugänglichen **Mangrovenwäldern,** flachen und trüben Buchten riesiger Ausdehnung (Bucht von Kompong Som und Koh Kong) sowie einem Netz von verschlungenen Wasserstraßen, die bis weit ins Landesinnere mit kleinen Booten befahrbar sind. Umsäumt wird die Küste von Korallenriffen und Seegrasfeldern. Die schönsten **Inseln** mit von Palmen gesäumten Buchten, glasklarem Wasser, unberührten Korallenriffen und einer beachtlichen maritimen Vielfalt liegen weit draußen im Golf von Thailand. Sie werden nur von wenigen Fischern bewohnt und dienen bis heute Schmugglern und Seeräubern als Unterschlupf.

Während Anfang dieses Jahrtausends die größte **Gefahr** für das über-

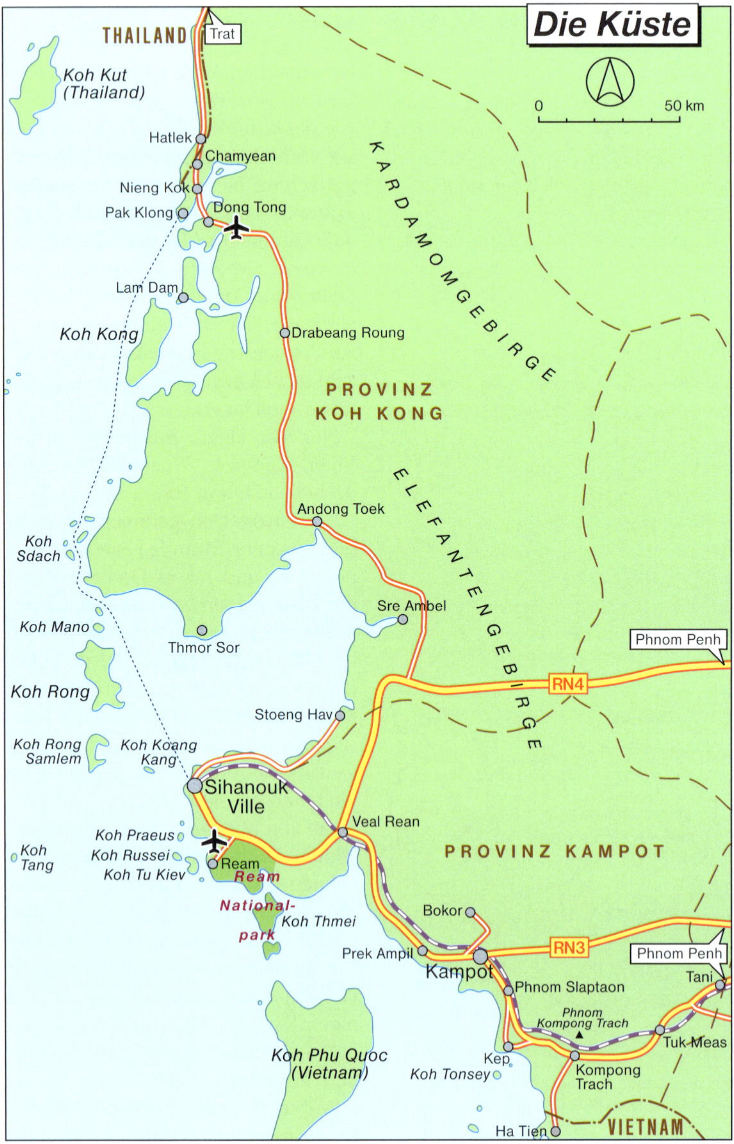
Die Küste
0
50 km
THAILAND
Trat
Koh Kut
(Thailand)
Hatlek
Chamyean
Nieng Kok
Pak Klong
Dong Tong
Lam Dam
Koh Kong
Drabeang Roung
KARDAMOMGEBIRGE
PROVINZ
KOH KONG
ELEFANTENGEBIRGE
Andong Toek
Koh
Sdach
Sre Ambel
Koh Mano
Thmor Sor
Phnom Penh
Koh Rong
RN4
Stoeng Hav
Koh Rong
Samlem
Koh Koang
Kang
Sihanouk
Ville
Veal Rean
Koh Praeus
Koh Russei
Koh Tu Kiev
Koh
Tang
Ream
PROVINZ KAMPOT
Ream
National-
park
Koh Thmei
Bokor
RN3
Prek Ampil
Kampot
Phnom Penh
Tani
Phnom Slaptaon
Phnom
Kompong Trach
Tuk Meas
Koh Phu Quoc
(Vietnam)
Kep
Koh Tonsey
Kompong
Trach
Ha Tien
VIETNAM

wiegend intakte Ökosystem der Küste durch das Anlegen von Shrimpsfarmen und das Verarbeiten der Mangrovenwälder zu Holzkohle drohte, beginnt jetzt der Tourismus sich selbst seiner Grundlagen zu berauben. Unter dem Kürzel „K-4" soll die gesamte Küstenregion industriell und vor allem touristisch mit großen **Hotelprojekten** erschlossen werden. Einige Inseln wurden an Großinvestoren, wie den ehemaligem Ministerpräsidenten von Thailand, *Thaksim,* auf viele Jahrzehnte verpachtet. Im Zentrum der Entwicklungsstrategie steht zwar der Ökotourismus, doch wie dies mit der Industrialisierung der Küste vereinbar ist, ist schwer vorstellbar.

Andererseits hat es seit der Öffnung Kambodschas 1993 immer wieder Pläne für Großprojekte gegeben, doch nur die wenigsten wurden realisiert. Heute ist die Lage zwar ernster, aber es besteht noch Hoffnung.

Kampot

↗ XXII/A1, XVIII/B3

កំពត

Die Provinz Kampot

Kampot ist die südlichste Provinz Kambodschas. Fruchtbare, mit Zuckerpalmen bewachsene Ebenen wechseln mit unvermittelt aus den Reisfeldern emporsteigenden Karsthügeln, in denen sich weitläufige Höhlensysteme befinden, ab. Nördlich von Kampot Stadt erhebt sich das Massiv des Elefantengebirges, dessen Gipfel bis nahe ans Meer heranreichen und die 1000-Meter-Grenze überschreiten. Die von Urwald bewachsenen Berghänge bieten nicht nur Tigern und Elefanten Schutz, sondern dienten viele Jahre lang den Roten Khmer als Versteck. Die zahllosen Minen, die an den Berghängen vergraben sind, haben zynischerweise bisher das Abholzen des Waldes in großem Stil verhindert.

Die **Küste Kampots** grenzt an den Golf von Thailand und erstreckt sich von der vietnamesischen Grenze bei Ha Tien bis nahe Sihanouk Ville. Viele kleine Inseln mit schönen Stränden sind der Küste vorgelagert. Die bergige Insel **Phu Quoc,** von der gesamten Küste aus zu sehen, ist mit 1300 Quadratkilometern die größte Insel Vietnams. Früher gehörte sie zu Kambodscha und hieß Koh Tral. Die Küste des Festlandes wird dominiert von Felsen, Mangroven und unerschlossenen Stränden. *Dugongs,* eine Spezie der vom Aussterben bedrohten Seekühe, weiden noch genüsslich in den Seegrasfeldern unterhalb Phnom Bokor.

Die 622.000 Einwohner der Provinz leben überwiegend von der **Landwirtschaft.** Andere wichtige Erwerbszweige sind die Holzkohle- und Salzgewinnung sowie das illegale Abholzen der Wälder. Der Fischfang spielt eine eher untergeordnete Rolle.

Die Stadt Kampot

Der Charme dieser überschaubaren Provinzhauptstadt (40.000 Einwohner), mit ihrem von kolonialistischen und chinesischen Gebäuden geprägten Zentrum, zieht immer mehr Reisende an. Sie liegt am Fluss *Stoeng Keo,* der in den Elefantenbergen entspringt und mit einer beachtlichen Breite durch Kampot fließt. Die südliche **Promenade,** von Palmen gesäumt, lädt zum Flanieren ein und die immer zahlreicher werdenden Restaurants und Bars am Fluss laden mit westlichen und asiatischen Speisen zum Verweilen ein. Auf den kahlen Flächen, die zwischen der Stadt und dem Meer liegen, wird Salz gewonnen. Berühmt ist auch der **Kampot-Pfeffer,** der in der Provinz in großem Stil angebaut wird. In hübsch verpackten Säckchen wird er von einer NGO im *Blissful G.H.* verkauft.

Kampot besitzt keinen richtigen Hafen, da die Flussmündung und die vorgelagerte Küste zu flach sind.

Cham und Vietnamesen, die in Gruppen verstreut am Rande der Stadt leben, haben einen großen Bevölkerungsanteil in Kampot. Die viele Chinesen bzw. Sino-Khmer dominieren wie überall im Land das Business.

Die Stadt ist ein genialer Ausgangsort für **abenteuerliche Ausflüge** in die Umgebung. Bokor Mountain mit seinem verfallenen Casino und den versteckten Wasserfällen, die mysteriösen Höhlensysteme in den Karsthügeln, die einstige Geisterstadt Kep und Ausflüge zu den vorgelagerten Inseln halten den interessierten Reisenden leicht eine Woche beschäftigt. Der einzige Nachteil von Kampot ist, dass es in der Nähe keinen wirklich guten Strand und auch kein Nachtleben gibt; doch vielleicht ist es auch ein Vorteil, denn eine bestimmte Sorte von Westlern bleibt deswegen vorzugsweise in Sihanouk Ville.

Orientierung

Der Fluss Stoeng Keo teilt die Stadt in **zwei Hälften.** Touristisch ist nur die südöstliche Hälfte interessant. Dort befinden sich der Alte Markt, der Busbahnhof, Shops, Guest Houses, Hotels und Bars.

Über den Stoeng Keo gibt es **zwei Brücken.** Die „Alte", die jetzt nur noch für Mopeds und Fußgänger geöffnet ist, und die „Neue", die 2007 dem Verkehr übergeben wurde. Wie überall in Kambodscha zieht auch hier die Uferpromenade die Touristen am meisten in ihren Bann. An der sog. Riverside, auf einer Strecke von ca. einem Kilometer, befindet sich die größte Dichte an Restaurant, Bars und Unterkünften in Kampot.

Adressen

- **Geld.** Wechselstände mit akzeptablen Kursen für Dollar und Euro gibt es am Kreisverkehr und am Alten Markt. Auch die *Canadia Bank* (im Zentrum hinter dem *Senmonorom G.H.*) und die *Acleda Bank* (am Kreisverkehr) haben faire Wechselkurse. Beide Banken verfügen über einen Geldautomat (ATM). Bargeldauszahlung mit *Master-* und *VisaCard,* Traveller-Scheckeinlösung ein. Geöffnet Mo–Fr 8.00– 15.30 und Sa 8.00–11.30 Uhr.
- **Gesundheit.** Das örtliche Krankenhaus ist nicht zu empfehlen. Neben verschiedenen privaten Praxen bietet die *Bokor Maternity Clinic* zuverlässige Behandlung.
- **Shops.** Drei kleine Supermärkte einschließlich einer Apotheke am Kreisverkehr. Westliche Utensilien, Getränke, Snacks, etc.

- 1 Bodhi Villa, Southern Cross, Utopia
- 2 Ta Ouv Restaurant
- 3 Bokor View Hotel
- 4 Bokor Maternity Clinic
- 5 Neuer Markt
- 6 Krankenhaus
- 7 Canadia Bank
- 8 Sopheap Mongkol G.H.
- 9 Borey Bokor II.
- 10 Senmonorom G.H.
- 11 Borey Bokor I.
- 12 Little Garden Bar + Rest. + G.H.
- 13 Restaurant 21
- 14 Moliden G.H. und Restaurant
- 15 Acleda Bank
- 16 Supermarkt + Shops, Wechselstände
- 17 Apotheke
- 18 Kreisverkehr (Roundabout)
- 19 Fußballstadion
- 20 Sammeltaxis, Minibus + Busse
- 21 Kiri G.H. und Restaurant
- 22 Khmer Musikschule
- 23 Sean Ly und Cheang Try Motorradverleih
- 24 Alter Markt, Wechselstände
- 25 Kepler Book Shop
- 26 Bamboo Light Café
- 27 Massage Seeing Hands
- 28 Bokor Mountain Lodge und Restaurant
- 29 Rusty Key Hole Restaurant
- 30 Rikitikitavi Rest. und Hotel
- 31 Post Office
- 32 Governor Residenz
- 33 Mea Culpa G.H.
- 34 Year 2000 Monument
- 35 Acleda Bank
- 36 Blissful G.H. und Restaurant
- 37 Sok Lim Tours (Reisebüro)
- 38 Orchid G.H. und Restaurant
- 39 Tourist Office
- 40 Kampot G.H.
- 41 Ta Eng G.H.

●**Moped- und Autoverleih.** Die *Sean Ly*- und *Cheang Try Moto Shops* verleihen Motorräder mit 100 ccm (3–5 $) und 250 ccm (10 $ pro Tag), sowie Autos. In der Nähe des Kreisverkehr. Die meisten G.Hs. sind beim Verleih von Mopeds behilflich. Enduros können auch im *Orchid G.H.* für 10 $ geliehen werden.

●Viele G.Hs. verleihen auch **Fahrräder.**

●**Bücher:** *Kepler's Books* führt gebrauchte Romane, Reiseliteratur und Bücher über Kambodscha und Südostasien im Sortiment. Viele auf Englisch. Auch im *Blissfull G.H.*

●**Informationen:** *Kampot Darlaing* – kostenlose Broschüre über aktuelle Aktivitäten, Unterkünfte und Restaurants der Stadt. *Sihanouk Ville Visitor Guide* enthält ein großes Kapitel über Kampot. Für alle deutsch sprechenden Reisenden ist *Barbara,* die Mitbesitzerin des *Little Garden G.H.* eine gute Adresse.

●**Internet.** Internetcafés überall im Stadtzentrum. Die meisten in der Straße vom Kreisverkehr zur Brücke. Eher langsame Verbindung, 1 Std. 3000 Riel. WiFi im *Rikitikitavi Restaurant* und der *Bokor Mountain Lodge.*

●**Massage.** Die berühmten *Seeing Hands* (zwei Praxen fast nebeneinander) massieren müde Abenteurer für 4 $ pro Std. Riverside neben der *Bokor Mountain Lodge.*

●**Khmer Tanz.** Im *Khmer Cultural Development Institut* können Besucher von Montag bis Freitag den von Terre des Homme unterstützten Waisenkindern beim Üben zusehen. Morgens von 8.00–11.00 Uhr wird musiziert, und von 18.30–19.30 Uhr finden die Tanzstunden statt.

●**Ausflüge.** *Sok Lim Tours* ist ein sehr engagiertes und gut organisiertes Reisebüro in Kampot. Es bietet ein umfangreiches Ausflugsprogramm von ein- bis dreitägigen Touren zu allen Sehenswürdigkeiten der Umgebung an. Sehr engagierter Guide bei *Sok Lim Tours* ist *Mr. Key.* Die meisten G.Hs. in Kampot arbeiten mit ihm zusammen und haben umfangreiche Tourenbeschreibungen ausliegen. Das Büro liegt neben dem *Orchid G.H.,* Tel. 012/719872.

Auch *Mr. Kiri* vom *Kiri G.H.* bietet verschiedene Touren an. Er hat die günstigsten Preise.

Als Spezialist für abenteuerliche und individuelle Bootstouren ist *The Boatsman, Bart* aus Belgien, in Kampot bekannt (Tel. 092/174280).

●**Post.** Sehr eingeschränkter Service. An der Riverside Nähe *Bokor Mountain Lodge.*

Stadtverkehr

●**Motorradtaxi.** Überwiegend am Markt und am Kreisverkehr. Eine Fahrt in die Stadt kostet 1000–1500 Riel. Auch die Tuk Tuks werden immer zahlreicher.

●**Fahrrad-** und **Mopedkarren, Ponykutschen.** Unübliches Verkehrsmittel für Ausländer, aber in Kampot noch verbreitet.

Unterkunft

●**Bokor Mountain Lodge** (Tel. 092/964163). Für Reisende, die auf Stil und Ambiente Wert legen. Geschmackvoll eingerichtete Zimmer in einer Kolonialvilla am Fluss. Zimmer mit AC zwischen 12 und 35 $ (variiert zwischen Haupt- und Nebensaison). Gutes Restaurant (s.u.). Kostenloser Hot Spot/WiFi.

●**Blissful G.H.** (Tel. 012/513024). *Angela* aus Dänemark gibt sich alle Mühe, damit sich ihre Gäste, vor allem Backpacker, wohl fühlen. Schöner Garten, Bookstore, Bar. Im **Restaurant** Western Food – vor allem das, was man auf Reisen vermisst, wie Burger, Potatoes, Pastas, Salate. Die Zimmer kosten je nach Ausstattung 4–5 $. Ausflüge in die Umgebung und alles, was für Traveller nützlich ist. Seitenstraße südlich vom Zentrum.

●**Kiri G.H.** (Tel. 012/627002). Der Besitzer *Mr. Kiri* war früher als Soldat in Kampot stationiert und kämpfte noch Mitte der 1990er Jahre gegen die Roten Khmer. Deswegen kennt er die Gegend wie kaum jemand anderes und organisiert auch seine Ausflüge und Trekking Touren selber. Er bietet sehr viele und günstige Serviceleistungen an. Bus zur Grenze oder nach Sihanouk Ville, Visum für Vietnam etc. Das G.H. mit **Restaurant** (Travellerfood 1–3 $) liegt am Busbahnhof in einem alten, herrschaftlichen Haus. Die 27 Zimmer sind sauber und haben Bad/WC. 3–5 $ mit Fan, 13 $ mit AC.

●**Little Garden G.H. und Restaurant** (Tel. 012/256901, www.littlegardenbar.com). Freundlich, engagiertes G.H., das von dem Engländer *Norman* und der Deutschen *Bar-*

bara geleitet wird. Nette Zimmer mit Fan für 10 $, mit AC für 20 $. Nahe der alten Brücke, ca. 70 m flussaufwärts. *Norman* engagiert sich für soziale Projekte in Kampot und vermittelt kostenlos „Volunteer Work" in verschiedenen Einrichtungen. Weitere Infos unter o.g. Internetadresse.

- **Mea Culpa** (Tel. 012/504769, meaculpa kampot@gmail.com). Beliebtes neues G.H. der etwas höheren Preisklasse (18–25 $). Schöner Garten und ruhig gelegen im ehemaligen frz. Viertel der Stadt. **Restaurant** mit Khmer und Western Food. Holzofenpizza. Liegt in der Parallelstraße zur Uferstraße.
- **Kampot G.H.** (Tel. 012/512931). Größtes G.H. der Stadt mit **Gartenrestaurant.** Die Zimmer sind aufgeteilt in ein kleineres und in ein großes, hotelartiges Gebäude. Zimmer zwischen 3 und 12 $. Dieselbe Straße wie *Blissful* und *Orchid G.H.*
- **Orchid G.H.** (Tel. 092/226996). *Mr. Thuid Kum Thum,* der Besitzer, ist einer der besten Moto-Cross-Fahrer von Kambodscha. Dementsprechend ist die Rezeption mit Fotos und Pokalen dekoriert. Zimmer zwischen 4 und 15 $. **Restaurant.** Vermietung von Enduros. Gegenüber dem *Blissful G.H.*
- **Ta Eng G.H.** (Tel. 012/330058). Der freundliche *Mr. Ke Long* war einer der ersten, die in Kampot ein G.H. eröffneten. Saubere Zimmer 3–5 $. Seine Tochter hat nebenan ein großes Haus, in dem ein DZ mit Bad/WC 6 $ kostet. Liegt ca. 500 m südlich des Taxistandes in einer Gasse (beschildert).
- **Bokor View Hotel** (Tel. 012/235102). Gepflegtes Hotel für den anspruchsvolleren Reisenden. Zimmer mit AC, warmen Wasser, TV und Internet zwischen 16 und 22 $. Gehört zum **Rikitikitavi Restaurant.** Liegt zwischen der neuen Brücke und dem Neuen Markt.
- **Moliden G.H.** (Tel. 033/932798). Seriöses Khmer G.H. in einem mehrstöckigen Gebäude mit einer großen Auswahl an Zimmern zwischen 6 und 25 $. Schönes **Dachrestaurant** im 3. Stock. Liegt in der Nähe der alten Brücke.
- **Bodhi Villa.** Liegt direkt am Fluss, hat einfache Zimmer für ca. 4 $ und ein **Restaurant.**
- Das **Southern Cross** (Tel. 092/940840) spricht eher den Resort-Typen an. Große Zimmer mit Whirlpool (30–40 $) und Pool mit Bar im Garten. Gäste werden mit dem hauseigenem Tuk Tuk in Kampot abgeholt.
- Am weitesten entfernt von der Stadt (8 km) liegt das **Utopia** (Tel. 012/1724681). Wunderschöne Anlage direkt am Fluss mit einer großen Auswahl an Zimmern vom Schlafsaal (3 $) bis zum Bungalow mit eigenem Balkon (25 $). Es wird auch deutsch gesprochen.
- Die **Bodhi Villa, Southern Cross** und **Utopia** liegen auf der nordwestlichen Seite des Stoeng Keo, an der Straße nach Toek Chhou, und werden von Ausländern betrieben.

Khmer Standard Hotels:

Alle liegen nahe dem Kreisverkehr im Stadtzentrum.

- **Borey Bokor I.** (Tel. 033/932826) ist das am besten geführte und größte der Stadt. Nur Zimmer mit AC für 20 $. **Borey Bokor II.** (Tel. 011/677027) hat auch Zimmer mit Fan ab 5 $, ist aber weniger gepflegt. **Sopheap Mongkol G.H.** ist noch neu und bietet relativ kleine Zimmer zwischen 7 und 15 $ an. Das **Senmonorom G.H.** ist schon einige Jahre geöffnet und bietet akzeptable Zimmer zwischen 5 und 15 $ an.

Essen & Trinken

- **Rusty Key Hole.** Kleines, englisches Restaurant an der Riverfront mit westlichen und Khmer-Gerichten um die 3–5 Dollar. Bietet unumstritten mit das beste Essen in der Stadt.
- **Ta Ouv.** Typisches Khmer-Restaurant auf einer überdachten Holzterrasse über dem Fluss. Günstiges, ausgezeichnetes Essen. Khmer- und Seafood (Hauptspeisen 16.000 Riel). Sehr beliebt bei den Einheimischen. Nur abends geöffnet. Direkt neben der neuen Brücke.
- **Bokor Mountain Lodge.** High-End-Restaurant in Kampot. Gepflegte Khmer-, Thai- und italienische Küche in einem noblen Kolonialgebäude. Die Speisen 3–10 $. Frühstück. WiFi kostenlos. Liegt an der Riverside im gleichnamigen Hotel.
- **Little Garden Bar/Restaurant.** Serviert wird entweder im gemütlichen Gartenrestaurant oder auf der höchsten Dachterrasse in der Stadt mit Blick auf Bokor Mountain und den Fluss. Westliche und Khmer-Küche (4–6 $), große Pizzas (6 $). Frühstück. Liegt bei der alten Brücke, etwa 70 m flussaufwärts.

• **Rikitikitavi.** Gepflegtes Restaurant und Bar mit Dachterrasse und schönem Blick auf den Fluss. Empfehlenswerte westliche und asiatische Küche (3–9 $). Gut geschultes Personal, Happy Hour 17–19 Uhr, an der Riverside. Vermietung von 9 edel gestalteten **Zimmern** für 40 $, einschl. Frühstück (Tel. 012/235102, www.rikitikitavi-kampot.com).

• **Bamboo Light Café.** Indische Küche und viele Spezialitäten aus Sri Lanka. Auch Seafood und Vegetarische Speisen (2–4,50 $). Westliches Frühstück. An der Riverside.

• **Moliden Restaurant.** Dach-Restaurant im 3. Stock. Wunderbare Lage und nett eingerichtet. Khmer- und Western-Food zwischen 6000 und 16.000 Riel. Ob Khmer auch gute Pizzen backen können, muss jeder selber entscheiden. Im gleichnamigen G.H.

• **Restaurant 21.** Ein echter Tipp ist dieser namenlose Nudelshop mit der Hausnummer 21, der in der Straße vom Kreisverkehr zur alten Brücke liegt. Nudeln und ein Ei werden je nach Geschmack mit Tintenfischen, Shrimps oder Hühnchen in einem Wok gebraten. Schmeckt hervorragend und kostet nur 5000 Riel.

In dieser Straße liegen weitere kleine, billige **Restaurants** und **Garküchen,** die nur abends geöffnet haben. Hier wird auch der leckere Fruitshake *Toek Grolok* verkauft.

• Gut und günstig kann auch im **Blissful, Kampot, Orchid** und **Kiri G.H.** gegessen werden.

• Die westlichen **Nachtschwärmer** stranden spät abends oft an der Bar des *Blissful G.H.* oder im *Rusty Keyhole* (s.o.).

Anreise und Weiterreise

• **Entfernungen** in Straßenkilometern:

Phnom Penh	151
Sihanouk Ville	105
Takeo	85
Kompong Trach	37
Kep	23

• **Grenze nach Vietnam Prek Chak/Xaxia bzw. im Volksmund Ha Tien:** Lange hat es gedauert, bis dieser Grenzübergang bei Ha Tien 2008 für den internationalen Tourismus geöffnet wurde. Viele neue Reiseoptionen ergeben sich so für den Traveller. Vor allem Phu Quoc, die größte Insel Vietnams mit schönen Stränden, lässt sich in eine Rundreise integrieren. Speedboote von Ha Tien.

Achtung: Das **Visum für Vietnam** wird nicht an der Grenze ausgestellt, es muss vorher beantragt werden (siehe Kapitel „Praktische Tipps A–Z, Hin- und Rückreise"). In Kampot organisiert *Mr. Kiri* vom *Kiri G.H.* das Visum in 1 bis 2 Tagen für 43 $. Er bietet auch organisierte Fahrten zur Grenze an, verlangt dafür 5 $/Person und fährt täglich um 11 Uhr ab. Öffentliche Verkehrsverbindungen existieren nicht. Es ist aber kein Problem, Taxis (20 $) oder Motodups (10 $) für die ca. 1–2 Std. lange Fahrt am Taxi- und Busbahnhof zu finden. Auf beiden Seiten der Grenze warten diverse Transportmittel.

Ein weiterer Grenzübergang **(Phnom Den/ Tinh Bien),** weiter im Osten in der Nähe von Chau Doc, ist eine Alternative. Keine öffentlichen Verkehrsmittel. Taxis in Kampot ca. 30 $; 2–3 Std. Fahrt.

Bus und Taxi

Der Taxistand in Kampot liegt am Beginn der Straße nach Kep an einer nicht zu übersehenden „Total"-Tankstelle.

• Die Straße **nach Phnom Penh** (RN 3) ist gut ausgebaut, doch fahren alle Busse über die Strecke Kep – Kompong Trach – Ang Ta Som nach Phnom Penh. Tickets werden entweder in den G.Hs. oder direkt am Busbahnhof verkauft. Die Fahrt dauert 3½ Std. Platz im Sammeltaxi 8 $, Privattaxi 45 $. Zwei Busgesellschaften (*Hour Lean* und *Phnom Penh Sorya*) fahren für 5 $. Abfahrt 7.30 und 12.30 Uhr.

• **Von Phnom Penh** aus startet *Hour Lean* (Abfahrt am Olympic Market) und *Phnom Penh Sorya* (Abfahrt Central Market) täglich um 8.00 und 14.00 Uhr über Kompong Trach und Kep nach Kampot (5 $).

• **Sihanouk Ville.** *G'Day Mate* bietet in beide Richtungen täglich ein bis zwei Verbindungen zwischen beiden Städten im AC Kleinbus für 7,50 $ an. Abfahrtszeiten und Tickets bei *Mr. Kiri (Kiri G.H.).* Er organisiert auch täglich um 11.00 Uhr einen Kleinbus für 5 $. Sammeltaxi 4 $, Privattaxi 25 $. Fahrzeit knapp 2 Std. Straße gut ausgebaut.

• **Kompong Trach.** Sammeltaxi pro Person 5000 Riel; Motodup 4 $. Fahrzeit ca. 45 Min.

- **Kep.** Keine Sammeltaxis; Motodup einfache Strecke5 $, hin und zurück 8 $. Taxi ca. 15 $.
- **Koh Kong.** Die Busgesellschaft *Virak-Buntam* bietet eine Verbindung mit Umstieg in Veal Ream für 10 $. Abfahrt 8 Uhr. 4 ½ Std.

Zug

Der Bahnhof liegt 2 km nördlich des Kreisverkehrs. Zurzeit dürfen nur Güter und keine Passagiere transportiert werden. Wer Zeit und Organisationstalent hat, kann sich vom Bahnhof aus einen **Bamboo Train nach Kampong Trach** organisieren (ca. 35 $). Ein großartiges Abenteuer, von dem die wenigsten Leute in Kampot wissen (siehe *Bamboo Train* bei Kompong Trach).

Die Umgebung von Kampot

Phnom Sorsir

Versteckt in einer parkähnlichen Landschaft und unter prächtig blühenden Frangipanibäumen liegt eine **kleine Wat** mit einer Handvoll Mönchen. Von hier aus führt eine Treppe zu einem Heiligtum hinauf. Rechts geht es zu einer Stupa mit einem Altar (khmer: *vihear*) und links zur Hauptattraktion, der *White Elephant-Höhle*. Eine weiße Kalkablagerung am Beginn der mächtigen Höhle hat, mit etwas Fantasie, die Form eines Elefanten. In den Nischen der Höhle sind Figuren aus der buddhistischen Glaubenswelt aufgestellt, die von den Khmer verehrt werden. Fledermäuse und Eulen leben in den nur schwer zugänglichem, labyrinthartigen Gängen der Höhle. Bei der Pagode warten meist Kinder mit Taschenlampen, die Touristen für 1 $ durch die Höhle führen. Unter der einheimischen Bevölkerung kursiert das Gerücht, dass eine große Macht von diesem **Heiligtum** ausgeht. Man behauptet, dass sich in der Stupa ein Knochen Buddhas befindet. Selbst die Roten Khmer fürchteten sich vor diesem religiösen Platz und kamen niemals her, um die Pagode zu zerstören.

Eine weitere Legende behauptet, dass, als sich die Roten Khmer dem Hügel näherten, riesige Schlangen aus der Höhle kamen und sie töteten.

- **Anreise:** Nach 14 km Richtung Kep wird auf der linken Seite ein kleiner Hügel sichtbar. Vom beschrifteten Eingangstor an der Hauptstraße ca. 500 Meter.

Höhlen (Khmer: roung)

Eine der Hauptattraktionen in der Umgebung von Kampot sind die geheimnisvollen Höhlensysteme in den Karsthügeln. Bei den spannenden Höhlenexpeditionen stößt man immer wieder auf einstige menschliche Behausungen sowie buddhistische Heiligtümer. Ein Shiva-Tempel aus dem 6. Jh., eine kulturhistorische Sensation, ist Beweis dafür, dass die Höhlen schon vor mehr als 1500 Jahren von Menschen genutzt wurden.

- **Tipps für Höhlenexkursionen:** Taschenlampe, feste Schuhe, Getränke und Insektenspray mitnehmen! Es versteht sich von selbst, dass aus diesen Höhlen nichts entfernt und mitgenommen werden darf. Wer weiter in eine Höhle hinein möchte, sollte sich unbedingt einem Einheimischen anvertrauen. Am besten kennen sich oft die Kinder aus, die nahe der Höhle wohnen. Ein kleines Entgeld wird erwartet. Je nach Aufwand 1000–5000 Riel. Die Motodup-Fahrer sind meistens zu faul, um in eine Höhle zu kriechen.

Phnom Slaptaon

In diesem unauffälligen Hügel verstecken sich zwei Höhlensysteme, die

Roung Dei Ho und **Roung Thom Ken,** die zusammen eine Länge von 1806 Metern haben. Der Eingang liegt direkt bei einem alten Steinbruch.

Auf dem Weg ins Innere muss sich der Besucher durch enge Gänge quetschen, durch Löcher kriechen und über 3 m hohe Wände klettern. Dafür bekommt er einen Stalagtit mit Altar, 20 m hohe Hallen, von deren Decke dicke Wurzeln hängen, und Überreste menschlicher Behausungen zu sehen.

●**Anreise:** Von Kampot auf der Straße Richtung Kep. Nach ca. 6 Kilometern liegt der Phnom Slaptaon auf der linken Seite etwa 500 Meter von der Straße entfernt.

Phnom Chhngauk (sprich: dschnuk) und Roung Prasat

Die Anfahrt ist dieselbe wie zum Phnom Slaptaon. Diesen lässt man rechts liegen und fährt ca. 4 km auf einem Feldweg bis zur Wat Ang Saduk. Ab hier empfiehlt es sich, einen Einheimischen oder Mönch als Führer zu engagieren. Im Phnom Chhngauk gibt es mehrere Höhlensysteme. Am interessantesten ist die **Roung Prasat,** benannt nach dem etwa 1400 Jahre alten Shiva-Heiligtum. Ein großer, von Flechten grünlich gefärbter Stalagtit hält, wie die Arme eines Seeungeheuers, mit seinen Kalkablagerungen den aus Ziegelsteinen errichteten Tempel umklammert. Den hinteren Bereich der Höhle benutzen die Mönche aus der nahen Pagode, um in Abgeschiedenheit zu beten und zu meditieren.

Besuchenswert ist auch die Höhle **Roung Pheat Mia,** die etwa 100 m links der Roung Prasat liegt. Am hinteren Ende haben die Einheimischen einen Altar errichtet. Am Einstieg zur Höhle steht ein pagodenähnliches Gebäude, in dem ein Mönch lebt, dem starke spirituelle Heilkräfte bei div. Krankheiten nachgesagt werden.

Bokor ↗ XVIII/B3

Bokor liegt auf einem Hochplateau am 1080 m hohen **Phnom Popok** („der Berg, um den die Wolken kreisen") im Elefantengebirge. Auch während der heißesten Jahreszeit herrscht dort ein angenehm kühles Klima. Doch wenn die Monsunregen über das Land ziehen, hüllt sich das Gebirge tagelang in Wolken ein, und das Wetter ist feucht und stürmisch.

Früher war Bokor ein elitärer Ferienort für reiche Kambodschaner und Franzosen, die hier in Luxushotels Erholung und Vergnügen bei angenehmen Temperaturen suchten. Heute stehen die Ruinen des einst prunkvollen Casinos „Bokor Palace", der Hotels, ein zerstörter Wasserturm und die von den Franzosen erbaute Kirche einsam auf der Hochebene des Phnom Popok. Ihre verwitterten Fassaden sind von Einschüssen übersät. Von der morbiden Ruhe, die hier herrscht, profitieren Tiger und Elefanten, die in den angrenzenden Wäldern heimisch sind.

Der Phnom Popok ist der beste **Aussichtsberg** in Kambodscha. Der Blick reicht von der vietnamesischen Küste über die Insel Phu Quoc (vietn.) bis nach Sihanouk Ville.

Seit die Roten Khmer vertrieben und die Straße entmint wurde, unternehmen am Wochenende immer mehr Kambodschaner einen Ausflug nach Bokor Mountain. Dabei darf ein Besuch und ein Bad im nahegelegenen **Wasserfall** *Popok Vil* nicht fehlen. Man erreicht ihn über eine kurze Straße, die ca. 3 km vor Bokor rechts abzweigt (beschildert). Etwa 80 m oberhalb des Wasserfalls lässt sich der Bach auf ein paar Felsen leicht überqueren. Auf der rechten Seite führt ein schmaler, steiler Pfad hinab zu den Wasserfällen, wo man genüsslich baden und duschen kann. Das Wasser stürzt über zwei Stufen; die erste ist ca. 4 m hoch, die zweite fast 10 m. Leider scheinen die Khmer von Sauberkeit an Picknickplätzen nicht allzu viel zu halten. Überall liegen Plastiktüten und Styroporbehälter herum.

Seit Kurzem erfreuen sich **Trekking Touren im Bokor Nationalpark** immer größerer Beliebtheit. Der Spezialist dafür ist *Mr. Kiri* (gleichnamiges G.H.). Für den sportlichen Urwaldwanderer bietet sich der Weg vom Plateau bis hinab nach Toek Chhou an. Auch als Aufstieg möglich.

- Das **Guest House** vom **Bokor National Park Research and Training Center,** unterhalb des Casinos gelegen, bietet Übernachtungsmöglichkeiten. Ein sauberes Bett im Mehrbettzimmer kostet 5 $. Verpflegung muss der Gast selbst mitbringen, doch können die Kochgelegenheiten mitbenutzt werden.
- **Anreise:** Die 33 km lange Straße ist neu ausgebaut Die Fahrt dauert ca. 2 ½ Std. Eintritt in den Nationalpark 5 $.

Kep

XXII/A1

Kep war lange eine Geisterstadt, der langsam wieder neues Leben eingehaucht wird. Fern der Heimat errichteten hier die Franzosen 1908 ein Mini-Pendant ihrer geliebten Cote d'Azur. An einem eher kleinen Strand wurden Hotels und Casinos gebaut. Villen säumten die Küste. Wohlhabende Khmer und Franzosen amüsierten sich hier bis 1975 bei Wasserski, Tiefseetauchen, Fischen und Bootsfahrten zu den vorgelagerten Inseln.

In einem beispiellosen Zerstörungsakt machten die Soldaten *Pol Pots* diesen mondänen Badeort dem Erdboden gleich. Die Außenwände einiger weniger, besonders stabil gebauter Häuser, gespickt mit Einschussnarben, sind die einzigen Zeugen aus einer Zeit, als sich auch König *Sihanouk* hier mit seinen Freunden vergnügte.

Nur die **Uferpromenade** hat den sinnlosen Vandalismus unbeschadet überstanden. Am Wochenende bevölkern wieder viele Phnom Penhier, die mit ihren Autos aus der Hauptstadt kommen, diesen Ort. Auch die Einheimischen reagierten schnell auf die sich ankündigende Renaissance und bieten Getränke und kleine Snacks an. Die Spezialität von Kep sind Krabben.

Wer nur zum Baden an den **Strand** von Kep kommt, wird enttäuscht sein. Er ist keine 200 m lang, der Sand ist grau, es gibt weder Liegestühle oder Ähnliches, und das Wasser, besonders wenn der Monsun von Juni bis Oktober auf die Küste bläst, ist trüb. Der Reiz von Kep liegt vielmehr in der idyl-

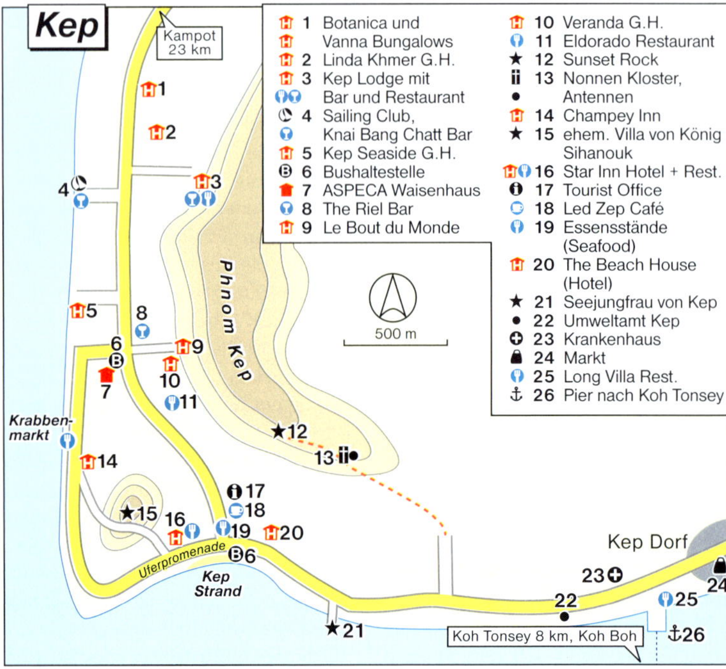

lisch ländlichen Umgebung, dem herrlichen Ausblick auf das Meer mit seinen Inseln, dem günstigen Seafood und den sehr stilvollen Unterkünften mitten in der Natur. Sehr lohnend ist ein Ausflug oder eine Übernachtung auf den vorgelagerten Inseln (siehe Rabbit Island und Koh Boh).

Informationen und Adressen

- Die beste **Information** was die Aktivitäten in und um Kep angeht, bekommt man von *Christian* im *Led Zep Café*. Der Naturfreak hat akribisch Daten für selbstentworfene, perfekte Karten gesammelt, die er Interessierten gerne zeigt, aber nicht aus der Hand gibt. Außerdem hat er das gesamte Wegenetz am Phnom Kep mit Wegweisern beschildert. Der **Sunset Rock** wurde auch von ihm erschlossen.

  Auch *Daniel* von der *Kep Lodge* ist ein guter Kenner der Gegend und betreibt die informative Website www.keplodge.com. Er ist zudem Autor des *Sihanouk Visitor Guide* sowie der Broschüre **The Kep Revival,** die halbjährlich erscheint und kostenlos ausliegt.
- **Internet:** WiFi bieten die *Kep Lodge* und die Bar am *Knai Bang Chatt Sailing Club*. Internet im *Star Inn Hotel* am Kep Beach für 2 $/Std.
- **Fahrräder und Mopeds:** Am besten in den Unterkünften nachfragen. *Botanica* verleiht kostenlos Fahrräder. Ansonsten zwischen 1–3 $. Halbwegs akzeptable Mountain Bikes im *Knai Bang Chatt Sailing Club* und bei *Led Zep Café*. Mopeds kosten je nach Zustand zwischen 6 und 10 $. Enduros 12–18 $.

- **Weitere Verkehrsmittel:** Jede Unterkunft organisiert Tuk Tuks, Motodups oder Taxis.
- **Wassersport:** Der Sailing Club ist an das *Knai Bang Chatt Resort* angeschlossen und verleiht Hobie Cats, Kajaks, Windsurfer und Motorboote mit Kapitän. Wasserski auch möglich. Tel. 012/349742.

Unterkunft

Kep scheint an seine Vergangenheit anzuschließen, denn hier sind in den letzten Jahren fast ausschließlich Hotels und Resorts in mittleren Preislagen ab 20 $ entstanden. Da dies für das Budget vieler Backpacker zu hoch ist, übernachten diese meist in Kampot.

- **Champey Inn** (Tel. 012/501742, www.nicimex.com). Eines der gehobeneren Hotels am Ufer, aber ohne Strand, dafür mit Pool. Die Preise zwischen 60 und 100 $ sind hoch, doch die Anlage ist meistens ausgebucht. Das Restaurant bietet frz. Küche, vor allem aber Seafood. Sehr einladende Terrasse, direkt am Meer. Neben dem Krabbenmarkt.
- **Veranda G.H.** (Tel. 012/888619, www.veranda-resort.com). Wunderschöne Parkanlage mit Holzbungalows, die untereinander durch Holzbrücken verbunden sind. Liegt am Fuß eines Hügels mit schönem Blick aufs Meer und Bokor Mountain. *Lilli* und *Mab* sind sehr bemüht um ihre Gäste. Sehr oft ausgebucht. Große Auswahl an Bungalows mit hübscher Innendeko (20–80 $ inkl. Frühstück). Gutes Restaurant mit Western- und Asian-Food sowie Barbeque und kanadischen Spezialitäten, auch für Vegetarier. Organisation von Ausflügen. Am Fuß des Berges Phnom Kep. *Visa/MasterCard.*
- **Kep Lodge** (Tel. 092/435330, www.keplodge.com). Herrlicher Platz inmitten der Natur am Fuße des Phnom Kep mit Blick auf Meer und Bokor Mountain. Nette Bungalows (30–36 $) und Pool. WiFi, *Visa/MasterCard.* Bar und Restaurant (siehe „Essen und Trinken"). Der Besitzer *Daniel* ist ein guter Kenner der Gegend und engagierter Gastgeber. Hier können verschiedene Ausflüge gebucht werden, seine Spezialität sind Schnorchelausflüge. Von Kampot kommend am Ortseingang von Kep. Wegweiser links hinauf.
- **Le Bout du Monde** (Tel. 012/242166). Der Franzose *Laurant,* ein echter *Robinson Crusoe,* war 1999 der Erste, der hier ein paar einfache Bambushütten am Rande des Dschungels errichtete. Heute stehen hier luxuriöse Bungalows mit Minibar. 15–85 $ pro Bungalow. Restaurant mit Khmer- und französischer Küche. Gegenüber *ASPECA*-Waisenhaus. Ausgeschildert.
- **The Beach House** (Tel. 012/240090, www.TheBeachHouseKep.com). Direkt am Strand von Kep. Zimmerausstattung entspricht in etwa den Mittelklassehotels in Europa. Alle Zimmer mit Meerblick, kleiner Pool und ein Restaurant. Übernachtung im DZ 35 $. Liegt ein paar Meter oberhalb der Straße.
- **Star Inn** (Tel. 099/965999). Mittelklasse-Hotel, ebenfalls am Kep Beach. Kurioser Versuch einen Spagat zwischen asiatischem und westlichem Stil hinzubekommen. Zimmer mit Blick auf die Inseln und den Strand (35 $). Internet, Karaoke, Massage und Restaurant.
- Zu den günstigeren Unterkünften gehört das **Kep Seaside G.H.** (Tel. 012/684241), das direkt am Meer liegt. Baden ist nicht möglich. Mit Fan sowie Bad/WC für 7–10 $. Restaurant mit Khmer- und Seafood-Gerichten.
- Ebenfalls für Backpacker erschwinglich sind die Bungalows im **Botanica** (Tel. 016/562775, www.kep-botanica.com), 8–10 $, das kostenlos Fahrräder verleiht und ein gutes Restaurant hat, sowie die **Vanna Bungalows** (Tel. 012/755038) ab 8 $ und das **Linda Khmer G.H.** (Tel. 012/953427), das Zimmer zwischen 6 und 10 $ vermietet. Die oben genannten Unterkünfte liegen am Ortseingang von Kampot kommend.

Essen und Trinken

Die Spezialität von Kep sind **Krabben** mit Kampot Pfeffer. Es gehört praktisch zum Pflichtprogramm, sich diese an der **Strandpromenade** oder in einem der 30 kleinen Restaurants am **Krabbenhafen** von den Einheimischen servieren zu lassen. Sehr lecker, aber anstrengend, denn das schmackhafte Fleisch muss eigenhändig aus den Schalen gepult werden (1 kg ca. 35.000 Riel). Wer es besonderst stilvoll zelebrieren möchte, organisiert sich noch eine Flasche Weißwein.

• **Led Zep.** Einfaches Straßencafé. *Christian* serviert neben Getränken, Pancakes und Burrito (ca. 2 $) auch Pizza (ca. 4 $), aber kein Seafood. Geöffnet 8–19 Uhr.
• **Long Villa.** Einfaches Khmer-Restaurant am Pier zu Rabbit Island. Westliches Frühstück, Khmer und Seafood zwischen 2 und 5 $.
• **Kep Lodge.** Einladende Bar und Restaurant in Poolnähe. Pizza, Rösti, Khmer-Amok-Gerichte und Sandwich sind die Spezialitäten (3–8 $). In der gleichnamigen Unterkunft.
• **The Riel Bar** (Tel. 012/1902771, www.kep-riel-bar.com). Zentrum des Nachtlebens in Kep. In einer großen Halle finden Veranstaltungen statt. Produkte aus der eigenen Bäckerei und auf Vorbestellung zubereitete Khmer-Gerichte zwischen 3 und 6 $. Wer mit Riel statt Dollar zahlt, bekommt Discount. An der Hauptstraße, nahe *ASPECA*-Waisenhaus.
• **Eldorado.** Nachts bunt beleuchteter Garten mit origineller Steinhausarchitektur. Europäisch-ungarische Küche sowie Holzofenpizza (2–8 $). Zwischen Kep Strand und *ASPECA*-Waisenhaus.
• **Knai Bang Chatt Sailing Club.** Moderne Bar im Retrostyle direkt am Meer. Idealer Platz für einen Sunset Cocktail nach einem Segelturn. Western Food (6–15 $). WiFi.
• **Alle Hotels** und **G.Hs.** bieten ebenfalls gutes Essen in ihren Restaurants an.

Anreise und Weiterreise

Von Kampot führt eine gute Straße 23 km nach Kep. Nach 15 km bei der Weggabelung (White Horse) rechts abbiegen.
• Es gibt zwei **Busgesellschaften** (*Hour Lean* und *Phnom Penh Sorya*), die Kampot, Kep und Phnom Penh über die neue Straße via Trach verbinden. Haltestellen sind am Kep Beach und an der Kreuzung beim *ASPECA*-Waisenhaus (siehe Stadtplan). Preis 5 $, Fahrzeit 3½ Std. Die Busse aus Phnom Penh kommen um 11.00 und 17.00 Uhr in Kep an und fahren weiter nach Kampot (2 $).
• Neben dem Bus besteht die Möglichkeit, mit einem **Motodup** für 4 $ (mit Rückfahrt 7 $), einem Tuk Tuk oder **Taxi** für 10–16 $ von Kampot aus anzureisen (30–45 Min).
• **Grenze Vietnam** (Prek Chak/Xaxia Ha Tien): mit Motodup 10 $ (33 km).

Ausflüge in Kep

• Herrliche Ausblicke und Begegnungen mit Affen bietet der 8 km lange **Rundtrek** (ca. 2½ Std.) auf Schotterwegen und Dschungelpfaden, der auf eigene Faust zu machen ist. Gut und originell beschildert durch *Christian* vom *Led Zep Café*. Beginn des Pfades hinter Hotel *Le Bout du Monde*.
• Lohnend ist auch der Aufstieg zum **Sunset Rock,** 182 m oberhalb von Kep Beach. Aufstieg über das Nonnenkloster entweder von *Led Zep Café* oder vom Kep Verwaltungsviertel, Richtung Kep Ort. Der Weg ist beschildert. Die Nonnen freuen sich über eine kleine Spende. Mückenspray nicht vergessen!

Die Inseln von Kep

Vor der Küste von Kep liegen sieben Inseln, die zum kambodschanischen Territorium gehören. Bis auf zwei sind alle unbewohnt und haben ein felsiges, schwierig zugängliches Ufer. Die große Insel am Horizont heißt **Phu Quoc** und liegt auf vietnamesischem Territorium. Früher gehörte sie zu Kambodscha und hieß *Koh Tral.* Die kambodschanischen Fischerfamilien haben nur kleine Boote und verkaufen ihren Fang, überwiegend Krabben, nach Kep. Sie leben mit ihren vielen Kindern in ärmlichen Verhältnissen.

Vorsicht: Auf allen Inseln herrscht **Malariagefahr.**

Koh Tonsey (Rabbit Island)

Rabbit Island ist die einzige Insel in Kambodscha, auf der es schlichte Holzhütten zum Übernachten gibt und die einfach zu erreichen ist. An den kleinen palmengesäumten Sandstränden leben rund 15 Fischerfamilien. Der längste Strand, an dem auch die Unterkünfte und „Restaurants" stehen, ist etwa 200 Meter lang. Er kann zwar nicht mit den Traumstränden der Welt mithalten, aber er bietet sich ideal zum Baden an. Die Einheimischen räumen regelmäßig den Plastikmüll weg, der alle einsamen Buchten der Küste verschandelt.

Die meisten Touristen kommen nur tagsüber zum Baden hierher. Trotz der **einmaligen Sonnenuntergänge** bleiben bisher nur wenige über Nacht. Es gibt mehrere Familien, die Hütten anbieten. Alle sind sehr einfach mit Bett, Moskitonetz und Balkon ausgestattet; Dusche und Toilette stehen zwischen den Palmen und sind vor neugierigen Blicken durch einen Bambuszaun geschützt. Strom gibt es von 18.30–21.00 Uhr. In den einfachen Restaurants gibt es Fried Rice, Krabben und Fisch sowie kühles Bier. Die Hütten kosten 3–5 $ pro Nacht. Taschenlampe nicht vergessen.

Koh Boh

Diese Insel haben erst wenige Touristen gesehen. Sie wird von ca. 100 Fischerfamilien bewohnt, die ihre Hütten an drei Buchten aufgebaut haben. Es gibt dort zwei akzeptable Sandstrände, die aber über keine Infrastruktur verfügen und von Plastikmüll verschmutzt sind. Ein Ausflug nach Koh Boh ist lohnend, aber nicht zum Baden. Außer Kaffee und Krabben gibt es dort nichts zu kaufen. Wasser unbedingt selber mitbringen.

- **Anreise:** Am Pier von Kep (Dorf) warten immer Boote (bis zu 15 Personen), die nach *Rabbit Island* fahren. Ein Boot für die Hin- und Rückfahrt kostet 15 $; Fahrzeit ca. 25 Min. Günstiger ist es, wenn man mit dem Sammelboot um 9.00 Uhr hin und um 16.30 Uhr wieder zurückfährt. Dieser Ausflug kostet 6 $ und kann in den G.Hs. in Kep gebucht werden. Transport zum Pier inklusive. Ein Boot nach *Koh Boh* kostet für die Hin- und Rückfahrt 30 $ (Fahrzeit 45 Min.). Auch von Rabbit Island kann man sich ein Boot nach Koh Boh für 15 $ mieten.

Der Bus von Phnom Penh über Kep nach Kampot hält auch am Bootssteg.

Kompong Trach

↗ XXII/B1

Nur wegen des Marktes und der beiden prachtvollen Pagoden wäre dieser Ort nicht erwähnenswert. Doch das für Touristen interessante Potenzial liegt in der idyllischen, über Jahrhunderte von Reisbauern geprägten Kulturlandschaft, den **bizarren Karsthügeln,** die mit ihren geriffelten Felsen unvermittelt aus den mit Zuckerpalmen bestandenen Ebenen herausragen und ein wenig an die Trockene Halong Bucht in Nordvietnam erinnern. Sie verstecken die größte Attraktion von Kompong Trach, die **Höhlen.**

Phnom Bak bzw. White Mountain

So heißt der Berg, der sich etwa 1,5 km nördlich des Ortes erhebt. An seinem Fuß steht die wunderschön gelegene *Wat Girisela,* oder wie die Einheimischen sie auch nennen: *Wat Phnom.*

Nicht weit von der Pagode ist der Eingang zu einer Höhle, durch die man nach 50 m den „Garten" von **Groh Pea Neak** erreicht, eine spektakuläre Folge der Erosion. Inmitten des

Berges ist ein kreisförmiger Platz, der umgeben ist von 30–40 m hohen Felswänden, in denen Höhlen und Grotten mit buddhistischen Figuren versteckt sind. Verlassen kann man diesen mystischen Platz durch eine zweite Höhle, die einen auf die andere Seite des Berges bringt.

Wer trittsicher und schwindelfrei ist, kann von dort noch die **Roung Srae Muayroy** (Höhle der 100 Felder) besuchen. Der Name kommt von einer weißen Kalkablagerung am Ende der Höhle, die viele Felder in Miniaturform geformt hat.

Nicht weit davon entfernt befindet sich die **Swimming Cave** (khmer: *ang häel toek*), eine halboffene Höhle mit klarem Wasser, in der sich die Dorfjugend zum gemeinsamen Bad trifft.

Unterkunft

Es ist nicht unbedingt notwendig, in Kompong Trach zu übernachten. Die Höhlen lassen sich auch in einem Tagesausflug von Kep bzw. Kampot besuchen.

- Brauchbare Unterkünfte sind das **Kiri Sela G.H.** (6 $ Fan, 12 $ AC) und das etwas ältere **Kang Kang Guest House.** DZ mit Bad/WC für 5 $, beide Khmer Standard Hotels.

Essen und Trinken

- Entlang der Hauptstraße und vor dem Markt gibt es einige namenlose Restaurants und Essensstände.

Anreise und Weiterreise

- **Kampot** ist 37 km entfernt. Es verkehren regelmäßig Minibusse (5000 Riel) und Sammeltaxis (8000 Riel). Ein Motodup kostet 8 $.
- Die besser ausgebaute Straße von Phnom Penh nach Kampot führt über Kompong Trach. Darum halten hier auch die **Busgesellschaften** *Phnom Penh Sorya* und *Hour Lean.* Beide gleicher Fahrplan: Nach Phnom Penh 8.30 und 12.30 Uhr (4 $, 2½ Std.); nach Kep und Kampot 10.30 und 16.30 Uhr (2 $, 1 Std.).
- **Grenze Vietnam:** Wer von Phnom Penh direkt nach Ha Tien (Vietnam) möchte, hat von hier aus die kürzeste Verbindung (16 km). Motodup 15.000 Riel.

Bamboo Train

Die *Bamboo Trains* oder auch *Lorrys* genannt, stammen aus der Zeit, als der Personenverkehr auf der Schiene aus Sicherheitsgründen eingestellt wurde und die Straßen zwischen Kompong Trach und Takeo noch so gut wie nicht befahrbar waren. Da die Schienen vorhanden waren, behalfen sich die Menschen mit **selbstgebastelten Miniwaggons.** Auf zwei Eisenbahnachsen wurde ein Bretterrost gelegt, worauf Waren und Personen Platz fanden. Angetrieben wurde das Gefährt entweder mit einem Bootsmotor oder einem Motorrad, das an den Waggon gekoppelt wurde und auf einem Schienenstrang fuhr. Bei Gegenverkehr wurde einer der Waggons kurzerhand abgekoppelt, und schon bald ging es weiter. Nur wenn der reguläre Zug kam, war Eile geboten. Nachdem das Straßennetz heute besser ausgebaut ist, werden die *Bamboo Trains* von den Einheimischen nicht mehr benutzt. Da es für uns Europäer ein einmaliges Abenteuer ist, auf diese Art zu reisen, bauen die Khmer bei Nachfrage ihr improvisiertes Gefährt, das sie in der Nähe des Bahnhofs lagern, flugs wieder zusammen. Am besten direkt am **Bahnhof** (ca. 1 km vom Zentrum), dort wo der Feldweg die Schienen quert, nachfragen. Man weiß Bescheid und organisiert den Trip entweder **nach Kampot** 35 $ (1½ Std.) oder **nach Takeo** 50 $ (3 Std.). Die kürzeste, aber landschaftlich schönste Strecke, führt **nach Tuk Meas,** Richtung Takeo, 10–15 $. Dort gibt es G.Hs. und Busse nach Phnom Penh. Die Preise gelten pro *Lorry.*

Sihanouk Ville (Kompong Som) ↗ XVIII/A3

ក្រុងព្រះសីហនុ (កំពង់សោម)

Überblick

Hier hat es „boom“ gemacht. Jahrelang dümpelte der einzige Küstenabschnitt das Landes, der echtes Beachlifepotenzial besitzt, mehr schlecht als recht vor sich hin. Die **traumhaften Strände** konnten nicht sinnvoll für den Tourismus erschlossen werden, da Grundstücksspekulanten, die sich fast alle Grundstücke am Meer unter den Nagel gerissen hatten, niemandem auch nur einen Quadratmeter Grund verkauften, wenn überhaupt geklärt war, wem das Land schlussendlich gehörte. Sie hofften darauf, dass multinationale Hotelketten und Casinos sich auf einen der letzten unerschlossenen Küstenabschnitte der Welt stürzen und den Sand mit Dollars aufwiegen würden. Der Aufbau einer attraktiven Guest-House-Szene am Strand, die Thailand und Vietnam so berühmt machte, war dadurch nicht möglich. Doch die Hoffnungen auf den schnellen Geldsegen großer Konzerne scheinen zu schwinden. Deshalb widmet man sich jetzt auch den mittelständischen und kleinen Unternehmen. Vor allem am Ochheuteal und Serendipity Beach ist in den letzten Jahren viel passiert. Es entstanden immer mehr gemütliche G.Hs., gute Restaurants und chillige Strandbars. Einen Vergleich mit den Nachbarländern muss Sihanouk Ville nicht mehr scheuen. Neu ist, dass jetzt auch die **vorgelagerten Inseln** in noch kleinem Rahmen erschlossen werden, allen voran Koh Rong und Koh Rong Samlem, deren Strände unverständlicher Weise über Jahre vom Tourismus praktisch unberührt waren, obwohl sie nur 2–3 Bootsstunden von der Stadt entfernt liegen. Bauarbeiten in gewaltigem Ausmaß zwischen dem Zentrum und dem Soka Beach werden das Stadtbild in den nächsten Jahren extrem verändern. Auf einer mehrere Quadratkilometer großen Fläche wurde bereits mit den Bauarbeiten für die Retortenstadt **„Pearl City“** begonnen.

Der ursprünglicher **Name** der Stadt war Kompong Som. 1965 brachte Prinz *Norodom Sihanouk* französische Ingenieure hierher, um einen Tiefseehafen zu errichten. Seitdem nannten die Bewohner ihre Stadt Sihanouk Ville, aus Dankbarkeit für dieses großartige Geschenk, das Arbeitsplätze und Wohlstand versprach. Als 1970 *Lon Nol* den Prinzen stürzte, taufte er die Stadt wieder auf ihren alten Namen, den sie auch unter den Vietnamesen behielt. Offiziell wurde die 203.000 Einwohner zählende Stadt später wieder in Sihanouk Ville umbenannt. Die Bevölkerung verwendet beide Namen.

Einst breiteten sich hier Urwälder aus, und die Ufer des Meeres waren von einem Gürtel undurchdringlicher Mangroven bewachsen. Auf der Suche nach heimischem Ambiente entdeckten die Franzosen während ihrer **Kolonialzeit** Kompong Som und verwandelten die jungfräulichen Ufer in

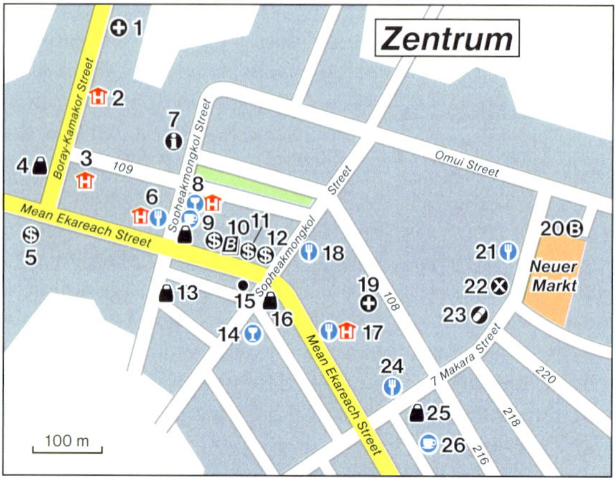
Zentrum
Boray-Kamakor Street
Sopheakmongkol Street
Mean Ekareach Street
Omui Street
109
108
Street
7 Makara Street
220
218
216
Neuer Markt
100 m
1
2
3
4
5
6
7
8
9
10
11
12
13
14
15
16
17
18
19
20
21
22
23
24
25
26

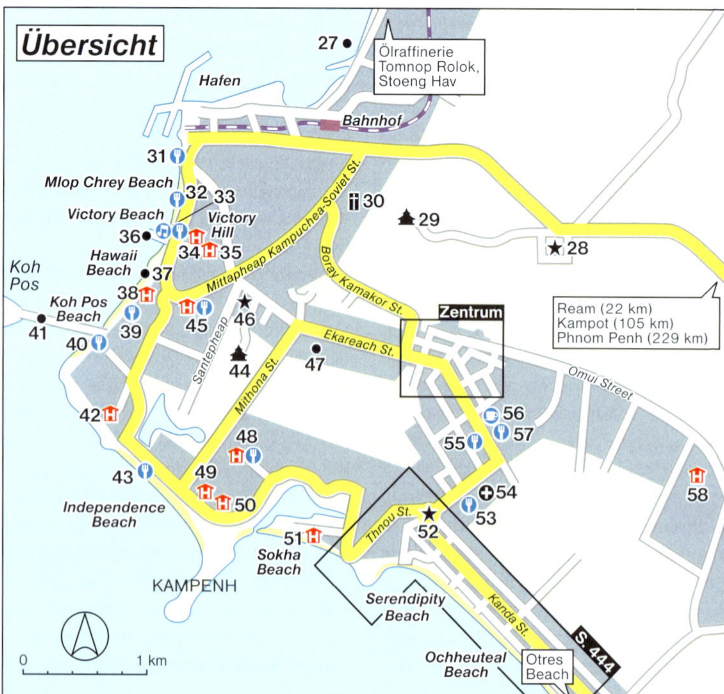
Übersicht
Ölraffinerie Tomnop Rolok, Stoeng Hav
Hafen
Bahnhof
Mlop Chrey Beach
Victory Beach
Victory Hill
Hawaii Beach
Koh Pos
Koh Pos Beach
Mittapheap Kampuchea-Soviet St.
Boray Kamakor St.
Ekareach St.
Santepheap
Mithona St.
Zentrum
Omui Street
Ream (22 km)
Kampot (105 km)
Phnom Penh (229 km)
Independence Beach
Sokha Beach
KAMPENH
Thnou St.
Serendipity Beach
Kanda St.
Ochheuteal Beach
Otres Beach
S. 444
0
1 km
27
28
29
30
31
32
33
34
35
36
37
38
39
40
41
42
43
44
45
46
47
48
49
50
51
52
53
54
55
56
57
58

Sihanouk Ville

1 CT-Clinic
2 King Gold Hotel
3 The Bavarian Hotel und Restaurant
4 Kleiner Markt und Obststände
5 Acleda Bank
6 Angkor Inn G.H. und Restaurant
7 Tourist Office
8 Freedom Bar und Hotel, Expresso Kampuchea, Orange Supermarkt
9 Mekong Bank
10 Heinz Books
11 ANZ-Royal Bank
12 Canadian Bank
13 Bäckerei 7. Januar
14 Fisherman's Den Bar
15 Caltex Tankstelle
16 Cahmroeum Phal Supermarkt
17 Oasis Restaurant und Hotel
18 Chinesische Nachtrestaurants
19 Praxis Dr. Khy Khoeurn Yen
20 Busbahnhof
21 Te Lee Hong Rest.
22 Taxi Stand (Richtung Kampot)
23 Apotheke
24 Gelato Italiano
25 Samudera Supermarkt
26 Starfish Bakery und Café
27 Speedboot-Hafen Phea Poyal
28 Angkor-Brauerei
29 Wat Sotanien
30 Kirche St. Michael
31 New Beach Restaurant
32 Chhne Meas Rest.
33 Airport Disco
34 Sakal Bungalows
35 Victory Hill:
Chez Mari-Yan G.H.
Golder Rooster Hotel,
Sunset Garden Inn,
Mealy Chenda G.H. und Restaurant
36 Russian Pier
37 Fischerboote für Rundfahrt
38 Emario Shoman Marine Resort
39 Hawaii Sea View
40 Treasure Island Seafood Rest.
41 Brücke nach Kos Pos
42 The Independence
43 Restaurant und Essensstände
44 Wat Antanien
45 Snake House und Hotel
46 Pavillon
47 Vietnamesisches Konsulat
48 Chez Claude
49 Sea Breeze Hotel
50 Sasha G.H.
51 Sokha Beach Resort
52 Golden Lion Monument
53 Swiss Garden
54 Staatliches Krankenhaus
55 Luna d'autunno
56 B&A Café
57 Holy Cow Rest.
58 Don Bosco Hotel

eine „Riviera des Ostens". Bis 1975 gaben sich hier ehemalige Kolonialherren und reiche Khmer in den luxuriösen Hotels zur Sommerfrische und an Wochenenden ein Stelldichein.

Auffallend am Stadtbild Sihanouk Villes ist der große Anteil der **chinesischen Bevölkerung** bzw. der *Sino-Khmer* (Kambodschaner, die sich mit Chinesen vermischt haben). Kaum ein Geschäft oder Restaurant, bei dem der Name auf Chinesisch nicht genauso groß angeschrieben ist, wie der in Khmer. Es ist deutlich spürbar, dass die Menschen hier Ausländern gegenüber weniger aufgeschlossen sind als in an-

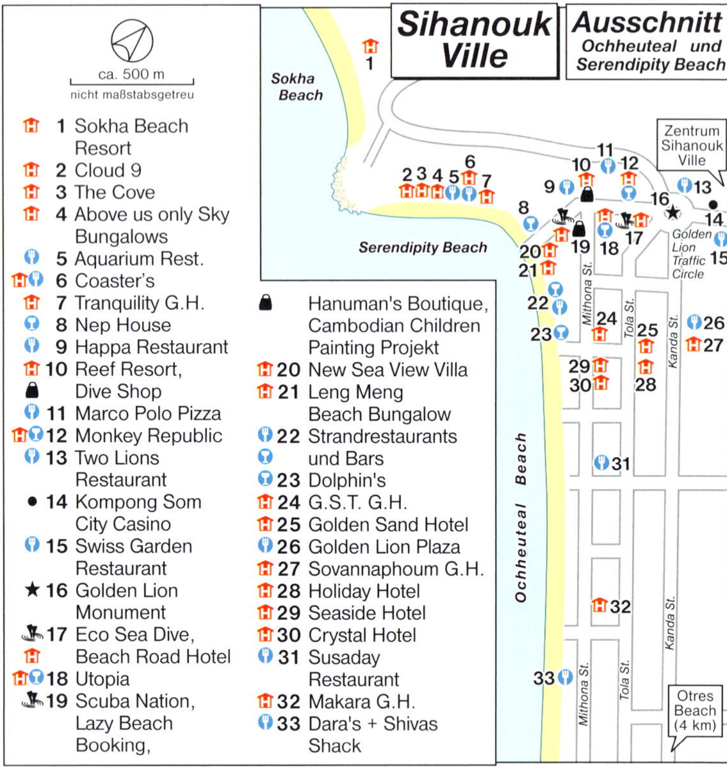

deren Teilen des Landes. Nur selten hört man die sonst so vertrauten Begeisterungsschreie der Kinder „Hallo, hallo, barang, barang". Konfuzianische Geschäftstüchtigkeit dominiert den Lebensrhythmus in dieser Stadt.

Die Stadt liegt zwischen kahlen Hügeln, die mit langem Gras bewachsen sind. Der Reiz Sihanouk Villes liegt einzig und allein in ihren Stränden, den vorgelagerten Inseln und den delikaten Meeresfrüchten, die ganze Speisekarten füllen. Fische, Krebse, Tintenfisch und Langusten, auf verschiedenste Arten zubereitet, gehören zu den täglichen Leckerbissen, die überall zu moderaten Preisen serviert werden.

Klima

Die Küste ist dem Südwestmonsun ausgesetzt. Dies bedeutet, dass spätestens ab Ende Mai bis Oktober die See sehr rauh ist und es in dieser Zeit immer wieder zu Gewittern, Stürmen und länger anhaltenden Regenfällen kommen kann. Doch auch in dieser Periode sind Sonnentage nicht selten. Die schönste Zeit zum Baden ist November bis März.

Orientierung

Die Stadt liegt auf einer wenig ausgeprägten Halbinsel. Die schönsten Strände liegen im Süden des Stadtzentrums in ca. zwei Kilometer Entfernung. Der Hafen befindet sich drei Kilometer vom Zentrum entfernt im Nordosten; der Bahnhof liegt an der RN 4 in der Nähe des Hafens. Das Herz der touristischen Szene, wo praktisch alles zu bekommen ist, schlägt auf den 200 Metern entlang der **Serendipity Beach Road,** die am Golden Lion Monument beginnt.

Die Hauptstraße der Stadt nennt sich Mean Ekareach, die anderen Straßen haben jetzt zwar oft Namen, doch sind sie den meisten unbekannt.

Strände und Inseln

Vorsicht: Für alle Strände gilt, keine Wertgegenstände unbeaufsichtigt zu lassen. Am besten alle Wertgegenstände im Hotel deponieren.

Victory Beach

Bekannt geworden ist er durch die Traveller, die oben am Victory Hill Quartier bezogen. Auch wenn heute wesentlich weniger Reisende dort absteigen, gibt es immer noch einige nette Unterkünfte und Khmer Standard Hotels in der näheren Umgebung. Der Strand ist fast einen Kilometer lang, aber gemütlich baden und sonnen lässt sich nur auf dem kleinen, gepflegten **Sandstrand** unter Palmen vor der *Airport Disco,* die tagsüber ein Restaurant und Café ist. Der verhältnismäßig wenig besuchte Strand verfügt jedoch über eine gute Infrastruktur. Neben mehreren hervorragenden Restaurants liegt hier auch der **Russian Pier,** von wo aus viele Ausflugsfahrten starten, und wo auch Boote gemietet werden können.

Hawaii Beach

Die Hälfte des Strandes ist vom neuen **Emario Shonan Marine Resort,** einer gewaltigen Hotelanlage mit eigenem Hafen eines asiatischen Investors, okkupiert. An der anderen Hälfte des Strandes sind Sonnenschirme und Liegestühle aufgereiht, die jedoch hauptsächlich von Khmer bevölkert werden. Bezeichnend für den Hawaii Beach sind die hohen Nadelbäume, von denen er gesäumt wird. Südlich des Strandes wird momentan eine Brücke auf die Insel Koh Puh gebaut. Man darf gespannt sein, was auf der Insel entsteht.

Independence Beach

Benannt nach dem mondänen Hotel *The Independence,* das hier in den 1960er Jahren entstanden ist und bis zu seiner Neueröffnung 2007 als Ruine und Wahrzeichen auf einer Anhöhe alles überragt hat. Für seine Gäste ist der nördlichste Zipfel des Strandes, an den sich ein Stück Felsküste anschließt, reserviert. Der Rest des Strandes ist weniger stark frequentiert und wird von westlichen Touristen recht selten besucht. Wie überall gibt es die ungemütlichen Khmer Liegestühle und kleine Buden, in denen Seafood und Getränke verkauft werden.

Sokha Beach

Am südlichen Ende des Independence Beach beginnt eine Halbinsel mit Felsküste. Auf der anderen Seite schließt sich der Sokha Beach an. Er ist der schönste Strand in Sihanouk Ville. Das dachte sich auch der Besitzer von *Sokimex,* einer der reichsten Männer in Kambodscha, und stellte dort das 5-Sterne **Sokha Beach Resort** auf. Gegen eine kleine Gebühr (4 $ unter der Woche und 6 $ am Wochenende) ist der Strand für Touristen, die nicht im Hotel wohnen, zugänglich. Das Hotel bietet auch einige attraktive Wassersportaktivitäten an.

Serendipity Beach

Wieder unterbrochen durch eine steinige Halbinsel beginnt der Serendipity Beach. Dieser Strandabschnitt ist ca. 500 Meter lang und am besten vom Ochheuteal Beach aus zugänglich. Er bietet alles, was westliche Reisende suchen. Vor allem ist es der einzige Ort, an dem die Unterkünfte direkt am Wasser liegen. Der Strand bietet ein buntes Chaos von Guest Houses in verschiedenen Preislagen, romantische Restaurants und schrille Bars direkt am Strand, gemütliche Liegestühle, gute Massagen (die Vietnamesinnen sind die besten), und was zu jedem Touristenstrand gehört, ein paar aufdringliche Strandverkäufer. Ganz rechts am Strand stehen die etablierteren Restaurants und die Unterkünfte – auf der linken Seite, wo auch der Sandstrand ist, liegen die einfachen Bars und Restaurants, die vor allem am Abend mit Seafood Barbeque und Kerzenlicht locken. Große Hotelprojekte sind hier seit jeher geplant, doch niemand weiß, wann oder ob überhaupt damit begonnen werden wird.

Ochheuteal Beach

Der Serendipity Strand geht nahtlos in den Ochheuteal über. Wo genau die Grenze ist, weiß niemand so recht, aber in etwa wird sie dort gezogen, wo die Anzahl der westlichen Touristen abnimmt und die der Khmertouristen überwiegt. Dieser populäre und gut erschlossene Strand unter Nadelbäumen bietet gleichfalls Liegestühle, Sonnenschirme, Strandbars, Garküchen und Seafoodverkäufer. Am Wochenende bevölkern große Gruppen von Einheimischen, wie z.B. Familienclans, vor allem aus Phnom Penh, den Strand. Meist gehen sie, besonders die Frauen, mit der gesamten Kleidung ins Wasser. Unter der Woche sind die „Langnasen" mit ihrem Sonnenbrand unter sich. Nur an der nördlichen Hälfte des etwa 4 km langen Strandes gibt es Bewirtschaftung, an der südlichen Hälfte darf nichts gebaut werden, und somit ist der Strand sich selbst und dem Müll überlassen. Entlang der drei parallel laufenden Straßen gibt es Hotels, G.Hs. und Restaurants jeglicher Kategorie, nur nicht so gemütlich wie am Serendipity Beach.

Direkt am Strand befinden sich auch drei **Haupt-Partyspots** der Stadt: *Dara's* und *Shivas Shack* sowie das *Dolphins.*

Otres Beach

Jahrelang interessierte sich wegen der Abgeschiedenheit niemand für diesen ca. 3 Kilometer langen Strand, dessen Sandstreifen allerdings nicht ganz so breit ist wie bei den anderen Stränden. Seitdem offiziell Bungalows und Restaurants - sofern sie aus Holz sind - direkt am Ufer gebaut werden dürfen, zieht dieser Ort neben einigen Khmer vor allem Abenteurer und Aussteiger aus aller Welt an, die hier ihre Träume verwirklichen wollen. Es entsteht gerade eine schillernde Strandkultur für Abenteurer und Romantiker mit Bungalows, Restaurants, Bars und Bootsverleih. Doch in der Zukunft soll Otres Beach den großen Hotelketten und Investoren gehören. Da er der nächste Strand zum Flughafen ist, wird bereits eine direkte Straße dorthin gebaut, über welche die Touristen bald auf schnellstem Wege ans Meer gebracht werden sollen. Man sollte Otres *jetzt* genießen, solange er noch einzigartig ist. Motodups verlangen derzeit ca. 3–5 $ für die Anfahrt.

Sehenswertes

Wat Sotanien

Die Pagode liegt auf einem Hügel über der Stadt. Von hier bietet sich dem Betrachter ein **grandioser Blick** auf die gesamte Küstenregion. In den Unterkünften, die sich um die neu renovierte Pagode gruppieren, leben ca. 50 Mönche, von denen die meisten die dortige Palischule besuchen. Benannt ist die Wat nach einem berühmten und gebildeten Mönch, der u.a. das bis heute umfassendste Khmer-Lexikon geschrieben hat. Bis 1975 stand hier eine besonders schöne Pagode, die allerdings von den Roten Khmer zerstört wurde. Stattdessen errichteten sie an der selben Stelle ein Wasserreservoir, über dem die heutige Pagode wieder aufgebaut wurde.

Brauerei

Die Brauerei des berühmten **Angkor Beer** steht in Sihanouk Ville. Sie wurde 1966 gebaut und nach dem Krieg 1991 wieder in Betrieb genommen. Außerdem wird dort *Bayon Beer* und *Pepsi* abgefüllt. Am Stadteingang an der RN 4.

Monument der Goldenen Löwen

Diese mächtige Statue in der Mitte des Kreisverkehrs auf dem Weg zum Ochheuteal Beach ist zu einer Art **Wahrzeichen der Stadt** geworden. Sie wurde 1996 erbaut. Die angrenzenden Restaurants sind bis spät in die Nacht hinein geöffnet.

St. Michael's Church

Wurde 1962 erbaut. Die Roten Khmer benutzten die Kirche 1975–79 als Gefängnis. Seit 1993 ist sie wieder geöffnet und dient etwa 50 katholischen Familien, die meisten davon Vietnamesen, für die Heilige Messe. Erbaut wurde sie von dem bekannten

Khmer-Architekten *Vann Molyvann,* der auch das Independence Monument und das Olympische Stadium in Phnom Penh entwarf. Steht am Fuß der Wat Sothanien, am westlichen Ausläufer des Hügels.

Information

• Zuverlässige Auskünfte zu Verkehrsverbindungen und Ausflügen gibt es in den **Guest Houses und Hotels,** die auf westliche Touristen eingestellt sind. Dort, aber auch in kleinen **Reisebüros,** die es in großer Zahl auf den Zufahrtsstraßen zum Ochheuteal Beach und Serendipity Beach gibt, werden Ausflüge, Trekking und Bustickets angeboten. Aktuelle Informationen zu allem, was sich auf den Inseln tut, haben vor allem die **Tauchschulen.**

• Der **Sihanouk Ville Visitors Guide** hat aktuelle touristische Infos und ist sehr hilfreich für den Aufenthalt. Das Heft liegt in manchen Restaurants, Guest Houses und dem Samudera Supermarkt aus, erwähnt allerdings nur diejenigen, die auch im Heft inserieren.

• Das **Tourist Office** findet man hinter dem Kulturzentrum. Mit etwas Glück ist gerade mal ein Mitarbeiter da, der gut Englisch spricht und sich auskennt.

Adressen

• **Boote.** Wer privat ein Boot mieten möchte kann dies am Russian Pier bei der *Airport Disco* oder direkt im Fischerhafen Phae Royal tun. Auch die Motodup-Fahrer können weiterhelfen.

• **Windsurfing Equipment** hat *Sydney* vom *Hurricane Windsurfing Shop* am Beginn des Otres Beach, der dort ein internationales „Starboard-Center" betreibt. Tel. 017/471604, www.windsurf-cambodia.com. Bei *Otres Nautic* (ebenfalls Otres Beach) können **Hobie Cats** für 50 $ am Tag gemietet werden. **Jetski** knattern am Ochheuteal Beach herum.

• **Internet.** Vor allem in der Stadt, aber auch auf dem Victory Hill, in vielen Hotels und G.Hs. und an allen touristischen Stränden zu finden. 1 Std. kostet etwa 4000 Riel. Viele Unterkünfte und Restaurants bieten WiFi an (meist kostenpflichtig).

• **Gesundheit.** Das **staatliche Krankenhaus,** an der Ekareach, Richtung Sokha Beach, entspricht nicht den westlichen Standards, arbeitet aber bei kleineren Problemen zuverlässig.

Mit Abstand die zuverlässigste Versorgung, vor allem bei Unfällen, bietet die **CT-Clinic.** Sie ist rund um die Uhr geöffnet und *Dr. Lik Kim Hour* und sein Team verfügen über internationale Kontakte für Evakuierungsflüge und haben Erfahrung in der Zusammenarbeit mit Krankenversicherungen und Ärzten in Europa. Bei größeren Summen rechnet er auch direkt mit den Krankenkassen ab. Kleine Apotheke vorhanden. Die Praxis liegt in der Boray Kamakor Street, einer Ausfallstraße vom Zentrum nach Phnom Penh, Tel. 034/934222 und 012/723338.

Ein guter **Allgemeinarzt** der Stadt soll *Dr. Khy Khoeurn Yen* sein. Er spricht gut Französisch und hat seine Praxis in der 108. Straße, Nr. 16, Tel. 034/933601.

• **Apotheke.** Der Besitzer der *Vathanak Pharmacie, Dr. Chrin Chhiv,* spricht Englisch und kann Malaria-Tests durchführen. Liegt in der 7 Makara Str.

• **Vietnamesisches Konsulat.** In der Ekareach Str. auf dem Hügel Richtung Victory Hill, Tel. 034/933669. Um dieses Konsulat etwas zu promoten, hier gibt es die billigsten Visa für Vietnam, 1 Monat kostet 35 $, 3 Monate 50 $. Nur werktags geöffnet. Mittagspause 12.00–14.00 Uhr.

• **Mopeds.** Wenn nicht schon das G.H. welche anbietet, kann die Rezeption auf jeden Fall weiterhelfen. Preis pro Tag um 5 $. Den Helm gibt es kostenlos dazu.

• **Fahrradverleih.** Am besten in der Unterkunft nachfragen. Kosten zwischen 1 und 2 $.

• **Supermarkt.** Große Auswahl an Milchprodukten, Schokolade, Eis, Wein und Hygieneprodukten im *Samudera Market* (7 Makara Str.), dem *Orange* (gegenüber *Angkor Inn*) und dem *Cahmroeum Phal Supermarkt* (gegenüber *Caltex*). Ansonsten gibt es noch den *Star Mart* bei der *Caltex*-Tankstelle und den *Shell Shop* in der Ekareach Street.

• **Bäckerei.** *Bäckerei 7. Januar,* hier gibt es auch Handys und Batterien. Diese Bäckerei, die die meisten Hotels und Restaurants in Sihanouk Ville beliefert, gehört dem Deutschen *Ralf.* Sein Laden liegt in der kleinen Seitenstraße gegenüber dem *Orange Supermarkt* (ca. 100 Meter entfernt, siehe Stadtplan). Mittagsruhe von 11.00 bis 14.00 Uhr.

- **Massage.** Die *Seeing Hands, Massage by Blind* haben drei Niederlassungen in Sihanouk Ville. Eine liegt in der Mean Ekareach Nr. 95 neben *Holy Cow.* Eine Stunde 4 $. Geöffnet von 8.00–21.00 Uhr. Massagen gibt es auch noch im *Starfish Café* und am *Serendipity Beach,* wo Vietnamesinnen ihr Handwerk ausüben. Die *Massage Bum Bum,* die von diversen Etablissements angeboten wird, hat ihre eigenen Gesetze.
- **Bücher.** Neue Bücher über Kambodscha und Asien sowie gebrauchte Belletristik gibt es in der *Starfish Bakery, G&A Café* (neben *Holy Cow*) und bei *Heinz.*
- **Postamt.** Öffnungszeiten Mo–Fr 7.00–11.00 und 14.00–17.00 Uhr. Gegenüber dem Haupteingang vom Markt.
- **Telefonieren.** Internationale Telefonate kosten 1000–2000 Riel pro Minute. Inlandsgespräche 300–500 Riel.
- **Foto.** Wer seine Bilder von der Digi Cam auf CD brennen oder ausdrucken lassen möchte, hat bei *Ana Internet & Travel* (Zentrum Ekareach Str.) oder bei *Apsara Photocopie* im Zentrum in der 108. Str. Erfolg.
- **Geld.** Brauchbare Banken für Reisende sind die *Canadia,* die *ANZ* und die *Acleda Bank* in der Mean Ekareach Street im Stadtzentrum. Hier ist jeweils die Auszahlung auf *Visa-* und/oder *MasterCard* ohne Provision sowie das Einlösen von Traveller Schecks (TC) möglich. Alle Banken haben einen Geldautomaten (ATM), der 24 Std. zugänglich ist. ATMs gibt es auch am Ochheuteal Beach. Einen guten Euro/Dollar bzw. Euro/Riel Kurs gibt es im *Samadura Supermarkt,* wo auch TC eingewechselt werden. Auch im *Mealy Chenda G.H.* werden Dollars und Euros sowie Traveller Schecks gewechselt.
- **NGOs:** Neben der *Starfish Bakery* (s. Essen und Trinken) ist noch das *Cambodian Children Painting Projekt (CCPP)* zu erwähnen. Sie organisieren Mal-Workshops für Straßenkinder, deren Bilder sie für 4 $ auf dem Weg zum Serendipity Beach verkaufen. Damit wird ein Teil der Schulausbildung und des Essens für die Kinder bezahlt.

Tauchen

Die beste Zeit für Tauchgänge ist von November bis Mai. Während der Monsunzeit sind die Unterwasserabenteuer an küstennahen Spots nach starkem Wind und Regenfällen durch weniger gute Sicht getrübt. Außerdem können heftige Stürme und Unwetter auftreten. Die schönsten Tauchreviere mit einer artenreichen Meeresflora und -fauna sowie intakten Korallenriffen liegen wegen der flachen Bucht von Kompong Som weit draußen. Die Traumspots sind *Koh Tang, Koh Prins, Condor Reef* und die *Poulo Wai Islands.* Folgende **Tauchschulen** bieten Kurse, Tauchgänge und Schnorchelausflüge an (die Schulen haben ein umfangreicheres Programm, als hier beschrieben werden kann, deshalb lohnt es sich vor Ort nachzufragen):

- **The Dive Shop.** Momentan die engagierteste und größte Tauchschule in Sihanouk Ville. Die beiden deutschen Tauchlehrer *Irfan* und *Rudi* und ihr internationales Team betreiben einen großen Shop im Zentrum der Serendipity Beach Road, wo sich morgens die Teilnehmer treffen und mit einem Tuk Tuk zum Boot gebracht werden. Sie bieten den Padi Open Water Kurs für 299 $, Tagestauchtrips für 65 $ und „Life aboard"-Ausflüge bis zu 10 Tagen an. Auf Koh Rong betreiben sie ein Divecamp mit Schlafmöglichkeiten. Alle Angebote sind auch für Schnorchler und nicht tauchende Inselromantiker interessant, Tel. 034/933664, www.diveshopcambodia.com.
- **Scuba Nation.** Der Besitzer, ein Holländer, spricht Deutsch und Französisch und bietet Padi-Kurse für 445 $, Tagestauchgänge für 85 $ und Schnorcheltrips für 25 $ an. Sie sind die teuersten, legen aber nach eigenen Angaben sehr viel Wert auf Qualität und einen hohen Sicherheitsstandard. Die Preise sind inkl. Versicherung. Das Büro liegt an der Zufahrtsstraße zum Serendipity Beach, Tel. 012/604 680, www.divecambodia.com.
- Die **EcoSea Dive-Tauchschule** besteht aus einer Handvoll internationaler Tauchlehrer, die Chefin ist aus Japan. Sie bieten den 3-tägigen Padikurs für 295 $ und Tagestauchausflüge ab 45 $ an. Sie verfügen über eine Bun-

galowanlage auf Koh Rong Samlem, die als Tauchbasis genutzt wird und auch von Schnorchlern und Nichttauchern gebucht werden kann. 2 Tage und eine Nacht kosten 59 $ all inclusive. Tel. 012/606646, www.eco seadive.com. Büro in der Serendipity Beach Road, gegenüber *Reef Resort*.

• **Claude.** Der Franko-Vietnamese war der erste, der in Sihanouk Ville Tauchgänge anbot und hat viel Erfahrung in diesen Gewässern. Allerdings bietet er keine Kurse, sondern nur Tauchgänge an. Das Büro ist in seinem Hotel *Chez Claude* am Sokha Beach, Tel. 012/824870.

Stadtverkehr

• **Motorradtaxi** und **Tuk Tuk** (khm: romok) sind auch hier die omnipräsenten, öffentlichen Verkehrsmittel. Die Fahrer in Sihanouk Ville haben keinen besonders guten Ruf wegen z.T. unverschämter Abzocke der Touristen. Realistische Preise für Motoradtaxis (in der Nacht ca. 30–50 % teurer): innerhalb der Stadt 1000–2000 Riel, vom Stadtzentrum zum Ochheuteal Beach oder Serendipity 4000 Riel, vom Stadtzentrum zum Victory Hill 5000 Riel. Zum Otres Beach etwa 3–5 $. Tuk Tuks kosten etwa das Doppelte.

Häufig bekommen die Mopedtaxifahrer von Restaurants, Guest Houses und Shops eine **Provision** für dorthin gebrachte Touristen, die indirekt auch der Kunde zahlt. Wer also bei einem G.H. einen guten Preis heraushandeln will, sollte sich nicht von einem Motodup-Fahrer an der Rezeption absetzen lassen, sondern besser die letzten 50 m allein zu Fuß gehen. Manchmal kann es schwierig sein, den Fahrern dies verständlich zu machen, zumal diese dann weniger verdienen.

• **Autotaxis.** Stehen nur vor den großen Hotels, im Stadtzentrum und am Sammeltaxistand parat. Nachts gibt es keine, außer man bestellt sie vor.

Unterkunft

Die Anzahl der Unterkünfte wächst ständig. Neue Hotels und G.Hs. öffnen, andere ändern plötzlich den Namen, manche schließen und eröffnen wenig später wieder unter gleichem Namen an anderer Stelle. Infolgedessen muss beim Gebrauch dieses Buches berücksichtig werden, dass kaum ein anderen Platz auf der Welt so schnellem Wandel unterworfen ist wie Sihanouk Ville. Die Preise schwanken oft erheblich zwischen Hauptsaison (Nov.–März) und Nebensaison (April–September). Am teuersten sind die Unterkünfte zwischen Weihnachten und Neujahr.

Hotels und Guest Houses in Strandnähe

Independence Beach:

• **The Independence** (Tel. 034/934300-303, indph@online.com.kh). Bereits in den glorreichen 1960er Jahren war es das nobelste Hotel in Sihanouk Ville. Nach dem Bürgerkrieg blieb eine 7-stöckige Ruine, das Wahrzeichen des Independence Beach, übrig. Erst 2007 eröffnete es wieder, um an die früheren Zeiten anzuknüpfen. Das sterile Interieur wird durch die geniale Lage in einem Park auf einem Hügel über dem Meer wieder ausgeglichen. Wunderschön ist der Ausblick auf das Meer und die Inselwelt in den Zimmern im obersten Stockwerk. Schwimmbad, kleiner Strandabschnitt sowie Restaurant am Strand. „Walk-in"-Preise 100–450 $ inkl. Frühstück. Das Restaurant am Strand ist empfehlenswert und hat zivile Preise.

• **Sea Breeze** (Tel. 034/934205, www.sea breezecambodia.com). Isoliert an der Straße des Independence Beach gelegenes Hotel. Ideal für diejenigen, die keinen Wert auf touristischen Rummel legen. Das zweistöckige Haus ist großzügig gebaut und hat große Balkons. Laut der australischen Besitzerin sind Familien mit Kindern eine der Zielgruppen. Zimmer 20–30 $. Restaurant, Internet und WiFi. 50 Meter zum Strand, wo ein kleiner Khmer-Kiosk Snacks und Liegestühle anbietet.

• **Sasha G.H.** (Tel. 012/424059). Wer es etwas billiger mag, dem sei dieses G.H. empfohlen. Liegt weit ab vom wilden touristischen Treiben, ist aber abends etwas einsam und dunkel. Ordentliche Zimmer mit 2 Betten für 7 $ mit Fan und 10–12 $ mit AC, Restaurant. Liegt am südlichen Ende des Independence Beach an der Straße. Auch der Sorya Strand ist über das kleine Fischerdorf in 5 Minuten zu erreichen.

Sokha Beach:

•**Sokha Beach Resort** (Tel. 034/935999, Reservation@sokhahotels.com). Das erste 5-Sterne-Hotel in Sihanouk Ville gehört zum *Sokimex* Konzern, der u.a. die Tankstellenkette besitzt. Der Strand sowie die Hotelanlage sind wirklich schön, doch ist es schwierig, die unterschiedlichen Kulturen und Erwartungen asiatischer und westlicher Gäste unter einen Hut zu bringen (Pianobar u. Karaoke, Kunst u. Kitsch, Fine Dining u. Massenspeisung). Die „walk-in"-Preise beginnen bei 130 $. In der Regenzeit ab 70 $.

•**Chez Claude** (Tel. 012/824870). Eine Handvoll Bungalows auf einem Hügel in unterschiedlichen Baustilen mit Balkon und schönem Blick aufs Meer (7 Min. bis zum Sokha Beach). Je nach Größe 20–40 $. Ein gutes Restaurant mit Bar ist angeschlossen. Liegt an der Verbindungsstraße zwischen Independence und Soka Beach.

Serendipity Beach:

Anlaufstelle der meisten Traveller und Backpacker, die nach Sihanouk Ville kommen. Übernachtungsmöglichkeiten gibt es an der Zufahrtsstraße Serendipity Beach Road, die am Golden Lion Monument beginnt und in einem mit Schlaglöchern übersäten Feldweg am Strand endet. Vom Golden Lion Monument sind es etwa 600 Meter bis dorthin. Der mit Abstand schönste Ort in Sihanouk Ville für entspannte Ferien sind die Unterkünfte entlang des Felsufers (etwa 200 Meter lang), auf der rechten Seite. Hanglage im Urwald mit Meeresblick und gute Restaurants, perfektes Beachlife. Der Badestrand beginnt am Ende der Zufahrtsstraße links.

•**Reef Resort** (Tel. 012/315338). Schmuckes, kleines Hotel der gehobeneren Klasse mit Schwimmbad und gepflegtem Restaurant. Zimmer mit AC zwischen 35 und 55 $ inkl. Frühstück. WiFi.

•**Utopia** (Tel. 034/934319). Kaum zu glauben, aber die neuseeländischen Manager dieser überwiegend als Partyzone bekannten Bar haben ein Herz für arme Traveller und bieten kostenlose Übernachtung in der Nebensaison im Schlafsaal (ansonsten 2 $).

•**Monkey Republic** (Tel. 012/490290). Hauptsächlich junge Traveller mit kleinem Budget. Zimmer mit Bad/WC 6–9 $.

•**Beach Road Hotel** (Tel. 017/827677, www.beachroad-hotel.com). Zweistöckige Hotelanlage um ein Pool herum gebaut. 10–25 $.

•**New Sea View Villa** (Tel. 017/420270, www.sihanoukville-hotel.com). Engagiert geführtes Hotel mit hübschen Zimmern (8–40 $) etwa 35 m vom Strand entfernt. Restaurant mit europäischer Küche.

•**Leng Meng Beach Bungalow** (Tel. 016/389859). Gehobene Unterkunft direkt am Strand, mit kleinen, einfachen, aber gepflegten Bungalows. AC und TV für 20–30 $. Im angeschlossenen Restaurant wird Western- und Seafood für 2,50–6 $ serviert. Liegestühle am Wasser. Liegt links der Zufahrtsstraße.

Am Felsufer:

•**Tranquility G.H.** (Tel. 017/595191). Bietet eine große Auswahl unterschiedlichster Preislagen von 8 bis 80 $. Restaurant mit Western und Asian Food. Britisches Management.

•**Coaster's** hält hier am längsten die Stellung. Ebenfalls große Auswahl an unterschiedlichsten Zimmern und Appartements zwischen 10–100 $. Kajakverleih (6 $ pro Std.).

•**Above us only sky** (Tel. 089/822318). Geräumige und sehr schöne Bungalows unter Bäumen am Hang mit Meeresblick vom großen Balkon (40 $). Gepflegte Cocktailbar am Strand.

•**The Cove.** Ebenfalls schöne einzelne Bungalows mit Balkon, die am Berghang stehen (10–35 $). Bar und Restaurant am Ufer.

•**Cloud 9** (Tel. 012/479365, www.cloud9bungalows.com). Ganz am Ende des Serendipity Beach hält *Imke* aus Dresden die Stellung. In ihrem kleinen Shangri-La unter schattenspendenden Bäumen am felsigen Meeresufer kann abgeschirmt, aber nicht weit entfernt vom Strandrummel, gechillt werden. Das gemütliche Restaurant ist in Terrassen am Hang aufgebaut und bietet Sandwiches, sowie Western und Asian Food. WiFi ist kostenlos. Die Bungalows mit Balkon sind etwas einfacher, aber dafür mit deutscher Sauberkeit gepflegt (10–35 $ je nach Saison).

Ochheuteal Beach:

In respektabler Entfernung vom Strand (ca. 50–150 m), so, wie es das Gesetz hier verlangt, entstehen im Moment zahlreiche Hotels und Guest Houses in verschiedenster Größe und Preislage.

- **Golden Sand** (Tel. 034/933607, www.hotelgoldensand.com.kh). Großer Hotelkomplex, der fast so eine Art Wahrzeichen des Ochheuteal Beach geworden ist. Gut organisiert und auf asiatische und europäische Reisegruppen spezialisiert. Alle Zimmer mit AC, 25 $ in der Regenzeit, 60 $ in der Hochsaison. Liegt in der Tola Street.
- **Seaside** (Tel. 034/933641). Große, saubere und komfortable Zimmer 25–50 $ mit Frühstück (*Visa/MasterCard* + 4 %). Ein paar Zimmer mit sehr schönem Blick aufs Meer. Liegt an der Uferstraße.
- **Crystal** (Tel. 034/933523). Verrückte Architektur, schöne Zimmer (25–35 $ mit Frühstück) und freundlicher Service. Steht unübersehbar an der Uferstaße (*Visa/Master Card* + 3 %).
- **Holiday** (Tel. 034/933658). Seit vielen Jahren etabliertes Hotel mit Sauna. Die gut ausgestatteten Zimmer kosten 15–35 $. 23 Tola Str., parallel zur Uferstraße.
- **Sovannaphoum G.H.** (Tel. 012/340402). Liegt in der dritten Parallelstraße versteckt hinter dem großen *Golden Sand Hotel* (5 Min. zum Strand). Freundlicher Familienbetrieb, der von Jahr zu Jahr größer wird. EZ mit Fan und Bad/WC 6 $, DZ 7 $, Zimmer mit AC 10 $.
- **GST G.H.** (Tel. 016/210222). Mit fast 100 Zimmern eine Massenunterkunft für Traveller und Backpacker, 5–12 $. Es gibt zwar alles, was ein G.H. so bieten kann und liegt zentral, aber Freundlichkeit und Motivation der Angestellten lässt zu wünschen übrig. In der Mithona Street, am Anfang des Strandes.
- **Makara G.H.** (Tel. 016/342232). Gute Lage. Die unterschiedlichen Zimmer zwischen 5 und 20 $ liegen in einem netten Garten. Das Guest House wird sehr engagiert und seriös betrieben. Der Besitzer kümmert sich um seine Gäste. Restaurant mit Traveller Food und Internet. Organisation von Ausflügen. Liegt in der Beach Street, derzeit am Ende der bebauten Zone des Strandes.
- **Dara's** und **Shivas Shack.** Nebeneinanderliegende Partyhochburgen am Strand. Begrenztes Angebot an kostenlosen Schlafmöglichkeiten. Extrem einfach, und nichts für Leute, die wertvolles Reisegepäck dabei haben. Liegt beim *Makara G.H.*

Otres Beach:

Kaum haben die ersten Bungalows aufgemacht, gibt es Gerüchte, dass Übernachtungen am Otres Beach nicht gestattet sind. Das kann sich aber schnell wieder ändern, wie es sich bei der Erschließung der anderen Strände gezeigt hat. Auf jeden Fall stehen bereits mehrere nette Unterkünfte.

- **Queen Hill Resort** (Tel. 011/937373). Das einzige bisher fest etablierte Bungalow Resort steht auf einer kleinen felsigen Halbinsel, die Ochheuteal vom Otres Beach trennt. Die hölzernen Bungalows haben Balkon und Meerblick und kosten zwischen 10 und 15 $ mit Fan. Herrliche Lage, schöner Sonnenuntergang. Internet, Restaurant am Otres Strand, koreanisches Management.
- **Minh Minh G.H.** (Tel. 016/305031) und **Small Green** haben einfache Bungalows mit Bad/ WC direkt am Strand sowie ein Restaurant. 8 $ in der Neben- und 15 bis 20 $ in der Hochsaison.

Hotels und Guest Houses in der Stadt

Es gibt nicht viele Touristen, die in Sihanouk Ville Stadt ihr Quartier aufschlagen. Vorteil: Gute und günstige Hotels und Restaurants, abseits des Massentourismus, bescheidenes Nachtleben, kurze Wege für alle Besorgungen. Nachteil: Große Entfernung vom Strand, unattraktives Stadtzentrum.

- **King Gold** (Tel. 063/933608). Akzeptables, wenn auch etwas abgewirtschaftetes Mittelklasse-Hotel mit Schwimmbad und Fitnessraum. EZ 13 $, DZ 15 $. In der Kamakor Street gegenüber der chinesischen Schule.
- **Angkor Inn** (Tel. 016/896204). Schon seit vielen Jahren seriös geführtes G.H. Von den hier lebenden Ausländern wird die Besitzerin respektvoll *Mom* genannt, da sie durch ihre guten Kontakte bei Problemen immer eine

Lösung parat hat. Gute Zimmer zwischen 5 und 10 $. Restaurant mit Khmer- und Western Food (1,50–4 $). Liegt beim *Orange* Supermarkt.

•**Don Bosco Hotel** (Tel. 034/320203). Der Don Bosco Orden hat hier eine gewaltige Hotelfachschule mit modernsten Anlagen für Jugendliche aus sozial benachteiligten Schichten eröffnet. Nebenbei betreiben sie ein Hotel, in dem die Schüler das Gelernte anwenden können. Schöne, aber noch etwas sterile Anlage mit Bar, Restaurant und Pool. Zimmer zwischen 25 und 50 $. Etwas abgelegen, dafür aber kostenloser Fahrservice in die Stadt und zu den Stränden. Hier wird auch das leckere Eis für das *Gelati Italiano* hergestellt.

•Zimmer in der Stadt gibt es auch im **The Bavarian, Freedom Hotel** (in der Freedom Bar), **Oasis** und einigen mehr.

Unterkünfte auf dem Victory Hill und Nähe Victory Beach

Der Victory Hill liegt auf einem Hügel ca. 500 m vom Victory Strand entfernt. Anfang 2000 hatte sich hier das Travellerzentrum von Sihanouk Ville etabliert. Doch die Szene ist weiter Richtung Serendipity Beach gewandert. Zurückgeblieben sind überwiegend Girliebars und frustrierte Besitzer von seriösen Restaurants und G.Hs., die ihre Immobilien verkaufen. Allein *Mealy Chenda G.H.*, welches das erste hier war, hat unbeschadet überlebt. An dem Weg vom Victory Hill zum Strand gibt es noch nette Unterkünfte.

•**Mealy Chenda** (Tel. 034/933472, www.mealychenda.com). Frau *Mealy Chenda* und ihre große Verwandtschaft waren die Vorreiter im Traveller-Business in Sihanouk Ville. Neben einer großen Auswahl an Zimmern für 5–8 $ mit Fan und 10–20 $ mit AC (inkl. Frühstück) gibt es viele Serviceleistungen für Traveller wie Fahrrad, Motorrad und Autoverleih, Ausflüge in die Umgebung und nach Kampot, kostenloser Abholdienst vom Busbahnhof. 20 % Discount in der Regenzeit (s. auch Restaurants).

•**Golden Rooster** (Tel. 012/617943). M.E. das beste und schönste Hotel auf dem Victory Hill. Restaurant und Bar mit Blick auf das Meer, mit Swimmingpool (50–80 $).

•**Chez Mari-Yan** (Tel. 034/933709). Bungalows in verschiedenen Stilen und Ausstattungen, die alle in einem verwilderten tropischen Garten stehen. Bungalows für 5–30 $ mit Bad/WC. Liegt am Fußweg vom Victory Hill zum Strand.

•**Sunset Garden Inn** (Tel. 012/562004). Sehr nette Villa in ruhiger Lage mit einfachem Restaurant und Meerblick. Die Zimmer wirken sehr modern. 4–12 $ mit TV. Liegt etwas versteckt zwischen Hügel und Meer.

•**Sakal Bungalows** (Tel. 012/806155). Von allen Unterkünfte liegt das Sakal am nächsten zum Victory Beach (ca. 100 m). Neben den Bungalows (4–5 $) gibt es im neuen Gebäude auch Zimmer mit AC für 12–15 $. Ansprechende Bar mit Restaurant und kleinem Pool.

•Etwas abseits des Victory Hills, an der Straße, die zum Hawaii Beach führt, liegt das **Snake House** (Tel. 012/673805). Insbesondere nachts erinnern die zweistöckigen Bungalows in dem gepflegten tropischen Garten bei dezenter Beleuchtung an die im Urwald versunkenen Tempel von Angkor. DZ mit Kabel-TV, heißem Wasser und AC 20 $, EZ 15 $ (siehe auch Restaurants).

Essen und Trinken

In Strandnähe und Serendipity Beach Road

•Es gibt wohl kaum einen romantischeren Ort für ein Candle Light Seafood Barbeque mit einem kühlen Bier als den **Serendipity Beach am Abend.** Unter den einfachen Ständen ist es schwer auszumachen, wer das beste Essen serviert, da die Khmer Erfolgsrezepte sofort kopieren. Alle bieten Shrimps, Tintenfisch und andere Meeresfrüchte für ca. 3 $ an. Besonders einladend sind die gemütlichen Korbstühle im Sand nur wenige Meter vom Ufer, an dem sich die Wellen brechen.

•Edler lässt es sich im **Aquarium** auf der rechten Seite des Serendipity auf einer Terrasse am Meer mit Blick auf die Lichter des Ochheuteal Beach dinieren. Aus einer Vitrine kann gewählt werden, was dann am Grill zubereitet wird. Für Romantiker einer der schönsten Plätze. 3–5 $. Gehört zum *Coasters G.H.*

• **Happa.** Zwischen zwei japanischen und einem Khmer-Gartenrestaurant kann hier gewählt werden. Herzstück ist der Grill, auf dem das Essen in Teppanyaki-Art zubereitet wird. Bei dieser japanischen Kunst des Kochens wird das Essen auf einer Stahlplatte mitten im Restaurant dekorativ zubereitet und mit edlen Saucen verfeinert. Bestellt werden kann von kleinen Häppchen bis zum Menü (2–10 $). In der Serendipity Beach Road gegenüber der *Utopia Bar.*

• **Marco Polo.** Genießt den Ruf die beste Pizza in Sihanouk Ville zu servieren. Doch der gebürtige Südtiroler hat noch weitere italienische Spezialitäten auf der Speisekarte (5–10 $). Einfaches, aber stilvolles Restaurant nähe *Happa Restaurant* an der Straße zum Sokha Beach.

• **New Beach** und **Chhne Meas.** Zwei ausgezeichnete Khmer-Restaurants, die Seafood und weitere asiatische Gerichte anbieten. Sie sind in erster Linie auf asiatische Gäste eingestellt, weshalb meistens die Tische recht groß sind. Beide liegen direkt am Wasser und haben bebilderte Speisekarten. Einzelgerichte 16.000–30.000 Riel (4–7,5 $). Sehr aufmerksamer Service. Beide liegen nahe beieinander am Victory Beach.

• **Treasure Island Seafood.** Wunderschöne Lage unter Bäumen in einer Bucht mit Blick auf Koh Puh Island. Das Seafood (z.B. Seeschnecken, Shrimps, Tintenfische und Fisch) kann man sich frisch aus den Aquarien zusammenstellen. Die Speisen kosten 3–5 $. Schließt allerdings oftmals schon um 20.00 Uhr. Wird über eine Seitenstraße, die von der Verbindung zwischen Hawaii Beach und Independence Beach abzweigt, erreicht.

• **Hawaii Sea View.** Traumhafter Platz mit freundlichem Service und Tischen direkt am Sandstrand. Seafood, Khmer- und chinesische Küche 7000–16.000 Riel. Am Hawaii Beach.

• **Susaday.** Ausgezeichnete frz. Küche. Jedes Gericht mit Weinempfehlung. Spezialität sind Krabbengerichte. Frz. Desserts. Speisen 3–10 $. Frühstück. Geöffnet 7.30–21.30 Uhr. Am Ochheuteal Beach in der Beach Street.

• **Karma.** Einfaches, aber eines der gepflegtesten Restaurants am Otres Beach. Gemütliche Korbsessel und Strandliegen bietet ein Australier mit Familie hier an. Western, Khmer- und Thaispeisen zwischen 4–6 $ sowie Sandwiches und diverse Weine. Liegt etwa in der Mitte des Strandes.

Victory Hill

• **Mealy Chenda.** Große Dachterrasse mit Blick aufs Meer. Das Essen ist gut und preiswert; leckere Sandwiches. Meist gut besucht. Jeden Donnerstag und Sonntag gibt es ein „all you can eat"-Buffet für 3,50 $. Im gleichnamigen Guesthouse.

• **The Snake House.** Eine kleine Sensation. *Nikolai* ist Reptilologe und lebt seit langem in Kambodscha, wo er bereits einige wissenschaftliche Arbeiten verfasst hat. Mit immensem Aufwand hält er Schlangen und andere Reptilien in seinen Terrarien. Inmitten dieses „Urwalds", zwischen Königskobras und Krokodilen, liegt das Restaurant. In manchen Tischen sind Terrarien mit Schlangen eingelassen, so dass man Auge in Auge mit den Tieren dinnieren kann. Für Interessierte gibt es auch fundierte Informationen über die Reptilien in Kambodscha. Bei Schlangenbissen hält *Nikolai* Antiserum bereit und hat schon vielen Menschen das Leben gerettet. Am schönsten ist es dort am Abend, wenn alles beleuchtet ist (s. auch „Unterkünfte auf dem Victory Hill"). Unbedingt sehenswert. Wer nur wegen der Schlangen kommt und nichts verzehrt, muss 1 $ Eintritt zahlen. Russische Küche, Seafood und Froschschenkel 2–6 $. Geöffnet 8.00–23.00 Uhr. Frühstück. Liegt etwas abseits an der Straße zum Hawaii Beach. Großes Schild.

In der Stadt

• **Starfish Bakery Café.** Meiner Meinung nach der beste Ort für ein gutes Frühstück oder einen kleinen Snack. Frisches Brot und Gebäck, knackige Sandwiches, frische Fruchtsäfte und Kaffee, im Garten serviert. Preise max. 3 $. Massage, Internet. Geöffnet 7.00–18.00 Uhr. In einer kleinen Gasse hinter dem *Sumadera* Supermarkt. Mit dem Gewinn wird die **Starfish Foundation** unterstützt. Es handelt sich dabei um die private Initiative einiger Ausländer in Sihanouk Ville. Ihr Ziel ist es, sich Menschen in der Umgebung anzunehmen, die in Not sind und von keiner anderen Organisation unterstützt werden. Über jeden Fall wird individuell je nach Bedürftigkeit entschieden.

●**Swiss Garden.** Gute Schweizer Küche wird auf einer überdachten Terrasse serviert. Es gibt auch einige asiatische Gerichte. Die Preise (5–12 $) erscheinen hoch, doch bei jedem Gericht ist Suppe und ein opulentes Salatbuffet dabei. Beendet wird das Essen mit einem „Verdauerli". Ab 16 Uhr geöffnet. In der Nähe vom Staatlichen Krankenhaus.

●**Te Lee Hong.** Einfaches, aber unter Khmer und Ausländern wegen des billigen Angkor Biers und des guten Khmer und chinesischen Essens (4–8 $) sehr beliebt. Engagierte Bedienung. Geöffnet 10.00–22.30 Uhr. In der Makara Street 7, gegenüber dem Markt.

●**Two Lions.** Volkstümliches Khmer Restaurant mit *Beergirls.* Erfreut sich vor allem bei den Einheimischen größter Beliebtheit und ist abends nicht selten brechend voll. Große Auswahl an Seafood (2–3 $). Beim Roundabout am Löwen-Monument.

●Im **The Bavarian** kocht der Chef, wie der Name schon verrät, gut bürgerlich deutsch/bayerische Gerichte. Bar und G.H. (5–12 $) angeschlossen. Liegt in der Downtown Street 109. http://the-bavarian.webnode.com.

●Weitere empfehlenswerte Restaurants (die meisten liegen direkt an der Mean Ekareach Street): Gute deutsche Küche zu fairen Preisen, im Pattaya Bar Stil wird im, besonders unter Männern, beliebten **Freedom Hotel** serviert. Für das beste Steak der Stadt ist das **Oasis** bekannt. Wer sparen muss, dem seien die nahegelegenen **Garküchen** empfohlen. Pizzen gibt es u.a. im edlen italienischen Restaurant **Luna d'autunno.** Gefrühstückt werden kann 24 Stunden lang bei **Espresso Kampuchea** und im **Fisherman's Den.** Vegetarier werden im **Holy Cow** gut bedient. Eine Reihe billiger Chinese und Khmer Restaurants, die bis spät in die Nacht geöffnet haben, findet man in der Sopheakmongkol Street oberhalb der *Caltex*-Tankstelle. Das beste Eis wird im **Gelato Italiano** gegenüber dem *Samudera* Supermarkt verkauft. Original **Döner Kebap** ist nahe dem *Luna d'autunno* zu finden.

Nachtleben

Grob betrachtet lassen sich zwei nachtaktive Zielgruppen beobachten: Zum einen die etwas älteren Herren, die gerne mit den einheimischen Damen flirten und sich vor allem in den Girliebars auf dem Victory Hill, in der Bar des *Freedom Hotels* im Stadtzentrum und im *Golden Lion Plaza Restaurant* am Golden Lion Monument wohlfühlen. Die westliche Jugend und die Travellerszene, trifft sich an folgenden Locations:

●Das **Utopia** (nähe *Golden Lion Monument*) bietet eine Mischung aus Bar, Dance Floor, Chillout Area und Swimming Pool. Wer Flyer für die Weekend-Partys verteilt, bekommt Ermäßigung bei den Getränken.

●Täglich voll ist auch die **Bar Monkey Republic,** die von einigen Briten betrieben wird.

●Party am Strand ist täglich im **Dara's** und dem **Shivas Shack** am Ochheuteal Beach, fast am Ende der momentan bebauten Strandzone. Auf Grund der hier konsumierten Kräuter hängt man allerdings mehr in den Korbsesseln herum, als dass man die Tanzfläche bevölkert. Wer nicht mehr zu seiner Unterkunft findet, kann hier auch übernachten.

●Ebenfalls ein beliebter Party-Hotspot ist das **Dolphins** am Ochheuteal Beach.

●Auch das **Nep House** am Serendipity Beach mit seinen Feuerartisten ist eher etwas für die Travellerszene.

●Absolut sensationell ist die **Airport Disco** am Victory Beach, die tagsüber ein Café/Restaurant ist. Gebaut ist sie wie ein Hangar auf einem Flughafen und im Zentrum steht tatsächlich eine komplette „Antonov 24", worin die Gäste auch im Cockpit Platz nehmen können. Der DJ legt in der Fahrerkabine eines Trucks Techno, Hip Hop, Dancefloor und Raggae auf. Der Hangar ist zum Meer hin offen, so dass man sich in den heißen Nächten mit einem Bad erfrischen kann. Leider ist er von den G.Hs. und Hotels relativ weit entfernt und weniger gut besucht, als bei so einer genialen Location zu erwarten ist.

Anreise und Weiterreise

- **Entfernungen** in Straßenkilometern:

Siem Reap	544
Phnom Penh	229
Koh Kong	222
Kompong Speu	181
Kampot	151
Grenze Vietnam (Ha Tien)	ca. 190

Flug

Der Flughafen liegt 20 Kilometer außerhalb bei dem Ort Ream. Momentan wartet er allerdings auf seine Wiederbelebung, denn nach dem Absturz einer PMT Maschine 2007 wurde er nicht mehr offiziell angeflogen. Es bestehen konkrete Pläne, hier einen internationalen Flughafen zu errichten.

Bus

Der **Busbahnhof** liegt im Stadtzentrum am neuen Markt. Mittlerweile bieten dort etwa 8 Busgesellschaften ihren Service an. Die größten sind *Capitol, GST, Phnom Penh Sorya* und *Virak-Buntham Express.* Entweder man kauft das Ticket im G.H. oder direkt vor Ort. In der Hauptsaison ist es dringend nötig, das Ticket am Tag vor der Abfahrt zu kaufen. Die aktuellen Infos über Preise und Fahrpläne gibt es in den G.Hs. oder am Busbahnhof.

- **Siem Reap:** Tagsüber gibt es keine durchgehenden Busse. Es muss in Phnom Penh umgestiegen werden (10 $, ca. 10 Std.) Nur der Nachtbus (20 $), der um 20 Uhr abfährt, muss nicht gewechselt werden.
- **Nach Phnom Penh:** Mehrere Busse jeder Gesellschaft von früh morgens bis zum frühen Nachmittag.
- **Nach Koh Kong** (Grenze Thailand): Mehrere Busse früh morgens gegen 6.00 Uhr; 11–15 $; Fahrzeit 4–5 Std.
- **Nach Kampot:** Mehrere Busse gegen 8.00 Uhr; 3 $; Fahrzeit 2 Std.
- Es ist auch möglich, durchgehende Tickets bis nach **Bangkok** oder **Saigon** in Sihanouk Ville zu kaufen, z.B. *Virak-Buntham Express* oder *Capitol.*

Taxis

Ein Taxi nach **Phnom Penh** kostet ca. 50 $.

Boot

Seit Fertigstellung der Straße nach **Koh Kong** fahren nur noch wenige Passagiere mit dem **Speedboot.** Da auf der Strecke von Sihanouk Ville nach Koh Kong aber die dicht bewohnte Insel Koh Sdach liegt, wird es voraussichtlich weiterhin eine Bootsverbindung geben. Momentan fährt das Boot nur alle zwei Tage, in der Regenzeit noch seltener. Die ca. 3½ Std. kosten 25 $. Den aktuellen Fahrplan kann man in den G.Hs., die auch die Tickets verkaufen, erfragen. Zwischenstopp wird auf der ehemaligen **Schmugglerinsel Koh Sdach** gemacht. Der Preis bis dort ist etwa 350 Bath. **Achtung:** Während der Regenzeit muss mit sehr starkem Seegang gerechnet werden.

Abfahrt bzw. **Ankunft** in Sihanouk Ville ist im Hafen Phea Royal.

Umgebung

Ream National Park

Einer der wenigen organisierten Nationalparks in Kambodscha (offiziell: **Preah Sihanouk National Park**). Er liegt bei dem Ort Ream, an der RN 4, 18 km südöstlich von Sihanouk Ville. Mit seinen 21.000 Hektar ist der Park nicht unbedingt spektakulär, doch wegen des Urwaldes, der einsamen Strände und Inseln sowie der Mangrovenwälder und Korallenriffe, ist ein Besuch durchaus lohnenswert. Mit etwas Glück bekommt man Delfine, Resusaffen und andere interessante Tiere zu sehen. **Bootsfahrten** werden in dem Fischerdorf Prek Toek Sup, an der RN 4, angeboten. Die Fahrt, maximal 4 Personen pro Boot, kostet ca. 20–30 $ für einen Tag.

Die **schönsten Strände** findet man auf den Inseln Koh Krobei und Koh

Sampoach. Ein weiterer **Traumstrand** im Nationalpark, den man allerdings auch mit dem Auto oder Moped erreichen kann, liegt bei der Ream Naval Base. Von dort an den *Caltex*-Öltürmen vorbei und dem kleinen Feldweg folgend.

Aktivitäten wie **Dschungel Trekking** lassen sich im Headquarter gegenüber dem verwaisten Flughafen und in den meisten G.Hs. und Reisebüros organisieren.

Diverse G.Hs. in Sihanouk Ville bieten Ausflüge inkl. Boot, Guide und Eintritt für 11 $ an.

Die Inseln

Die Inseln vor Sihanouk Ville sind etwa im selben Entwicklungszustand wie die in Thailand vor 25 Jahren. Vereinzelte kleine Fischerdörfer, die nur durch relativ unregelmäßige Bootsverbindungen zu erreichen und untereinander über kleine Pfade durch den Dschungel verbunden sind. Strom, Mopeds oder gar Autos gibt es nicht. Die unberührten Sandstrände sind paradiesisch und werden von felsigen Abschnitten getrennt. Vorsicht auf den Inseln besteht **Malariagefahr!**

Koh Pos (Schlangeninsel)

Sie liegt vor dem Hawaii Beach. Eine Brücke zum Festland ist gerade im Bau, aber niemand weiß so recht, was dort geplant ist.

Koh Russei (bzw. Bamboo Island)

Diese unbewohnte Insel ist nicht weit vom Festland entfernt, und wird bei Bootsausflügen regelmäßig angelaufen. Schön zum Schnorcheln, aber kein besonders schöner Strand. Es gibt Übernachtungsmöglichkeiten (s. u. „Inselübernachtungen").

Koh Ta Kiev

Liegt neben Koh Russei, ist aber wesenlich schöner und mehr als doppelt so groß. Die Insel ist am einfachsten von der *Ream Naval Base,* nahe Flughafen und Nationalpark, zu erreichen. Täglich Bootsverbindungen. (Übernachtungsmöglichkeiten siehe unten.)

Koh Rong & Koh Rong Samlem

Diese zwei großen Inseln sind in der Ferne von Sihanouk Ville aus gut erkennbar. Sie liegen etwa 30 Kilometer von der Küste entfernt und sind mit einem Boot in 1½ bis 2½ Stunden zu erreichen. Bis auf ein paar kleine Fischerdörfer, je einer Militärstation und einer Perlenfarm sind sie unberührt. Trotz der wunderschönen Sandstrände gibt es erst wenige Unterkünfte. Ideal zum **Tauchen** und **Baden** (s. Sihanouk Ville, Kapitel „Bootstouren und Inselübernachtungen").

Koh Rong ist die größere der beiden Inseln und etwas weiter entfernt. Am schnellsten und einfachsten erreichbar ist das Dorf **Phum Koh Tuid,** wo *The Dive Shop* Übernachtungsmöglichkeiten, eine Tauchbasis und Bootsverbindungen unterhält. Vor dem Dorf liegt die winzige Insel **Koh Tuid,** auf der eine private Pagode steht. Koh Rong ist von einem Netzwerk abenteuerlicher Pfade durchzogen, über die zwei weitere Dörfer und mehrere Strände zu Fuß erreicht werden können.

Koh Rong Samlem (Kleine Ronginsel): Herrlich zum Baden ist die Saracen Bucht mit sehr flachem Wasser. Da die Insel Richtung Sihanouk Ville hin offen ist, wird hier leider auch der Müll der Stadt angeschwemmt. Entspannt lässt es sich auf der anderen Seite am Lazy Beach chillen. Nordwestlich liegt das **Monkey Riff,** das nach den Affen, die sich am Land gelegentlich in den Bäumen tummeln, benannt ist. Dort und an der nördlich vorgelagerten Insel **Koh Kon** („Kind der Insel") sind gute Tauchreviere.

Koh Tang

Auf dieser kleinen Insel weit draußen im Golf von Thailand erlebten die Amerikaner am 12. Mai 1975 ihr letztes großes Indochina-Debakel. Als die Amerikanischen Truppen schon auf dem Rückzug aus Vietnam waren, wurde bei Koh Tang das US. Containerschiff *Mayaguez* von den Roten Khmer gekidnappt. Bei dem Versuch, das Schiff zu befreien, wurden sie von den Rebellen, die sich auf der Insel verschanzt hatten, vernichtend geschlagen. 18 Marines mussten hier ihr Leben lassen, und drei Hubschrauber wurden abgeschossen.

Nachdem die Suche nach den letzten sterblichen Überresten der Soldaten abgeschlossen ist und zwei der drei Hubschrauberwracks geborgen sind, können Touristen hier Robinson Crusoe spielen. Nur mit einer Handvoll Soldaten, denen man aus diplomatischen Gründen eine Palette Bier mitbringen sollte, muss die 7 km lange Insel mit ihren paradiesischen Stränden und dem kristallklaren Wasser geteilt werden. Koh Tang liegt 56 km südwestlich von Sihanouk Ville. Ein Boot braucht ca. 4 Stunden dorthin.

Bootstouren und Inselübernachtungen

Insel-Exkursionen können in Hotels und G.Hs. gebucht werden. Die günstigen Ausflüge gehen zu den nahegelegenen drei Inseln Koh Preus, Bamboo Island und Koh Ta Kiev südlich vom Serendipity Beach, auf denen auch in Bungalows übernachtet werden kann. Tagesausflüge inkl. Essen und Schnorchelausrüstung kosten ab 15 $.

Die „Sun" ist zur Zeit das **schönste Ausflugsboot** in Sihanouk Ville. *Robert* aus Berchtesgaden hat drei Jahre in Phnom Penh an diesem, mit modernsten europäischen Sicherheitsstandards ausgerüsteten Badecruiser gebaut. Es verfügt über vier Decks. Unten sind die Schlafkabinen, dann das Restaurant, auf dem dritten Deck das Herzstück des Bootes, die Bar, und ganz oben das Sonnendeck, von dem aus die Mutigen ins Wasser springen. Eine Badeplattform ermöglich auch weniger sportlichen Menschen die Rückkehr ins Boot. Bei Tagesausflügen können 40 Personen mitfahren, übernachten können 14. Meistens werden entweder die 3-Inseltour nach Koh Ta Kiev (25 $) oder nach Koh Rong Samlem (30 $) angeboten. Die

Preise sind inkl. Essen, Kaffee und Kuchen. Auch für Schnorchelausrüstung, Angel, Luftmatratze, etc. muss nicht extra bezahlt werden. Abfahrt ist am Russian Pier bei der *Airport Disco*. Mehrtagestouren können in allen G.Hs. nach Vereinbahrung gebucht werden oder unter Tel. 016/396201, www.suntours-cambodia.com.

Die **Tauchschule „The Dive Shop"** ist momentan die Einzige und auch die Günstigste, die eine tägliche Verbindung zu ihrer Tauchbasis im Fischerdorf Koh Thuid auf Koh Samlem unterhält. Hin- und Rückfahrt kosten 10 $, und der gepflege Schlafsaal auf dem Anlegesteg, mit windgekühlter Bar über dem Wasser kostet 10 $, einschl. aller Mahlzeiten. Etwas mondäner kann man in den Bungalows, die an einem Berghang 150 Meter weiter stehen, für 25 $ wohnen. Gutes Restaurant. Von hier aus werden Tauch- und Schnorcheltrips, sowie Kajak- und Trekkingtouren angeboten. Einsame Strände ganz in der Nähe. Buchen im *The Dive Shop* (s. o. unter „Adressen/Tauchschulen").

Die **Tauchschule EcoDive** bietet z.B. 2 Tage und eine Übernachtung auf Koh Rong Samlem mit Schnorcheln inkl. Essen im Bungalowdorf für 60 $ an.

Die **Tauchschule Scuba Nation** bietet Schnorcheltagestrips für 25 $ an.

Hanuman's Boutique (auf dem Weg zum Serendipity, Tel. 016/502 839) bietet einen Trip mit Übernachtung im *Heavenly Koh Rong* auf der gleichnamigen Insel für 45 $ und die Nachbarn vom **Lazy Beach Booking Office** zum gleichnamigen Resort auf Koh Rong Samlem zum selben Preis an. Die Unterkünfte auf den abgelegenen Inseln, wo es keine Straßen gibt, sind einfache Bungalows mit Fan. Die Resorts haben Restaurant und Bar.

Weitere Unterkünfte:

- **Koh Ta Kiev Island Resort** (Tel. 012/49 5446). Liegt auf der gleichnamigen Insel und bietet gemütliche Bungalows mit Balkon für 25 $. Für 2 $ kann in der Hängematte geschlafen werden. Boote fahren täglich die kurze Strecke von der *Ream Naval Base* nahe dem Flughafen auf die Insel.
- **Mirax Resort Island** (www.miraxresort.com, Tel. 012/966503). Die Russen in Sihanouk Ville kleckern nicht, sie klotzen. Sie haben die winzige Insel Koh Deik Kul vor der Küste für 99 Jahre gemietet und dort das teuerste Hotel Kambodschas gebaut (300–3000 $ pro Nacht). Anreise optional mit Boot oder Helikopter.
- **Koh Ru Bungalows.** Die nächste Insel auf der zu bezahlbaren Preisen übernachtet werden kann, ist Bamboo Island (Koh Russei). Die Bar *Koh Ru* (Tel. 012/388860 in Sihanouk Ville, auf dem Weg zum Serendipity Beach) unterhält dort kleine Bungalows (3–10 $) mit Restaurant und Bar.

Koh Kong

↗ XVIII/A2

កោះកុង

Überblick

Jahrzehnte lang war der größte Teil Koh Kongs vom Rest Kambodschas wegen der fehlenden Straßen isoliert. Passagiere und Waren konnten nur über das Meer transportiert werden. Dadurch degenerierte Koh Kong zu einer von Thailand abhänigen Enklave. Seit die perfekt ausgebaute neue Straße Koh Kong an den Rest des Landes anschließt, herrscht **Aufbruchstimmung,** vor allem was den Tourismus betrifft. Bisher galt die isolierte Provinzhauptstadt Dong Tong (Koh Kong Ville) als gesetzlose Wildweststadt, weshalb hier von allen Küstenprovinzen am wenigsten touristische Infrastruktur entstand. Jetzt hat Dong Tong zu einer Aufholjagd angesetzt.

Der Name „Koh Kong" steht nicht nur für die Provinz, sondern auch für eine große Insel und darüber hinaus für die Hauptstadt. Doch wer sich der Hauptstadt nähert und äußert, dass er nach Koh Kong möchte, wird in verständnislose Augen blicken. Denn dort spricht man nicht mehr von Koh Kong, sondern unterscheidet zwischen dem Hafenort **Pak Klong** und **Dong Tong,** der Hauptstadt mit Markt, Hotels, Restaurants und Busbahnhof.

An der **Küste** wechseln sich einsame Sandstrände mit flachen morastigen Buchten und undurchdringlichen Mangrovenwäldern ab. Die größte Insel Kambodschas, Koh Kong, ist fast unbewohnt. Sie ist mit dichtem Urwald bewachsen und hat Traumstrände, die jedoch nur schwer zu erreichen sind. Ähnlich verhält es sich mit den kleinen, dem Festland vorgelagerten, Inseln.

Das **Kardamom Gebirge** im Hinterland ist unzugänglich und unberührt und soll eine der schönsten Landschaften des Landes sein.

Klima

Koh Kong ist in der Regenzeit, wie der Rest der Küste, dem Südwestmonsun ausgesetzt. Von Mai bis Oktober kann die See sehr rauh und das Wetter stürmisch und feucht sein. Den Rest des Jahres herrscht überwiegend sonniges Wetter und eine ruhige See.

Sre Ambel

↗ XVIII/B3

Diese lebhafte kleine Hafenstadt ist an einem tief ins Landesinnere reichenden Meeresarm gelegen. Durch die extrem flache Fahrrinne und die Untiefen im Golf von Kompong Som haben größere Boote Schwierigkeiten, die Stadt zu erreichen. Seit die Speedboot-Verbindung mit Dong Tong eingestellt wurde, hat Sre Ampel so gut wie keine touristische Bedeutung mehr. In der Stadt gibt es zwei Guest Houses.

Anreise und Weiterreise

- **Entfernungen** in Straßenkilometern:

Phnom Penh	161
Sihanouk Ville	104
Dong Tong	ca. 160

- Auf der RN 4 von Phnom Penh nach Sihanouk Ville biegt nach 135 km rechts die Straße nach Sre Ambel ab.
- **Taxis** fahren in Phnom Penh ab dem Psah Thmey für 3 $ in etwa 3 Std. bis zum Hafen.
- Alle **Busse** von und nach Dong Tong halten etwa 3 Kilometer außerhalb der Stadt.

Koh Sdach

↗ XVIII/A3

(Sprich: Goh Sadei)

Das **Dorf** Koh Sdach (ca. 2000 Einwohner) auf der gleichnamigen Insel ist die einzige größere Siedlung auf den vielen kambodschanischen Inseln. Bis Ende der 1990er Jahre waren die Einwohner aufgrund ihrer **intensiven Schmugglertätigkeit** sehr wohlhabend. Im Schutz der Dunkelheit löschten hier große Schiffe aus Hong Kong, Singapur und Thailand vor allem Zigaretten, Bier, Whisky und alles, was sich lohnte, den Einfuhrzoll zu umgehen. Die Schwarzware wurde dann auf kleinere Fischerboote umgeladen und zollfrei weiter nach Phnom Penh transportiert.

Eine andere Einkommensquelle waren die **Slowboote,** die auf ihrer langen Fahrt hier Pause machten. Hunderte von hungrigen Passagieren verköstigten sich täglich an den Essensständen. Doch seit Einführung der Speedboote bleiben die wenigen Reisenden, die noch mit dem Boot anstatt dem Bus fahren, nur ein paar Minuten zum Ein- und Aussteigen. Zwei ärmliche Garküchen sind übrig geblieben.

Die **Insel** Koh Sdach (zu deutsch: Königsinsel) ist interessant, wenn auch wenig attraktiv, doch als Ausgangspunkt, um einige einsame Sandstrände zu erreichen, gut geeignet. Im Hafen lassen sich Speedboot-Taxis z.B. nach Boi Japon, einem kleinen Dorf am Festland, mieten. Nach Süden erstreckt sich hier ein kilometerlanger Sandstrand. Auch zur **Insel Koh Smeik** kann übergesetzt werden. An einem schönen Strand stehen ein paar Fischerhütten unter Palmen. Abends plagen einen dort allerdings viele Mücken, und im Inselinneren liegen angeblich noch Minen.

Unterkunft

In der Nähe des Anlegestegs gibt es **drei einfache Unterkünfte,** z.B. das *Mean Chey G.H.* für 100–200 Bath.

Essen

Am Hafen stehen ein kleines Restaurant und ein paar Essensstände. Auch am ca. 1 km entfernten Markt kann man sich tagsüber mit Früchten und kleinen Snacks versorgen.

An- und Weiterreise

Ein Speedboot fährt täglich von Dong Tong nach Sihanouk Ville und zurück (15 $ bis Koh Sdach). Aktuelle Informationen sollten vor Ort eingeholt werden, da immer weniger Passagiere mit dem Boot fahren und sich dadurch Änderungen im Fahrplan ergeben können.

Dong Tong

↗ XVIII/A2

Die Hauptstadt Dong Tong oder **Koh Kong Ville,** wie die Franzosen es nannten, liegt auf der Lauer und wartet auf den bevorstehenden großen touristischen Durchbruch. Jahrzehnte lang isoliert, war es zu einer thailändischen Provinzstadt verkommen, die durch ihre Gesetzlosigkeit und die vielen Bordelle (Chicken Street) mehr an den wilden Westen als an ein idyllisches Seaside Resort erinnerte. Noch immer leidet die Stadt unter diesem schlechten Ruf, aber seit der **Eröffnung der groß ausgebauten Straße nach Phnom Penh** (2007) sind hochgesteckte Erwartungen an die Zukunft verbunden. Wenn der Plan aufgeht, werden die reichen Khmer aus Phnom Penh an den Wochenenden im Casino an der Grenze zocken und mit ihren Familien in den nahen Wasserfällen planschen. Die Ausländer werden die neu erschlossenen Strände bevölkern oder als Ecotouristen die übrig gebliebenen Mangrovenwälder und die unberührte Natur im Hinterland bewundern.

Die Stadt hat rund 50.000 Einwohner, ist aber aus touristischer Sicht noch nicht sonderlich reizvoll. Die **Uferpromenade,** ein idyllischer Platz, wurde gerade von den verrottenden Lagerhallen und Schiffsskeletten befreit und ein Park angelegt, der zum Flanieren einladen soll. Bisher übernachteten nur wenige Ausländer freiwillig hier. Die meisten sind entweder auf der Durchreise von oder nach Thailand, oder haben hier ein Guest House oder eine Bar eröffnet, in der Hoffnung auf das große Geschäft. Der interessierte Reisende hat hier noch viel Platz für Abenteuer und wird unvergessliche Erlebnisse abseits noch wenig ausgetretener Touristenpfade haben.

Die Provinzhauptstadt liegt an dem flachen Meeresarm **Tonle Kaspor,** durch den zwei Flüsse, die in den Kardamombergen entspringen, ins Meer fließen. Von Dong Tong gibt es eine große Brücke über den Tonle Kaspor, für deren Benutzung Zoll (12 Bath pro Person) gezahlt werden muss. Die Straße führt weiter zur Grenze. Größeren Booten ist die Zufahrt nach Dong Tong nicht möglich, weshalb sie im Fischerort **Pak Klong,** der sich etwas näher am offenen Meer befindet, anlegen. Beide Orte sind mit **Speedboottaxis** verbunden.

Südlich des Tonle Kaspor liegt ein Labyrinth aus Wasserwegen und Mangrovenwäldern. Wer den Tonle Kaspor in Richtung Norden verfolgt, kann sich einigen interessante Wasserfällen anschauen.

Es besteht **Malaria- und Denguefieberrisiko** in und um Dong Tong.

Adressen

- **Geld.** Das verbreitetste Zahlungsmittel ist hier zwar der thailändische Bath, aber es kann auch problemlos mit Dollar und Riel bezahlt werden. Die einzige Bank ist die *Acleda Bank* nahe dem Busbahnhof. Faire Wechselkurse, Travellerschecks und Geldautomat (ATM). 1 Euro ca. 50 Baht!
- Brauchbare **Umtauschkurse** zwischen Euro, Dollar, Bath und Riel bekommt man auf dem Markt und in manchen G.Hs.
- **Telefonieren.** Internationale Verbindungen werden über Thailand abgewickelt. Internetphone 15 Bath pro Minute nach Europa.
- **Internet.** Nicht so weit verbreitet wie in anderen Städten. Diverse Shops in der Stadt und in manchen G.Hs. Gut ist das Internet ca. 40 m hinter der *Bob Bar.* 60 Bath/Std.
- **Gesundheit.** Das Krankenhaus der Stadt bietet keine brauchbare Versorgung. Auf Grund des niedrigen Gehaltes machen die Ärzte lieber ihre eigenen Kliniken auf, wo eine Basisversorgung den zahlenden Patienten garantiert wird. Das nächste brauchbare

Krankenhaus liegt in Thailand in Khlong Yai. Bei Notfällen ist eine unbürokratischer Grenzpassage die Regel.

• **Mopeds.** Viele Motodup-Fahrer und auch G.Hs. *Otto, Neptun* und *Blue Marlin* vermieten Mopeds (ca. 200 Bath) und Enduros (ca. 500 Bath).

Stadtverkehr

• **Motorradtaxi.** Überall im Stadtkern zu finden. In der Stadt 10 Bath.

• **Speedboot-Taxis.** Verkehren vor allem zwischen Dong Tong und Pak Klong. Ein Platz im Sammelspeedboot kostet 200 Bath. Fiberglasboote für max. 5–8 Personen, die mit einem 15–40 PS Motor ausgestattet sind.

Unterkunft

Seit wenigen Jahren zieht es immer mehr Ausländer, vor allem Briten, Australier und Deutsche, nach Dong Tong, die hier ein G.H. oder eine Bar eröffnen. Viele sind „Thailandflüchtlinge", die bereits in Pattaya oder anderswo ein ähnliches Business hatten und die aus verschiedensten Gründen dort ihre Zelte abbrachen. Alle sind aber zumindest Idealisten, viele auch Träumer und Glücksritter, die einen mit mehr, die anderen mit weniger wirtschaftlichem Geschick.

• **Oasis Resort** (Tel. 092/228342, http://oasisresort.netkhmer.com). Der Ire *Jason* gehört zu den Idealisten, die hier wirklich etwas geschaffen haben. Sein kleines Resort am Stadtrand mit ein paar wenigen Bungalows, Schwimmbad, Restaurant und ungehindertem Ausblick in die freie Natur ist zweifellos die beste Unterkunft in der Stadt. Die Bungalows sind zwar spartanisch, aber geschmackvoll eingerichtet und kosten mit AC 15–20 $. Ideal für Familien mit Kindern. Für auswärtige Benutzer kostet der Zugang zum Pool 80 Bath. Das Oasis liegt etwa 2 km östlich des Zentrums.

• **Otto's G.H.** (Tel. 012/924249, ottos_kohkong@yahoo.de). *Otto* aus Deutschland war der erste Ausländer, der sich vor etwa 10 Jahren hier niedergelassen hat. Er ist sicherlich eine der besten Informationsquellen vor Ort und bietet jede Menge touristischer Serviceleistungen an. Gepflegte Holzvilla mit Restaurant ca. 100 m vom Speedboothafen entfernt. Zimmer 3–11 $.

• **Champa Koh Kong G.H.** (Tel. 035/393912). Gepflegte Anlage im Resortstil. Alle Bungalows und Zimmer sind vollständig mit Holz verkleidet. Im großen Innenhof soll demnächst ein Schwimmbad gebaut werden. Zimmer mit Fan oder AC zwischen 8 und15 $. Gegenüber der *The Dive-Inn* Bar.

• **The Dugout Hotel** (Tel. 035/936220, thedugouthote@yahoo.com). Beliebte Unterkunft bei etwas gesetzteren Reisenden, unter neuseeländischer Leitung. Kleine, aber saubere Zimmer mit Fan oder AC zwischen 300 und 500 Bath. Kleiner Pool zum Chillen; Internet. Restaurant. Liegt an der Hauptstraße nahe des Kreisverkehrs.

• **Koh Kong G.H.** (Tel. 016/602894). Wird von einer freundlichen jungen Thailänderin geleitet. Gepflegtes Holzhaus mit Zimmern für 100 Bath mit Gemeinschaftsbad und 150 Bath mit Bad/WC. Die Zimmer sind zwar klein, aber fein. Nettes Restaurant. Liegt an der Riverside östlich des Zentrums. Von Thailand aus unter Tel. 06/3977921 zu erreichen.

• Zwei empfehlenswerte G.Hs. unter deutscher Leitung sind das **Neptun** (3–5 $) und das **Blue Marlin** (südlich des Kreisverkehrs).

Khmer Standard Hotels:

• Bestes Preis-/Leistungsverhältnis bietet das **Bopha Koh Kong Hotel** (Tel. 035/936073), Zimmer 5–20 $. Nähe Speedboothafen.

• Auf Grund der Lage direkt am Ufer zu empfehlen sind das **Koh Kong City** (Tel. 012/901902), nur Zimmer mit AC für 15–20 $. Sowie das **Phomin Koh Kong** (Tel. 035/936221), Zimmer mit Fan für 5 $, mit AC und guter Aussicht im 3. Stock für 15 $.

• Wer echten Dschungel-Lifestyle genießen möchte, sollte ein paar Tage in der **Rainbow Lodge** (Tel. 099/744321, greenescape.netkhmer.com) verbringen. Sie liegt etwa 20 km außerhalb von Dong Tong bei dem Dorf Tatai, an einem Fluss im Naturpark in der Nähe des Meeres. Sie wird nach ökologischen Gesichtspunkten betrieben und bietet Bootsausflüge und Dschungeltrekking abseits des Tourismusrummels.

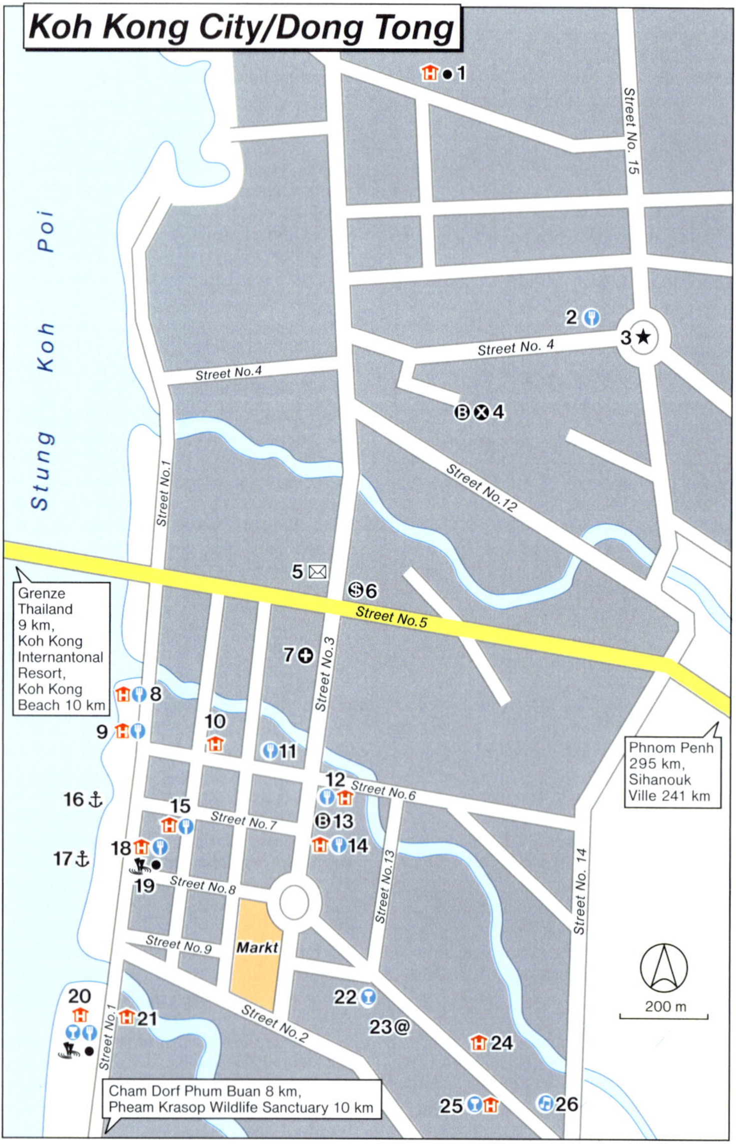

Koh Kong City/Dong Tong
Stung Koh Poi
Street No. 15
Street No. 4
Street No.4
Street No.1
Street No.12
Street No.5
Street No.3
Street No.6
Street No.7
Street No.8
Street No.9
Street No.13
Street No. 14
Street No.2
Markt
Grenze Thailand 9 km, Koh Kong Internantonal Resort, Koh Kong Beach 10 km
Phnom Penh 295 km, Sihanouk Ville 241 km
Cham Dorf Phum Buan 8 km, Pheam Krasop Wildlife Sanctuary 10 km
200 m
1
2
3
4
5
6
7
8
9
10
11
12
13
14
15
16
17
18
19
20
21
22
23@
24
25
26

1 Oasis Resort,
Cardamon Boat Adventure
2 Rasmey Rasmey Phkay Pich Restaurant
3 Victory Monument
4 Busbahnhof,
Taxistand
5 Post
6 Acleda Bank
7 Krankenhaus
8 Phomin Koh Kong Hotel und Restaurant
9 Koh Kong City Hotel und Restaurant
10 Bopha Koh Kong Hotel
11 Ea Ohn Restaurant
12 Baan Peakmai Restaurant und G.H.
13 Virak Buntam Bus Büro
14 The Dugout Hotel und Restaurant
15 Otto's G.H. und Restaurant
16 Speedboot Hafen (Boote nach Koh Sdach und Sihanouk Ville)
17 Speedboottaxis
18 Koh Kong G.H. und Restaurant
19 Koh Kong Divers und Koh Kong Travel & Tours
20 The Dive-Inn mit Bar, Restaurant, Tauchschule, Reisebüro: Inpian – Adventure Center
21 Champa Koh Kong G.H.
22 Bob's Bar
23 Internet
24 Neptun G.H.
25 Blue Marlin Bar und G.H.
26 Koh Kong Disco

Essen und Trinken

Manche Restaurants sind nicht einfach zu finden, im Zweifel einfach einen Motodup-Fahrer fragen!

- **Phkay Pich.** Khmer Küche mit sehr gutem Ruf unter den Einheimischen. Überwiegend besserverdienende Persönlichkeiten treffen sich hier bei Suppen und Seafood. Lecker sind die Shrimps- *(bongia)* Gerichte. 150–350 Bath. Mittags und abends geöffnet. Etwas außerhalb der Stadt hinter dem Busbahnhof.
- **Baan Peakmai Restaurant.** Führt unverständlicherweise eher ein Schattendasein unter den guten Restaurants. Sehr gute Thai-Küche und freundlicher Service lohnen auf jedenfall einen Besuch dieses Gartenrestaurants (80–180 Bath). An der Hauptstraße zwischen Kreisverkehr und *Acleda* Bank.
- **Ea Ohn Restaurant.** Der Name ist nicht angeschrieben, deshalb muss man sich durchfragen. Einfache, aber leckere kambodschanische Hausmannskost zu reisebudgetfreundlichen Preisen (rund 30 Bath).
- **Koh Kong Restaurant.** Angenehmes und sehr günstiges Thairestaurant mit Speisen um die 40–150 Bath. Schöner Ausblick von der Terrasse auf den Fluss. Im gleichnamigen Guest House.
- Die Pavillions auf dem Wasser der beiden Hotelrestaurants **Phomin Koh Kong Restaurant** (Thaiküche) und **Koh Kong City** (Khmer-Küche) gehören zu den lauschigsten Plätzchen für ein Restaurant (100–350 Bath).
- **Essensstände** und **kleine Restaurants** gibt es in Marktnähe und am Fluss.

Die Restaurants der Barang (Ausländer):

- Am bekanntesten ist **Otto's** Küche (im gleichnamigen G.H.). Er hat eine beachtliche Auswahl von westlichen und deutschen Speisen sowie Seafood zwischen 60 und 220 Bath. Frühstück ab 6.30 Uhr. In der **Bob's Bar** (ca. 70 m südlich vom Kreisverkehr) und im **The Dugout Hotel** werden herzhaftes Frühstück sowie Burger und Steaks serviert. Pizza (200 Bath) gibt's bei *Frank* im **Blue Marlin G.H.** Auch dem **The Dive-Inn** an der Uferpromenade lohnt es sich einen Besuch abzustatten, um sich Westernfood und ein Bier in der größten Bar der Stadt zu gönnen.

Tauchschulen und Reisebüros

- **Koh Kong Divers** (www.kohkongdivers.com; Tel. 017/502784): Professionell aufgezogene Tauchschule, die vom jungen Engländer *James* geführt wird. Sie bieten Padi Kurse und Fundiving Trips zu den Riffs und Inseln an. Eigenes Boot. Gleichzeitig betreiben sie das **Reisebüro Koh Kong Travel & Tours,** welches auf mehrtägige Inseltrips spezialisiert ist, sowie auf Ausflüge zu den Mangrovenwäldern und auf Motocross-Touren ins Kardamon Gebirge. Liegt an der Riverfront, Nr. 243.
- **The Dive-Inn** (abreath-underwater.com, Tel. 099/707434): Es schein wohl eine Gesetzmäßigkeit bei Tauchschulen zu geben, dass die Konkurrenz nie lange auf sich warten lässt. Deswegen hat der umtriebige *Alan* aus Wales gleich nachgezogen und ebenfalls eine Tauchschule und ein Reisebüro **Inpian – Adventure Center** gegründet. Riverfront gegenüber *Champa Koh Kong G.H.*

Informationen

- In Dong Tong wird die kleine, fotokopierte Broschüre **Koh Kong Visitor Guide** kostenlos ausgelegt. Werbung für G.Hs., Restaurants, Informationen und redaktionelle Artikel über die Umgebung. Wird monatlich aktualisiert. Der *Sihanouk Visitor Guide* enthält auch ein Kapitel über Koh Kong.
- **www.kohkong.com:** Sehr informative und aktuelle Website. Karten, Webcams, Hotels, Restaurants und vieles mehr. Lohnt sich reinzuschauen.

Nightlife

- Die einzige Disco ist z.Zt. die **Koh Kong Disco,** die jedoch nur am Wochenende gut besucht ist. Liegt an der Straße nördlich vom Kreisverkehr.

Anreise und Weiterreise

Flug

Es gibt zwar einen kleinen Flughafen, aber schon seit längerem keine Flüge mehr.

Bus und Sammeltaxi

Der **Busbahnhof,** an dem auch die Sammeltaxis abfahren, liegt ca. 300 Meter südlich der Brücke über den Tonle Kaspor nahe der Straße nach Phnom Penh.

Zwei **Busgesellschaften,** *Virak Buntam* und *Rith Mony,* verbinden Dong Tong mit Phnom Penh (5½ Std.), Sihanouk Ville (4½ Std.) und Kampot (4½ Std.). Die Strecke ist landschaftlich sehr reizvoll. Abfahrt ist gegen 8 Uhr. Der Preis beträgt jeweils 10 $. Tickets können direkt am Bus oder in den meisten Unterkünften gekauft werden, die auch für den Transport zum Busbahnhof sorgen.

- **Sammeltaxis:** Wer nach 8 Uhr aus der Stadt möchte, ist auf Taxis oder Vans angewiesen, die ihre Kunden am Taxistand einsammeln und erst losfahren, wenn das Fahrzeug voll ist.

Boot

- **Speedboot:** Nach Eröffnung der Straße ist das Passagieraufkommen rapide gesunken. Doch die bereits totgesagte Verbindung nach Sihanouk Ville über die Insel Koh Sdach existiert immer noch. Abfahrtszeit ist 8.00 Uhr. Die Tickets für 25 $ (15 $ nach Koh Sdach) können entweder vor Ort am Speedboothafen oder in manchen G.Hs. gekauft werden.

Grenzübergang nach Thailand (Chamyeam/Hatlek)

Täglich 7.00–20.00 Uhr geöffnet. Der kambodschanische Grenzort Chamyeam besteht lediglich aus dem Koh Kong International Resort und seiner Infrastruktur. Auch Hatlek auf der thailändischen Seite ist nicht viel größer.

Einreise nach Kambodscha:

Von Bangkok (Eastern Busterminal und vom Passagierterminal am Flughafen Suvarnabhumi) fahren bequeme AC-Busse nach Trat. Fahrzeit: 5 Std. (ca. 300 Bath). Von Trat weiter mit Minibus zur kambodschanischen Grenze (1½ Std., 120 Bath).

Die Ausreise aus Thailand ist kein Problem, bei der Einreise nach Kambodscha wird es dafür manchmal ein bisschen stressig. Wichtig ist es, cool und freundlich zu bleiben, selbstbewusst aufzutreten und den Überblick zu bewahren. Aufdringliche **Schlepper** verfolgen die Ausländer auf Schritt und Tritt und wollen bei allem behilflich sein. Wer sich ihnen anvertraut, hat es wesentlich leichter, aber muss natürlich dafür bezahlen.

Zuerst den **Visumantrag** ausfüllen (Passfoto notwendig). Der offizielle Preis für das Tourist Visum beträgt **20 $.** Doch die Khmer-Zöllner verlangen 1200 Bath, was etwa 35 $ entspricht. Wer tatsächlich auf die offiziellen 20 $ besteht, braucht gute Nerven, Zeit und Verhandlungsgeschick. Vermeiden kann man diese erhöhten Kosten durch ein „e-visa".

Von hier aus kann mit einem Taxi, Pick-up oder Motodup nach Dong Tong gefahren werden (ca. 9 km). Ein fairer Preis sind 80–100 Bath pro Person im Sammeltaxi bzw. auf dem Mopedtaxi inkl. Gebühr für die Brücke (12 Bath). Verlangt wird am Anfang aber meist das Doppelte oder mehr.

Mit Dollar oder Thai Bath kommt man ohne Probleme bis nach Sihanouk Ville oder Phnom Penh, wo die Umtauschkurse wesentlich günstiger sind. Wer nicht den genauen Wechselkurs kennt, sollte auf keinen Fall mit einem Mopedtaxifahrer zum Geldwechsler gehen, denn beide arbeiten zusammen. Die *Acleda Bank* in Dong Tong hat faire Wechselkurse.

Ausreise aus Kambodscha:

Sobald der Bus oder das Speedboot in Dong Tong ankommt, wird jeder Passagier sofort von einer Horde **Taxifahrer** „überfallen", die ihn zur Grenze bringen wollen. Verlangt werden ca. 100 Bath pro Person, egal ob Pick-up, Taxi oder Motodup. Bei längerem Handeln ist es aber auch für 80 Bath (inkl. Brückenzoll) möglich.

Der Rest der Ausreise ist gegenüber der Einreise ein Kinderspiel.

Hinter der Grenze warten **Minibusse** die nach Trat fahren (1½ Std., 120 Bath). Von dort fahren Busse zum Flughafen (4½ Std.) bzw. in die Innenstadt von Bangkok.

Wenn alles nach Plan läuft, ist es gut möglich, an einem Tag von **Phnom Penh** nach **Bangkok** zu kommen. Ca. 13 Std. Fahrzeit, max. 20 €.

Umgebung von Dong Tong

Strände

Bis 2006 gab es keinen brauchbaren Strand ohne Mangrovenbewuchs nahe der Stadt. Doch jetzt ist der mehrere Kilometer lange **Pak Klong Beach** von Mangroven befreit, und die ersten Essens- und Getränkestände haben geöffnet. Der sehr flache Strand wird hauptsächlich von den Khmer an Wochenenden besucht. Das **Barracuda** (Bar und Restaurant) ist die erste ausländische Bastion am Pak Klong Beach. Sie gehört zu der Tauchschule *Koh Kong Divers* in Dong Tong.

- **Anfahrt:** Entweder mit dem Speedboot nach Pak Klong (100 Bath) und dann mit dem Motodup oder zu Fuß (ein paar hundert Meter) zum Strand. Die andere Möglichkeit führt über die große Brücke und zweigt dort, wo die Straße zur Grenze eine 90°-Kurve macht, nach links ab. Ca. 15 km von Dong Tong aus. Motodup etwa 100 Bath.

Tauchen und Bootstouren

Die vorgelagerten Inseln und Riffs sind erst von wenigen Tauchern besucht worden. Zu den Highlights gehören **Condor Riff, Shark Island** und die Gewässer vor der Halbinsel **Koh Kussat.**

Die Hauptattraktion von Koh Kong dürfte in Zukunft der Besuch der Inselwelt und der verzweigten Wasserwege in den Mangrovenwäldern sein. Bisher gab es kaum kommerzielle Anbieter und mit den einheimischen Fischern war es schwierig zu verhandeln. Mittlerweile haben sich jedoch einige Ausländer auf die Organisation auch mehrtägiger Touren eingestellt. *Koh Kong Travel & Tours, Inpian – Adventure Center, Blue Marlin G.H., Neptune G.H.* und *Cardamon Boat Adventure* im *Oasis Resort.* Adressen s. o. „Dong Tong" bei „Unterkünfte"/„Tauchschulen".

Pak Klong

↗ XVIII/A2

Dieses **Fischerdorf** liegt an der Mündung des Tonle Kaspor in den Golf von Thailand. Es hat den einzigen **Hafen** in der Umgebung, in dem auch Fischerboote mit größerem Tiefgang anlegen können. Als es noch keine Brücke über den Tonle Kaspor gab, mussten Touristen auf dem Weg zur Grenze hier aussteigen und mit dem Boot weiterfahren. Ein Schnellboot-Sammeltaxi (Khmer: *auboa*) kostet von Dong Tong aus 100 Bath pro Person.

Cham Dorf (Phum Buan)

Interessantes Dorf der **moslemischen Minderheit** mit etwa 5000 Einwohnern. Das Leben dieser Menschen offenbart sich dem Besucher als eine Mischung aus Palmenidylle, bitterer Armut und Plastikmüll. Die ärmlichen Hütten auf Stelzen stehen dicht gedrängt über dem Wasser, und das gesamte Dorf steht in starkem Kontrast zu den massiven Häusern der weitflächig angelegten Stadt Dong Tong. Eine Moschee und eine Koranschule wurden vor Kurzem fertiggestellt. Der wichtigste Erwerbszweig dieser Menschen ist der Fischfang.

- **Anfahrt:** 8 km von Dong Tong entfernt.

Die Magrovenwälder

Dong Tong ist umgeben von einem Labyrinth aus Flüssen, Wasserstraßen und Inseln, deren Ufer meist von einem dichten Mangrovenwald bewachsen sind. Dazwischen liegen viele abgelegene Dörfer, die nur mit dem Boot zu erreichen sind und vom Fischfang oder der **Holzkohlegewinnung** (Khmer: *tyung*) leben. Insbesondere die Verarbeitung von Mangroven zu Holzkohle, die bis nach Deutschland exportiert wird, hat dazu geführt, dass bereits große Flächen dieses wichtigen Ökosystems vernichtet wurden.

Ein sehr lohnender Besuch ist das **Mangroven Reservat Peam Krasop** (26.000 ha). Ein etwa ein Kilometer langer Weg auf Betonstelzen führt mitten durch die Wälder, wo das bizarre und ökologisch so bedeutsame Wurzelwerk bewundert werden kann. Hinter der Brücke über eine Wasserstraße steht ein Aussichtsturm. Es gibt Getränkestände.

- **Anfahrt:** Ca. 10 km von Dong Tong entfernt. Beim Cham Dorf auf einem Feldweg nach links abbiegen. Motodup ca. 100 Bath.

Lam Dam

Ein sehenswertes **Fischerdorf** liegt auf der **Insel Koh Kapik,** nördlich der Insel Koh Kong. Fast alle Häuser stehen aufgereiht wie auf einer Perlenkette auf Stelzen über dem Wasser. Es gibt keine offiziellen Unterkünfte oder Restaurants. An der Westseite der Insel gibt es einen Sandstrand.

- **Anreise:** s.u. „Tauchen" und „Bootstouren".

Insel Koh Kong

↗ XVIII/A2

Erstaunlicherweise ist die größte Insel des Landes **praktisch unbewohnt.** Die einzigen Menschen, die hier gelegentlich leben, sind Holzfäller und die Soldaten eines kleinen Militärstützpunktes. Der Grund liegt darin, dass das Meer zwischen der Ostseite und der Küste oft nicht einmal einen Meter tief ist, wodurch kein Fischfang mit größeren Booten möglich ist. Auch die Westseite, die den Monsunstürmen schutzlos ausgeliefert ist, eignet sich nicht zur Errichtung von Siedlungen.

Die fast 20 Kilometer lange, gebirgige Insel ist mit dichtem Tropenwald bewachsen, hat einen Gipfel mit 410 Metern Höhe und an der Westküste goldgelbe Sandstrände. Gerüchten nach soll der frühere thailändische Präsident *Thaksin*, der durch einen Putsch entmachtet wurde, die Insel gekauft oder gemietet haben, um dort Hotels und Resorts zu bauen.

Achtung: Teile der Insel sollen noch **vermint** sein!

- **Anreise:** s.u. „Tauchen" und „Bootstouren"

Wasserfälle

Der schönste der leicht zu erreichenden Wasserfälle ist der **Tatai Waterfall.** Das klare und kühle Wasser, das kaskadenartig über bis zu 5 Meter von einem Pool in den nächsten fließt, ist herrlich zum Baden.

- **Anfahrt:** Ca. 30 km von Dong Tong entfernt. Auf der Straße Richtung Sihanouk Ville fahren. Noch vor der ersten Brücke eine kleine Straße (unauffälliger Wegweiser) links abbiegen und noch ca. 2–3 km weiterfahren.

Koh Kong International Resort

Da Casinos in Thailand verboten sind, wurde diese Spielhölle auf kambodschanischer Seite genau an der Grenze errichtet. Um die reichen Thais anzulocken, dürfen sie sogar mit ihren teuren Autos über die Grenze bis zum Resort fahren.

Bungalows und Hotelzimmer kosten ungefähr 1600 Bath mit Frühstück. Das Restaurant ist auf westliche und asiatische Gäste eingestellt.

Das Casino an der Grenze ist so etwas wie der allgegenwärtige Übervater der Provinz. Die Besitzer (Thais, Khmer und Malaysier) haben den unten genannten Zoo gegründet, unter ihrer Regie wurde die Brücke über den Tonle Kaspor gebaut und die Stadt Dong Tong an ein gutes Trinkwassernetz angeschlossen. Ohne sie funktioniert hier nichts.

Zoo Safari World

Am Strand in der Nähe des Casinos wurde eine erstaunlich große Anlage mit Delfinen, Orang Utans, Krokodilen und vielem mehr erbaut.

Foto: an018ka

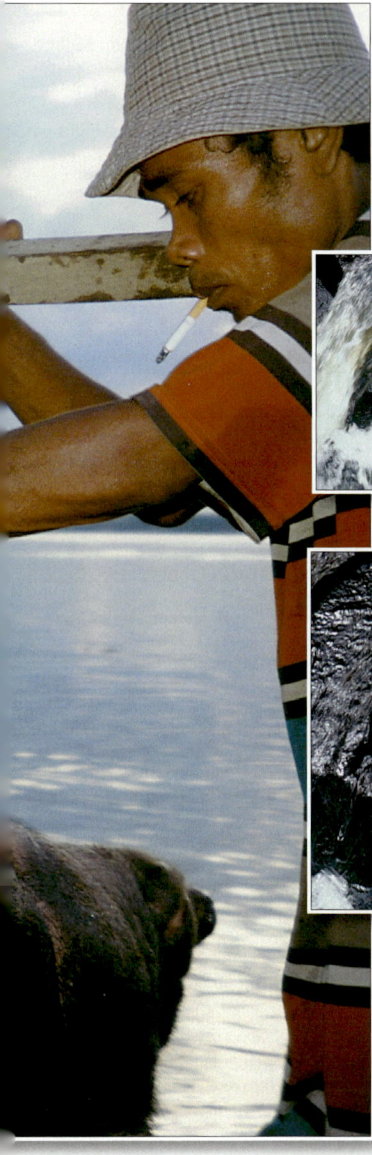

Anhang

114ka Foto: an

115ka Foto: an

Steinmetzarbeit im Bach bei Kobal Spien

Detailabbildung

Verladung von Schweinen in Stung Treng

Literaturhinweise

Deutsche Bücher

- *Ung, Loung:* **Der weite Weg der Hoffnung.** Aufwühlende Erinnerungen der kambodschanischen Autorin über ihre Kindheit und den Überlebenskampf unter *Pol Pot.* Argon Verlag.
- *Lotz, Astrid:* **Tempel, Geister und Soldaten.** Erlebnisse einer jungen Backpackerin im Kambodscha der 1990er Jahre. Frieling Verlag.
- *Hazdra, Peter:* **Die UNO Friedensoperation in Kambodscha.** Wissenschaftliche Erörterung der UNO-Mission mit fundierter Hintergrundinformation und wichtigen Erkenntnissen für weitere UNO-Einsätze. Der Autor ist ein hervorragender Kenner des Landes. Erschienen bei *Peter Lang.*
- *Sontheimer, Michael:* **Kambodscha, Land der sanften Mörder,** Rowohlt Taschenbuch Verlag, 1990. Interessante Berichte über Geschichte, *Pol Pot* und Politik.
- *Thürk, Harry:* **Der Reis und das Blut,** Brandenburg Verlagshaus, 1993. Kambodscha unter *Pol Pot.*
- **Frieden für Kambodscha?,** Peter Lang Verlag, Frankfurt, 1991. Entwicklung im Indochina-Konflikt seit 1975.
- *Scholl-Latour, Peter:* **Der Tod im Reisfeld,** Ullstein Verlag, 1981. Spannende und immer noch aktuelle Berichte des deutschen Korrespondenten für Indochina während 30 Jahren Krieg.
- *Scholl-Latour, Peter:* **Der Ritt auf dem Drachen,** Wilhelm Heyne Verlag, 1988. Indochina, von der franz. Kolonialzeit bis heute.
- *Giesenfeld, Günter:* **Land der Reisfelder,** Pahl-Rugenstein Verlag, 1988. Kommentierte Geschichte Indochinas von den Anfängen bis zur Gegenwart.
- *Raszelenberg, Patrik:* **Die Roten Khmer und der 3. Indochina-Krieg.** Institut für Asienkunde, 1995. Anspruchsvolle Auseinandersetzung mit einem bis heute aktuellem Konflikt.
- *Richner, Beat:* **Ein Schweizer Arzt in Kambodscha.** Verlag Neue Züricher Zeitung 1996. Interessante Erzählungen des Gründers der Kinderkrankenhäuser in Phnom Penh und Siem Reap.

Sprache

- *Götze, Claudia; Samnang, Sam:* **Khmer – Wort für Wort,** Kauderwelsch Bd. 62, Reise Know-How Verlag. Praktischer Sprechführer, der besonders Reisenden den schnellen Einstieg in die Konversation ermöglicht. Dazu erhältlich ist der AusspracheTrainer.

Angkor

- Siehe Literaturhinweise im Kapitel Angkor; Vorbereitung zum Besuch der Tempel.

Englische Literatur, in Deutschland beziehbar

- *Nolan, Keith:* **Into Cambodia; Spring Campaign; Summer Offensive 1970.** Dell-Verlag, 1991. Militärgeschichte aus dem Jahr 1970, als Sihanouk von Lon Nol gestürzt wurde.
- *Rooney, Dawn:* **Angkor. Tempels of Cambodian's Kings,** Passport Verlag, 1993.
- *Conboy, K:* **War in Cambodia 1970–1975,** Stackpole Verlag, 1989.
Bericht über den Bürgerkrieg unter Lon Nol und die Vorbereitungen der Roten Khmer, um die Macht zu übernehmen.
- *Downie, Sue:* **Down Highway One.** Journeys thr. Vietnam and Cambodia, 1993.
- *Gray, Spalding:* **Swimming to Cambodia,** 1988. Gedichte und Theaterspiele.
- *Jackson, Karl:* **Cambodia 1975–1978. Rendezvous with Death,** Princton Verlag, 1989. Die Zeit unter Pol Pot.
- *Marshal, S.:* **West to Cambodia,** Jove Verlag, 1993. Kriegsgeschichte.
- *Mouhot, Henri:* **Travels in Siam, Cambodia & Laos 1858–1860,** Oxford in Asia, 1990. Reiseberichte des frz. Entdeckers von Angkor.
- *Schier, Peter:* **Prince Sihanouk on Cambodia,** Institut für Asiankunde, 1985. Gespräche mit Prinz Norodom Sihanouk über die Außenpolitik Kambodschas nach 1945.
- *Burgler, Roeland:* **The Eyes of the Pineapple,** Verlag für Entwicklungspolitik, Breitenbach, 1990. Revolutionäre Intellektuelle und Terror unter Pol Pot.

Bücher, die nur in Phnom Penh, Bangkok, Hong Kong oder Singapur zu bekommen sind

- *Gilboa, Amit:* **Off the Rails in Phnom Penh,** Verlag Asia Books. Das Buch ist zur Kult-Lektüre der Expats und Traveller-Szene geworden. Der Autor hat über mehrere Jahre das Leben der in der Hauptstadt lebenden Ausländer neutral dokumentiert. Entstanden ist ein makaberes und faszinierendes Sittengemälde, das gleichzeitig erklärt, warum Kambodscha auf viele Menschen wie eine Droge wirkt. Nur in englischer Sprache erhältlich.
- **The Cuisine of Cambodia.** Hervorragendes Buch über die kambodschanische Küche mit vielen appetitanregenden Farbfotos, Rezepten und allgemeinen Informationen. Sehr interessant ist das Kapitel über die kulinarischen Vorliebe der Khmer für Insekten.
- *Kubes, Antonin:* **Kampuchea,** Presseagentur Orbis, Prag, 1982. In deutsch, englisch und französisch; Historische Fotos und Texte aus der Zeit des Bürgerkriegs.
- *Neveu, Roland:* **Cambodia, The Years of Turmoil.** Asia Horizon, Bangkok 2000. Ergreifende Bilddokumentation (schwarz-weiß) über die Bürgerkriegsjahre in Kambodscha von 1973 bis 1999.
- *Bit, Seanglim:* **The Warrior Heritage,** 1991. Tiefgründige Psychoanalyse der Khmer und der Auswirkung des Bürgerkriegs auf die Menschen.
- **Documents, Phnom Penh, 1990.** Erschienen auf englisch und französisch im Maison d'édition en langues étrangères. Berichte einer Gruppe kambodschanischer Juristen über den Pol Pot Terror.
- *Levy, Barry und Susott, Daniel:* **Years of Horror – Days of Hope,** Associated Faculty Press, New York, London, 1986. Die kambodschanischen Flüchtlingskrise.
- *Seam und Blakes:* **Phonetic English-Khmer Dictionary,** Asia Books, 1991. Praxisnahe Kommunikationshilfe.

Bücher über Angkor siehe Kapitel Angkor, Vorbereitung zum Besuch der Tempel.

Landkarten

- *world mapping project:* **Kambodscha,** Maßstab 1:500.000. GPS-tauglich, mit Stadtplan Phnom Penh. REISE KNOW-HOW Verlag.
- **Kartenmaterial** vor Ort gibt es auf dem Central und Tuol Tom Pong Markt und bei Kindern, die sie vor Restaurants verkaufen.

Filme

- **Killing Fields** (Schreiendes Land) von *Roland Joffé.* Authentischer Spielfilm über die Zeit Pol Pots. Auf dramatische und bewegende Weise erzählt er die Geschichte eines amerikanischen Journalisten und seines kambodschanischen Freundes während des Holocaust unter den Roten Khmer von 1975 bis 1979.
- **Mekong Teil 3:** Großes Wasser in Kambodscha (Wissen auf Video). 45-minütige Dokumentation über den Mekong, Landschaften, Kultur und Alltagsleben an seinen Ufern.

714ka Foto: an

Kleine Sprachhilfe

Diese Sprachhilfe bietet nur einen ersten Überblick und die wichtigsten Vokabeln, nach Themen geordnet. Wer sich ausführlicher mit dieser gar nicht so schweren Sprache befassen oder sich ein bisschen in ihren Klang einhören möchte, sei auf den Sprachführer von Claudia Götze und Sam Samnang **„Khmer – Wort für Wort"** und den dazugehörige AusspracheTrainer verwiesen (siehe Literaturverzeichnis).

Kurzgrammatik

Die Schreibweise der Khmerwörter in dieser Sprachhilfe ist eine Annäherung an die deutsche Sprechweise.

Die Struktur der Khmer-Sprache ist relativ einfach. Eine Satzstruktur besteht aus Subjekt – Prädikat – Objekt. Bevor man etwas sagen möchte, sollte jeder Satz in deutsch auf seine einfachste Form reduziert und erst dann ins Khmer übersetzt werden.

- Es gibt keine Artikel, weder männlich, weiblich noch sächlich.
- Es gibt keinen Plural. Die Menge wird durch ein Zahlwort ausgedrückt, dass an das zu bestimmende Subjekt angefügt wird.
- Bedingungssätze werden selten benutzt.
- Verben werden nicht gebeugt.
- Zeiten werden äußerst einfach ausgedrückt. „Haeay" hinter dem Verb setzt den Satz in die Vergangenheit, „neuung" vor dem Verb zeigt die Zukunft an.

Anrede

In der Praxis gibt es eine riesige Auswahlmöglichkeit an persönlichen Fürwörtern, um etwa Geschwister, Eltern, Verwandte, ältere und jüngere Menschen anzusprechen; hier die wichtigsten:

knyom ich
neak du (die gebräuchlichste Anrede für Männer)
neak-srey du (die gebräuchlichste Anrede für Frauen)
lok Sie (offizielle Anrede für Männer)
lok-srey Sie (offizielle Anrede für Frauen)
goat er, sie
jäng wir
neak-teang ihr
puoh-kee sie

Rede und Antwort

suah sdei
Hallo (unter Freunden)
dschum riab suah
offiziellere Begrüßung
sok sabei dee?
Wie geht's?
knyom sok sabei!
Gut!
od banya ha
Kein Problem. Alles o.k.
dee knyom min sok sabei dee!
Danke, nicht gut.
dahö lok sok sabei dee?
Wie geht es Ihnen?
bat knyom sok sabei dee!
Danke, gut (unter Höhergestellten)
lia sen hay
Auf Wiedersehen
rear trei suor sdei
Gute Nacht
bat
ja (für Männer)
dscha
ja (für Frauen)
tee
nein
ar khun
danke
suom
bitte
suom tooh
entschuldigung
dina…?
wo…
niss chea ey?
Was ist das?

neak dschmo ey?
Wie heißen Sie?
mian
gibt es ...?
od mian
es gibt nicht ...

Unterkunft

sontahkia	Hotel
bantub	Zimmer
kreä	Bett
bongkun	Toilette
neak pi	zwei Personen
danghal	Ventilator
masiin-trodjeak	Air-condition
mung	Moskitonetz
phuay	Decke
thlei bonmaan ...	Wieviel kostet ...
thlei nahs	zu teuer
kohkqua	schmutzig
looh	gut
sa ad	hübsch
tuid	klein

Zahlen

Während die Khmer-Ziffern wie bei uns nach dem 10er-System funktionieren, bauen die ausgeschriebenen Zahlen auf dem 5er-System auf; die Sechs wird also aus fünf+eins gebildet.

0	**son**
1	**muay**
2	**pi**
3	**bey**
4	**buan**
5	**bram**
6	**bram-muay**
7	**bram-pi**
8	**bram-bey**
9	**bram-buan**
10	**dab**
11	**dab-muay**
12	**dab-pi**
16	**dab bram-muay**
20	**mophei**
21	**mophei-muay**
30	**samseb**
40	**saäseb**
50	**haseb**
60	**hokseb**
70	**jetseb**
80	**paätseb**
90	**kauseb**
100	**muay-rooy**
200	**pi-rooy**
1.000	**muay-poan**
10.000	**muay-mön**
100.000	**muay-saän**
1.000.000	**muay-lian**

Bei den Zahlen von 11 bis 19 wird häufig auch der Einser vor dem Zehner genannt, z.B. **pi-dab,**12.

Zeiten

maong bonmaan?
Wie spät ist es?
maong
Stunde
maong bram
5.00 Uhr
maong bram-pi mophei
7.20 Uhr

១	២	៣	៤	៥	៦	៧	៨	៩	០
1	2	3	4	5	6	7	8	9	0

thngai	Tag
thngai nih	heute
saäk	morgen
msel menh	gestern
thngai-dschan	Montag
thngai-angkear	Dienstag
thngai-but	Mittwoch
thngai-prohoas	Donnerstag
thngai-sok	Freitag
thngai-saw	Samstag
thngai-atit	Sonntag
atit	Woche
khaä	Monat
tschnam	Jahr
makara	Januar
kompheak	Februar
minia	März
meesa	April
usaphia	Mai
mithona	Juni
kakada	Juli
seyha	August
kagnha	September
tola	Oktober
witscheka	November
thnu	Dezember

Verkehrsmittel, Reise

lahn	Auto
lahn-tschnual	Bus
moto dub	Taxi
moto	Motorrad
gang	Fahrrad
cyclo	Cyclo (Fahrradtaxi)
rut-phloeung	Zug
duuk	Boot
junhoh	Flugzeug
sathani rut phloeung	Bahnhof
ben lahn	Busbahnhof
wi-el junhoh	Flughafen
jenh	Abfahrt
mokhdol	Ankunft
sang	Benzin
kilo	Kilometer
khang-tschweeng	links
khang-sdam	rechts
trang	geradeaus
löan	schnell
yuet	langsam
dina?	wo?
tram	nach
tschngay	weit
djuet	nah

Gesundheit

suom dschue hao	rufen Sie bitte...
lahn päd	Krankenwagen
krou päd	Doktor
police	Polizei
päd thminh	Zahnarzt
monti päd	Krankenhaus
famasi	Apotheke
grun	Fieber
riak	Durchfall
dschuay	Hilfe
thnam	Medikament
tschu	Schmerzen haben

Einkaufen

psah	Markt
loy	Geld
päntii	Landkarte
häng-thot-rub	Fotoladen
fiil	Film
dohm	Stück
aw-yut	T-Shirt
toek	Wasser
num-pang	Brot
barey	Zigarette
robey gka	Postkarte
sraum sambot	Briefumschlag
kah-saeth anglais	englische Zeitung
thlei bonmaan	wieviel kostet...
rok	suchen
tign	kaufen
akroh	schlecht
thlai	teuer

Essen und Trinken

(siehe auch Kapitel Praktische Reisetipps A–Z, Essen & Trinken)

nyam bay	essen
pok	trinken
sath	Fleisch
banlahae	Gemüse

Auf dem Land und in der Stadt

phnom	Berg, Hügel
koh	Insel
tonle	Fluss
boeng	See
medk	Himmel
tiikrong	Stadt
kompong	Stadt auf dem Wasser
phum	Dorf
wat	Pagode
dschätdei	Stupa
phlöw	Straße
phlöng-stop	Ampel
phteah	Haus
roong-kon	Kino
khaät	Provinz, Bezirk

Weitere nützliche Vokabeln

proh	Mann
khmeng proh	Junge
srey	Frau
khmeng srey	Mädchen
allemong	deutsch, Deutschland
anglais	englisch, England
barang	Franzose, westlicher Ausländer
thom	groß
pibak	schwierig
od lo oh	schlecht
tscheran	viel
som	bitten
daö	gehen
töw	fahren
mian	haben
djuay	helfen
dschae	können
mok	kommen
nyo nyim	lächeln
thwö	machen
dschang	mögen, wollen
keeng	schlafen
möl	sehen
dschia	sein
dak	stellen, legen
niyiay	sprechen
ban	können, bekommen

Glossar

Abkürzungen

AC: Air Condition, Klimaanlage
DZ: Doppelzimmer
EZ: Einzelzimmer
G.H.: Guest House
NGO: *Non Government Organisation*, regierungsunabhängige Hilfsorganisation.
RN: *Route National*. Französische Bezeichnung für Nationalstraße.
UNTAC: Dieses Wort ist in Kambodscha zu einem feststehenden Begriff für die Teilnehmer und den Einsatz der Vereinten Nationen 1992/93 geworden. Ursprünglich handelte es sich um die Abkürzung von *United Nations Transitional Authority in Cambodia*.

Worterklärungen

Amrta: Lebenselexier, das beim Aufwühlen des Milchmeeres entsteht
Angkor: Wörtlich übersetzt heißt Angkor Stadt; im engeren Sinne umfasst diese Bezeichnung die Tempelanlagen bei Siem Reap. Der Tempel Angkor Wat gehört zu Angkor
Apsara: himmlische Tänzerin, die der Unterhaltung der Götter dient
ASEAN: Zusammenschluss südostasiatischer Länder
Asura: Dämon
Banteay: Zitadelle
Barang: westlicher Ausländer
Baray: Künstlicher See oder Reservoir
Bath: Thailändische Währung
Bodhisattva: Buddhistische Figur, die die höchste Stufe der Erleuchtung erreicht hat, aber auf den Einzug ins Nirvana verzichtet, um der Menschheit mit seinem Wissen zu helfen.
Brahma: Bedeutender hinduistischer Gott; Erschaffer der Erde
Cham: Cham hat zwei Bedeutungen, die nur aus dem textlichen Zusammenhang deutlich werden. Geschichtlich betrachtet handelt es sich dabei um die Bewohner des Champa Reiches, das vom 2. bis 15. Jahrhundert im heutigen Zentral- und Südvietnam lag. Bei den Cham im religiösen Zusammenhang handelt es sich um eine kleine, dem Islam angehörige Minderheit.
Champa: Hinduistisches Reich im Osten von Angkor; größter Feind der Khmer zur Zeit Angkors
Devata: Gottheit
Dvarapala: Tempelwächter
Ganesh: Beliebter Hindugott mit einem Elefantenkopf; Sohn von Shiva
Garuda: Mythischer Vogelmensch; Reittier Shivas
Gopura: Eingangspavillon mit Turm, der zu einem Tempel führt.
Expat: In Kambodscha lebende westliche Ausländer.
Indra: Hinduistischer Gott des Himmels, der Wolken und des Monsuns
Isvara: Ein Name Shivas
Kailasch: Himalaya-Gipfel; Heimat von Shiva
Khmer: Einerseits bezeichnet Khmer die Landessprache Kambodschas, andererseits das Volk der Khmer, die Einwohner Kambodschas.
Khmer Krom: Kambodschanische Minderheit in Vietnam; lebt v.a. im Mekong-Delta.
Khmer Loeu: Sammelbezeichnung für die hauptsächlich im Nordosten des Landes lebenden Ureinwohner.
Khmer Rouge: International verwendete Bezeichnung für die Roten Khmer.
Ko: Ochse
Krishna: Inkarnation von Vishnu
Laterit: Roter, poröser, eisenhaltiger Stein
Linga: Phallussymol; Erscheinungsform Shivas
Lokesvara: Erscheinungsform eines Bodhisattvas
Mahabharata: Berühmtes hinduistisches Epos
Maitreya: Buddha der Zukunft
Makara: Furchterregendes Seemonster
Meru: Heiliger Berg; Sitz der Götter; Zentrum der Welt im hinduistischen Glauben
Motodup: Khmer-Wort für die omnipräsenten Motorrad-Taxis in Kambodscha
Naga: Mehrköpfige Schlange, mit mehrfacher mythischer Bedeutung für die Khmer

Nandi: Reittier Shivas
Pagode: Internationale Bezeichnung für einen in buddhistischen Ländern Südostasiens üblichen mehrstöckigen Tempelbau
Pol Pot: Führer der Roten Khmer (s.u.). Von der Bevölkerung und auch in diesem Buch wird der Name Pol Pot gelegentlich als Synonym für die Roten Khmer verwendet
Prasat: Tempelturm
Pravati: Gemahlin Shivas
Preah: Heilig
Prohoc: gährende Fischpaste, wichtiger Bestandteil der Khmer-Küche. Starker Geruch.
Quincunx: Anordnung von fünf Dingen, wobei vier die Ecken markieren und eines das Zentrum bildet
Rama: Frühe Inkarnation von Vishnu; Held des Ramayana-Epos
Ramayana: Großes, romantisches Hinduepos; abenteuerliche Geschichte, bei der der Held Rama seine Frau aus der Gefangenschaft des Dämons Ravana befreit
Ravana: Dämon im Ramayana-Epos, mit mehreren Armen und Köpfen
Riel: Kambodschanische Währung
Romok: s. Tuk Tuk
Rote Khmer: Kommunistisch-maoistische Guerilla, die 1975 bis 1979 in Phnom Penh an der Macht war, deutsche Bezeichnung
Shiva: Bedeutendster hinduistischer Gott; Gott der Zerstörung und des Neubeginns
Sita: Frau von Rama
Srah: Weiher für rituelle Waschungen
Srei: Frau
Stupa: Tempel, in dem die Asche eines Verstorbenen aufbewahrt wird. Die Größe der Stupa gibt Auskunft über die Bedeutung der Familie und der dort bestatteten Person
Tevoda: Weibliche Gottheit
Thom: Groß
Thorani: Auch heute noch weit verbreitete Statue. Es handelt sich um eine Frau, die aus ihren Haaren Wasser herauswringt, um die Feinde Buddhas, die meist als Krokodile dargestellt sind, zu vernichten
Traveller Food: Bezeichnung für das typische Essen der Guest Houses, das sich von Nepal über Thailand bis zu den Philippinen ähnelt, z.B. Fried Rice. Meistens gut und billig.
Tuk Tuk: Ein Khmer-Tuk Tuk (*romok* auf Khmer) handelt es sich um einen überdachten Anhänger für 4 erwachsene Personen, der von einem Moped gezogen wird.
Uma: Gemahlin Shivas
Varman: Der Beschützte
Vishnu: Wichtiger hinduistischer Gott; Erhalter und Beschützer der Welt
Wat: Khmer-Wort für Pagode. Der Begriff Wat bezieht, im Gegensatz zur Pagode, alle Gebäude, die auf dem Gelände eines buddhistischen Klosters stehen, mit ein (siehe Kapitel Religion, die Wat)
Yama: Gott des Todes
Yuon: Abfällige kambodschanische Bezeichnung für die Vietnamesen.

Aktuelle Reise-Gesundheits-Informationen im Überblick: Kambodscha

Stand: März 2010

Die nachstehenden Angaben dienen der Orientierung, was für eine geplante Reise in das Land an Gesundheitsvorsorgemaßnahmen zu berücksichtigen ist. Die Informationen wurden uns freundlicherweise vom *Centrum für Reisemedizin* zur Verfügung gestellt. Auf der Homepage: **www.travelmed.de** werden diese Informationen stetig aktualisiert. Es lohnt sich, dort noch einmal nachzuschauen.

Einreise-Impfvorschriften

Bei einem Direktflug aus Europa sind keine Impfungen vorgeschrieben. Bei einem vorherigen Zwischenaufenthalt (innerhalb der letzten 6 Tage vor Einreise) in einem der aufgeführten Länder (Gelbfieber-Endemiegebiete) wird bei Einreise eine gültige Gelbfieber-Impfbescheinigung verlangt.

Angola · Äquatorialguinea · Äthiopien · Benin · Bolivien · Brasilien · Burkina Faso · Burundi · Ecuador · Elfenbeinküste · Franz. Guayana · Gabun · Gambia · Ghana · Guinea · Guinea-Bissau · Guyana · Kamerun · Kenia · Kolumbien · Kongo, Rep. · Kongo, Dem. Rep. · Liberia · Mali · Mauretanien · Niger · Nigeria · Panama · Peru · Ruanda · Sao Tomé & Principe · Senegal · Sierra Leone · Somalia · Sudan · Suriname · Tanzania · Togo · Tschad · Uganda · Venezuela · Zentralafr. Republik

Empfohlener Impfschutz

Generell: Standardimpfungen nach dem deutschen Impfkalender, speziell Tetanus, Diphtherie, außerdem Hepatitis A.

Je nach Reisestil und Aufenthaltsbedingungen im Lande sind außerdem zu erwägen:

Impfschutz	Reisebedingung 1*	Reisebedingung 2**	Reisebedingung 3***
Typhus	x	x	
Hepatitis B [(1)]	x		
Tollwut [(2)]	x		
Jap. Enzephalitis [(3)]	x		

[(1)] vor allem bei Langzeitaufenthalten und engerem Kontakt zur einheimischen Bevölkerung

[(2)] bei vorhersehbarem Umgang mit Tieren

[(3)] bei bes. Aufenthaltsbedingungen in bestimmten ländlichen Gebieten. Impfstoff in Deutschland nicht zugelassen. Beschaffung über Apotheken mit entsprechenden Erfahrungen.

***Reisebedingung 1:** Reise durch das Landesinnere unter einfachen Bedingungen (Rucksack-/Trekking-/Individualreise) mit einfachen Quartieren/Hotels; Camping-Reisen, Langzeitaufenthalte, praktische Tätigkeit im Gesundheits- oder Sozialwesen, enger Kontakt zur einheimischen Bevölkerung wahrscheinlich.

****Reisebedingung 2:** Aufenthalt in Städten oder touristischen Zentren mit (organisierten) Ausflügen ins Landesinnere (Pauschalreise, Unterkunft und Verpflegung in Hotels bzw. Restaurants mittleren bis gehobenen Standards)
*****Reisebedingung 3:** Aufenthalt ausschließlich in Großstädten oder Touristikzentren (Unterkunft und Verpflegung in Hotels bzw. Restaurants gehobenen bzw. europäischen Standards)

Wichtiger Hinweis: Welche Impfungen letztendlich vorzunehmen sind, ist abhängig vom aktuellen Infektionsrisiko vor Ort, von der Art und Dauer der geplanten Reise, vom Gesundheitszustand, sowie dem eventuell noch vorhandenen Impfschutz des Reisenden.

Da im Einzelfall unterschiedlichste Aspekte zu berücksichtigen sind, empfiehlt es sich immer, rechtzeitig (etwa 4 bis 6 Wochen) vor der Reise eine persönliche Reise-Gesundheits-Beratung bei einem reisemedizinisch erfahrenen Arzt oder Apotheker in Anspruch zu nehmen

Malaria-Risiko

Ganzjährig, verstärkt während der Regenzeiten.

- **Mittleres Risiko** in den meisten Landesteilen, am höchsten im Regenwald der Grenzgebiete zu Thailand und Laos, geringer in einem breiten Gürtel durch die Mitte des Landes von SO nach NW entlang des Mekong bis nördlich des Tonle Sap.
- **Geringes Risiko** innerhalb dieses Gürtels in der Umgebung von Phnom Penh sowie unmittelbar um den Tonle Sap bis Angkor Wat.
- Das Stadtgebiet von Phnom Penh gilt als **malariafrei.**

Ein konsequenter Mückenschutz in den Abend- und Nachtstunden verringert das Malariarisiko erheblich (Expositionsprophylaxe). **Vorbeugemaßnahmen** siehe www.travelmed.de.

Aktuelle Meldungen

Duchfallerkrankungen: Die Gesundheitsbehörden des Landes haben nach anfänglichem Zögern mehr als 120 Cholerafälle und einen Todesfall seit November 2009 bestätigt, wollen aber immer noch nicht von einer Epidemie sprechen. Mehr als die Hälfte der Erkrankten waren Kinder unter 15 Jahren. Die genauen landesweiten Zahlen sind nicht bekannt, die Behörden warnen jedoch vor einer Panikmache. Hygienemaßnahmen beachten.

Dengue: 11.652 Fälle wurden 2009 gemeldet, im Vergleich zu 9456 Fällen 2008. Die Todesfälle haben sich allerdings fast halbiert. Schutz vor tagaktiven Stechmücken beachten.

Vogelgrippe: Aus Kambodscha wurde 2009 ein bestätigter menschlicher Erkrankungsfallgemeldet. Es handelt sich um einen 57-jährigen Mann aus der Kampong Chan Provinz. Von den bisher 9 registrierten Erkrankungen in Kambodscha endeten 7 tödlich.

Sicherheitslage: Nach einer vorübergehenden Entspannung des Konfliktes durch teilweisen Abzug der Truppen vom Preah Vihear Tempel hat sich die Situation durch aggressive Rhetorik beider Seiten erneut verschärft. Die kambodschanischen Tourismusbehörden sehen derzeit keine Hinderungsgründe mehr für einen Besuch dieser Tempelstätte. Dennoch sollte im Hinblick auf die jederzeitige Möglichkeit des Wiederaufflammens bewaffneter Konflikte von einem Besuch der Tempelstätte möglichst abgesehen werden (www.auswaertiges-amt.de).

Medizinische Versorgung

Landesweit ist mit erheblichen Engpässen bei der ärztlichen und medikamentösen Versorgung zu rechnen. Adäquate Ausstattung der Reiseapotheke (Zollbestimmungen beachten, Begleitattest ratsam), Auslandskrankenversicherung mit Abdeckung des Rettungsrückflug-Risikos für Notfälle dringend empfohlen.

Kurzbeschreibung der erwähnten Erkrankungen

- **Dengue:** Dengue- und verwandte Viren sind in den Tropen und Subtropen weit verbreitet. In diesen Regionen kommt es immer wieder zu Ausbrüchen mit zahlreichen Krankheitsfällen. Die Übertragung erfolgt durch Stechmücken. Die Inkubationszeit beträgt 2–7 Tage. Das Krankheitsbild ist grippeähnlich: hohes Fieber, starke Kopf- und Gliederschmerzen, Druckschmerz hinter dem Auge sind die hauptsächlichen Symptome, oft kommt es zusätzlich zu einer flüchtigen Hautrötung. Die akuten Symptome klingen nach etwa einer Woche ab, die Rekonvaleszenz mit allgemeiner Abgeschlagenheit kann jedoch länger dauern. Insgesamt ist die Erst-Erkrankung gutartig und heilt in der Regel komplikationslos aus. Bei einer Zweitinfektion ist ein schwerer Verlauf mit Blutungsneigung oder Schocksymptomen möglich. Vor allem Einheimische sind hiervon betroffen; Kinder eher als Erwachsene. Die Diagnose wird durch den Nachweis von Antikörpern im Blut gestellt.
- **Diphterie:** Bakterielle Infektion, die meist durch Tröpfcheninfektion übertragen wird. Symptome sind Fieber um 38 Grad, leichte Rachenentzündung mit grau-weißen Belägen und süßlichem Mundgeruch und Allgemeinerscheinungen. In schweren Fällen kann es zu einer Halsschwellung mit Luftnot, zu Herzmuskelentzündung und zu Nervenlähmungen kommen. In tropischen Ländern siedelt sich die Diphtherie öfter in Hautgeschwüren an. Diagnose durch Bakterien-Nachweis aus dem Rachen.
- **Hepatitis A:** Diese Virusinfektion der Leber ist weltweit verbreitet, meist in Entwicklungsländern. Die Inkubationszeit liegt zwischen 2 und 6 Wochen. Die Erkrankung beginnt mit Grippegefühl, Fieber, Appetitlosigkeit, Übelkeit und Erbrechen. Nach einigen Tagen wird der Urin dunkel und der Stuhl hell, schließlich entwickelt sich eine Gelb- sucht (zuerst im Weiß der Augen bemerkbar). Der weitere Verlauf ist unterschiedlich, meist leicht, besonders bei Kindern. Gelegentlich kommt es bei Erwachsenen zu schwereren und länger anhaltenden Krankheitsbildern (bis zu einigen Monaten). Dauerschäden treten nicht auf. Die Diagnose wird durch Blutuntersuchungen auf Leberzellfermente und spezifische Antikörper gesichert. Die Übertragung erfolgt faekal-oral. Das Virus wird vorwiegend über verunreinigte Nahrung und Trinkwasser aufgenommen, besonders häufig über Muscheln, Austern und Krebstiere, aber auch über Milch, kaltes Fleisch und andere Speisen.

• **Hepatitis B:** Krankheitsbeginn wie Hepatitis A. Die Krankheitsdauer liegt nicht unter 4 Wochen. In ca. 10 % der Fälle rechnet man mit Komplikationen, schweren oder chronischen Verläufen, vereinzelt mit Dauerschäden. Infektiös sind Blut und andere Körperflüssigkeiten von Erkrankten und Virusträgern (in Mitteleuropa 0,1–0,5 %, in einzelnen tropischen Ländern über 20 % der Bevölkerung). Die Übertragung erfolgt über entsprechende Kontakte; Bluttransfusionen, unsterile Spritzen, Nadeln und Instrumente (z.B. bei unqualifizierten medizinischen Eingriffen, Drogenabhängigen, Tätowierungen) sowie beim Geschlechtsverkehr.
• **Jap. Enzephalitis:** Diese Virusinfektion, die gebietsweise in Südostasien auftritt, kann zu einer schweren Hirn- und Hirnhautentzündung führen. Symptome sind hohes Fieber, starke Kopfschmerzen, Nackensteifigkeit, Lähmungserscheinungen, Verwirrtheit, Bewusstlosigkeit. Todesfälle (ca. 30 %) und Dauerschäden sind möglich. Die Übertragung erfolgt durch nachtaktive Stech- mücken auf dem Lande.
• **Malaria:** Malaria wird durch einzellige Parasiten (Plasmodien) verursacht und durch bestimmte Stechmücken (Anophelen) übertragen. Leitsymptom ist Fieber, mit Kopf- und Gliederschmerzen mit starkem Krankheitsge- fühl. Schüttelfröste und Schweißausbrüche können vorkommen. Die „bösartige" Malaria (tropica) hat eine Inkubationszeit von 7–12 Tagen. Sie kann rasch zu lebensbedrohlichen Zuständen mit Koma, Nierenversagen und Schock führen. Die „gutartige" Malaria (tertiana) kann nach 9–16 Tagen auftreten, bisweilen noch bis zu einem Jahr nach der Rückkehr. Spätere Rückfälle sowie eine dritte Art (Malaria quartana) sind extrem selten. Die Diagnose wird während der akuten Erkrankung durch den mikroskopischen Parasitennachweis im Blut gesichert, nachträglich kann sie noch durch Antikörperuntersuchungen geführt werden. Trotz wachsender Resistenzprobleme ist die Malaria bei rechtzeitiger Behandlung heilbar.
• **Tetanus (Wundstarrkrampf):** Tetanusbakterien können bei Wunden jeder Art, auch bei Bagatellverletzungen, in die Haut gelangen. Besonders gefährdet sind mit Straßenstaub oder Erdreich verschmutzte Wunden und Tierbisse. Die Erreger sondern ein Gift ab, das nach einer Inkubationszeit von 1–2 Wochen (die Wunde ist meist schon verheilt) zu schweren, schmerzhaften Muskelkrämpfen und Lähmungen mit Todesfolge führen kann. Die Diagnose wird aus den klinischen Symptomen gestellt.
• **Tollwut:** Viruserkrankung von Tieren, die gelegentlich auf den Menschen übertragen wird und immer tödlich endet. Die Inkubationszeit liegt in der Regel zwischen 1–3 Monaten. Infektiös ist der Speichel eines tollwütigen Tieres, und zwar 3–5 Tage vor Ausbruch der Symptome bis zu seinem Verenden nach 7–10 Tagen. Der Mensch infiziert sich durch Bissverletzungen, meist von Hunden und Katzen, oder durch Einbringen von deren Speichel in verletzte Hautstellen oder unverletzte Schleimhäute (Augen). Die Krankheit beginnt beim Menschen mit Schmerzen und Kribbeln im Bereich der oft bereits verheilten Bissstelle und führt über Krämpfe, Erregungszustände und Lähmungen innerhalb von 2 Wochen zum Tod.
• **Typhus:** Typhusbakterien werden mit verunreinigter Nahrung und Trinkwasser aufgenommen. Nach einer Inkubationszeit von ca. 2 Wochen entwickelt sich hohes Fieber mit schwerem Krankheitsgefühl und Lethargie, das unbehandelt mehrere Wochen anhalten kann. Komplikationen wie Darmblutung und Bauchfellentzündung können tödlich verlaufen. Beim „Paratyphus" handelt es sich um verwandte Erreger, die ein ähnliches, meist etwas milderes Krankheitsbild hervorrufen. Die Diagnose ist aus dem Blut, später aus dem Stuhl zu sichern.

Unter www.travelmed.de finden Sie Adressen von
• Apotheken mit qualifizierter Reise-Gesundheits-Beratung (nach Postleitzahlgebieten).
• Impfstellen und Ärzte mit Spezialsprechstunde Reisemedizin (nach Postleitzahlgebieten).
• Abruf eines persönlichen Gesundheitsvorsorge-Briefes für die geplante Reise.

sound trip
in cooperation with
((piranha))
Neu im
Reise Know-How Verlag
Reise Know-How
Northern Africa
The Andes
Argentina
Australia
The Balkans
Barbados
Oriental Belly Dance
Northeast Brazil
Canada
Chile
China
Cuba
Finland
Iceland
India
Ireland
Japan
Mexico
New Zealand
Norway
Russia, St. Petersburg
Scotland
South Africa
Switzerland
Turkey
Uruguay
Die Compilations der CD-Reihe sound trip stellen aktuelle, typische Musik eines Landes oder einer Region vor.
Jede CD 50–60 Min., 22- oder 46-seitiges Booklet.
Im Buchhandel erhältlich.
Unverbindl. Preisempf.: EURO 15,90 [D]
Kostenlose Hörprobe im Internet.
www.reise-know-how.de

KulturSchock

Diese Reihe vermittelt dem Besucher einer fremden Kultur wichtiges Hintergrundwissen. **Themen** wie Alltagsleben, Tradition, richtiges Verhalten, Religion, Tabus, das Verhältnis von Frau und Mann werden nicht in Form eines völkerkundlichen Vortrages, sondern praxisnah auf die Situation des Reisenden ausgerichtet behandelt. Der **Zweck** der Bücher ist, den Kulturschock weitgehend abzumildern oder ihm gänzlich vorzubeugen. Damit die Begegnung unterschiedlicher Kulturen zu beidseitiger Bereicherung führt und nicht Vorurteile verfestigt. Die Bücher haben jeweils ca. 240 Seiten. Eine Auswahl:

- **KulturSchock Ägypten**
- **KulturSchock Argentinien**
- **KulturSchock Australien**
- **KulturSchock Brasilien**
- **KulturSchock VR China, mit Taiwan**
- **KulturSchock Ecuador**
- **KulturSchock Familienmanagement im Ausland**
- **KulturSchock Finnland**
- **KulturSchock Kleine Golfstaaten/Oman**
- **KulturSchock Indien**
- **KulturSchock Indonesien**
- **KulturSchock Irland/Nordirland**
- **KulturSchock Japan**
- **KulturSchock Kambodscha**
- **KulturSchock Laos**
- **KulturSchock Marokko**
- **KulturSchock Mexiko**
- **KulturSchock Pakistan**
- **KulturSchock Polen**
- **KulturSchock Russland**
- **KulturSchock Spanien**
- **KulturSchock Thailand**
- **KulturSchock Türkei**
- **KulturSchock Ungarn**
- **KulturSchock USA**
- **KulturSchock Vietnam**

REISE KNOW-HOW Verlag, Bielefeld

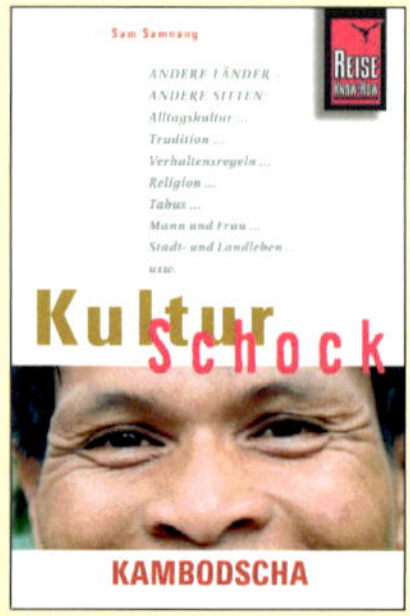

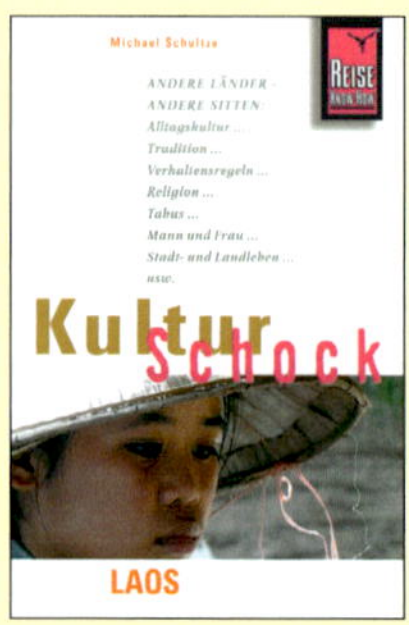

Anhang

HILFE!

Dieser Reiseführer ist gespickt mit unzähligen Adressen, Preisen, Tipps und Infos. Nur vor Ort kann überprüft werden, was noch stimmt, was sich verändert hat, ob Preise gestiegen oder gefallen sind, ob ein Hotel, ein Restaurant immer noch empfehlenswert ist oder nicht mehr, ob ein Ziel noch oder jetzt erreichbar ist, ob es eine lohnende Alternative gibt usw.

Unsere Autoren sind zwar stetig unterwegs und versuchen, alle zwei Jahre eine komplette Aktualisierung zu erstellen, aber auf die Mithilfe von Reisenden können sie nicht verzichten.

Darum: Schreiben Sie uns, was sich geändert hat, was besser sein könnte, was gestrichen bzw. ergänzt werden soll. Nur so bleibt dieses Buch immer aktuell und zuverlässig. Wenn sich die Infos direkt auf das Buch beziehen, würde die Seitenangabe uns die Arbeit sehr erleichtern. Gut verwertbare Informationen belohnt der Verlag mit einem Sprechführer Ihrer Wahl aus der über 220 Bände umfassenden Reihe „Kauderwelsch" (siehe unten).

Bitte schreiben Sie an:

REISE KNOW-HOW Verlag Peter Rump GmbH, Postfach 140666, D-33626 Bielefeld, oder per E-Mail an: info@reise-know-how.de

Danke!

Kauderwelsch-Sprechführer –
sprechen und verstehen rund um den Globus

Afrikaans • Albanisch • Amerikanisch - *American Slang, More American Slang,* Amerikanisch oder Britisch? • Amharisch • Arabisch - Hocharabisch, für Ägypten, Algerien, Golfstaaten, Irak, Jemen, Marokko, • Palästina & Syrien, Sudan, Tunesien • Armenisch • *Bairisch* • Balinesisch • Baskisch • Bengali • *Berlinerisch* • Brasilianisch • Bulgarisch • Burmesisch • Cebuano • Chinesisch - Hochchinesisch, kulinarisch • Dänisch • Deutsch - *Allemand, Almanca, Duits, German, Nemjetzkii, Tedesco* • *Elsässisch* • Englisch - *British Slang, Australian Slang, Canadian Slang, Neuseeland Slang,* für Australien, für Indien • Färöisch • Esperanto • Estnisch • Finnisch • Französisch - kulinarisch, für den Senegal, für Tunesien, *Französisch Slang, Franko-Kanadisch* • Galicisch • Georgisch • Griechisch • Guarani • Gujarati • Hausa • Hebräisch • Hieroglyphisch • Hindi • Indonesisch • Irisch-Gälisch • Isländisch • Italienisch - *Italienisch Slang,* für Opernfans, kulinarisch • Japanisch • Javanisch • Jiddisch • Kantonesisch • Kasachisch • Katalanisch • Khmer • Kirgisisch • Kisuaheli • Kinyarwanda • *Kölsch* • Koreanisch • Kreol für Trinidad & Tobago • Kroatisch • Kurdisch • Laotisch • Lettisch • Lëtzebuergesch • Lingala • Litauisch • Madagassisch • Mazedonisch • Malaiisch • Mallorquinisch • Maltesisch • Mandinka • Marathi • Modernes Latein • Mongolisch • Nepali • Niederländisch - *Niederländisch Slang,* Flämisch • Norwegisch • Paschto • Patois • Persisch • Pidgin-English • *Plattdüütsch* • Polnisch • Portugiesisch • Punjabi • Quechua • *Ruhrdeutsch* • Rumänisch • Russisch • *Sächsisch* • *Schwäbisch* • Schwedisch • *Schwiizertüütsch* • *Scots* • Serbisch • Singhalesisch • Sizilianisch • Slowakisch • Slowenisch • Spanisch - *Spanisch Slang,* für Lateinamerika, für Argentinien, Chile, Costa Rica, Cuba, Dominikanische Republik, Ecuador, Guatemala, Honduras, Mexiko, Nicaragua, Panama, Peru, Venezuela, kulinarisch • Tadschikisch • Tagalog • Tamil • Tatarisch • Thai • Tibetisch • Tschechisch • Türkisch • Twi • Ukrainisch • Ungarisch • Urdu • Usbekisch • Vietnamesisch • Walisisch • Weißrussisch • *Wienerisch* • Wolof • Xhosa

THÜRMER TOURS
www.thuermer-tours.de

Marco Polo –
große Entdeckungen, kleine Preise
• Erlebnis- und Entdeckerreisen in kleinen Gruppen
• Mittendrin mit „Marco Polo Live“, dem besonderen Entdecker-Highlight
• Günstige Preise in drei Katalogen
- Entdeckerreisen in der Gruppe
- Individuelle Reisen ohne Gruppe
- YOUNG LINE TRAVEL
Beratung und Buchung:
neuner reise|service
POSTSTRASSE 4 | 87435 KEMPTEN
FON: 0831 2 26 06 | FAX: 0831 169 88
INFO@NEUNER-REISESERVICE.DE
WWW.NEUNER-REISESERVICE.DE
Meine Entdeckung.
MARCO POLO
REISEN

Register

A

B

C

D

E

R

S

Der Autor

Andreas Neuhauser studierte Sozialwissenschaften in München und lebt im Allgäu.

Seit 1990 arbeitet er unter anderem als Reiseleiter und Reisejournalist in Asien. Im Mai 1992 war er einer der ersten Reisenden, die nach über 20 Jahren Bürgerkrieg Kambodscha besuchten. Seitdem bereist er das Land mindestens einmal im Jahr und ist immer auf der Suche nach noch unbekannten Attraktionen. Seine Beiträge über Kambodscha erschienen in den Magazinen „Merian" und „Motorrad Abenteuer". Für sportliche Mountainbiker organisiert der hervorragende Kenner des Landes ausgefallene Touren am Mekong, im Urwald von Rattanakiri und bei den Tempeln von Angkor.

Als „Zeuge der Geschichte" erlebte er die schwierigen Schritte dieses vom Terror der Roten Khmer geschundenen Volkes auf dem Weg zum Frieden. Den tiefsten Eindruck hinterließ die dramatische Endphase der ersten freien, von den Vereinten Nationen organisierten Wahlen im Mai 1993 auf ihn.

708ka Foto: an

Kartenverzeichnis

Blattschnitt Indochina

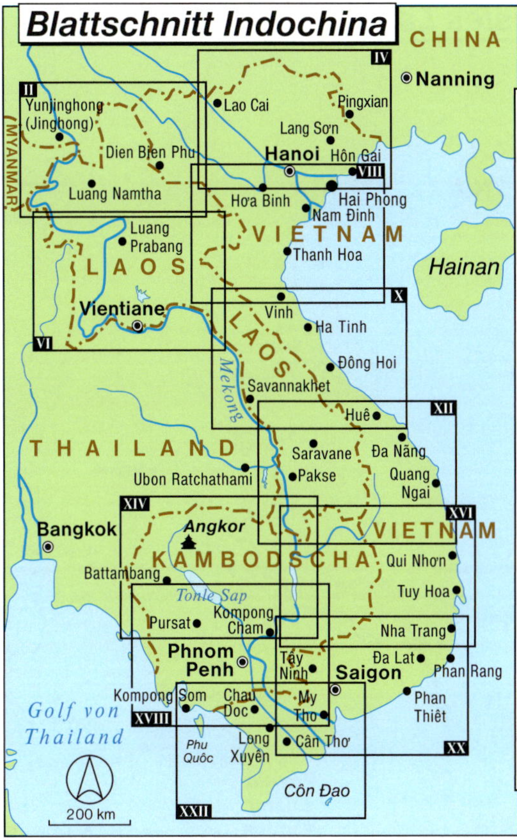

Legende
für die Ortspläne

- Tourist Information
- Hotel, Guest House
- Restaurant
- Café
- Bar
- Disco
- Internet-Café
- Shopping, Markt
- Kino
- Sehenswürdigkeit
- Museum
- Tempel
- Moschee
- Bank, Geldwechsler
- Krankenhaus
- Apotheke
- Post
- Telefon
- Flughafen
- Taxi
- Busbahnhof

Zeichenerklärung

1000 m
500 m
0

- Mehrspurige Straße
- Nationalstraße
- Hauptstraße
- Nebenstraße
- Grenzübergang

0 — 50 km
Maßstab 1 : 2.100.000

Nördlichstes Laos
A
B
Simao
Jiangxi
Mengsa
Menglang
Zhengdong
Zizih
CHINA
Hanoi
Vientiane
THAILAND
Bangkok
KAMBODSCHA
Phnom Penh
Saigon
Golf von Thailand
Südchinesisches Meer
Lantouy
Muang Ou
Buyian Hang
Mekong
Lao Meo Chal
Mengyuang
Mengxing
Yiwu
Menghai
Yunjinghong
(Jinghong)
Mengxing
Menghun
Ngay Nua
Daluo
Mengyuan
Damenglong
Mengla
2
Yo
Möng Hkan
Möng Loi
1730
Wan Tak
Muong Sing
MYANMAR
(BURMA)
Botene
3
Luang Namtha
Natheuy
Provinz Luang Namtha
Möng Hpayak
Xieng Kok
Muang Namo
1
Möng Lin
Con Tagne
Viangphoukha
Mekong
Provinz Bokeo
Ban Nam Kanne
Nan Tha
2
Houay Say
Muang Be
Nan Beng
Chiang Khong
Provinz Oudomsay
VI

C
D
CHINA
Jinping
Song Hong
3120
IV
Hekou Yaozu Zizhixian
Lao Cai
Phong Thô
Song Da
Mường Tè
Pa So
Sinh Hô
A Pa Chai
Provinz Lai Chau
Nam Na
12
Binh Lư
Sa Pa
3143 Phan Si Pan
Mương Nhie
Nam Nhe
32
Provinz Lao Cai
Ban Po Bai
Lai Chau
Than Uyen
Muang Va
Song Da
Hat Sa
Provinz Phongsaly
V I E T N A M
Song Giang
hongsaly
1890
Provinz Đen Bien
Tuân Giao
Pha-Đin-Pass
Nam Ou
6
2
Tay
Thuan Chau
Điên Biên Phu
Provinz Sơn La
Sơn La
12
Tay Trang
Phien Thong
Pak Nam Noy
Song Ma
Muang Khoua
1890
Song Ma
4
Nam Ma
Muong Ngoi
A O S
Nong Khiao (Muang Ngoy)
1897
Pak Mong
1
Nambak
Viengkham
3
Provinz Luang Prabang
1
Nan Ou
Muang Xon
Provinz Houa Phan
Sam Neua
0
50 km
VIII
6
Luang Prabang
C
VII
D

Nordost-Vietnam mit Hanoi
CHINA
Hanoi
Vientiane
LAOS
VIETNAM
Mekong
THAILAND
Bangkok
KAMBODSCHA
Phnom Penh
Saigon
Golf von Thailand
Südchinesisches Meer
A
B
CHINA
Đồng Văn
Yên Minh
Meo Vac
Quan Ba
2566
Tha Ca 2275
Bao Lac
Song Gam
Hà Giang
2616
Hoàng Sù Phi
Xín Màn
Cán Cấu
Lùng Phin
Bac Ha
Provinz Hà Giang
2
Bắc Quang
Lào Cai
Cốc Ly
Song Chay
Cho Ra
Nà Phặc
Ba-Be-See
Sa Pa
Pho Lu
70
Bao Yen
Vinh Tuy
Song Lo
Provinz Lào Cai
2832
Provinz Tuyên Quang
Provinz Bac Can
Song Hong
Thac-Ba-See
Lang Na
2907
VIETNAM
(Roter Fluss)
70
Provinz Yên Bài
Tuyên Quang
2512
Yên Bái
0
50 km
Son Duong
2985
Song Da (Schwarzer Fluß)
III
37
Thai Nguyên
Tam Đao
Phu Tho
Cao
Sơn La
6
Provinz Sơn La
Việt Tri
2
Vinh Yen
Phù Yên
Provinz Vinh Phu
Bắc Yên
Gia Phu
Ba Vi
Phuc Yên
Noi Bai
Cò Nòi
Sơn Tây
Co Loa
Tan Vien 1287
Thach That
HANOI
6
Ha Đong
Song Da
Môc Châu
LAOS
Suoi Rut
Hòa Binh
Provinz Hòa Binh
VIII
3

C
D
Tiandong
Lingma
Debao
Longan
You Jiang
1238
Tingxi
1
C H I N A
Bán Giôc
Trà Lĩnh
Trùng Khán
Zuo Jiang
Fusui
Nanning
Cao Băng
3
Đông Khê
Longzhou
Xi Chang
4A
Thất Khê
Pingxian
Ning Ming
2
Provinz
Lang Sơn
Dông Đăng
1022
Lang Sơn
1B
1A
Chi Lang
Dinh Lâp
1166
Mông Cai
1507
Tra Co
Provinz
Băc Giang
4B
Luc Nagan
31
Tiên Yên
Luc
Nam
Provinz
Quang Ninh
Vân Dồn
3
Chi Linh
18
Cua Ong
Tulong-
Bucht
Uong Bi
Bai
Chay
Hôn Gai
18
Câm Phá
5
Hai Phong
Hai Dương
Halong-
Bucht
Quan
Lạn
Golf von
Bắc Bộ
Cat Ba
Provinz
Hai Duong
10
C
D
IX

Nordlaos mit Vientiane
II
A
B
Pak Mor
Provinz Oudomsay
Ban Nam Phrae
Muang Houn
Ban Houi Lo
2
Pak Beng
Ban Pakxuang
Luang Prabang
Mekong
1
Nam Ngum
Muong Ngeun
Muang Hôngsa
Xiang Ngeun
13
Nam Nan
Ban Huey Kon
Chiang Kham
Mae Nam Nan
Thung Chang
Muang Thadua
Chiang Klang
Ban O
Ban Hae
Nam Houng
Sayabouri
Ban Nap
Kasi
Muang Phiang
Ban Puk Heuk
Tha Wang Pha
THAILAND
Ban Nakhem
L
A
Nam Pouy
Ban Wang Mo
Santi Suk
2
Ban Si Niam
Provinz Sayabouri
Provinz Vientian
Nan
Ban Nam Poon
CHINA
Hanoi
Ban Namoun
Mae Charim
Ban Hin H
Vientiane
Mekong
VIETNAM
LAOS
Wang Wi Ang
Ban Nachan
THAILAND
Bangkok
KAMBODSCHA
Südchinesisches Meer
Na Noi
Ban Mouang
Ban Baw Bea
Phnom Penh
Saigon
Ban Namxong
Golf von Thailand
Ban Khok
Paklay
Ban Sangao
Pak Chom
Sang Kho
3
Sirikit Reservoir
Sanakham
Chiang Khan
Tha Pla
201
Nam Pat
Ban Zhat Jom Sri
Mae Nam Nan
Ban Pang Ngun
Tha Li
Ban Na Sak
A
B

C
D
III
VIII
X
1
2
3
0
50 km
Provinz Luang Prabang
Provinz Houa Phan
Provinz Xieng Khouang
Provinz Bolikhamsay
SAYSOMBOUNE SPEZIALZONE
VIETNAM
THAILAND
O S
Phoulao
Ban Nam Nenn
Nam Neun
Nam Sam
Nam Kham
Muong Kham
Nam Mat
Sông Ca
Muang Souy
Ban Len
Ban Sen Kôm
Ni Ngum
Phone Savan
Nong Het
Huong Khoune
Nglap
Nam Sang
Ban Nalao
Vang Vieng
Nam Mouan
Ngam Ngum Reservoir
Borikhan
Ban Namngiap
Tourakom
Paksan
Ban Thabôk
Phou Khao Khouay
Ban Phabath
Pak Khat
Bung Kan
Pak Kading
Ban Nakha
Nam Ngum
Banhai
Mekong
Ban Naxon
Ban Pak Pe
So Phisai
Vieng Kham
Vientiane
Tha Deua/Thanaleng
Nong Khai
Tha Bo
Kharh Ta Kla
Seka
Ban Na Kha
Ban Muang
Ban Lao
Ban Na Bua
Ban Dung
Si Songkhram
Akat Amnuai
Ban Sum Sao
1
7
13
10
2
8

Vietnams nördliche Zentralküste

C
D
V
Chi Linh
18
Uong Bi
Provinz
Quang Ninh
Cua Ong
Vân-Dôn-
Insel
Thuan
Thanh
Hôn Gai
Câm Pha
5
Bai Chay
Hai Phong
Halong-
Bucht
Hai Dương
Song Hong
Provinz
Hai Duong
Cat Ba
Hoanh Bo
10
1
Đo Son
Ngoc Đong
Hu'ng Yên
Phu Ly
Provinz
Thai Binh
Thai Binh
Pr. Ha
Nam
Nam Dinh
Dong Chau
Golf von Bac Bo
Ninh Binh
Phat Diêm
Sâm Sơn
Hon Mê
Hon Mat
1
2
3
0
50 km
CHINA
Hanoi
Vientiane
Mekong
LAOS
VIETNAM
THAILAND
Bangkok
KAMBODSCHA
Phnom Penh
Saigon
Golf von
Thailand
Südchinesisches Meer

VIII
VII
XII
Provinz Bolikhamsay
Provinz Ha Tinh
Provinz Khammouane
Provinz Savannakhet
VIETNAM
LAOS
THAILAND
Vinh
Song Ca
Ba Mu 1357
Rao Qua
Phô Châu
Can Loc
Ha Tinh
Câm Xuyên
Hương Khê
Ban Kapap
Nam Gnouang
Ban Nape
Lak Sao (Kham Kenf)
Nam Kading
Ban Vieng Kham
Ban Nongboua
Ban Na Kha
Mekong
Thương Phong Trang
Phoa Cô Pi 2106
Dôn Bai Dinh
Phong-Nha-Grot
Si Songham
Ban Chai Bun
Ban Tha Uthen
Ban Nangeo
Ban Namuang
Nakhon Phanom
Thakhek
Mahaxai
Ban Ilan
Ban Talak
Xe Bangfai
Kusuman
Ban Tha Kho
Pla Pak
Ban Nakham
Ban Phou A Douk
Ban Hat Phek
Xe Noy
Ban Hai
Ban Naxou
That Phanom
Na Kae
Ban Nakôkke
Keng Kabao
Ban Dong Luang
Ban Houay Khamteuy
Seno
Ban Nabo
Ban Nane Tum
Muong Phalan
Savannakhet
Mukdahan
Muong Phin
km 35
Xe Champhon
Xe Xangxoy
Thamouak
Nikhom Kham Soi
Lueng Nok
Chanuman
Ban Top
Ban Phahang
Kut Chum
8
12
20
94
13
103
1
15
28
212
223
99
30
9
11
A
B
L
1
2
3

Zentrallaos, Vietnams Zentralküste
C
D
SÜD-
CHINESISCHES
MEER
1
2
3
CHINA
Hanoi
Vientiane
THAILAND
Mekong
LAOS
VIETNAM
Bangkok
KAMBODSCHA
Phnom Penh
Saigon
Golf von Thailand
Südchinesisches Meer
Ngang-Pass
Bo Trach
Dong Hoi
Provinz
Quang Binh
Dai Giang
Vinh Lôc
An Đinh
15
1
Luât So'n
Vinh-Moc-Tunnel
Con Co
0
50 km
Vinh An
Bên Quang
Ben Hai
Cam Lo
Dong Ha
9
Quang Tri
Provinz Quang Tri
Lao Bao
Khe Sanh
14
Thuan An
Phong Dien
Huê
VIETNAM
49
Ban Mene
Aluoi
Provinz Thua Thien - Huê
Wolken-Pass
1528
Lang Co
Provinz
Saravane
Bach Mã
Đa Nãng
XIII

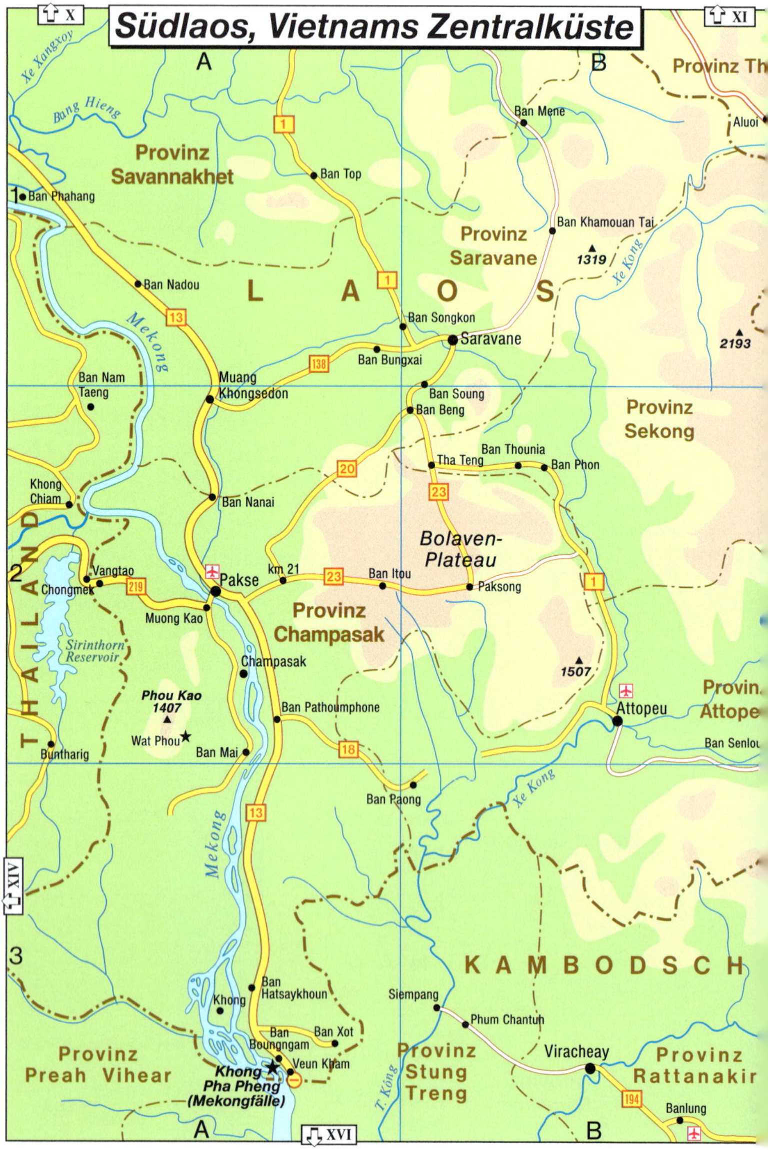
Südlaos, Vietnams Zentralküste
X
XI
XIV
XVI
A
B
1
2
3
Xe Xangxoy
Bang Hieng
Provinz Savannakhet
Ban Phahang
Ban Top
Ban Mene
Aluoi
Provinz Th
Provinz Saravane
Ban Khamouan Tai
1319
Xe Kong
Ban Nadou
L A O S
Mekong
Ban Songkon
Saravane
2193
Ban Bungxai
Ban Nam Taeng
Muang Khongsedon
Ban Soung
Ban Beng
Provinz Sekong
Tha Teng
Ban Thounia
Ban Phon
Khong Chiam
Ban Nanai
Bolaven-Plateau
THAILAND
Vangtao
Chongmek
Pakse
km 21
Ban Itou
Paksong
Muong Kao
Provinz Champasak
Sirinthorn Reservoir
Champasak
1507
Phou Kao 1407
Ban Pathoumphone
Attopeu
Provin. Attope
Wat Phou
Ban Mai
Buntharig
Ban Senlou
Ban Paong
Xe Kong
Mekong
K A M B O D S C H
Ban Hatsaykhoun
Khong
Siempang
Phum Chantuh
Ban Boungngam
Ban Xot
Viracheay
Provinz Preah Vihear
Khong Pha Pheng (Mekongfälle)
Veun Kham
Provinz Stung Treng
Provinz Rattanakir
T. Kong
Banlung
1
13
138
20
23
219
18
194

C
D
Huê
n - Huê
49
0
50 km
Lang Co
Wolken-Pass
1528
Bach Mã
Sông Ta Trac
Đà Nẵng
Cham Insel
Non Nuoc
Dai Lôc
Thanh Phuoc An
Hôi An
14
Sông Boung
An Haa
My Son
Thang Binh
Provinz Quang Nam
Than Mỹ
Sơn Tra
SÜD-CHINESISCHES MEER
Sông Cai
Phươc Sơn
Tam Ky
Tam Hai
1
Chu Lai
Insel Re
Dak Nhe
Long Hôi
Dak Di
Tra Mi
1362
Binh Sơn
Tra Bong
Son My (My Lai)
V I E T N A M
Quang Ngai
2
Dak Pec
Sông Tra Khuc
Sơn Ha
Ngoc Linh
2598
Provinz Quang Ngai
Tu Mrông
La Thuy
Dak Nghe
Gia Vưe
Dưc Pho
Dak Kon
Provinz Kon Tum
14
Sa Huynh
Kon Plong
Polei Krong
Sông Ha Giao
1
Kon Braih
Kon Tum
Hoai Nhon
Sông Ba
Heai Ân
Xe Xang
Provinz Gia Lai
Provinz Binh Đinh
3
Kannack
Chanh Oai
Phu Phong
Pleiku
19
An Khê
Dap Da
Tay Son
Binh Đinh
19
C
D
Qui Nhơn
XVII
CHINA
Hanoi
Vientiane
L A O S
V I E T N A M
Mekong
THAILAND
Bangkok
KAMBODSCHA
Phnom Penh
Saigon
Golf von Thailand
Südchinesisches Meer

XVII

Nördliches Kambodscha
A
B
Prang Ku
Lam Duan
Khukhan
Nong Ki
Nang Rong
Sangkha
24
CHINA
Hanoi
VIETNAM
LAOS
Vientiane
Mekong
THAILAND
Bangkok
KAMBODSCHA
Phnom Penh
Saigon
Südchinesisches Meer
Golf von Thailand
H
A
I
L
A
Pa Kham
Lahan Sai
Ban Kruat
Kap Choeng
Ban Na Sanu
Smach
Ban Som Poi
Phum Roe
Prasat Rovieng
69
Anlong Veng
Phum Samraong
Stung Svay Chek
Stung Sreng
Phum Banteay Chhmar
Ta Phraya
Chong Kal
Provinz Siem Reap
Ban Na Ngam
Phum Thma Pok
Provinz Banteay Meanchey
Ban Ra Lom Tim
Phum Moung
Phum Tnaot
Aranyaprathet
Poipet
Sisophon
K
A
M
B
O
6
Kralanh
487 Phnom
Phum Kob
2
Phum Prey Chruk
Angkor
Phum Kiliek
Phum Krapeu
Siem Reap
Stung Mongkol
Phum Kouk Kduoch
Roluos
Dam Deik
Phum Banhchok Kon
Stung Sangke
Battambang
Kompong Khleang
Phum Ta Krei
Phnom Sampou
Tonle Sap
10
Reang Kesei
Ban Puk Kad
Phum Ba Tang
Sado
Stung Don Tri
Treng
5
Pailin
Provinz Battambang
Moung Roessei
3
Bo Rai
Pursat
Phum Tuk Sok
Krakor
1551
Phnum Tumbot
Phoumi Angkrong
Leach
Khao Saming
Trat
Phum Pramaoy
Provinz Pursat
0
50 km
A
1717
XVIII
B

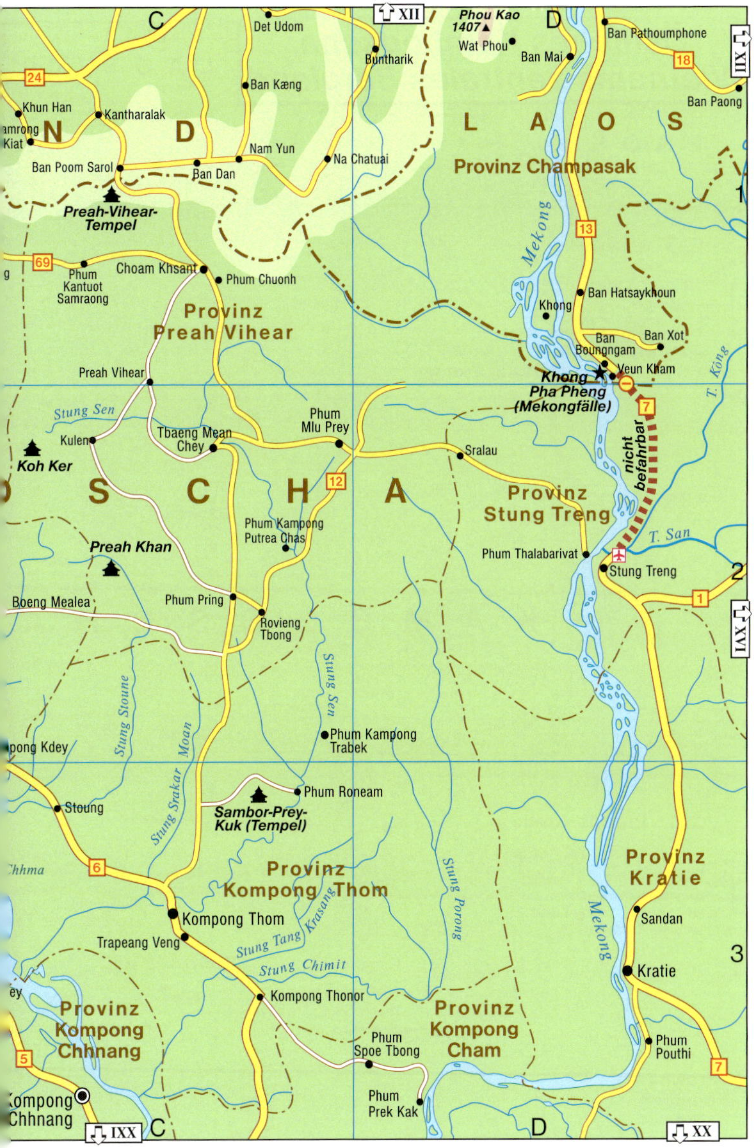
XII
XII
XVI
IXX
XX
C
D
1
2
3
Phou Kao
1407
Wat Phou
Det Udom
Buntharik
Ban Mai
Ban Pathoumphone
18
Ban Paong
24
Khun Han
Kantharalak
Ban Kæng
Kiat
N
D
L A O S
Nam Yun
Na Chatuai
Ban Poom Sarol
Ban Dan
Provinz Champasak
Preah-Vihear-Tempel
Mekong
13
69
Phum Kantuot Samraong
Choam Khsant
Phum Chuonh
Ban Hatsaykhoun
Khong
Provinz Preah Vihear
Ban Boungngam
Ban Xot
Veun Kham
Khong Pha Pheng (Mekongfälle)
T. Kông
Preah Vihear
Stung Sen
7
Phum Mlu Prey
nicht befahrbar
Kulen
Tbaeng Mean Chey
Sralau
Koh Ker
12
S C H A
Provinz Stung Treng
Phum Kampong Putrea Chas
T. San
Preah Khan
Phum Thalabarivat
Stung Treng
Phum Pring
1
Boeng Mealea
Rovieng Tbong
Stung Sen
Stung Stoune
Moan
Phum Kampong Trabek
pong Kdey
Stung Srakar
Phum Roneam
Stoung
Sambor-Prey-Kuk (Tempel)
Chhma
6
Provinz Kompong Thom
Stung Porong
Provinz Kratie
Krasang
Kompong Thom
Mekong
Sandan
Trapeang Veng
Stung Tang
Stung Chimit
Kratie
Kompong Thonor
Provinz Kompong Chhnang
Provinz Kompong Cham
Phum Spoe Tbong
Phum Pouthi
5
7
Kompong Chhnang
Phum Prek Kak

Östliches Kambodscha,
Vietnams zentrales Bergland
XII
XV
XIX
XX
A
B
1
2
3
LAOS
KAMBODSCHA
Ban Kadian
Mekong
13
Khong
Ban Hatsaykhoun
Ban Boungngam
Ban Xot
Veun Kham
Khong Pha Pheng (Mekongfälle)
T. Kông
Phum Chantuh
Viracheay
Provinz Rattanakiri
194
Provinz Stung Treng
Sralau
Phum Bâ Kham
Banlung
1
Tônle San
Phum Thalabarivat
Stung Treng
Pheang Krohm
Lumphat
Prek Drang
Tônle Srépok
Ou Pong Moan
7
Prek Preah
O Krieng
Prek Krieng
Kaoh Nhek
Srépok
Provinz Mondulkiri
Provinz Kratie
Sandan
Kratie
Senmonorom
Nam
Prek Te
Khlek Khlak
Phum Dak Dam
O Rang
Phum Samraông
Chhlong
Prek Chhlong
Sre Khtum
Bu Glao
Bukoh
Provinz Kompong Cham
Bu Jerman

XIII
XXI
C
D
2
3
Provinz Kon Tum
Kon Tum
Kon Plong
Kon Braih
Sa Huynh
Sông Ba
Sông Ha Giao
Hoai Nhon
Hoai Ân
Kannack
Provinz Binh Đinh
Chanh Oai
Dinh Điên
Pleiku
1571
An Khê
Phu Phong
Dap Da
Provinz Gia Lai
Tay Son
Binh Đinh
Qui Nhon
De Đac Bot
Dieu Tri
Long Thanh
Plei Me
Plei Mnang
Adun
Nhơn Hoà
Sông Câu
VIETNAM
Cheo Reo
Chi Thanh
Ban Tsham
Ho-Chi-Minh-Highway
Provinz Phu Yen
Cung Sơn
Tuy Hoa
50 km
Sông Da Rang
Buôn Hô
Buon Đôn
Provinz Đăk Lăk
Đai Lanh-Pass
Buôn Ma Thuôt
La Knop
Khanh Dương
2051
Van Ninh
Đâm Môn
Krông Pach
Dôc Let
Lak Lake
Ninh Hoa
2405
Provinz Khanh Hoa
Lak
Buôn Thach Hom
Đông Trang
Nha Trang
Hon Tre
1578
Đạ Sa
Provinz Lam Đong
Cam Ranh
Gia Nghia
Đà Lạt
1
14
19
25
26
27
CHINA
Hanoi
Vientiane
Mekong
LAOS
VIETNAM
THAILAND
Bangkok
KAMBODSCHA
Phnom Penh
Saigon
Golf von Thailand
Südchinesisches Meer

XIV
Südliches Kambodscha
A
B
Pailin
Treng
Moung Roessei
Battambang
Svay Don Key
5
Bung Tonle Ch
Tonle Sap
Pursat
1
THAILAND
Phum Tuk Sok
Krakor
Ponley
1551
Phnum Tumbot
Phoumi Angkrong
Leach
Provinz Pursat
Phum Pramaoy
K A M B O
1717
Phnum Aoral
1771
Provi
Kompo
Chhna
Veal Vêng
1549
Hat Lek
Koh Kut
Dong Tong
2
Pak Klong
Im Bau
Provinz Kompong Speu
Phum Kaôh Kông
Lam Dam
Trâpeang Rung
Provinz Koh Kong
Kompong S
Koh Kong
Phum Dâmnak Trach
Phum Yeay Sên
Im Bau
4
Chimeal
Sre Ambel
Koh Sdach
Provinz Kampot
Stoeng Hav
Provinz Kompong Som
Phum Chhuk
GOLF VON THAILAND
3
Koh Rong
Veal Rean
3
Bokor
Sihanouk Ville
Prey Nob
Kampot
Kampong
Phum Ângk
Phum Pon
Kep
Phsar Ream
0
50 km
Bai Thom
Phu Quoc
A
B
XXII

Atlas Indochina

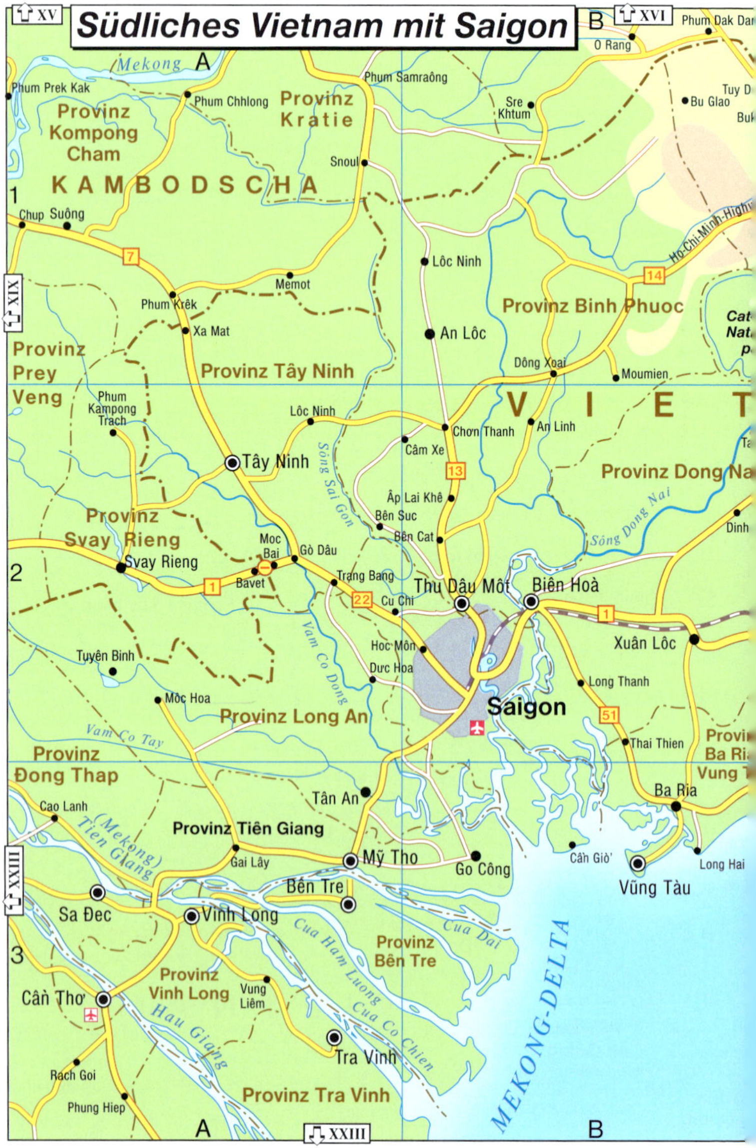
Südliches Vietnam mit Saigon
XV
XVI
XIX
XXIII
XXIII
A
B
1
2
3
Mekong
Phum Prek Kak
Phum Chhlong
Provinz Kompong Cham
Provinz Kratie
KAMBODSCHA
Phum Samraông
Sre Khtum
O Rang
Phum Dak Dar
Bu Glao
Snoul
Chup
Suông
7
Memot
Lôc Ninh
Phum Krêk
Xa Mat
An Lôc
Provinz Binh Phuoc
14
Ho-Chi-Minh-Highway
Provinz Prey Veng
Provinz Tây Ninh
Dông Xoai
Moumien
Phum Kampong Trach
Lôc Ninh
Chơn Thanh
An Linh
VIET
Câm Xe
Tây Ninh
Sông Sai Gon
13
Provinz Dong Na
Âp Lai Khê
Bên Suc
Bên Cat
Provinz Svay Rieng
Moc Bai
Gò Dâu
Sông Dong Nai
Dinh
Svay Rieng
Bavet
1
Trang Bang
22
Cu Chi
Thu Dâu Môt
Biên Hoà
1
Xuân Lôc
Tuyên Binh
Hoc Môn
Vam Co Dong
Dưc Hoa
Long Thanh
Môc Hoa
Saigon
51
Provinz Long An
Vam Co Tay
Thai Thien
Provinz Đong Thap
Tân An
Ba Ria
Cao Lanh
Provinz Tiên Giang
(Mekong) Tien Giang
Gai Lây
Mỹ Tho
Go Công
Cân Giò'
Vũng Tàu
Long Hai
Bên Tre
Sa Đec
Vinh Long
Cua Dai
Cua Ham Luong
Provinz Bên Tre
MEKONG-DELTA
Cân Thơ
Provinz Vinh Long
Vung Liêm
Hau Giang
Cua Co Chien
Tra Vinh
Rach Goi
Phung Hiep
Provinz Tra Vinh

Atlas Indochina

XVIII
Südlichstes Vietnam, Mekongdelta
A
B
1
2
3
KAMBODSCHA
Provinz Kampot
Provinz Kompong Som
Provinz Takeo
Prey Veng
Provinz An Giang
Provinz Kien Giang
Provinz Cà Mau
Stoeng Hau
Veal Rean
Sihanouk Ville
Prey Nob
Phum Ângk
Ream
Koh Thmei
Bokor
Kampot
Phum Chhuk
Ang Tasom
Takeo
Angkor Borei
Tani
Sông Tiền
Bassac
Hau Giang
Châu Đôc
Nui Sam
Tinh Bien
Kompong Trach
Phum Pông Tôek
Kep
Ba Chuc
Hà Tiên
Tri Ton
Chau Thanh
Long Xuy
602
Dương Đông
Ham Ninh
Phú Quốc
An Thoi
Ba Hon
Kien Luong
Hon Chong
Rạch Giá
Thoai-Ha
Hon Rai
GOLF VON THAILAND
Sông Cai Lo'n
An Biên
Go Quan
U Minh
Thơi Binh
Tân Lôc
Xom Lo
Cà Mau
Sông Ông Dôc
Sông Gan
Hưng My
Thân Ho
Xom Rach Thung
Cua Lon
Năm Căn
MUI CÀ MAU
0
50 km

XIX
XX
XXI
C
D
1
2
3
Svay Rieng
Bavet
Moc Bai
Trang Bang
Thu Dâu Môt
Biên Hoa
Xuân Lôc
Cu Chi
Svay Rieng
Vam Co Dong
Hoc Môn
Sông Dong Nai
Provinz Dong Nai
Tuyên Binh
Dưc Hoa
Long Thanh
Môc Hoa
Provinz Long An
Saigon
ovinz
g Thap
Âp Vinh Sao
Vam Co Tay
Thai Thiên
Provinz Ba Ria - Vung Tau
V I E T N A M
Tân An
Ba Ria
Cao Lanh
(Mekong) Tien Giang
Gai Lây
Mỹ Tho
Cân Giò'
Long Hai
Go Công
Vũng Tàu
Sa Đéc
Bên Tre
Vinh Long
Cua Dai
inz
Provinz Bên Tre
Cua Co Chien
Cua Ham Luong
Vung Liêm
Cân Thơ
Hau Giang
Rach Goi
Tra Vinh
MEKONG-DELTA
Phung Hiêp
Provinz Tra Vinh
hanh
Ba Dông
Kinh Lô den Phung-Hiêp
Soc Trăng
Long Phu
Provinz Soc Trăng
Long
Thanh Tri
Liêu
Xom Sâm Pha
Vinh Châu
Bac Liêu
Côn Son
Côn-Đảo-Inseln
Vung
Bay Canh
CHINA
Hanoi
Vientiane
LAOS
VIETNAM
Mekong
THAILAND
Bangkok
KAMBODSCHA
Phnom Penh
Saigon
Golf von Thailand
Südchinesisches Meer

Übersicht Indochina
0
500 km
CHINA
Kanton
Nanning
Hongkong
Myithkyiria
Mandalay
MYANMAR (BURMA)
Yunjinghong (Jinghong)
Lao Cai
Lang Sơn
Pingxian
Maoming
Zhanjiang
Dien Bien Phu
Hanoi
Hôn Gai
Hai Phong
Luang Namtha
Hoa Binh
Nam Đinh
Haikou
Luang Prabang
Thanh Hoa
Hainan
Pyinmana
Chiang Mai
LAOS
Vinh
Vientiane
Ha Tinh
Pegu
Rangun
Udon Thani
Đông Hoi
Paracel-Inseln
Tak
Mekong
VIETNAM
THAILAND
Huê
Saravane
Đa Năng
Ye
Pakse
Ubon Ratchathani
Kon Tum
Quang Ngai
Tavoy
Ayutthaya
Angkor
Pleiku
Qui Nhơn
Bangkok
KAMBODSCHA
Buon Ma Thuot
Tuy Hoa
Mergui
Kompong Cham
Pursat
Nha Trang
Đa Lat
Phnom Penh
Tây Ninh
Phan Rang
Saigon
Phan Thiêt
Chumphon
Kompong Som
Long Xuyên
Ranong
Cân Thơ
Golf von Thailand
Südchinesisches Meer
Ca Mau
Surat Thani
Nakhon Si Thammarat
Phattalung
Songkhla
Pattani
MALAYSIA
Alor Setar
Kota Bharu
Lhokseumawe
Pinang
Kuala Trengganu
Taiping
Langsa
Ipoh
Miri
Kuala Lumpur
Kuantan
Medan
Natuna Besar-Inseln
Sarawak
Kelang
Bakongan
Pematang-siantar
Anambas-Inseln
Sibu
Johor Baharu
Tarutung
Malacca
Betong
Sibolga
Kuching
Singapur
Sumatra
Singkawang
Nias
Palanbaru
INDONESIEN
Pontianak
Batu-Inseln
Kalimantan
Bukittinggi
Lingga-Inseln
Padang
Maya
Sukadana